DIREITO CIVIL

O GEN | Grupo Editorial Nacional – maior plataforma editorial brasileira no segmento científico, técnico e profissional – publica conteúdos nas áreas de concursos, ciências jurídicas, humanas, exatas, da saúde e sociais aplicadas, além de prover serviços direcionados à educação continuada.

As editoras que integram o GEN, das mais respeitadas no mercado editorial, construíram catálogos inigualáveis, com obras decisivas para a formação acadêmica e o aperfeiçoamento de várias gerações de profissionais e estudantes, tendo se tornado sinônimo de qualidade e seriedade.

A missão do GEN e dos núcleos de conteúdo que o compõem é prover a melhor informação científica e distribuí-la de maneira flexível e conveniente, a preços justos, gerando benefícios e servindo a autores, docentes, livreiros, funcionários, colaboradores e acionistas.

Nosso comportamento ético incondicional e nossa responsabilidade social e ambiental são reforçados pela natureza educacional de nossa atividade e dão sustentabilidade ao crescimento contínuo e à rentabilidade do grupo.

Exame Nacional da

Magistratura
ENAM

Coordenação

Cleber Masson

DIREITO
CIVIL

2ª edição revista e atualizada

MÔNICA QUEIROZ

EDITORA **MÉTODO**

■ Direitos exclusivos para a língua portuguesa
Copyright © 2024 *by*
Editora Forense Ltda.
Uma editora integrante do GEN | Grupo Editorial Nacional
Travessa do Ouvidor, 11 – Térreo e 6º andar
Rio de Janeiro – RJ – 20040-040
www.grupogen.com.br

■ Capa: Carla Lemos
■

CIP-BRASIL. CATALOGAÇÃO NA PUBLICAÇÃO
SINDICATO NACIONAL DOS EDITORES DE LIVROS, RJ

Q45d
2. ed.

    Queiroz, Mônica
       Direito civil / Mônica Queiroz ; organização Cleber Masson. - 2. ed. - [2. Reimp.] - Rio de Janeiro : Forense, 2025.
       526 p. ; 24 cm.   (Exame Nacional da Magistratura - ENAM)

       Material suplementar
       ISBN 978-85-3099-533-1

       1. Direito civil - Brasil. 2. Ordem dos Advogados do Brasil - Exames. 3. Serviço público - Brasil - Concursos. I. Masson, Cleber. II. Título. III. Série.

24-92991

          CDU: 347(81)

Gabriela Faray Ferreira Lopes - Bibliotecária - CRB-7/6643

Apresentação

O Exame Nacional da Magistratura (ENAM) foi criado pela Resolução n. 531, editada pelo Conselho Nacional de Justiça (CNJ) no dia 14 de novembro de 2023.

Suas finalidades consistem em (a) instituir habilitação nacional como pré-requisito para inscrição nos concursos da magistratura, de modo a garantir um processo seletivo idôneo e com um mínimo de uniformidade; (b) fazer com que o processo seletivo valorize o raciocínio, a resolução de problemas e a vocação para a magistratura, mais do que a mera memorização de conteúdos; e (c) democratizar o acesso à carreira da magistratura, tornando-a mais diversa e representativa.

Trata-se de exame eliminatório (e não classificatório), cuja aprovação é imprescindível à inscrição preliminar em concursos de todas as carreiras da magistratura. Não há necessidade de superar as notas de relevante parcela dos demais candidatos. Basta alcançar a pontuação mínima exigida, a saber, 70% para a ampla concorrência, ou 50%, no caso de candidatos autodeclarados negros ou indígenas.

A prova, de caráter objetivo, abrange as seguintes disciplinas: Direito Administrativo, Direito Civil, Direito Constitucional, Direito Empresarial, Direito Penal, Direito Processual Civil, Direitos Humanos e Noções Gerais de Direito e Formação Humanística.

Na condição de coordenador da presente coleção, escolhemos professores qualificados, com indiscutível experiência na preparação para provas e concursos públicos. Bruno Betti Costa, Monica Queiroz, Rafael de Oliveira Costa, Alexandre Gialluca, Alexandre Freitas Câmara, Marcelo Ribeiro, Valerio Mazzuoli e Alvaro de Azevedo Gonzaga são expoentes da docência, reconhecidos por toda a comunidade jurídica.

Os livros que integram esta coletânea visam à preparação objetiva e completa para o ENAM, fornecendo as informações necessárias para a sua aprovação, inclusive com a utilização de recursos didáticos diferenciados, consistentes em quadros e gráficos repletos de conteúdo.

Além disso, as obras não se esgotam nos textos impressos. Você, leitora ou leitor, tem acesso ao Ambiente Virtual de Aprendizagem (AVA), dotado de materiais complementares, questões para treino e aperfeiçoamento do aprendizado, bem como de vídeos com dicas dos autores.

Bons estudos e muito sucesso nessa jornada. Conte conosco!

Cleber Masson

Promotor de Justiça em São Paulo. Doutor e Mestre em Direito Penal pela Pontifícia Universidade Católica de São Paulo (PUC-SP). Professor de Direito Penal no Curso G7 Jurídico. Palestrante e conferencista em todo o Brasil.

Sumário

PARTE 1 – **INTRODUÇÃO E PARTE GERAL**

CAPÍTULO 1 – NOÇÕES BÁSICAS COMO PONTO DE PARTIDA PARA A COMPREENSÃO DO DIREITO CIVIL 3

1. A divisão do direito e a constitucionalização do Direito Civil 3

2. Os direitos fundamentais e as relações privadas 3

3. Diretrizes básicas que orientam o Código Civil de 2002 4

CAPÍTULO 2 – LEI DE INTRODUÇÃO ÀS NORMAS DO DIREITO BRASILEIRO 6

1. Objeto e natureza jurídica da LINDB 6

2. Classificação das leis 6

   2.1 Quanto à obrigatoriedade 6

   2.2 Quanto à natureza 7

   2.3 Quanto ao autorizamento (ou intensidade da sanção) 7

3. Vigência das leis 7

4. Vacância da lei ou *vacatio legis* 8

5. Lei com incorreções ou erros materiais 8

6. Princípios informadores da eficácia das leis 8

7. Revogação da lei 9

8. Repristinação 9

9. Integração do ordenamento jurídico 9

10. Conflito de leis no tempo 11

CAPÍTULO 3 – DAS PESSOAS NATURAIS... 14

1. Da personalidade jurídica e seu início 14

2. O fim da personalidade... 15

3. Da ausência.. 16

    3.1   Hipóteses que autorizam a abertura do procedimento da ausência 16

    3.2   Fases do procedimento de ausência 17

    3.3   Sobre os prazos no procedimento da ausência.................. 17

    3.4   Reaparecimento do ausente 18

4. Comoriência.. 18

5. Capacidade 20

    5.1   Capacidade de direito/aquisição/gozo................................ 20

    5.2   Capacidade de fato/exercício/ação..................................... 20

6. Dos direitos da personalidade... 27

    6.1   Definição e características... 27

    6.2   A cláusula geral de tutela aos direitos da personalidade..... 28

    6.3   A relativização dos direitos da personalidade..................... 29

    6.4   O direito ao esquecimento 30

    6.5   Alguns temas interessantes em sede de direitos da personalidade... 31

7. Domicílio da pessoa natural.. 34

    7.1   Espécies de domicílio 35

CAPÍTULO 4 – DAS PESSOAS JURÍDICAS 38

1. Pessoa jurídica: definição e função social 38

2. Princípios orientadores da ONU sobre empresas e direitos humanos 38

3. Classificação da pessoa jurídica quanto à sua função 39

    3.1   Pessoas jurídicas de direito público................................... 39

    3.2   Pessoas jurídicas de direito privado (art. 44, CC)............... 39

4. Quadros comparativos das pessoas jurídicas de direito privado 40

5. Pontos fundamentais acerca das associações............................... 41

6. Mais detalhes sobre as fundações (arts. 62 a 69, CC)................... 41

    6.1   Finalidade da fundação 41

    6.2   Fases para a constituição de uma fundação 41

    6.3   Veladura das fundações... 42

7. Início da personalidade da pessoa jurídica 42

8. A possibilidade de realização de assembleias gerais por meios eletrônicos 43

9. Desconsideração da personalidade jurídica (*disregard doctrine*) ... 43

    9.1 Generalidades 43

    9.2 Teorias acerca da desconsideração da personalidade jurídica... 45

    9.3 A desconsideração inversa da personalidade jurídica 46

    9.4 Desconsideração positiva da personalidade da pessoa jurídica 46

    9.5 Desconsideração expansiva da personalidade da pessoa jurídica 47

10. Domicílio da pessoa jurídica 47

CAPÍTULO 5 – DOS BENS 49

1. Classificação dos bens 49

    1.1 Dos bens considerados em si mesmos 49

    1.2 Dos bens reciprocamente considerados 53

    1.3 Dos bens quanto à titularidade de domínio 56

CAPÍTULO 6 – DOS FATOS JURÍDICOS 58

1. Classificação dos fatos jurídicos 58

2. Dos atos jurídicos em sentido estrito ou atos jurídicos não negociais 59

3. Dos negócios jurídicos 59

4. Os três planos do negócio jurídico: existência, validade e eficácia ... 59

    4.1 O plano da existência 59

    4.2 O plano da validade 60

    4.3 O plano da eficácia 60

    4.4 A escada ponteana 60

5. Os elementos do negócio jurídico 61

    5.1 Os elementos essenciais de validade do negócio jurídico.... 61

    5.2 Elementos acidentais do negócio jurídico ou modalidades do negócio jurídico: condição, termo e encargo 62

6. Interpretação dos negócios jurídicos 68

7. Da representação 69

    7.1 Conflito de interesses 69

    7.2 Contrato consigo mesmo ou autocontrato 70

CAPÍTULO 7 – DEFEITOS DO NEGÓCIO JURÍDICO 72

1. Vícios 72

 1.1 Vícios do consentimento ou da vontade 72

 1.2 Vícios sociais 72

2. Erro ou ignorância 72

 2.1 Conceito 72

 2.2 O erro substancial 72

 2.3 O falso motivo expresso como razão determinante 73

 2.4 O erro acidental 73

 2.5 Meios interpostos 74

 2.6 Princípio da conservação do negócio jurídico 74

3. Dolo 74

 3.1 Dolo principal e dolo acidental 74

 3.2 Dolo ativo (dolo positivo) e dolo passivo (dolo negativo) 75

 3.3 *Dolus bonus* e *dolus malus* 75

 3.4 Dolo direto e dolo de terceiro 76

 3.5 O dolo do representante 76

 3.6 Dolo recíproco ou torpeza bilateral 77

4. Coação 77

 4.1 Coação física e coação moral 77

 4.2 A ameaça do exercício normal de um direito e o temor reverencial 78

 4.3 Apreciação da coação 78

 4.4 Efeitos da coação 79

 4.5 Coação de terceiro 79

5. Estado de perigo 79

 5.1 O dolo de aproveitamento 80

 5.2 Efeitos do estado de perigo 80

6. Lesão 80

7. Fraude contra credores 82

 7.1 O princípio da responsabilidade patrimonial 82

 7.2 Conceito e possibilidades de manifestação da fraude contra credores 82

 7.3 O art. 164 do Código Civil e a teoria do patrimônio mínimo 83

 7.4 A ação pauliana ou revocatória 83

CAPÍTULO 8 – DA SIMULAÇÃO 86

1. A simulação e o seu regime no Código Civil de 2002 86
2. Hipóteses de simulação 87
3. Simulação inocente e simulação maliciosa 88
4. O terceiro de boa-fé 88
5. A reserva mental 88

CAPÍTULO 9 – DA INVALIDADE DO NEGÓCIO JURÍDICO 90

1. Nulidade (nulidade absoluta) 90
   1.1 Hipóteses de nulidade absoluta 90
   1.2 Peculiaridades do regime das nulidades 91
2. Anulabilidade (nulidade relativa) 92
   2.1 Hipóteses de nulidade relativa 92
   2.2 Peculiaridades do regime das anulabilidades 92
3. Quadro comparativo: nulidade × anulabilidade 94

CAPÍTULO 10 – DA PRESCRIÇÃO E DA DECADÊNCIA 95

1. Etapas para a compreensão da prescrição e da decadência 95
2. Prescrição 97
   2.1 Prescrição extintiva e prescrição aquisitiva 97
   2.2 A prescrição da exceção (art. 190, CC) 98
   2.3 Renúncia à prescrição 98
   2.4 Impossibilidade de alteração dos prazos prescricionais pela vontade das partes 99
   2.5 Suprimento de ofício pelo juiz 99
   2.6 Momento de alegação da prescrição 100
   2.7 Continuação da prescrição 100
   2.8 Responsabilização do representante da pessoa jurídica e do assistente do relativamente incapaz 100
   2.9 Causas impeditivas ou suspensivas da prescrição 100
   2.10 Causas interruptivas da prescrição 102
   2.11 O alcance da interrupção da prescrição 103
   2.12 Prescrição Intercorrente 103
   2.13 Os prazos de prescrição 103
3. Decadência ou caducidade 104
   3.1 Renúncia à decadência 105

3.2   Momento de alegação 105

3.3   Suprimento de ofício 105

3.4   Causas impeditivas, suspensivas e interruptivas 105

3.5   Prazos decadenciais 105

PARTE 2 – **DIREITO DAS OBRIGAÇÕES**

**CAPÍTULO 11 – A RELAÇÃO JURÍDICA OBRIGACIONAL E A CLASSI-
FICAÇÃO DAS OBRIGAÇÕES** 109

1.   Introdução 109

2.   Teoria dualista ou binária 109

3.   Classificação das obrigações 110

3.1   Classificação quanto ao conteúdo do objeto obrigacional:
as obrigações de dar, fazer ou não fazer 110

3.2   Classificação das obrigações quanto à quantidade de ele-
mentos obrigacionais 116

3.3   Classificação quanto ao conteúdo 124

3.4   Classificação quanto à liquidez 124

3.5   Classificação quanto à dependência 124

3.6   Classificação quanto ao momento de cumprimento 124

3.7   Classificação quanto ao local do adimplemento 125

CAPÍTULO 12 – DO ADIMPLEMENTO DAS OBRIGAÇÕES 127

1.   Forma normal de se adimplir a obrigação: o pagamento 127

1.1   Aspectos subjetivos do pagamento 127

1.2   Aspectos objetivos do pagamento (arts. 313 a 326, CC) 129

1.3   Do lugar do pagamento 131

1.4   Tempo do pagamento 132

2.   Formas especiais de se adimplir a obrigação 133

2.1   Do pagamento em consignação (arts. 334 a 345, CC) 133

2.2   Do pagamento com sub-rogação (arts. 346 a 351, CC) 133

2.3   Da imputação do pagamento (arts. 352 a 355, CC) 134

2.4   Da dação em pagamento (arts. 356 a 359, CC) 134

2.5   Da novação (arts. 360 a 367, CC) 135

2.6   Da compensação (arts. 368 a 380, CC) 135

2.7   Da confusão (arts. 381 a 384, CC) 136

2.8   Da remissão das dívidas (arts. 385 a 388, CC) 136

CAPÍTULO 13 – DO INADIMPLEMENTO DAS OBRIGAÇÕES............... 138

1. Do inadimplemento relativo (da mora).. 138
   1.1 Efeitos da mora do devedor... 138
   1.2 Efeitos da mora do credor 139
   1.3 Espécies de mora do devedor 139
   1.4 A mora da obrigação decorrente de ato ilícito..................... 139
   1.5 A purga ou emenda da mora... 140
2. Do inadimplemento absoluto.. 140
   2.1 Hipóteses de inadimplemento absoluto 140
   2.2 Efeito do inadimplemento absoluto.................................... 140
3. Da violação positiva do contrato 141
4. Das perdas e danos 141
5. Dos juros legais 141
6. Cláusula penal (pena convencional ou multa contratual).............. 142
   6.1 Finalidades da cláusula penal 142
   6.2 Espécies de cláusula penal.. 142
   6.3 Redução equitativa da cláusula penal................................ 143
   6.4 Indenização suplementar 144
7. Do adimplemento substancial ou inadimplemento mínimo........... 144

CAPÍTULO 14 – DA TRANSMISSÃO DAS OBRIGAÇÕES...................... 147

1. Da cessão de crédito (arts. 286 a 298, CC) 147
   1.1 Objeto da cessão 147
   1.2 Responsabilidade do cedente pela existência do crédito...... 148
   1.3 Responsabilidade do cedente pela solvência do devedor..... 148
2. Assunção de dívida ou cessão de débito (arts. 299 a 303, CC).... 149
   2.1 Modalidades de assunção de dívida.................................... 149

CAPÍTULO 15 – DAS ARRAS 150

1. Espécies de arras... 150
   1.1 Arras confirmatórias ou probatórias................................. 150
   1.2 Arras penitenciais... 151

PARTE 3 – RESPONSABILIDADE CIVIL

CAPÍTULO 16 – RESPONSABILIDADE. DISTINÇÕES ESSENCIAIS...... 155

1. Responsabilidade civil × responsabilidade penal............................ 155

2. Responsabilidade contratual × responsabilidade extracontratual..... 156

3. Responsabilidade subjetiva × responsabilidade objetiva 156

CAPÍTULO 17 – RESPONSABILIDADE SUBJETIVA 158

1. Conduta humana antijurídica ou ilícita 158
   1.1 Excludentes de ilicitude 159
2. Nexo causal... 160
   2.1 Teorias explicativas do nexo causal 160
   2.2 Excludentes do nexo causal 161
3. Dano 162
   3.1 Dano material 162
   3.2 Dano moral 163
   3.3 Dano estético................................. 164
   3.4 Perda de uma chance........................... 164
   3.5 Os novos danos................................ 164

CAPÍTULO 18 – RESPONSABILIDADE OBJETIVA 168

1. Introdução... 168
2. Responsabilidade por fato de terceiro ou de outrem (responsabilidade objetiva indireta)................................... 169
3. Responsabilidade por fato de coisa 170
4. A teoria do risco 171
   4.1 As várias concepções da teoria do risco................ 171
5. Responsabilidade objetiva por abuso de direito 172

CAPÍTULO 19 – LIQUIDAÇÃO DE DANOS............................. 173

1. O princípio da reparação integral dos danos 173
2. Legitimados a postular a indenização 173
3. Pessoas obrigadas a reparar o dano 175
4. Liquidação de danos por cobrança indevida................ 175

PARTE 4 – **TEORIA GERAL DOS CONTRATOS**

CAPÍTULO 20 – NOÇÕES INTRODUTÓRIAS E PRINCÍPIOS CONTRATUAIS... 181

1. O contrato como negócio jurídico 181
2. Conceito de contrato.................................. 181

3. O contrato como fonte das obrigações 182

4. A principiologia clássica 182

5. A teoria preceptiva.. 182

    5.1 O princípio da autonomia privada e os seus subprincípios.... 183

6. A obrigatoriedade contratual (o *pacta sunt servanda*)..................... 184

7. A função social dos contratos.. 184

    7.1 A Lei da Liberdade Econômica (Lei nº 13.874/2019) 185

    7.2 O subprincípio da conservação ou preservação dos con-
         tratos 186

8. A boa-fé objetiva 187

    8.1 Boa-fé objetiva × boa-fé subjetiva..................................... 187

    8.2 As funções da boa-fé objetiva 187

    8.3 Teorias que decorrem da boa-fé objetiva 189

9. A justiça contratual 192

CAPÍTULO 21 – CLASSIFICAÇÃO DOS CONTRATOS......................... 195

1. Quanto ao momento do aperfeiçoamento do contrato.................. 195

2. Quanto às formalidades exigidas 195

3. Quanto às obrigações das partes... 196

4. Quanto ao sacrifício patrimonial sofrido...................................... 196

5. Quanto à previsão legal 197

6. Quanto ao tempo de excução ou momento do cumprimento...... 197

7. Quanto à pessoalidade.. 198

8. Quanto à independência 198

9. Quanto ao modo de elaboração ou discussão das partes acerca
    do conteúdo do contrato 198

10. Quanto aos riscos... 200

CAPÍTULO 22 – A FORMAÇÃO DOS CONTRATOS............................ 202

1. Das negociações preliminares ou fase da puntuação 202

2. Fase da proposta 203

3. Fase da aceitação.. 204

4. Lugar de celebração do contrato... 206

CAPÍTULO 23 – O CONTRATO PRELIMINAR................................... 208

1. Os requisitos do contrato preliminar.. 208

2. A ausência de cláusula de arrependimento.................................... 208

3. Espécies de contrato preliminar... 209

4. O registro da promessa 209

CAPÍTULO 24 – EXCEÇÕES AO PRINCÍPIO DA RELATIVIDADE DOS EFEITOS.. **211**

1. Estipulação em favor de terceiro 211

2. Promessa de fato de terceiro... 212

3. Contrato com pessoa a declarar (arts. 467 a 471, CC) 213

CAPÍTULO 25 – DOS VÍCIOS REDIBITÓRIOS...................................... **215**

1. As sistemáticas existentes no código civil e no Código de Defesa do Consumidor... 215

2. Um conceito genérico para os vícios redibitórios 215

3. Os vícios redibitórios pelo Código Civil... 216

    3.1   O defeito na coisa... 216

    3.2   Os efeitos do vício 217

    3.3   Prazo decadencial para o ajuizamento das ações edilícias.... 218

4. Os vícios do produto ou serviço pelo Código de Defesa do Consumidor... 219

CAPÍTULO 26 – DA EVICÇÃO... **223**

1. Compreendendo a evicção... 223

2. A exigência do contrato oneroso.. 223

3. A possibilidade da proteção incidente nas aquisições em hasta pública.. 224

4. As consequências da evicção 224

5. A evicção como causa impeditiva da prescrição............................ 225

6. A cláusula de reforço, diminuição e exclusão da garantia. a cláusula de assunção ou ciência do risco 225

7. As manifestações da perda (total ou parcial) e as suas consequências.. 226

8. A deterioração ou benfeitoria no objeto da evicção....................... 226

CAPÍTULO 27 – EXTINÇÃO DOS CONTRATOS.................................... **230**

1. Forma normal ou natural de extinção dos contratos....................... 230

2. Extinção do contrato por fatos anteriores ou contemporâneos à sua celebração 230

2.1   A invalidade contratual.. 230

2.2   Cláusula resolutiva.. 231

2.3   Cláusula de arrependimento 232

3. Extinção do contrato por fatos posteriores à sua celebração 232

4. Extinção do contrato por morte.. 233

5. As diversas acepções da palavra "rescisão"............................ 233

6. A exceção do contrato não cumprido (*exceptio non adimpleti contractus*) 234

7. A *exceptio non rite adimpleti contractus*.............................. 234

8. A cláusula *solve et repete*... 234

9. Visão topográfica das manifestações extintivas de um contrato.... 235

CAPÍTULO 28 – A REVISÃO DOS CONTRATOS NO CC E NO CDC..... 238

1. A cláusula *rebus sic stantibus*... 238

2. Teorias aplicáveis quando da onerosidade excessiva.................. 238

2.1   A teoria da imprevisão 238

2.2   A teoria da quebra da base objetiva do negócio jurídico..... 240

PARTE 5 – **DIREITO DAS COISAS**

CAPÍTULO 29 – INTRODUÇÃO AO ESTUDO DO DIREITO DAS COISAS ... 245

1. Polêmica terminológica: direito das coisas ou direitos reais?....... 245

2. Teorias acerca dos direitos reais.. 245

2.1   Teoria realista ou clássica 245

2.2   Teoria personalista.. 245

3. Direitos reais × direitos pessoais de cunho patrimonial (direitos obrigacionais)... 246

4. Institutos de natureza híbrida 247

4.1   Obrigação *propter rem* ou obrigação real...................... 247

4.2   Obrigações com eficácia real.. 247

4.3   Ônus real.. 247

5. Uma classificação necessária acerca dos direitos reais 248

CAPÍTULO 30 – DA POSSE.. 251

1. Teorias explicativas da posse 251

1.1   Teoria subjetiva da posse de Savigny............................. 251

    1.2   Teoria objetiva da posse de Ihering.................................. 251

    1.3   Teorias sociológicas da posse 252

2. Natureza jurídica da posse... 253

3. Classificação da posse 254

    3.1   Desdobramento da posse: posse indireta e posse direta..... 254

    3.2   Posse exclusiva e composse.. 255

    3.3   Posse justa e posse injusta.. 255

    3.4   Posse de boa-fé e posse de má-fé 256

    3.5   Posse nova e posse velha 258

    3.6   Posse natural e posse civil ou jurídica 258

    3.7   Posse *ad interdicta* e posse *ad usucapionem* 258

4. Detenção... 258

    4.1   Hipóteses de detenção.. 259

5. Aquisição da posse. o constituto possessório 261

6. Efeitos da posse 262

    6.1   Direito aos frutos 262

    6.2   Responsabilidade pela perda ou deterioração da coisa........ 263

    6.3   Direito às benfeitorias.. 263

    6.4   Direito à usucapião 264

    6.5   Direito à autotutela ou autodefesa 264

    6.6   Direito às ações possessórias.. 265

CAPÍTULO 31 – NOÇÕES INTRODUTÓRIAS DA PROPRIEDADE......... **268**

1. Conceituação e elementos constitutivos da ação reivindicatória 268

2. A inafastável função social 269

3. A abrangência da propriedade 270

4. Espécies de propriedade 270

5. Principais atributos ou características do direito de propriedade.... 271

6. Desapropriação judicial indireta... 272

7. Da descoberta 274

8. Modos aquisitivos da propriedade imóvel 274

CAPÍTULO 32 – DA USUCAPIÃO... **278**

1. Etimologia e conceito... 278

2. Usucapião: modo originário de se adquirir a propriedade............. 279

3. A coisa hábil a ser usucapida (*res habilis*)..................................... 279

4. Modalidades de usucapião de bens imóveis..................................... 280
   4.1   Usucapião extraordinária.. 280
   4.2   Usucapião ordinária.. 281
   4.3   Usucapião constitucional ou especial 283
   4.4   Usucapião familiar ou usucapião por abandono de lar 286
   4.5   Usucapião indígena.. 288
5. Observações importantes acerca da usucapião 289

CAPÍTULO 33 – DO REGISTRO... 297
1. Notas introdutórias.. 297
2. Sistemas afetos à aquisição da propriedade imobilária 297
   2.1   Sistema alemão.. 297
   2.2   Sistema francês.. 297
   2.3   Sistema romano 297
3. A presunção relativa de propriedade gerada pelo registro 298
4. Princípios que regem o ato registral 298

CAPÍTULO 34 – DA ACESSÃO.. 303
1. Delimitando a acessão e suas modalidades 303
2. Acessão natural (arts. 1.249 a 1.252, CC)................................... 303
3. Acessão artificial (arts. 1.253 a 1.259, CC)................................. 304

CAPÍTULO 35 – MODOS AQUISITIVOS DA PROPRIEDADE MÓVEL 309
1. Da usucapião de bens móveis... 309
2. Da ocupação 310
3. Do achado de tesouro (arts. 1.264 a 1.266, CC) 310
4. Tradição (arts. 1.267 e 1.268, CC)... 310
5. Especificação (arts. 1.269 a 1.271, CC) 311
6. Confusão/comistão/adjunção (arts. 1.272 a 1.274, CC) 311
7. Perda da propriedade 312

CAPÍTULO 36 – DOS DIREITOS E VIZINHANÇA 315
1. Notas introdutórias.. 315
2. Do uso anormal da propriedade 315
3. Árvores limítrofes... 316
4. Da passagem forçada 317

5. Passagem de cabos e tubulações.. 317
6. Águas 317
7. Dos limites entre prédios e do direito de tapagem 319
8. Do direito de construir 320

CAPÍTULO 37 – DO CONDOMÍNIO GERAL... 326
1. Classificação de condomínio... 326
2. Espécies de condomínio disciplinadas no Código Civil 327
3. Direitos e deveres dos condôminos (arts. 1.314 a 1.320, CC)....... 327
4. Divisão do condomínio... 328
5. Administração do condomínio (arts. 1.323 a 1.325, CC) 328

CAPÍTULO 38 – DO CONDOMÍNIO EDILÍCIO 331
1. Introdução.. 331
2. Natureza jurídica do condomínio edilício...................................... 331
3. Condomínio edilício. Caracterização... 331
4. Instituição e constituição do condomínio....................................... 332
5. Direitos e deveres dos condôminos 333
6. Obras no condomínio 334
7. A Lei nº 14.309/2022 e a realização de assembleias virtuais em
   condomínios edilícios e sessão permanente de condôminos........ 334
8. O condomínio de lotes 336
9. O loteamento de acesso controlado.. 338
10. O condomínio urbano simples 338

CAPÍTULO 39 – DA MULTIPROPRIEDADE OU *TIME SHARING*............ 343
1. A Lei nº 13.777/2018 e a multipropriedade imobiliária 343
2. Disciplina legal e definição.. 343
3. Multipropriedade: direito real sobre coisa própria 344
4. Dos direitos e deveres do multiproprietário 344
5. A alienação da unidade periódica.. 345
6. O objeto da multipropriedade 346
7. A multipropriedade em unidade autônoma de condomínio edilício... 346
8. Fração de tempo.. 348
9. A instituição e a administração da multipropriedade...................... 348

10. A penhorabilidade da unidade periódica e a impenhorabilidade dos móveis que a guarnecem 350

11. Do inadimplemento das obrigações por parte do multiproprietário... 350

12. A previsão de renúncia translativa na lei...................................... 351

CAPÍTULO 40 – DA PROPRIEDADE FIDUCIÁRIA E DA PROPRIEDADE RESOLÚVEL 355

CAPÍTULO 41 – DOS DIREITOS REAIS DE GARANTIA 358

1. Distinções necessárias.. 358

2. Regras gerais 358

3. Efeitos dos direitos reais de garantia............................ 359

4. Vencimento antecipado da dívida.................................. 360

5. Vedação ao pacto comissório real 360

6. Garantia real prestada por terceiro............................... 361

7. Penhor... 361

   7.1 Espécies de penhor 361

   7.2 Direitos e deveres do credor pignoratício 363

   7.3 Extinção do penhor 363

8. Hipoteca... 364

   8.1 Objeto da hipoteca.. 364

   8.2 Algumas espécies de hipoteca.................................. 364

   8.3 Alienação de bem hipotecado 365

   8.4 Pluralidade de hipotecas.. 365

   8.5 Do recarregamento da hipoteca ou "refil" da hipoteca 366

   8.6 Direito de remição.. 366

   8.7 Extinção da hipoteca 367

9. Anticrese 367

CAPÍTULO 42 – DIREITO REAL DE LAJE.................................. 372

1. Introdução.. 372

2. Natureza jurídica... 372

3. Características e efeitos... 373

4. A aquisição do direito real de laje................................. 374

5. A extinção da laje em virtude da ruína da construção-base......... 374

6. Reflexo no âmbito processual.. 375

CAPÍTULO 43 – A FAMÍLIA CONSTITUCIONALIZADA 377

CAPÍTULO 44 – PRINCÍPIOS DO DIREITO DE FAMÍLIA 379

1. Princípio da dignidade da pessoa humana 379
2. Princípio da solidariedade 380
3. Princípio da pluralidade das entidades familiares 380
4. Princípio da igualdade entre cônjuges e companheiros 380
5. Princípio da igualdade entre os filhos 381
6. Princípio do melhor interesse da criança ou adolescente 381
7. Princípio da não intervenção ou proibição de interferência 381
8. Princípio da monogamia 381
9. Princípio da afetividade 382
10. Princípio da função social 382
11. Princípio da boa-fé objetiva 383

CAPÍTULO 45 – DO CASAMENTO 385

1. Introdução 385
2. A natureza jurídica do casamento 385
3. Causas impeditivas do casamento 385
4. Causas suspensivas do casamento 387
5. Pressupostos do casamento 388
   5.1 Do casamento nulo 390
   5.2 Do casamento anulável 391
   5.3 O casamento da pessoa com deficiência após a entrada em vigor do Estatuto da Pessoa com Deficiência 394
6. Do casamento putativo 396
7. Do processo de habilitação para o casamento 396
8. Da celebração do casamento 397
9. Da possibilidade de suspensão da celebração do casamento 398
10. Formas especiais de realizar o casamento 398
    10.1 Casamento celebrado em caso de moléstia grave 398
    10.2 Casamento nuncupativo 398
    10.3 Casamento por procuração 399
11. Das provas do casamento 400

12. Dos efeitos do casamento.. 401

    12.1 Os deveres conjugais... 402

CAPÍTULO 46 – DA DISSOLUÇÃO DA SOCIEDADE E DO VÍNCULO CONJUGAL 408

1. Generalidades sobre a manutenção de um sistema dualista 408

2. Necessárias conclusões advindas com a EC nº 66/2010 409

3. Comparação entre a separação e o divórcio.................................. 409

CAPÍTULO 47 – REGIME DE BENS... 411

1. Visão topográfica e relevantes premissas acerca do tema........... 411

2. O regime de separação obrigatória de bens (regime da separação de bens legal ou cogente) 413

    2.1 A Súmula nº 377 do STF 415

    2.2 Diferenciando a separação obrigatória da separação convencional de bens.. 416

    2.3 A doação entre cônjuges casados sob o regime de separação obrigatória de bens 416

3. O regime da separação convencional de bens 416

4. O regime de comunhão parcial de bens... 417

    4.1 Bens e obrigações que serão excluídos do regime de comunhão parcial 417

    4.2 O que se comunica no regime de comunhão parcial de bens... 419

    4.3 Quanto à administração dos bens no regime de comunhão parcial.. 420

5. O regime de comunhão universal de bens 421

6. O regime de participação final nos aquestos................................. 422

7. Regras finais acerca dos regimes de bens.................................... 424

8. A vênia conjugal 424

9. A administração dos bens diante da impossibilidade de exercício por um dos cônjuges 427

CAPÍTULO 48 – DA UNIÃO ESTÁVEL... 428

1. A união estável e o abandono de designações discriminatórias... 428

2. Parâmetros para a configuração da união estável......................... 428

3. Os efeitos da união estável.. 429

4. A conversão da união estável em casamento 431

CAPÍTULO 49 – DAS RELAÇÕES DE PARENTESCO 432

1. O que é o parentesco e como ele se manifesta 432
2. Da filiação 433
3. Do reconhecimento dos filhos 437
4. Da adoção 440
   4.1 Classificação 440
   4.2 O que é a adoção? 442
   4.3 Requisitos para que ocorra a adoção 442
   4.4 Estágio de convivência 444
   4.5 Efeitos da adoção 444
   4.6 As listas de adoção 445

CAPÍTULO 50 – DO PODER FAMILIAR 447

1. Notas introdutórias 447
2. O conteúdo do poder familiar e a lei da palmada 448
3. Da extinção, suspensão e perda do poder familiar 449
4. Da alienação parental 451

CAPÍTULO 51 – DOS ALIMENTOS 457

1. Notas introdutórias 457
2. A fixação dos alimentos e as partes envolvidas 458
3. Características dos alimentos 460
4. A possibilidade de levantamento de saldo de conta vinculada ao FGTS e a possibilidade de incidência de pensão alimentícia sobre o 13º salário e o terço de férias 465
5. Alimentos gravídicos 465
6. Classificações dos alimentos 466
   6.1 Quanto à causa jurídica ou fonte 466
   6.2 Quanto à natureza ou extensão 467
   6.3 Quanto à finalidade 467
   6.4 Quanto ao momento em que são reclamados 468
   6.5 Quanto à forma do pagamento 468
7. A possibilidade de prisão civil do devedor de alimentos e a Súmula nº 309 do STJ. A possibilidade de inscrição do nome do devedor de alimentos em cadastro de proteção ao crédito 468
8. Extinção da obrigação de alimentos 469

CAPÍTULO 52 – DA TUTELA, DA CURATELA, DA TOMADA DE DECISÃO APOIADA E DA GUARDA 473

1. Da tutela 473

    1.1 Formas ordinárias de tutela.. 474

    1.2 Formas especiais de tutela.. 475

    1.3 Daqueles que não podem ser tutores 475

    1.4 Das pessoas dispensadas de prestar tutela...................... 476

    1.5 Do exercício da tutela.. 477

    1.6 Da cessação da tutela... 480

2. Da curatela 480

3. Da tomada de decisão apoiada 484

4. Da guarda 484

PARTE 6 – **DIREITO DAS SUCESSÕES**

CAPÍTULO 53 – VISÃO GERAL DO DIREITO SUCESSÓRIO.................. 493

1. Introdução.. 493

2. Classificações de sucessão... 494

    2.1 Quanto à fonte do direito sucessório 494

    2.2 Quanto aos efeitos da sucessão.. 495

3. Sucessores 496

    3.1 Herdeiros testamentários ou instituídos 496

    3.2 Herdeiros legítimos 497

    3.3 Legatários.. 497

4. A herança e seus limites 497

    4.1 Características da herança 498

    4.2 As forças da herança 499

    4.3 Administração da herança 499

5. Abertura da sucessão 500

    5.1 O *Droit de Saisine*.. 500

    5.2 Local da abertura da sucessão.. 500

6. Vocação hereditária... 501

    6.1 Hipóteses de falta de legitimidade para a sucessão testamentária 501

7. Aceitação da herança... 502

    7.1   Características da aceitação 502
    7.2   Espécies de aceitação 502
  8.   Renuncia à herança 503
    8.1   Modalidades de renúncia 503
    8.2   Efeitos da renúncia 503

CAPÍTULO 54 – DA EXCLUSÃO POR INDIGNIDADE E DA DESERDAÇÃO... 506
  1.   Da exclusão por indignidade 506
  2.   Da deserdação 507

CAPÍTULO 55 – DA HERANÇA JACENTE E DA PETIÇÃO DE HERANÇA.... 509
  1.   Da herança jacente 509
  2.   Da petição de herança 510

CAPÍTULO 56 – A SUCESSÃO LEGÍTIMA 512
  1.   Introdução 512
  2.   A sucessão dos descendentes 512
  3.   A sucessão dos ascendentes 515
  4.   A sucessão do cônjuge e do companheiro 517
  5.   A sucessão dos colaterais 518

CAPÍTULO 57 – DA SUCESSÃO TESTAMENTÁRIA 521
  1.   Introdução 521
  2.   Modalidades de testamentos 521
    2.1   Das formas ordinárias de testamento 522
    2.2   Dos testamentos especiais 523
  3.   Codicilo 523
  4.   Da revogação do testamento 524
  5.   Do rompimento do testamento 524

Para otimizar ainda mais seus estudos, consulte o Ambiente Virtual desta coleção com **Dicas, Gabarito do exame anterior, questões para treino, videoaulas, artigos** e conteúdos extras. Instruções de acesso na orelha da capa.

PARTE 1
INTRODUÇÃO E PARTE GERAL

Capítulo 1

Noções Básicas como Ponto de Partida para a Compreensão do Direito Civil

1. A DIVISÃO DO DIREITO E A CONSTITUCIONALIZAÇÃO DO DIREITO CIVIL

O direito objetivo, para a doutrina tradicional, divide-se em direito público e direito privado. Há muito se entende que o direito público se prende aos interesses do Estado, e o direito privado aos interesses dos particulares. Entretanto, com a evolução do Direito, enfraqueceu-se a setorização estanque dos dois ramos, o que induz a fervorosas discussões ainda hoje, sobretudo com a constitucionalização do Direito Civil, ramo este que classicamente pertence ao direito privado.

> **Atenção**
>
> Essencial tornou-se a releitura do Direito Civil com base nas diretrizes traçadas na Constituição. Somente o espírito da *Lex Fundamentallis* poderá ter o condão de promover uma interpretação razoável e condizente com os reais propósitos de um Estado Democrático de Direito.

2. OS DIREITOS FUNDAMENTAIS E AS RELAÇÕES PRIVADAS

Viceja no ordenamento jurídico brasileiro a tese da eficácia horizontal dos direitos fundamentais. É clara a noção de que os direitos fundamentais chegam a um ordenamento jurídico para se evitarem excessos do Poder Público em relação aos particulares. Isso seria a eficácia vertical dos direitos fundamentais, de tal modo a proteger os governados por abusos praticados pelos seus governantes.

Todavia, no pós-positivismo jurídico, essa questão se alarga. Diante do silêncio constitucional acerca de em face de quem os direitos fundamentais podem ser opostos, amplia-se a ideia de que tais direitos somente existiriam para proteger as liberdades individuais e proteger os particulares contra as ingerências estatais na vida privada. Atualmente, a ideia que prevalece é a de que os direitos fundamentais também poderão ser opostos aos próprios particulares, sejam pessoas naturais ou jurídicas, isto é, os direitos fundamentais devem ser aplicados às relações privadas. Manifestações do STF de reconhecimento da eficácia horizontal dos direitos fundamentais:

✓ RE 160.222 – 8: concluiu-se como constrangimento ilegal a revista íntima de mulheres em uma fábrica de lingerie;

✓ RE 158.215 – 4: abordou a exclusão de associado sem direito de defesa;

✓ RE 161.243 – 6: tratou da discriminação experimentada por empregado brasileiro em face de empregado francês na empresa aérea *Air France*, considerando que realizavam tarefas idênticas.

3. DIRETRIZES BÁSICAS QUE ORIENTAM O CÓDIGO CIVIL DE 2002

O CC/2002 divide-se em duas partes: a geral e a especial, ambas divididas em livros. Além disso, há um livro complementar que trata das disposições finais e transitórias.

A parte geral é composta por três livros em que se encontra a previsão acerca das pessoas, dos bens e dos fatos jurídicos. A parte especial, formada por cinco livros, contém o direito das obrigações, o direito de empresa, o direito das coisas, o direito de família e o direito das sucessões.

Em uma visão global, deve-se atentar para as diretrizes que orientam o CC/2002: a eticidade, a sociabilidade e a operabilidade.

✓ Eticidade: busca introduzir valores éticos no ordenamento jurídico. Esses valores éticos penetraram nas relações civis por meio de aberturas proporcionadas pelas cláusulas gerais. Exemplos de cláusulas gerais podem ser encontrados nos arts. 113, 187, 422 e 1.511 do CC/2002.

✓ Socialidade: se opõe ao individualismo que impregnou o CC/1916. Exalta-se a proteção social, como se constata nos arts. 421, 423, 2.035, parágrafo único, do CC/2002.

✓ Operabilidade: ultrapassa uma época de extremo apego à estética linguística para alcançar o verdadeiro desiderato da norma. Afasta-se das complexidades e rebuscamentos redacionais, buscando a efetividade. Constata-se, por exemplo a operabilidade na técnica empregada pelo legislador do CC/2002 para distinguir a prescrição da decadência.

EM RESUMO:

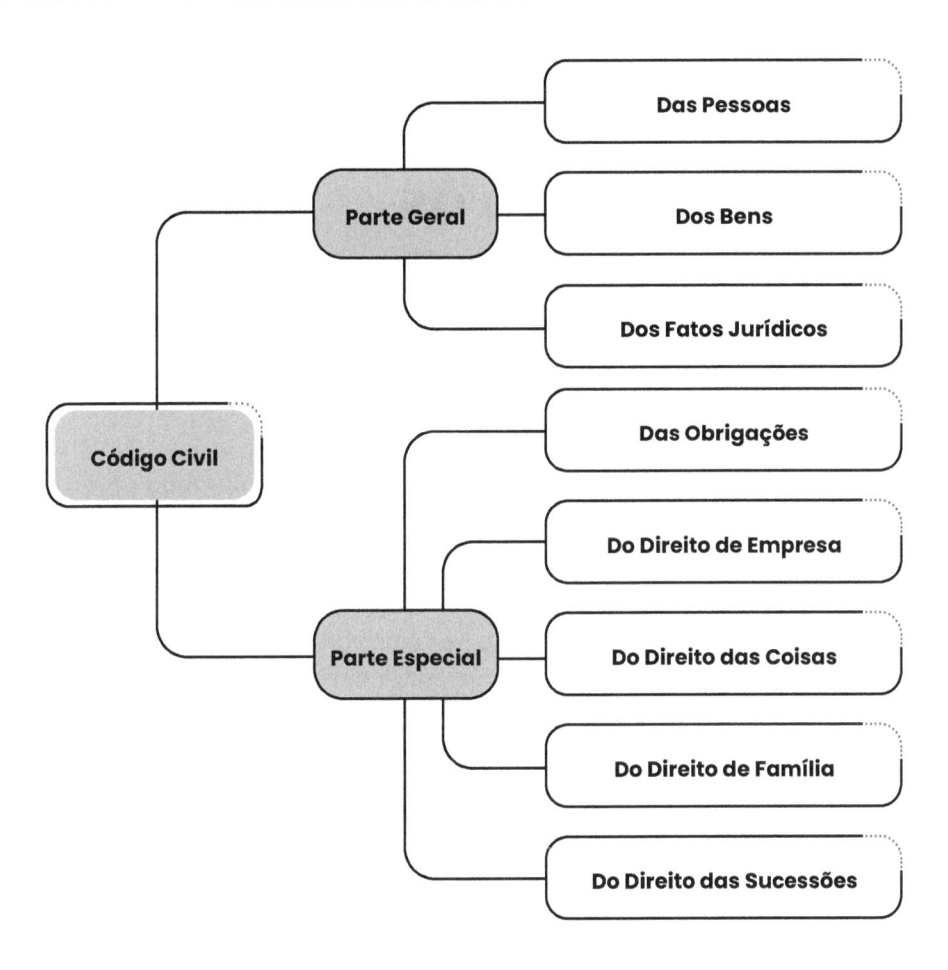

Capítulo 2

Lei de Introdução às Normas do Direito Brasileiro

1. OBJETO E NATUREZA JURÍDICA DA LINDB

A Lei de Introdução às Normas do Direito Brasileiro (LINDB) é considerada norma de sobredireito ou de apoio, o que quer dizer que busca disciplinar a aplicação das normas. Desse modo, a LINDB cuida de critérios de vigência e eficácia das leis, do conflito de leis no tempo e no espaço, de critérios de integração do ordenamento jurídico e, ainda, de normas de direito internacional privado nos arts. 7º a 19. Em seus arts. 20 a 30 apresenta regras sobre segurança jurídica e eficiência na criação e na aplicação do Direito Público. Portanto, os novos artigos dizem respeito a questões afetas ao Direito Público, como o Direito Administrativo, Financeiro, Orçamentário e Tributário. Quanto a natureza jurídica da LINDB, trata-se de lei ordinária, uma vez que foi criada sob a forma de decreto-lei, espécie legislativa que, nos termos das Constituições que a admitiam, tinha força de lei ordinária.

2. CLASSIFICAÇÃO DAS LEIS

2.1 Quanto à obrigatoriedade

a) **Leis Cogentes ou Injuntivas**: são as leis de ordem pública, possuindo, por isso, caráter obrigatório. Possuem força cogente, isto é, que coage, que obriga ao seu cumprimento. Podem ser imperativas, pois impõem uma determinada conduta, ou proibitivas, por proibirem um determinado comportamento.

b) **Leis Dispositivas ou Supletivas:** são as leis que deixam ao alvedrio das partes as suas respectivas condutas. Assim, se as partes podem dispor em contrário, somente na hipótese de as partes não estipularem diversamente é que essas leis serão aplicáveis.

2.2 Quanto à natureza

a) **Leis Materiais ou Substantivas:** são as leis de fundo, de direito material. Exemplo: o Código Civil.

b) **Leis Processuais ou Adjetivas:** são as que disciplinam o processo. Exemplo: o Código de Processo Civil.

2.3 Quanto ao autorizamento (ou intensidade da sanção)

a) **Leis perfeitas:** a violação dessas leis autoriza a invalidade (nulidade ou anulabilidade) do ato jurídico apenas.

b) **Leis mais que perfeitas:** são as leis que em caso de violação autorizam a imposição da nulidade do ato e, também, a aplicação de uma pena criminal.

c) **Leis menos que perfeitas:** são as leis que em caso de violação autorizam a imposição de uma sanção ao transgressor, porém o ato será considerado válido.

d) **Leis imperfeitas:** são as leis que não autorizam qualquer sanção em hipótese de violação. Não são consideradas normas propriamente ditas, mas, sim, mera recomendação.

3. VIGÊNCIA DAS LEIS

A lei em seu próprio texto poderá trazer quando entrará em vigor, isto é, quando começará a produzir efeitos. Caso a própria lei não estipule, a LINDB em seu art. 1º, *caput,* estipula que: "Salvo disposição em contrário, a lei começa a vigorar em todo o País 45 (quarenta o cinco) dias depois de oficialmente publicada". Desse modo, se a lei não dispuser de prazo para a sua entrada em vigor, o prazo será de 45 dias contados de sua publicação, uma vez que toda lei deve ser publicada pela Imprensa Oficial.

Importante perceber que o *caput* do art. 1º traz o sistema do prazo de vigência único ou sincrônico, ou simultâneo, pelo qual a lei entra em vigor de uma só vez em todo o país.

> **Atenção**
>
> No exterior, a obrigatoriedade da lei brasileira, quando admitida, geralmente no que se refere às atribuições de ministros, embaixadores, cônsules e convenções de Direito Internacional, inicia-se 3 meses depois de oficialmente publicada (art. 1º, § 1º, LINDB).

> **Importante**
>
> Vale notar que o art. 1º da LINDB não foi revogado pelo art. 8º da LC nº 95/98, que estabelece: "A vigência da lei será indicada de forma expressa e de modo a contemplar prazo razoável para que dela se tenha amplo conhecimento, reservada a cláusula 'entra em vigor na data de sua publicação' para as leis de pequena repercussão". Por essa lei complementar, o legislador apenas demonstra o seu afeto pela forma expressa de constar prazo razoável para entrada em vigor da lei nova. Porém, se nada dispuser o legislador na lei nova, aplicar-se-á o prazo de 45 dias previsto na LINDB.

4. VACÂNCIA DA LEI OU *VACATIO LEGIS*

Vacância da lei, também conhecida por *vacatio legis*, é o período entre a publicação da lei e a sua entrada em vigor. O objetivo da *vacatio legis* é fazer com que os destinatários da lei tomem conhecimento da futura lei que entrará em vigor e com ela se familiarizem para bem cumpri-la. Em regra, não é obrigatório que as leis possuam um prazo de *vacatio legis*. É possível, portanto, que as leis entrem em vigor na data de sua publicação.

5. LEI COM INCORREÇÕES OU ERROS MATERIAIS

Caso a lei tenha sido publicada, porém não tenha ainda entrado em vigor e tenha sido detectado alguma incorreção ou erro material, a lei poderá ser corrigida, sem necessidade de uma nova lei. Haverá nova publicação da lei e reiniciar-se-á o prazo da *vacatio legis*. Essa possibilidade de republicação da lei só é admitida para as hipóteses de imperfeições ortográficas ou gramaticais. Em caso de mudança de conteúdo da lei, não é possível se prescindir de nova lei.

Se a lei já tiver entrado em vigor, ainda que a correção se volte apenas para erros materiais, mostra-se imprescindível a elaboração de uma nova lei – a lei corretiva –, que será publicada e entrará em vigor posteriormente.

6. PRINCÍPIOS INFORMADORES DA EFICÁCIA DAS LEIS

✓ **Princípio da obrigatoriedade das leis:** uma vez em vigor a lei, essa se torna obrigatória a todos os seus destinatários, os quais não poderão alegar o seu desconhecimento.

✓ **Princípio do *iura novit curia*:** estabelece que o juiz é conhecedor do Direito. Assim, não se faz necessário à parte interessada provar a existência de determinada lei.

As exceções a esse princípio são: o direito estrangeiro, estadual, municipal e con-suetudinário.

✓ **Princípio da continuidade das leis**: uma lei produz seus efeitos até que outra a revogue ou a modifique. Não é possível a revogação da lei por desuso, decisão judicial ou ato administrativo. Exceção é feita no que diz respeito à lei temporária, ou seja, aquela lei que já traz em seu texto o prazo de sua vigência. Findo este, au-tomaticamente a lei já estará revogada, não sendo necessário, neste caso, outra lei que a revogue.

7. REVOGAÇÃO DA LEI

Revogação é o ato pelo qual se busca a cessação da vigência de uma lei, por inter-médio de outra lei. Ab-rogação é a revogação total da lei anterior pela nova lei. Der-rogação é a revogação parcial da lei anterior pela nova lei, de modo que parte da lei anterior continuará em vigor.

Além disso, a revogação poderá ser expressa ou tácita. A revogação expressa ocorre quando a nova lei expressamente dispõe quais são as leis anteriores ou os seus dispositivos que estão sendo revogados. Já a revogação tácita é aquela que ocorre quando a lei revogadora, embora não exponha expressamente quais são as leis ou os seus dispositivos que estão sendo revogados, o seu texto se mostra incom-patível com o texto da lei anterior, ou então, regula inteiramente matéria tratada por outra lei.

8. REPRISTINAÇÃO

Repristinação é a restauração da vigência de uma lei anteriormente revogada, em razão da revogação da lei anterior. Admite-se, excepcionalmente, a repristinação em nosso ordenamento desde que seja mencionada expressamente. Consideremos o exemplo a seguir: A Lei 1 que tratava de determinada matéria foi revogada pela Lei 2. Posteriormente a Lei 2 foi revogada pela Lei 3. Em razão deste último fato, pergunta-se: a Lei 1, que foi revogada em virtude da Lei 2, voltará a viger? A resposta será sim, se a Lei 3 dispuser expressamente que a Lei 1 voltará a viger, caso contrário, se nada dispuser, a Lei 1 não voltará a viger, pois a repristinação tácita não é admitida. Assim, o § 3° do art. 2° da LINDB dispõe que: "Salvo disposição em contrário, a lei revogada não se restaura por ter a lei revogadora perdido a vigência".

9. INTEGRAÇÃO DO ORDENAMENTO JURÍDICO

É absolutamente impossível que o legislador preveja todos os fatos que poderão ocorrer na vida das pessoas. Desse modo, não que o Direito seja lacunoso, pois o Direito não se manifesta apenas pela lei, mas a lei poderá assim ser considerada.

Diante da possibilidade de o legislador não ter atentado para determinados fatos que poderão acontecer na vida de uma pessoa, o art. 4º da LINDB dispõe: "Quando a lei for omissa, o juiz decidirá o caso de acordo com a analogia, os costumes e os princípios gerais de direito".

Esse dispositivo decorre do princípio da indeclinabilidade da jurisdição, que impõe como dever do juiz decidir o caso concreto, ainda que não haja lei a respeito. Portanto, integrar é preencher lacunas eventualmente deixadas pelo legislador. Nessa esteira, o art. 140 do CPC/2015 também estabelece: "O juiz não se exime de decidir sob a alegação de lacuna ou obscuridade do ordenamento jurídico".

A LINDB traz como mecanismos de integração do ordenamento jurídico a analogia, os costumes e os princípios gerais de direito.

✓ Analogia: consiste em aplicar uma lei semelhante existente a um caso concreto que não possua lei disciplinadora específica.

✓ Costumes: trata-se da repetição de um ato ou comportamento que se impõe pela crença de sua obrigatoriedade.

✓ Princípios gerais do direito: embora o art. 4º da LINDB mencione a aplicação dos princípios gerais do direito em último lugar, em tom que induz à conclusão de que tais princípios deverão ser aplicados somente em hipótese de esgotadas as possibilidades de uso da analogia e dos costumes – e esse é o entendimento da doutrina tradicional –, não se pode jamais esquecer que, na realidade, os princípios são a base de toda a construção e aplicação do ordenamento jurídico. Desse modo, não há que se falar, com base no art. 4º da LINDB, que a aplicação de tal princípio se mostra pertinente somente como *ultima ratio*. A colmatação proposta, na verdade, não encontra nos princípios um mero "estepe", que, por vezes, pode se mostrar útil. Ao revés, os princípios são a base de todo o ordenamento jurídico e, por assim dizer, todo o sistema legal encontra assento nos princípios.

A equidade, embora não mencionada no art. 4º da LINDB, vem como viés inolvidável quando se trata da integração do ordenamento jurídico. É certo que o ordenamento jurídico não dispõe da equidade para aplicação indistinta e desordenada, tanto é que o parágrafo único do art. 140 do CPC/2015 desponta: "O juiz só decidirá por equidade nos casos previstos em lei". Mas, de igual modo, a equidade é recurso fornecido ao julgador no exercício de sua atividade judicante. A equidade nos induz a um raciocínio análogo ao de justiça. Alguns exemplos de situações em que o magistrado poderá aplicar esse quarto mecanismo de integração – a equidade – dentro do CC/2002 estão nos arts. 413, 738, parágrafo único, e 944, parágrafo único.

> ### Importante
>
> O parágrafo único do art. 140 do CPC/2015, ao impor que o Juiz só decidirá por equidade nos casos em que a lei autoriza, busca, por meio de tal preceito, impedir a substituição da lei por critérios pessoais de justiça. É claro, contudo, que não se busca impedir o alcance da justiça no caso concreto, tendo em vista a relevância do art. 5º da LINDB, que, de igual modo, dispõe que o juiz, ao aplicar a lei, deverá atender aos fins sociais e às exigências do bem comum, o que tangencia o ideal de justiça que deverá nortear as decisões.

10. CONFLITO DE LEIS NO TEMPO

Caso um fato tenha ocorrido sob a égide de uma lei e, logo em seguida, entre em vigor outra lei, qual das duas leis (a da época do fato ou a que está em vigor) deverá ser aplicada se o fato está sendo discutido sob a égide da lei atual? Estamos diante de um caso típico de conflito de leis no tempo. Acerca do problema, a LINDB forneceu algumas instruções em seu art. 6º, que apresenta a seguinte redação: "A lei em vigor terá efeito imediato e geral, respeitados o ato jurídico perfeito, o direito adquirido e a coisa julgada". Em estreita sintonia com esse artigo da LINDB, a Constituição Federal de 1988 estabeleceu em seu art. 5º, XXXVI, que "a lei não prejudicará o direito adquirido, o ato jurídico perfeito e a coisa julgada".

O *caput* do art. 6º traz o princípio da irretroatividade, estabelecendo que, em se tratando de ato jurídico perfeito, direito adquirido e coisa julgada, não pode a lei nova retroagir. Urge compreender, então, o alcance das exceções.

O § 1º do art. 6º da LINDB estabelece que se reputa "ato jurídico perfeito o já consumado segundo a lei vigente ao tempo em que se efetuou". Por ato jurídico perfeito deve ser aplicada a interpretação mais ampla, a englobar tanto o ato jurídico em sentido estrito, como o negócio jurídico.

O § 2º do art. 6º da LINDB dispõe que se consideram "adquiridos assim os direitos que o seu titular, ou alguém por ele, possa exercer, como aqueles cujo começo de exercício tenha término pré-fixo, ou condição preestabelecida inalterável, a arbítrio de outrem". Trata-se, em poucas palavras, dos direitos que já foram concretizados, pois seu titular atendeu a todos os requisitos exigidos para tanto, porém ainda não o desfrutou, não o usufruiu. Releva notar que não se pode confundir o *direito adquirido* com a *expectativa de direito*. Por esse último, o que há é uma esperança de que algo venha a se concretizar, mas ainda não sem concretizou efetivamente, resultando um fato aquisitivo incompleto e, por isso, não integrante do patrimônio de seu titular, sendo atingido pela nova lei.

Já o § 3º do art. 6º da LINDB estabeleceu que se chama "coisa julgada ou caso julgado a decisão judicial de que já não caiba recurso". Assim, a decisão em que já houve o trânsito em julgado não poderá ser atingida também pela lei nova. O art. 6º da LINDB se respalda no art. 5º, XXXVI da CF/88, que é o que se espera de uma legislação infraconstitucional tendo em vista a interpretação mais adequada.

EM RESUMO:

LINDB		
CLASSIFICAÇÃO DAS LEIS	Quanto à obrigatoriedade	Leis Cogentes ou Injuntivas
		Leis Dispositivas ou Supletivas
	Quanto à natureza	Leis Materiais ou Substantivas
		Leis Processuais ou Adjetivas
	Quanto ao autorizamento (ou intensidade da sanção)	Leis Perfeitas
		Leis Mais que Perfeitas
		Leis Menos que Perfeitas
		Leis Imperfeitas
VIGÊNCIA DAS LEIS	45 dias (prazo genérico em caso de não previsão específica pela lei)	
	Prazo previsto em lei	
VACÂNCIA DA LEI OU *VACATIO LEGIS*	Período entre a publicação da lei e a sua entrada em vigor	
LEI COM INCORREÇÕES OU ERROS MATERIAIS	Lei em *vacatio legis*: corrige-se a própria lei, há nova publicação e reinicia-se o prazo da *vacatio legis*	
	Lei em vigor: elabora-se uma nova lei, a lei corretiva, que será publicada e entrará em vigor posteriormente	

PRINCÍPIOS INFORMADORES DA EFICÁCIA DAS LEIS	Princípio da Obrigatoriedade das Leis	
	Princípio do *Iura Novit Curia*	
	Princípio da Continuidade das Leis	
REVOGAÇÃO DA LEI (expressa ou tácita)	Revogação	Cessação da vigência de uma lei por meio de outra lei
	Ab-rogação	Revogação total da lei anterior pela nova lei
	Derrogação	Revogação parcial da lei anterior pela nova lei
REPRISTINAÇÃO	Restauração da vigência de uma lei anteriormente revogada, em razão da revogação da lei anterior, desde que seja de forma expressa	
INTEGRAÇÃO DO ORDENAMENTO JURÍDICO	Preenchimento de lacunas eventualmente deixadas pelo legislador, devendo o juiz aplicar mecanismos de integração ainda que não haja previsão legal	Analogia
		Costumes
		Princípios Gerais de Direito
		Equidade
CONFLITO DE LEIS NO TEMPO	Art. 6º da LINDB: "A Lei em vigor terá efeito imediato e geral, respeitados o ato jurídico perfeito, o direito adquirido e a coisa julgada. § 1º Reputa-se ato jurídico perfeito o já consumado segundo a lei vigente ao tempo em que se efetuou. § 2º Consideram-se adquiridos assim os direitos que o seu titular, ou alguém por êle, possa exercer, como aquêles cujo comêço do exercício tenha têrmo pré-fixo, ou condição pré-estabelecida inalterável, a arbítrio de outrem. § 3º Chama-se coisa julgada ou caso julgado a decisão judicial de que já não caiba recurso."	

Capítulo 3

Das Pessoas Naturais

1. DA PERSONALIDADE JURÍDICA E SEU INÍCIO

A pessoa natural é o ser humano, sem se exigir qualquer adjetivação quanto à raça, sexo, credo ou idade. Embora seja corrente o uso da expressão pessoa física para se designar o ser humano, atualmente, há certa preferência pela adoção do vocábulo pessoa natural em vez de pessoa física, pois denominar o ser humano de pessoa física apresenta forte cunho patrimonialista, além de não ser capaz de designar o ser humano em sua completude.

Toda pessoa apresenta personalidade que se trata de aptidão que deve ser vista sob a perspectiva da possibilidade de titularização de relações jurídicas e de proteção aos seus direitos da personalidade. Desse modo, não se pode confundir a personalidade com os direitos da personalidade, uma vez que esses últimos dizem respeito à incidência de tutela jurídica sobre os atributos fundamentais da pessoa.

> ### Atenção
>
> Acerca de quando se inicia para o ser humano a sua personalidade, existem pelo menos três teorias que devem ser lembradas: a natalista; a da personalidade condicional; e a teoria concepcionista.
>
> ✓ Teoria natalista: a personalidade inicia-se do nascimento com vida, não se exigindo mais nenhuma característica como a forma humana, viabilidade de vida ou tempo de nascido. O CC/2002 adotou a teoria natalista na primeira metade do art. 2º: "A personalidade civil da pessoa começa do nascimento com vida; mas a lei põe a salvo, desde a concepção, os direitos do nascituro".
>
> ✓ Teoria da personalidade condicional: a personalidade tem início com a concepção, porém, condiciona-se ao nascimento com vida.
>
> ✓ Teoria concepcionista: a personalidade se adquire com a concepção e o nascituro – aquele que foi concebido, mas que ainda não nasceu – já possui

personalidade jurídica. Tanto é assim que os concepcionistas sugerem uma releitura do art. 2º do CC/2002, entendendo que, na realidade, o que se adquire com o nascimento com vida é a capacidade e não a personalidade, de modo que os direitos de personalidade já estariam salvaguardados desde a concepção.

Atenção

Nada obstante a confusa redação do art. 2º do CC/2002, a teoria concepcionista encontra forte respaldo em proteção jurídica destinada ao nascituro que apresenta em dispositivos espalhados pelo Código Civil, por exemplo:

- ✓ Art. 542: admite a possibilidade de o nascituro ser donatário;
- ✓ Art. 1.609, parágrafo único: admite a possibilidade de reconhecimento de paternidade em relação ao nascituro;
- ✓ Art. 1.779: estabelece a nomeação de curador ao nascituro;
- ✓ Art. 1.798: dispõe sobre a legitimidade para herdar do nascituro.

Além disso, é importante lembrar as seguintes manifestações decisórias do STJ:

- ✓ Reconhecimento da possibilidade de reparação por dano moral ao nascituro (REsp 931.556)
- ✓ Reconhecimento a uma mulher do direito de receber o seguro DPVAT após sofrer aborto em decorrência de acidente de carro (REsp 1.415.727, REsp 1.120.676)

2. O FIM DA PERSONALIDADE

A personalidade da pessoa natural se extingue com a morte. É isso que nos informa o Código Civil, em seu art. 6º: "A existência da pessoa natural termina com a morte; presume-se esta, quanto aos ausentes, nos casos em que a lei autoriza a abertura da sucessão definitiva".

Importante

Releva notar que, mesmo com a morte colocando fim à personalidade, perdura a proteção aos direitos de personalidade após o óbito numa projeção *post mortem*, como o direito à imagem, ao nome, à obra científica e literária.

✓ Morte real: verifica-se quando há cessação total das atividades vitais do corpo humano e será comprovada pelo atestado de óbito.

✓ Morte presumida: ocorre quando não há um corpo, portanto, não há prova da materialidade. O CC/2002 disciplina a morte presumida em duas situações: sem decretação de ausência (art. 7º) e com decretação de ausência (arts. 6º c/c 37 e 38).

• *Morte presumida sem decretação de ausência*

O art. 7º do CC/2002 apresenta em seus incisos duas situações de declaração de morte presumida sem haver a decretação de ausência. Ocorrerá quando for extremamente provável a morte de quem estava em perigo de vida. É o caso, por exemplo, das pessoas que falecem em virtude acidentes aéreos, sem ter os seus corpos encontrados.

Outra situação de morte presumida, sem decretação de ausência, é se alguém, desaparecido em campanha ou feito prisioneiro, não for encontrado em até dois anos após o término da guerra. Nesse caso, é necessário que a guerra já tenha acabado há no mínimo dois anos e o sujeito não tenha sido encontrado.

Nas duas situações mencionadas, a declaração da morte, conforme o parágrafo único do art. 7º do CC/2002, só poderá ser requerida depois de esgotadas as buscas e averiguações, sendo que a sentença judicial fixará a provável data do falecimento.

• *Morte presumida com decretação de ausência*

A morte presumida com a decretação de ausência é a presunção de morte que se verifica no procedimento de ausência, quando da abertura da sucessão definitiva. Para compreendermos essa situação, devemos, antes, estudar o procedimento da ausência (arts. 22 a 39 do CC/2002).

3. DA AUSÊNCIA

3.1 Hipóteses que autorizam a abertura do procedimento da ausência

Duas hipóteses autorizam a abertura do procedimento da ausência. São elas:

1ª) quando uma pessoa desaparece de seu domicílio sem deixar vestígios ou procurador a quem caiba administrar-lhe os bens (art. 22, CC);

2ª) quando uma pessoa desaparece de seu domicílio, porém deixa um mandatário que não quer ou não pode exercer ou continuar o mandato que lhe foi conferido, ou se os seus poderes forem insuficientes (art. 23, CC).

3.2 Fases do procedimento de ausência

O procedimento de ausência pode ser dividido em três fases:

1ª FASE	2ª FASE SUCESSÃO PROVISÓRIA	3ª FASE SUCESSÃO DEFINITIVA
✓ Declaração de **ausência da pessoa desaparecida**; ✓ Arrecadação dos bens dos bens do ausente; ✓ Nomeação de curador para administrar os bens do ausente (art. 25, CC).	✓ Partilha dos bem entre os sucessores; ✓ Imissão na posse pelos sucessores.	✓ Declaração de **morte presumida do ausente**; ✓ Concessão de propriedade aos sucessores do ausente.

3.3 Sobre os prazos no procedimento da ausência

✓ Não se exige prazo de desaparecimento da pessoa para que seja aberto o procedimento da ausência.

✓ A sucessão provisória de acordo com o art. 26 do CC será aberta dentro de um ou três anos da arrecadação dos bens, sendo que os interessados dispostos no art. 27 do CC requererão a abertura dessa sucessão. Será considerado o prazo de um ano diante da hipótese de desaparecimento da pessoa sem deixar representante, e de três anos se a pessoa desaparecida tiver deixado representante que não quer ou não pode exercer ou continuar o mandato. É o que dispõe o art. 26 do CC que estabelece: "Decorrido um ano da arrecadação dos bens do ausente, ou, se ele deixou representante ou procurador, em se passando três anos, poderão os interessados requerer que se declare a ausência e se abra provisoriamente a sucessão". Há quem entenda que o art. 26 do CC foi revogado tacitamente pelo art. 745, caput e § 1º, do CPC/2015, que estabelece: "Feita a arrecadação, o juiz mandará publicar editais na rede mundial de computadores, no sítio do tribunal a que estiver vinculado e na plataforma de editais do Conselho Nacional de Justiça, onde permanecerá por 1 (um) ano, ou, não havendo sítio, no órgão oficial e na imprensa da comarca, durante 1 (um) ano, reproduzida de 2 (dois) em 2 (dois) meses, anunciando a arrecadação e chamando o ausente a entrar na posse de seus bens. § 1º Findo o prazo previsto no edital, poderão os interessados requerer a abertura da sucessão provisória, observando-se o disposto em lei." Assim, com base no mencionado dispositivo da lei processual, não seriam considerados os prazos do art. 26 do CC (1 ou 3 anos), mas, sim, "findo o prazo previsto no edital".

✓ A sucessão definitiva poderá ocorrer em duas hipóteses, a seguir expostas:

1º) 10 anos após o trânsito em julgado da sentença que concede a abertura da sucessão provisória, os interessados poderão requerer a abertura da sucessão definitiva e o levantamento das cauções prestadas (art. 37, CC);

2º) se o ausente contar com oitenta anos de idade, e de cinco datarem as últimas notícias dele, ou seja, após cinco anos sem notícias de uma pessoa que, quando de seu desaparecimento, possuía no mínimo setenta e cinco anos. Nessa hipótese, a abertura da sucessão definitiva independerá da sucessão provisória (art. 38, CC).

3.4 Reaparecimento do ausente

A depender do momento em que o ausente reaparecer, as soluções serão distintas:

✓ Se o ausente reaparecer após a sucessão provisória, mas antes da sucessão definitiva: os sucessores imitidos na posse deverão devolvê-la ao ausente que reapareceu. Em relação aos frutos e rendimentos obtidos, em se tratando de ser o sucessor provisório o descendente, ascendente e cônjuge, nada terão de restituir. Se o sucessor provisório não for descendente, ascendente e cônjuge, deverá restituir ao ausente metade dos frutos e rendimentos que já haviam sido capitalizados para esse fim. Entretanto, se ficar comprovada que a ausência foi voluntária e injustificada, o ausente que reapareceu perderá, em favor do sucessor, sua parte nos frutos e rendimentos (art. 33, CC).

✓ Se o ausente reaparecer em até dez anos após a sucessão definitiva: o ausente terá direito aos bens existentes no estado em que se encontrarem, os sub-rogados em seu lugar, ou o preço que os herdeiros e demais interessados houverem recebido pelos bens alienados depois daquele tempo (art. 39, CC).

✓ Se o ausente reaparecer após os dez anos mencionados no art. 39 do CC: não há solução legal para o caso em apreço. Há forte posicionamento doutrinário no sentido de que, como a lei se cala, a interpretação mais razoável seria a de que o ausente não teria direito a nada mais.

4. COMORIÊNCIA

O fim da personalidade, como visto, ocorrerá com a morte. Ainda nesse contexto, o CC/2002 apresenta, em seu art. 8º, o instituto da comoriência que pode ser conceituado como a presunção *iuris tantum* de simultaneidade de mortes entre duas ou mais pessoas desde que herdeiras ou beneficiárias entre si. A necessidade de tal previsão no Código Civil decorreu da importância que se tem de saber ao certo, em determinadas situações, quem faleceu primeiro, para atribuição da devida ordem de vocação hereditária. Imaginemos um caso prático em que marido e mulher, que diante do CC/2002, observadas determinadas premissas, são herdeiros entre si, falecem em uma mesma ocasião.

Cumpre, em primeiro plano, recorrer-se aos meios de prova possíveis para verificar quem faleceu primeiro como, por exemplo, exame pericial, testemunhas etc. Se tais meios probatórios se apresentarem insuficientes, é que se recorrerá à presunção de simultaneidade de mortes. Assim, nenhum dos dois chegará a se tornar herdeiro um do outro, uma vez que ambos faleceram na mesma ocasião. Assim, se o marido e a mulher não possuíam nem ascendentes nem descendentes, possuindo ambos apenas irmãos, o que ocorrerá no caso em tela será que o patrimônio do casal será dividido em duas partes para ser entregue aos irmãos de cada cônjuge. Entretanto, se se conseguisse provar que o marido veio a falecer, por exemplo, cinco minutos depois de sua mulher, não teria havido a comoriência e, portanto, o marido, ainda que por um breve período de tempo, herdaria o patrimônio de sua mulher, vindo a transferi-lo integralmente aos seus irmãos, de modo que os irmãos da mulher a nada teriam direito. Aqui se encontra a importância de se verificar a ordem dos óbitos.

Atenção

1) Insta salientar que a comoriência é uma presunção que admite prova em contrário e só tem aplicabilidade se os sujeitos forem herdeiros entre si ou tenham entre si uma relação jurídica de transmissão de direitos, como um contrato de seguro de vida em que duas pessoas se beneficiem reciprocamente. Ademais, não se exige que as pessoas tenham falecido no mesmo acidente ou em virtude do mesmo evento danoso. O requisito que se exige é temporal: *"mesma ocasião"*. De acordo com o art. 8º do CC: "Se dois ou mais indivíduos falecerem **na mesma ocasião,** não se podendo averiguar se algum dos comorientes precedeu aos outros, presumir-se-ão simultaneamente mortos." Assim, por exemplo, se pai e filho morreram em cidades diferentes, por motivos diferentes, porém no mesmo momento, aplicar-se-á a regra da comoriência, embora ambos não tenham falecido no mesmo lugar.

2) Realça-se que é possível que ocorra a comoriência em se tratando de morte presumida e morte real simultaneamente. Imaginemos, então, que pai e filho faleçam em um acidente de avião e que seja encontrado o corpo do filho, não ocorrendo o mesmo em relação ao pai. Desse modo, a morte do filho será considerada real e a do pai, presumida, não havendo nenhum óbice para a configuração de comoriência.

5. CAPACIDADE

A capacidade, como já consagrada doutrinariamente, é a medida jurídica da personalidade, não se confundido, pois, com esta. A personalidade seria a aptidão jurídica para a titularidade de direitos e deveres (posição estática), ao passo que a capacidade seria a possibilidade de praticar atos com efeito jurídico (posição dinâmica).

A capacidade manifesta-se de duas formas: capacidade de direito (aquisição ou gozo) e capacidade de fato (exercício ou ação). Quando a pessoa natural apresentar as duas espécies de capacidade, devemos dizer que essa pessoa apresenta capacidade civil plena.

5.1   Capacidade de direito/aquisição/gozo

Todas as pessoas possuem capacidade de direito e trata-se da aptidão para adquirir direitos e contrair deveres. Assim, está prevista a capacidade de direito, aquisição ou gozo no art. 1º do CC, com a seguinte redação: "Toda pessoa é capaz de direitos e deveres na ordem civil".

Admitimos a possibilidade de uma criança ser proprietária de um apartamento, exatamente porque essa criança possui capacidade de direito que, aliás, todas as pessoas possuem.

5.2   Capacidade de fato/exercício/ação

Nem todas as pessoas possuem capacidade de fato, pois se trata da aptidão para praticar, pessoalmente, por si só, os atos da vida civil. Ou seja, embora a pessoa tenha adquirido o direito que o ordenamento jurídico lhe concedeu, essa pessoa, se não apresentar capacidade de fato, não poderá exercê-lo sozinha.

A ausência de capacidade de fato poderá ser suprida por meio dos institutos da representação e da assistência, dependendo do grau de incapacidade. Desse modo, a falta de capacidade de fato comporta gradação, o que nos coloca diante da teoria das incapacidades.

Paralelamente ao conceito de capacidade, existe o de legitimação. Ambos não se confundem. Por vezes, pode ser que a pessoa, embora possuidora de capacidade de fato, não possua legitimação para praticar determinado ato. Assim, diante de determinadas situações a lei exige algo a mais.

Imaginemos o seguinte exemplo: um pai de três filhos resolve vender um de seus apartamentos para o seu filho mais velho. Esse pai possui capacidade de direito (aliás, essa capacidade todos possuem), possui capacidade de fato (ele pode praticar sozinho os atos da vida civil), porém, para a prática desse ato que pretende (vender para um de seus filhos), ele não possui legitimação. Então, embora o pai seja o proprietário do bem e uma de suas faculdades seja exatamente a de poder dispor desse bem, nesse caso específico falta-lhe legitimação. Esse *plus* exigido pela lei ocorrerá com a anuência dos demais descendentes e do cônjuge, se o regime não for o de separação obrigatória (art. 496, CC).

> **Atenção**
>
> Salientamos que não se pode confundir a legitimação, conceito esse de Direito Civil, com a legitimidade, conceito esse pertinente ao Direito Processual Civil, traduzindo-se, pois, em uma das condições da ação.

5.2.1 Teoria das incapacidades

Só é possível falar em incapacidade se estivermos nos referindo à falta de capacidade de fato. Isso porque a capacidade de direito, como vimos, todos a possuem, ao passo que a capacidade de fato, não.

5.2.2 Algumas premissas para o estudo das incapacidades

- A regra é a capacidade, e a incapacidade, exceção. Se considerarmos que a incapacidade é a exceção e o legislador tem por ímpeto dispor na lei acerca das exceções, por evidente que estará previsto na lei civil o rol dos incapazes (arts. 3º e 4º, CC) e não dos capazes.
- Conceito de incapacidade: é a restrição legal para a prática, por si só, de atos da vida civil. Por meio desse conceito, extraímos que somente o legislador poderá apontar quem são os incapazes, não sendo admissível a incapacidade negocial ou contratual.
- Conforme a doutrina clássica, o instituto da incapacidade existe para a proteção dos incapazes, repudiando qualquer manifestação que os avilte, humilhe ou rebaixo.

5.2.3 O Estatuto da Pessoa com Deficiência (Lei nº 13.146/2015) e os seus efeitos na teoria das incapacidades

A Convenção Internacional de Direitos da Pessoa com Deficiência, cujo Brasil foi signatário e que ocorreu em Nova Iorque em 2007, foi internalizada em nosso País por meio da Lei nº 13.146, de 6 de julho de 2015, que ficou conhecida como o Estatuto da Pessoa com Deficiência. A referida lei apresentou período de vacância de 180 dias, entrando em vigor em 3 de janeiro de 2016.

Não há dúvidas de que a entrada em vigor do Estatuto da Pessoa com Deficiência promoveu ampla alteração na teoria das incapacidades e promoveu a desconstrução de vários conceitos clássicos acerca das incapacidades outrora edificados.

A palavra que fundamenta o Estatuto é: inclusão! Almeja-se a inclusão da pessoa com deficiência na sociedade, de modo que, não mais é o deficiente que deve se adequar à sociedade, mas, sim, a sociedade é que deve se adequar a ele. A inclusão da pessoa com deficiência efetivamente na sociedade é que promoverá o respaldo necessário para o exercício de sua dignidade.

Atenção

Quem são consideradas pessoas com deficiência para a Lei nº 13.146/2015? O art. 2º da referida Lei responde a questão esclarecendo que: "Considera-se pessoa com deficiência aquela que tem impedimento de longo prazo de natureza física, mental, intelectual ou sensorial, o qual, em interação com uma ou mais barreiras, pode obstruir sua participação plena e efetiva na sociedade em igualdade de condições com as demais pessoas."

Desse modo, aos olhos do legislador a inclusão da pessoa com deficiência ocorreria com a concessão de plena capacidade civil a ela. É o que se extrai do art. 6º da Lei nº 13.146/2015:

> Art. 6º A deficiência não afeta a plena capacidade civil da pessoa, inclusive para:
>
> I – casar-se e constituir união estável;
>
> II – exercer direitos sexuais e reprodutivos;
>
> III – exercer o direito de decidir sobre o número de filhos e de ter acesso a informações adequadas sobre reprodução e planejamento familiar;
>
> IV – conservar sua fertilidade, sendo vedada a esterilização compulsória;
>
> V – exercer o direito à família e à convivência familiar e comunitária; e
>
> VI – exercer o direito à guarda, à tutela, à curatela e à adoção, como adotante ou adotando, em igualdade de oportunidades com as demais pessoas.

Além disso, o art. 84 da Lei nº 13.146/2015 estabelece: "A pessoa com deficiência tem assegurado o direito ao exercício de sua capacidade legal em igualdade de condições com as demais pessoas".

Importante

Conceder a plena capacidade às pessoas com deficiência importou, por evidente, em promover alterações nos arts. 3º e 4º do CC, que apresentam os absoluta e os relativamente incapazes, respectivamente, não havendo mais menção à pessoa com deficiência em ambos os dispositivos.

5.2.4   *Quem são os absoluta e os relativamente incapazes depois do Estatuto da Pessoa com Deficiência?*

Absolutamente incapazes (art. 3°, CC)
(Depois da Lei n° 13.146/2015)

São absolutamente incapazes de exercer pessoalmente os atos da vida civil os menores de 16 (dezesseis) anos.

✓ Os menores de 16 anos, também conhecidos como menores impúberes, situam-se no rol dos absolutamente incapazes em virtude de sobre eles pender presunção absoluta de imaturidade. Desse modo, independentemente de se aferir aspectos pessoais do indivíduo com pouca idade, a lei já afasta qualquer discussão impondo presunção absoluta de imaturidade. Notamos que após o Estatuto da Pessoa com Deficiência, o indivíduo com menos de 16 anos foi o único que remanesceu no rol dos absolutamente incapazes. Ao menor de 16 anos, então, caberá a devida representação que ocorrerá por meio de seus pais ou tutor. Importante perceber que, como os pais ostentam o poder familiar, eles jamais serão considerados tutores. Desse modo, o tutor somente será necessário diante da falta dos pais.

No que tange ao rol dos relativamente incapazes, as modificações também foram bruscas.

Relativamente incapazes (art. 4°, CC)
(Depois da Lei n° 13.146/2015)

São incapazes, relativamente a certos atos ou à maneira de os exercer:

I – os maiores de dezesseis e menores de dezoito anos;

II – os ébrios habituais e os viciados em tóxico;

III – aqueles que, por causa transitória ou permanente, não puderem exprimir sua vontade;

IV – os pródigos.

✓ Diante do quadro apresentado, continuam como relativamente incapazes *os maiores de 16 anos e menores de 18 anos*, também conhecidos por menores púberes. Essas pessoas serão assistidas por seus pais e, na falta destes, pelo tutor.

✓ Também continuam como relativamente incapazes *os ébrios habituais e os viciados em tóxicos*. Os alcoólatras e os toxicômanos são pessoas que não possuem a manifestação de vontade totalmente livre, uma vez que seus atos são sempre norteados pela necessidade de obtenção da substância química que lhes satisfaça o vício. Não se pode, nessas hipóteses prescindir da sentença de interdição. Antes do Estatuto da Pessoa com Deficiência também era considerado relativamente incapaz *aquele que por deficiência mental tivesse o discernimento reduzido*. Por tudo que move a novel legislação, com a sua entrada em vigor, essa pessoa adquire capacidade plena.

✓ Antes da entrada em vigor do Estatuto da Pessoa com Deficiência, considerava-se como relativamente incapaz *o excepcional, sem desenvolvimento mental completo* como por exemplo, aqueles com Síndrome de Down e aqueles que tivessem o QI reduzido. Com a superveniência do Estatuto, é evidente que essas pessoas passam a ter capacidade plena. No inciso em que se situavam os excepcionais, o Estatuto insere uma nova categoria de pessoas que devem ser consideradas relativamente incapazes que são "aqueles que, por causa transitória ou permanente, não puderem exprimir sua vontade". Desse modo, percebemos que aquele que era considerado absolutamente incapaz no inciso III do art. 3º do CC migrou para o inciso III do art. 4º do CC, abandonando o estado de absolutamente incapaz e assumindo a índole de relativamente incapaz.

✓ A encerrar o rol dos relativamente incapazes, situam-se os *pródigos* que são aquelas pessoas que gastam ou destroem desordenadamente o seu patrimônio. Para serem considerados relativamente incapazes há a exigência de interdição, sendo que essa sempre alcançou o pródigo somente nos atos de disposição patrimonial (ex.: transigir, dar quitação, inserir ônus real, alienar bens etc.). Assim, os atos de mera administração, o pródigo poderá praticá-los sozinho, bem como os atos que não tenham repercussão na esfera patrimonial, como a autorização de filho(a) menor de 18 anos para o casamento ou o seu próprio casamento. No que diz respeito ao seu próprio casamento, o pródigo poderá se casar sem necessitar, por evidente, de assistência de seu curador, e o seu regime de bens será o da comunhão parcial. Não é correto dizer que o regime de bens imposto por lei ao pródigo seja o da separação obrigatória. As pessoas sujeitas a esse regime estão no art. 1.641 do CC, que deve ser interpretado restritivamente, e o pródigo por lá não se encontra. Porém, se o pródigo manifestar desejo de realizar pacto antenupcial, deverá fazê-lo conjuntamente com o seu curador.

✓ Os maiores de 16 anos e menores de 18 anos, como relativamente incapazes que são, carecem, para a prática de atos na vida civil, de estar devidamente assistidos, como vimos linhas atrás. Porém, poderão praticar determinados atos sozinhos, e não serão passíveis de anulação. Alguns exemplos: ser testemunha (art. 228, I, CC), ser mandatário (art. 666, CC), fazer testamento (art. 1.860, parágrafo único, CC), exercer o direito de voto (art. 14, CF/88) e ajuizar ação popular (basta ser eleitor). Ademais, se o menor púbere tiver sido emancipado também não necessitará de assistência. As hipóteses de emancipação serão analisadas por nós adiante.

5.2.5 Formas de obtenção de capacidade

Adquire-se a capacidade de fato quando a causa geradora da incapacidade deixe de existir. Por exemplo, quando cesse a prodigalidade. Evidentemente que a interdição deverá ser levantada quando cessar a causa que a determinou.

Ocorre que, se o motivo da incapacidade for a imaturidade, ou seja, a pessoa é considerada incapaz por ser menor de idade, obter-se-á a capacidade quando completados 18 anos de idade (art. 5º, *caput*, CC). Questão interessante é indagar se o alcance da maioridade representaria o fim da obrigação de um pai prestar alimentos ao seu filho. A resposta há de ser negativa. A obrigação alimentar continua, não será extinta automaticamente. A diferença é que, antes, a obrigação derivava do poder familiar, depois do alcance da maioridade, a prestação alimentar é devida em virtude da relação de parentesco. Nesse sentido, *vide* Súmula nº 358 do STJ: "O cancelamento de pensão alimentícia de filho que atingiu a maioridade está sujeito à decisão judicial, mediante contraditório, ainda que nos próprios autos".

> **Importante**
>
> É possível que o menor de 18 anos obtenha capacidade plena para a prática de atos na vida civil, mediante a emancipação que, em qualquer das espécies que se manifeste, não admitirá a sua revogação.

5.2.5.1 Espécies de emancipação

a) Voluntária ou Negocial (art. 5º, parágrafo único, I, 1ª parte, do CC)

Os pais podem emancipar o filho, mediante instrumento público, independentemente de homologação judicial. A decisão deve ser tomada conjuntamente pelos pais ou, então, por um deles na falta do outro. Em caso de não haver o consentimento do pai ou da mãe, aquele que possuir interesse poderá requerer o suprimento judicial.

A emancipação voluntária deverá ser feita necessariamente por instrumento público, de modo que se considera revogado o art. 90 da LRP, que admitia o ato por instrumento particular. Para tanto, o menor deverá possuir no mínimo 16 anos.

Trata-se de faculdade dos pais e não é possível que haja revogação posterior.

b) Judicial (art. 5º, parágrafo único, I, 2ª parte, do CC)

A emancipação judicial é aquela que se opera, evidentemente, por meio de um ato judicial. É a hipótese em que o menor, com 16 anos completos, que esteja sob tutela, requer ao juiz a sua emancipação. O tutor, simplesmente, será ouvido pelo juiz para dar a sua opinião acerca do cabimento da emancipação. Importante perceber ainda, que o tutor não poderá requerer a emancipação do menor, porque a tutoria é um *munus* público do qual o tutor não se pode esquivar.

c) *Legal (art. 5º, parágrafo único, II, III, IV e V, do CC)*

A emancipação legal é aquela que decorre de lei, automaticamente, sem que a parte interessada tenha de tomar qualquer providência. Ocorre nas seguintes situações:

- **Pelo casamento**: um dos efeitos do casamento é a emancipação. Isso porque casar é um dos atos mais importantes da vida civil, e impõe-se como absolutamente incoerente a pessoa casada possuir as limitações decorrentes da incapacidade. A lei não exige, de forma expressa, idade mínima para essa hipótese de emancipação. Todavia, é possível perceber a exigência (idade mínima de 16 anos), de forma implícita, já que a idade núbil, tanto para o homem quanto para a mulher, é de 16 anos. Se houver a dissolução do casamento por separação ou divórcio, ou então, em caso de viuvez, a emancipação continuará a produzir efeitos. Assim, em relação a uma moça que, por exemplo, tenha se casado aos 16 anos e tenha se emancipado, caso seu marido venha a falecer antes de a viúva completar 18 anos, a emancipação continuará a produzir os seus efeitos. Entretanto, solução diferente é lembrada em caso de casamento nulo ou anulável, já que em relação a este devem ser aplicadas as regras da putatividade previstas no art. 1.561 do CC, de modo que ao cônjuge de boa-fé o casamento produzirá seus efeitos, dentre eles, a emancipação. Por fim, lembramos que por interpretação literal do art. 5º, parágrafo único, II do CC o que emancipa é o casamento e não a união estável. Isso porque, de todo impossível, verificar a data exata do início do estabelecimento da união estável. E mais, tradicionalmente, a interpretação incidente sobre o parágrafo único do art. 5º, do CC é de que as situações lá descritas são taxativas. Entretanto, se a tendência atual é exatamente a de equiparar a união estável ao casamento será, sim, caso de se ampliar a interpretação do referido inciso, estendendo-se aos casos de união estável.

- **Pelo exercício de emprego público efetivo**: há orientação da doutrina no sentido de que a emancipação também ocorrerá em se tratando de cargo público e função pública, embora o inciso não mencione tais hipóteses. As situações de emprego temporário ou cargo comissionado não estariam abarcadas nesse quadrante, poderiam, entretanto se enquadrar na previsão do inciso V do parágrafo único do art. 5º do CC, adiante analisada. Ademais, exige-se o efetivo exercício de emprego público, não bastando a simples aprovação em concurso ou mesmo a posse. Na prática, essa hipótese não tem aplicabilidade em razão da exigência de idade mínima de 18 anos para se prestar o concurso.

- **Pela colação de grau em curso de ensino superior**: não há exigência que seja em universidade pública. Na prática, também não se verifica por causa do quão extenso se apresenta o currículo escolar, ocorrendo, sim, em raríssimas hipóteses de crianças ou adolescentes com inteligência acima da média.

- **Pelo estabelecimento civil ou comercial, ou pela existência de relação de emprego, desde que em função deles, o menor com dezesseis anos completos tenha economia própria:** é o caso do menor que possui independência financeira em decorrência do estabelecimento civil ou comercial, ou então, relação de emprego. Para que se configure a causa emancipatória, há exigência de mínimo de idade, isto é, 16 anos.

6. DOS DIREITOS DA PERSONALIDADE

6.1 Definição e características

Os direitos da personalidade são os direitos que o ser humano possui sobre os seus atributos fundamentais (físicos, intelectuais, psíquicos e morais), tais como o direito à vida, à privacidade, à intimidade, à honra, ao nome, à imagem, à integridade física etc.

A Constituição Federal de 1988 refere-se aos direitos da personalidade em seu art. 5º, X, ao estabelecer que: "X – são invioláveis a intimidade, a vida privada, a honra e a imagem das pessoas, assegurado o direito a indenização pelo dano material ou moral decorrente de sua violação". Afora isso, o art. 1º, III, da CF/88, expõe a dignidade da pessoa humana como princípio estruturador de todo o ordenamento jurídico e dispõe ainda, em seu art. 3º, III, como objetivo fundamental da República, a erradicação da pobreza e da marginalização e a redução das desigualdades sociais e regionais.

Embora já suficiente a imposição Constitucional, o CC/2002, não fugindo do norte indicado pela *Lex Fundamentallis*, disciplina em capítulo próprio os direitos da personalidade (arts. 11 ao 21), o que não fazia o velho Código de 1916.

Os direitos da personalidade apresentam características próprias que os delimitam justa e perfeitamente. Desse modo, podemos dizer que os direitos da personalidade são:

a) **Absolutos:** por serem exigíveis e oponíveis a toda a sociedade, sendo, portanto, oponíveis *erga omnes*.

b) **Vitalícios:** por serem intransmissíveis por via sucessória, embora a proteção de alguns direitos da personalidade manter-se em uma projeção *post mortem*.

c) **Indisponíveis:** por não admitirem a alienação (art. 11, CC). Entretanto, excepcionalmente, alguns dos direitos da personalidade como, por exemplo, o direito à imagem, podem ter o seu exercício cedido temporariamente, bem como se impõe a obrigatoriedade de exposição de foto em documento de identidade por interesse social e admite-se a doação de órgãos dentro das limitações legais. Diante dessas exceções, alguns os denominam relativamente disponíveis. É evidente que essa possibilidade de disposição encontra limites no princípio da dignidade da pessoa humana. Nesse sentido, foi aprovado na I Jornada de Direito Civil, o Enunciado nº 4, com o seguinte teor: "O exercício dos direitos da personalidade pode sofrer limitação voluntária, desde que não seja permanente nem geral". A III Jornada de Direito Civil, de igual modo, aprovou o Enunciado nº 139, complementando a ideia iniciada anteriormente, dispondo: "Os direitos da personalidade podem sofrer limitações, ainda que não especificamente previstas em lei, não podendo ser exercidos com abuso de direito de seu titular, contrariamente à boa-fé objetiva e aos bons costumes". A conclusão que se deve alcançar é: a disposição de direito da personalidade é possível desde que não seja geral, permanente e, o mais importante, não atinja a dignidade da pessoa humana.

d) **Extrapatrimoniais:** por não se circunscreverem à esfera econômico patrimonial, não sendo possível a sua aferição econômica. O que se admite, entretanto é, em caso de lesão ou ameaça, a estimação para uma eventual compensação.

e) **Impenhoráveis:** trata-se de corolário lógico do caráter extrapatrimonial dos direitos da personalidade, de modo que é curial saber que os direitos da personalidade não podem sofrer constrição judicial para a satisfação de dívidas.

f) **Ilimitados:** uma vez que não podem ser reduzidos a um rol taxativo de direitos previsto em lei.

g) **Imprescritíveis ou perpétuos:** o exercício de um direito da personalidade não está adstrito a prazos de qualquer espécie. A tutela deferida para a hipótese de violação de um direito da personalidade está sujeita a um prazo, mas o exercício de um direito da personalidade não.

6.2   A cláusula geral de tutela aos direitos da personalidade

O art. 12 do CC/2002 estampa uma cláusula geral de tutela aos direitos da personalidade, informando que: "Pode-se exigir que cesse a ameaça, ou a lesão, a direito da personalidade, e reclamar perdas e danos, sem prejuízo de outras sanções previstas em lei". Por esse artigo, vislumbra-se a possibilidade de manejar tanto preventivamente a tutela aos direitos da personalidade quanto repressivamente. A tutela preventiva será aventada pelo ameaçado ou pelos seus herdeiros diante da simples ameaça de lesão aos direitos da personalidade, sendo despiciendo socorrer-se de cautelares, uma vez que o art. 497, parágrafo único, do CPC/2015 traz a possibilidade de tutela inibitória que visa justamente inibir a perpetração do ilícito. Se a lesão já se configurou, deve-se recorrer à tutela repressiva para salvaguarda dos direitos da personalidade, transitando tanto cível (reparação por danos morais), quanto criminalmente, caso a lesão se traduza em um tipo penal.

Havendo a ameaça ou lesão a qualquer direito da personalidade, ainda que não discriminado nos arts. 11 ao 21 do CC/2002, nada impedirá a tutela do prejudicado diante da cláusula geral de tutela aos direitos da personalidade, além, é claro, da previsão constitucional de seu resguardo (art. 5º, X, CF/88).

O CC/2002 dispõe que, em caso de morte, terá legitimidade para requerer as tutelas preventiva ou repressiva o cônjuge sobrevivente, ou qualquer parente em linha reta, ou na colateral até o quarto grau (art. 12, parágrafo único). A IV Jornada de Direito Civil também aprovou enunciado atinente ao tema com a seguinte redação: "O rol dos legitimados de que tratam os arts. 12, parágrafo único, e 20, parágrafo único, do Código Civil também compreende o companheiro" (Enunciado n° 275, CJF). Além disso, na V Jornada de Direito Civil, foram aprovados mais três enunciados referentes ao parágrafo único do art. 12 e parágrafo único do art. 20. São os seguintes:

✓ Enunciado n° 398, CJF: "As medidas previstas no art. 12, parágrafo único, do Código Civil podem ser invocadas por qualquer uma das pessoas ali mencionadas de forma concorrente e autônoma".

✓ Enunciado n° 399, CJF: "Os poderes conferidos aos legitimados para a tutela *post mortem* dos direitos da personalidade, nos termos dos arts. 12, parágrafo único, e 20, parágrafo único, do CC, não compreendem a faculdade de limitação voluntária".

✓ Enunciado n° 400, CJF: "Os parágrafos únicos dos arts. 12 e 20 asseguram legitimidade, por direito próprio, aos parentes, cônjuge ou companheiro para a tutela contra a lesão perpetrada *post mortem*".

6.3 A relativização dos direitos da personalidade

O Enunciado n° 274, aprovado na IV Jornada de Direito Civil, promovida pelo Centro de Estudos Judiciários do Conselho de Justiça Federal, estabeleceu que:

> Os direitos da personalidade, regulados de maneira não exaustiva pelo Código Civil, são expressões da cláusula geral de tutela da pessoa humana, contida no art. 1°, III, da Constituição (princípio da dignidade da pessoa humana). Em caso de colisão entre eles, como nenhum pode sobrelevar os demais, deve-se aplicar a técnica da ponderação.

Desse modo, a se considerar um Estado Democrático de Direito, conclui-se que os direitos não são absolutos, mas sim relativos.

Importante

O entendimento consolidado no enunciado nos remete à polêmica discussão que gira em torno da colisão entre direitos fundamentais. É de se aventar, por exemplo, o paciente que por convicções religiosas se recusa à intervenção médica por meio de procedimento de transfusão de sangue. É claro que, nesse momento, dois direitos fundamentais estão a colidir: o direito à vida versus o direito à liberdade religiosa. Ou mesmo a hipótese corriqueira da liberdade de expressão do meio de comunicação se digladiar com a intimidade de determinada pessoa. Qual direito deverá prevalecer? A solução, decerto, oportuniza-se por meio da ponderação dos direitos fundamentais. Assim, em um Estado Democrático de Direito, fixando-se o caso concreto, torna-se possível a relativização de determinado direito da personalidade diante de outro.

6.4　O direito ao esquecimento

O direito ao esquecimento deve ser considerado o direito da personalidade pelo qual a pessoa tem o direito de ser esquecida por todos, isto é, pela opinião pública e pela sociedade. Nessa senda, a lembrança dos comportamentos individuais não pode se perpetuar incessantemente de modo a eternizar fatos cujos envolvidos clamam pelo esquecimento.

O direito ao esquecimento foi reconhecido pelo Enunciado nº 531, aprovado na VI Jornada de Direito Civil, com a seguinte redação: "A tutela da dignidade da pessoa humana na sociedade da informação inclui o direito ao esquecimento".

Todavia, as questões afetas ao direito ao esquecimento são bastante sensíveis, pois envolvem a dignidade da pessoa humana e proteção de seus direitos da personalidade, tais como honra, privacidade, intimidade e imagem de um lado e, do outro, a liberdade de expressão e comunicação, aliada à vedação da censura.

Jurisprudência

Em fevereiro de 2021, no RE 1.010.606 – RJ, por maioria de votos, no caso Aída Curi, o STF decidiu que o direito ao esquecimento não é compatível com a Constituição Federal de 1988. Nessa decisão, de repercussão geral, a Corte Constitucional fixou a seguinte tese:

> É incompatível com a Constituição Federal a ideia de um direito ao esquecimento, assim entendido como o poder de obstar, em razão da passagem do tempo, a divulgação de fatos ou dados verídicos e licitamente obtidos e publicados em meios de comunicação social – analógicos ou digitais. Eventuais excessos ou abusos no exercício da liberdade de expressão e de informação devem ser analisados caso a caso, a partir dos parâmetros constitucionais, especialmente os relativos à proteção da honra, da imagem, da privacidade e da personalidade em geral, e as expressas e específicas previsões legais nos âmbitos penal e cível. (STF. RE 1.010.606-RJ. Rel. Min. Dias Toffoli. Tribunal Pleno. j. 11/2/2021. p. 25/5/2021.)

Assim, para a Corte Máxima de nosso ordenamento jurídico, a divulgação de fatos verídicos com a respectiva obtenção de informações de forma lícita, não pode ser solapada com base em um direito ao esquecimento genérico e abstrato.

Ressalva-se, todavia, casos de excessos ou de abusos no exercício da liberdade de expressão que deverão ser analisados isoladamente, mesmo que o direito ao esquecimento não tenha sido reconhecido como um direito geral e abstrato. Nessa toada, percebe-se que a decisão do STF foi coerente com a manifestação dessa mesma Corte, de junho de 2015, na ADIn 4.815 em que se fez prevalecer a liberdade de expressão ao tornar inexigível a autorização do biografado, diante da publicação de sua biografia, em claro apreço à memória histórica dos fatos retratados e a vedação à censura.

6.5 Alguns temas interessantes em sede de direitos da personalidade

6.5.1 Transgênero

Em 2009, o STJ já admitia a possibilidade de a pessoa transexual se submeter à cirurgia de transgenitalização, em conformidade com as resoluções do Conselho Federal de Medicina, com as consequentes alterações de seu prenome e designativo sexual no registro civil. (REsp 1.008.398-SP e REsp 737.993-MG).

Posteriormente, em 2017, o STJ reconheceu que o direito dos transexuais à retificação do prenome e do sexo/gênero no registro civil não é condicionado à exigência de realização da cirurgia de transgenitalização, tendo em vista o exame de direitos humanos (ou de personalidade) que guardam significativa interdependência, quais sejam: direito à liberdade, direito à identidade, direito ao reconhecimento perante a lei, direito à intimidade e à privacidade, direito à igualdade e à não discriminação, direito à saúde e direito à felicidade (REsp 1.626.739-RS) Também nesse sentido se manifestou o STF, na ADIn 4.275, o que resultou na edição do Provimento nº 73/2018 do CNJ, que versou sobre a averbação da alteração do prenome e do gênero nos assentos de nascimento e casamento de pessoa transgênero no Registro Civil das Pessoas Naturais. Posteriormente, o Plenário do STF deu provimento ao RE 670.422, com repercussão geral reconhecida, para autorizar a alteração do registro civil de pessoa transgênero, diretamente pela via administrativa, independentemente da realização de procedimento cirúrgico de redesignação de sexo, aplicando ao recurso o entendimento fixado anteriormente no julgamento da ADIn 4.275.

Importante

O STF, em 2018, apreciando o Tema 761 da repercussão geral, fixou a seguinte tese:

I) O transgênero tem direito fundamental subjetivo à alteração de seu prenome e de sua classificação de gênero no registro civil, não se exigindo, para tanto, nada tanto pela via judicial como diretamente pela via administrativa; II) Essa alteração deve ser averbada à margem do assento de nascimento, vedada a inclusão do termo 'transgênero'; III) Nas certidões do registro não constará nenhuma observação sobre a origem do ato, vedada a expedição de certidão de inteiro teor, salvo a requerimento do próprio interessado ou por determinação judicial; IV) Efetuando-se o procedimento pela via judicial, caberá ao magistrado determinar de ofício ou a requerimento do interessado a expedição de mandados específicos para a alteração dos demais registros nos órgãos públicos ou privados pertinentes, os quais deverão preservar o sigilo sobre a origem dos atos.

6.5.2   Doação de órgãos

A possibilidade de transplante de órgãos, por ato *inter vivos*, isto é, o transplante de órgãos do corpo vivo, observada a forma estabelecida pela Lei nº 9.434/97, é cogitada no parágrafo único do art. 13 do CC. Pela lei especial, é permitido à pessoa juridicamente capaz dispor gratuitamente de tecidos, órgãos e partes do próprio corpo vivo, para fins terapêuticos ou para transplantes em cônjuge ou parentes consanguíneos até o quarto grau, ou em qualquer outra pessoa, mediante autorização judicial, dispensada essa em relação à medula óssea (art. 9º). Ademais, é a própria lei que impõe que só é permitida a doação por ato *inter vivos*, quando se tratar de órgãos duplos, de partes de órgãos, tecidos ou partes do corpo cuja retirada não impeça o organismo do doador de continuar vivendo sem risco para a sua integridade e não represente grave comprometimento de suas aptidões vitais e saúde mental e não cause mutilação ou deformação inaceitável, e corresponda a uma necessidade terapêutica comprovadamente indispensável à pessoa receptora.

No que diz respeito ao transplante *causa mortis*, o art. 14 do CC admite ser *válida, com objetivo científico, ou altruístico, a disposição gratuita do próprio corpo, no todo ou em parte, para depois da morte.* Sendo possível, por evidente, a revogação do ato de disposição a qualquer tempo.

Atenção

Releva notar que o art. 4º da Lei nº 9.434/97, diante da alteração promovida pela Lei nº 10.211/2001, impõe que, para que ocorra a doação de órgãos *post mortem*, é necessária a autorização do cônjuge ou parente, maior de idade, obedecida a linha sucessória, reta ou colateral, até o segundo grau inclusive. Tentando resolver a discussão existente na doutrina, acerca de se deve prevalecer a vontade do disponente ou de sua família, foi aprovado na IV Jornada de Direito Civil o Enunciado nº 277, nos seguintes termos:

> O art. 14 do Código Civil, ao afirmar a validade da disposição gratuita do próprio corpo, com objetivo científico ou altruístico, para depois da morte, determinou que a manifestação expressa do doador de órgãos em vida

> prevalece sobre a vontade dos familiares, portanto, a aplicação do art. 4º da Lei nº 9.434/97 ficou restrita à hipótese de silêncio do potencial doador.
>
> Discussões à parte, o certo é que, com a alteração do art. 4º da Lei nº 9.434/97 pela Lei nº 10.211/2001, o sistema de doação presumida foi afastado, e sobrelevou-se o chamado consenso afirmativo que exige a manifestação da pessoa que intenciona a disposição de seu corpo, depois de sua morte, para fins científicos ou terapêuticos.

6.5.3 Direito ao nome

O nome civil está regulado na Lei de Registros Públicos (Lei nº 6.015/73 – LRP) e no Código Civil, nos arts. 16 a 19.

O nome civil designa a pessoa, distinguindo-a, na sociedade, das demais e indicando a sua procedência familiar. O nome civil está regulado nos arts. 16 a 19 do CC/2002 e na Lei nº 6.015/73, a Lei de Registros Públicos, que sofreu alterações com a Lei nº 14.382, de 27 de junho de 2022. Alguns pontos merecem destaque:

✓ Toda pessoa tem direito ao nome, nele compreendidos o prenome e o sobrenome (Art. 55, LRP).

✓ Superveniente solicitação de inserção de sobrenome de ascendente deverá ser comprovada com as certidões correspondentes (Art. 55, LRP).

✓ O oficial de registro civil não registrará prenomes suscetíveis de expor ao ridículo os seus portadores (Art. 55, § 1º, LRP).

✓ É possível a apresentação de oposição ao prenome e sobrenome indicados pelo declarante no prazo de 15 dias, sendo que se houver consenso entre os genitores, caberá retificação administrativa do registro; ao revés, se não houver consenso entre os genitores, a questão será encaminhada ao juiz (Art. 55, § 4º, LRP).

✓ Após atingida a maioridade civil, admite-se a alteração imotivada do prenome, perante o Oficial do Cartório de registro Civil, não existindo mais o prazo de um ano, sendo independente de autorização judicial. Essa modificação somente poderá ocorrer uma vez (Art. 56, LRP).

✓ A alteração posterior de sobrenomes poderá ser requerida pessoalmente perante o oficial de registro civil, com a apresentação de certidões e de documentos necessários, e será averbada nos assentos de nascimento e casamento, independentemente de autorização judicial, a fim de: I – inclusão de sobrenomes familiar; II – inclusão ou exclusão de sobrenome do cônjuge, na constância do casamento; III – exclusão de sobrenome do ex-cônjuge, após a dissolução da sociedade conjugal, por qualquer de suas causas; IV – inclusão e exclusão de sobrenomes em razão de alteração das relações de filiação, inclusive para os descendentes, cônjuge ou companheiro da pessoa que teve seu estado alterado (Art. 57, LRP).

6.5.4   Direito à imagem e à privacidade com a ADIn 4.815

A Associação Nacional dos Editores de Livros (ANEEL) propôs a ADIn 4.815, perante o STF, que almejou a declaração de inconstitucionalidade dos arts. 20 e 21 do CC, que cuidam da imagem e da privacidade, respectivamente. O STF, em junho de 2015, manifestou-se no sentido de promover a interpretação dos referidos artigos do CC em conformidade com a CF/88, declarando a inconstitucionalidade parcial dos dispositivos, sem redução de texto, de modo que se declarou inexigível a autorização prévia para a publicação de biografias. Seguindo as pegadas do julgamento da ADIn 4.815, o STJ entendeu que em relação à divulgação de fatos históricos, não é exigível a autorização prévia dos envolvidos (REsp 1.631.329-RJ).

7. DOMICÍLIO DA PESSOA NATURAL

O domicílio da pessoa natural se mostra relevante porque é fator de localização do indivíduo, sendo considerado o centro principal das relações da pessoa humana. O fundamento, portanto, é a segurança jurídica. Para que se configure o domicílio da pessoa natural, dois requisitos são exigidos:

- requisito objetivo ou material: a residência;
- requisito subjetivo ou psíquico: a intenção de permanecer (*animus manendi*).

Por isso, o art. 70 do CC estabelece que o domicílio da pessoa natural é o lugar onde ela estabelece a sua residência com ânimo definitivo.

É possível que a pessoa natural possua mais de um domicílio, e aí estaremos diante de uma pluralidade de domicílios ou do chamado domicílio plúrimo, que ocorrerá quando a pessoa natural tiver diversas residências, em que, alternadamente, viva. Além disso, se considerarmos como domicílio da pessoa natural, no que diz respeito às relações profissionais, o lugar onde estas são exercidas, se essa pessoa exercitar profissão em lugares diversos, cada um deles constituirá domicílio para as relações que lhe corresponderem.

> **Importante**
>
> A lei civil não se esqueceu daqueles que não preencham os requisitos para configuração do domicílio, posto encontrados cada época em um lugar diferente, como os ciganos, caixeiros-viajantes, artistas de circo e andarilhos. Assim, a lei solucionou o problema, estabelecendo que, para essas pessoas que não possuam residência habitual, o domicílio a ser considerado será o lugar onde forem encontradas. Assim, a doutrina o denomina de domicílio aparente ou ocasional (art. 73, CC).

7.1 Espécies de domicílio

a) Domicílio voluntário: é aquele escolhido livremente pela pessoa maior e capaz. Poderá ser alterado livremente também. Para tanto, basta a transferência da residência, com a intenção manifesta de o mudar, uma vez que o *animus* é sempre levado em consideração (art. 74, CC).

b) Domicílio necessário ou legal: é aquele imposto pela lei para determinadas pessoas em razão de seus caracteres pessoais (art. 76, CC). Possuem domicílio necessário:

- o incapaz (será o do representante ou assistente);
- o servidor público (será o lugar em que exercer permanentemente suas funções);
- o militar (se for do Exército será onde servir, e sendo da Marinha ou da Aeronáutica a sede do comando a que estiver imediatamente subordinado);
- o marítimo (onde o navio estiver matriculado); e
- o preso (o lugar em que cumprir a sentença ou pena).

c) Domicílio de eleição ou contratual ou voluntário especial: é aquele estabelecido pelas partes em contrato escrito, que se presta a fixar onde serão cumpridos os direitos e deveres decorrentes da convenção e possíveis litígios decorrentes da avença (art. 78, CC).

EM RESUMO:

Personalidade Jurídica

Início: Teorias natalista, personalidade condicional e concepcionista.

Fim: "Art. 6º A existência da pessoa natural termina com a morte; presume-se esta, quanto aos ausentes, nos casos em que a lei autoriza a abertura da sucessão definitiva".

Morte: a) real
b) presumida:
1) com decretação de ausência
2) sem decretação de ausência

Comoriência: presunção *iuris tantum* de simultaneidade de mortes entre duas ou mais pessoas desde que herdeiras ou beneficiárias entre si

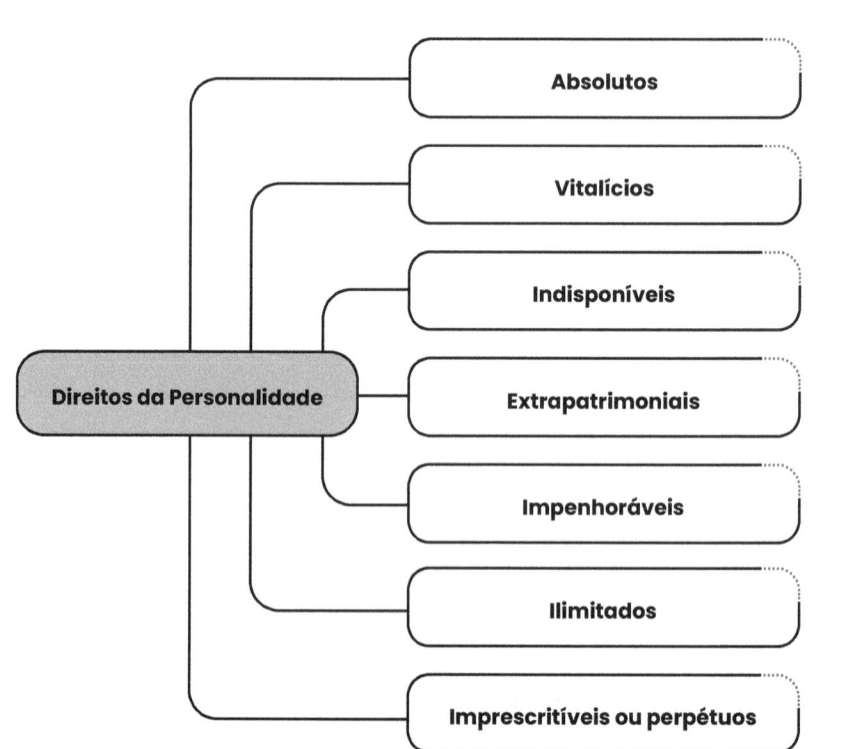

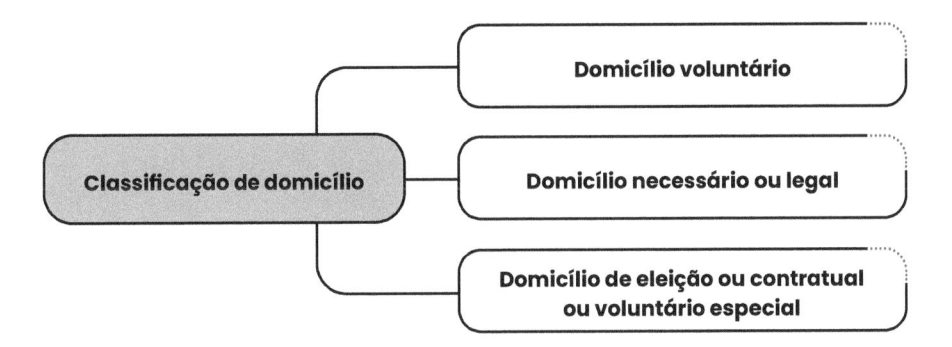

Capítulo 4

Das Pessoas Jurídicas

1.   PESSOA JURÍDICA: DEFINIÇÃO E FUNÇÃO SOCIAL

Pessoa jurídica é o ente moral (entidade) criado pelo ser humano, ao qual o ordenamento jurídico atribui personalidade. O CC/2002 apresenta melhor sistematização acerca das pessoas jurídicas do que o Código antecessor.

> **Atenção**
>
> Há evidentemente, quando se fala em pessoa jurídica, a exigência do cumprimento de sua função social, sem a qual não é possível se conceber a real situação da pessoa jurídica em um Estado Democrático de Direito. Portanto, a pessoa jurídica deverá atender à função social, o que significa atribuir a ela responsabilidade social e conteúdo ético aos seus atos. Sem atenção a esse imperativo, a pessoa jurídica não fará jus à proteção que também lhe é deferida pelo ordenamento jurídico.

2.   PRINCÍPIOS ORIENTADORES DA ONU SOBRE EMPRESAS E DIREITOS HUMANOS

Em 2011, o Conselho de Direitos Humanos da ONU aprovou os princípios orientadores da ONU sobre empresas e direitos humanos elaborados pelo Representante Especial do Secretário-Geral das Nações Unidas, Professor John Ruggie e, por isso, esses princípios são conhecidos como "Princípios Ruggie".

Os princípios, fruto de maturação de muitos anos, atentam para a necessidade de se implantar premissas reveladoras de direitos humanos de atuação para as empresas, sobretudo, as transnacionais onde se constata o maior número de violações em matéria de direitos humanos.

Os princípios mencionados se pautam em três pilares:

- **PROTEGER:** ressalta-se o dever dos **Estados** de proteger os direitos humanos;
- **RESPEITAR:** destaca-se a responsabilidade das **empresas** de respeitar os direitos humanos;
- **REPARAR:** importa-se com a necessidade de que existam recursos adequados e eficazes em caso de descumprimento dos direitos humanos pelas empresas.

Para a observância dos princípios deverá ser estabelecido entre os Estados e as empresas um salutar e permanente diálogo em busca da proteção dos direitos humanos. Desse modo, cada Estado deverá elaborar um plano nacional para a eficaz implementação dos princípios.

Nada obstante existam inúmeras críticas à elaboração do documento que encerra em si os "Princípios Ruggie", máxime por seu caráter maior de recomendação do que de obrigação, não há dúvidas do importante marco histórico apresentado em termos de conscientização do adequado desenvolvimento da atividade empresarial em sintonia com a realização dos direitos humanos.

3. CLASSIFICAÇÃO DA PESSOA JURÍDICA QUANTO À SUA FUNÇÃO

3.1 Pessoas jurídicas de direito público

São marcadas pela preponderância do Poder Público e se dividem em:

- **Pessoas Jurídicas de Direito Público Interno (art. 41, CC):** a União, os estados-membros, o Distrito Federal, os territórios, os municípios, as autarquias, inclusive as associações públicas e as demais entidades de caráter público criadas por lei.
- **Pessoas Jurídicas de Direito Público Externo (art. 42, CC):** são os Estados soberanos e aquelas regidas pelo Direito Internacional Público (Exemplos: ONU, Unesco, OMS, OEA, Santa Sé etc.) Vale lembrar que a União é pessoa jurídica de Direito Público Interno, porém, a República Federativa do Brasil deve ser considerada pessoa jurídica de Direito Público Externo.

3.2 Pessoas jurídicas de direito privado (art. 44, CC)

São criadas para atender aos interesses particulares das pessoas que a criaram. São elas: as associações, as sociedades, as fundações, as organizações religiosas e os partidos políticos. Porém, acerca desse artigo, foi aprovado na III Jornada de Direito Civil o Enunciado nº 144: "A relação das pessoas jurídicas de Direito Privado, constante do art. 44, incs. I a V, do Código Civil, não é exaustiva". Desse modo, tende a prevalecer que o rol de pessoas jurídicas de direito privado previsto no art. 44 do CC/2002 é meramente exemplificativo.

A empresa individual de responsabilidade limitada, conhecidas como EIRELI, manifestar-se-ia com a presença de apenas uma pessoa natural, que seria o titular da totalidade do capital social, capital esse que deveria estar devidamente integralizado e que não poderia ser inferior a 100 (cem) vezes o salário mínimo. Ocorre que, com o advento da Lei nº 13.874/2019 (Lei da Liberdade Econômica) e a criação da Sociedade Limitada Unipessoal, com a inserção dos §§ 1º e 2º no art. 1.052 do CC, a EIRELI perdeu o seu cabimento prático, sendo de todo esvaziada. Isso porque a nova modalidade de Sociedade – a Sociedade Limitada Unipessoal – também seria formada por uma única pessoa natural, porém prescindia da integralização do capital social que era exigido para a EIRELI.

> **Importante**
>
> Diante disso, a EIRELI deixou de ser aplicada na prática e a Lei nº 14.195/2021 (Lei do Ambiente de Negócios), em seu art. 41, transformou as EIRELI´s existentes em Sociedades Limitadas Unipessoais, de forma automática, isto é, independentemente de qualquer alteração no ato constitutivo da pessoa jurídica.
>
> Posteriormente, a Lei 14.382/2022 revogou expressamente o inciso VI, do art. 44 e o art. 980-A, ambos do CC/2002, corroborando o disposto na Lei do Ambiente de Negócios.

4. QUADROS COMPARATIVOS DAS PESSOAS JURÍDICAS DE DIREITO PRIVADO

SOCIEDADES E ASSOCIAÇÕES	FUNDAÇÕES (arts. 62 a 69, CC)
Decorrem de um agrupamento de pessoas (*universitas personarum*).	Decorrem da personificação de um patrimônio (*universitas bonorum*).
Preponderância de pessoas. O patrimônio possui função instrumental.	Preponderância de patrimônio. O patrimônio possui função genética.
Sociedades: possuem fins econômicos. Associações: não possuem fins econômicos.	Não podem ter fins econômicos.
Os fins podem ser alterados.	Os fins não podem ser alterados (art. 67, II, CC).
O ato constitutivo e elaborado *inter vivos*. Podendo ser por instrumento público ou particular.	O ato constitutivo pode se dar por ato *inter vivos* ou *causa mortis*, por meio de instrumento público ou testamento, respectivamente.

SOCIEDADES (arts. 981 e ss., CC)	ASSOCIAÇÕES (arts. 53 a 61, CC)
Possuem finalidade econômica.	Não possuem finalidade econômica.
Ato constitutivo: contrato social.	Ato constitutivo: estatuto.
Há, entre os sócios, direitos e obrigações recíprocos.	Não há, entre os associados, direitos e obrigações recíprocos (art. 53, parágrafo único, CC).

5. PONTOS FUNDAMENTAIS ACERCA DAS ASSOCIAÇÕES

- Os associados devem ter iguais direitos, mas o estatuto poderá instituir categorias com vantagens especiais.

- A qualidade de associado é intransmissível, todavia o estatuto poderá dispor em contrário.

- A exclusão do associado somente será admitida havendo justa causa, assim reconhecida em procedimento que assegure direito de defesa e de recurso, nos termos previstos no estatuto.

6. MAIS DETALHES SOBRE AS FUNDAÇÕES (ARTS. 62 A 69, CC)

6.1 Finalidade da fundação

Fundação é a pessoa jurídica de direito privado que decorre da personificação de um patrimônio para a realização de fins determinados. Para tanto, o instituidor deverá, por escritura pública ou testamento, destinar parte de seu patrimônio, por meio de dotação especial de bens livres, para um determinado fim não econômico, podendo, ainda, estabelecer a maneira pela qual ela será administrada.

O parágrafo único do art. 62 do CC dispõe que a fundação somente poderá constituir-se para fins de: I – assistência social; II – cultura, defesa e conservação do patrimônio histórico e artístico; III – educação; IV – saúde; V – segurança alimentar e nutricional; VI – defesa, preservação e conservação do meio ambiente e promoção do desenvolvimento sustentável; VII – pesquisa científica, desenvolvimento de tecnologias alternativas, modernização de sistemas de gestão, produção e divulgação de informações e conhecimentos técnicos e científicos; VIII – promoção da ética, da cidadania, da democracia e dos direitos humanos; IX – atividades religiosas.

6.2 Fases para a constituição de uma fundação

1ª) Afetação de bens livres por meio de dotação patrimonial: o instituidor separará um patrimônio que será afetado para composição da fundação. O instituidor deverá respeitar a legítima dos herdeiros necessários (art. 1.845, CC) e ressalvar o suficiente para viver com dignidade em analogia ao art. 548, CC. A separação do patrimônio será feita por ato *inter vivos* (por meio de escritura pública) ou *causa mortis* (por meio de testamento). Se os bens destinados para criação da fundação forem insuficientes e nada a esse respeito dispuser o instituidor, os bens separados serão incorporados a outra fundação que se proponha a fim igual ou semelhante (art. 63, CC).

2ª) Elaboração dos estatutos: os estatutos conterão as regras e diretrizes básicas a serem observadas pela fundação. A elaboração dos estatutos poderá ocorrer pelo modo direto, quando é feita pelo próprio instituidor, ou pelo modo fiduciário, quando o instituidor indica um terceiro para desempenhar essa tarefa. Nessa última hipótese, se não houver prazo fixado pelo instituidor para que seja elaborado o estatuto, o prazo será de 180 dias, ou havendo o prazo, e este for desrespeitado, caberá ao Ministério Público a incumbência de elaborar o estatuto (art. 65, parágrafo único, CC).

3ª) Aprovação dos estatutos: caberá ao Ministério Público aprovar os estatutos, exceto em caso de ter sido elaborado pelo próprio Ministério Público, o que, em caso contrário, mostrar-se-ia de todo ilógico e absurdo. Caberá ao Ministério Público a aprovação, uma vez que o art. 66 do CC estabelece que: "velará pelas fundações o Ministério Público do Estado onde situadas". Se o Ministério Público não aprovar o estatuto, ao verificar que os bens destinados são insuficientes para o cumprimento da finalidade indicada, caberá apreciação pelo Poder Judiciário com base no art. 5º, XXXV, da CF/88.

4ª) Registro: ocorrerá no Cartório de Registro Civil das Pessoas Jurídicas (art. 114, Lei nº 6.015/73).

6.3   Veladura das fundações

De acordo com o art. 66 do CC, a fiscalização das fundações caberá ao Ministério Público do estado onde situadas. Na redação original do § 1º desse artigo, havia a previsão de que se a fundação funcionasse no Distrito Federal ou Território caberia o encargo ao Ministério Público Federal. Porém, esse parágrafo foi declarado inconstitucional por meio da ADIn 2.794-8, sob o fundamento de usurpação de competência. De fato, o encargo caberia, em verdade, ao Ministério Público do Distrito Federal e Territórios. A Lei nº 13.151/2015 simplesmente adéqua a redação do CC/2002 a uma realidade já existente quando o § 1º do art. 66 desponta agora com a seguinte redação: "Se funcionarem no Distrito Federal ou em Território, caberá o encargo ao Ministério Público do Distrito Federal e Territórios".

Além disso, se a fundação estender a atividade por mais de um Estado, caberá o encargo, em cada um deles, ao respectivo Ministério Público (art. 66, § 2º, CC).

7.   INÍCIO DA PERSONALIDADE DA PESSOA JURÍDICA

No que respeita à pessoa jurídica de direito público, a sua personalidade atrela-se a uma norma jurídica. Se a pessoa jurídica for de direito privado, sua personalidade decorrerá do registro de seu ato constitutivo no órgão competente (art. 45, CC). Desse modo, serão registrados o contrato social da sociedade, o estatuto da associação, e a escritura pública ou o testamento da fundação. O art. 46 do CC traz os requisitos indispensáveis que o registro deverá conter. A lei civil concede, ainda, o prazo decadencial de três anos para anular a constituição das pessoas jurídicas de direito privado, por defeito do ato constitutivo, prazo que será contado da publicação de sua inscrição no registro (art. 45, parágrafo único, CC).

Onde deverá ser feito o registro da pessoa jurídica de direito privado?

- Em se tratando de fundação, associação e sociedade simples: no Cartório do Registro Civil das Pessoas Jurídicas;
- Em se tratando de sociedade empresária ou microempresa: na Junta Comercial.

Com base no registro, a pessoa jurídica passa a ser efetivamente um sujeito de direitos com personalidade e patrimônio diversos de seus membros, tendo inclusive, conforme a lei civil, a proteção concedida aos direitos de personalidade deferida às pessoas naturais, no que couber (art. 52, CC).

Com isso, percebemos que o registro da pessoa natural possui efeitos declaratórios, isto é, simplesmente declara uma personalidade que decorreu de um nascimento com vida. Ao revés, o registro da pessoa jurídica possui efeito constitutivo, uma vez que sem ele não há atribuição de personalidade.

8. A POSSIBILIDADE DE REALIZAÇÃO DE ASSEMBLEIAS GERAIS POR MEIOS ELETRÔNICOS

A pandemia do COVID-19 mostrou a necessidade de realização de assembleias gerais das pessoas jurídicas por meios eletrônicos. Assim, a Lei nº 14.382/22 atribuiu o caráter de definitividade ao expediente, inserindo o art. 48-A no Código Civil. Desse modo, atualmente, as assembleias gerais por meios eletrônicos, mesmo para os fins do art. 59 do CC, são perfeitamente possíveis e legítimas.

9. DESCONSIDERAÇÃO DA PERSONALIDADE JURÍDICA (*DISREGARD DOCTRINE*)

9.1 Generalidades

De acordo com o art. 49-A no CC/2002, "a pessoa jurídica não se confunde com os seus sócios, associados, instituidores ou administradores". Um dos corolários disso é compreender que a pessoa jurídica é quem responderá em caso de uma eventual atribuição de responsabilidade.

Ocorre que tal expediente poderá ensejar fraudes, uma vez que se torna possível que os membros da pessoa jurídica se utilizem da personalidade que é deferida a essa como escudo ou véu para a prática de manobras ilícitas. Em razão disso, o CC/2002 trouxe a possibilidade de desconsideração da personalidade da pessoa jurídica para alcance do patrimônio dos seus membros. Trata-se, portanto, de instrumento de superação episódica da personalidade da pessoa jurídica diante de um caso concreto.

> **Importante**
>
> A desconsideração da personalidade jurídica está contemplada no Código de Defesa do Consumidor (art. 28), na Lei nº 12.529/2011 (art. 34), na Lei nº 9. 605/98 (art. 4º) e na Lei nº 12.846/2013 (art. 14).

O CC/2002 também contempla a teoria em seu art. 50. Para tanto, de acordo com esse tecido normativo, torna-se necessário o abuso da personalidade da pessoa jurídica, que decorre do desvio de finalidade ou da confusão patrimonial. Ocorrido qualquer um desses fatores, o juiz poderá determinar a desconsideração da personalidade jurídica da pessoa jurídica.

O § 1º do art. 50 do CC/2002 define o alcance do que se deve compreender por desvio de finalidade, com a seguinte informação: "Para os fins do disposto neste artigo, desvio de finalidade é a utilização da pessoa jurídica com o propósito de lesar credores e para a prática de atos ilícitos de qualquer natureza". Além disso, o § 5º no art. 50 do CC/2002, estabelece que "não constitui desvio de finalidade a mera expansão ou a alteração da finalidade original da atividade econômica específica da pessoa jurídica".

Já por confusão patrimonial, o §2º do art. 50 do CC preceitua: "Entende-se por confusão patrimonial a ausência de separação de fato entre os patrimônios, caracterizada por: I – cumprimento repetitivo pela sociedade de obrigações do sócio ou do administrador ou vice-versa; II – transferência de ativos ou de passivos sem efetivas contraprestações, exceto os de valor proporcionalmente insignificante; e III – outros atos de descumprimento da autonomia patrimonial."

Vale notar que o §4º do art. 50 do CC destaca que a mera existência de grupo econômico sem a presença de desvio de finalidade ou de confusão patrimonial não autoriza a desconsideração da personalidade da pessoa jurídica. Pelo disposto no Código Civil, não poderá ocorrer a desconsideração da personalidade *ex officio*, carecendo de requerimento da parte ou do Ministério Público, nos casos em que couber intervir. Outro aspecto importante é perceber que a desconsideração não se impõe apenas em caso de intencional prática, pelo sócio, do abuso da personalidade da pessoa jurídica, mas também pela simples situação de confusão patrimonial, independentemente da intenção dos sócios.

A superveniência de regramento no CC/2002 acerca da desconsideração da personalidade jurídica não atinge as regras já existentes sobre a teoria, como no CDC e na Lei nº 9.605/98. Todos os regramentos coexistirão harmoniosamente e serão aplicados a depender do caso concreto. Assim se entendeu no Enunciado nº 51, aprovado na I Jornada de Direito Civil: "A teoria da desconsideração da personalidade jurídica – *disregard doctrine* – fica positivada no novo Código Civil, mantidos os parâmetros existentes nos microssistemas e na construção jurídica sobre o tema".

A desconsideração da personalidade da pessoa jurídica não induz à anulação da personalidade ou despersonalização, tampouco a desfazimento do ato constitutivo da pessoa jurídica, mas tão somente ao desprezo episódico, temporário, eventual daquela personalidade jurídica que se prestou a encobrir a prática de atos abusivos.

Desse modo, poderá a pessoa jurídica voltar a funcionar quando oportuno. Portanto, a terminologia adequada a ser utilizada por nós é realmente "desconsideração da personalidade jurídica" e não "despersonalização" ou "despersonificação", que induziriam a outras conclusões.

Fechamos esse ponto com a transcrição do art. 50 do CC/2002 e a lembrança de que a teoria da desconsideração da personalidade jurídica da pessoa jurídica tem cabimento tanto para as sociedades como para as demais pessoas jurídicas de direito privado. Tal conclusão se infere da análise de dois termos presentes no art. 50: "sócios" e "administradores". A referência aos sócios nos remete às sociedades; já a referência a administradores, às demais pessoas jurídicas. Tanto é assim que o Enunciado nº 284 do CJF estabeleceu que "As pessoas jurídicas de direito privado sem fins lucrativos ou de fins não econômicos estão abrangidas no conceito de abuso da personalidade jurídica". Eis o art. 50 do CC: "Em caso de abuso da personalidade jurídica, caracterizado pelo desvio de finalidade ou pela confusão patrimonial, pode o juiz, a requerimento da parte, ou do Ministério Público quando lhe couber intervir no processo, desconsiderá-la para que os efeitos de certas e determinadas relações de obrigações sejam estendidos aos bens particulares de administradores ou de sócios da pessoa jurídica beneficiados direta ou indiretamente pelo abuso".

9.2 Teorias acerca da desconsideração da personalidade jurídica

Existem duas teorias a justificar a desconsideração da personalidade da pessoa jurídica: a teoria maior e a teoria menor.

9.2.1 Teoria maior

De acordo com a teoria maior, para que haja a desconsideração da personalidade jurídica, exige-se o abuso da personalidade, que se evidencia por meio do desvio de finalidade ou da confusão patrimonial. O patrimônio do membro da pessoa jurídica responderá em caso de fraude ou abuso. Essa é a teoria adotada no art. 50 do CC. Saliente-se, contudo, que o Enunciado nº 281 do CJF estabeleceu que: "A aplicação da teoria da desconsideração, descrita no art. 50 do Código Civil, prescinde da demonstração de insolvência da pessoa jurídica".

9.2.2   Teoria menor

Para a teoria menor, ocorrerá a desconsideração diante do simples prejuízo sofrido pelo credor, independentemente da configuração do abuso da personalidade. Portanto, simplesmente, o membro da pessoa jurídica responderá pelas obrigações da pessoa jurídica. O ordenamento jurídico pátrio demonstra o seu afeto por essa teoria no CDC, art. 28, § 5º, e na Lei nº 9.605/98, art. 4º. A razão é óbvia: estamos, nessas situações, diante de interesses metaindividuais.

9.3   A desconsideração inversa da personalidade jurídica

Vimos até aqui que se desconsidera a personalidade da pessoa jurídica para alcançar o patrimônio de seus membros. O contrário também é possível de se aceitar, senão, vejamos um exemplo: uma pessoa casada que adquire bens e os transfere para a empresa, para evitar em um futuro processo de separação ou divórcio a divisão de tais bens com o seu cônjuge. Nessa situação, torna-se possível desconsiderar a personalidade da empresa para se alcançar tais bens e proceder à devida partilha. Isto é, busca-se a via inversa para se alcançar justiça. Nessa esteira, foi aprovado, na IV Jornada de Direito Civil, o Enunciado nº 283, *in verbis*: "É cabível a desconsideração da personalidade jurídica denominada 'inversa' para alcançar bens de sócio que se valeu da pessoa jurídica para ocultar ou desviar bens pessoais, com prejuízo a terceiros".

Outra questão a ser destacada é que o CPC/2015 reconhece a possibilidade de desconsideração inversa em seu art. 133, § 2º, que apresenta a seguinte redação: "Aplica-se o disposto neste Capítulo a hipótese de desconsideração inversa da personalidade jurídica". Além disso, o art. 50, § 3º, do CC, por força da Lei nº 13.874/2019, assim admite: "O disposto no *caput* e nos §§ 1º e 2º deste artigo também se aplica à extensão das obrigações de sócios ou de administradores à pessoa jurídica". Assim, atualmente, o CC e o CPC admitem expressamente a desconsideração inversa.

9.4   Desconsideração positiva da personalidade da pessoa jurídica

A expressão "desconsideração positiva da personalidade da pessoa jurídica" foi cunhada pela doutrina e encontra precedente no STJ. Tal desconsideração justifica a proteção conferida pela Lei nº 8.009/90 ao bem de titularidade da pessoa jurídica no qual resida os membros da pessoa jurídica. Desconsidera-se de forma positiva, isto é, para a proteção do bem de família, de modo que, aquele bem, como desempenha a função de fornecer moradia, deve ser resguardado de eventual penhora (REsp 1.514.567-SP, Quarta Turma, Rel. Min. Isabel Gallotti, j. 14/03/2023).

9.5 Desconsideração expansiva da personalidade da pessoa jurídica

A desconsideração expansiva da personalidade da pessoa jurídica, como o próprio nome sugere, objetiva expandir a responsabilização para alcance do patrimônio do sócio oculto que se valeu de um terceiro para administrar a pessoa jurídica. O terceiro aqui mencionado seria a figura de um "laranja" ou "testa de ferro", cujo patrimônio se apresenta escasso para responder pelas obrigações da sociedade. Nessa senda, a Terceira Turma do STJ decidiu que é possível utilizar o incidente de desconsideração da personalidade jurídica, em modalidade expansiva, para alcançar terceiro que exerça função de sócio oculto, como se fosse empresário individual. (REsp 2.055.325-MG, Terceira Turma, Rel. Min. Nancy Andrighi, j. 12/09/2023).

10. DOMICÍLIO DA PESSOA JURÍDICA

No que diz respeito às pessoas jurídicas de direito público, conforme o art. 75 do CC, o domicílio será:

✓ da União: o Distrito Federal;

✓ dos Estados e territórios: as respectivas capitais;

✓ dos Municípios: o lugar onde funcionar sua administração.

Quanto às outras pessoas jurídicas de direito público e às pessoas jurídicas de direito privado, o domicílio será:

✓ o lugar onde funcionarem as respectivas diretorias e administrações (a sede), ou onde elegerem domicílio especial no seu estatuto ou atos constitutivos.

Se a pessoa jurídica de direito privado possuir diversos estabelecimentos em lugares diferentes, cada um deles será considerado domicílio para os atos nele praticados.

Se a administração, ou diretoria, tiver a sede no estrangeiro, haver-se-á por domicílio da pessoa jurídica, no tocante às obrigações contraídas por cada uma das suas agências, o lugar do estabelecimento, sito no Brasil, a que ela corresponder.

EM RESUMO:

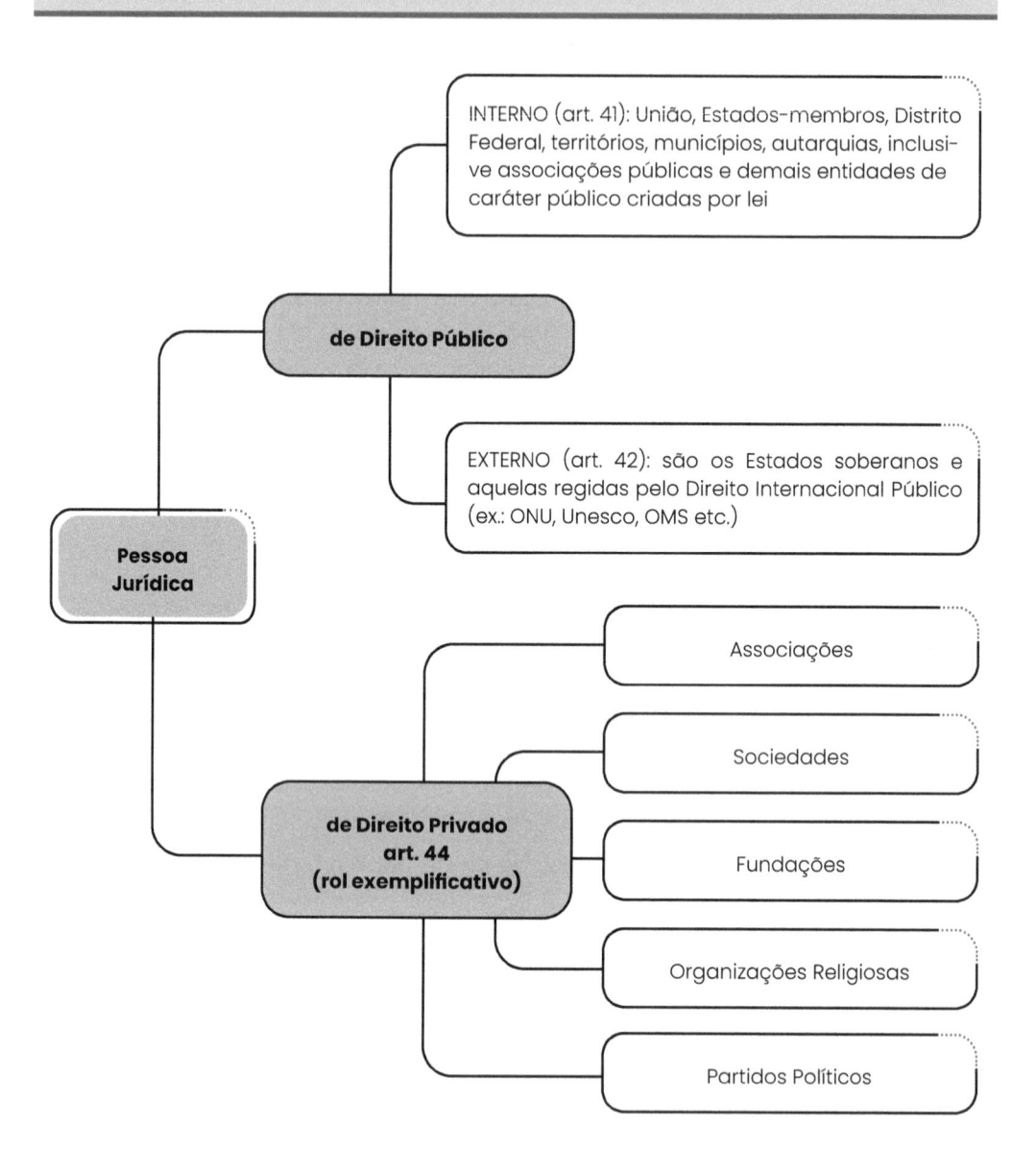

Capítulo 5

Dos Bens

Os bens representam os objetos do direito. No Código Civil, os bens são tratados no Livro II da Parte Geral, logo após a disciplina dedicada às pessoas naturais e jurídicas.

Conceituar o que seja bem jurídico não é tarefa fácil, posto que a doutrina não alcançou qualquer consenso acerca desse ponto. Então, o que temos para muitos é que bem é sinônimo de coisa. Para outros, coisa seria apenas uma espécie de bens (aqueles materiais), e, além disso, há também aqueles que acreditam no contrário, que bem e que é espécie de coisa, manifestando-se apenas onde houver valoração econômica.

Desse modo, o mais adequado e perquirimos um conceito de bem jurídico da maneira mais ampla possível. Bem jurídico seria, então, tudo aquilo que, ao existir fora do ser humano, material ou não, possuindo valoração econômica ou não, esteja sob o poder de seu titular.

1. CLASSIFICAÇÃO DOS BENS

A classificação mais segura a ser adotada para o estudo respeitante aos bens é aquela que apresentada pelo próprio Código Civil. Assim, teremos:

✓ os bens considerados em si mesmos;

✓ os bens reciprocamente considerados;

✓ os bens quanto à sua titularidade.

1.1 Dos bens considerados em si mesmos

Dentro dessa classe, busca-se a análise dos bens de maneira isolada, sem qualquer comparação com os demais. Assim, temos que os bens podem ser:

1.1.1 Bens imóveis e móveis

Os bens imóveis, também conhecidos como bens de raiz, conforme o art. 79 do CC, serão "o solo e tudo quanto se lhe incorporar natural ou artificialmente". Assim, podemos dizer que os imóveis podem ser:

- por sua natureza: o solo e tudo o que se lhe incorporar naturalmente (ex.: subsolo, árvores, frutos pendentes, espaço aéreo);

- por acessão física, industrial ou artificial: a palavra acessão vem de acesso ou ingresso, assim, trata-se de tudo aquilo que o homem incorporar permanentemente a solo (ex.: sementes, plantações e construções);

- por determinação legal: trata-se de determinadas situações jurídicas que o legislador julgou por conveniente e em razão da segurança jurídica, destinar-lhes o tratamento a ser dado aos bens imóveis, embora *a priori* não pudéssemos enquadrá-los na classe de imóveis ou móveis, posto que incorpóreos. De acordo com o art. 80 do CC, são bens imóveis para os efeitos legais: I – os direitos reais sobre imóveis e as ações que os asseguram (exemplos: a propriedade, a hipoteca, a ação reivindicatória); II – o direito à sucessão aberta. Em relação à sucessão aberta, releva notar que, ainda que os bens deixados pelo de cujus sejam todos bens móveis, o direito à sucessão aberta será considerado, ainda assim, como bem imóvel.

Para afastar discussões, o CC/2002 dispõe, ainda, que não perdem o caráter de imóveis as edificações que, separadas do solo, mas conservando a sua unidade, forem removidas para outro local (ex.: casas de madeira pré-fabricadas). E também os materiais provisoriamente separados de um prédio, para nele se reempregarem (art. 81, CC). Desse modo, um azulejo que no depósito de material de construção pronto para ser vendido, é bem móvel, imobiliza-se, isto é, torna-se imóvel, uma vez acedido à construção. E mais, caso a construção entre em reforma e tais azulejos sejam cuidadosamente separados, para depois serem reempregados, não perderão eles o seu caráter de imóveis, adquirido por ocasião da acessão. Isso tudo se justifica porque o aspecto levado em consideração é a finalidade da separação.

Os bens móveis, por sua vez, também poderão ser:

- por sua natureza: de acordo com o art. 82 do CC, são os bens suscetíveis de movimento próprio (os semoventes), ou de remoção por força alheia, sem alteração da substância ou da destinação econômico-social (os móveis propriamente ditos);

- por determinação legal: o CC dispõe em seu art. 83 que, embora incorpóreos, são móveis as energias que possuam valor econômico (ex.: luz); os direitos reais sobre objetos móveis e as ações correspondentes (exemplos: o penhor e a hipoteca de aeronaves e navios); e os direitos pessoais de caráter patrimonial e respectivas ações;

- por antecipação: são aqueles que, embora imobilizados, em razão de seu destino certo de serem mobilizados, já recebem de antemão o tratamento de bens móveis, para facilitar a sua negociação (ex.: uma safra pendente, árvores destinadas ao corte).

> ### Importante
>
> Sobre os animais (semoventes), em decisão de 2018, o STJ reconheceu, quando do fim da entidade familiar, a possibilidade de se estipular o direito de visitas a animal de estimação. Nessa decisão, o STJ se manifestou no sentido de que o fato de um animal receber afeto da entidade familiar não resulta na alteração da natureza jurídica que continuará a de ser um animal não humano, sendo considerado, entretanto, um ser senciente, isto é, dotado de sensibilidade, sentindo as mesmas dores e necessidades biopsicológicas dos animais racionais, de modo que o seu bem-estar deve ser considerado (REsp 1.713.167/SP).
>
> A despeito do posicionamento do STJ acerca dos animais, vale sintetizar as quatro vertentes acerca do tema que se apresentam em nosso ordenamento jurídico atualmente:
>
> 1º   Os animais são **coisas** ou **bens**, especificamente **bens móveis** (posicionamento adotado pelo Código Civil).
>
> 2º   Os animais são **pessoas** e titulares de **personalidade jurídica** e **direitos da personalidade**.
>
> 3º   Os animais não são pessoas, não possuem personalidade, embora sejam **sujeitos de direito**.
>
> 4º   Os animais são **seres sencientes**, portadores de sensibilidade, representando um **terceiro gênero** (REsp 1.713.167/SP).

Por fim, insta salientar que os materiais destinados a alguma construção, enquanto não forem empregados, conservam sua qualidade de móveis e readquirem essa qualidade os provenientes da demolição de algum prédio. Isso é o que dispõe o art. 84 do CC em plena sintonia com o já comentado art. 81, II, do CC.

1.1.2   Bens fungíveis e infungíveis

Fungíveis são os bens móveis que podem ser substituídos por outros da mesma espécie, qualidade e quantidade (ex.: dinheiro). Em uma interpretação *a contrario sensu* do art. 85 do CC, que nos informa o conceito dos bens fungíveis, chegamos aos bens infungíveis, que são aqueles bens móveis tidos por suas características individuais e, em razão disso, insubstituíveis (ex.: um quadro de um pintor famoso). Além disso, vale lembrar que todo bem imóvel deve ser considerado infungível, já que o art. 85 do CC restringe o conceito de bens fungíveis aos móveis.

Importante perceber que a infungibilidade poderá decorrer não apenas da natureza do bem, mas da vontade das partes. Poderá ocorrer na hipótese de um bem que seja naturalmente fungível, por ocasião de um empréstimo, por exemplo, ficar convencionado que a devolução se fará pelo mesmo bem. Aqui estamos diante do chamado comodato *ad pompae vel ostentationes causa*.

> **Atenção**
>
> Como exemplo de bem infungível por vontade da(s) parte(s), podemos citar a moeda nº 1 do Tio Patinhas em que, embora se trate de um bem por sua natureza fungível, é considerado por seu titular como bem infungível por lhe trazer sorte.

1.1.3   Bens consumíveis e inconsumíveis

Os bens consumíveis dividem-se em de fato ou de direito. Os bens consumíveis de fato são os bens móveis cujo uso importa destruição imediata da própria substância (por exemplo: alimentos, cosméticos). Já os bens consumíveis de direito são aqueles destinados à alienação (por exemplo: um livro disponível para a venda em uma livraria). São denominados de consumíveis de direito, pois a alienação em relação a um determinado sujeito apenas uma vez poderá ocorrer.

Os bens inconsumíveis são aqueles que, em uma interpretação às avessas do art. 86 do CC, a sua utilização não importa destruição imediata da sua própria substância e não estão destinados à alienação. Não afastando, é claro, a possibilidade de deterioração da coisa ao longo dos anos, isto é, trata-se de um bem inconsumível, e não de existência perpétua.

Temos, é verdade, que observar a conjuntura em que o bem se encontra. Por exemplo, um livro, em regra, não se destrói com a sua utilização, portanto, trata-se de um bem inconsumível. Porém, se esse mesmo livro estiver à venda em uma livraria, ele será considerado consumível de direito.

1.1.4   Bens divisíveis e indivisíveis

De acordo com o art. 87 do CC, "bens divisíveis são os que se podem fracionar sem alteração na sua substância, diminuição considerável de valor, ou prejuízo do uso a que se destinam". Assim, indivisível o bem seria se considerássemos o contrário disposto no referido artigo.

A doutrina, de uma maneira geral, sugere uma classificação acerca da indivisibilidade, de tal modo que o bem poderá ser indivisível: fisicamente, quando materialmente o bem não pode ser dividido (por exemplo: um animal vivo); legalmente, quando a indivisibilidade é imposta por lei (por exemplo: a Lei nº 6.766/79 dispõe que o lote urbano não poderá ser inferior a 125 metros quadrados); convencionalmente, quando a indivisibilidade decorre de convenção feita entre as partes interessadas (por exemplo: em um condomínio em que os condôminos estipulam que a coisa ficará indivisa por determinado tempo); e economicamente, quando a divisão do bem importar em redução considerável de seu valor econômico (por exemplo: se imaginarmos uma grande pedra de diamante, esta terá um valor, sem dúvida, muito maior, do que se a considerássemos fracionada em inúmeros pequeninos diamantes).

> **Atenção**
>
> Importante salientar que, diante dessa subclassificação de indivisibilidade, aquele determinado bem que de início é fisicamente suscetível à divisão, por vezes, uma lei, ou a vontade das partes, ou mesmo motivos econômicos se mostrem como fatores impedientes de sua divisão.

1.1.5 Bens singulares e coletivos

Os bens singulares são aqueles que, segundo o art. 89 do CC, "embora reunidos, se consideram de *per se*, independentemente dos demais" (por exemplo: uma árvore, um livro). São, porém, coletivos os bens quando se traduzem nas chamadas universalidades.

As universalidades poderão ser de fato ou de direito. A universalidade de fato ocorre quando há uma pluralidade de bens singulares que, pertinentes à mesma pessoa, tenham destinação unitária (por exemplo: uma floresta, uma biblioteca). Por universalidade de direito, deve-se entender o complexo de relações jurídicas de uma pessoa, dotadas de valor econômico (por exemplo: o espólio, o patrimônio, a massa falida).

1.2 Dos bens reciprocamente considerados

Com essa classificação, temos de considerar os bens, não mais isoladamente, mas, sim, em comparação uns com os outros. Assim, os bens poderão ser principais ou acessórios.

Principal é o bem que existe sobre si, abstrata e concretamente (por exemplo: o solo). Ao revés, o acessório não possui existência própria, de modo que a sua existência supõe a do principal (por exemplo: a árvore que depende do solo para existir).

O que releva salientar, diante da existência de um bem principal e um acessório, é a aplicação do princípio da gravitação jurídica, que se traduz pela vetusta regra de que o acessório segue a sorte do principal (*accessorium sequitur suum principale*). No CC/1916, existia expressamente disposição acerca dessa regra, que não foi repetida no CC/2002. É claro, todavia, que o princípio da gravitação jurídica continua existindo, uma vez que o bem principal atrai para a sua órbita o bem acessório, estendendo-lhe o seu próprio regime. Os bens acessórios dividem-se em frutos, produtos, pertenças e benfeitorias.

1.2.1 Os frutos

Os frutos são as utilidades que nascem e renascem, ou seja, renovam-se a cada período, sem diminuir a substância do bem principal.

Quanto à origem, os frutos podem ser: naturais, industriais ou civis. Naturais são os frutos que decorrem da própria natureza (ex.: os frutos das árvores, as crias dos animais). Industriais são os frutos resultantes da intervenção humana (ex.: a lã de uma ovelha que se transforma em casaco). Civis ou rendimentos são os frutos que representam a remuneração que deverá ser paga a uma pessoa por ter concedido a posse a outrem (ex.: os juros e os aluguéis). Quanto ao estado, os frutos podem ser: colhidos, colhidos por antecipação, pendentes, percipiendos e estantes. Colhidos são os frutos que já foram percebidos, isto é, retirados da coisa principal. Colhidos por antecipação são os frutos que foram separados da coisa principal de maneira prematura. Pendentes são os frutos que ainda estão unidos à coisa que os produziu. Percipiendos são aqueles frutos que deveriam ter sido colhidos, mas não o foram. Estantes são os frutos que já foram separados e estão armazenados.

1.2.2 Os produtos

Os produtos, diferentemente dos frutos, são as utilidades que são retiradas da coisa principal e não se renovam, isto é, não reproduzem periodicamente (ex.: pedras, metais, petróleo, retirados de determinada pedreira, mina ou poço).

1.2.3 As pertenças

As pertenças são os bens acessórios que, não constituindo partes integrantes do bem principal, destinam-se de modo duradouro ao uso, ao serviço ou ao aformoseamento do outro (art. 93, CC).

Assim, alcançaremos a pertença se excluirmos tudo o que seja parte integrante do bem principal (ex.: frutos, produtos, benfeitorias). Posto isso, o ar-condicionado que se encontra no interior de uma casa pode ser considerado pertença, já a porta dessa mesma casa não, uma vez que se trata de parte integrante da casa.

O art. 94 do CC impõe que "os negócios jurídicos que dizem respeito ao bem principal não abrangem as pertenças, salvo se o contrário resultar da lei, da manifestação de vontade, ou das circunstâncias do caso". Com a leitura deste dispositivo chegamos a uma importante conclusão: a regra de que o acessório segue a sorte do principal em caso de alienação do bem principal, aplica-se às partes integrantes, não atingindo as pertenças. Então, embora a pertença seja também um bem acessório, a ela não se aplica o princípio da gravitação jurídica.

Importante

O STJ entendeu em um caso de ação de busca e apreensão em que os aparelhos de adaptação para condução veicular por deficiente físico foram considerados pertenças, tendo o devedor fiduciante direito de retirada das adaptações

(REsp 1.305.183-SP, Rel. Min. Luis Felipe Salomão, por unanimidade, julgado em 18/10/2016). De igual modo, o mesmo Tribunal entendeu como pertença o equipamento de monitoramento acoplado ao caminhão. Assim, o inadimplemento do contrato de empréstimo para aquisição de caminhão dado em garantia, a despeito de importar na consolidação da propriedade do mencionado veículo nas mãos do credor fiduciante, não conduz ao perdimento da pertença em favor deste (REsp 1.667.227-RS, Rel. Min. Marco Aurélio Bellizze, por unanimidade, julgado em 26/6/2018, *DJe* 29/6/2018).

1.2.4   As benfeitorias

As obras ou as despesas realizadas na coisa principal com a finalidade de conservá-la, melhorá-la ou, até mesmo, tão somente embelezá-la denominam-se de benfeitorias.

Do conceito abordado acima, depreendemos as três espécies de benfeitorias existentes: necessárias, úteis e voluptuárias.

* **Necessárias (art. 96, § 3°, CC):** são aquelas que têm por objetivo a conservação do bem principal (ex.: a reforma de um telhado em uma casa);
* **Úteis (art. 96, § 2°, CC):** são aquelas que têm por fim melhorar o bem principal (ex.: a construção de um banheiro a mais em uma casa);
* **Voluptuárias ou suntuárias (art. 96, § 1°, CC):** são aquelas que têm por objetivo o embelezamento do bem principal, destinando-se assim a mero recreio ou deleite (ex.: a construção de uma piscina em uma casa para lazer).

Diante de um caso concreto, se permanecer a dúvida acerca de qual categoria de benfeitoria está-se diante, terá cabimento o critério da essencialidade. Por esse critério, deve ser verificado o quão essencial é aquela determinada benfeitoria para o bem principal. Exemplo clássico é o da piscina, que, dependendo do local em que for construída, poderá se enquadrar em classificação distinta. Então, se uma piscina for construída em uma casa para lazer de seus moradores tratar-se-á de uma benfeitoria voluptuária. Entretanto, se essa piscina for feita em uma escola, considerar-se-á uma benfeitoria útil. E, ainda, se a piscina for construída em uma escola de natação, será considerada uma benfeitoria necessária.

> **Atenção**
>
> Não se pode confundir a benfeitoria destinada ao mero deleite ou embelezamento – a benfeitoria voluptuária – com a pertença que se destina ao aformoseamento do bem. A diferença é que, enquanto a pertença não é parte integrante do bem, a benfeitoria, o será.

Insta diferenciar benfeitoria de acessão. A benfeitoria importa a conservação, melhoramento ou embelezamento do bem principal, a ele se incorporando, não trazendo, por assim dizer, qualquer novidade ao bem principal. Já a acessão, que se manifesta por meio de construções e plantações (acessão artificial), apresenta um caráter essencialmente inovador, e por isso trata-se de modo aquisitivo de propriedade em que há exigência de averbação no respectivo registro (arts. 1.253 e ss., CC).

No que diz respeito à acessão natural, o CC/2002 aponta a distinção entre essa modalidade de acessão e benfeitoria, informando em seu art. 97 que "não se consideram benfeitorias os melhoramentos ou acréscimos sobrevindos ao bem sem a intervenção do proprietário, possuidor ou detentor". Assim, nessas hipóteses as regras a serem aplicadas serão as das acessões naturais que estão no CC/2002 a partir do art. 1.249.

1.3   Dos bens quanto à titularidade de domínio

Neste momento, interessa saber quem é o titular de determinado bem. Assim, os bens podem ser públicos ou particulares. Conforme o art. 98 do CC, "são públicos os bens do domínio nacional pertencentes às pessoas jurídicas de direito público interno; todos os outros são particulares, seja qual for a pessoa a que pertencerem". Ampliando o entendimento fornecido por este artigo, foi aprovado o importante Enunciado nº 287, com seguinte teor: "O critério da classificação de bens indicado no art. 98 do Código Civil não exaure a enumeração dos bens públicos, podendo ainda ser classificado como tal o bem pertencente a pessoa jurídica de direito privado que esteja afetado à prestação de serviços públicos".

Os bens públicos, por sua vez, comportam três espécies:

- Bens públicos de uso comum do povo: trata-se dos bens que podem ser utilizados por todas as pessoas (ex.: rios, mares, estradas, ruas e praças). Ainda que a Administração Pública imponha alguma restrição por meio de cobrança para o uso, esse bem não se desnatura enquanto bem público (ex.: imposição de pedágio em trecho de rodovia). O art. 103 do CC nos informa que "o uso comum dos bens públicos pode ser gratuito ou retribuído, conforme for estabelecido legalmente pela entidade a cuja administração pertencerem".

- Bens públicos de uso especial: trata-se dos edifícios ou terrenos destinados a serviço ou estabelecimento da administração federal, estadual, territorial ou municipal, inclusive os de suas autarquias (ex.: um edifício em que funcione uma repartição pública ou um hospital público ou uma escola pública).

- Bens públicos dominicais: trata-se dos bens que constituem patrimônio das pessoas jurídicas de direito público. Sendo assim, trata-se de um bem público que não está afetado a um serviço público e nem é de uso comum do povo (ex.: imóveis que representam o patrimônio livre daquela pessoa jurídica de direito público, terras devolutas).

A característica principal dos bens públicos é a inalienabilidade. Entretanto, são inalienáveis somente os bens públicos de uso comum e os de uso especial. Já os dominicais, como correspondem a patrimônio livre de determinada pessoa jurídica de direito público, poderão ser alienados, observadas as exigências da lei (arts. 100 e 101, CC).

Vistos quais são os bens públicos, fica fácil saber agora quais são os particulares. O conceito de bens particulares se dá por exclusão. Assim, serão particulares todos os bens que não forem públicos.

EM RESUMO:

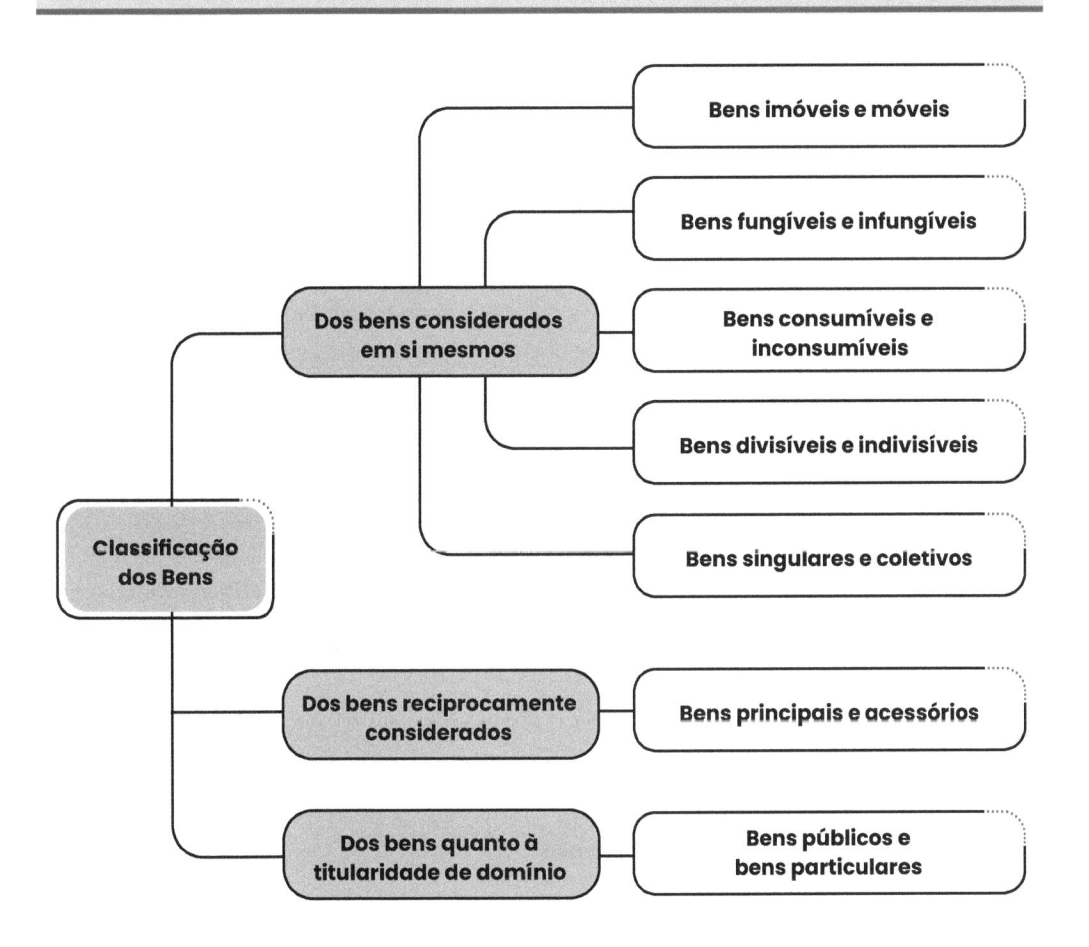

Capítulo 6

Dos Fatos Jurídicos

Os fatos jurídicos, presentes no Livro III da Parte Geral do Código Civil, apresentam a sua relevância quando consideramos que são eles que criam, modificam ou extinguem as relações jurídicas.

1. CLASSIFICAÇÃO DOS FATOS JURÍDICOS

Os fatos jurídicos podem decorrer da natureza ou da atuação humana. Os fatos jurídicos que decorrem da natureza são conhecidos por fatos jurídicos em sentido estrito. Esses, por sua vez, poderão se dividir em ordinários e extraordinários.

Os fatos jurídicos em sentido estrito ordinários são aqueles que ocorrem previsível e corriqueiramente como a morte e o nascimento. Já os fatos jurídicos em sentido estrito extraordinários vinculam-se ao caso fortuito e à força maior, como um terremoto ou uma enchente.

Porém, como vimos, o evento poderá decorrer da atuação humana. Todos sabem que o ser humano ao agir poderá perpetrar uma ação lícita ou ilícita. Às ações lícitas praticadas dá-se o nome de ato jurídico em sentido amplo que, por sua vez, poderá ser um ato jurídico em sentido estrito ou um negócio jurídico. Já às ações ilícitas praticAdas dá-se o nome de atos ilícitos.

Em síntese:

Fatos Jurídicos em sentido amplo:

a) Decorrentes da natureza:

- **Fatos Jurídicos em sentido estrito:**
    - ✓ Ordinários (ex.: nascimento);
    - ✓ Extraordinários (ex.: terremoto).

b) Decorrentes da atuação humana:

  b.1) Ações Lícitas:

- **Atos Jurídicos em sentido amplo:**
    - ✓ **Atos Jurídicos em sentido estrito (art. 185, CC);**
    - ✓ **Negócios Jurídicos (arts. 104 a 184, CC).**

b.2) Ações Ilícitas:

- **Atos Ilícitos (arts. 186 a 187, CC).**

2. DOS ATOS JURÍDICOS EM SENTIDO ESTRITO OU ATOS JURÍDICOS NÃO NEGOCIAIS

O ato jurídico em sentido estrito representa uma mera submissão do agente ao ordenamento jurídico. Como exemplos de ato jurídico em sentido estrito podemos citar o reconhecimento de um filho, a adoção e a citação. Em todas essas hipóteses, os efeitos não decorrem da vontade do manifestante, mas da lei. Sobre o ato jurídico em sentido estrito, o art. 185 do CC estabelece: "Aos atos jurídicos lícitos, que não sejam negócios jurídicos, aplicam-se, no que couber, as disposições do Título anterior". O Título anterior refere-se exatamente aos negócios jurídicos. Desse modo, o legislador impõe que, naquilo que tiver pertinência, aplicam-se as regras do negócio jurídico ao ato jurídico em sentido estrito.

3. DOS NEGÓCIOS JURÍDICOS

O CC/2002 se dedica, nos arts. 104 a 184, a pormenorizar o negócio jurídico. Trata-se, pois, da manifestação da vontade que busca a produção de efeitos jurídicos. O que releva perceber é que esses efeitos jurídicos, ao revés dos efeitos dos atos jurídicos em sentido estrito, são aqueles pretendidos pelas partes, e não decorrentes da lei. Aqui, percebe-se o negócio jurídico como decorrente da autonomia privada. O exemplo comumente lembrado de negócio jurídico é o próprio contrato, em que as partes deixam transparecer as suas vontades e os efeitos exsurgem dali, da própria vontade das partes.

Em classificação bastante relevante, os negócios jurídicos podem ser:

a) **Unilaterais:** a manifestação de vontade decorre de uma só pessoa. Ex.: o testamento, a promessa de recompensa e a emissão de um cheque.

b) **Bilaterais:** torna-se necessária a manifestação de mais de uma pessoa para que o ato se aperfeiçoe. Ex.: o contrato.

4. OS TRÊS PLANOS DO NEGÓCIO JURÍDICO: EXISTÊNCIA, VALIDADE E EFICÁCIA

O negócio jurídico é formado por três planos, a saber:

4.1 O plano da existência

Aqui estariam os pressupostos fundamentais do negócio jurídico, sem os quais o negócio inexistiria. Esses pressupostos seriam assim considerados: o agente, a vontade, o objeto e a forma. Em havendo tais substantivos, sem que se exija qualquer adjetivação, já podemos opinar pela existência de um negócio jurídico.

4.2   O plano da validade

Temos, pois, a considerar aqui a necessidade de fornecer adjetivação aos substantivos mencionados no plano da existência. Assim, em havendo a adjetivação devida, o negócio não simplesmente existirá, como também será válido.

Devemos perceber que só analisamos o plano de validade porque já ultrapassamos o plano da existência. Portanto, o agente deverá ser capaz; a vontade livre; o objeto lícito, possível, determinado ou determinável; e a forma prescrita ou não defesa em lei. O plano da validade se expressa no CC/2002 por meio do art. 104 que traz os elementos essenciais de validade do negócio jurídico. A vontade livre, embora não prevista expressamente, depreendida será do agente capaz.

4.3   O plano da eficácia

Neste plano, a importância se dá em relação aos efeitos do negócio jurídico. Situa-se aqui a questão do registro, da cláusula penal, dos juros etc. E, ainda, no plano da eficácia verifica-se a possibilidade de produção de efeitos do negócio jurídico de imediato ou a submissão a determinados elementos acidentais que podem implicar a perpetração dos efeitos ou a sua contenção.

4.4   A escada ponteana

A essa disposição dos referidos planos preconizada por Pontes de Miranda é comum denominar de *"Escada Ponteana"*, o que nos induz ao raciocínio de que o negócio deve existir e, após a sua existência, poderá ser considerado válido.

E, mais, em sendo existente e válido, produziria os seus regulares efeitos. Todavia, não devemos crer em tal premissa de maneira peremptória. O que se quer demonstrar é que os planos são independentes, podendo haver, sim, a manifestação de um, sem a manifestação de outro. Por exemplo, é perfeitamente possível que o negócio seja existente, inválido e, ao mesmo tempo, eficaz. É o caso, por exemplo, do casamento putativo em relação ao cônjuge de boa-fé, previsto no art. 1.561 do CC. Trata-se de um negócio nulo ou anulável que, porém, gera os seus efeitos em relação ao cônjuge de boa-fé. Lembremos também que é possível que o negócio exista, seja válido, porém ineficaz como o contrato celebrado sob condição suspensiva, sem que se tenha havido ainda o implemento da condição.

> **Importante**
>
> O CC/2002 não atenta para o plano da existência, tanto é que inicia o estudo do negócio jurídico a partir do plano da validade, em seu art. 104, sem fazer qualquer menção aos pressupostos para a existência do negócio. Ademais, não trata também das consequências da inexistência do negócio jurídico, tão somente das consequências da invalidade do negócio jurídico em seus arts. 166 ao 184.

5. OS ELEMENTOS DO NEGÓCIO JURÍDICO

5.1 Os elementos essenciais de validade do negócio jurídico

Conforme o art. 104 do Código Civil, os elementos essenciais para que o negócio jurídico seja válido são:

5.1.1 Agente capaz

Aqui se torna relevante o estudo da teoria das incapacidades. Assim, voltando-nos para os agentes que realizam o negócio jurídico, torna-se imprescindível que possuam capacidade plena. Desse modo, para que o absolutamente incapaz pratique um negócio jurídico válido, exige-se a devida representação. Para o relativamente incapaz, terá cabimento a devida assistência. Caso os absoluta e os relativamente incapazes pratiquem atos da vida civil, sem a devida representação e assistência, tais atos serão, respectivamente, nulos e anuláveis (art. 166, I, e art. 171, I, ambos do CC).

5.1.2 Objeto lícito, possível, determinado ou determinável

Voltando-nos para o objeto do negócio jurídico, a exigência é que este seja lícito, isto é, esteja de acordo com a ordem pública, a moral e os bons costumes. Por exemplo, é ilícito o objeto de um negócio jurídico de compra e venda de drogas. Mas não basta que o objeto seja lícito, ele também deverá ser possível. E a possibilidade que se exige é tanto física quanto jurídica. Por exemplo, não é possível fisicamente o contrato com uma pessoa para que esta preste o serviço de varrer toda a areia da praia. Como, também, não é possível juridicamente a venda de herança de pessoa viva (art. 426, CC).

No que diz respeito à necessidade de possibilidade jurídica, muitos autores apontam a redundância do legislador, uma vez que a imposição inicial do objeto lícito já implica a sua possibilidade jurídica.

Por fim, o objeto, além de lícito e possível, deverá ser determinado, ou, pelo menos, em algum momento, passível de determinação.

Caso o objeto do negócio jurídico padeça de qualquer um dos vícios, seja ilicitude, impossibilidade ou indeterminação, o negócio jurídico será nulo (art. 166, II, CC). Releva notar que a impossibilidade física do objeto poderá ser absoluta ou relativa. A impossibilidade física absoluta ocorre quando a ninguém é possível a realização do negócio. Já a relativa ocorre quando, embora não possível à determinada pessoa poderá sê-lo para outra. Somente a impossibilidade física absoluta torna o negócio nulo (art. 106, CC).

5.1.3 Forma prescrita ou não defesa em lei

Visto que o agente deverá ser capaz para a realização de um negócio jurídico e o seu objeto deverá ser lícito, possível, determinado ou determinável, urge a observância da forma do negócio, se a lei exigir alguma.

Caso não haja exigência em lei de forma alguma, deve se verificar se também a lei não proíbe determinada forma.

> ### Atenção
>
> Exemplo importante de forma prescrita em lei está no art. 108 do CC, que impõe que "não dispondo a lei em contrário, a escritura pública é essencial à validade dos negócios jurídicos que visem à constituição, transferência, modificação ou renúncia de direitos reais sobre imóveis de valor superior a trinta vezes o maior salário mínimo vigente no País".

Por meio de uma interpretação *a contrario sensu* do art. 108 do CC, concluímos que em negociação referente a imóvel cujo valor seja inferior a 30 salários mínimos, dispensa-se a escritura pública. Importante salientar que, em havendo ou não a escritura pública, não estão desonerados os interessados de procederem ao registro. Não se pode confundir a escritura pública com o registro. A escritura pública é, basicamente, o contrato que poderá ser feito em qualquer Cartório de Notas. Já o registro é que irá gerar a aquisição da propriedade imóvel, e esse deverá ocorrer no Cartório de Registro de Imóveis do local em que o bem esteja situado.

Pode ser também que a lei proíba determinada forma, como é o que ocorre na 2ª parte do art. 657 do CC, ao estabelecer que: "A outorga do mandato está sujeita à forma exigida em lei para o ato a ser praticado. Não se admite mandato verbal quando o ato deve ser celebrado por escrito".

O que nos deve nortear sempre é o princípio da liberdade das formas, que importa na possibilidade de se manejar qualquer forma, desde que a lei não imponha ou proíba determinado modo de ser do negócio. Assim, dispõe o art. 107 do CC: "A validade da declaração de vontade não dependerá de forma especial, senão quando a lei expressamente a exigir".

5.2 Elementos acidentais do negócio jurídico ou modalidades do negócio jurídico: condição, termo e encargo

Os elementos acidentais do negócio jurídico são assim chamados porque podem existir ou não, isto é, podem acidentalmente estar presentes ou não no negócio jurídico. São eles: a condição, o termo e o encargo.

Caso o negócio não contenha qualquer elemento acidental, ele será considerado puro ou simples. Por isso, dizemos, por exemplo, que se trata de uma doação pura. É dizer que, a referida doação não está submetida a nenhuma condição, termo ou encargo.

5.2.1   Condição (arts. 121 a 130, CC)

Condição é a cláusula que, derivando exclusivamente da vontade das partes, subordina os efeitos (a eficácia) ou o fim dos efeitos (a ineficácia) do negócio jurídico, oneroso ou gratuito, a evento futuro e incerto (art. 121, CC).

Desse conceito depreendemos as três características da condição: voluntariedade, futuridade e incerteza.

5.2.1.1   Características da condição

a) **Voluntariedade:** a condição deve derivar exclusivamente da vontade das partes, o que significa que não existe condição proveniente de lei. Desse modo, nada mais equivocado do que utilizar a expressão "condição legal".

b) **Futuridade:** a condição é necessariamente futura, projetando-se no tempo a possibilidade de vir a perpetrar-se.

c) **Incerteza:** a condição é sempre incerta, o que significa dizer que o evento futuro poderá ocorrer ou não.

O art. 129 do CC estabelece que:

> Reputa-se verificada, quanto aos efeitos jurídicos, a condição cujo implemento for maliciosamente obstado pela parte a quem desfavorecer, considerando-se, ao contrário, não verificada a condição maliciosamente levada a efeito por aquele a quem aproveita o seu implemento.

Não é permitido que ocorra a interferência de qualquer interessado para que se dê o implemento ou se impeça o implemento da condição, resultando aos olhos do legislador como se o contrário tivesse ocorrido.

5.2.1.2   Espécies de condição

•   *Quanto ao início ou término da produção de efeitos do negócio:*

a) **Condição Suspensiva (art. 125, CC):** é aquela que delibera a própria falta de efeitos da vontade manifestada inicialmente. Desse modo, quando há uma manifestação de vontade submetida a uma condição suspensiva, essa vontade não produz os seus efeitos, que só passarão a perpetrar-se com o implemento da condição. Assim, imprime-se "vida" ao negócio jurídico com o implemento da condição suspensiva.

O que releva notar é que, enquanto a condição não se verificar, o beneficiário não terá adquirido direito algum, tampouco poderá exercê-lo, possuindo apenas um direito eventual. Por isso, diz-se que a condição suspensiva impede a aquisição do direito. Por exemplo, doarei a Paulo um carro se Joana se casar. Significa que, por enquanto, Paulo possui apenas um direito eventual, que passará a ser um direito adquirido somente com o casamento de Joana, que é um evento futuro que poderá ocorrer ou não.

> **Atenção**
>
> Ressalve-se que de acordo com o art. 126 do CC: "Se alguém dispuser de uma coisa sob condição suspensiva, e, pendente esta, fizer quanto àquelas novas disposições, estas não terão valor, realizada a condição, se com ela forem incompatíveis". Trata-se da hipótese em que, por exemplo, uma pessoa doa algo a outra sob condição suspensiva, porém, antes mesmo do implemento da condição, vende o bem a um terceiro. Pelo referido artigo, esse segundo negócio – a compra e venda – não terá valor.

b) **Condição Resolutiva (art. 127, CC):** sob essa condição, já há a produção de efeitos da vontade desde quando manifestada, porém, se a condição resolutiva se implementar implicará o fim daqueles efeitos. Então, ao revés da suspensiva, o implemento da condição resolutiva significará a "morte" daquele negócio jurídico. Para sermos mais precisos, poderíamos dizer que a condição resolutiva subordina a ineficácia da vontade manifestada a evento futuro e incerto. Por exemplo, Paulo poderá ficar utilizando o meu carro até que Joana se case. Nesse exemplo, a vontade manifestada inicialmente produziu seus efeitos normalmente, porém, se Joana se casar, cessará a produção de efeitos daquela vontade, de modo que o carro terá de ser devolvido.

Pela dicção do art. 128 do CC:

> Sobrevindo a condição resolutiva, extingue- se, para todos os efeitos, o direito a que ela se opõe; mas, se aposta a um negócio de execução continuada ou periódica, a sua realização, salvo disposição em contrário, não tem eficácia quanto aos atos já praticados, desde que compatíveis com a natureza da condição pendente e conforme aos ditames de boa-fé.

Como dito anteriormente, o implemento da condição resolutiva colocará fim aos efeitos produzidos pelo negócio. Porém, se estivermos diante de um negócio de execução continuada ou periódica, o implemento da condição resolutiva não atingirá os efeitos já produzidos. Vejamos o seguinte exemplo: permito que Paulo utilize o meu apartamento da maneira que bem lhe aprouver, isto é, residindo ou alugando-o, enquanto Joana não se case. Suponhamos que Paulo optasse por alugar o apartamento e auferisse aquela renda por alguns anos. Com o posterior casamento de Joana, Paulo teria de devolver o apartamento, pois se deu o implemento da condição. Entretanto, os aluguéis por ele já percebidos não teriam de ser devolvidos. Patente está o princípio da irretroatividade da condição resolutiva.

5.2.1.3 Prerrogativas do titular do direito eventual (art. 130, CC)

É reservado ao titular de um direito eventual, ou seja, aquele que aguarda o pretenso implemento da condição, a prática de atos destinados à conservação de seu direito. Pode, por exemplo, requerer inventário, pedir caução, repudiar atos de esbulho ou turbação etc.

5.2.2 Termo (arts. 131 a 135, CC)

O termo é a cláusula acessória que subordina os efeitos (a eficácia) ou fim dos efeitos (a ineficácia) do negócio jurídico a evento futuro e certo. Ao revés da condição, o termo não suspende a aquisição do direito, mas tão somente o seu exercício (art. 131, CC).

Do conceito expresso em linhas atrás, depreendemos as duas características do termo: a futuridade e a certeza, a seguir analisadas.

5.2.2.1 Características do termo

a) **Futuridade:** o termo é necessariamente futuro, projetando-se no tempo o seu implemento.

b) **Certeza:** o termo é sempre certo, o que significa dizer que o evento futuro necessariamente ocorrerá.

Observe-se que no termo não encontramos a característica *voluntariedade,* ínsita à condição. Isso porque o termo, ao revés da condição, poderá decorrer da vontade das partes, mas não somente desta, como também da lei. Tanto é assim que existem termos legais, ou seja, impostos por lei.

5.2.2.2 Espécies de termo

Quanto ao início ou término da produção de efeitos do negócio

a) **Inicial/Suspensivo/***Dies a quo***:** referente ao termo que suspende o início da eficácia do negócio.

b) **Final/Resolutivo/***Dies ad quem***:** referente ao termo que faz findar a eficácia do negócio.

Quanto à determinação:

a) **Certo ou Determinado:** ocorre quando a data já estiver preestabelecida, ainda que não numericamente. Por exemplo, o veículo será entregue dia 27 de fevereiro deste ano, no dia do seu aniversário do próximo ano, daqui a duas semanas etc.

b) **Incerto ou Indeterminado:** ocorre quando a data não está preestabelecida, porém há a certeza do acontecimento. Assim, sabe-se que haverá o evento, entretanto, não se sabe quando. Por exemplo, o veículo será entregue quando da morte de José. É evidente que José morrerá um dia, pois ínsita à vida está a morte. Entretanto, não se sabe previamente o dia em que tal fato ocorrerá.

> ### Atenção
>
> Devido à similitude dos institutos condição e termo, o art. 135 do CC impõe que "ao termo inicial e final aplicam-se, no que couber, as disposições relativas à condição suspensiva e resolutiva". Assim, as disposições previstas nos arts. 126 e 130 do CC/2002 referentes às condições, já analisadas anteriormente, aplicam-se, de igual modo, ao elemento acidental termo.

5.2.2.3 Prazo

Não se pode confundir o termo – elemento acidental do negócio jurídico – com o prazo. Prazo é o lapso temporal que medeia o termo inicial e o termo final.

Acerca da contagem dos prazos, temos algumas regras:

- Computam-se os prazos excluindo-se o dia do início e incluindo-se o do fim, salvo disposição legal e convencional em contrário.
- Terminado o prazo em feriado prorroga-se para o dia útil subsequente.
- Meado considera-se em qualquer mês, o 15º dia.
- Os prazos em meses ou ano vencem no dia de igual número ao do início, ou no imediato, se faltar a exata correspondência.
- Os prazos fixados em horas contam-se minuto a minuto.
- Em se tratando de testamento, presume-se o prazo em favor do herdeiro. Assim, se houver prazo para a entrega de um legado ou o cumprimento de um encargo, há a presunção legal de que o prazo foi fixado em favor do herdeiro obrigado a pagar o legado e não em favor do legatário, o mesmo se dizendo do encargo. Portanto, não haverá qualquer problema caso o herdeiro queira pagar o legado ou cumprir o encargo antes do vencimento do prazo estabelecido no negócio.
- Em se tratando de contrato, presume-se o prazo em favor do devedor. Assim, se o devedor quiser pagar antes do vencimento, não há óbice para tanto. Salvo se o contrário foi estabelecido no contrato ou das circunstâncias se puder extrair que o prazo foi estabelecido em favor do credor ou de ambos os contratantes. Se em favor do credor, este poderá exigir o pagamento antes do vencimento. Se em favor de ambos os contratantes, somente por mútuo acordo, haverá o vencimento antecipado (art. 133, CC).

- A regra é a de que os negócios são instantâneos, somente admitindo a forma continuada se houver previsão em contrário, ou pela própria natureza do negócio, ou se tiver que ser cumprido em outra localidade (art. 134, CC).

5.2.3   Encargo ou modo (arts. 136 e 137, CC)

O encargo ou modo é a restrição que se impõe à vantagem obtida pelo beneficiário que estabelece uma obrigação para com o próprio instituidor, ou terceiro ou para com a coletividade. Por exemplo, "doarei ao Município um terreno para que se construa um hospital". Trata-se de uma doação com encargo, também conhecida como doação modal.

O encargo só ocorre nos negócios jurídicos gratuitos, isso porque nos onerosos, o que existe é uma contraprestação. Por exemplo, se lhe vendo o meu carro, devo a prestação de entregar o carro, ao passo que você deve a contraprestação de me entregar uma quantia em dinheiro correspondente ao valor do carro. Trata-se, portanto, de um negócio jurídico oneroso. Entretanto, se lhe dou o meu carro a fim de que você cuide dos meus cachorrinhos enquanto viajo, o que haverá será um negócio jurídico gratuito com um encargo.

> **Atenção**
>
> Releva notar que o encargo não se confunde com a contraprestação, porém, também não se trata de um mero conselho. Aqui se vislumbra o caráter coercitivo do encargo. Tanto é que, em caso de descumprimento do encargo, duas opções são deferidas ao instituidor: revogar o negócio jurídico ou obrigar a outra parte ao cumprimento da prestação, se possível.
>
> O encargo distingue-se da condição porque não suspende a aquisição do direito, e se distingue do termo, porque não suspende o seu exercício (art. 136, CC). Todavia, poderá o encargo vir no negócio jurídico expressamente como condição suspensiva. Nessa hipótese, a aquisição e o exercício do direito somente ocorrerão após o implemento do encargo.

Por fim, considera-se não escrito o encargo ilícito ou impossível (seja física ou juridicamente), salvo se constituir o motivo determinante da liberalidade, caso em que se invalida o negócio (art. 137, CC). Exemplo de encargo ilícito: "Dar-te-ei a minha casa a fim de que você assassine determinada pessoa". Tal encargo deve ser tido como não escrito. Diferente solução se apresentaria se o encargo ilícito se apresentasse como o motivo que determinou a liberalidade, caso em que o negócio deve ser invalidado. O exemplo é: "Dar-te-ei a minha casa para que você a utilize como cativeiro para aquele sequestro".

6. INTERPRETAÇÃO DOS NEGÓCIOS JURÍDICOS

A parte geral do CC/2002 trata da interpretação do negócio jurídico nos arts. 111 a 114. Entretanto, não podemos nos esquecer de que as regras interpretativas não se esgotam nessas disposições, sendo relevante mencionarmos, por exemplo, os arts. 423 e 424 do mesmo tecido normativo.

O vetor a nos orientar, em se tratando da interpretação do negócio jurídico, é a boa-fé objetiva, que impõe a lealdade das partes, sem nos esquecermos do atendimento aos usos do local em que o negócio jurídico foi celebrado.

Assim preleciona o art. 113 ao impor que "os negócios jurídicos devem ser interpretados conforme a boa-fé e os usos do lugar de sua celebração". Insta salientar que a boa-fé aqui mencionada é a boa-fé objetiva, que nos remete à probidade ínsita ao comportamento das partes. Além disso, vale lembrar o Enunciado nº 409, aprovado na V Jornada de Direito Civil: "Os negócios jurídicos devem ser interpretados não só conforme a boa-fé e os usos do lugar de sua celebração, mas também de acordo com as práticas habitualmente adotadas entre as partes".

Importante

Importa notar que a Lei de Liberdade Econômica (Lei nº 13.874/2019) promove interessantes inserções no já mencionado art. 113 do CC em busca de se apresentar prismas interpretativos para o negócio jurídico.

Assim, as inserções no art. 113 do CC foram:

§ 1º A interpretação do negócio jurídico deve lhe atribuir o sentido que:

I – for confirmado pelo comportamento das partes posterior à celebração do negócio;

II – corresponder aos usos, costumes e práticas do mercado relativas ao tipo de negócio;

III – corresponder à boa-fé;

IV – for mais benéfico à parte que não redigiu o dispositivo, se identificável; e

V – corresponder a qual seria a razoável negociação das partes sobre a questão discutida, inferida das demais disposições do negócio e da racionalidade econômica das partes, consideradas as informações disponíveis no momento de sua celebração.

§ 2º As partes poderão livremente pactuar regras de interpretação, de preenchimento de lacunas e de integração dos negócios jurídicos diversas daquelas previstas em lei.

7. DA REPRESENTAÇÃO

A representação se traduz no poder de agir em nome de um terceiro. Conforme o Código Civil, a representação poderá ser legal ou convencional. A representação legal é imposta por lei e atine aos incapazes, manifestando-se nos poderes que os pais, tutor e curador possuem para realizar os atos e os negócios jurídicos em nome e no interesse dos filhos menores, do pupilo e do curatelado, respectivamente.

Já a representação convencional ou voluntária é a que decorre de um mandato. Levando-se em consideração essa distinção, é que o art. 115 do CC estabelece que "os poderes de representação se estabelecem por lei ou pelo interessado". Insta salientar que se por acaso a nomeação se der por meio de uma ação judicial, estaremos diante da chamada representação judicial, que poderá se manifestar sob uma ou outra forma.

Em havendo a manifestação do representante dentro dos poderes que lhe foram outorgados, os efeitos serão produzidos em relação ao representado. Para tanto, cabe ao representante a prova de sua qualidade e a extensão de seus poderes, podendo até mesmo ser responsabilizado civilmente pelos atos que excederem aos poderes que lhe foram concedidos.

7.1 Conflito de interesses

No CC/2002, o que o art. 119 dispõe é que "é anulável o negócio concluído pelo representante em conflito de interesses com o representado, se tal fato era ou devia ser do conhecimento de quem com ele tratou". Tal disposição atenta para a possibilidade de se anular o negócio jurídico quando o interesse do representante for oposto ao do representado. Entretanto, releva notar que a anulação só será admitida se o outro contratante sabia da real intenção do representante que se opunha à do representado, não se podendo, portanto, desconsiderar a boa-fé do outro contratante que acaba por validar o ato.

Se o outro contratante soubesse ou devesse saber do conflito de interesses, será possível a anulação do negócio jurídico no prazo decadencial de 180 dias a contar, na hipótese de representação legal, da cessação da incapacidade, ou a contar da conclusão do negócio jurídico, em se tratando de representação convencional (art. 119, parágrafo único, CC).

> **Atenção**
>
> Insta lembrar que na hipótese de conflito de interesses entre o representante e o representado, para que os negócios sejam considerados válidos, eles deverão ser realizados por meio de um curador especial.

7.2 Contrato consigo mesmo ou autocontrato

O Código Civil, em seu art. 117, estabelece a vedação à figura do contrato consigo mesmo ou autocontrato ao impor que "salvo se o permitir a lei ou o representado, é anulável o negócio jurídico que o representante, no seu interesse ou por conta de outrem, celebrar consigo mesmo".

Assim, cabe anulação, por exemplo, se o representante de uma parte no contrato, for, concomitantemente, a outra parte no negócio. Salvo, se a lei o permitir ou o próprio representado autorizar. Para aqueles que dizem que o referido artigo atenta para a autocontratação, importa perceber que não há uma autocontratação perfeita, já que há, de todo modo, a dualidade de vontades. Na verdade, a ressalva nos remete a um negócio que se deu com uma pessoa celebrando em nome próprio e em seu próprio interesse de um lado e, do outro, essa mesma pessoa que celebra em nome próprio, porém no interesse de outrem.

Portanto, o negócio será válido.

Na ausência de permissivo legal ou autorização do representante, o prazo para se requerer a anulação do negócio será o do art. 179 do CC (dois anos a contar da conclusão do negócio), uma vez que a lei não traz um prazo específico para a hipótese.

> **Importante**
>
> Em outro sentido, o Código de Defesa do Consumidor, em seu art. 51, VIII, traz como nula de pleno direito a cláusula contratual relativa ao fornecimento de produtos ou serviços que imponham representante para concluir ou realizar outro negócio jurídico pelo consumidor. Nessa esteira, foi editada pelo Superior Tribunal de Justiça a Súmula nº 60 que dispõe: "É nula a obrigação cambial assumida por procurador do mutuário vinculado ao mutuante, no exclusivo interesse deste".

EM RESUMO:

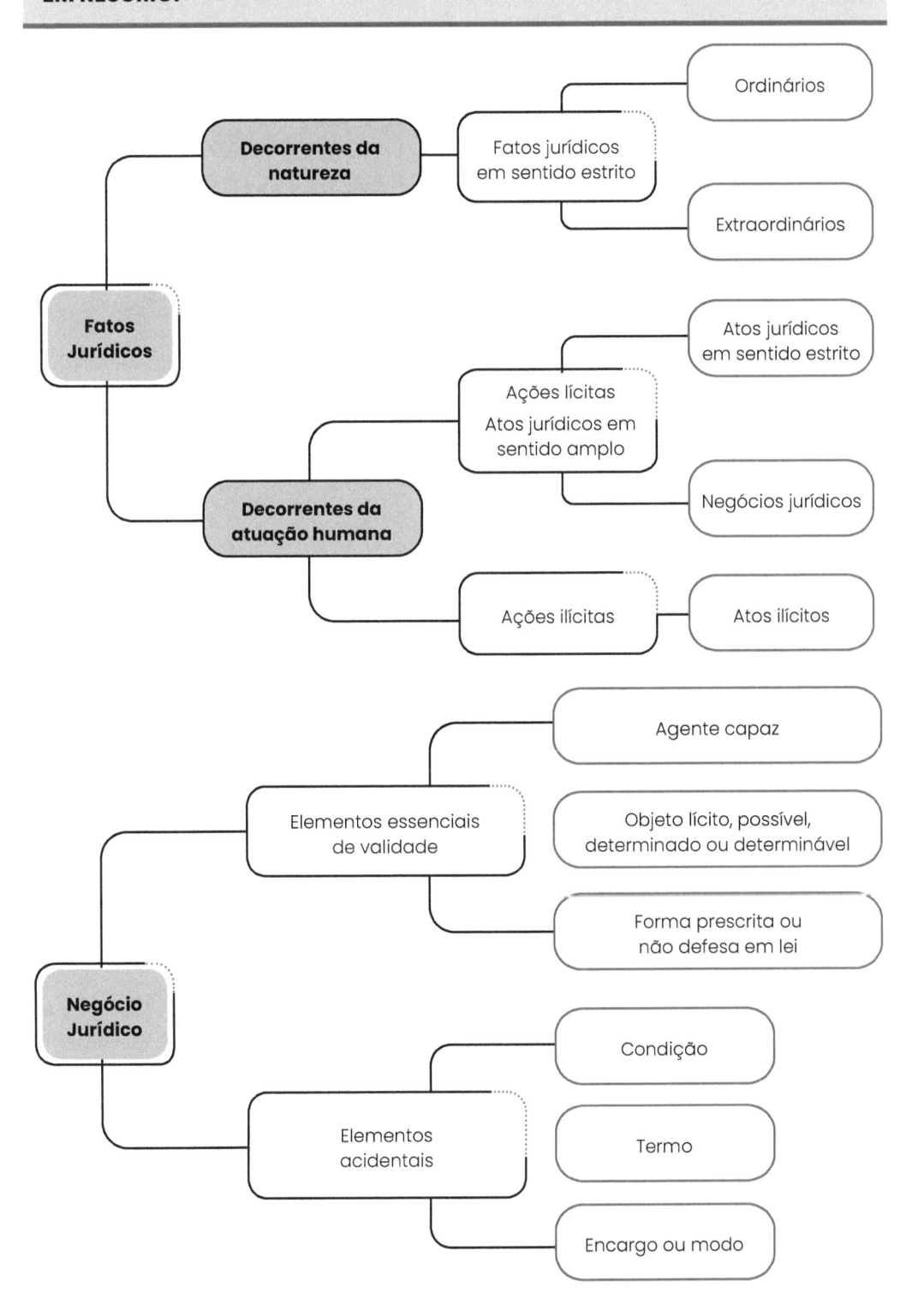

Capítulo 7

Defeitos do Negócio Jurídico

1. VÍCIOS

1.1 Vícios do consentimento ou da vontade

Os vícios do consentimento ou vícios da vontade perturbam a vontade de uma tal maneira que esta não corresponderá à vontade real do manifestante. São eles: erro, dolo, coação, lesão e estado de perigo.

1.2 Vícios sociais

Nos vícios sociais, a vontade manifestada não discrepa da vontade real da pessoa, porém ofende ao ordenamento jurídico. O vício social existente no CC/2002 é a fraude contra credores.

Tanto os vícios do consentimento quanto o vício social – fraude contra credores – conduzem a possibilidade de anulação do negócio jurídico (art. 171, II, CC). O prazo decadencial para propositura da ação é de 4 anos, a contar da celebração do negócio, exceto na hipótese de coação em que o prazo se conta de quando cessar a coação (art. 178, I e II, CC).

2. ERRO OU IGNORÂNCIA

2.1 Conceito

Erro é a percepção psíquica distorcida, em poucas palavras, o equívoco espontâneo. Já a ignorância é a total falta de percepção. O CC/2002 destina a ambos o mesmo tratamento nos arts. 138 ao 144.

2.2 O erro substancial

Por substancial, entende-se o erro em que, sem a sua existência, o negócio não se teria realizado, isto é, o negócio só se realizou porque o agente agiu em erro. Esse é o erro que conduzirá à anulação do negócio jurídico. O art. 139 traz o erro substancial dividido em cinco espécies:

- Erro *in negotti*: trata-se do erro relativo à natureza do negócio. Por exemplo, o intento do agente era realizar um contrato de compra e venda que por faltar-lhe o preço acabou por transmudar-se em um contrato de doação.

- Erro *in corpore*: trata-se do erro relativo ao objeto principal da declaração. Por exemplo, intencionava-se adquirir um relógio de ouro, porém adquire-se um relógio inteiramente de latão amarelo.

- Erro *in substantia*: trata-se do erro relativo a alguma das qualidades essenciais do objeto. Por exemplo, a pessoa adquire um quadro com determinada gravura, somente porque julgava ser de um renomado pintor, depois vem a descobrir que era de uma pessoa desconhecida.

- Erro *in persona*: trata-se do erro relativo à identidade ou à qualidade essencial da pessoa. Por exemplo, contrata-se alguém para fazer determinado serviço e depois descobre-se que havia negociado com um homônimo.

- Erro de direito: trata-se do erro decorrente de má interpretação da norma, sem, é claro, implicar recusa à aplicação da lei, devendo ser o único e principal motivo do negócio. Assim, o CC/2002 traz a novidade da chance de arguição do erro de direito se a intenção da parte era exatamente cumprir a lei e não se furtar ao seu cumprimento.

2.3 O falso motivo expresso como razão determinante

O CC/2002 ainda se refere ao falso motivo como apto a anular o negócio jurídico, quando o motivo irreal for expresso como razão determinante do negócio jurídico (art. 140). Ressaltamos que o falso motivo por si só não é suficiente para anular um negócio, sendo admitida tal possibilidade de anulação apenas quando esse motivo falso for expresso como razão determinante do negócio jurídico celebrado.

Por exemplo, uma pessoa só realiza uma doação à outra em razão de esta última ter procedido ao salvamento de sua vida em um naufrágio, e assim faz constar na escritura de doação. Depois, o doador descobre que não foi o donatário que procedeu ao salvamento, mas, sim, outra pessoa. Nessa hipótese, o doador poderá anular a doação realizada com base na falsidade do motivo aventado como razão que determinou a doação.

2.4 O erro acidental

Erro acidental é aquele que diz respeito a elementos ou características secundárias do negócio jurídico. O CC/2002 traz, exemplificativamente, duas hipóteses que não conduziriam à anulação do negócio jurídico por serem erros acidentais. A primeira é a situação do erro de indicação de pessoa ou de coisa a que se referir a declaração de vontade, se pelo contexto se puder identificar a coisa ou pessoa cogitada (art. 142). Essa hipótese é reproduzida no âmbito do direito das sucessões no art. 1.903 do CC. A outra situação, que não induz à anulação do negócio jurídico, mas apenas à retificação da declaração de vontade é o erro de cálculo (art. 143, CC).

2.5   Meios interpostos

Quando a vontade for transmitida por meios interpostos (internet, fax, televisão, rádio) e houver incorreções na transmissão procedentes do veículo utilizado, poderá haver a anulação do negócio como se este tivesse sido realizado por meio de declaração direta das partes, exatamente porque a vontade do emitente não chegou corretamente ao seu destinatário (art. 141, CC).

2.6   Princípio da conservação do negócio jurídico

Por fim, o art. 144 do CC consagra o princípio da conservação do negócio jurídico ao estabelecer que o negócio será válido, se a pessoa a quem a vontade se dirige se oferecer para executá-la na conformidade da vontade real do manifestante. É o caso da pessoa que somente adquire aquele relógio por entender que era de ouro, porém leva para casa um relógio de latão amarelo. Se, posteriormente, aquele que vendeu se manifestar no sentido da entrega de um verdadeiro relógio de ouro para o prejudicado será mantido o negócio, pois houve, assim, a conformação da vontade manifestada com a vontade real do declarante.

3.   DOLO

O dolo se traduz na obtenção da vontade equivocada de alguém, por meio do emprego de manobras maliciosas ou ardis. Assim, pode-se dizer que, se no erro, vício do consentimento tratado anteriormente, o equívoco é espontâneo, no dolo há também um equívoco, porém este é induzido. Por exemplo, temos a hipótese em que alguém adquire um relógio, paga elevada quantia, somente porque o vendedor afiançara tratar-se de um relógio de ouro, sendo que não o era.

3.1   Dolo principal e dolo acidental

O dolo poderá ser principal ou acidental. Principal é o dolo que se traduz na causa pela qual se celebrou o negócio jurídico (art. 145, CC). Isto é, o negócio somente foi realizado porque alguém por meio de um processo malicioso obteve a vontade equivocada de outrem. Sem o processo malicioso empregado, o negócio não se teria realizado. Assim, o comprador somente adquiriu aquele relógio dourado e por ele pagou quantia elevada porque o vendedor lhe informou que era de ouro. Sem a informação deturpada – o dolo – o interessado em adquirir um relógio de ouro não teria comprado aquele relógio de material diverso. O dolo principal é o dolo que induz à anulação do negócio jurídico.

Porém, o dolo poderá ser tão somente acidental. Nessa hipótese, também houve o emprego de manobras, ardis, porém, ainda que não tivesse havido o dolo, o negócio se teria celebrado também, embora por outro modo. É a hipótese em que uma pessoa já decidida a comprar determinado automóvel que lhe agradara desde o início inda-ga do vendedor qual seria o ano daquele veículo. O vendedor informa que o veículo é ano 2015, sendo que, na verdade, tratava-se de veículo ano de fabricação 2014, modelo 2015. Nesse caso, o vendedor também se utilizou de um ardil, porém, ainda que não tivesse utilizado, o negócio seria realizado, é claro que por um valor um pouco reduzido para o comprador, mas, se teria realizado, sim. Em se tratando de dolo acidental (art. 146, CC), não caberá anulação do negócio, procedendo tão somente ao direito a per-das e danos.

3.2 Dolo ativo (dolo positivo) e dolo passivo (dolo negativo)

O dolo ativo se traduz em um processo malicioso mais fácil de se visualizar, uma vez que decorre de uma atuação positiva por parte de quem age dolosamente. Isto é, o agente fez algo ou disse algo, por exemplo, ao afirmar que o objeto possuía determina-da característica que não correspondia à realidade.

Já o dolo passivo, ao revés, decorre de uma atuação negativa do agente, de uma omissão que, se não tivesse ocorrido, o negócio não se teria realizado como, por exem-plo, quando da realização da compra e venda de um apartamento, o vendedor omite a inexistência de vaga na garagem.

Não apenas o dolo ativo induz à anulação do negócio jurídico, mas de igual modo o dolo passivo, se este for principal; se o dolo passivo for acidental, caberá tão somente o direito a perdas e danos.

O dolo passivo também é conhecido por omissão dolosa ou reticência e está previsto no art. 147 do CC ao dispor que, "nos negócios jurídicos bilaterais, o silêncio intencional de uma das partes a respeito de fato ou qualidade que a outra parte haja ignorado, constitui omissão dolosa, provando-se que sem ela o negócio não se teria celebrado".

3.3 *Dolus bonus* e *dolus malus*

O *dolo bonus* – "dolo bom" – é aquele tido, em princípio, como aceitável em nossas relações sociais, haja vista traduzir-se em apenas uma exaltação ou exagero às quali-dades da coisa a ser negociada (por exemplo: quando o vendedor se refere ao veículo que está vendendo como o "melhor da cidade"). O que não poderá haver, pois extra-polaria aos limites do tolerável, é a publicidade enganosa, prática abusiva vedada pelo Código de Defesa do Consumidor (art. 37, § 1º).

Já o *dolus malus* – "dolo mau" – é indutor de anulação do negócio jurídico ou pleito de indenização da parte lesada, pois se manifesta na utilização de artifícios maliciosos para obter a vontade equivocada de outrem. A distinção do *dolus bonus* e do *dolus malus* deverá ser feita à luz do caso concreto, sendo observadas todas as nuances do negócio celebrado, inclusive, as condições pessoais dos celebrantes.

3.4 Dolo direto e dolo de terceiro

Dolo direto é aquele que decorre da atuação da própria pessoa que irá se beneficiar do negócio, ou seja, da própria parte.

Porém, é plenamente possível o processo malicioso decorrer da atuação de um terceiro que não o próprio beneficiário. Nesse caso, estaremos diante do chamado dolo de terceiro. Caso típico é a situação em que uma pessoa, pretendendo vender um apartamento que lhe é próprio, contrata os serviços de um corretor de imóveis para que este promova a divulgação do bem. Imaginemos que, após um tempo, o corretor de imóvel tenha captado um comprador para o imóvel, e este, em verdade, apenas havia se interessado pelo bem em razão do emprego de artifícios maliciosos utilizados pelo corretor de imóveis. Realizado o negócio, o que temos é um comprador que foi ludibriado, não pela atuação do dono do imóvel (o beneficiário), mas, sim, pela atuação dolosa do corretor de imóveis (o terceiro). Pois bem. O que releva indagar é se esse negócio será anulado ou não. Duas hipóteses: o negócio será anulado se o beneficiário sabia, ou pelos menos, tinha como saber dos artifícios utilizados pelo corretor de imóveis. Porém, o negócio será mantido, posto que válido, se, em caso contrário, o beneficiário não sabia e nem tinha como saber da atuação dolosa empregada pelo terceiro. É claro que nessa última hipótese o comprador não restará de todo prejudicado, pois poderá voltar-se contra o terceiro pleiteando perdas e danos, conforme prevê o art. 148 do CC.

3.5 O dolo do representante

É possível ainda que o dolo tenha sido perpetrado pelo representante do beneficiário. Cumpre, em primeiro plano, saber que o representante poderá ser legal ou convencional (art. 115, CC). Representante legal é aquele cuja representação decorre de imposição legal, como, por exemplo, os pais, os tutores ou os curadores. A representação convencional, por sua vez, ocorre quando o representante for escolhido por livre ato do representado, aqui se encontra, por exemplo, o corretor de imóveis. Desse modo, se o dolo for praticado pelo representante legal de uma das partes, o representado tem sua responsabilidade pelas perdas e danos limitada pelo proveito que teve com o negócio jurídico, exatamente porque não houve escolha livre de seu representante.

Entretanto, se o dolo tiver sido praticado pelo representante convencional, ou seja, aquela pessoa escolhida livremente pelo representado, a responsabilidade pelas perdas e danos deste torna-se solidária com a de seu representante, conforme previsão do art. 149, CC. Então, voltando ao exemplo do dolo praticado pelo corretor de imóveis (dolo de terceiro), vimos que, se o beneficiário sabia ou tinha como saber do dolo do terceiro, o negócio será anulado. Além da anulação, o prejudicado poderá pleitear indenização por perdas e danos. Caso a indenização seja devida, uma vez que se trata de representação convencional, arcarão com as perdas e danos o beneficiário e o terceiro solidariamente.

3.6 Dolo recíproco ou torpeza bilateral

A reciprocidade dolosa verifica-se quando é possível vislumbrar a atuação dolosa de ambas as partes que deram azo ao negócio, o que resultará no dolo recíproco ou dolo enantiomórfico.

A ninguém é dado o direito de se arvorar ofendido pelo dolo produzido pela outra parte em um negócio, se de igual modo agia. Isto é, se em um negócio, ambas as partes utilizaram cada qual a sua quota de malícia indevida, nenhuma delas poderá requerer a anulação, nem pleitear indenização por perdas e danos (art. 150, CC). Aqui tem guarida o brocardo de que ninguém pode alegar a torpeza do outro em cima de sua própria torpeza (*nemo proprium turpitudinem allegans*).

4. COAÇÃO

4.1 Coação física e coação moral

A coação manifesta-se por meio de pressão física ou moral incidente sobre o espírito do coagido que o induz na realização do negócio. Aquele que exerce a coação é o coator. E aquele que sofre a coação é o coato, coagido ou paciente.

Do conceito acima exposto extraímos duas espécies de coação. A coação física e a coação moral. A coação física (*vis absoluta*) implica violência física, e o que há é a total supressão da possibilidade de escolha da vítima, pois esta não tem opção, agindo apenas como um instrumento para o coator.

Exemplo clássico citado pela doutrina é a situação em que alguém assina um contrato simplesmente porque o coator o segura a mão, obrigando-o. Ou então, na hipótese de espancamento da pessoa que, inconsciente, assina o contrato.

Na coação moral ou psicológica (*vis compulsiva*), a extorsão do consentimento se dá de maneira diversa. Não há o emprego de violência, mas, sim, o temor de um mal injusto que o coator incute na vítima. Assim, a vítima chega a ter a possibilidade de escolha que não lhe é totalmente suprimida, porém a escolha da vítima se reduz a um dos dois males. Por exemplo, quando o coator fala à vítima que, se esta não assinar o contrato, terá o filho agredido.

O que releva notar é que, em caso de coação física, exatamente porque há a total ausência de vontade da vítima, o negócio é inexistente. Entretanto, em se falando de coação moral, o negócio existe, pois manifestação de vontade houve, porém esse negócio será anulável, porque a manifestação da vontade se deu de maneira diversa da vontade real do coagido.

O CC/2002 dispõe apenas acerca da coação moral em seu art. 151: "A coação, para viciar a declaração de vontade, há de ser tal que incuta ao paciente fundado temor de dano iminente e considerável à sua pessoa, à sua família, ou aos seus bens".

Do artigo transcrito linhas atrás, vimos que a ofensa se dirige contra a própria pessoa coagida, ou à sua família, ou aos seus bens. Por família deve-se entender o cônjuge ou companheiro, os parentes e afins até o quarto grau. Embora o referido artigo não mencione, tem-se que, se a coação for dirigida contra o próprio coator, por exemplo, na hipótese em que alguém para obter a vontade de outrem diz "se não fizeres isso para mim, mato-me", há também a possibilidade de se requerer a anulação do negócio por coação.

Importante regra de solidariedade social foi inserta no parágrafo único do art. 151, que abre a possibilidade de se requerer a anulação do negócio, se este foi realizado para evitar uma ofensa a um terceiro.

4.2 A ameaça do exercício normal de um direito e o temor reverencial

O Código Civil, em seu art. 153, deixa claro que não se considera coação a ameaça do exercício normal de um direito e nem o simples temor reverencial. A ameaça do exercício normal de um direito como, por exemplo, quando um credor diz ao seu devedor "se você não me pagar até amanhã, protestarei este título", não configura coação, porque o mal prometido necessariamente deverá ser injusto. O simples temor reverencial também não caracteriza coação. O temor reverencial se traduz no receio de desagradar à pessoa que naturalmente se respeita. Por exemplo, o respeito que se tem pelos pais, pelos mais velhos, pelo padre, pelo empregador etc. Assim, a esposa não pode requerer a anulação do contrato de compra e venda da casa, alegando que o assinara apenas movida pelo receio de desagradar ao marido.

Atenção

Releva notar que não induz coação o **"simples"** temor reverencial. Isto é, se o respeito que move a atitude da pessoa for imposto por outros meios revelando-se em ameaça, haverá a coação passível de anulação.

4.3 Apreciação da coação

É claro que cada um de nós na sociedade possui graus de resistência diferentes diante dos infortúnios da vida. Assim, por vezes, o que não representa ameaça alguma a um homem pode representar a uma mulher e, do mesmo modo, aquilo que não atinge de maneira alguma a um jovem pode aterrorizar a um idoso. Tendo em vista que a tolerância humana varia de pessoa para pessoa, para se saber ao certo se a situação se circunscreve a um quadro de coação, deve-se levar em consideração o sexo, a idade, a condição, o temperamento do paciente e todas as demais circunstâncias que possam influir na gravidade da coação (art. 152, CC). Isso significa que, ao se apreciar a coação, deverá ser observado o critério do caso concreto, afastando-se do critério do homem médio. Conclui-se que, se a vítima não receia a ameaça, não se trata de hipótese de coação, sendo válido o negócio.

4.4 Efeitos da coação

Como defeito do negócio jurídico, que é a coação moral, enseja a anulação do negócio jurídico (art. 171, II, CC). Além disso, o coator terá de indenizar em perdas e danos o coagido. Na esfera criminal, a coação poderá configurar o crime de extorsão (art. 158, CP) ou constrangimento ilegal (art. 146, CP).

4.5 Coação de terceiro

É possível que o negócio se tenha celebrado somente porque um terceiro estranho à relação tenha ameaçado um dos celebrantes. Assim, nessa hipótese caberá anulação do negócio jurídico se o terceiro coator agia de maneira que o beneficiário sabia ou tivesse meios de saber. Além disso, o beneficiário arcará solidariamente com o terceiro com as perdas e danos. Ao revés, o negócio não será anulado, não obstante a ameaça perpetrada por terceiro, se o beneficiário não sabia ou não tivesse como saber da atuação do terceiro. Ressalvado, é claro, ao coagido o direito de pleitear indenização por perdas e danos do terceiro coator (arts. 154 e 155, CC).

5. ESTADO DE PERIGO

O estado de perigo pode ser conceituado como a assunção de uma obrigação excessivamente onerosa por uma razão humanitária, ou seja, para salvar uma vida.

A vida a ser salva poderá ser tanto a da pessoa que se obriga, a de alguém de sua família, e em se tratando de pessoa não pertencente à família do declarante, o juiz decidirá segundo as circunstâncias do caso (art. 156, parágrafo único, CC).

O exemplo clássico é a pessoa que, afogando-se, oferece a outrem, que pode ajudá-la, uma quantia exorbitante. A hipótese proporciona a fácil visualização do instituto, porém podemos dizer que o CC/2002 deu guarida ao estado de perigo, principalmente em razão das lamentáveis situações vividas por aqueles que estão com um parente em estado grave de saúde e para buscar o salvamento, sem titubeios, obrigam-se ao que lhes for exigido como, por exemplo, altíssimos honorários, fiança, aval e emissão de cheque para internação em hospitais. Acerca da emissão de cheque-caução, embora esse seja um exemplo clássico narrado por alguns autores como caso de estado de perigo, há quem entenda que a situação relatada não configura estado de perigo para fins de anulabilidade do negócio jurídico, mas, sim, seria caso de prática ou cláusula abusiva que, por envolver matéria de ordem pública, resulta em nulidade absoluta.

5.1 O dolo de aproveitamento

Para que se configure o estado de perigo é imprescindível o dolo de aproveitamento que se traduz na má-fé da parte que se beneficia do negócio ao saber da necessidade do declarante em salvar-se ou a alguém de sua família.

5.2 Efeitos do estado de perigo

Como vício do consentimento que é o estado de perigo induz à anulação do negócio (art. 171, II, CC). Assim, no caso da promessa do náufrago e das garantias concedidas ao hospital, a consequência inafastável é a anulação do negócio. Para a hipótese do médico ou hospital que cobra honorários exorbitantes pelo serviço prestado, o que deverá haver é, na realidade, uma revisão do negócio, e não a anulação, pois ao médico, por evidente, lhe são devidos os honorários, claro que os condizentes com o serviço prestado.

6. LESÃO

A lesão especial está prevista no art. 157 do CC, com a seguinte redação: "Ocorre a lesão quando uma pessoa, sob premente necessidade, ou por inexperiência, se obriga a prestação manifestamente desproporcional ao valor da prestação oposta". Do artigo citado, extraímos os dois requisitos para que se configure o vício:

a) **requisito objetivo**: desarrazoada desproporção nas prestações, isto é, a prestação não se justifica de forma razoável. A quantificação da desproporção não foi preestabelecida pela lei, devendo o magistrado, no caso concreto, perquiri-la. Importa lembrar que a desproporção das prestações será apreciada segundo os valores vigentes ao tempo em que foi celebrado o negócio jurídico (art. 157, § 1º, CC). Assim, imaginemos a seguinte hipótese: um imóvel foi vendido no ano de 2015 pelo valor de R$ 400 mil; porém, à época o valor real do imóvel era de R$ 800 mil. No ano seguinte, foi construída uma penitenciária ao lado do imóvel, o que levou à sua desvalorização para o valor de R$ 400 mil. Em 2017, o anterior proprietário do imóvel, o qual foi ofendido pela lesão, resolve ajuizar ação para anulação do negócio. O pleito da anulação se mostra perfeitamente possível, e a parte que comprou o imóvel não poderá alegar a referida desvalorização, uma vez que a desproporção será avaliada segundo o valor do imóvel à época em que o negócio foi celebrado;

b) requisito subjetivo: o estado de premente necessidade ou inexperiência da parte lesada. A premente necessidade se traduz na inevitabilidade que incide sobre o espírito do contratante, da importância de se contratar naquele momento, por exemplo, quando se dá ensejo à venda de algo para obtenção de determinada quantia em dinheiro para impedir o protesto de um título ou um pedido de falência. Já a inexperiência deve ser entendida em sentido amplo, não incidente apenas sobre o "matuto" ou aquele que é inculto, mas sobre qualquer pessoa, isto é, trata-se da falta de habilidade ou fragilidade de conhecimentos para o ato da contratação em si. Ainda sobre a inexperiência, vale lembrar o Enunciado nº 410, aprovado na V Jornada de Direito Civil:

> A inexperiência a que se refere o art. 157 não deve necessariamente significar imaturidade ou desconhecimento em relação à prática de negócios jurídicos em geral, podendo ocorrer também quando o lesado, ainda que estipule contratos costumeiramente, não tenha conhecimento específico sobre o negócio em causa.

Somente os dois requisitos dispostos linhas atrás são exigidos para que se configure a lesão do Código Civil. Não é necessário o dolo de aproveitamento nesta espécie de lesão, e tal entendimento foi corroborado pelo Enunciado nº 150, aprovado na III Jornada de Direito Civil: "A lesão de que trata o art. 157 do Código Civil não exige o dolo de aproveitamento".

Assim, havendo a premente necessidade ou inexperiência do contratante associado a prestações desproporcionais, poderá haver o requerimento da anulação do contrato (art. 171, II, CC).

Importante

Caso seja oferecido suplemento suficiente, ou se a parte favorecida concordar com a redução do proveito, não se decretará a anulação do negócio. Essa regra tem por supedâneo o princípio da conservação ou preservação dos contratos. É interessante para a sociedade que os contratos sejam mantidos, haja vista a circulação de riqueza, a geração de empregos e a distribuição de renda gerada pelo contrato.

Portanto, é perfeitamente admissível que o contratante, uma vez citado para ação anulatória, deposite a diferença em juízo e requeira a conservação do contrato. Nessa senda, o Enunciado nº 149, aprovado na III Jornada de Direito Civil:

> Em atenção ao princípio da conservação dos contratos, a verificação da lesão deverá conduzir, sempre que possível, à revisão judicial do negócio jurídico e não à sua anulação, sendo dever do magistrado incitar os contratantes a seguir as regras do art. 157, § 2º, do Código Civil de 2002.

Ademais, pode o lesionado pleitear diretamente a revisão judicial do negócio. Entendimento esse firme no Enunciado nº 291, aprovado na IV Jornada de Direito Civil:

> Nas hipóteses de lesão previstas no art. 157 do Código Civil, pode o lesionado optar por não pleitear a anulação do negócio jurídico, deduzindo, desde logo, pretensão com vista à revisão judicial do negócio por meio da redução do proveito do lesionador ou do complemento do preço.

7. FRAUDE CONTRA CREDORES

7.1 O princípio da responsabilidade patrimonial

O princípio da responsabilidade patrimonial nos orienta no sentido de que o patrimônio do devedor é que será responsável pela satisfação de suas dívidas. É claro que se impõem reservas a esse princípio como, por exemplo, o bem de família. Porém, a regra é a de que a responsabilidade do devedor por suas dívidas não extrapola à esfera patrimonial e os bens, que porventura possuir, responderão por suas dívidas (art. 391, CC). Assim, em regra, não há responsabilidade pessoal do devedor, apenas patrimonial.

7.2 Conceito e possibilidades de manifestação da fraude contra credores

A fraude contra credores é o vício social que inquina o negócio jurídico que foi praticado pelo devedor insolvente – ou na iminência de se tornar insolvente –, que se traduz na disposição patrimonial para frustrar a futuro recebimento de um crédito. O devedor, portanto, ciente de que o seu patrimônio será atingido em razão daquela dívida não satisfeita, promove a sua dilapidação.

A fraude contra credores poderá se manifestar sob quatro modalidades:

✓ **a fraude a título gratuito (art. 158, CC):** ocorre quando o devedor pratica negócios jurídicos gratuitos, como, por exemplo, doação de bens, ou então quando o devedor procede à remissão de dívidas. A remissão de uma dívida consiste no perdão concedido pelo devedor a outro devedor que porventura possua. Já que o crédito é passível de penhora, o devedor que pretende prejudicar o seu credor prefere proceder ao perdão em relação ao seu devedor;

✓ **a fraude a título oneroso (art. 159, CC):** ocorre quando o devedor pratica negócios jurídicos onerosos, por exemplo, vende os seus bens;

✓ **pagamento de dívida vincenda (art. 162, CC):** nessa situação o devedor, tendo dívidas já vencidas, opta, exatamente, por pagar aquela ainda não vencida. Releva notar que, em caso contrário, se o devedor proceder ao pagamento da dívida já vencida, não há problema algum;

✓ **concessão de garantias reais (art. 163, CC):** se o devedor, dentre os seus credores quirografários, elege a um deles e concede-lhe uma garantia real (hipoteca, penhor ou anticrese), tal ato será considerado em fraude contra os demais credores, uma vez que o devedor ao conceder a garantia beneficiou a um dos credores em detrimento dos demais.

7.3 O art. 164 do Código Civil e a teoria do patrimônio mínimo

Importante perceber, entretanto, que conforme ressalva do art. 164 do CC, não se configura a fraude contra credores quando o negócio jurídico praticado pelo devedor for indispensável à manutenção de estabelecimento mercantil, rural ou industrial, ou à sua subsistência e de sua família. Por exemplo, a disposição de estoque rotativo de pequeno comércio do devedor.

Fundamenta-se tal dispositivo na teoria do patrimônio mínimo, que propugna pela razoabilidade de tal ato de disposição patrimonial, tendo em vista a necessidade do devedor, que precisa ter, antes de tudo, a sua dignidade preservada, uma vez que esta se encontra acima dos interesses dos credores. Assim, muitas vezes, o ato de disposição do patrimônio se mostra inevitável para garantir ao devedor um mínimo de sustento de sua pessoa e de seus familiares. Não podemos esquecer, entretanto, que a presunção de boa-fé estampada no art. 164 do CC é *iuris tantum*, admitindo, portanto, prova em contrário.

7.4 A ação pauliana ou revocatória

Por meio da ação pauliana ou revocatória busca-se a demonstração e o reconhecimento da fraude contra credores. O direito de se pleitear a anulação do negócio por meio da ação pauliana ou revocatória decai em quatro anos a contar da celebração do negócio (art. 178, II, CC).

Atenção

Indispensável se torna o ajuizamento da ação pauliana para atingir o ato praticado em fraude, confirmado isso pela Súmula nº 195 do STJ, que dispõe: "Em embargos de terceiro, não se anula ato jurídico, por fraude contra credores". Assim, se o bem tivesse sido alienado, poderia tão somente o credor requerer a penhora desse bem em poder de terceiro. Esse, por sua vez, apresentaria embargos de terceiro, e aqui se discutiria a fraude. Porém, a súmula citada afasta totalmente essa possibilidade, não restando ao credor outro caminho que não o ajuizamento da ação pauliana.

EM RESUMO:

DEFEITOS DOS NEGÓCIOS JURÍDICOS	Vício	Vícios do consentimento ou da vontade	
		Vícios sociais	
	Erro ou ignorância	Erro: percepção psíquica distorcida	Erro substancial: a) Erro *in negotti* b) Erro *in corpore* c) Erro *in substantia* d) Erro *in persona* e) Erro de direito
			Falso motivo expresso como razão determinante
			Erro acidental: não induz à anulação
			Meios interpostos
		Ignorância: total falta de percepção	
	Dolo	Dolo principal e dolo acidental	
		Dolo ativo (dolo positivo) e dolo passivo (dolo negativo)	
		Dolus bonus e *dolus malus*	
		Dolo direto e dolo de terceiro	
		O dolo do representante	
		Dolo recíproco ou torpeza bilateral	
	Coação	Coação física: inexistência do negócio jurídico	
		Coação moral: anulação do negócio jurídico	

DEFEITOS DOS NEGÓCIOS JURÍDICOS	Estado de perigo	Assunção de obrigação excessivamente onerosa + dolo de aproveitamento da outra parte	Objetivo: salvar uma vida
	Lesão	Premente necessidade ou inexperiência do agente + prestações desproporcionais	Objetivo: resolver um problema financeiro
	Fraude contra credores	Fraude a título gratuito (art. 158)	
		Fraude a título oneroso (art. 159)	
		Pagamento de dívida vincenda (art. 162)	
		Concessão de garantias reais (art. 163)	

Capítulo 8

Da Simulação

1. A SIMULAÇÃO E O SEU REGIME NO CÓDIGO CIVIL DE 2002

A simulação configura-se na manifestação enganosa de vontade que visa ocultar algo verdadeiramente desejado pelas partes. Para o CC/2002, o negócio simulado não é mais anulável (como era no CC/1916), mas, sim, nulo. Tendo em vista essa disposição, há entendimento de que a simulação não mais seria defeito do negócio jurídico e mesmo vício social, pois todos os defeitos (erro, dolo, coação, lesão, estado de perigo e fraude contra credores) induzem à anulabilidade (art. 171, II, CC).

> **Atenção**
>
> Há quem entenda que a simulação continua, sim, vício social e defeito do negócio jurídico, e que o que o legislador do CC/2002 fez foi simplesmente apenar com mais severidade o ato simulado, impondo-lhe a nulidade. O art. 167 do CC dispõe que: "É nulo o negócio jurídico simulado, mas subsistirá o que se dissimulou, se válido for na substância e na forma". Esse dispositivo, para ser compreendido, deverá ser repartido em duas partes: a primeira, que nos informa que o negócio simulado é sempre nulo; e a segunda, que impõe a subsistência do negócio dissimulado se válido em sua substância e forma. Para alcançarmos o real sentido da disposição, precisamos aceitar que um negócio simulado é, na verdade, formado por dois negócios:
>
> 1º) Negócio dissimulado ou real: trata-se do negócio verdadeiramente desejado pelas partes, aquilo que elas realmente intencionavam, mas que por um motivo ou outro não puderam fazê-lo.
>
> 2º) Negócio simulado: é o negócio apresentado à sociedade. Representa, então, a máscara ou o véu utilizado pelas partes que não puderam apresentar à sociedade o seu real intento, por isso apresentam o simulado.

> Assim, o negócio simulado esconde o negócio dissimulado, ou seja, aquilo que as partes realmente queriam. Por isso, dizemos que o negócio simulado é composto por dois negócios: um por fora (negócio simulado) e um por dentro, oculto (negócio dissimulado).

Vamos a um exemplo: o nosso ordenamento jurídico não admite que um homem casado doe bens à sua amante, conforme art. 550 do CC. Daí que esse homem casado, procurando contornar a proibição, delibera por fazer então um contrato de compra e venda com a sua concubina. Nessa hipótese, temos uma simulação.

Dissecando o ato simulado, encontramos dois negócios: o negócio simulado, que foi o que ele apresentou a toda a sociedade, que foi a compra e venda; e um negócio dissimulado, que era o que o homem realmente queria: a doação.

Tendo em vista o art. 167 do CC, podemos dizer que a compra e venda será nula e que a doação, exatamente porque não é válida em sua substância, não subsistirá.

Por outro lado, podemos vislumbrar, sim, uma situação em que o negócio simulado será nulo (mesmo porque o negócio simulado sempre será nulo), porém o negócio dissimulado poderá subsistir. Para tanto, esse último deverá ser válido em sua substância e em sua forma. Por exemplo, as partes em uma escritura de compra e venda dispõem preço inferior ao real do imóvel para reduzir o valor do imposto de transmissão de bens. O negócio simulado é o valor forjado; esse, portanto, é nulo. Porém, o que temos por trás é uma compra e venda perfeitamente admitida pelo direito material e em que se observou a forma imposta pela lei que é a escritura pública. Nessa situação, a compra e venda subsiste; é claro que, no entanto, a Fazenda Pública poderá cobrar a diferença do imposto devido e não pago.

O que justifica a segunda metade do art. 167 do CC, que traz a possibilidade de fazer subsistir o negócio dissimulado, é o princípio da conservação ou preservação do negócio jurídico.

2. HIPÓTESES DE SIMULAÇÃO

O § 1º do art. 167 estabelece em rol exemplificativo algumas hipóteses de simulação. São elas:

- quando o negócio aparentar conferir ou transmitir direitos a pessoas diversas daquelas às quais realmente conferem, ou transmitem;
- quando o negócio contiver declaração, confissão, condição ou cláusula não verdadeira;
- quando os instrumentos particulares forem antedatados ou pós-datados.

3. SIMULAÇÃO INOCENTE E SIMULAÇÃO MALICIOSA

Simulação inocente é aquela que não objetiva violar a lei ou prejudicar a terceiro. Exemplo clássico é o homem solteiro que por pudor ou timidez, ao esconder uma doação à sua amada, faz um contrato de compra e venda. Ao revés, simulação maliciosa ou fraudulenta é aquela que objetiva fraudar a lei ou prejudicar a terceiro.

O CC/1916 trazia dispositivo tratando da simulação inocente e reputando o negócio válido. Porém, o CC/2002 não repetiu esse dispositivo. Assim, não faz mais sentido a distinção ora comentada, de modo que a doutrina tende a apontar pela nulidade em uma ou outra hipótese. Reiterando esse posicionamento, o Enunciado nº 152, aprovado na III Jornada de Direito Civil, esclarece: "Toda simulação, inclusive a inocente, é invalidante".

4. O TERCEIRO DE BOA-FÉ

Insta salientar que, se uma das partes que praticou o negócio simulado depois celebra um contrato com um terceiro que nada sabe acerca da simulação, os interesses desse último deverão ser preservados. Portanto, há a inoponibilidade do negócio simulado perante terceiros de boa-fé. Assim, estabelece o § 2º do art. 167 do CC, em clara proteção ao terceiro de boa-fé: "Ressalvam-se os direitos do terceiro de boa-fé em face dos contraentes do negócio jurídico simulado".

Um exemplo seria o homem casado que simula um contrato de compra e venda com a sua amante. Posteriormente, a amante vende o bem a um terceiro que nada sabe de sua origem. O § 2º do art. 167 do CC – que protege o terceiro de boa-fé – informa que nada em relação a ele poderá ser reclamado. Assim, nesse caso, a única opção deferida à esposa prejudicada seria a de se voltar contra o marido e a sua amante exigindo a indenização cabível.

5. A RESERVA MENTAL

A reserva mental ocorre quando o declarante manifesta sua vontade com o intuito deliberado de não a cumprir, ocultando esse propósito mentalmente.

É óbvio que o negócio praticado em reserva mental subsiste. A grande característica da reserva mental é que ela é sempre unilateral, ou seja, o outro declarante não toma conhecimento do real propósito da declaração de uma das partes. E é exatamente por isso que o negócio praticado em reserva mental é irrelevante e subsistirá.

Porém, os contornos da situação mudam se o declarante faz com que o declaratário tome conhecimento e consinta no propósito enganoso, porque nesse momento o que era unilateral se torna bilateral, adquirindo relevância jurídica. Daí que, se há consenso entre as partes, estamos diante de um ato simulado cuja consequência é a nulidade, como vimos anteriormente.

Assim preceitua o CC/2002 em seu art. 110: "A manifestação de vontade subsiste ainda que o seu autor haja feito a reserva mental de não querer o que manifestou, **salvo se dela o destinatário tinha conhecimento**". Onde destacou-se no artigo da lei reside a simulação. Porém, não é pacífico na doutrina que, quando o declaratário toma conhecimento, o negócio será simulado, induzindo à nulidade. Há quem entenda pela inexistência do negócio, nessa hipótese de conluio entre as partes.

Interessantes exemplos de atos praticados em reserva mental são: um estrangeiro em situação irregular no país, para evitar a sua expulsão, casa-se com uma mulher brasileira. Se esta não sabe do real motivo do casamento, este será válido. Porém, se a mulher sabe das reais razões e a elas anui, o casamento será nulo, em virtude da simulação operada. Ou, então, o autor de um livro declara que o produto da venda de seus livros será destinado a instituições de caridade, somente com o intuito de aumentar as vendas. Se os compradores têm conhecimento do artifício, a venda poderá ser declarada nula.

EM RESUMO:

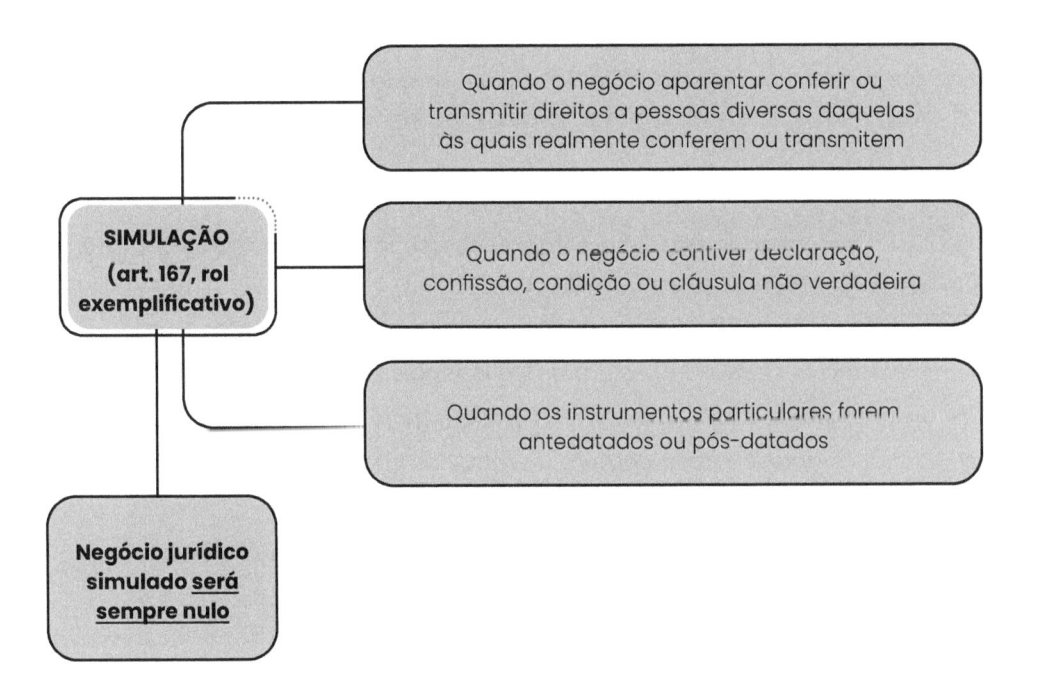

Capítulo 9

Da Invalidade do Negócio Jurídico

O estudo da invalidade do negócio jurídico comporta graus, admitindo:

- a nulidade, também conhecida por nulidade absoluta; e
- a anulabilidade, também conhecida por nulidade relativa.

1. NULIDADE (NULIDADE ABSOLUTA)

A nulidade absoluta ou, simplesmente, nulidade é a sanção que se impõe ao negócio jurídico por conter um defeito grave. Assim, diz-se que o negócio contém um defeito grave exatamente por atingir a interesse público e ferir a pacificação social.

1.1 Hipóteses de nulidade absoluta

As hipóteses de nulidade absoluta estão minuciosamente previstas na parte geral do Código Civil, nos arts. 166 e 167. Assim, conforme o art. 166 é nulo o negócio jurídico quando:

I – celebrado por pessoa absolutamente incapaz;

II – o seu objeto for ilícito, impossível ou indeterminável;

III – o motivo determinante, comum a ambas as partes, for ilícito;

IV – não revestir a forma prescrita em lei;

V – alguma solenidade que a lei considere essencial para a sua validade for preterida;

VI – tiver por objetivo fraudar lei imperativa;

VII – a lei taxativamente o declarar nulo, ou proibir-lhe a prática, sem cominar sanção.

1.2 Peculiaridades do regime das nulidades

a) Quanto aos efeitos

O negócio nulo não produz os efeitos que lhe são próprios. Isso em razão de que a sentença que declara a nulidade possui efeitos *ex tunc*, o que significa que ela retroage e fulmina tudo o que ficou para trás. Assim, o negócio nulo não chega a produzir efeitos nem mesmo entre a celebração do negócio e a prolação da sentença que declarou a nulidade.

b) Quem poderá alegar

A nulidade, por ofender a interesse público, poderá ser alegada, conforme o art. 168 e seu parágrafo único, do CC, por qualquer interessado ou pelo Ministério Público, quando lhe couber intervir. Ademais, deverá o juiz pronunciá-la de ofício quando detectá-la no negócio jurídico.

c) Possibilidade de confirmação

O negócio nulo não poderá ser confirmado pelos interessados, assim dispõe expressamente a primeira parte do art. 169 do CC. É evidente a manifestação da lei já que o negócio nulo atinge a interesse público.

d) Prazo decadencial para pleitear a nulidade

Não há prazo para se alegar a nulidade absoluta, o que significa que a todo tempo poderá ser alegada, conforme a segunda parte do art. 169, CC. Conclui-se, portanto, que a alegação de nulidade absoluta é perpétua, ou como preferem alguns, o ato nulo é "imprescritível".

e) Conversão do nulo ou conversão substancial dos negócios jurídicos

O CC/2002 contempla a possibilidade de conversão do nulo. Como dito anteriormente, o ato nulo não pode ser confirmado pelas partes, porém é como se uma tábua de socorro fosse lançada em favor dos celebrantes do negócio nulo, quando estamos diante da possibilidade de sua conversão.

A conversão do nulo significa o aproveitamento dos elementos materiais do negócio nulo, para transposição e adequação em outro negócio que seja válido.

Assim, por exemplo, A e B celebram contrato de compra e venda de um imóvel de valor superior a 30 vezes o salário mínimo por instrumento particular, preterindo a forma prescrita em lei para tal negócio, que é a escritura pública (art. 108, CC). Estamos, por evidente, diante de um negócio nulo (art. 166, IV, CC). Decerto que as partes não poderão confirmá-lo, porém não se encontram de todo à deriva. A solução para não perderem todo o negócio celebrado seria a conversão do nulo. É sabido que a promessa de compra e venda não precisa seguir a forma do contrato definitivo (art. 462, CC), podendo ser até mesmo por instrumento particular. Daí que a conversão do nulo consistirá em exatamente extrair do negócio nulo (o contrato de compra e venda) elementos que serão aproveitados em um outro negócio válido (a promessa de compra e venda).

A conversão do nulo está prevista no CC/2002, em seu art. 170, com a seguinte redação: "Se, porém, o negócio jurídico nulo contiver os requisitos de outro, subsistirá este quando o fim a que visavam as partes permitir supor que o teriam querido, se houvessem previsto a nulidade".

O princípio que inspira a conversão é o princípio da conservação ou preservação do negócio jurídico. No entanto, para que haja a conversão, mister o preenchimento de dois requisitos: um de caráter objetivo, que consiste na possibilidade de aproveitamento de elementos do negócio viciado, haja vista que o suporte fático dos dois negócios será o mesmo; e outro de caráter subjetivo, que decorre da intenção das partes em converter o negócio. Tendo em vista o primeiro requisito, o Enunciado nº 13, aprovado na I Jornada de Direito Civil, ponderou: "O aspecto objetivo da conversão requer a existência do suporte fático no negócio a converter-se".

Por fim, releva notar que a conversão do nulo reclama reconhecimento judicial. Em estando presentes os dois requisitos, somente o juiz poderá proceder à conversão que poderá ser requerida pelas partes ou terceiros interessados, não se admitindo, em razão do requisito subjetivo exigido, que o juiz converta o negócio de ofício.

2. ANULABILIDADE (NULIDADE RELATIVA)

A anulabilidade ou nulidade relativa é a sanção que se impõe ao negócio jurídico por conter defeito leve ou menos grave. A ofensa, nesse caso, não atinge a interesses públicos, a proteção volta-se aos interesses privados.

2.1 Hipóteses de nulidade relativa

As hipóteses de nulidade relativa estão, na parte geral do Código Civil, no art. 171, de maneira exemplificativa, uma vez que o seu próprio *caput* traz a possibilidade de outros casos expressamente declarados em lei. Assim, enseja a nulidade relativa, o negócio jurídico:

I – celebrado por relativamente incapazes;

II – celebrado por vício resultante de erro, dolo, coação, estado de perigo, lesão ou fraude contra credores.

2.2 Peculiaridades do regime das anulabilidades

a) Quanto aos efeitos

O negócio jurídico anulável, para a doutrina tradicional, produz efeitos desde a sua celebração até a prolação da sentença que decretou a anulação.

Assim, essa sentença que decreta a anulação produz efeitos *ex nunc*. Esse posicionamento é justificado pelo art. 177 do CC: "A anulabilidade não tem efeito antes de julgada por sentença, nem se pronuncia de ofício; só os interessados a podem alegar, e aproveita exclusivamente aos que a alegarem, salvo o caso de solidariedade ou indivisibilidade".

Entretanto, não há pacificidade na doutrina e na jurisprudência nesse ponto. É forte a corrente que entende o contrário, que a sentença da ação anulatória possui efeitos *ex tunc,* bem como a já cogitada sentença que declara a nulidade absoluta. Esse entendimento encontra guarida no art. 182 do CC: "Anulado o negócio jurídico, restituir-se-ão as partes ao estado em que antes dele se achavam, e, não sendo possível restituí-las, serão indenizadas com o equivalente".

b) Quem pode alegar

Conforme o art. 177 do CC, somente os interessados podem alegar a anulabilidade e aproveita exclusivamente aos que a alegarem, salvo o caso de solidariedade e indivisibilidade. Assim, o juiz de ofício não poderá pronunciá-la, nem o representante do Ministério Público poderá suscitá-la.

c) Possibilidade de confirmação

O negócio anulável admite a confirmação pelas partes. É o que dispõe o art. 172 do CC, ressalvado o direito de terceiro.

d) Convalescimento do negócio por meio da obtenção de autorização

Admite-se o convalescimento do negócio jurídico, quando o motivo da anulabilidade decorrer da falta de autorização de um terceiro, caso esta seja obtida posteriormente (art. 176, CC). Caio Mario da Silva Pereira esclarece: "Partindo de que a autorização prévia ou simultânea é suficiente para a perfeição jurídica do ato negocial, estatui que, vindo a posteriori tem a força de afastar o motivo de anulabilidade".

e) Prazo decadencial para pleitear a anulação

O prazo decadencial para alegação da anulabilidade do negócio jurídico será de quatro anos, com o início do prazo a depender do fator gerador da anulabilidade (art. 178, CC).

Em se tratando de coação, o prazo se inicia quando cessar a coação. Isso se apresenta como óbvio, uma vez que a vítima, enquanto coagida, não possui liberdade para pleitear a anulação do ato.

Se a causa geradora da anulação for o erro, o dolo, a fraude contra credores, o estado de perigo ou a lesão, a contagem se inicia do dia em que se realizou o negócio jurídico. E, na hipótese de ato de incapazes, ressalve-se que, relativamente incapazes, a contagem se inicia do dia em que cessar a incapacidade. Isso porque o incapaz não pode postular pessoalmente a anulação do negócio jurídico. Além das hipóteses descritas no art. 171 do CC, admite-se a anulação do negócio em outras situações, desde que expressamente declaradas em lei.

> **Importante**
>
> O art. 179 do CC dispõe que: "Quando a lei dispuser que determinado ato é anulável, sem estabelecer prazo para pleitear-se a anulação, será este de dois anos, a contar da data da conclusão do ato". Importante enunciado foi aprovado na VI Jornada de Direito Civil, afeto ao art. 179 do CC: "No que diz respeito a terceiros eventualmente prejudicados, o prazo decadencial de que trata o art. 179 do Código Civil não se conta da celebração do negócio jurídico, mas da ciência que dele tiverem" (Enunciado nº 538, CJF).

3. QUADRO COMPARATIVO: NULIDADE × ANULABILIDADE

	Nulidade (Nulidade absoluta)	**Anulabilidade (Nulidade relativa)**
Fundamentação	Ordem pública.	Ordem privada.
Hipóteses	Arts. 166 e 167, CC.	Art. 171, CC.
Ação	Declaratória.	Desconstitutiva.
Efeitos da sentença	*Ex tunc.*	*Ex nunc* (corrente tradicional).
Legitimação	Qualquer interessado ou Ministério Público, quando lhe couber intervir (art. 168).	Somente os interessados (art. 177, CC).
Arguição de ofício	Sim (art. 168, parágrafo único, CC).	Não (art. 177, CC).
Confirmação	Não há possibilidade (art. 169, 1ª parte, CC).	Há possibilidade (art. 172, CC).
Decadência	Não está sujeita a prazo decadencial (art. 169, 2ª parte, CC).	Está sujeita aos prazos decadenciais previstos nos arts. 178 e 179, CC.

Capítulo 10

Da Prescrição e da Decadência

1. ETAPAS PARA A COMPREENSÃO DA PRESCRIÇÃO E DA DECADÊNCIA

Os institutos prescrição e decadência existem em razão da necessidade de tranquilidade social e segurança jurídica exigidas nas relações negociais.

Identificar quando se trata de prescrição e quando se trata de decadência é um exercício de raciocínio, ao qual procederemos em etapas.

- *1ª etapa: Espécies de direitos*

  Existem duas espécies de direitos:

  1) **Direitos a uma Prestação:** aqueles que correspondem aos direitos de se obter um bem da vida. Assim, há um sujeito passivo obrigado a uma prestação de dar, fazer ou não fazer. Por exemplo: o direito de se receber uma determinada quantia em dinheiro.

  2) **Direitos Potestativos:** traduzem-se na possibilidade que tem uma das partes de invadir a esfera jurídica alheia impondo um estado de sujeição. Reduzem-se a direitos sem prestação.

- *2ª etapa: Classificação das ações, de Chiovenda*

  Segundo a clássica divisão de Giuseppe Chiovenda, três são as ações existentes:

  1) **Ação Condenatória:** meio de proteção de um direito a uma prestação;

  2) **Ação Constitutiva:** meio de exercício de um direito potestativo;

  3) **Ação Declaratória:** meio de obtenção de uma certeza jurídica. Vale lembrar o art. 19 do CPC/2015: "O interesse do autor pode limitar-se à declaração:

     I – da existência, da inexistência ou do modo de ser de uma relação jurídica;

     II – da autenticidade ou da falsidade de documento".

- *3ª etapa: A possibilidade de violação*

  Ao atentarmos para os direitos a uma prestação, é importante lembrar que esses direitos comportam a ideia de violação, de lesão. Assim, em havendo a violação a um direito a uma prestação, nascerá uma pretensão. A ação cabível para a proteção desse direito, como vimos, é a ação condenatória.

O interessado, porém, deverá ajuizar a ação dentro de um determinado prazo, pois um instituto chamado *prescrição* extinguirá a pretensão. Vejamos:

Violação ao direito

Pretensão
Ação condenatória

Prescrição

Dessa forma, impõe o art. 189 do Código Civil: "Violado o direito, nasce para o titular a pretensão, a qual se extingue, pela prescrição, nos prazos a que aludem os arts. 205 e 206". Por meio de um exemplo, visualizamos: João deve a Paulo a quantia de R$ 1.000,00 com vencimento previsto para o dia 20 de agosto. Chegado o dia do vencimento, se João não proceder ao pagamento, isto é, se João violar o direito a uma prestação de Paulo de receber a quantia, surgirá para Paulo uma pretensão que se extinguirá por meio da prescrição. O CC/2002 foi certeiro ao esclarecer que o que se extingue pela prescrição é a pretensão, colocando fim à antiga e equivocada conclusão de que a prescrição colocava fim à ação. Por óbvio, não podemos nos manifestar pela possibilidade de se extinguir a **"ação"**, mas, sim, a **"pretensão"**, posto que ação é direito subjetivo público que não pode ser extinto. Explicamos, a ação condenatória pode ser ajuizada tardiamente, ainda que fadada ao insucesso, em virtude da perda da pretensão do credor.

Quando tratamos dos direitos potestativos, devemos esclarecer que essa categoria de direitos não comporta a ideia de violação, por isso trata-se de direitos sem pretensão. Assim, para que surja o direito potestativo de alguém, não é necessário que outrem o tenha violado. Portanto, basta que nasça o direito potestativo, para que o titular do direito possa manejar uma ação constitutiva, posto ser essa ação pela qual se exercita um direito potestativo.

Ocorre que a ação constitutiva deverá ser manejada dentro de um determinado lapso temporal, pois um instituto denominado **decadência**, também conhecido como **caducidade**, colocará fim a tal direito. Exemplificamos: João assinou um contrato porque Antônio lhe incutiu o temor de um mal injusto. O contrato assinado sob o vício do consentimento designado coação, como nós sabemos, está sujeito à anulação. Simplesmente, surge para João o direito potestativo de anular o contrato. Ocorre que deverá fazê-lo dentro do prazo de 4 (quatro) anos (art. 178, I, CC), pois, transcorrido o prazo *in albis*, o direito potestativo de anular o contrato de João restará fulminado pela decadência. Observemos a linha do tempo a seguir:

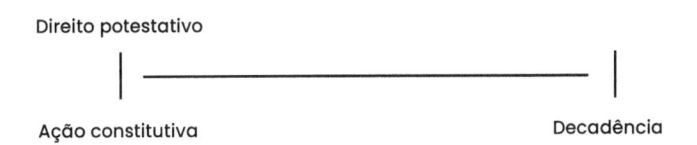

* *4ª etapa: Conclusões*

Relacionando as 1ª, 2ª e 3ª etapas apresentadas anteriormente, chegamos às seguintes conclusões:

1) **Estão sujeitas à prescrição:** as ações condenatórias;

2) **Estão sujeitas à decadência:** as ações constitutivas com prazo. Nesse ponto, urge salientarmos que as ações constitutivas – aquelas pelas quais se exerce um direito potestativo – poderão ser com prazo ou sem prazo. Exemplo de ação constitutiva com prazo, a ação anulatória (art. 178, CC). Exemplo de ação constitutiva sem prazo, a ação de divórcio (é claro que não há um prazo para que o cônjuge ajuíze a ação de divórcio para colocar fim ao vínculo conjugal). Por isso, dizemos que estão sujeitas à decadência as ações constitutivas com prazo;

3) **São perpétuas** (isto é, não estão sujeitas a nenhum prazo prescricional ou decadencial)**:** as ações constitutivas sem prazo, já expostas anteriormente e as ações declaratórias, uma vez que essa modalidade de ação não causa intranquilidade social ou insegurança jurídica, pois objetiva tão somente a obtenção de uma certeza jurídica.

2. PRESCRIÇÃO

2.1 Prescrição extintiva e prescrição aquisitiva

De início, cabe diferenciar prescrição extintiva de prescrição aquisitiva. A prescrição extintiva é a que nos interessa para fins de estudo do presente capítulo e se traduz na perda da pretensão pela inércia da parte, transcorrido um lapso temporal. Importante perceber que o direito em si permanece íntegro, porém sem proteção jurídica. Por isso, aquele que deve o que já está prescrito, se quiser, pode pagar, e não há problema nenhum nisso. Nessa hipótese, exatamente porque o direito permanece é que aquele que pagou não pode pretender repetir o indébito por força do que dispõe o art. 882 do CC.

Já a prescrição aquisitiva é o mesmo que usucapião, isto é, trata-se de modo aquisitivo da propriedade e outros direitos reais pelo decurso do tempo, observados os requisitos legais. A similitude das expressões existe porque em ambas as hipóteses se impõe o decurso de um prazo e a inércia de uma das partes. Ademais, o art. 1.244 do CC/2002 estabelece que: "Estende-se ao possuidor o disposto quanto ao devedor acerca das causas que obstam, suspendem ou interrompem a prescrição, as quais também se aplicam à usucapião". Assim, as causas que impedem, suspendem ou interrompem a prescrição, previstas nos arts. 197, 198 e 199 do CC se aplicam ao transcurso do tempo em se tratando de usucapião.

2.2 A prescrição da exceção (art. 190, CC)

O CC/2002 pôs fim à antiga discussão acerca da possibilidade de a exceção prescrever no mesmo prazo que a pretensão.

Certamente que o art. 190 do CC, ao dispor que "a exceção prescreve no mesmo prazo em que a pretensão" está a se referir ao sentido de **"defesa"** que a expressão possui.

Se não se pode mais alegar aquela pretensão via ação, também não se poderá alegá-la como matéria de defesa. Por exemplo, João é credor de Maria. Com o vencimento da dívida, nasce para João a pretensão que será extinta pela prescrição com decurso de um prazo pré-determinado. Se imaginarmos que, posteriormente, Maria se torne credora de João, por outra razão qualquer, temos que, chegado o vencimento da dívida, caso João não arque com a sua obrigação, por óbvio, nascerá para Maria uma pretensão. Imagine-se ainda que Maria, diligentemente, ajuíze a ação condenatória cabível dentro do prazo prescricional.

Diante desse quadro, seria possível a João alegar em sua defesa, operando-se em seu favor uma possível compensação, levando-se em consideração a anterior dívida já prescrita? Pelo CC/2002, decerto que não, uma vez que a defesa prescreve no mesmo prazo em que a pretensão, isto é, a pretensão não poderá ser alegada em matéria de defesa.

2.3 Renúncia à prescrição

Para atentarmos à possibilidade de renúncia da prescrição, devemos visualizar primeiro a quem o implemento da prescrição favorece. Quando se extingue a pretensão, diante da inércia do credor, o devedor encontra-se desonerado da dívida. Assim, fica claro que a prescrição beneficia o devedor.

Pois bem. Imaginemos que, não obstante o devedor se encontre desonerado da dívida, ele resolva honrar a obrigação e pagá-la. Isso se mostra plenamente possível e viável. Na verdade, o que está ocorrendo nessa hipótese é a renúncia à prescrição. Portanto, só poderá renunciar à prescrição quem se beneficia dela, e já sabemos que quem se beneficia dela é a figura do devedor. Porém, releva notar que, para que se admita a renúncia à prescrição, torna-se necessário o preenchimento de dois requisitos:

1°) **Que o prazo prescricional já esteja consumado.** É dizer que não se admite a renúncia prévia da prescrição, a renúncia de um prazo prescricional ainda em curso. Não poderá, por exemplo, o credor entabular um contrato com o devedor pelo qual este último renuncia à prescrição tornando a dívida imprescritível e municiando o credor contra si próprio *ad infinitum*. Agora, após ter se efetivado a prescrição, óbice nenhum há para que o devedor queira pagar o seu credor.

2°) Que a renúncia não prejudique a terceiro. Desse modo, não pode o devedor renunciar à prescrição, ainda que o prazo já esteja consumado, porém, em razão de sua insolvência, prejudicando a outros credores que eventualmente possua. Nesse caso, prevalecerá o interesse dos credores cuja dívida não esteja prescrita, de modo que a renúncia poderá ser anulada por estes, por meio de ação pauliana.

Nessa esteira, o art. 191 do CC engloba os dois requisitos com a seguinte redação: "A renúncia da prescrição pode ser expressa ou tácita, e só valerá, sendo feita, sem prejuízo de terceiro, depois que a prescrição se consumar, tácita é a renúncia quando se presume de fatos do interessado, incompatíveis com a prescrição".

Percebemos ainda que, preenchidos os dois requisitos já comentados, a renúncia à prescrição poderá ser expressa ou tácita. Será expressa, circunscrevendo-se a uma manifestação externada e idônea do devedor. Tácita seria a renúncia que decorresse de atos do credor que fossem compatíveis com o intento de se adimplir a dívida, por exemplo o pagamento total ou parcial da dívida que já estava prescrita.

2.4 Impossibilidade de alteração dos prazos prescricionais pela vontade das partes

Os prazos prescricionais não podem ser alterados por vontade das partes (art. 192, CC). Esse raciocínio se amolda perfeitamente à impossibilidade de se renunciar previamente à prescrição, como demonstrado no ponto anterior. Desse modo, caso a lei admitisse a possibilidade de alteração dos prazos prescricionais por acordo feito entre as partes, alcançar-se-ia, por vias transversas, a renúncia prévia à prescrição, o que, repise-se, é vedado pela lei.

2.5 Suprimento de ofício pelo juiz

O CPC/2015, na esteira da alteração promovida pela Lei nº 11.280/2006, ao admitir a possibilidade de o juiz pronunciar de ofício a prescrição, acaba enquadrando a questão como matéria de ordem pública. Ao contrário, todavia, há forte posicionamento doutrinário no sentido de que a prescrição é, sim, matéria de ordem privada exatamente por envolver direitos patrimoniais e o CC/2002 admitir a possibilidade de sua renúncia.

Para que haja a conciliação dos dispositivos legais que impõe a declaração de ofício da prescrição pelo juiz e a possibilidade de renúncia à prescrição por parte do devedor, foi aprovado, na IV Jornada de Direito Civil, o Enunciado nº 295 com a seguinte redação: "A revogação do art. 194 do CC/2002 pela Lei nº 11.280/2006, que determina ao juiz o reconhecimento de ofício da prescrição, não retira do devedor a possibilidade de renúncia admitida no art. 191 do texto codificado". Na mesma senda, vale lembrar que, na VII Jornada de Direito Civil, foi aprovado o Enunciado nº 581 nos seguintes termos:

"Em complemento ao Enunciado nº 295, a decretação *ex officio* da prescrição ou da decadência deve ser precedida de oitiva das partes".

2.6   Momento de alegação da prescrição

O art. 193 do CC/2002 estabelece que "a prescrição pode ser alegada em qualquer grau de jurisdição, pela parte a quem aproveita". Por isso, a prescrição poderá ser alegada na contestação ou até mesmo em grau de recurso, mesmo não tendo sido alegada inicialmente na contestação.

Releva salientar, entretanto, que, em se tratando de recurso extraordinário, especial e de revista interpostos, respectivamente, perante o Supremo Tribunal Federal, Superior Tribunal de Justiça e o Tribunal Superior do Trabalho, o que prevalece é que não há essa mesma possibilidade. Assim, não se pode alegar pela primeira vez, em grau de recurso extraordinário, especial e de revista, a prescrição, uma vez que esses recursos exigem o prequestionamento, o que significa dizer que se torna indispensável que a matéria alegada tenha sido ventilada e decidida na instância inferior, isto é, nas instâncias ordinárias.

2.7   Continuação da prescrição

Em havendo a transmissão da obrigação, seja por ato *inter vivos* ou *causa mortis*, a prescrição já iniciada continua a correr contra o seu sucessor. Assim está no art. 196 do CC/2002, que amplia a redação correspondente ao CC/1916 ao substituir a expressão "herdeiro", que limitava a transmissão a se dar *causa mortis,* por "sucessor", que traz em si a possibilidade de a transmissão se dar por *causa mortis* (testamento ou legado), ou mesmo por ato *inter vivos* (ex.: compra ou sucessão de empresas). A conclusão a que se chega é a de que a morte não pode ser considerada causa impeditiva, suspensiva ou interruptiva da prescrição.

2.8   Responsabilização do representante da pessoa jurídica e do assistente do relativamente incapaz

O art. 195 do CC nos informa que "os relativamente incapazes e as pessoas jurídicas têm ação contra os seus assistentes ou representantes legais, que derem causa à prescrição, ou não a alegarem oportunamente". Este artigo deverá ser interpretado conjuntamente com o art. 186 do CC, isto é, para se demandar contra o representante é necessário que este tenha agido com dolo ou culpa.

2.9   Causas impeditivas ou suspensivas da prescrição

Os arts. 197, 198 e 199 do CC apresentam as causas impeditivas ou suspensivas da prescrição. As hipóteses previstas nos referidos artigos poderão ser eventualmente impeditivas, ou seja, impedem que a prescrição corra sem sequer iniciar-se, ou então, suspensivas, pois suspenderão a prescrição, estando ela já iniciada. Dependerá do caso concreto, como veremos adiante. O que importa perceber, em princípio, é que todas elas irão beneficiar o credor.

No art. 197 do CC, temos as causas subjetivas bilaterais. Recebem essa designação porque o fator que impede ou suspende a prescrição de correr é atinente às condições pessoais de ambas as partes envolvidas. Assim, não corre a prescrição:

I) entre os cônjuges na constância da sociedade conjugal;

II) entre ascendentes e descendentes, durante o poder familiar;

III) entre tutelados ou curatelados e seus tutores ou curadores, durante a tutela ou curatela.

Já no art. 198 do CC, encontramos as causas subjetivas unilaterais. Recebem essa designação porque o fator impeditivo ou suspensivo diz respeito às condições pessoais de uma das partes, que inviabiliza o transcurso da prescrição. Por isso, não corre a prescrição:

I) contra os incapazes de que trata o art. 3º do CC;

II) contra os ausentes do País em serviço público da União, dos Estados ou dos Municípios;

III) contra os que se acharem servindo nas Forças Armadas, em tempo de guerra.

Por fim, o art. 199 do CC traz as chamadas causas objetivas ou materiais. Na realidade, desnecessária a referência que o legislador faz a essas hipóteses, pois, como perceberemos, são situações em que, na verdade, nem pretensão há. Então, o art. 199 estabelece que não corre igualmente a prescrição:

I) pendendo condição suspensiva;

II) não estando vencido o prazo;

III) pendendo ação de evicção.

Na sequência, o art. 200 do CC dispõe que "quando a ação se originar de fato que deva ser apurado no juízo criminal, não correrá a prescrição antes da respectiva sentença definitiva". A regra submete o curso do prazo de prescrição da responsabilidade civil a partir do trânsito em julgado da sentença penal, relativizando o princípio da independência da responsabilidade civil em relação à criminal. Portanto, trata-se de hipótese impeditiva ou suspensiva da prescrição também, pois, em chamas a apuração criminal, não correrá a prescrição na seara cível até o seu trânsito em julgado. Ressalte-se que é do trânsito em julgado que se contará a prescrição, e não da data do fato.

Por fim, lembremos que, suspensa a prescrição em favor de um dos credores solidários, só se beneficiarão da suspensão da prescrição os outros credores, se a obrigação for indivisível (art. 201, CC). Assim, em havendo solidariedade ativa, não há extensão da suspensão aos demais credores, que só serão beneficiados se a obrigação for indivisível. Atine-se, portanto, para a natureza personalíssima da suspensão.

2.10   Causas interruptivas da prescrição

As causas interruptivas da prescrição, conforme dispõe o art. 202 do CC/2002, só poderão ocorrer uma vez e, ao revés das causas suspensivas – em que o prazo começa a correr de quando parou –, o prazo recomeça a contar do zero.

As causas interruptivas são:

I) O despacho do juiz, mesmo incompetente, que ordenar a citação, se o interessado a promover no prazo e na forma da lei processual.

II) O protesto promovido pela forma da lei processual. Aqui estamos diante do protesto previsto no CPC/2015 nos arts. 726 e ss.

III) O protesto cambial. Já este protesto é o cambiário, promovido perante o Cartório de Protesto de Títulos. O CC/2002 ao assim dispor contempla novidade. Por isso, a Súmula nº 153 do STF, que dispunha que o simples protesto cambiário não interrompia a prescrição, depois da entrada em vigor do CC/2002, caiu em desuso.

IV) A apresentação de título de crédito em juízo de inventário ou em concurso de credores. Assim, diante dessa redação, basta a apresentação do título, independentemente da habilitação de crédito, realizada pelo credor em um processo de inventário ou eventual concurso de credores (falência, insolvência civil) importa interrupção da prescrição.

V) Qualquer ato judicial que constitua em mora o devedor. Aqui temos como exemplo o manejo de medidas cautelares. Importa salientar que o ato deverá ser judicial. Portanto, a simples notificação feita via cartório (extrajudicialmente) não induz à interrupção da prescrição.

VI) Qualquer ato inequívoco, ainda que extrajudicial, que importe reconhecimento do direito pelo devedor. Se todas as causas citadas anteriormente dependem de um ato do credor, esta última causa, na verdade, decorre de um ato do devedor, por exemplo, quando este procede ao pagamento parcial da dívida, à sua confissão ou parcelamento. Em complemento, vale lembrar o Enunciado nº 416, aprovado na V Jornada de Direito Civil: "A propositura de demanda judicial pelo devedor, que importe impugnação do débito contratual ou de cártula representativa do direito do credor, é causa interruptiva da prescrição".

Após a análise do rol das causas interruptivas da prescrição, podemos concluir que elas se dividem em causas interpelativas (I, II, III, IV e V), uma vez que dependem de algum ato praticado pelo credor; e causa recognoscitiva (VI), pois depende de um ato praticado pelo próprio devedor.

E, para concluir, o parágrafo único do art. 202 do CC desponta com a informação de que "a prescrição interrompida recomeça a correr da data do ato que a interrompeu, ou do último ato do processo para a interromper". Assim, quando ocorre causa interruptiva, o prazo recomeça a correr do zero, diferentemente de quando há o implemento de uma causa suspensiva em que o prazo continua a contar de quando parou.

2.11 O alcance da interrupção da prescrição

Quando ocorre o implemento de uma causa interruptiva, tal fato não se opera para beneficiar os demais credores e nem para prejudicar os demais devedores, exceto em se tratando de credores ou devedores solidários (art. 204, § 1º, CC). Detectamos na interrupção, bem como já visto na suspensão, o caráter personalíssimo do ato. Em sendo interrompida a prescrição contra um dos herdeiros do devedor solidário não se atingirão os outros herdeiros ou devedores, exceto quando se trate de obrigação indivisível. Isso porque não há solidariedade entre os herdeiros do devedor solidário.

Ressalte-se, também, que a interrupção contra o principal devedor prejudica o fiador (art. 204, § 3º, CC), consideração essa que decorre do princípio de que o acessório segue o principal. Assim, se o principal (o contrato principal) foi atingido pelos efeitos da prescrição, o acessório (o contrato de fiança) também o será. Tudo isso independe de o fiador ter a seu favor o benefício de ordem ou não, hipótese em que ele será devedor solidário.

Interessante indagar o contrário, isto é, se a interrupção operada contra o fiador atingira o devedor principal. Tendo em vista que é o acessório que acompanha o principal – e não o contrário –, a interrupção ocorrida contra o fiador não alcançará o devedor principal. Excepcionalmente, a interrupção em face do fiador poderá, sim, acabar prejudicando o devedor principal nas hipóteses em que a referida relação for reconhecida como de devedores solidários.

2.12 Prescrição Intercorrente

A prescrição intercorrente é admitida como causa extintiva da execução no art. 924, V, e do § 4º do art. 921, ambos do CPC.

Por prescrição intercorrente entende-se aquela que ocorre ao longo do processo e sobre ela algumas orientações são preponderantes:

✓ A prescrição intercorrente atinge sempre a pretensão executiva;

✓ A prescrição intercorrente nem sempre se liga à ideia de inércia do credor, já que a prescrição intercorrente correrá a partir da ciência da primeira tentativa infrutífera de localização do devedor ou de bens penhoráveis (art. 921, § 4º, CPC);

✓ Os prazos para a prescrição intercorrente serão os mesmos da pretensão original (art. 206-A, CC), que são os prazos abordados no próximo item.

2.13 Os prazos de prescrição

O art. 206 do CC apresenta prazos especiais de prescrição. Então, configuram situações específicas como, por exemplo, a pretensão para haver prestações alimentares, que prescreve em dois anos, com base na data em que se vencerem; ou a pretensão relativa a aluguéis de prédios urbanos ou rústicos que prescreve em três anos; ou a pretensão para a reparação civil, que também prescreve em três anos; ou a pretensão de cobrança de dívidas líquidas constantes de instrumento público ou particular e a pretensão dos profissionais liberais em geral, procuradores judiciais, curadores e professores pelos seus honorários, contado o prazo da conclusão dos serviços, da cessação dos respectivos contratos ou mandato, em que ambos prescrevem em cinco anos; dentre outras hipóteses previstas ao longo do referido artigo. Existem hipóteses que o art. 206 do CC não abarca. Daí, devemos encontrar guarida no art. 205 do CC, que traz um prazo geral de prescrição com a seguinte redação: "A prescrição ocorre em dez anos, quando a lei não haja fixado prazo menor".

> ## Atenção
>
> Por meio da teoria da *actio nata*, investiga-se a partir de quando se inicia o curso do prazo prescricional. Essa teoria se manifesta em duas vertentes: a objetiva e a subjetiva. Para a vertente objetiva, o prazo prescricional deverá correr a partir da violação do direito. Já para a vertente subjetiva, o prazo prescricional terá início a partir de quando a violação do direito for de conhecimento da parte, que poderá exigir a prestação. Manifestações importantes do STJ acerca do tema:
>
> - Ação de petição de herança, quando for incerta a paternidade: vertente objetiva – o prazo correrá da abertura da sucessão, e não do trânsito em julgado da sentença da ação de investigação de paternidade (processo sob segredo de justiça, Segunda Seção do STJ, out./2022).
> - Abuso sexual na infância: vertente subjetiva – o prazo prescricional da indenização por abuso sexual na infância não começa automaticamente com a maioridade civil; é preciso considerar o momento em que a pessoa adquiriu total consciência dos danos em sua vida. (STJ. REsp 2.123.047, abril/2024).

3. DECADÊNCIA OU CADUCIDADE

O instituto da decadência ou caducidade coloca fim ao direito potestativo que não foi exercido dentro de um determinado prazo por inércia de seu titular. Esse prazo, por sua vez, poderá ser estipulado pela lei ou pela vontade das partes. No primeiro caso, estaremos diante da chamada decadência legal e, no segundo, da decadência convencional.

Assim, ao revés da prescrição, cujos prazos decorrem sempre da lei, é possível o prazo decadencial por vontade das partes como, por exemplo, em um contrato em que as partes acordam a possibilidade de resilição de uma das partes dentro de um prazo de três meses.

3.1   Renúncia à decadência

A renúncia à decadência legal é inadmissível, uma vez que o art. 209 do CC dispõe que "é nula a renúncia à decadência fixada em lei". Por meio de uma interpretação *a contrario sensu* do art. 209, concluímos que a renúncia à decadência convencional é plenamente possível.

3.2   Momento de alegação

O art. 211 do CC dispõe que "se a decadência for convencional, a parte a quem aproveita pode alegá-la em qualquer grau de jurisdição (...)". Se quanto à decadência convencional, que envolve interesses particulares, o CC/2002 fez questão de estipular que poderá ser alegada em qualquer grau de jurisdição, com muito mais razão a decadência legal, que envolve a ordem pública e interesses da coletividade.

Vale a ressalva feita à prescrição de que não é possível a alegação pela primeira vez em grau de recurso extraordinário e recurso especial do instituto da decadência, uma vez que esses recursos clamam pelo prequestionamento.

3.3   Suprimento de ofício

Em se tratando de decadência legal, torna-se imperioso o suprimento de ofício por parte do Juiz, conforme imposição do art. 210: "Deve o juiz, de ofício, conhecer da decadência, quando estabelecida por lei". Por isso, o Juiz deve pronunciar a decadência legal de ofício, julgando o pedido improcedente com a resolução do mérito. O mesmo não acontece em se tratando de decadência convencional, haja vista que o instituto consagra interesses meramente particulares. Por tal razão, o art. 211, *in fino,* do CC/2002 dispõe que "(...) mas o juiz não pode suprir a alegação".

3.4   Causas impeditivas, suspensivas e interruptivas

As causas impeditivas ou suspensivas previstas nos arts. 197 a 199 do CC/2002 e as causas interruptivas previstas no art. 202 do CC/2002 não se aplicam à decadência, salvo disposição legal em contrário (art. 207, CC). Um exemplo de disposição legal em contrário está no art. 208 do CC/2002, que estabelece que "aplica-se à decadência o disposto nos arts. 195 e 198, inciso I". A conclusão a que chegamos é a de que a decadência, bem como a prescrição, já comentada anteriormente, não correm contra os absolutamente incapazes.

3.5   Prazos decadenciais

Os prazos de decadência não se encontram concentrados na parte geral do Código Civil, como os de prescrição. Encontramos, sim, prazos de decadência na parte geral, nos arts. 178, 179 e no parágrafo único do art. 119. Os demais prazos estão espalhados pela parte especial do Código Civil. Então, o que o legislador do CC/2002 fez foi, ao apresentar o direito potestativo, a ele vinculado, atrelar o prazo atinente ao seu exercício.

EM RESUMO:

	PRESCRIÇÃO	DECADÊNCIA
Objeto	Extinção da pretensão (art. 189, CC)	Extinção do direito
Alvo	Ações condenatórias	Ações constitutivas com prazo
Renúncia	É possível desde que o prazo já esteja consumado e não cause prejuízo a terceiros (art. 191, CC e Enunciado nº 295, CJF)	É nula a renúncia à decadência legal (art. 209, CC). À decadência convencional é possível
Momento de alegação	Em qualquer grau de jurisdição (art. 193, CC)	Em qualquer grau de jurisdição (art. 211, CC)
Suprimento de ofício	O juiz deve suprir de ofício (art. 332, § 1º, CPC e art. 487, II, CPC))	A decadência legal o juiz deve suprir o ofício (art. 210, CC); a convencional não (art. 211, in fine, CC)
Causas impeditivas ou suspensivas e interruptivas	Sujeita-se a causas impeditivas ou suspensivas e interruptivas (arts. 197, 198, 199, 200 e 202, CC)	A regra de não sujeição a causas impeditivas ou suspensivas e interruptivas, salvo previsão legal em contrário (art. 207)
Prazos	Somente podem decorrer da lei (arts. 205 e 206, CC)	Pode decorrer da lei (decadência geral) ou da vontade das partes (decadência convencional)

	DECADÊNCIA LEGAL	DECADÊNCIA CONVENCIONAL
Renúncia	Não é possível (art. 209, CC)	É possível
Momento de alegação	Em qualquer grau de jurisdição	Em qualquer grau de jurisdição
Suprimento de ofício	Deve o juiz conhecer de ofício (art. 210, CC)	Não pode o juiz conhecer de ofício (art. 211, CC)

PARTE 2

DIREITO DAS OBRIGAÇÕES

Capítulo 11

A Relação Jurídica Obrigacional e a Classificação das Obrigações

1. INTRODUÇÃO

A relação jurídica obrigacional ocorre quando há dois sujeitos, um ativo e um passivo. Sendo que ao primeiro se designa de credor, e ao segundo, de devedor. Entre eles afigura-se um objeto que irá se traduzir na prestação devida, que poderá se positiva (dar ou fazer) ou negativa (não fazer). O elo que reunirá todos esses elementos em uma só estrutura é denominado de vínculo jurídico.

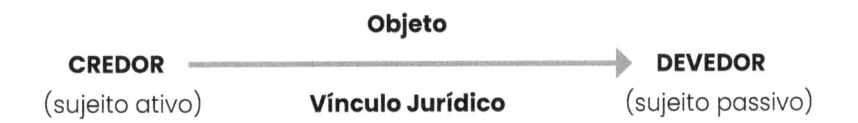

	Objeto	
CREDOR	———————————→	**DEVEDOR**
(sujeito ativo)	**Vínculo Jurídico**	(sujeito passivo)

2. TEORIA DUALISTA OU BINÁRIA

O ordenamento jurídico brasileiro adota a teoria dualista ou binária, de linhagem alemã. Por essa teoria a obrigação se desenvolverá por meio da relação que existe entre dois elementos: o débito (*schuld*) e a responsabilidade (*haftung*).

Débito é a dívida e o dever de a pagar. Já a responsabilidade, é a possibilidade que tem o credor de invadir o patrimônio do devedor para se satisfazer.

Existem as obrigações civis ou perfeitas que apresentam os dois elementos. De outro lado, existem as obrigações naturais ou imperfeitas que apresentam apenas o elemento débito como, por exemplo a dívida prescrita e a dívida de jogo.

3. CLASSIFICAÇÃO DAS OBRIGAÇÕES

3.1 Classificação quanto ao conteúdo do objeto obrigacional: as obrigações de dar, fazer ou não fazer

3.1.1 Obrigação de dar

É aquela em que o devedor deverá entregar ou restituir algo ao credor. O que é devido poderá tanto ser uma coisa certa, quanto uma coisa incerta.

3.1.1.1 A obrigação de dar coisa certa ou obrigação específica

Por meio da obrigação de dar coisa certa, a coisa a ser entregue ou restituída deverá ser algo perfeitamente individualizado ou especializado. Como exemplo, temos um contrato de compra e venda em que o devedor é o vendedor e o credor, o comprador. Isso porque o devedor é exatamente aquele que deve a entrega da coisa. No caso em tela, quem deve a coisa é o devedor. Porém, nesse mesmo caso, não podemos nos esquecer que se focarmos na obrigação pecuniária, aí sim o devedor da quantia certa será o comprador e o credor, o vendedor.

É certo que, em se tratado de obrigação de dar coisa certa, o credor não é obrigado a receber prestação diversa da que lhe é devida, ainda que mais valiosa, por força do art. 313 do CC. Entretanto, poderá o credor aceitar e aí estaremos diante do instituto da dação em pagamento (art. 356, CC).

a) Os acessórios da coisa certa

Em decorrência do princípio de que o acessório segue o principal, é claro que os acessórios acompanharão a coisa certa, ainda que não mencionados, salvo se o contrário resultar do título ou das circunstâncias do caso (art. 233, CC).

b) A perda da coisa certa

Na hipótese de a coisa certa vir a se perder, é necessário averiguar se a coisa se perdeu antes ou depois da tradição. Isso porque é com a tradição que surge a transferência da coisa. Assim, em havendo a tradição, a coisa muda de dono. Partindo ainda da ideia de que a coisa se perde é para o seu dono (*res perit domino*), conclui-se que: se a coisa se perder antes da tradição, o prejuízo pela perda da coisa será do seu dono, isto é, do devedor (alienante). Entretanto, se a perda se der depois da tradição, arcará com o prejuízo o credor (adquirente), já que este agora é o dono da coisa. Porém, mais uma observação deverá ser feita. Se a coisa se perder antes da tradição, sabemos que o prejuízo será do devedor, porém devemos indagar se o devedor ao perdê-la agiu com culpa ou não. Isso para verificar se, além do prejuízo com a perda da coisa, o devedor deverá ainda arcar com uma indenização por perdas e danos ao credor. Assim caso tenha obrado com culpa pela perda da coisa, além de sofrer o prejuízo pela perda da coisa, deverá arcar com uma indenização por perdas e danos ao credor. Caso contrário, ou seja, não havendo culpa de sua parte – e aqui, estar-se-á diante do caso fortuito ou de força maior –, simplesmente a obrigação será resolvida (art. 234, CC)

Por exemplo, comprei um carro de João. João deveria me entregar esse carro, portanto, ele é o devedor da obrigação. Entretanto, antes de me entregar a coisa, ela se perde sem que para tanto, tenha havido qualquer culpa por parte de João. Nessa hipótese, simplesmente a obrigação será resolvida. E caso eu já tivesse adiantado alguma quantia a João, ele deveria me devolver o valor equivalente ao que eventualmente eu já tenha adiantado. O que importa é que a obrigação se resolveria e João ficaria com o prejuízo da perda da coisa, porque ele era o seu dono à época da perda. Entretanto, imaginemos que a coisa tenha se perdido antes da tradição, porém por culpa de João. Nessa hipótese, ele teria que pagar o equivalente ao valor que eu já havia lhe pago e ainda teria que me indenizar por perdas e danos devido a coisa ter se perdido por culpa sua.

Existem, entretanto, hipóteses em que se a perda da coisa se der mesmo sem culpa do devedor, isto é, por caso fortuito ou força maior, o devedor, além de sofrer o prejuízo da perda da coisa, arcará com as perdas e danos. São elas:

* estando o devedor em mora (art. 399, CC), ou seja, a coisa se perdeu quando o devedor estava em mora;
* se expressamente houver se responsabilizado pelos prejuízos decorrentes do caso fortuito e da força maior (art. 393, CC).

c) A deterioração da coisa certa

Por deterioração temos uma perda parcial da coisa. Em havendo apenas a deterioração da coisa certa, é necessário, ainda, aferir se a deterioração se deu por culpa do devedor ou não.

Se a deterioração se der sem culpa do devedor, duas soluções se apresentam, conforme expõe o art. 235 do CC:

* poderá o credor resolver a obrigação, sem direito a pleitear perdas e danos; ou
* poderá ficar com a coisa, subtraindo do preço pago o valor que se perde.

Por outro lado, se a deterioração se der por culpa do devedor, as possibilidades do credor, conforme o art. 236 do CC, são:

* exigir o equivalente, isto é, o valor da coisa mais uma indenização por perdas e danos;
* ficar com a coisa deteriorada com um abatimento no preço, mais uma indenização por perdas e danos.

3.1.1.2 Obrigação de restituir

Na obrigação de restituir, o devedor deverá devolver a coisa ao seu credor, que nessa obrigação é o dono da coisa sendo, portanto, a obrigação de restituir nada mais do que uma manifestação de obrigação de dar. Antes ou depois da tradição, não importa, o dono da coisa será, a todo tempo, o credor. Isso porque se trata de uma obrigação de restituir. Por exemplo, Manoel empresta o seu carro a Antônio. Manoel é o credor, Antônio é o devedor da obrigação de restituir. E a todo tempo, Manoel continuou a ser o dono da coisa.

a) A perda da coisa na obrigação de restituir

Ao partir do princípio de que a coisa se perde para o seu dono (*res perit domino*), e na obrigação de restituir o dono é o credor, conclui-se que o prejuízo pela perda da coisa será do credor (o dono da coisa), caso o devedor não tenha agido com culpa pela perda. Porém, se o devedor tiver agido com culpa, o credor terá direito a receber o equivalente ao valor da coisa e ainda ser indenizado por perdas e danos.

Na hipótese de perda da coisa na obrigação de restituir sem culpa do devedor, foi visto que o prejuízo será do credor que é o dono da coisa. Entretanto, devemos ressaltar que até a data da tradição estão resguardados os direitos do credor. Por exemplo, João aluga um carro para Paulo. Paulo tem a obrigação de restituir o carro a João em determinada data. Porém, antes de seu advento, imaginemos que Paulo tenha o carro roubado, afastando-se, por absoluto, a sua culpa pelo evento danoso. João, que era o dono do carro e credor da obrigação de restituir ficará com o prejuízo. Porém, João terá direito de pleitear os aluguéis que lhe cabem até a data da perda da coisa (art. 238, CC).

> **Atenção**
>
> Um detalhe interessante deve ser aventado: se, porventura, estivermos diante de um contrato de mútuo (e não comodato), isto é, aquele em que há um empréstimo de um bem fungível, de acordo com o art. 587 do CC, como se trata de um empréstimo em que se transfere a propriedade da coisa ao mutuário, esse assumirá todos os riscos desde a tradição. A conclusão a que se chega é a de que se a coisa se perder por culpa ou sem culpa do mutuário, o seu equivalente sempre deverá ser devolvido. Trata-se, então, de uma situação excepcional.

b) A deterioração da coisa na obrigação de restituir

Se a coisa a ser devolvida sofrer alguma deterioração, caso não haja culpa por parte do devedor, o credor irá recebê-la do jeito em que se encontre, sem qualquer direito a indenização. Entretanto, se a deterioração decorrer de culpa do devedor, o credor terá direito ao valor equivalente à coisa mais perdas e danos (art. 240, CC).

c) Melhoramento da coisa na obrigação de restituir

Se a coisa que deverá ser restituída sofrer qualquer melhora ou acréscimo, sem que para tanto o devedor tenha despendido qualquer gasto, o credor receberá a coisa com as suas melhorias, sem ser cabível qualquer indenização ao devedor (art. 241, CC).

Ao revés, se as melhorias decorrerem de trabalho ou dispêndio do devedor, aplicar-se-ão as regras atinentes às benfeitorias previstas no CC/2002, nos arts. 1.219 ao 1.222. Sobrevindo frutos da coisa restituível, serão aplicadas as regras previstas nos arts. 1.214 ao 1.216 do CC/2002.

3.1.1.3 A obrigação de dar coisa incerta ou obrigação genérica

A obrigação de dar coisa incerta assim é chamada pois o seu objeto encontra-se definido apenas pelo gênero e pela quantidade, sendo que posteriormente, será indicada a sua qualidade. Ex.: João deve a Paulo 50 garrafas de vinho. Em algum momento futuro, definir-se-ão quais serão as garrafas.

a) A escolha da coisa incerta

Se se mostra necessária a escolha da coisa a ser entregue, a pergunta que se faz é: a quem caberá a escolha? Ao devedor ou ao credor? Mas, que fique claro que devedor é aquele que deve a coisa e credor, aquele que tem direito ao seu recebimento. Para responder à pergunta inicialmente formulada, devemos recorrer ao título da obrigação, pois é ele que irá nos informar. Porém, se o título nada informar, a escolha caberá ao devedor da entrega da coisa. Releva notar que em razão do princípio da equivalência das prestações, o devedor não poderá escolher a coisa pior, embora não esteja obrigado a prestar a melhor (art. 244, CC).

b) Momento em que a obrigação de dar coisa incerta se convola em obrigação de dar coisa certa

O momento exato em que a obrigação de dar coisa incerta se convola em obrigação de dar coisa certa é o da cientificação do credor (art. 245, CC). Então, não basta a escolha. É necessária a cientificação.

A importância de se saber ao certo o momento em que a obrigação de dar coisa incerta se transforma em coisa certa, cinge-se à necessidade de se saber quais, então, seriam as regras aplicáveis à obrigação em andamento. Assim, se há obrigação de dar coisa certa, aplicar-se-iam as regras atinentes a obrigação de dar coisa certa (arts. 233 a 242, CC). Entretanto, se a obrigação ainda for a de dar coisa incerta, as regras, por óbvio, que seriam aplicadas, seriam as da obrigação de dar coisa incerta (arts. 243 a 246, CC).

c) A impossibilidade de perda da coisa incerta

Em se tratando de obrigação de dar coisa incerta, não faz sentido o devedor alegar que a coisa se perdeu. Por isso, aqui tem aplicação o brocardo latino do *genus non perit*, isto é, o gênero não perece. Assim, o art. 246 do CC estipula: "Antes da escolha, não poderá o devedor alegar perda ou deterioração da coisa, ainda que por força maior ou caso fortuito."

O mais adequado seria, sem dúvida, o art. 246 do CC, ao invés de utilizar a expressão "antes da escolha", utilizar "antes da cientificação da outra parte", já que é com esta que, conforme o art. 244 do CC, a obrigação de dar coisa incerta se transforma em obrigação de dar coisa certa. Embora o deslize legislativo, levemos do art. 246 do CC apenas a regra de que o gênero não perece.

3.1.2   Obrigação de fazer

3.1.2.1   Conceito e classificação

Na obrigação de fazer, o devedor se compromete ao cumprimento de uma tarefa ou desempenho de uma atividade. A atividade a ser desempenhada poderá ser de natureza física (por exemplo, a lavagem de um automóvel); de natureza intelectual (por exemplo, a elaboração de uma obra de arte ou a realização de uma cirurgia); e poderá, até mesmo, se reduzir a uma declaração de vontade (por exemplo, a outorga da escritura definitiva ao término do pagamento das prestações avençadas na promessa de compra e venda de um imóvel).

Além disso, a obrigação de fazer poderá ser:

- fungível: aquela atividade que poderá ser prestada por outra pessoa que não seja especificamente o devedor;
- infungível: aquela atividade que somente o devedor poderá prestar em razão de seu caráter personalíssimo ou *intuitu personae*.

A infungibilidade poderá decorrer da própria natureza da obrigação quando, por exemplo, se contrata uma determinada pessoa para pintar um quadro ou quando a editora contrata determinado autor para escrever um livro. Porém, a infungibilidade poderá decorrer também da própria convenção. Nessa hipótese, ainda que naturalmente a obrigação seja fungível, ela tornar-se-á infungível por força da convenção.

3.1.2.2   Consequências do inadimplemento da obrigação de fazer

O inadimplemento da obrigação de fazer ocorre quando o devedor não faz aquilo que deveria fazer. As consequências serão:

- se o descumprimento decorrer de culpa do devedor: o credor poderá pleitear perdas e danos pelo descumprimento;
- se o descumprimento independer de culpa do devedor: simplesmente resolver-se-á a obrigação.

Essas regras estão estabelecidas no art. 248 do CC. Entretanto, é importante lembrar que o inadimplemento poderá ser de obrigação de fazer fungível ou infungível.

Assim, em se tratando do inadimplemento da obrigação de fazer infungível, caso o devedor se recuse ao cumprimento da prestação, o credor poderá pleitear indenização por perdas e danos (art. 247, CC). Por outro lado, em se tratando de descumprimento de obrigação de fazer fungível, abre-se ao credor mais uma possibilidade que é a de se exigir que o fato seja executado por um terceiro à custa do devedor inadimplente, observado o procedimento estabelecido no Código de Processo Civil. E, é claro, sem se afastar a possibilidade de se pleitear indenização por perdas e danos concomitantemente, desde que haja culpa do devedor pelo inadimplemento e prova do prejuízo efetivo sofrido pelo credor (art. 249, *caput*, CC).

A autoexecutoriedade ou autotutela das obrigações de fazer está prevista no parágrafo único do art. 249 do CC e se traduz na possibilidade de o próprio credor, em caso de urgência, independentemente de autorização judicial, executar ou mandar executar o fato, sendo depois ressarcido e sem prejuízo de futura indenização por perdas e danos. Mas, pelo dispositivo mencionado, só se torna possível a modalidade de "justiça com as próprias mãos" em caráter de urgência.

3.1.3 *Obrigação de não fazer*

3.1.3.1 Conceito e classificação

Por meio da obrigação de não fazer, objetiva-se a abstenção do devedor. Por isso, o art. 390 do CC dispôs que: "Nas obrigações negativas o devedor é havido por inadimplente desde o dia em que executou o ato de que se devia abster."

A obrigação de não fazer traz em si a característica da infungibilidade. Sendo que, além disso, comporta também uma classificação.

A obrigação de não fazer poderá ser:

* instantânea ou transeunte: é aquela em que havendo o inadimplemento da obrigação, impõe-se o seu fim, sendo de todo irreversível. Por exemplo, a violação de segredo de empresa;
* permanente: é aquela em que havendo o inadimplemento da obrigação, não haverá necessariamente o fim da obrigação, havendo a possibilidade de sua reversibilidade. Por exemplo, não estacionar o carro em determinada vaga de garagem do condomínio.

3.1.3.2 Consequências do inadimplemento da obrigação de não fazer

Para se saber as consequências do inadimplemento de uma obrigação de não fazer, é necessário indagar se o devedor inadimplente procedeu com culpa ou não. Caso tenha descumprido com a obrigação, porém sem culpa sua, simplesmente a obrigação será extinta (art. 250, CC). Por exemplo, houve a violação do segredo de empresa em virtude da violência de um terceiro que pretendia tomar a informação. Nessa hipótese, o devedor que descumpre a sua obrigação de se calar, não arcará com nenhuma indenização por perdas e danos, uma vez que o inadimplemento se deu sem culpa sua.

Caso, entretanto, tenha havido culpa por parte do devedor inadimplente, aí sim poderá o credor pleitear indenização por perdas e danos. Sendo que, além disso, na hipótese de obrigação de não fazer permanente, ou seja, aquela em que é possível a reversibilidade do que foi feito, admite-se que o credor exija do devedor que o desfaça, sob pena de se desfazer à sua custa (art. 251, CC), observado o procedimento previsto no Código de Processo Civil.

O CC/02 também traz a autoexecutoriedade ou autotutela para as obrigações de não fazer, quando no parágrafo único do art. 251, informa que: "Em caso de urgência, poderá o credor desfazer ou mandar desfazer, independentemente de autorização judicial, sem prejuízo do ressarcimento devido." Sendo pertinente aqui as mesmas observações formuladas para a autotutela das obrigações de fazer.

3.2   Classificação das obrigações quanto à quantidade de elementos obrigacionais

No que respeita à quantidade de elementos obrigacionais, as obrigações poderão ser:

- Simples: aquelas em que existem apenas um credor, um devedor e um objeto.
- Plurais, Compostas ou Complexas: aquelas em que poderá haver a multiplicidade de sujeitos ou objetos. Assim, as obrigações poderão ser subjetivamente plurais ou objetivamente plurais, respectivamente.

3.2.1   *Análise das obrigações subjetivamente plurais*

As obrigações subjetivamente plurais são aquelas em há multiplicidade de sujeitos. São as obrigações: fracionárias, solidárias e divisíveis/indivisíveis.

3.2.1.1   Obrigações fracionárias

O art. 257 do CC informa que: "Havendo mais de um devedor ou mais de um credor em obrigação divisível, esta presume-se dividida em tantas obrigações, iguais e distintas, quantos os credores ou devedores."

Devemos imaginar vários sujeitos, sejam eles credores e/ou devedores. Além disso, essencial se mostra que a prestação seja divisível, pois assim alcançaremos à presunção de que cada credor ou cada devedor, será credor e devedor apenas de sua fração ou cota-parte, aplicando, assim, a regra latina do *concursu partes fiunt* ("no concurso de partes, a obrigação fraciona-se"). Os devedores A, B e C devem a quantia de R$ 90,00 ao credor D. Temos vários devedores e uma prestação divisível. A presunção que incidirá é a de que cada um deve apenas a sua cota-parte, isto é, apenas R$ 30,00. À conclusão diversa chegaríamos se estivéssemos diante de uma obrigação solidária ou indivisível, comentadas a seguir.

3.2.1.2   Obrigações solidárias

a) Conceito e espécies

A solidariedade ocorre quando na mesma obrigação concorrer mais de um credor ou mais de um devedor, com direito ou obrigado à dívida toda. Desse conceito fornecido pelo art. 264 do CC, extraímos duas espécies de solidariedade: a ativa e a passiva. Assim, podemos deduzir:

✓ **Solidariedade ativa:** ocorre quando existem vários credores e um devedor, sendo que cada um deles poderá exigir a obrigação por inteiro.

✓ **Solidariedade passiva:** existem vários devedores, cada um deles obrigado a pagar a dívida toda.

✓ **Solidariedade mista:** se na mesma obrigação existirem vários credores e vários devedores.

> ## Atenção
>
> A razão de um dos credores ter direito a receber a dívida toda ou de um dos devedores ser obrigado a pagar a dívida toda decorre de imposição legal ou da vontade das partes. Porque se assim não o fosse, estaríamos diante de uma obrigação fracionária em que cada um pode receber ou deve apenas a sua cota-parte. Assim, a conclusão que devemos extrair é: a solidariedade não se presume! A solidariedade decorre da lei ou da vontade das partes (265, CC).

b) Princípio da variabilidade da natureza da obrigação solidária

Embora a solidariedade gere o direito de um credor receber a dívida toda ou a obrigação de um devedor de pagar a dívida toda, é bom lembrar que a obrigação solidária pode ser pura e simples para um dos cocredores ou codevedores, e condicional, ou a prazo, ou pagável em lugar diferente, para o outro (art. 266, CC). Trata-se, pois, do princípio da variabilidade da natureza da obrigação solidária.

c) Incidência da solidariedade somente nas relações externas

É bem verdade que na solidariedade ativa um credor terá direito a cobrar a dívida toda, porém, após recebê-la deverá a cada um dos cocredores apenas a cota-parte respectiva. O mesmo deve ser considerado em relação à solidariedade passiva. Se um dos devedores pagar a dívida toda, ele poderá se voltar contra os demais cobrando apenas a cota-parte de cada um.

3.2.1.3 A solidariedade ativa (arts. 267 a 274, CC)

Ocorre a solidariedade ativa quando existem vários credores na mesma obrigação e cada um deles tem o direito de exigir o valor integral da dívida (art. 267, CC).

a) A prevenção judicial: na solidariedade ativa, é lícito ao devedor escolher a qual credor ele pretende proceder ao pagamento. E é isso o que informa o art. 268 do CC ao estabelecer que: "Enquanto alguns dos credores solidários não demandarem o devedor comum, a qualquer daqueles poderá este pagar."

> **Atenção**
>
> Por meio de uma interpretação *a contrario sensu* do presente dispositivo, con-
> cluímos que caso o devedor seja demandado por algum dos credores, não mais
> lhe é deferida a possibilidade de escolher a quem pagar. A isso se dá o nome de
> prevenção judicial, que gerará ao devedor a obrigação de pagar a exatamente
> àquele credor que o demandou.

b) O pagamento parcial: caso o devedor tenha operado um pagamento parcial
a um dos credores solidários, a dívida será extinta apenas até o montante do que foi
paga, continuando o devedor obrigado ao restante (art. 269, CC).

c) Falecimento de um dos credores: na hipótese de um dos credores falecer deixando herdeiros, cada um deles não será considerado credor solidário, sendo que só
terá direito à sua respectiva cota-parte (art. 270, CC). Por exemplo, em uma obrigação
as partes são: Credores A, B e C e Devedor D. O valor da dívida é de R$ 900,00. Imagine-
mos que o credor A venha a falecer deixando dois herdeiros. Como o quinhão de cada
um deles, corresponde a R$ 150,00, os herdeiros só poderão cobrar esse valor cada um
deles, e não a integralidade do débito pois não são credores solidários. Diferentemente seria se o objeto da prestação se tratasse de um bem indivisível, por exemplo, um
animal. Nessa hipótese cada herdeiro do credor falecido poderia exigir a dívida inteira,
isso porque seria de todo impossível cada um exigir apenas a sua cota-parte diante da
indivisibilidade da prestação. E é claro, o herdeiro que receber o animal deverá pagar
aos demais a fração de cada um.

d) Conversão da obrigação em perdas e danos: imaginemos a hipótese em que
vários credores possuem o direito de receber um animal de um devedor. Caso esse
animal venha a morrer, é evidente que a obrigação continuará, porém a prestação
agora será convertida em dinheiro. O que releva notar é que, embora a prestação tenha se convertido em dinheiro, a solidariedade, proveniente da lei ou da vontade das
partes, perdurará, isto é, ainda assim cada um dos credores poderá exigir o valor devido integralmente, ao invés do animal que já não existe mais (art. 271, CC).

e) Remissão do Devedor: trata-se da modalidade de extinção de obrigação em
que o credor perdoa a dívida do devedor. Assim, se um dos credores perdoa a dívida do
devedor, esse ficará desonerado da obrigação. Porém, não seria justo que os demais
credores arcassem também com essa liberalidade promovida pelo credor que remitiu
ao devedor. Por isso, é que na hipótese em que o credor remite a dívida do devedor,
o credor terá que responder aos demais credores pagando-lhes a fração a que cada
um teria direito (art. 272, CC).

f) Oposição de Exceções: de acordo com o art. 273 do CC, a um dos credores solidários não pode o devedor opor as exceções pessoais oponíveis aos outros. Por essa

regra, concluímos que as exceções que poderão ser opostas, somente serão aquelas que disserem respeito ao próprio credor que está demandando o devedor ou as exceções comuns a todos os credores.

g) O julgamento na solidariedade ativa: de acordo com o art. 274 do CC, o julgamento contrário a um dos credores solidários não atinge os demais, mas o julgamento favorável aproveita-lhes, sem prejuízo de exceção pessoal que o devedor tenha direito de invocar em relação a qualquer deles.

3.2.1.4 A solidariedade passiva (arts. 275 a 285, CC)

Ocorre a solidariedade passiva quando existem vários devedores e cada um deles pode ser cobrado pela dívida toda. Aquele devedor que pagar a dívida integralmente, poderá se voltar contra os demais exigindo a cota-parte correspondente a cada um.

a) A solidariedade passiva não implica litisconsórcio passivo necessário: mesmo existindo a solidariedade passiva, é perfeitamente admissível o ajuizamento da ação contra um dos devedores ou contra todos eles conjuntamente. E mais, se o credor ajuizar a ação contra apenas um dos devedores ou alguns deles, não significa que tenha renunciado à solidariedade dos demais (art. 275, parágrafo único, CC).

b) A existência de cláusula adicional: a aposição de superveniente cláusula, condição ou obrigação estabelecida entre o credor e um dos devedores solidários, não poderá atingir os demais devedores. Salvo, se houver o consentimento dos demais (art. 278, CC).

c) Falecimento de um dos devedores solidários: na hipótese de um dos devedores vir a falecer durante a relação obrigacional e deixar herdeiros, esses não poderão ser considerados também como devedores solidários, sendo que só poderão ser cobrados em valor que corresponda ao seu quinhão hereditário e, evidentemente, dentro das forças da herança. Assim, por exemplo, em uma relação obrigacional em que existam três devedores solidários (A, B e C), considerando uma dívida de R$ 900,00, imaginemos que o devedor A venha a falecer deixando dois herdeiros. Cada um desses herdeiros só poderá ser cobrado em R$ 150,00. Isso porque eles não são devedores solidários. Entretanto, se o objeto da prestação for algo indivisível, por exemplo, um automóvel, aí sim o credor poderá cobrar de cada um dos herdeiros o automóvel. Assim deve ser considerado em virtude da impossibilidade de se dividir a coisa. Compreendido que a regra é que cada um dos herdeiros do devedor falecido se responsabiliza apenas pelo seu quinhão hereditário, importa lembrar que, todavia, se houver o pagamento realizado por outro devedor, quando este se voltar contra os herdeiros do devedor A, esses serão considerados como devedores solidários em relação aos demais devedores. Essa solidariedade decorre da parte final do art. 276, CC.

d) A remissão obtida por um dos devedores: caso um dos devedores seja remitido (perdoado) da dívida, haverá a sua desoneração da obrigação. Todavia, essa desoneração não poderá importar sobrecarga aos demais devedores que não foram remitidos. Assim, o que ocorrerá é que será subtraída do valor total do débito a quota remitida (art. 277, CC).

e) Renúncia à solidariedade: não se pode confundir a remissão da dívida com a renúncia à solidariedade. Isso porque quando há a remissão da dívida, o devedor perdoado encontrar-se-á absolutamente desonerado da obrigação originária, retirando-se da relação obrigacional. Entretanto, não é isso o que ocorre quando há a renúncia à solidariedade em que o credor abre mão apenas dos laços de solidariedade que existem entre o devedor beneficiado com a renúncia e os demais devedores. Assim, esse devedor beneficiado continuará devedor, porém, apenas de sua cota-parte (art. 282, CC).

f) A impossibilidade da prestação e os juros de mora: tornando-se impossível a prestação, a consequência será o pagamento de um valor equivalente. Por esse valor equivalente todos os devedores solidários serão responsáveis. Entretanto, se também for devida indenização por perdas e danos porque a coisa se impossibilitou por culpa de um dos devedores, somente este que obrou com culpa será responsável por ela (art. 279, CC). No que diz respeito aos juros de mora, todos os devedores responderão, ainda que a ação seja proposta somente contra um. Entretanto, o devedor culpado pelo acréscimo dos juros de mora, responderá a todos os demais pelo prejuízo resultante (art. 280, CC).

g) A insolvência de um dos devedores: como a solidariedade só se manifesta nas relações externas, o devedor que pagar integralmente a dívida terá o direito de se voltar contra os demais devedores exigindo apenas a cota-parte de cada um. Caso um desses devedores seja insolvente, pela sua cota-parte todos os demais serão responsáveis. Cumpre realçar que desse rateio que haverá entre os devedores solventes participará, inclusive, aquele que se tornou devedor fracionário em virtude de renúncia à solidariedade (art. 284 c/c 282, ambos do CC).

h) Oposição de exceções: caso o credor ajuíze a ação contra um dos devedores, esse devedor demandado poderá se defender opondo as exceções comuns a todos (ex.: prescrição da dívida) ou as que lhe forem pessoais. As exceções pertencentes a outro devedor não poderão ser manejadas por esse que está sendo demandado (art. 281, CC).

i) A situação do fiador que paga a dívida como devedor solidário: caso o fiador tenha procedido ao pagamento integral da dívida, poderá ele voltar-se contra o devedor principal recobrando o valor que pagou integralmente. Isso por disposição expressa do art. 285 do CC que estabelece: "Se a dívida solidária interessar exclusivamente a um dos devedores, responderá este por toda ela para com aquele que pagar." Trata-se de exceção à regra de que a solidariedade só se manifesta nas relações externas.

3.2.1.5 Obrigações divisíveis e indivisíveis

De acordo com o art. 258 do CC, a indivisibilidade da obrigação poderá ocorrer quando a prestação tem por objeto uma coisa ou fato não suscetíveis de divisão por:

- sua própria natureza: fisicamente não é possível a sua divisão (por exemplo, um animal vivo, um automóvel, um apartamento que devem ser entregues a três credores);
- motivo de ordem econômica: deve-se entender aqui pela indivisibilidade das coisas que só admitem interesse na negociação quando em grande quantidade (por exemplo, uma pedra de diamante que deve ser entregue a três credores); ou
- dada a razão determinante do negócio jurídico: as próprias partes entabularam pela impossibilidade do fracionamento da prestação.

Não havendo nenhum desses óbices, a obrigação será considerada como divisível.

a) A indivisibilidade da obrigação e a pluralidade de devedores

Havendo dois ou mais devedores e o objeto da prestação for indivisível, cada um dos devedores se torna responsável pela dívida toda. É importante perceber que, nesse caso, cada um dos devedores é responsável pela dívida toda, não porque há solidariedade, mas sim em razão da indivisibilidade do objeto.

Portanto, não é correta a ideia de se vincular necessariamente a indivisibilidade à solidariedade. É bem possível que haja a indivisibilidade da obrigação sem haver necessariamente a solidariedade. Como também é possível que a obrigação seja indivisível e solidária ao mesmo tempo.

Em se tratado de obrigação indivisível e estando presentes dois ou mais devedores, cada um será obrigado à dívida toda. Sendo que, o devedor que paga a dívida, sub-roga-se no direito do credor em relação aos outros coobrigados (art. 259 e parágrafo único, CC).

b) A indivisibilidade da obrigação e a pluralidade de credores

Diante da indivisibilidade da prestação e a existência de vários credores, cada um desses poderá exigir a dívida inteira. Mas, atente-se para o fato de que só lhes é lícita a exigência da totalidade da prestação porque o objeto da prestação é indivisível e não porque é hipótese de solidariedade ativa.

Para que o devedor se desonere da obrigação, de acordo com o art. 260 do CC, ele deverá pagar:

- a todos os credores conjuntamente, obtendo deles a quitação da dívida; ou
- a um dos credores, desde que este apresente a caução de ratificação dos demais credores. Por caução de ratificação deve-se entender o documento pelo qual os outros credores autorizam que o pagamento seja feito a um credor determinado.

Caso o devedor pague a um dos credores sem obter a caução de ratificação, os demais credores poderão cobrar novamente desse devedor que pagou mal, uma vez que inexistia a solidariedade entre os credores. Trata-se, na verdade, de hipótese de pagamento indevido.

c) Remissão da dívida na obrigação indivisível

É possível que um dos credores proceda à remissão para com o devedor, isto é, é possível que um dos credores perdoe a dívida do devedor. Porém, diferentemente do que ocorre na remissão quando a obrigação é solidária, o devedor não se quedará desonerado da obrigação para com os outros credores, tendo que entregar o objeto indivisível aos demais credores. Qual seria a vantagem, então? A vantagem seria que, embora o devedor tenha que entregar a prestação aos demais credores, esses terão que devolver-lhe o valor correspondente à parte que foi remitida.

d) Conversão da obrigação em perdas e danos

Se o objeto da obrigação indivisível se destruir, a prestação será convertida em dinheiro, o que por sua natureza é divisível. Assim, é importante notar que, caso haja essa conversão, não existirá mais o caráter de indivisibilidade da obrigação (art. 263, CC).

3.2.2   Análise das obrigações objetivamente plurais

As obrigações objetivamente plurais são aquelas em há multiplicidade de objetos. São as obrigações: cumulativas e alternativas.

3.2.2.1   Obrigações cumulativas ou conjuntivas

As obrigações cumulativas ou conjuntivas, que não apresentam disciplina no CC/2002, caracterizam-se pela existência de diversas prestações que deverão ser adimplidas concomitantemente. Notamos aqui a partícula aditiva "e". Por exemplo, o devedor tem a obrigação de entregar ao credor um carro e uma motocicleta.

3.2.2.2   Obrigações alternativas ou disjuntivas

Nas obrigações alternativas ou disjuntivas, previstas no CC/2002, nos arts. 252 ao 256, também há uma pluralidade de prestações, porém, o que as distingue das obrigações cumulativas, é que a obrigação será adimplida com a satisfação de apenas uma das prestações. Notamos aqui a partícula alternativa "ou". Por exemplo, o devedor deverá entregar um carro ou uma motocicleta. Caso entregue o carro ou a motocicleta, desonerar-se-á de sua obrigação.

Quando nos atemos à obrigação alternativa, devemos ter em mente que associada a ela está a escolha, ou que a concentração lhe é inerente, isto é, em algum momento e por alguém deverá ser eleita a prestação que será entregue. A quem caberá essa escolha? Para responder a essa indagação devemos recorrer ao título da obrigação. Caso esse se apresente silente o Código Civil, em seu art. 252, soluciona a questão atribuindo ao devedor a escolha. Feita a escolha, é como se a obrigação que de início era plural, se transformasse imediatamente em uma obrigação simples, isto é, com unicidade de objeto. Há também a possibilidade de um terceiro escolher ou mesmo uma pluralidade de optantes. Em uma ou outra hipótese caso não seja possível a escolha, seja porque o terceiro não quer ou não pode, ou porque a pluralidade de optantes não alcança a um acordo unânime, poderão as partes recorrer ao Juiz a quem caberá a escolha (art. 252, §§ 3° e 4° do CC).

A obrigação alternativa é indivisível quanto à escolha e se assim o é, não pode o devedor obrigar o credor a receber parte em uma prestação e parte em outra (art. 252, § 1°, CC). Por exemplo, se as prestações são dois apartamentos ou duas casas, não pode o devedor obrigar o credor a receber um apartamento e uma casa.

Ainda acerca da escolha, caso a obrigação seja de prestações periódicas, isto é, de tempos em tempos (de semana em semana, de mês em mês...), o § 2° do art. 252 do CC admite a possibilidade de a opção ser exercida em cada período.

No que diz respeito à impossibilidade de uma ou de todas as prestações nas obrigações alternativas, algumas são as hipóteses, a saber:

* se uma das prestações se torna inexequível, sem a culpa do devedor, a obrigação continuará em relação à prestação subsistente (art. 253, CC);

* se as duas prestações se tornam inexequíveis, sem culpa do devedor, a obrigação será extinta (art. 256, CC);

* se uma das prestações se torna inexequível por culpa do devedor, as consequências serão distintas a depender da titularidade para a escolha:

    a) se a escolha couber ao credor: esse terá o direito de escolher entre a prestação subsistente acrescida das perdas e danos ou o valor da prestação que se perdeu mais as perdas e danos (art. 255, 1ª parte, CC);

    b) se a escolha couber ao devedor: a prestação continuará sobre a prestação subsistente, sem qualquer acréscimo, aplicando-se a regra do art. 253, CC;

* se ambas as prestações se tornam inexequíveis por culpa do devedor, as consequências serão distintas a depender da titularidade para a escolha:

    a) se a escolha couber ao credor: esse poderá cobrar o valor de qualquer uma das prestações acrescido das perdas e danos (art. 255, 2ª parte, CC);

    b) se a escolha couber ao devedor: esse ficará obrigado a pagar o valor da que por último se impossibilitou acrescido das perdas e danos (art. 254, CC).

3.3 Classificação quanto ao conteúdo

Quanto ao conteúdo, a obrigação poderá ser:

✓ Obrigação de meio ou de diligência: é aquela em que o devedor apenas se compromete a enviar os seus melhores esforços para alcançar o resultado, ainda que este não seja obtido. Assim, trata-se da obrigação em que o devedor se obriga a empreender a sua atividade, sem, contudo, garantir o resultado. Por exemplo, a obrigação dos médicos, em regra, dos advogados etc.

✓ Obrigação de resultado ou de fim: é aquela em que o devedor se compromete a obter o resultado e o adimplemento da obrigação só será alcançado por meio dele, do resultado obtido. Por exemplo, a obrigação do cirurgião plástico estético e do transportador. É assente na jurisprudência brasileira a ideia de que o médico cirurgião plástico que possui obrigação de resultado é o estético; o médico cirurgião plástico reparador assume obrigação de meio.

✓ Obrigação de garantia: é aquela em que uma pessoa assume a garantia de uma dívida de terceiro perante o credor (por exemplo, a obrigação do fiador).

3.4 Classificação quanto à liquidez

Quanto à liquidez, a obrigação poderá ser:

✓ Obrigação líquida: é aquela que é certa quanto à existência e determinada quanto ao objeto e valor.

✓ Obrigação ilíquida: é aquela que é incerta quanto à existência e indeterminada quanto ao objeto e valor.

3.5 Classificação quanto à dependência

Quanto à dependência, a obrigação poderá ser:

✓ Obrigação principal: é aquela que independe da existência de qualquer outra, existe por si só. Por exemplo, a obrigação assumida pelo locatário em um contrato de locação.

✓ Obrigação acessória: é aquela que só existe em razão da existência de outra. Por exemplo, a obrigação do fiador assumida em um contrato de fiança que só existe em razão de um outro contrato como o de locação ou de mútuo.

3.6 Classificação quanto ao momento de cumprimento

Quanto ao momento do cumprimento, a obrigação poderá ser:

✓ Obrigação de execução instantânea: é aquela obrigação em que o cumprimento se dá logo em seguida a sua constituição (por exemplo, uma compra à vista.) Nesse tipo de obrigação, torna-se impossível a revisão judicial dos contratos (teoria da imprevisão e teoria da base objetiva do negócio jurídico).

✓ Obrigação de execução continuada ou execução periódica ou de trato sucessivo: aquela em que o cumprimento da obrigação se dá paulatinamente por meio de subvenções periódicas, isto é, ocorre o pagamento de parcelas. É possível nessa obrigação a revisão judicial do contrato, já que se trata de obrigação que se estende no tempo.

✓ Obrigação de execução diferida: é aquela em que o cumprimento também ocorrerá no futuro, porém de uma só vez. É o que ocorre, por exemplo, na emissão de um cheque pré-datado. Nessa obrigação também se mostra possível a revisão judicial do contrato, tendo em vista que ele também se estende no tempo.

3.7 Classificação quanto ao local do adimplemento

Quanto ao local do adimplemento, a obrigação poderá ser:

✓ Obrigação quérable ou quesível: é aquela em que o pagamento deverá ocorrer no domicílio do devedor. Essa é a regra do Código Civil, caso não haja disposição diversa no contrato (art. 327).

✓ Obrigação *portable* ou portável: é aquela em que o pagamento deverá ocorrer no domicílio do credor.

EM RESUMO:

		Classificação	
Obrigações	Quanto ao conteúdo do objeto obrigacional	Obrigação de dar	a) Obrigação de dar coisa certa ou obrigação específica
			b) Obrigação de restituir
			c) Obrigação de dar coisa incerta ou obrigação genérica
		Obrigação de fazer	a) Fungível
			b) Infungível
		Obrigação de não fazer	a) Instantânea ou transeunte
			b) Permanente
	Quanto à quantidade de elementos obrigacionais	Simples	Há apenas um credor, um devedor e um objeto
		Plurais, compostas ou complexas	Pode haver a multiplicidade de sujeitos ou objetos

EM RESUMO:

		Classificação	
Obrigações	Quanto ao conteúdo	Obrigação de meio ou de diligência	O devedor apenas se compromete a envidar os seus melhores esforços para alcançar o resultado, ainda que este não seja obtido
		Obrigação de resultado ou de fim	O devedor se compromete a obter o resultado e o adimplemento da obrigação só será alcançado por meio dele, do resultado obtido
		Obrigação de garantia	Uma pessoa assume a garantia de uma dívida de terceiro perante o credor
	Quanto à liquidez	Obrigação líquida	É certa quanto à existência e determinada quanto ao objeto e valor
		Obrigação ilíquida	É incerta quanto à existência e indeterminada quanto ao objeto e valor
	Quanto à dependência	Obrigação principal	Independe da existência de qualquer outra, existe por si só
		Obrigação acessória	Só existe em razão da existência de outra
	Quanto ao momento de cumprimento	Obrigação de execução instantânea	Obrigação em que o cumprimento se dá logo em seguida a sua constituição
		Obrigação de execução continuada ou execução periódica ou de trato sucessivo	O cumprimento da obrigação se dá paulatinamente por meio de subvenções periódicas, isto é, ocorre o pagamento de parcelas
		Obrigação de execução diferida	O cumprimento também ocorrerá no futuro, porém de uma só vez
	Quanto ao local do adimplemento	Obrigação *quérable* ou quesível	Pagamento deve ocorrer no domicílio do devedor (art. 327)
		Obrigação *portable* ou portável	Pagamento deve ocorrer no domicílio do credor

Capítulo 12

Do Adimplemento das Obrigações

O adimplemento da obrigação se dá com o seu cumprimento. O adimplemento poderá ocorrer:

- pela forma normal: com o pagamento;
- por formas especiais (alguns autores denominam de pagamento indireto): pagamento em consignação, pagamento com sub-rogação, imputação do pagamento, dação em pagamento, novação, compensação, confusão e remissão de dívidas.

1. FORMA NORMAL DE SE ADIMPLIR A OBRIGAÇÃO: O PAGAMENTO

O pagamento de uma obrigação de dar ocorre quando se entrega a coisa ao credor ou ao seu representante; o pagamento de uma obrigação de fazer ocorre quando se cumpre com a tarefa combinada; e o pagamento de uma obrigação de não fazer se dá quando há a abstenção do devedor. O estudo do pagamento comporta uma verdadeira teoria em que são estudados os aspectos subjetivos do pagamento, os aspectos objetivos do pagamento, o lugar e o tempo em que deverá ocorrer o pagamento.

1.1 Aspectos subjetivos do pagamento

Para que ocorra um pagamento dois polos deverão existir necessariamente: quem paga (*solvens*) e a quem pagar (*accipiens*).

1.1.1 Quem paga (o *solvens*): arts. 304 a 307, CC

- O devedor;
- terceiro interessado (art. 304, CC): todo aquele que, não sendo o devedor, possui um interesse jurídico na extinção da obrigação, sob pena de o seu próprio patrimônio vir a responder pelo inadimplemento da obrigação (por exemplo: o fiador, o avalista etc.);

- terceiro não interessado: é aquele que não possui um interesse jurídico na extinção da dívida, podendo, porém, possuir outros interesses de cunho moral, ético, afetivo. (por exemplo: o pai que paga a dívida de seu filho por se sentir envergonhado).

Caso o terceiro interessado proceda ao pagamento da obrigação, ele se sub-rogará nos direitos do credor, o que significa dizer que automaticamente lhe serão transferidos os direitos do credor (ações, privilégios, garantias). O que ocorre aqui é a chamada sub-rogação legal (art. 346, III, CC).

Caso o terceiro não interessado pague, duas são as possibilidades:

- o terceiro não interessado poderá pagar em nome do devedor. Nesse caso, o ato será tido como uma mera liberalidade;

- o terceiro não interessado poderá pagar em nome próprio. Nessa hipótese, o terceiro não interessado não irá se sub-rogar nos direitos do credor, porém terá direito a um posterior reembolso, em razão de ser vedado o enriquecimento indevido (art. 305, CC). O pagamento operado antes do vencimento da dívida, por óbvio, só autorizará o reembolso quando de seu vencimento (art. 305, parágrafo único, CC).

Quando se fala em reembolso, não se pode confundir com a sub-rogação que ocorre com o terceiro interessado que paga, pois no reembolso não há transferência ao terceiro não interessado das ações, privilégios e garantias que possuía o credor, além do que o terceiro não interessado terá que provar a existência da dívida e o seu pagamento.

O art. 306 do CC estabelece que "o pagamento feito por terceiro, com desconhecimento ou oposição do devedor, não obriga a reembolsar aquele que pagou, se o devedor tinha meios para ilidir a ação." Um exemplo a ser cogitado seria o terceiro não interessado que paga a dívida do devedor, sendo que este último poderia alegar a sua prescrição em eventual cobrança. Esse fato afastará o direito ao reembolso do terceiro não interessado que pagou.

Já o art. 307 do CC preleciona que "só terá eficácia o pagamento que importar transmissão da propriedade, quando feito por quem possa alienar o objeto em que ele consistiu." O dispositivo tem o objetivo de vedar a alienação *a non domino*. Só poderá pagar com a entrega de uma coisa, aquele que for efetivamente o dono dela.

1.1.2   *A quem pagar (o **accipiens**): arts. 308 a 312, CC*

O pagamento deverá ser feito:

- ao credor; ou

- ao representante do credor, que poderá ser expresso (quando o credor lhe outorga o instrumento de mandato) ou tácito (quando portador da quitação).

Se o pagamento se der a um terceiro que não seja o próprio credor ou o seu representante, só poderá ser considerado válido se o próprio credor confirmar depois ou então se for provado pelo devedor que o pagamento se converteu em utilidade ao credor.

O credor putativo é aquele que se reputou credor, não o sendo, porém. A todas as luzes, se portava como credor, o que impressionou o devedor no sentido desse último efetuar o pagamento em seu favor. Esse pagamento, se efetuado pelo devedor de boa-fé, será tido como válido, ainda provado depois que não era credor (art. 309, CC).

> **Atenção**
>
> Para o STJ, para que se configure um caso de pagamento feito a um credor putativo, aplicando-se a teoria da aparência, é fundamento que o erro por parte do devedor que fez o pagamento enganado se trate de um erro escusável (REsp 1.601.533-MG, Rel. Min. João Otávio de Noronha, julgado em 14.06.2016, DJe 16.06.2016).

Pelo art. 310, CC, o devedor deverá pagar somente àquele que tem capacidade para dar a quitação. Caso contrário, aquele que paga terá que pagar novamente, subsumindo-se aos contornos exatos do "quem paga mal, paga duas vezes". A única possibilidade de se fazer valer o pagamento é se o devedor conseguir provar que em favor do credor o pagamento efetivamente reverteu.

1.2 Aspectos objetivos do pagamento (arts. 313 a 326, CC)

1.2.1 Regras importantes

O credor não é obrigado a receber prestação diversa da que foi convencionada. Mesmo que o devedor ofereça prestação mais valiosa, o credor não está obrigado a recebê-la (art. 313, CC). Não estando, por evidente, proibido de recebê-la.

Se o objeto da prestação for divisível, também não será obrigado o credor a receber e nem o devedor a pagar por partes se assim não foi ajustado (art. 314, CC). O que há aqui é a aplicação do princípio da prestação integral ou da identidade física da prestação.

O art. 315 do CC que cuida da prestação que consista em dinheiro apresenta dois princípios importantes:

* Princípio da pontualidade: estabelece que o pagamento deve ocorrer quando de seu vencimento, impondo assim a pontualidade do devedor em cumprir com a sua obrigação.
* Princípio do nominalismo: o valor a ser considerado ao se efetuar um pagamento é o valor nominal da moeda, ou seja, o valor que nela está estampado. Afasta-se a possibilidade de qualquer convenção particular ter a pretensão de modificar o valor da moeda.

> **Importante**
>
> Embora exista o princípio do nominalismo, não há impedimento para a inserção de uma cláusula de escala móvel ou cláusula de reajuste no contrato. Trata-se da cláusula que prevê um reajustamento prévio e automático da prestação. É lícita a sua inserção em um instrumento obrigacional (art. 316, CC). Além disso, o art. 317 do CC, para muitos, consagra a teoria da imprevisão, ao trazer a possibilidade de se colocar a obrigação para ser revista pelo Poder Judiciário, desde que, em se tratando de um contrato que seja de execução futura continuada ou diferida, um evento superveniente e imprevisível, induza as parcelas à total desproporção de tal modo a prejudicar uma das partes.

O art. 318 propugna pelo curso forçado da moeda nacional ao proibir as chamadas "cláusulas-ouro" e as "cláusulas moeda-estrangeira", além da vedação de indexação em moeda estrangeira.

1.2.2   A prova do pagamento

Cabe ao devedor comprovar que houve o pagamento. Ele poderá fazê-lo de duas formas:

* por meio da quitação;
* por meio da posse do título.

A quitação é o recibo que o devedor recebe do credor que lhe dá a exoneração do vínculo obrigacional perseguida. Todo aquele que paga tem direito a receber do credor a quitação necessária (art. 319, CC). O CC/2002 afasta dúvida que existia antes acerca da forma da quitação, ao esclarecer que a quitação sempre poderá se dar por instrumento particular.

A quitação designará o valor e a espécie da dívida quitada, o nome do devedor, ou quem por este pagou, o tempo e o lugar do pagamento, com a assinatura do credor, ou do seu representante (art. 320, CC). Ainda sem esses requisitos, a quitação será considerada válida se de seus termos pudermos extrair que o pagamento realmente foi efetivado em favor daquele credor (art. 320, parágrafo único, CC). Por exemplo, apresentando-se o demonstrativo de um depósito bancário.

Já a posse do título (duplicata, nota promissória, cheque etc.) também é prova de que o pagamento se operou. Assim, a entrega do título ao devedor gera uma presunção de que houve o pagamento (art. 324, CC).

É bem verdade que a posse do título pode ter se dado não porque houve o pagamento, mas sim porque o devedor por algum meio tomou-o para si. Não foi sem razão que o parágrafo único do art. 324 do CC estabeleceu: "Ficará sem efeito a quitação assim operada se o credor provar, em sessenta dias, a falta do pagamento."

Como a posse do título é prova de pagamento, caso o credor tenha perdido o título, o devedor poderá exigir declaração do credor que inutilize o título desaparecido, e enquanto não lhe for dada a declaração, poderá reter o pagamento (art. 321, CC).

1.2.3 Pagamento em quotas periódicas e as despesas com o pagamento e a quitação

Nas obrigações de trato sucessivo, o art. 322 do CC traz presunção em favor do devedor de que o pagamento da última estabelece a presunção de estarem solvidas as anteriores. Entretanto, importa lembrar que tal presunção é relativa, pois admite prova em contrário. Vale notar que, de acordo com o STJ, a presunção do art. 322 do CC não terá cabimento em se tratando de cotas condominiais, pois cada uma delas goza de autonomia em relação à outra (EREsp 712.106/DF, Rel. Min. João Otávio de Noronha, j. 09.12.2009).

Se o pagamento implicar dispêndio ao devedor, o Código Civil (art. 325) atribui a ele as referidas despesas (por exemplo: transporte, taxas bancárias). Entretanto, se as despesas acrescidas decorrerem de ato do credor, este responderá pelo prejuízo. É claro que, não há óbice quanto à possibilidade de o contrato apresentar previsão diversa como, por exemplo, o rateio entre o credor e o devedor das despesas supervenientes.

1.2.4 Pagamento por medida ou peso

Os sistemas de medidas e pesos podem variar de região para região, em virtude da extensão territorial de nosso país. Assim, atentou o legislador para a obrigação baseada em medidas ou pesos variáveis a depender da localidade, no art. 326, CC. Por exemplo, o alqueire ou a arroba, que a depender do lugar se expressam em valores distintos. Daí que, se as partes nada convencionarem, prevalecerá o valor correspondente ao do lugar da execução da obrigação.

1.3 Do lugar do pagamento

No que diz respeito ao lugar do pagamento, a obrigação poderá ser:

- Obrigação *quérable* ou quesível: é aquela em que o pagamento deverá ocorrer no domicílio do devedor.
- Obrigação *portable* ou portável: é aquela em que o pagamento deverá ocorrer no domicílio do credor ou em domicílio de terceiro.

O lugar onde deve ser efetuado o pagamento poderá decorrer da convenção, da lei, da natureza da obrigação ou das circunstâncias. Caso a convenção nada estipule, nem a lei, ou não se possa depreender da natureza da obrigação ou das circunstâncias onde deverá ocorrer o pagamento, a regra, conforme o Código Civil, é que de as obrigações são quesíveis, isto é, o pagamento deverá ocorrer no domicílio do devedor (art. 327). Se a convenção designar dois ou mais lugares, caberá ao credor escolher entre eles (art. 327, parágrafo único).

Regra especial a lei apresenta no que diz respeito às obrigações cujo pagamento consista na entrega de imóvel ou em prestações relativas a um imóvel: o pagamento deverá ocorrer no lugar onde situado o bem (art. 328, CC).

Caso o lugar para se efetuar o pagamento já esteja predeterminado e, entretanto, tenha havido motivo grave a inviabilizar o cumprimento da avença, é lícito ao devedor fazê-lo em outro lugar, sem prejuízo para o credor, ou seja, se a mudança implicar qualquer acréscimo para o credor arcará o devedor (art. 329, CC). A regra é interessante, pois em busca da função social dos contratos se permite a relativização do *pacta sunt servanda*. Ademais, a regra em comento traz uma cláusula geral com a expressão "motivo grave" que permite maior flexibilidade diante do caso concreto.

De acordo com o art. 330 do CC, o pagamento reiteradamente feito em outro local, faz presumir renúncia quanto ao que foi estipulado no contrato. O dispositivo, em verdade, representa a aplicabilidade da *supressio* que decorre diretamente da boa-fé objetiva que deverá estar a todo tempo presente nas relações negociais. A *supressio* (*verwirkung*), basicamente, ocorre quando há a supressão de um direito subjetivo de uma das partes em razão de seu não exercício durante um lapso temporal.

1.4　Tempo do pagamento

Sobre o tempo do pagamento, se nada for estipulado em contrário, o pagamento deverá ser feito imediatamente (art. 331, CC). Portanto, a regra é a de que as obrigações são instantâneas.

As obrigações subordinadas a qualquer tipo de condição, somente com o implemento dessa se tornam exigíveis pelo credor (art. 332, CC).

Ao credor não é lícito cobrar a dívida antes de seu vencimento se for estipulado em contrato ou antes do implemento da condição para as obrigações condicionais, sob pena de o credor incidir na responsabilidade estabelecida no art. 939 do CC. Entretanto, existem possibilidades trazidas por lei de o credor poder exigir o pagamento antes do vencimento, são os casos de vencimento antecipado da obrigação e estão elencados nos três incisos do art. 333, a saber:

I – no caso de falência do devedor, ou de concurso de credores;

II – se os bens, hipotecados ou empenhados, forem penhorados em execução por outro credor. Aqui objetiva-se viabilizar o direito de preferência existente em decorrência de hipoteca ou penhor;

III – se cessarem, ou se se tornarem insuficientes, as garantias do débito, fidejussórias, ou reais, e o devedor, intimado, se negar a reforçá-las. Hipótese mais simples que demonstra a má vontade do devedor em reforçar a garantia infirmada, o que faz surgir para o credor o direito à cobrança antes do vencimento da dívida.

Nessas três hipóteses, se houver solidariedade passiva, isto é, vários devedores responsáveis pela integralidade da obrigação, a dívida não se considerará vencida em relação aos outros devedores que forem solventes (art. 333, parágrafo único, CC).

2. FORMAS ESPECIAIS DE SE ADIMPLIR A OBRIGAÇÃO

2.1 Do pagamento em consignação (arts. 334 a 345, CC)

A consignação em pagamento se trata do depósito judicial ou extrajudicial (em estabelecimento bancário oficial) de quantia ou coisa devida para que o devedor se veja livre de sua obrigação. As hipóteses de cabimento da consignação em pagamento estão no art. 335 do CC. O procedimento da consignação poderá ser judicial ou extrajudicial, em se tratando de obrigação de dar dinheiro. Nas demais obrigações, o procedimento será somente o judicial.

2.2 Do pagamento com sub-rogação (arts. 346 a 351, CC)

Sub-rogação significa substituição. No Direito, a sub-rogação poderá ser pessoal (subjetiva) ou real (objetiva). A sub-rogação pessoal ocorre quando há substituição de uma pessoa por outra. É essa espécie de sub-rogação que nos interessa para fins de estudo dos direitos obrigacionais. Já a sub-rogação real ocorre quando há a substituição de uma coisa por outra, tendo interesse quando do estudo do Direito de Família e Direito Sucessório.

A sub-rogação pessoal se dá no polo ativo, por isso, chamamos de sub-rogação pessoal ou subjetiva ativa. Assim, ocorre, basicamente, a substituição da pessoa do credor por outra que pagou a dívida, mantendo-se a relação obrigacional inicial. O elo jurídico entre o credor primitivo e o devedor se transfere para o terceiro que pagou a dívida e aquele que era o devedor. Portanto, o terceiro que paga a dívida passa a ocupar a posição do credor

A sub-rogação subjetiva ou pessoal poderá ser legal ou convencional.

A sub-rogação legal ocorre quando um terceiro paga uma dívida por ter interesse jurídico em sua extinção e daí, automaticamente (de pleno direito), se sub-roga na posição de credor. Ocorre nas seguintes hipóteses:

I – do credor que paga a dívida do devedor comum;

II – do adquirente do imóvel hipotecado, que paga a credor hipotecário, bem como do terceiro que efetiva o pagamento para não ser privado de direito sobre imóvel;

III – do terceiro interessado, que paga a dívida pela qual era ou podia ser obrigado, no todo ou em parte.

A sub-rogação convencional ocorre quando um terceiro não interessado paga a dívida e passa a ocupar a posição do credor. O que há é uma convenção entre o devedor e um terceiro ou entre o credor e um terceiro para que ocorra a dita substituição. Ocorre nas seguintes hipóteses:

I – quando o credor recebe o pagamento de terceiro e expressamente lhe transfere todos os seus direitos. Nessa hipótese, conforme impõe o art. 348 do CC serão aplicadas as regras da cessão de crédito (arts. 286 ao 298 do CC), por exemplo, é necessária a notificação ao devedor, informando quem é o novo credor;

II – quando terceira pessoa empresta ao devedor a quantia precisa para solver a dívida, sob a condição expressa de ficar o mutuante sub-rogado nos direitos do credor satisfeito. O mútuo mencionado nessa hipótese se trata do empréstimo em dinheiro. Assim, mutuante é aquele que empresta o dinheiro.

Por fim, é bom lembrar que a sub-rogação transfere ao novo credor todos os direitos, ações, privilégios e garantias do primitivo, em relação à dívida, contra o devedor principal e os fiadores, conforme art. 349 do CC.

2.3   Da imputação do pagamento (arts. 352 a 355, CC)

A imputação do pagamento é instituto que só faz sentido quando o devedor estiver obrigado perante o credor a vários débitos. Como imputar significa atribuir, apontar, indicar, em havendo vários débitos, o devedor poderá indicar a qual dos débitos corresponde o pagamento.

Os elementos que constituem a imputação do pagamento são:

* identidade entre devedor e credor;
* existência de dois ou mais débitos da mesma natureza;
* liquidez e vencimento das dívidas.

A imputação legal ocorre quando nem o credor, nem o devedor atribuam o pagamento à determinada dívida, cabendo assim as diretrizes de imputação impostas por lei. De acordo com os arts. 354 e 355 do CC:

* havendo capital e juros, o pagamento imputar-se-á primeiro nos juros vencidos, e depois no capital, salvo estipulação em contrário, ou se o credor passar a quitação por conta do capital;
* a imputação se fará nas dívidas líquidas e vencidas em primeiro lugar;
* se as dívidas forem todas líquidas e vencidas ao mesmo tempo, a imputação far-se-á na mais onerosa.

2.4   Da dação em pagamento (arts. 356 a 359, CC)

A dação em pagamento se configura quando o credor consente em receber outra prestação em substituição à prestação que lhe era devida.

Os requisitos da dação em pagamento:

- existência de uma dívida;
- consentimento do credor;
- entrega de coisa diversa da que foi convencionada;
- intenção ou *animus* de extinguir a obrigação.

Caso ocorra a evicção da coisa dada em pagamento, a obrigação primitiva será restabelecida (art. 359, CC).

2.5 Da novação (arts. 360 a 367, CC)

Novação é instituto que gera a extinção de uma obrigação porque, em verdade, outra a substitui, seja porque houve mudança dos sujeitos ou do objeto. Assim, se diz que a novação possui caráter extintivo e gerador concomitantemente.

Os requisitos para que ocorra a novação:

- existência de uma obrigação anterior;
- surgimento de nova obrigação;
- capacidade das partes;
- *animus novandi*, isto é, a intenção de novar que se traduz na vontade inequívoca das partes em extinguir o vínculo obrigacional anterior, dando azo a um novo vínculo. Por isso, a redação do art. 361 do CC: "Não havendo ânimo de novar, expresso ou tácito mas inequívoco, a segunda obrigação confirma simplesmente a primeira."

As espécies de novação:

- **Objetiva:** ocorre quando os mesmos sujeitos (credor e devedor) substituem a dívida anterior por uma nova dívida (art. 361, I, CC).
- **Subjetiva Passiva:** quando há substituição do devedor da obrigação por outro que entabula com o credor nova obrigação (361, II, CC).
- **Subjetiva Ativa:** quando há substituição do credor primitivo por um novo credor, em virtude de nova obrigação, sendo que o devedor fica desonerado em relação ao credor primitivo.

2.6 Da compensação (arts. 368 a 380, CC)

A compensação ocorre quando duas pessoas são ao mesmo tempo credoras e devedoras uma da outra, sendo que as duas obrigações se extinguem, até onde se compensarem.

A compensação poderá ser legal ou convencional.

A compensação legal é aquela que decorre da lei, não podendo ser recusada por qualquer das partes. É a que está presente no art. 368 do CC. Deve ser alegada pela parte, não podendo o juiz declarar de ofício.

A compensação convencional é a que decorre de acordo entabulado entre as partes regulando sua aplicação e efeitos.

> **Atenção**
>
> Para que ocorra a compensação, as dívidas deverão ser líquidas, vencidas e da mesma natureza, isto é, com prestações fungíveis (art. 369, CC). A dívida é líquida quando é certa, quanto à sua existência, e determinada, quanto à sua quantia. Vencidas são as dívidas que já podem ser exigidas. E fungíveis são as prestações que podem ser substituídas umas pelas outras.

2.7   Da confusão (arts. 381 a 384, CC)

A confusão ocorre quando na mesma pessoa se confundem as qualidades de credor e devedor (art. 381, CC). Por exemplo, o filho único que devia certa quantia ao pai e, algum tempo depois, o pai vem a falecer deixando a sua herança para esse filho. Nesse caso, o filho que inicialmente era devedor, adquire também a qualidade de credor, porém, de si próprio.

A confusão poderá ser total, se disser respeito à dívida por completo, ou parcial, se disser respeito à parte da dívida (art. 382, CC).

2.8   Da remissão das dívidas (arts. 385 a 388, CC)

A remissão das dívidas ocorre quando o credor graciosamente libera o devedor da obrigação. Remissão é o perdão da dívida. Trata-se de negócio jurídico bilateral, uma vez em que se exige a aceitação do devedor. Então, se o credor pretender remitir o devedor, esse deverá aceitar o perdão, sendo desonerado da obrigação.

A remissão poderá ser total ou parcial. A remissão total ocorre quando o credor perdoa a dívida por completo, e parcial, quando o perdão incide sobre parte da dívida. A remissão também poderá ser expressa ou tácita. Expressa quando há manifestação expressa do credor no sentido de desobrigar o devedor e, tácita, quando há a entrega voluntária do título da obrigação, quando constituída por escrito particular.

> **Atenção**
>
> É importante lembrar que a restituição do objeto empenhado apenas prova a renúncia à garantia real. Assim, se o que garante a obrigação é determinado objeto que foi empenhado, em havendo a restituição desse objeto, tal fato não implicará o fim da obrigação principal, apenas a renúncia à garantia, sendo que a obrigação principal permanece intacta.

EM RESUMO:

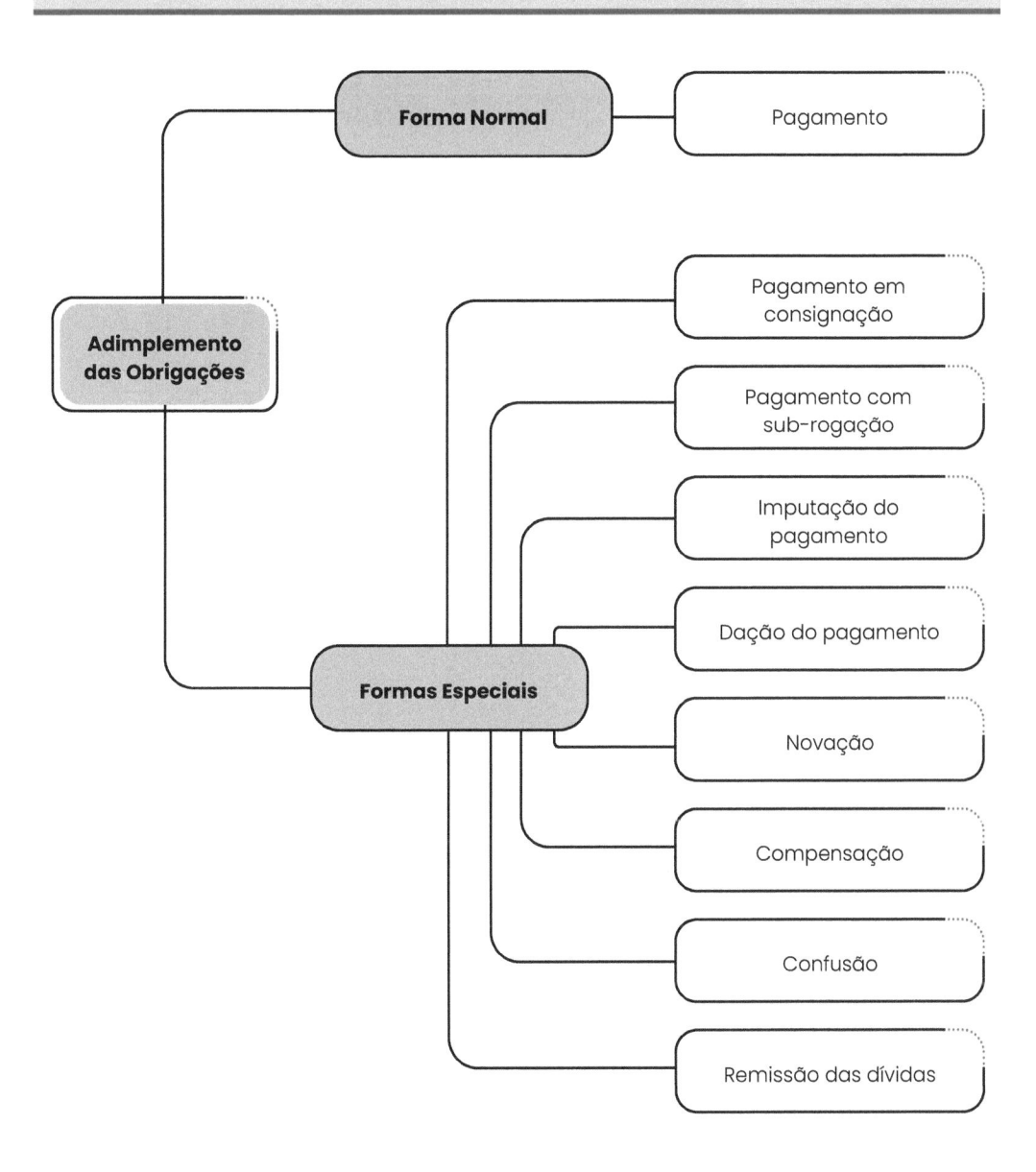

Capítulo 13

Do Inadimplemento das Obrigações

Inadimplir uma obrigação significa descumprir ou inexecutar a obrigação arranjada. Tal fato acarretará a chamada responsabilidade civil contratual estabelecida nos arts. 389 a 391 do CC. Ademais, poderá surgir, também, o dever de indenizar as perdas e danos decorrentes (arts. 402 a 404 do CC), em caso de descumprimento culposo.

O descumprimento das obrigações poderá se dar por meio:

* do inadimplemento relativo ou mora;
* do inadimplemento absoluto;
* da violação positiva do contrato.

1. DO INADIMPLEMENTO RELATIVO (DA MORA)

Inadimplemento relativo se manifesta por meio da mora. A mora ocorre todas as vezes em que o devedor não pagar e o credor não quiser receber em tempo, lugar e forma previstos na lei ou na convenção (art. 394, CC). Pelo conceito exposto, podemos concluir que a mora poderá ser do devedor (*solvens*) ou do credor (*accipiens*). À mora do devedor designa-se mora *solvendi*, *debitoris* ou *debendi*, sendo que essa, para a doutrina tradicional, impõe-se quando há culpa *lato sensu* por parte do devedor (art. 396, CC); e à mora do credor designa-se mora *accipiendi*, *creditoris* ou *credendi*, lembrando que nessa não se discute a culpa do credor, bastando o mero atraso por sua parte.

1.1 Efeitos da mora do devedor

Como efeitos da mora do devedor, pode-se apontar a imposição de o devedor ter que assumir e arcar com os prejuízos que decorrerão de sua mora (art. 395, CC). Além disso, a obrigação perpetuar-se-á no tempo, impondo ao devedor toda a responsabilidade diante de eventual perda da coisa (art. 399, CC).

1.2   Efeitos da mora do credor

Em se tratando da mora *accipiendi*, os efeitos estão previstos no art. 400 do CC e são eles:

1º) afastar a responsabilidade do devedor pela conservação da coisa. Assim, caso a coisa se perca sem culpa sua, não terá o devedor nenhuma responsabilidade. Restando essa, apenas na hipótese de perda da coisa com o emprego de dolo por parte do devedor;

2º) impor ao credor a obrigação de indenizar o devedor pela conservação da coisa;

3º) sujeitar o credor a receber a coisa pela estimação mais favorável ao devedor, se o seu valor oscilar entre o dia estabelecido para o pagamento e o da sua efetivação.

1.3   Espécies de mora do devedor

* Mora *ex re* (art. 397, *caput*, CC): é a mora que tem cabimento nas obrigações com prazo determinado. Exige-se, ademais, que a obrigação seja positiva (dar ou fazer) e líquida (certa quanto à existência e determinada quanto ao valor). Assim, chegado o dia do vencimento e não tendo o devedor adimplido com a sua obrigação, automaticamente, já se encontrará em mora, tendo que nada fazer o credor para tanto. Aqui tem aplicabilidade o brocardo latino *"dies interpellat pro homine"*("o dia interpelou pelo homem"). Por exemplo: um contrato de comodato com prazo determinado. A mora surgirá quando do vencimento do prazo já preestabelecido, independentemente de interpelação do comodante (credor) ao comodatário (devedor).

* Mora *ex persona* (art. 397, parágrafo único, CC): também conhecida por mora pendente, trata-se da mora que tem cabimento nas obrigações com prazo indeterminado. Desse modo, se a obrigação não está sujeita a prazo, o credor terá que se mover para colocar o devedor em mora. A atitude a ser tomada pelo credor é a interpelação ou notificação do devedor, para que dentro de prazo hábil, cumpra com a obrigação, adentrando, caso contrário, o devedor inadimplente aos efeitos da mora. Por exemplo: um contrato de comodato com prazo indeterminado. Nesse caso, deverá o comodante, primeiramente, interpelar o comodatário para que esse em prazo razoável devolva-lhe o bem. Caso o comodatário não cumpra com o prazo previsto na própria interpelação, incidirá em mora e estará a praticar atos de esbulho, cabendo a ação de reintegração de posse.

1.4   A mora da obrigação decorrente de ato ilícito

De acordo com o art. 398 do CC, considera-se o devedor em mora, desde que praticou o ato ilícito. Isso porque uma obrigação poderá nascer de uma lei, de um negócio jurídico ou, até mesmo, da prática de um ato ilícito.

> **Importante**
>
> Confira-se também a Súmula 54 do STJ que prevê: "Os juros moratórios fluem a partir do evento danoso, em caso de responsabilidade extracontratual."

1.5   A purga ou emenda da mora

Purgar a mora significa sanar, colocar fim aos efeitos da mora.

A purga da mora do devedor está prevista no art. 401, I, do CC que preceitua que o devedor purgará a sua mora se oferecer a prestação mais a importância dos prejuízos decorrentes do dia da oferta. Esses prejuízos são aqueles já mencionados no art. 395 do CC.

A purga da mora do credor que ocupa o art. 401, II, do CC ocorrerá quando o credor se oferecer para receber o pagamento e sujeitar-se aos efeitos da mora até a mesma data. Os efeitos da mora do credor estão situados no também já mencionado art. 400 do CC.

2.   DO INADIMPLEMENTO ABSOLUTO

2.1   Hipóteses de inadimplemento absoluto

Ocorre o inadimplemento absoluto quando há um total descumprimento da obrigação. Assim, a grande diferença entre inadimplemento absoluto e a mora é que no primeiro não é mais possível cumprir com a obrigação, já no segundo, ainda é possível.

As hipóteses que poderão ensejar o inadimplemento absoluto são:

* quando houver total perda ou destruição da coisa, em se tratando de obrigação de dar;
* quando houver total recusa do devedor em cumprir com a obrigação, seja em se tratando de obrigação de fazer ou de não fazer. Atentando para essa última, o art. 390 do CC impõe: "Nas obrigações negativas o devedor é havido por inadimplente desde o dia em que executou o ato de que se devia abster";
* quando a prestação se tornar inútil ao credor. Nessa última hipótese, de início há simples mora, uma vez que ainda é possível o adimplemento da obrigação, entretanto, diante da inutilidade da prestação ao credor apresenta-se o inadimplemento absoluto (art. 395, parágrafo único, CC).

2.2   Efeito do inadimplemento absoluto

O principal efeito do inadimplemento absoluto da obrigação, por qualquer das hipóteses em que se manifestar, é a resolução do contrato. Ademais, conforme o art. 389

do CC que trata da responsabilidade civil contratual: "Não cumprida a obrigação, responde o devedor por perdas e danos, mais juros, atualização monetária e honorários de advogado."

3. DA VIOLAÇÃO POSITIVA DO CONTRATO

A violação positiva do contrato, também conhecida por "cumprimento inexato" ou "cumprimento defeituoso", trata-se, em verdade, de hipótese em que a obrigação principal foi cumprida, porém de maneira não satisfatória ao credor. Isso porque hoje, como temos a boa-fé objetiva a nortear as relações negociais, não se permite separar da obrigação principal a ser cumprida pelo devedor os deveres laterais, anexos ou instrumentais, como proteção, informação e cooperação, lealdade etc. Se tal fato ocorre, estaremos diante de um adimplemento, porém, como a jurisprudência o denomina, um adimplemento ruim. O que na verdade equivale a um inadimplemento gerador, portanto, de todas as consequências decorrentes de um inadimplemento como a resolução do negócio, indenização por perdas e danos etc. Exemplos de violação positiva do contrato são encontrados quando o fornecedor não disponibiliza peças de reposição para o produto ou quando o médico ou o advogado violam os deveres de sigilo.

4. DAS PERDAS E DANOS

O art. 402 do CC ao dispor que "salvo as exceções expressamente previstas em lei, as perdas e danos devidas ao credor abrangem, além do que ele efetivamente perdeu, o que razoavelmente deixou de lucrar" apresentam as duas manifestações das perdas e danos: os danos emergentes e os lucros cessantes. Danos emergentes ou danos positivos se traduzem na efetiva perda ou diminuição patrimonial já sofrida pela parte. Já os lucros cessantes ou danos negativos são os ganhos que a parte razoavelmente deixou de obter em razão do inadimplemento.

> **Importante**
>
> Há manifestação doutrinária contemporânea no sentido de se ampliar a noção de perdas e danos expressada no art. 402 do CC para além dos danos materiais, alcançando também os danos extrapatrimoniais.

5. DOS JUROS LEGAIS

A Lei nº 14.905/2024 tem por objetivo uniformizar o cálculo da atualização monetária e dos juros. Sobre a atualização monetária, a lei escolhe o IPCA (Índice Nacional de

Preços ao Consumidor Amplo) como parâmetro a ser aplicado, se o índice não tiver sido convencionado ou não estiver previsto em lei específica.

Acerca dos juros legais, a opção legislativa se deu pela taxa SELIC (Sistema Especial de Liquidação e Custódia), modificando a redação do art. 406 do CC.

Além disso, a lei mencionada, em seu art. 3º, afasta da possibilidade de limitação dos juros convencionais as obrigações contratadas entre pessoas jurídicas; as obrigações representadas por títulos de crédito ou valores mobiliários; as obrigações contraídas perante instituições financeiras e demais instituições autorizadas a funcionar pelo Banco Central do Brasil; entre outras situações. Nesses casos, não caberá a limitação dos juros convencionais apresentada pelo Decreto-Lei nº 22.626/1933.

6. CLÁUSULA PENAL (PENA CONVENCIONAL OU MULTA CONTRATUAL)

A cláusula penal, também conhecida como pena convencional ou multa contratual, é a obrigação de caráter acessório estipulada pelas partes que impõe o cumprimento da obrigação, sob pena de a parte inadimplente ter que arcar com uma indenização já prefixada.

6.1 Finalidades da cláusula penal

As funções da cláusula penal são:

a) de coerção, na medida em que impinge às partes o fiel cumprimento da obrigação; e

b) de prefixação de perdas e danos, já que representa um valor já previamente fixado para a hipótese de mora, inadimplemento absoluto ou inexecução de alguma cláusula especial do contrato.

Assim, torna-se desnecessária a alegação e prova de qualquer prejuízo, diante da existência no contrato de uma cláusula penal. Vale destacar ainda que, geralmente, vem prevista em conjunto com a obrigação principal. Entretanto, a lei admite que possa ser estipulada em ato posterior, desde que, é claro, antecedentemente ao descumprimento da obrigação (art. 409, CC).

6.2 Espécies de cláusula penal

A cláusula penal poderá ser moratória ou compensatória. A cláusula penal moratória tem aplicabilidade com a ocorrência da mora ou diante da inexecução de uma cláusula do contrato. Já a cláusula penal compensatória terá cabimento no caso de inadimplemento absoluto.

Ressalte-se, porém, que em ambas as hipóteses se exige que o devedor tenha agido culposamente para que lhe seja aplicável a pena convencional (art. 408, CC).

6.2.1   Cláusula penal moratória

Havendo uma situação de mora ou descumprimento de uma cláusula no contrato, poderá a parte ofendida exigir, além do cumprimento da obrigação principal, uma quantia a título indenizatório já pré-estipulada por meio da cláusula penal moratória. Daí se dizer que a cláusula penal moratória possui caráter complementar (art. 411, CC).

O limite para a prefixação da cláusula penal moratória varia a depender do tipo de obrigação em análise.

Importante

Em se tratando de relações de consumo, o CDC, em seu art. 52, § 1º, estabelece que não poderá ultrapassar a 2% da obrigação principal. No que diz respeito, a despesas condominiais, o CC estabelece limite, também, de 2% da obrigação principal (art. 1.336, § 1º). Para as demais obrigações que não tenham limite pré-definido em lei, prevalece o entendimento, inclusive na jurisprudência do STJ, de que não poderá ultrapassar a 10% do valor da obrigação principal, com fincas nos art. 9º da Lei de Usura.

6.2.2   Cláusula penal compensatória

A cláusula penal compensatória tem cabimento na hipótese de inadimplemento absoluto da obrigação. Nesse caso, como não há mais possibilidade de se exigir o cumprimento da obrigação principal, exige-se a pena convencional. Daí se dizer que a cláusula penal compensatória possui caráter substitutivo, uma vez que tende a substituir a obrigação principal. O art. 410 do CC expõe que: "Quando se estipular a cláusula penal para o caso de total inadimplemento da obrigação, esta converter-se-á em alternativa a benefício do credor." A alternatividade trazida pelo artigo em comento, diz respeito à possibilidade de o credor exigir a cláusula penal ou o efetivo cumprimento da obrigação principal. Claro que essa segunda opção só terá cabimento, se factível for o cumprimento da obrigação principal. O limite da pena convencional para a hipótese de inadimplemento absoluto está previsto no art. 412 do CC que assim dispõe: "O valor da cominação imposta na cláusula penal não pode exceder o da obrigação principal." Caso o valor fixado em cláusula penal ultrapasse o limite imposto em lei, poderá a parte ofendida requerer, por meio de ação própria, a redução da penalidade.

6.3   Redução equitativa da cláusula penal

A previsão de redução equitativa da cláusula penal se apresenta no art. 413 do CC que estabelece que "a penalidade deve ser reduzida equitativamente pelo juiz se a obrigação principal tiver sido cumprida em parte, ou se o montante da penalidade for manifestamente excessivo, tendo-se em vista a natureza e a finalidade do negócio."

A possibilidade de redução possui aplicabilidade tanto para a cláusula penal compensatória, quanto para a moratória. Além do que, se traduz em dever do magistrado a redução da cláusula abusiva, sem necessidade de arguição pela parte, vez que norma de ordem pública. Desse modo, evidentemente, é de todo proibida o seu afastamento por via contratual.

6.4   Indenização suplementar

Para que se faça jus ao recebimento da cláusula penal, já que esta representa uma prefixação de perdas e danos, não é necessário que o credor alegue prejuízo algum. Caso, o credor tenha sofrido prejuízo além do valor delimitado em cláusula penal, será lícito ao credor exigir uma indenização suplementar, desde que tal possibilidade esteja prevista no contrato e haja prova do prejuízo que excede ao valor da cláusula penal prevista no contrato (art. 416, parágrafo único, CC).

7.   DO ADIMPLEMENTO SUBSTANCIAL OU INADIMPLEMENTO MÍNIMO

É sabido que, diante do inadimplemento da obrigação, várias opções são deferidas ao credor, como a resolução do contrato com pleito de indenização por perdas e danos, ou a aplicação de cláusula penal ou a tutela específica quando for a prestação ainda possível e útil ao credor (art. 475, CC). Ao que chamamos de "opções" o nome técnico a ser dado é "direitos potestativos" do credor, que significam exatamente a possibilidade que tem o credor de invadir a esfera jurídica do devedor impondo-lhe um estado de sujeição.

Atenção

De acordo com precedente do STJ, afastou-se a aplicabilidade da teoria do adimplemento substancial em caso de contrato de alienação fiduciária em que 92% do contrato foi cumprido, permitindo ao banco promover a busca e a apreensão (REsp 1.622.555/MG).

O mesmo Tribunal, em outra decisão, se manifestou no sentido de que a teoria do adimplemento substancial não se aplica aos vínculos jurídicos familiares, máxime em se tratando de prestações alimentares. Assim, o julgamento sobre a irrelevância do inadimplemento não deve se prender ao exame exclusivo do critério quantitativo (HC 439.973/MG).

Importante

É possível atualmente a relativização desses direitos, sobretudo, do direito do credor de resolver o contrato quando o inadimplemento tiver sido muito pequeno ou mínimo. Desse modo, em princípio, abrir-se-ia um leque de "opções" ao credor, dentre elas a resolução contratual. Entretanto, com a aplicação da teoria do adimplemento substancial ou inadimplemento mínimo, o mais adequado é que o credor persiga a tutela cabível para recebimento da prestação faltante e não a açodada resolução do contrato. O posicionamento se justifica com base nos princípios da função social dos contratos e da boa-fé objetiva. Nesse sentido, é bom conferir o enunciado nº 361, aprovado na IV Jornada de Direito Civil, que preceitua: "O adimplemento substancial decorre dos princípios gerais contratuais, de modo a fazer preponderar a função social do contrato e o princípio da boa-fé objetiva, balizando a aplicação do art. 475".

EM RESUMO:

Inadimplemento das obrigações	**Do inadimplemento relativo ou mora**	Efeitos da mora do devedor: arts. 395 e 399, CC
		Efeitos da mora do credor: art. 400, CC
		Espécies de mora do devedor: a) Mora *ex re* b) Mora *ex persona*
		Mora da obrigação decorrente de ato ilícito
		Purga ou emenda da mora
	Do inadimplemento absoluto	Hipóteses de inadimplemento absoluto
		Efeito do inadimplemento absoluto: resolução do negócio
	Da violação positiva do contrato	Hipótese em que a obrigação principal foi cumprida, porém de maneira não satisfatória ao credor

| Inadimplemento das obrigações | Dos juros legais | Lei nº 14.905/2024 uniformiza o cálculo da atualização monetária – escolhendo o IPCA como parâmetro a ser aplicado se o índice não tiver sido convencionado ou não estiver previsto em lei específica – e dos juros – optando pela taxa SELIC.

Destacam-se as seguintes situações nas quais foram afastadas da possibilidade de limitação dos juros convencionais as obrigações contratadas (art. 3º):

• entre pessoas jurídicas;

• nas obrigações representadas por títulos de crédito ou valores mobiliários;

• nas obrigações contraídas perante instituições financeiras e demais instituições autorizadas. |

Capítulo 14

Da Transmissão das Obrigações

No Direito Obrigacional, devem ser analisadas duas manifestações de transmissão das obrigações: a cessão de crédito e assunção de dívida.

1. DA CESSÃO DE CRÉDITO (ARTS. 286 A 298, CC)

Cessão de crédito é o negócio jurídico bilateral em que o credor transfere a um terceiro, a título oneroso ou gratuito, os seus direitos na relação jurídica obrigacional. Assim, teremos: o credor (cedente) e o terceiro que recebe o crédito (cessionário). Ao devedor dá-se o nome de cedido. A cessão de crédito, como negócio jurídico que é, exige a capacidade plena do cedente, sob pena de invalidade.

1.1 Objeto da cessão

Em regra, qualquer crédito poderá ser objeto de cessão, salvo se a isso se opuser:

- a natureza da obrigação: existem determinados créditos que são ínsitos à determinada pessoa e, por isso, não admitem transferência como, por exemplo, as obrigações alimentares e os créditos oriundos de salários;
- a lei: é possível que a impossibilidade de cessão do crédito decorra de imposição legislativa como ocorre, por exemplo, em se tratando de créditos já penhorados, após a ciência pelo credor da penhora (art. 298, CC);
- a convenção com o devedor: é possível que o instrumento da obrigação contemple cláusula que proíba a cessão (*pactum de non cedendo*). Nesse caso, a cláusula

proibitiva da cessão não poderá ser oposta ao cessionário de boa-fé, se não constar do instrumento da obrigação.

Para que o credor transfira a sua posição na relação jurídica obrigacional a um terceiro, não é necessária a autorização do devedor cedido. Entretanto, para que a cessão produza os seus reais efeitos é imprescindível a notificação ao devedor, sendo que essa notificação poderá ser judicial ou extrajudicial. A razão é óbvia: o devedor deverá estar a par de quem agora é o novo credor e efetuar o devido pagamento a ele. Assim, se não houver a notificação ao devedor e esse promove o pagamento ao credor primitivo, válido será o pagamento, uma vez que a cessão não foi eficaz em relação ao devedor em razão da ausência de notificação. Por outro lado, caso tenha havido a notificação comunicando ao devedor a cessão e esse, indevidamente, paga ao credor primitivo, não se desonerará de sua obrigação tendo que pagar ao novo credor a quantia devida, em virtude da aplicação da regra do pagamento indevido de que "quem paga mal, paga duas vezes" (art. 290 c/c 292, ambos do CC).

Ademais, é no momento que o devedor toma ciência da cessão que se mostra oportuna a apresentação de defesas pessoais que porventura o devedor tinha contra o cedente como, por exemplo, a compensação. Sendo que as defesas que possua em relação ao novo credor – o cessionário – a todo tempo, poderão ser opostas (art. 294 c/c art. 377, ambos do CC).

1.2   Responsabilidade do cedente pela existência do crédito

A cessão de crédito poderá ser feita a título oneroso ou a título gratuito. Se a cessão se der a título oneroso, a regra é que há a responsabilidade do cedente quanto à existência do crédito, isto é, de sua qualidade de credor e validade da obrigação. Sendo que tal responsabilidade é imposta por lei e inafastável por vontade das partes (art. 295, CC). À cessão em que cedente garante apenas a existência do crédito dá-se o nome de cessão *pro soluto* e essa é a manifestação de cessão que é a regra em nosso país. Basicamente, em regra, os riscos da insolvência do devedor são do cessionário.

Se a cessão se der a título gratuito, a responsabilidade do cedente pela existência do crédito só existirá se tiver procedido de má-fé, isto é, se conscientemente sabedor da inexistência daquele crédito, o transmite a alguém.

1.3   Responsabilidade do cedente pela solvência do devedor

De outro lado, é possível que a cessão seja *pro solvendo*, que se trata daquela em que o cedente assume expressamente a responsabilidade pela solvência do devedor. Desse modo, o cedente será responsável não apenas pela existência do crédito, mas também pela solvência do devedor. Para que a cessão seja dessa última modalidade é necessário que haja previsão expressa no instrumento de cessão nesse sentido.

2. ASSUNÇÃO DE DÍVIDA OU CESSÃO DE DÉBITO (ARTS. 299 A 303, CC)

Assunção de dívida, também conhecida como cessão de débito, é a modalidade de transmissão de obrigação em que o devedor da relação jurídica obrigacional é substi-tuído por outra pessoa que assume o débito. Quando o devedor primitivo é, realmente, liberado de sua obrigação, dá-se o nome de assunção liberatória. Todavia, nem sem-pre haverá a liberação do devedor primitivo. Nesse caso, é possível que o novo deve-dor apenas chegue para reforçar o cumprimento da obrigação, tratando-se assim da chamada assunção cumulativa.

2.1 Modalidades de assunção de dívida

A assunção de dívida poderá se dar por expromissão ou por delegação. Assunção por expromissão ocorre quando há um contrato entre o credor e o terceiro que passa a as-sumir a posição do devedor, sem que para tanto esse tenha que consentir. Já a assun-ção por delegação é aquela que ocorre quando o terceiro assuntor assume o débito por acordo realizado entre ele e o devedor primitivo. Assim, o devedor primitivo seria o delegante e o terceiro, o delegatário. Para que a delegação seja válida é imprescindí-vel a anuência do credor pela substituição do polo passivo. Essa anuência deverá ser expressa, exceto na hipótese prevista no art. 303 do CC que estabelece: "O adquirente de imóvel hipotecado pode tomar a seu cargo o pagamento do crédito garantido; se o credor, notificado, não impugnar em trinta dias a transferência do débito, entender--se-á dado o assentimento."

EM RESUMO:

Assunção de Dívida ou Cessão de Débito (arts. 299/303, CC)

Modalidades:
a) expromissão
b) delegação

Capítulo 15

Das Arras

As arras ou sinal é a quantia em dinheiro ou outro bem fungível que é entregue por uma das partes da relação jurídica obrigacional à outra, a fim de garantir o adimplemento da obrigação.

1. ESPÉCIES DE ARRAS

Existem duas espécies de arras: as confirmatórias, também designadas de probatórias e as penitenciais.

1.1 Arras confirmatórias ou probatórias

As arras confirmatórias ou probatórias são aquelas que têm por principal função confirmar o contrato. Além disso, servirão como antecipação de pagamento, na medida em que quando do cumprimento da obrigação principal aquilo que foi dado a título de arras será computado na prestação devida (art. 417, CC). Releva notar, porém, que essa função de desconto só terá aplicação, independentemente de disposição expressa no contrato, se aquilo que foi dado a título de arras for do mesmo gênero que a prestação principal. Por exemplo, se quando do contrato de promessa de compra e venda de uma casa de R$ 500.000,00, para confirmar o negócio, dei como arras R$ 50.000,00, quando for celebrar a escritura de compra e venda, terei que entregar apenas o restante, R$ 450.000,00. Entretanto, se no mesmo negócio tivesse sido dado um automóvel no valor de R$ 50.000,00, quando da celebração da escritura de compra e venda, o automóvel seria restituído, e o pagamento deveria ser feito em sua integralidade. Para que nessa segunda hipótese, as arras tivessem função de desconto, seria necessário que o contrato de promessa de compra e venda estabelecesse tal função expressamente.

Como visto anteriormente, dada as arras, não poderão as partes unilateralmente desistir do negócio inicialmente entabulado. Caso uma das partes desista do negócio, as consequências, a depender de quem foi o desistente, estão dispostas no art. 418 do CC. Assim:

- se o desistente foi quem deu as arras: perdê-las-á em benefício da outra parte, sendo o contrato desfeito;

- se o desistente foi quem recebeu as arras: terá que devolvê-las mais o seu equivalente, com atualização monetária, juros e honorários de advogado, sendo o contrato desfeito.

> **Atenção**
>
> Caso o valor recebido como indenização pela desistência de uma das partes seja insuficiente para cobrir todo o prejuízo gerado, é lícito à parte prejudicada pleitear uma indenização suplementar desde que comprove o prejuízo excedente. Além disso, poderá a parte inocente exigir a execução do contrato, se isso for possível, acrescido das perdas e danos (art. 419, CC).

1.2 Arras penitenciais

Quando se trata de arras penitencias, de igual modo, uma quantia em dinheiro ou outra coisa fungível será entregue por uma das partes à outra. Porém, essa espécie de arras só tem cabimento nos contratos em que há previsão expressa do direito de arrependimento.

As arras penitencias exercem função unicamente indenizatória. Assim, se quem se arrependeu do negócio foi quem entregou as arras, este as perderá. Entretanto, se quem se arrependeu for quem recebeu as arras, terá que devolvê-las mais o seu equivalente. Em qualquer hipótese, exatamente porque era permitido o direito de se arrepender de celebrar o negócio, não poderá ser exigido nenhuma indenização suplementar, ainda que o prejuízo tenha sido superior ao que foi recebido a título de indenização por via das arras (art. 420, CC).

EM RESUMO:

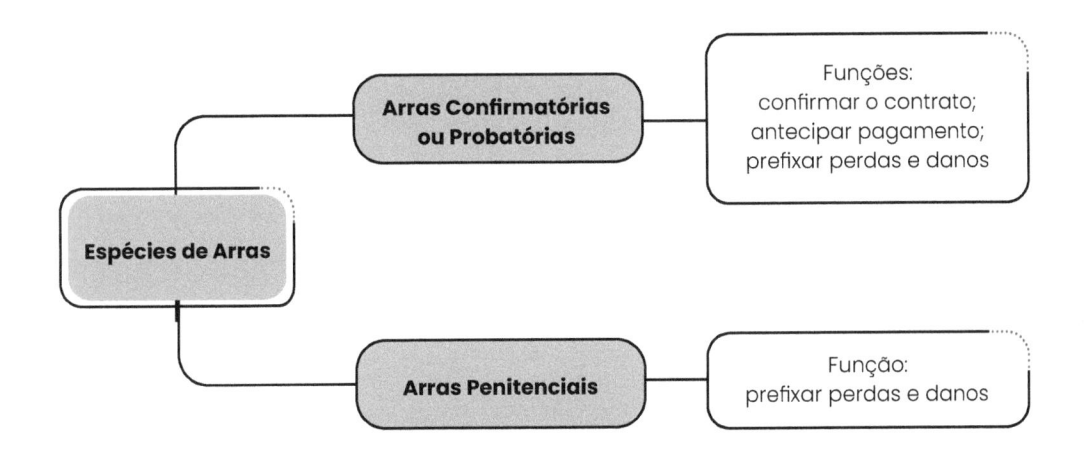

PARTE 3
RESPONSABILIDADE CIVIL

Capítulo 16

Responsabilidade. Distinções Essenciais

1. RESPONSABILIDADE CIVIL × RESPONSABILIDADE PENAL

A ilicitude ocupa lugar em qualquer ramo do Direito, uma vez que ilicitude é a contrariedade entre a conduta do agente e o Direito. Assim, estaremos diante de um ilícito penal se a contrariedade se der no âmbito das normas penais que são de Direito Público. Já no ilícito civil, a contrariedade se dá entre a conduta do agente perante as normas de Direito Civil que são normas cunhadas em Direito Privado.

Considerando que os ramos do Direito são independentes e autônomos, é possível que o agente contrarie tanto a norma penal, quanto a norma civil. Nessa hipótese, o agente será responsabilizado em ambas as esferas. É importante notar que há verdadeira independência da responsabilidade civil em relação à criminal. Por isso, o art. 935 do CC preceitua: "A responsabilidade civil é independente da criminal, não se podendo questionar mais sobre a existência do fato, ou sobre quem seja o seu autor, quando estas questões se acharem decididas no juízo criminal". O que o dispositivo quer dizer é que a ação de indenização pelos danos poderá ser ajuizada no âmbito cível independentemente da ação penal, que também seria cabível ao caso.

Atenção

O próprio artigo 935 do CC apresenta duas exceções em que a decisão no âmbito criminal afetará o âmbito cível. São elas: a inexistência de fato e negativa de autoria. Se essas duas questões já se acharem decididas no âmbito criminal, isso repercutirá na seara cível. Assim, se ajuizada ação penal e sua sentença absolutória se fulcrar em inexistência de fato ou negativa de autoria não poderá mais haver o ajuizamento de ação no âmbito cível.

2. RESPONSABILIDADE CONTRATUAL × RESPONSABILIDADE EXTRACONTRATUAL

O dever jurídico pode decorrer de uma relação jurídica obrigacional preexistente (relação contratual) ou de um preceito geral de Direito. No primeiro caso, a violação ao dever jurídico ocasionará a responsabilidade contratual; no segundo caso, a violação ao dever jurídico ocasionará a responsabilidade extracontratual, também chamada de aquiliana.

Tanto a responsabilidade contratual quanto a extracontratual são espécies de responsabilidade civil.

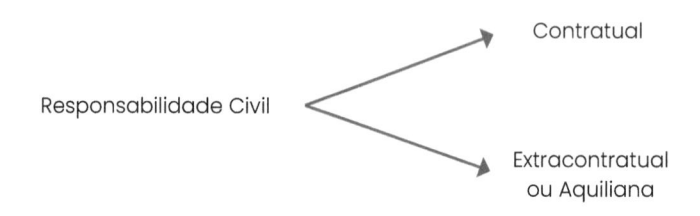

A responsabilidade contratual está disposta nos arts. 389 e ss., CC. Já a responsabilidade extracontratual ou aquiliana está prevista nos arts. 927 e ss., CC.

Importa perceber que é comum as pessoas utilizarem a designação "responsabilidade civil" somente se referindo à responsabilidade civil extracontratual ou aquiliana, que será analisada adiante.

3. RESPONSABILIDADE SUBJETIVA × RESPONSABILIDADE OBJETIVA

Quando o fundamento para o dever de indenizar decorrer da culpa lato sensu, estar-se-á diante de uma responsabilidade subjetiva. Ou seja, avalia-se o elemento anímico do agente causador do dano para poder responsabilizá-lo. A responsabilidade objetiva, ao revés, é aplicável independentemente da aferição de culpa do agente causador do dano. Assim, basta a superveniência do dano para a sua responsabilização.

EM RESUMO:

RESPONSABILIDADE CIVIL	RESPONSABILIDADE PENAL
"Art. 935. A responsabilidade civil é independente da criminal, não se podendo questionar mais sobre a existência do fato, ou sobre quem seja o seu autor, quando estas questões se acharem decididas no juízo criminal."	

RESPONSABILIDADE CONTRATUAL	RESPONSABILIDADE EXTRACONTRATUAL
Arts. 389 e ss. do CC	Arts. 927 e ss. do CC

RESPONSABILIDADE SUBJETIVA	RESPONSABILIDADE OBJETIVA
Culpa	Dano

Capítulo 17

Responsabilidade Subjetiva

O *caput* do art. 927 do CC ao apresentar a seguinte redação "aquele que por ato ilícito, causar dano a outrem, fica obrigado a repará-lo" contempla a responsabilidade subjetiva. Os seus pressupostos são: conduta humana antijurídica, nexo causal e dano. A seguir, são analisados cada um desses elementos.

1. CONDUTA HUMANA ANTIJURÍDICA OU ILÍCITA

O CC/2002, em seu art. 186, traz o ato ilícito subjetivo, na medida em que traça os contornos da conduta antijurídica calcada na ação ou omissão voluntária, negligente ou imprudente, e isso significa exatamente a culpa *lato sensu*.

O conceito de culpa *lato sensu* engloba tanto o dolo, a conduta intencional, deliberada, como a culpa stricto sensu, a conduta que se manifesta pela inobservância de um dever de agir. Essa inobservância de um dever de agir se dará pela negligência (falta de um dever de cuidado necessário), imprudência (assunção de um risco desnecessário) ou imperícia (falha técnica daquele que, em tese, possui a habilitação necessária).

Até bem pouco tempo atrás, a doutrina apontava uma classificação de culpa que com a entrada em vigor do CC/2002 foi perdendo a sua importância. Era a seguinte: culpa *in eligendo*, que é a culpa oriunda da má-escolha, como o empregador que escolheu mal seus empregados; culpa *in vigilando*, que é a culpa decorrente da falha no dever de vigiar pessoas; e a culpa *in custodiendo*, que se trata da culpa decorrente da falha no dever de vigiar coisas ou animais. Mais adiante será explicado o porquê da decadência de tal classificação.

Para que surja a responsabilidade, devemos compreender que é a conduta humana que ocasiona o prejuízo. Essa conduta humana pode ser tanto uma ação (atuação positiva), como uma omissão (atuação negativa). A atuação positiva é fácil de visualizar. Já a atuação negativa, nem sempre. Para tanto, é necessário que o agente tenha a obrigação de atuar de determinada forma e não atua fazendo com que a sua omissão gere um dano a alguém.

Ademais, não podemos parar na simples ação ou omissão que cause um dano a outrem. É necessário que essa ação ou omissão seja, necessariamente, antijurídica. Por vezes, podemos praticar determinado ato que prejudique uma outra pessoa, entretanto, desse ato – se ele não for antijurídico –, não surgirá responsabilidade. Por exemplo, imagine que uma pessoa seja proprietária da única padaria em seu bairro. E essa situação perdure durante anos. Ocorre que, em um belo dia, um novo empreendedor chegue a este bairro e resolva montar o seu próprio estabelecimento, uma padaria também. Plenamente viável, uma vez que a Constituição Federal lhe garante a livre iniciativa. E o novo empreendedor não para por aí, resolve, então, vender os produtos a preços bem mais reduzidos do que os da antiga padaria do bairro. Nessa situação, temos claramente que uma pessoa causou danos à outra por meio de sua conduta, ocorre que, como essa não foi antijurídica, não terá o dever de indenizar o ofendido.

1.1 Excludentes de ilicitude

As excludentes do ato ilícito estão previstas no art. 188 e são elas: a legítima defesa, o estado de necessidade, o exercício regular de um direito e o estrito cumprimento de um dever legal. O que este artigo pretende estabelecer é que, causado um dano sob o pálio de uma dessas excludentes, não se terá cometido ato ilícito.

Atenção

Não se deve esquecer de que, embora não se tenha praticado ato ilícito é possível que seja devida indenização, uma vez que sobreveio algum dano, conforme propugna o art. 929 do CC: "Se a pessoa lesada, ou o dono da coisa, no caso do inciso II do art. 188, não forem culpados do perigo, assistir-lhes-á direito à indenização do prejuízo que sofreram." Considere, por exemplo, a hipótese em que o motorista de um carro, para evitar um atropelamento, invade uma propriedade, gerando prejuízos ao seu dono por destruir a cerca e matar animais. Por óbvio, que o motorista agiu sob um estado de necessidade e, portanto, não praticou ato ilícito. Entretanto, deverá indenizar o proprietário pelos danos causados, por força do art. 929, CC. Ressalvado, é claro, ao motorista do carro, o direito de regresso contra o pedestre que causou o acidente, conforme impõe o art. 930: "No caso do inciso II do art. 188, se o perigo ocorrer por culpa de terceiro, contra este terá o autor do dano ação regressiva para haver a importância que tiver ressarcido ao lesado." E, ainda, o seu parágrafo único: "A mesma ação competirá contra aquele em defesa de quem se causou o dano (art. 188, inciso I)."

2. NEXO CAUSAL

Não seria possível se atribuir a reparação de um dano a alguém, se entre a violação do dever jurídico e o dano não existisse uma relação de causalidade. O que significa dizer que para que haja a responsabilização é necessária a configuração de relação de causa e efeito entre a violação do dever jurídico e o dano.

> **Atenção**
>
> A necessidade do nexo causal está expressa no art. 186 do CC com a menção ao verbo "causar". Desse modo, quando não for a conduta do agente que causar o dano, estará rompido o nexo causal e, por conseguinte, inexistirá a obrigação de indenizar.

2.1 Teorias explicativas do nexo causal

2.1.1 Teoria da equivalência das condições ou condição *sine qua non*

Por esta teoria, toda e qualquer circunstância envolvida no desenrolar dos fatos é considerada causa. Qualquer ato praticado durante a cadeia que ocasione o resultado danoso é considerado uma condição sem a qual o evento danoso não teria sido perpetrado.

A teoria da equivalência das condições é extremamente criticada pela doutrina por conduzir a absurdos como no exemplo clássico de se responsabilizar o fabricante da arma que fora utilizada para o homicídio. Tal crítica se traduz naquilo que é designado de *regressus ad infinitum*, isto é, ao perquirirmos todas as causas que induziram ao evento danoso, iremos regressar até o infinito o que se apresenta de todo absurdo.

2.1.2 Teoria da causalidade adequada

Por esta teoria, a causa responsável pelo evento danoso será aquela que melhor se adequar ao resultado, o que significa dizer que uma pessoa só será obrigada a indenizar se o dano decorrer adequadamente de sua conduta.

Nítida fica a aplicação da teoria no seguinte exemplo: "A" devidamente habilitado, porém, completamente embriagado, ao dirigir o seu veículo, invade a contramão da direção, vindo a colidir de frente com o veículo de "B", que dirigia dentro da velocidade regulamentar, na mão de direção devida, porém sem a habilitação necessária para tanto. Nessa situação, a responsabilidade civil, aplicando-se a teoria da causalidade adequada, recairá sobre o motorista "A", embora habilitado.

Isso porque foi de sua conduta que decorreu adequadamente o acidente. Assim, o motorista "B" não incidirá em responsabilidade civil, podendo, todavia, incidir em responsabilidade penal por conduzir veículo sem a carteira de habilitação. A teoria da causalidade adequada é aceita por parte da doutrina para explicação do nexo causal na órbita cível.

2.1.3 Teoria dos danos diretos e imediatos

Não obstante o que foi dito no item anterior, há quem aponte que a teoria adotada pelo Código Civil é a chamada teoria dos danos diretos e imediatos com fincas na redação do art. 403 do CC que dispõe: "Ainda que a inexecução resulte de dolo do devedor, as perdas e danos só incluem os prejuízos efetivos e os lucros cessantes por efeito dela direto e imediato, sem prejuízo do disposto na lei processual".

> **Atenção**
>
> A teoria dos danos diretos e imediatos propugna que só serão indenizados os danos decorrentes diretamente da conduta do agente, não cabendo indenização pelos danos remotos oriundos de outras causas, as chamadas concausas.

2.2 Excludentes do nexo causal

As causas excludentes do nexo causal são: o caso fortuito e a força maior; a culpa exclusiva da vítima; e o fato de terceiro.

- Caso fortuito e força maior (art. 393, parágrafo único, CC): é o evento necessário cujos efeitos não se pode impedir.
- Culpa exclusiva da vítima: não está prevista no Código Civil. Entretanto, é pacífico que quando a vítima for responsável exclusivamente pelo evento danoso, excluir-se-á a responsabilidade do agente, pelo rompimento do nexo causal. É necessária muita atenção para não se confundir a culpa exclusiva da vítima com a culpa concorrente. Essa última está descrita no art. 945 do CC que dispõe que "se a vítima tiver concorrido culposamente para o evento danoso, a sua indenização será fixada tendo-se em conta a gravidade de sua culpa em confronto com a do autor do dano." Assim, a concorrência de culpas não é considerada excludente do nexo causal, tão somente causa hábil a diminuir a indenização.
- Fato de terceiro: exclui o nexo causal, vez que o agente foi apenas um instrumento para a causação do dano. É necessário que a causa se constitua em fato totalmente estranha à conduta do agente.

> ### Importante
>
> Atualmente distingue-se fortuito interno e fortuito externo. Há nas duas hipóteses a imprevisibilidade do evento, porém, no fortuito interno o fato imprevisível está conexo à organização e atuação da empresa, por exemplo, o infarto sofrido pelo motorista do ônibus que poderia ser detectado em exames periódicos de saúde do empregado da empresa. Já em se tratando de fortuito externo, há a imprevisibilidade do fato que, todavia, não está conexo à organização e atuação da empresa. Aqui deparamos com os fenômenos da natureza, como tempestades e enchentes. Assim, muitos doutrinadores apresentam como sinônimas as expressões fortuito externo e força maior, em virtude da inerente inevitabilidade. Desse modo, deve ser considerado como excludente do nexo causal apenas o fortuito externo. Duas súmulas do STJ acerca do tema se destacam:
>
> - Súmula 130: "A empresa responde, perante o cliente, pela reparação de dano ou furto de veículo ocorridos em seu estacionamento."
> - Sumula 479: "As instituições financeiras respondem objetivamente pelos danos gerados por fortuito interno relativo a fraudes e delitos praticados por terceiros no âmbito de operações bancárias".

3. DANO

Dano é a lesão sofrida pelo bem jurídico. Se este bem jurídico for um bem patrimonial estaremos diante de um dano material; entretanto, se este bem jurídico se tratar dos direitos da personalidade, estaremos diante de um dano moral.

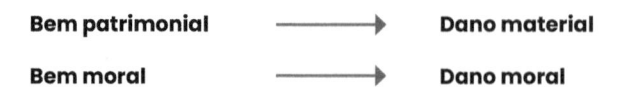

| Bem patrimonial | ⟶ | Dano material |
| Bem moral | ⟶ | Dano moral |

3.1 Dano material

O dano material possui, basicamente, duas formas de se manifestar: o dano emergente e o lucro cessante (art. 402, CC). Por dano emergente compreende-se a ideia do patrimônio efetivamente perdido pela vítima. Portanto, sem maiores dificuldades de se aferir. O lucro cessante vai além disso. O lucro cessante configura-se pelo patrimônio que poderia ter sido adquirido pela vítima e não o foi pela eclosão do evento danoso. Em termos mais simples, aquilo que a vítima deixou de ganhar em razão da conduta do agente.

3.2 Dano moral

O bem jurídico ofendido também poderá ser os direitos da personalidade, configurar-se-á, assim, o dano moral. Essa manifestação de dano poderá acontecer sob os aspectos físico, psíquico e moral, ou seja, não se tutela apenas o âmbito moral – dor, tristeza, sofrimento –, mas sim a todos os bens ligados à personalidade, como a honra, a liberdade, a saúde, a intimidade, o nome, a imagem etc. Portanto, a tutela tem por escopo não só aquilo que é moral, mas sim imaterial.

O art. 5º, V e X, da Constituição Federal de 1988 admite expressamente a reparabilidade do dano moral. O Código de Defesa do Consumidor, em seu art. 6º, VI e VII, ao tratar dos direitos básicos do consumidor, também não foge a essa posição.

Vale lembrar ainda que a pessoa jurídica também poderá sofrer dano moral, na medida em que se estende à pessoa jurídica a tutela dos direitos da personalidade, conforme dispõe o art. 52 do CC. Ademais, a possibilidade de a pessoa jurídica sofrer dano moral já é reconhecida pelo STJ há anos, conforme a súmula 227 desse Tribunal.

Quanto à necessidade de produção probatória, o dano moral pode ser classificado da seguinte maneira:

*   dano moral provado ou subjetivo: trata-se do dano que necessita, para a sua configuração, da devida produção probatória;
*   dano moral presumido, objetivo ou *in re ipsa*: trata-se do dano configurado independentemente de prova, como o dano decorrente de um protesto indevido de um título, a morte de um filho ou até mesmo o dano moral decorrente de violência doméstica.

Evidentemente tal presunção apresentar-se-á de maneira relativa, isto é, admitindo prova em contrário. Isso porque é bem possível que o autor do dano consiga provar que, embora a existência da conduta, esta não implicou ofensa às condições pessoais da vítima, como no caso da mãe que quer se ver reparada pela morte do filho, o qual abandonara, em tenra idade, na porta de casa alheia. Ou então, o devedor contumaz, notoriamente mau pagador, que teve cheque indevidamente protestado, não poderá exigir reparação por um pretenso dano moral que não o atingiu. Nessa esteira, inclusive, foi editada a Súmula nº 385 do STJ, com o seguinte teor: "Da anotação irregular em cadastro de proteção ao crédito, não cabe indenização por dano moral, quando preexistente legítima inscrição, ressalvado o direito ao cancelamento".

> **Importante**
>
> A 2ª Seção do STJ, em abril de 2024, quando da apreciação do Tema 1.156, fixou a seguinte tese: "O simples descumprimento do prazo estabelecido em legislação para a prestação dos serviços bancários não gera, por si só, dano moral *in re ipsa*".

3.3   Dano estético

Se o bem jurídico ofendido for o conjunto de qualidades externas de uma pessoa, ou seja, o seu aspecto físico, constatar-se-á um dano estético. Essa categoria de dano, na realidade, subsume-se ao dano moral, sendo considerado uma espécie dessa ordem. Assim, de início, concluía-se pela impossibilidade de cumulação do dano moral e o dano estético, vez que, caso contrário, incidir-se-ia em um indevido bis in idem, isto é, o agente teria que reparar duas vezes pelo mesmo dano. Porém, a questão resta pacificada diante da edição da súmula 387 do STJ com o seguinte teor: "É possível a acumulação das indenizações de dano estético e moral."

3.4   Perda de uma chance

A perda de uma chance se traduz na perda de uma oportunidade séria e real de se conseguir uma vantagem ou de se evitar um prejuízo.

Exemplo clássico é a pessoa que sofre um acidente de trânsito dentro de um ônibus no momento em que estava indo prestar um concurso. Nessa hipótese, cabe à empresa de ônibus indenizar a vítima pela perda da oportunidade de fazer a prova e, por conseguinte, de ser aprovada no concurso, em virtude de a vítima ter sofrido uma modalidade de dano denominada de perda de uma chance.

A indenização decorrente da perda de uma chance irá se pautar em um juízo de probabilidade conforme assentado pelo STJ (REsp 788.459).

3.5   Os novos danos

O surgimento de novos danos é tema que vem se destacando e ocupando o cenário de estudos contemporâneos acerca da responsabilidade civil em nosso país. A seguir, alguns novos danos são mencionados.

3.5.1   *Dano existencial*

No dano existencial, que não pode ser confundido com o dano moral, há ofensa à própria existência da pessoa comprometendo o escopo de felicidade e bem-estar almejado por qualquer ser humano.

O dano existencial pode ser detectado mais nitidamente no ambiente de trabalho quando, por exemplo, se impõe ao empregado jornada excessiva de trabalho, sem descanso ou férias, ceifando o sentido da vida para essa pessoa, pois lhe impede de exercer plenamente a sua vida pessoal, social e afetiva.

Mas não apenas na esfera trabalhista pode ser visualizado o dano existencial, já que esse se traduz na frustação do próprio projeto de vida de uma pessoa que não tem o direito de exercício de sua autonomia privada na condução de seus propósitos resultando em vazio existencial que merece ser reparado. Tem-se, por exemplo, o dano existencial experimentado pelos pais que perdem o filho vítima de acidente automobilístico, ou a pessoa que tem a autoestima ofendida em virtude da prática do *bullying* na escola ou no trabalho, ou, até mesmo, a mulher que perde a capacidade reprodutiva em virtude de erro médico. É importante perceber que a violação aqui é dirigida ao projeto de vida da pessoa, seja ele estampado na figura de um filho que morreu ou que não se pode ter, ou na imagem que a pessoa tem de si própria que foi destruída em virtude de reiterados aviltamentos sofridos.

3.5.2 Dano temporal

Considerando a vida com seus limites finais predeterminados pela morte, o tempo irá apresentar contornos de bem jurídico escasso e finito. Nessa perspectiva, a lesão ao tempo resultaria no que se denomina dano temporal.

É o que se verifica, por exemplo, quando uma pessoa, na seara consumerista, constate o seu tempo se esvaindo injustificadamente seja na espera para um atendimento em uma agência bancária que, embora ostente formalmente oito guichês para tanto, de fato, apresente apenas dois em funcionamento, ou o consumidor que diante de uma cobrança excessiva e injustificada, perca toda uma tarde envolto em atendimentos telefônicos que nunca findam e apenas fazem remeter a outro "ramal" sustentando uma esperança tola e inútil de resolução do problema. Ou até mesmo a reincidência de vícios em um produto que, categoricamente, não são sanados, nada obstante a reiterada apresentação do produto à assistência técnica.

Nos casos relatados, não há dúvida de que a perda do tempo ultrapassa os lindes do mero aborrecimento e é importante advertir que o tempo perdido poderia ter se traduzido em tempo útil ou, até mesmo, em tempo ocioso cuja destinação caberia ao seu titular definir.

Acerca da natureza jurídica do dano temporal, três posicionamentos devem ser mencionados:

a) **a de subsunção ao dano moral *lato sensu*:** sob essa perspectiva, o dano temporal seria apenas mais um fato gerador do dano moral. Em várias manifestações decisórias, o STJ situou a lesão ao tempo na seara do dano moral;

b) **a de dano existencial:** o dano temporal se traduz em lesão antijurídica às atividades existenciais de uma pessoa;

c) **a de dano autônomo:** o dano temporal não pode ser subsumido ao dano moral, admitindo-se a sua autonomia e, inclusive, em algumas situações a possibilidade de ser cumulado com o próprio dano moral.

3.5.3 Dano moral coletivo x dano social

É tênue a linha que separa o dano moral coletivo do dano social. O dano moral coletivo foi reconhecido pelo STJ em caso de humilhação a criança em programa de rádio sobre investigação de paternidade (REsp 1.517.973); no caso de infidelidade de bandeira praticada por posto de combustível (REsp 1.487.046); e, também, em caso de tráfego de veículos com excesso de peso em que o dano moral coletivo consiste no agravamento dos riscos à saúde e à segurança de todos (REsp 1.574.350-SC). Desse modo, vislumbra-se o dano moral coletivo quando são atingidos os direitos da personalidade de várias pessoas determinadas ou determináveis, sendo ele mencionado de forma expressa no Código de Defesa do Consumidor, no art. 6º, VI. São atingidos os direitos individuais homogêneos e os direitos coletivos em sentido estrito. Em tese, a indenização deve ser destinada às vítimas.

Já quando se cogita do dano social, por seu conceito clássico, trata-se daquele que resulta na lesão à sociedade seja por diminuição na sua qualidade de vida ou por rebaixamento de seu patrimônio moral. Tem-se como exemplo o pedestre que joga papel no chão ou o passageiro que atende celular no avião, ou, até mesmo, a pessoa que fuma próximo a um posto de gasolina. São atingidos aqui direitos difusos, sendo a vítima indeterminada. Desse modo, a indenização deve ser destinada a um fundo de proteção relacionado aos direitos atingidos.

Veja a comparação resumida no quadro abaixo:

Dano moral coletivo	Dano social
É aquele que atinge os direitos da personalidade de várias pessoas determinadas ou determináveis. Reside necessariamente na esfera moral.	É aquele que resulta na lesão à sociedade seja por diminuição na qualidade de vida ou por rebaixamento em seu patrimônio moral. Pode residir na esfera moral ou material.
Exemplos: • humilhação a crianças em programas de rádio sobre investigação de paternidade; • infidelidade de bandeira praticada por posto de gasolina.	Exemplos: • pedestre que joga papel no chão; • passageiro que atende celular dentro do avião; • pessoa que fuma próximo ao posto de gasolina.
Atinge direitos individuais homogêneos e direitos coletivos em sentido estrito.	Atinge interesses difusos.
Vítima determinada ou determinável.	Vítima indeterminada: é a sociedade.
Indenização destina-se às vítimas.	Indenização destina-se a um fundo de proteção relacionado aos direitos atingidos.

EM RESUMO:

Responsabilidade subjetiva	**Conduta humana antijurídica ou ilícita**	Excludentes de ilicitude: a) legítima defesa b) estado de necessidade c) exercício regular de um direito d) estrito cumprimento de um dever legal
	Nexo causal	Excludentes do nexo causal: a) caso fortuito e força maior b) culpa exclusiva da vítima c) fato de terceiro
	Dano	Dano material (dano emergente e lucro cessante)
		Dano moral
		Dano estético
		Perda de uma chance
		Novos danos: a) dano existencial b) dano temporal c) dano moral coletivo d) dano social
		Cumulação de danos: a) material e moral (Súmula 37, STJ) b) moral e estético (Súmula 387, STJ)

Capítulo 18

Responsabilidade Objetiva

1. INTRODUÇÃO

O parágrafo único do art. 927 apresenta a teoria objetiva da responsabilidade civil com a seguinte redação: "Haverá obrigação de reparar o dano, independentemente de culpa, nos casos especificados em lei, ou quando a atividade normalmente desenvolvida pelo autor do dano implicar, por sua natureza, risco para os direitos de outrem."

Notamos pela análise do dispositivo que a responsabilidade objetiva não se esgota no fato gerador legal, mas, também, que se aplicará a responsabilidade objetiva às hipóteses em que a atividade do causador dos danos se traduza em risco. Desse modo, estamos diante de uma cláusula geral, uma vez que caberá ao prudente arbítrio do julgador a aferição do que seja ou não uma atividade que implica risco.

Na tendência de se aplicar a responsabilidade objetiva para superar situações de injustiça, o Direito Civil Brasileiro, adotou com o CC/1916, uma posição intermediária entre a doutrina subjetiva e a objetiva, através do conceito de culpa presumida em alguns de seus artigos. Por assim dizer, o elemento culpa continuava a existir, entretanto, tratava-se de uma culpa presumida, que ocasionava a inversão do ônus da prova (exemplos no Código Civil de 1916: os arts. 1521 e 1527 a 1529, que apresentavam a responsabilidade por atos de terceiros e pela guarda da coisa ou do animal).

No CC/2002 ocorreram modificações consideráveis. Como dito anteriormente, o art. 927 e seu parágrafo único consagram as duas doutrinas. A tendência dominante é dizer que a regra sobre a responsabilidade civil continua ser de ordem subjetiva, de modo que a responsabilidade objetiva somente seria aplicada excepcionalmente.

> ## Importante
>
> No que tange à culpa presumida, para muitos, com o CC/2002, esse instituto desapareceu. De modo que não faz mais sentido em se falar em presunção de culpa, uma vez que a teoria da culpa cedeu espaço à teoria do risco, na qual não se perquire a culpa do agente, recaindo a responsabilidade apenas pela ocorrência do dano a terceiros. Assim, para os adeptos desta posição, o legislador tratou como de responsabilidade objetiva, os casos de danos cometidos por atos de terceiros, conforme os arts. 932, 936, 937 e 938. Por essa doutrina não faz mais sentido a classificação da culpa *in eligendo*, *in vigilando* e *in custodiendo*, uma vez que todas essas hipóteses no CC/2002 são de responsabilidade objetiva e não mais subjetiva por culpa presumida.

É em sede de estudo de responsabilidade objetiva que deve ser feita a análise das responsabilidades por fato de terceiro e por fato de coisa, a qual procedemos a seguir.

2. RESPONSABILIDADE POR FATO DE TERCEIRO OU DE OUTREM (RESPONSABILIDADE OBJETIVA INDIRETA)

É possível que uma pessoa seja responsabilizada por um fato de outrem, não obstante a regra seja de que uma pessoa só é responsável pelos seus próprios atos.

As hipóteses de responsabilidade por fato de terceiro estão previstas no art. 932 do CC e são elas:

I – os pais, pelos filhos menores que estiverem sob sua autoridade e em sua companhia;

II – o tutor e o curador, pelos pupilos e curatelados, que se acharem nas mesmas condições;

III – o empregador ou comitente, por seus empregados, serviçais e prepostos, no exercício do trabalho que lhes competir, ou em razão dele;

IV – os donos de hotéis, hospedarias, casas ou estabelecimentos onde se albergue por dinheiro, mesmo para fins de educação, pelos seus hóspedes, moradores e educandos;

V – os que gratuitamente houverem participado nos produtos do crime, até a concorrente quantia.

Em todas essas hipóteses o que ocorre é a responsabilidade objetiva em razão da responsabilidade por fato de terceiro. Não cabendo, portanto, conforme a doutrina mais avisada, aplicarmos a regra da culpa presumida (*eligendo, vigilando...*). Isso porque o art. 933 é expresso ao estabelecer: "As pessoas indicadas nos incisos I a V do artigo antecedente, ainda que não haja culpa de sua parte, responderão pelos atos praticados pelos terceiros ali referidos" (grifamos).

Ademais, importa lembrar que o art. 934 salienta: "Aquele que ressarcir o dano causado por outrem pode reaver o que houver pago daquele por quem pagou, salvo se o causador do dano for descendente seu, absoluta ou relativamente incapaz." Assim, por exemplo, o empregador arcará com a indenização, porém, poderá se voltar contra o empregado. O que não é possível é o ascendente se voltar contra um descendente em razão da solidariedade familiar que deve existir.

Embora o art. 942 em seu parágrafo único disponha que a responsabilidade presente entre as pessoas mencionadas no art. 932 é solidária, o art. 928 estipula que "O incapaz responde pelos prejuízos que causar, se as pessoas por ele responsáveis não tiverem obrigação de fazê-lo ou não dispuserem de meios suficientes", nos apresentando não uma responsabilidade solidária, mas sim subsidiária. Assim, o mais adequado é concluir o seguinte:

Nas hipóteses dos incisos I e II do art. 932: há responsabilidade subsidiária, isto é, a vítima deverá primeiramente voltar-se contra os responsáveis do incapaz e somente se esses não tiverem condições ou não tiverem obrigação de indenizar (ex.: extinção do poder familiar), é que poderão recorrer ao incapaz.

Nas hipóteses dos incisos III, IV e V do art. 932: há responsabilidade solidária, de modo que, a vítima poderá escolher contra quem pretende cobrar a indenização (ex.: se contra o empregado ou contra o empregador).

Lembremos, ainda, outra inovação do CC/02 contida no parágrafo único do art. 928: "A indenização prevista neste artigo, que deverá ser equitativa, não terá lugar se privar do necessário o incapaz ou as pessoas que dele dependem."

3.　RESPONSABILIDADE POR FATO DE COISA

É possível que uma pessoa seja responsabilizada por um fato de coisa e tal hipótese também será de responsabilidade objetiva. No CC/2002, ocorrerá nas seguintes hipóteses que deverão ser memorizadas:

- Art. 931: "Ressalvados outros casos previstos em lei especial, os empresários individuais e as empresas respondem independentemente de culpa pelos danos causados pelos produtos postos em circulação."
- Art. 936: "O dono, ou detentor, do animal ressarcirá o dano por este causado, se não provar culpa da vítima ou força maior." (grifamos)
- Art. 937: "O dono de edifício ou construção responde pelos danos que resultarem de sua ruína, se esta provier de falta de reparos, cuja necessidade fosse manifesta."
- Art. 938: "Aquele que habitar prédio, ou parte dele, responde pelo dano proveniente das coisas que dele caírem ou forem lançadas em lugar indevido."

4. A TEORIA DO RISCO

Vimos que o parágrafo único do art. 927 do CC apresenta duas fontes para a respon-sabilidade objetiva: a lei (e aqui encontramos algumas situações de responsabilidade por fato de terceiro e responsabilidade por fato de coisa) e a atividade que se traduza em risco.

Em verdade, é a chamada teoria do risco que fundamenta a responsabilidade objetiva. Por risco devemos entender a probabilidade do dano, o perigo. Em virtude disso, a conclusão imposta é a de que aquele que exerce atividade de risco deverá assumir a responsabilidade sobre essa atividade, independente de culpa. Assim, dis-pensa-se apenas a culpa, sendo relevantes as mesmas observações acerca do nexo causal e do dano elaboradas neste trabalho por ocasião da explicação da responsa-bilidade subjetiva.

4.1 As várias concepções da teoria do risco

Da teoria do risco aperfeiçoamentos e estreitamentos conceituais foram sendo pro-duzidos, o que originou as teorias do risco criado, do risco integral e do risco proveito, a seguir analisadas.

4.1.1 Teoria do risco criado

Pela teoria do risco criado, a responsabilidade incide sobre aquele que criou o risco. Assim, basta o exercício da atividade que se manifesta em risco que, caso sobrevenha um dano, caberá àquele que desenvolveu a atividade a reparação do dano.

4.1.2 Teoria do risco integral

A teoria do risco integral trata da exacerbação da primitiva teoria do risco. Leva-se a teoria do risco às últimas consequências, alcançando o extremo de dizer que, nas hipó-teses orientadas por tal teoria, o dever de indenizar subsistirá até mesmo nos casos de exclusão do nexo causal. Isto é, mesmo nos casos de caso fortuito ou força maior, culpa exclusiva da vítima ou fato de terceiro, haverá a obrigação de reparar.

A teoria do risco integral é aplicada excepcionalmente em nosso ordenamento jurídico nos casos de indenização por acidente de trabalho, de seguro obrigatório – o DPVAT – (em que se garante à vítima uma indenização mínima), de danos causados ao meio ambiente, de danos nucleares etc.

4.1.3 Teoria do risco proveito

Com base nessa teoria, aquele que obtém vantagem ou proveito da atividade danosa deverá reparar o dano causado. Perceba-se, aqui, que a teoria do risco proveito tem in-cidência mais restrita, mais específica do que a teoria do risco criado, posto que nessa independe de o fato decorrer de um proveito auferido, enquanto naquela há o requisito da vantagem ou proveito.

5. RESPONSABILIDADE OBJETIVA POR ABUSO DE DIREITO

Já vimos que pelo CC/2002 a responsabilidade objetiva decorrerá de uma atividade de risco ou da própria lei (por exemplo, responsabilidades por fato de terceiro ou de coisa). Todavia, importa salientar que a responsabilidade objetiva poderá possuir um terceiro fato gerador: o abuso de direito. Assim, vale a transcrição do art. 187, CC: "Também comete ato ilícito o titular de um direito que, ao exercê-lo, excede manifestamente os limites impostos pelo seu fim econômico ou social, pela boa-fé ou pelos bons costumes."

EM RESUMO:

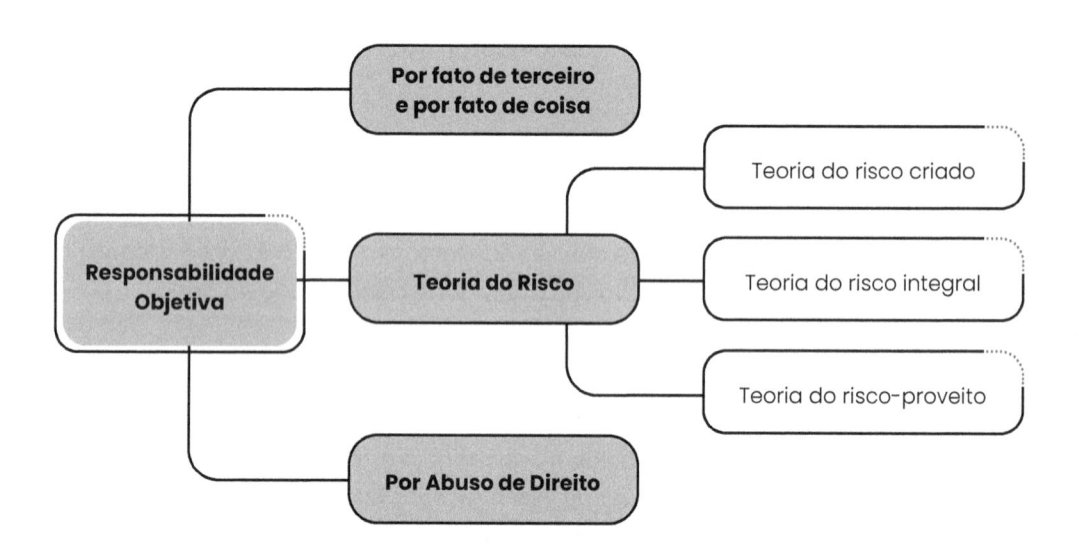

Capítulo 19

Liquidação de Danos

1. O PRINCÍPIO DA REPARAÇÃO INTEGRAL DOS DANOS

O CC/2002 consagra expressamente o princípio da reparação integral dos danos no *caput* de seu art. 944 quando estabelece que "a indenização mede-se pela extensão do dano".

Entretanto, com o advento do parágrafo único do mesmo art. 944 que nos informa que "se houver excessiva desproporção entre a gravidade da culpa e o dano, poderá o juiz reduzir, equitativamente, a indenização", temos a possibilidade de relativizar ou mitigar o princípio da reparação integral dos danos.

> ### Atenção
>
> Com esse dispositivo, o CC/2002 abala toda a lógica jurídica utilizada, até então, para se aferir o quantum indenizatório, qual seja, o dano. Trata-se, em verdade, de critério baseado no juízo de equidade do julgador, em que se busca aplicar a proporcionalidade àqueles casos em que há um total desnível entre o grau de culpa do agente causador do dano e o prejuízo causado. Não são raros os casos em que o dano perpetrado se apresenta gigantesco, entretanto, acompanhado por uma culpa mínima do agente. Foi este tipo de situação – em que a indenização por se basear estritamente no dano, acabava por gerar uma situação de injusta penúria ao agente que agiu com levíssima culpa –, foi que conduziu o legislador a inserir tal dispositivo que acaba por mitigar o Princípio da Reparação Integral de Danos, sedimentado ao longo dos tempos em se tratando de responsabilidade civil.

2. LEGITIMADOS A POSTULAR A INDENIZAÇÃO

A indenização poderá ser postulada pela própria vítima. Na hipótese do falecimento desta, aqueles que dependiam economicamente da vítima poderão pleitear o pensionamento previsto no art. 948, II, do CC. A dependência econômica será presumida em se tratando de filhos menores. Demais pessoas que, porventura, dependiam da vítima como irmãos, pais e filhos adultos, deverão provar que dependiam da vítima financeiramente, para fazer jus ao pensionamento. No que diz respeito àquele que vivia em união estável, a orientação mais consentânea com a CF/88 – que elevou à categoria de entidade familiar a união estável – é a de que o companheiro ou companheira que dependia economicamente da vítima também fará jus ao pensionato.

No que diz respeito ao pleito de dano moral, hipótese interessante é aquela em que a vítima do evento danoso ajuíza a devida ação de reparação civil e, no curso do processo, vem a falecer. Seria possível que os seus herdeiros continuassem com a ação já ajuizada? Três posicionamentos podem ser aventados:

1º) Como os direitos da personalidade são intransmissíveis, os herdeiros não teriam sequer o direito de continuar com a ação que foi ajuizada em vida pelo prejudicado. Essa corrente é minoritária tanto na doutrina, quanto nas decisões judiciais.

2º) Embora os direitos da personalidade apresentem a característica da intransmissibilidade, o direito à reparação por dano moral pode ser transmitido aos herdeiros, caso a ação já tenha sido ajuizada em vida pelo prejudicado e esse tenha falecido posteriormente.

3º) Embora os direitos da personalidade sejam intransmissíveis, o direito à reparação do dano moral pode ser transmitido aos herdeiros, independentemente de a ação ter sido ajuizada em vida pelo prejudicado e esse tenha falecido posteriormente. Esse posicionamento se funda na redação do art. 943 do CC que estabelece: "O direito de exigir a reparação e a obrigação de prestá-la transmitem-se com a herança". Nesse sentido, foi aprovado o Enunciado nº 454 do CJF com o seguinte teor: "O direito de exigir reparação a que se refere o art. 943 do Código Civil abrange inclusive os danos morais, ainda que a ação não tenha sido iniciada pela vítima". Em 2020, o Superior Tribunal de Justiça editou a Súmula nº 642: "O direito à indenização por danos morais transmite-se com o falecimento do titular, possuindo os herdeiros da vítima legitimidade ativa para ajuizar ou prosseguir a ação indenizatória". Todas as decisões que resultaram na edição da mencionada súmula mencionaram que a legitimidade cogitada atribuir-se-ia aos herdeiros ou ao espólio. Porém, a Súmula nº 642 do STJ não menciona a legitimidade do espólio, permanecendo a dúvida se a intenção do STJ era excluir a legitimidade ativa do espólio na questão mencionada ou não. Em princípio, o posicionamento mais adequado é de que o espólio não tem legitimidade ativa para pleitear reparação por dano praticado contra a vítima que faleceu, por se tratar de ação reparatória de natureza pessoal, em que os titulares devem demonstrar o dano sofrido.

3. PESSOAS OBRIGADAS A REPARAR O DANO

A responsabilidade civil, em regra, é individual. E nesses termos é comum dizer que uma pessoa só poderá ser responsabilizada pelos próprios atos. Ademais, é possível que um consórcio de pessoas cause o dano. Hipótese tal em que haverá responsabilidade solidária entre os causadores do dano por imposição legal (art. 942, *caput*, CC).

Entretanto, embora uma pessoa seja responsável pelos próprios atos, excepcionalmente poderá ter que responder por ato de terceiro ou de uma coisa, como acontece, por exemplo, nas hipóteses consignadas no art. 932 do CC, conforme analisado anteriormente. Por ocasião do estudo do tema, concluímos que, em se tratando dos incisos III, IV e V, há também imposição de responsabilidade solidária em razão do parágrafo único do art. 942. Porém, tendo em vista o dano oriundo de ato de incapazes (incisos I e II), o que haverá é uma responsabilidade subsidiária deste, por força de regra especial contida no art. 928 do CC.

Lembremos também a solidariedade existente entre a empresa de veículos e o locatário. Essa orientação ficou consolidada na Súmula nº 492 do STF que preceitua: "A empresa locadora de veículos responde, civil e solidariamente, com o locatário, pelos danos por este causados a terceiros, no uso do carro locado".

> **Importante**
>
> Analisando as pessoas obrigadas a reparar o dano, não poderíamos deixar de mencionar o art. 943 do CC que estabelece: "O direito de exigir reparação e a obrigação de prestá-la transmitem-se com a herança". E também, o art. 5º, XLV, da CF/88: "Nenhuma pena passará da pessoa do condenado, podendo a obrigação de reparar o dano e a decretação do perdimento de bens ser, nos termos da lei, estendidas aos sucessores e contra eles executadas, até o limite do valor do patrimônio transferido". Não se pode esquecer, neste ponto, que, em se tratando do sucessor a título universal, a indenização alcançará o patrimônio deixado até os limites das forças da herança (art. 1.792, CC). Já em se tratando de sucessor a título singular, não se cogitará da incidência de responsabilização.

4. LIQUIDAÇÃO DE DANOS POR COBRANÇA INDEVIDA

O art. 939 do CC preceitua que "o credor que demandar o devedor antes de vencida a dívida, fora dos casos em que a lei o permita, ficará obrigado a esperar o tempo que faltava para o vencimento, a descontar os juros correspondentes, embora estipulados, e a pagar as custas em dobro." Esse artigo apresenta a responsabilidade civil do credor que se precipita e cobra antes do momento oportuno. Como sanções ao credor, o dispositivo apresenta:

- ampliação do vencimento da dívida (por exemplo, se a demanda for ajuizada dois meses antes do vencimento, a partir do vencimento serão fornecidos ao devedor mais dois meses para o pagamento);

- desconto dos juros correspondentes (trata-se dos juros compensatórios, aqueles que são devidos em razão do uso do capital alheio, e não juros moratórios, por não haver configuração de mora);

- pagamento em dobro das custas processuais.

Já o art. 940 do CC apresenta a responsabilidade do credor que demanda dívida já paga ou pede mais do que lhe é devido, com a seguinte redação: "Aquele que demandar por dívida já paga, no todo ou em parte, sem ressalvar as quantias recebidas ou pedir mais do que for devido, ficará obrigado a pagar ao devedor, no primeiro caso, o dobro do que houver cobrado e, no segundo, o equivalente do que dele exigir, salvo se houver prescrição."

Assim, as consequências são:

- se cobrar dívida já paga: o credor é obrigado a devolver ao devedor o dobro do que dele cobrou (por exemplo, se cobrou 20 mil reais, será obrigado a pagar 40 mil reais);

- se cobrar mais do que lhe era devido: o credor é obrigado a pagar ao devedor o equivalente ao que exigir (por exemplo, se a dívida era de 20 mil reais e são cobrados 25 mil reais, o credor deverá pagar ao devedor 5 mil reais).

Por fim, o art. 941 do CC lança em favor do credor uma última oportunidade de se safar das sanções com os seguintes dizeres: "As penas previstas nos arts. 939 e 940 não se aplicarão quando o autor desistir da ação antes de contestada a lide, salvo ao réu o direito de haver indenização por algum prejuízo que prove ter sofrido".

O trecho final do artigo que não havia em seu correspondente do Código Civil de 1916 (art. 1.532), nos induz à conclusão de que, para que haja incidência do credor nas sanções dos arts. 939 e 940, não é necessária a produção de prova de qualquer prejuízo sofrido pelo devedor. Ao revés, havendo a desistência da ação antes da contestação, o devedor só fará jus a uma indenização, caso comprove algum prejuízo sofrido.

EM RESUMO:

Liquidação de Danos	**Princípio da reparação integral dos danos**	"Art. 944. A indenização mede-se pela extensão do dano. Parágrafo único. Se houver excessiva desproporção entre a gravidade da culpa e o dano, poderá o juiz reduzir, equitativamente, a indenização."
	Legitimados a postular a indenização	A própria vítima, caso esta venha a falecer, seus dependentes (filhos, por dependência presumida; outros – pais, irmãos etc. –, mediante comprovação da dependência.
	Pessoas obrigadas a reparar o dano	a) responsabilidade individual; b) responsabilidade solidária; c) responsabilidade por ato de terceiro ou de uma coisa; d) responsabilidade hereditária.
	Liquidação de danos por cobrança indevida	a) credor que se precipita e cobra antes do momento oportuno (art. 939); b) credor que demanda dívida já paga ou pede mais do que lhe é devido (art. 940).

PARTE 4

TEORIA GERAL DOS CONTRATOS

Capítulo 20

Noções Introdutórias e Princípios Contratuais

1. O CONTRATO COMO NEGÓCIO JURÍDICO

Por negócio jurídico deve-se entender o ato jurídico lícito que decorre da autonomia privada das partes e que busca a produção de efeitos pretendidos pelas próprias partes. Os negócios jurídicos poderão ser unilaterais ou bilaterais.

No negócio jurídico unilateral, a manifestação de vontade decorre de uma só pessoa. Como exemplo, temos o testamento, a promessa de recompensa e a emissão de um cheque.

Já no negócio jurídico bilateral, torna-se necessária a manifestação de mais de uma pessoa para que o ato se aperfeiçoe. Aqui nos deparamos com a figura jurídica do contrato.

2. CONCEITO DE CONTRATO

O Código Civil de 2002 não conceitua o que seja o contrato, deixando para a doutrina a missão de definir tal instituto. Considerando que a natureza jurídica do contrato é de negócio jurídico bilateral, exige-se a alteridade em sua elaboração, o que significa dizer que é necessária a presença de pelo menos duas pessoas quando da contratação. Vislumbrando o porquê do instituto, lembramos, em linhas gerais, dos objetivos de se criar, modificar ou extinguir direitos e deveres com eminente viés patrimonial. Claro que tudo isso só poderá progredir e alcançar a sua perfeita programação se houver a colaboração recíproca dos contratantes e um ambiente social incitando a contratação mais adequada ao Estado Democrático de Direito.

Nesse sentido, sinteticamente, podemos conceituar o contrato como sendo o negócio jurídico bilateral ou plurilateral que visa à criação, modificação ou extinção de direitos e deveres com conteúdo patrimonial, em perfeita colaboração recíproca das partes contratantes.

Se as partes, em virtude de sua autonomia, podem criar regramentos para si próprias, tal atitude será implementada por meio da figura jurídica denominada contrato. Assim, o contrato conterá regras específicas e particulares, ao revés da lei que se apresenta em caráter geral e abstrato.

3. O CONTRATO COMO FONTE DAS OBRIGAÇÕES

Ao lado da imponência da lei como fonte direta ou imediata das obrigações, temos o negócio jurídico, o ato jurídico em sentido estrito e os atos ilícitos como fontes indiretas ou mediatas das obrigações. Desse modo, impossível não visualizar o contrato como figura precursora de obrigações. Não raras são as vezes em que surge a relação jurídica obrigacional por força de um contrato. Eis, portanto, a conclusão de que o contrato é primordial instituto e também pilar do Direito Privado, ao lado da família, da propriedade e da empresa.

4. A PRINCIPIOLOGIA CLÁSSICA

O modelo clássico de contratação tem por base a forma tradicional de contratar que significa justamente as partes contratantes em igualdade de condições e que discutem cada um dos pontos do contrato. Nessa situação, tão somente a igualdade formal satisfazia os interesses da sociedade, ou seja, era necessário ter uma mera pressuposição de igualdade, passando longe da efetiva igualdade.

Os princípios que tangenciam a clássica contratação são: a **autonomia da vontade**, a **obrigatoriedade contratual** e a **relatividade dos efeitos**.

A autonomia da vontade se baseia na ampla liberdade que têm as partes contratantes de deliberar se querem contratar ou não, podendo ainda escolher o conteúdo do contrato e o outro contratante.

A obrigatoriedade contratual impunha o cumprimento do contrato dentro de seus exatos contornos. Traduzindo-se na vetusta regra latina do *pacta sunt servanda*, a obrigatoriedade contratual estabelecia o contrato como verdadeira lei formulada pelas partes e que por elas deveria ser cumprida, não importando que tal exacerbação conduzisse uma das partes à verdadeira ruína. As partes contratantes eram, pois, servas do contrato.

Pelo princípio da relatividade dos efeitos tinha-se que as consequências de um contrato deveriam repercutir estritamente entre as partes contratantes. Assim, somente esses seriam atingidos pelos efeitos do contrato realizado entre eles, sendo de todo indiferente à sociedade o conteúdo acordado.

5. A TEORIA PRECEPTIVA

De acordo com a teoria preceptiva não é possível mais se conceber o contrato como fenômeno exclusivamente decorrente da vontade das partes, mas sim como um fenômeno econômico-social.

Alguns valores, como a liberdade, a justiça, a segurança e a dignidade humana, fornecem agora o lastro para os novos princípios que exsurgem ou velhos princípios que são redesenhados. Assim, temos: a autonomia privada, a função social dos contratos, a boa-fé objetiva e a justiça contratual.

5.1   O princípio da autonomia privada e os seus subprincípios

O princípio da autonomia privada chega em substituição à velha autonomia da vontade, que apresenta forte carga individualista e liberal.

Do princípio da autonomia privada decorrem três subprincípios: a liberdade contratual, o consensualismo e a relatividade dos efeitos do contrato. Por **liberdade contratual** deve-se entender como a faculdade de escolha e determinação do conteúdo do contrato, que não pode ser confundida com a expressão "liberdade de contratar" que se traduz na faculdade de contratar ou não, de entabular o contrato ou não. A liberdade de contratar não sofre limitações, o que não acontece com a liberdade contratual diante de outro princípio que é a função social dos contratos.

Pelo **princípio do consensualismo**, encontraremos a regra geral de a forma do contrato deve ser tida como livre, salvo estipulação em contrário. Trata-se de corolário lógico do princípio da liberdade das formas que, repousando no art. 107, deve ser conjugado ainda com o art. 104, III, todos do CC. Destarte, basta o consenso para que se criem as avenças negociais, isto é, o consenso já é suficiente para obrigar as partes

O princípio do consensualismo chega se opondo ao formalismo do Direito Romano que impunha em quase todos os contratos determinada forma a ser seguida, fosse a manifestação de expressões solenes, a entrega da coisa ou a inscrição em livro próprio.

Por fim, pelo **princípio da relatividade** dos efeitos do contrato tem-se como premissa que o contrato vinculará apenas as partes que o celebraram, de modo que, um terceiro estranho à relação não está vinculado uma vez que não se obrigou.

Atenção

Exceções ao princípio da relatividade dos efeitos dos contratos encontram-se nos institutos da estipulação em favor de terceiro, na promessa de fato de terceiro e no contrato com pessoa a declarar.

Ademais, é importante lembrar que o princípio da relatividade dos efeitos do contrato também foi revisitado, exsurgindo a função social com poderes para relativizar tal princípio. Se o bom e regular desenvolvimento do contrato interessa à sociedade, é claro que terceiros poderão se opor a certas estipulações que no seu desenrolar o prejudiquem como acontece, por exemplo, por força do instituto da fraude contra credores. E do mesmo modo, terceiros não poderão de todo ignorar a contratação realizada entre outras pessoas com o fito de impedir o seu cumprimento ou aliciar a um dos contratantes. Nesse momento é que nos deparamos com a chamada tutela externa do crédito, a seguir relatada.

5.1.1   A tutela externa do crédito

A premissa é a de que, embora o contrato diga respeito *a priori* aos contratantes e apenas em relação a eles produza os seus efeitos, não poderá ficar esquecido que a terceiros não é dado o direito de atingir aquela relação contratual anteriormente entabulada, conforme estabelece o Enunciado nº 21 do CJF, aprovado na I Jornada de Direito Civil.

Por meio deste enunciado, devemos entender que se permanecermos vinculados a uma concepção individualista do contrato, não será possível a responsabilização de terceiro que porventura desvia um dos contratantes da rota desejada quando da avença. O que esse enunciado propõe é a responsabilização do terceiro que perturba a relação jurídica obrigacional primitiva em virtude do aliciamento a um dos contratantes. Eis a aplicação da teoria da tutela externa do crédito.

6.   A OBRIGATORIEDADE CONTRATUAL (*O PACTA SUNT SERVANDA*)

O Princípio da Obrigatoriedade Contratual, que se traduz na vetusta regra latina do *pacta sunt servanda* (o contrato faz lei entre as partes), quer dizer que uma vez entabulado o negócio as partes se obrigam a cumpri-lo. Embora não haja previsão expressa no Código Civil de 2002 de tal princípio, sabedores somos de que há título próprio nesta lei versando sobre o inadimplemento das obrigações e suas consequências (*vide* arts. 389 e ss.).

Assim, embora não seja correto dizer que na nova Codificação o *pacta sunt servanda* já não mais existe, é importante conceber a ideia de que tal princípio não encontra mais a imponência antes vislumbrada, posto que outros princípios redesenham o velho princípio, impondo nova concepção. É em razão disso que institutos como a lesão (art. 157, CC), o estado de perigo (art. 156, CC), a redução equitativa da cláusula penal (art. 413, CC), a teoria da imprevisão (art. 478, CC), dentre outros, tiveram guarida no Código Civil de 2002.

7.   A FUNÇÃO SOCIAL DOS CONTRATOS

O contrato faz circular riqueza e promove a difusão de bens, gera empregos e faz distribuir renda, devendo-se, por isso, buscar ao seu cabo que o seu exercício alcance e promova os interesses sociais. Assim, tem-se o contrato como fenômeno econômico-

-social, sendo interesse de toda a sociedade que os contratos se firmem e produzam os seus regulares efeitos.

No parágrafo único do art. 2.035 do CC está disposto: "Nenhuma convenção prevalecerá se contrariar preceitos de ordem pública, tais como os estabelecidos por este Código para assegurar a função social da propriedade e dos contratos".

Ademais, o princípio da função social está expresso no art. 421 do CC, com redação fornecida pela Lei nº 13.874/2019 (Lei da Liberdade Econômica), que impõe: "A liberdade contratual será exercida nos limites da função social do contrato".

Releva notar que é possível ainda vislumbrar a função social em suas manifestações interna e externa. A função social interna é aquela que produz efeitos *inter partes*, e é aqui que encontramos a aplicação dos arts. 157, 413, 478, dentre outros do Código Civil. Nesse mote, foi aprovado o Enunciado nº 360, na IV Jornada de Direito Civil: "O princípio da função social dos contratos também pode ter eficácia interna entre as partes contratantes".

Já a função social externa é aquela que produz efeitos para além das partes. É como buscar "o contrato para além do contrato". É aqui que encontra realce a tutela externa do crédito.

Em virtude das diversas conformações ofensivas resultantes da violação à função social do contrato foi aprovado o Enunciado nº 430 do CJF, com o seguinte teor: "A violação do art. 421 conduz à invalidade ou à ineficácia do contrato ou de cláusulas contratuais". Isso porque a invalidade somente se manifesta na origem da negociação, inexistindo, pois, invalidade que seja superveniente. Para a ofensa à função social que seja superveniente ao nascimento do contrato, a sanção que se mostra adequada é exatamente a ineficácia contratual.

7.1 A Lei da Liberdade Econômica (Lei nº 13.874/2019)

A Lei nº 13.874/2019 (Lei da Liberdade Econômica) corrigiu o art. 421 do CC que passa a ter a seguinte redação: "A liberdade contratual será exercida nos limites da função social do contrato".

Além disso, a mesma lei inseriu um parágrafo único no art. 421 do CC, com o seguinte teor: "Nas relações contratuais privadas, prevalecerão o princípio da intervenção mínima e a excepcionalidade da revisão contratual." O que o legislador faz aqui é afirmar um posicionamento ideológico de que o Estado deve intervir o mínimo possível nas relações entre os particulares, sendo a revisão contratual aplicada de forma estritamente excepcional.

A Lei nº 13.874/2019 (Lei da Liberdade Econômica) ainda insere no Código Civil de 2002 o art. 421-A, apresentando as seguintes orientações:

> Art. 421-A. Os contratos civis e empresariais presumem-se paritários e simétricos até a presença de elementos concretos que justifiquem o afastamento dessa

presunção, ressalvados os regimes jurídicos previstos em leis especiais, garantido também que:

I – as partes negociantes poderão estabelecer parâmetros objetivos para a interpretação das cláusulas negociais e de seus pressupostos de revisão ou de resolução;

II – a alocação de riscos definida pelas partes deve ser respeitada e observada; e

III – a revisão contratual somente ocorrerá de maneira excepcional e limitada.

O primeiro aspecto que deve ser observado no dispositivo mencionado é a unicidade de tratamento dirigido aos contratos, sejam eles civis ou empresariais, tendo como norte uma presunção relativa de que esses contratos são paritários e simétricos. Como a presunção é relativa, é possível a prova em sentido contrário. Porém, tal ônus recairá sobre a parte mais fraca. Logo, por uma interpretação às avessas do dispositivo, se os contratos forem de adesão justifica-se a proteção destinada nos arts. 113, § 1º, IV, 423 e 424, todos do CC. De toda sorte, ao fazer assim, o art. 421-A do CC afasta a aplicação do Código de Defesa do Consumidor que se destina aos consumidores que são, notadamente, vulneráveis.

Nos incisos do art. 421-A do CC, logo se constata que as partes podem estabelecer parâmetros objetivos para a interpretação das cláusulas (por exemplo, destacando uma cláusula como a mais importante e vetor de todo o contrato) e de seus pressupostos de revisão ou resolução (por exemplo, definindo um *quantum* do que será considerado desproporção para fins de revisão ou de resolução), o que está em sintonia com o art. 113, § 2º, do CC. Além disso, o dispositivo em comento chama a atenção de seu intérprete para a observância da alocação de riscos definida pelas partes que deve ser respeitada e, aqui, se visualiza o investimento feito pelas partes para o negócio desenvolvido e a expectativa que as partes têm de reavê-lo. E, repisando, o que fora dito no *caput* do art. 421 do CC, apresenta a revisão contratual como medida excepcional.

O que se percebe, a todo tempo, é que a inserção do art. 421-A no CC homenageia o princípio da autonomia privada e da obrigatoriedade dos contratos. Todavia, é bom destacar que, nada obstante a positivação de tais orientações, é evidente que tais princípios não devem ser considerados de forma absoluta, já que outros princípios (função social, boa-fé objetiva e equilíbrio dos contratos) também são estandartes da contratação na contemporaneidade, sob pena de se retroceder em nosso ordenamento jurídico em matéria de teoria contratual.

7.2 O subprincípio da conservação ou preservação dos contratos

A necessidade de conservação dos contratos decorre da função social que estes desempenham, motivo pelo qual não raro encontramos espalhados no CC de 2002 artigos inspirados na necessidade de conservação dos contratos como, por exemplo, os arts. 144; 157, § 2º, e 167, *in fine*.

Ademais, lembramos o Enunciado nº 22, aprovado na I Jornada de Direito Civil, que evidencia a importância da subprincípio: "A função social do contrato, prevista no art. 421 do novo Código Civil, constitui cláusula geral, que reforça o princípio de conservação do contrato, assegurando trocas úteis e justas".

8. A BOA-FÉ OBJETIVA

O Código Civil brasileiro de 2002 apresenta em diversos dispositivos a superposição da boa-fé, cujo objetivo são as relações negociais, uma vez que uma das diretrizes orientadoras da nova Codificação é justamente a eticidade.

8.1 Boa-fé objetiva × boa-fé subjetiva

Boa-fé subjetiva é um estado anímico do agente que age acreditando que as coisas estão dentro de sua normalidade e correndo da maneira adequada. Trata-se da convicção íntima do agente que atua acreditando que a sua conduta se desenvolve sem nenhum vício e da forma correta. Há forte carga psicológica nesta manifestação de boa-fé. Em virtude disso, surge a dificuldade de sua aferição. O que podemos constatar, todavia, é que o oposto de boa-fé subjetiva é exatamente a má-fé. Assim, quando o agente não apresenta boa-fé subjetiva, ele estará de má-fé. A boa-fé subjetiva está presente no Código Civil de 2002 no art. 309, quando trata do devedor de boa-fé que paga ao credor putativo; no art. 1.242, ao estabelecer os requisitos da usucapião ordinária; e no art. 1.561, que versa sobre o casamento putativo.

Já a boa-fé objetiva, que é a que nos interessa para fins contratuais, é padrão de comportamento, é modelo de conduta que impõe às partes uma atuação honesta. Essa é a boa-fé contratual e quando não presente, não significa que, necessariamente, tenha havido a má-fé.

8.2 As funções da boa-fé objetiva

A boa-fé objetiva desempenha três importantes funções ou finalidades no Código Civil de 2002: interpretativa (art. 113); limitativa ou controle (art. 187); e integrativa (art. 422).

8.2.1 A função interpretativa da boa-fé objetiva

O art. 113 do Código Civil estabelece que: "Os negócios jurídicos devem ser interpretados conforme a boa-fé e os usos do lugar de sua celebração". O que tal dispositivo pretende fazer é apresentar a boa-fé como instrumento útil ao intérprete para que se perquira o sentido das estipulações negociais.

Além disso, é bom lembrar que a Lei nº 13.874/2019 (Lei da Liberdade Econômica) promove interessantes inserções no art. 113 do CC.

8.2.2 A função limitativa ou controle da boa-fé objetiva

Atualmente o exercício dos direitos subjetivos não se encontra de todo livre, senão limitado pela função econômica e social do direito, pelos bons costumes e pela boa-fé objetiva. Tal afirmação decorre, em verdade, de expressa imposição presente no art. 187 do CC. Assim, a boa-fé objetiva atua como fator limitador do exercício do direito subjetivo para que esse não se transforme em abuso de direito.

Portanto, o direito deve ser exercido dentro dos contornos estabelecidos pelo modelo de comportamento imposto pela honestidade e confiança inafastável para a perfeita convivência social.

8.2.3 A função integrativa da boa-fé objetiva

A boa-fé objetiva também visa a integrar à obrigação principal os deveres laterais, anexos ou satelitários. Esses deveres se manifestam por meio da proteção, da informação, da cooperação, da lealdade e da solidariedade que deverão existir a nortear a relação negocial. É por isso que se diz que, hodiernamente, não se cumpre mais uma obrigação simplesmente adimplindo à prestação principal. A todo tempo, ladeando a obrigação principal estão os deveres laterais ou anexos que também deverão ser atendidos e terão incidência independente de disposição expressa no contrato.

A função integrativa da boa-fé objetiva repousa no art. 422 do CC que apresenta o seguinte texto: "Os contratantes são obrigados a guardar, assim na conclusão do contrato, como em sua execução, os princípios de probidade e boa-fé". Atentando para esse artigo percebemos a sua insuficiência. Isso porque é sabido que a visão pós-moderna da contratualidade impõe uma contratação não apenas exaurindo-se em único momento. A concepção de obrigação mais adequada a um Estado Democrático de Direito é a de que ela é, antes de tudo, um processo, no sentido de que se trata de um conjunto de atos, todos eles permeados pela necessidade de colaboração recíproca entre as partes visando maior satisfação ao credor e menor onerosidade ao devedor. Só assim é possível se ter uma obrigação em que se resguardam os interesses patrimoniais das partes, sem deixar de lado os direitos da personalidade e o princípio da dignidade da pessoa humana.

Se conscientes do contrato se desenvolvendo por meio de fases, é evidente que todas essas deverão ser iluminadas pelos deveres laterais ou anexos. Desse modo, foi aprovado o Enunciado nº 25: "O art. 422 do Código Civil não inviabiliza a aplicação, pelo julgador, do princípio da boa-fé nas fases pré e pós-contratual". Depois, nessa mesma esteira sobreveio a aprovação do Enunciado nº 170: "A boa-fé objetiva deve ser observada pelas partes na fase de negociações preliminares e após a execução do contrato, quando tal exigência decorrer da natureza do contrato".

A boa-fé objetiva na fase pré-contratual se manifesta quando, mesmo nas negociações preliminares, há a imposição de acatamento à postura cooperativa entre as partes. Nesse momento, torna-se fácil a sua visualização por meio do dever de informação atribuído as partes.

Importa lembrar também que, quando do fim da execução do contrato a boa-fé deverá perdurar e é aqui que surgem os deveres *post pactum finitum*. Assim, mesmo com a fase contratual propriamente dita já terminada, as partes devem ainda atuar no sentido de colaboração recíproca.

Em conclusão, viceja esclarecer que caso a prestação principal seja adimplida, sem o devido cumprimento dos deveres laterais ou anexos terá havido aquilo que se designa de violação positiva do contrato, também conhecida por "adimplemento ruim", "cumprimento inexato" ou "cumprimento defeituoso". Trata-se, em verdade, de terceira espécie de inadimplemento, que ocupa lugar ao lado da mora e do inadimplemento absoluto.

> ## Importante
>
> Se a obrigação hoje é vista como um processo, com um antes, um durante e um depois – sendo todas essas fases iluminadas pelo princípio da boa-fé objetiva, o que gera a chamada obrigação complexa ou contemporânea –, decerto que a violação positiva do contrato ensejará todas as consequências decorrentes de um inadimplemento como a resolução do negócio, indenização por perdas e danos etc. Nessa esteira foi aprovado o Enunciado nº 24 do CJF com a seguinte redação: "Em virtude do princípio da boa-fé, positivado no art. 422 do novo Código Civil, a violação dos deveres anexos constitui espécie de inadimplemento, independentemente de culpa".

8.3 Teorias que decorrem da boa-fé objetiva

8.3.1 A supressio (verwirkung)

A *supressio* ocorre quando o sujeito tem um direito suprimido em virtude do seu não exercício. Desse modo, a conduta negativa do sujeito, a sua omissão quanto ao exercício de um determinado direito, acabará por fazer suprimir esse direito, de modo que, a tentativa do exercício tardio do direito restará frustrada. Manifestação da *supressio*, a título de exemplo, é encontrada no art. 330 do CC que apresenta a seguinte redação: "O pagamento reiteradamente feito em outro local faz presumir renúncia do credor relativamente ao previsto no contrato". Aqui o que temos é um credor que reiteradamente admite que o pagamento seja feito em local que não aquele estabelecido no contrato, gerando a expectativa no devedor de que nunca exercerá tal direito. Em respeito à boa-fé objetiva, orientadora das relações negociais, tal direito acaba por ser suprimido.

> **Atenção**
>
> É importante que não se confunda a teoria da *supressio* com os institutos da prescrição e decadência. É que esses institutos estão previstos na lei, com os seus contornos perfeitamente delimitados. Ademais, na prescrição e na decadência o que há é simplesmente a extinção da pretensão ou do direito potestativo, respectivamente, a depender da fluência de prazo preestabelecido. Na *supressio*, exige-se, além da fluência do tempo e a concomitante omissão do sujeito, que a boa-fé reprove a conduta de um sujeito que tardiamente resolveu exercer determinado direito, a despeito da expectativa gerada na outra parte em sentido contrário.

8.3.2 A surrectio (erwikung)

A *surrectio* quer dizer surreição, e é teoria que caminha lado a lado com a *supressio*. A razão é óbvia: diante da supressão do direito de um, viceja o nascimento, a surreição do direito de outro. Assim, podemos dizer que, a outra face da *supressio* é exatamente a *surrectio*. No exemplo do art. 330 do CC já mencionado, percebemos que a supressão do direito do credor resultou em direito para o devedor (*vide* STJ, REsp 1.786.667-RJ, Rel. Min. Paulo de Tarso Sanseverino, julgado em 12/2/2019, *DJe* 14/2/2019).

8.3.3 O venire contra factum proprium non potest (teoria dos atos próprios)

Em tradução literal *venire contra factum proprium non potest* quer dizer "ir contra fato próprio, não pode". Por essa teoria há o repúdio à contradição. Significa dizer que ninguém pode contrariar atos próprios. Assim, se o sujeito se posicionou em um determinado sentido, não poderá depois assumir postura diversa à anteriormente adotada, exatamente por ferir a lealdade e a confiança decorrentes da boa-fé objetiva. Exemplificando o *venire contra factum proprium* lembramos de clássica situação extraída de jurisprudência alemã em que o empregador assegura ao seu empregado que não irá dispensá-lo, convencendo-lhe de não sair da empresa, e um mês depois, dispensa-o sob a alegação de má situação financeira da empresa.

> **Importante**
>
> De início poderíamos vislumbrar a similitude entre os institutos do *venire contra factum proprium* e a *supressio*. Entretanto, ambos merecem distinção diante de dois critérios:

1º) No *venire*, há uma conduta comissiva em um sentido, seguida de uma conduta também comissiva em contradição com a primeira; já na *supressio*, há uma longa omissão seguida do exercício tardio de um direito;

2º) Embora em ambos o que se nota é a geração de expectativa do não exercício de um direito, a diferença reside na ideia de que, enquanto na *supressio* o direito é transferido a outrem, no *venire*, gera-se a expectativa de seu não exercício sem, contudo, transmiti-lo.

8.3.4 *O* tu quoque

A expressão *tu quoque* passou a ser consagrada universalmente como sinônimo de decepção, depois que, o Imperador Romano Júlio César, em 44 a. C, a proferiu quando detectou dentre os seus assassinos o seu filho Marco Júnio Bruto. O Imperador assim gritou: "*Tu quoque, Brute, tu quoque brute fili mili*" que, em tradução literal, significa "Até tu Brutus, até tu, Brutus, filho meu".

Desse modo, haverá aplicação do *tu quoque* sempre que a parte que viola a norma jurídica pretenda, posteriormente, a sua aplicação em benefício próprio. Por isso, é comum dizer que não se deve fazer ao outro o que não faria a si mesmo. Aplicação claríssima do *tu quoque* encontramos na locução do art. 180 do CC: "O menor, entre dezesseis e dezoito anos, não pode, para eximir-se de uma obrigação, invocar a sua idade se dolosamente a ocultou quando inquirido pela outra parte, ou se, no ato de obrigar-se, declarou-se maior". O que o referido artigo quer dizer é que diante da malícia empregada pelo menor, o negócio será perfeitamente válido e exigível, não podendo o menor entre dezesseis e dezoito anos, depois de realizado o negócio, buscar a proteção da lei, se de início agiu esperta e maliciosamente enganando a outra parte acerca de sua idade.

8.3.5 *O* duty to mitigate the loss

Por *duty to mitigate the loss* devemos entender o dever que tem o sujeito de mitigar a sua própria perda, no sentido que o próprio credor da relação jurídica obrigacional tem o dever de atenuar o seu próprio prejuízo. Fica fácil vislumbrar a aplicação do *duty to mitigate the loss* tendo como pano de fundo o dever de colaboração que deve existir entre as partes contratantes. Como exemplo podemos destacar o locador do imóvel que diante da inadimplência dos aluguéis pelo locatário se queda inerte sem ajuizar a devida ação de despejo aguardando o crescimento da dívida. A referida teoria ainda se manifesta nas redações dos arts. 769 e 771 do Código Civil, respeitantes ao contrato de seguro.

Caso o credor não atenue o seu próprio prejuízo, diante da teoria do *duty to mitigate the loss*, oriunda da boa-fé objetiva, será cabível a redução do próprio crédito do credor. Por fim, lembramos que a teoria se evidenciou por meio do Enunciado nº 169, que apresenta a seguinte redação: "O princípio da boa-fé objetiva deve levar o credor a evitar o agravamento do próprio prejuízo".

9. A JUSTIÇA CONTRATUAL

Pelo princípio da justiça contratual busca-se o equilíbrio na relação contratual, sendo que esse equilíbrio deverá estar presente tanto na origem do contrato como ao longo de sua execução, em se tratando de contratos de execução futura. Exige-se que o equilíbrio seja não apenas genético (na origem do contrato), mas também funcional (ao longo de sua execução).

Caso o equilíbrio genético seja ofendido, a solução será se socorrer dos institutos da lesão (art. 157, CC) e do estado de perigo (art. 156, CC) que induzirão à anulação do negócio (art. 171, II, CC). O estudo da lesão e do estado de perigo é pertinente à parte geral do Direito Civil. No presente Capítulo, todavia, destacamos a possibilidade de o equilíbrio funcional ser atingido. Aqui, a solução é se socorrer da tentativa de revisão do contrato, tema que se apresentou mundialmente tormentoso ao longo dos séculos.

EM RESUMO:	
O contrato como negócio jurídico	**Negócio jurídico**: é o ato jurídico lícito que decorre da autonomia privada das partes e que busca a produção de efeitos pretendidos pelas próprias partes. O contrato é **negócio jurídico bilateral**, pois é necessária a manifestação de mais de uma pessoa para que o ato se aperfeiçoe.
Conceito de contrato	**Conceito**: contrato é o negócio jurídico bilateral ou plurilateral que visa à criação, modificação ou extinção de direitos e deveres com conteúdo patrimonial, em perfeita colaboração recíproca das partes contratantes.
O contrato como fonte das obrigações	**Fontes das obrigações**: a) **Diretas** ou **imediatas**: leis. b) **Indiretas** ou **mediatas**: o negócio jurídico, o ato jurídico em sentido estrito e os atos ilícitos. Como o **contrato** é um negócio jurídico bilateral, inclui-se como figura precursora de obrigações.
A principiologia clássica	Princípios que tangenciam o modelo clássico de contratação: a **autonomia da vontade**, a **obrigatoriedade contratual** (*pacta sunt servanda*) e a **relatividade dos efeitos** (as consequências repercutem apenas entre as partes contratantes).

A Teoria Preceptiva	De acordo com a teoria preceptiva não é possível mais se conceber o contrato como fenômeno exclusivamente decorrente da vontade das partes, mas sim como um fenômeno econômico-social. Alguns valores, como a liberdade, a justiça, a segurança e a dignidade humana, fornecem agora o lastro para os novos princípios que exsurgem os velhos princípios que são redesenhados. Assim, temos: a autonomia privada, a função social dos contratos, a boa-fé objetiva e a justiça contratual.
A obrigatoriedade contratual (o *pacta sunt servanda*)	**Princípio da Obrigatoriedade Contratual** ou ***pacta sunt servanda***: o contrato faz lei entre as partes. Tal princípio não encontra mais a imponência antes vislumbrada, pois outros princípios redesenham o velho princípio, impondo nova concepção.
A função social dos contratos	**Art. 2.035, parágrafo único, CC**: "Nenhuma convenção prevalecerá se contrariar preceitos de ordem pública, tais como os estabelecidos por este Código para assegurar a função social da propriedade e dos contratos". **Art. 421 do CC, com redação fornecida pela Lei nº 13.874/2019 (Lei da Liberdade Econômica)**: "A liberdade contratual será exercida nos limites da função social do contrato". **Subprincípio da conservação ou preservação dos contratos**: a necessidade de conservação dos contratos decorre da função social que estes desempenham (exemplos de dispositivos inspirados na necessidade de conservação dos contratos: arts. 144; 157, § 2º, e 167, *in fine*, CC). Este subprincípio também é reforçado pelo Enunciado nº 22, da I Jornada de Direito Civil.
A boa-fé objetiva	**Boa-fé objetiva *versus* boa-fé subjetiva**: a) Boa-fé objetiva; b) Boa-fé subjetiva. **As funções da boa-fé objetiva**: a) Interpretativa (art. 113); b) Limitativa ou controle (art. 187); e c) Integrativa (art. 422). **Teorias que decorrem da boa-fé objetiva**: a) *Supressio* (*vermirkung*): ocorre quando o sujeito tem um direito suprimido em virtude do seu não exercício. Exemplo: art. 330, CC. b) *Surrectio* (*erwikung*): diante da supressão do direito de um, viceja o nascimento, a surreição do direito de outro. Exemplo: art. 330, CC.

A boa-fé objetiva	c) *Venire contra factum proprium non potest* (teoria dos atos próprios): ninguém pode contrariar atos próprios. Assim, se o sujeito se posicionou em um determinado sentido, não poderá depois assumir postura diversa à anteriormente adotada, exatamente por ferir a lealdade e a confiança decorrentes da boa-fé objetiva. d) *Tu quoque*: aplica-se sempre que a parte que viola a norma jurídica pretenda, posteriormente, a sua aplicação em benefício próprio. Exemplo: art. 180, CC. e) *Duty to mitigate the loss*: corresponde ao dever de mitigar a sua própria perda, no sentido que o próprio credor da relação jurídica obrigacional tem o dever de atenuar o seu próprio prejuízo. Exemplos: arts. 769 e 771, CC.
A justiça contratual	Pelo princípio da justiça contratual busca-se o equilíbrio na relação contratual, tanto na origem do contrato (**equilíbrio genético**) como ao longo de sua execução (**equilíbrio funcional**), em se tratando de contratos de execução futura. Caso o **equilíbrio genético** seja ofendido, a solução será se socorrer dos institutos da lesão (art. 157, CC) e do estado de perigo (art. 156, CC) que induzirão à anulação do negócio (art. 171, II, CC). Caso o **equilíbrio funcional** seja ofendido, a solução será se socorrer da tentativa de revisão do contrato.

Capítulo 21

Classificação dos Contratos

A compreensão da classificação dos contratos torna-se importante instrumento para aferição da natureza jurídica de determinado contrato. A seguir, apresentamos as diversas classificações acerca dos contratos.

1. QUANTO AO MOMENTO DO APERFEIÇOAMENTO DO CONTRATO

a) Consensuais: são aqueles contratos que se perfazem com o simples acordo de vontade das partes, cuja regra é que os contratos sejam consensuais. Por exemplo, o contrato de compra e venda, a locação, a doação etc.

b) Reais: são aqueles contratos em que não basta o acordo de vontades para se formarem, exigindo, pois, a entrega da coisa. Como exemplo temos o depósito, comodato, mútuo e o contrato estimatório. Nesses contratos, antes da entrega da coisa o que há é apenas uma promessa de contratar.

2. QUANTO ÀS FORMALIDADES EXIGIDAS

a) Formais: são aqueles contratos em que não basta a manifestação de vontade das partes, para se formarem exige-se o cumprimento de uma formalidade, por exemplo, a compra e venda de bem imóvel de valor superior a 30 vezes o salário mínimo que deverá ser feita por meio de escritura pública (art. 108, CC).

b) Informais: são aqueles contratos em que não há a exigência de formalidades. Por exemplo, a compra e venda de bem móvel.

> **Atenção**
>
> Neste ponto, cumpre observar que embora seja comum apresentar como sinonímia de contrato formal o contrato solene, estamos com os autores que entendem que não deve haver confusão entre formalidade e solenidade. É que o primeiro seria gênero e o segundo espécie. Assim, como vimos, se contrato formal é aquele

que deverá acatar à determinada forma prevista em lei, se essa forma for a escritura pública haverá uma solenidade, além da formalidade. Então, podemos dizer que o contrato de compra e venda de imóvel de valor superior a 30 vezes o salário mínimo porque deve ser feito por instrumento público é um contrato formal e ao mesmo tempo solene. Mas, note-se que, nem sempre o contrato formal será solene, sendo considerado assim somente se a forma exigida for a escritura pública.

3. QUANTO ÀS OBRIGAÇÕES DAS PARTES

a) **Unilaterais:** são aqueles contratos em que apenas uma das partes assume obrigação. Como exemplo temos, em regra, a doação, o mandato, o mútuo, o comodato e o depósito.

b) **Bilaterais ou sinalagmáticos:** são aqueles contratos em que ambas as partes assumem obrigações. Exemplos são a compra e venda, a locação, a troca, a prestação de serviços etc.

> **Atenção**
>
> É importante não confundir: um negócio jurídico pode ser unilateral ou bilateral. O contrato é exatamente um exemplo de negócio jurídico bilateral. Quando focamos no contrato, este, por sua vez, poderá ser unilateral ou bilateral, conforme classificação apresentada acima.

4. QUANTO AO SACRIFÍCIO PATRIMONIAL SOFRIDO

a) **Onerosos:** são os contratos em que ambas as partes sofrem sacrifício patrimonial. Exemplos: a compra e venda, a locação.

b) **Gratuitos ou benéficos:** são aqueles contratos em que apenas uma das partes sofre sacrifício patrimonial. Exemplo: a doação.

> **Atenção**
>
> Importante atentar que, geralmente, os contratos onerosos são bilaterais e os gratuitos, unilaterais. Porém, é possível que um contrato gratuito seja bilateral, por exemplo, a doação com encargo.

5. QUANTO À PREVISÃO LEGAL

a) **Típicos:** são os contratos que apresentam disciplina mínima em lei. Por exemplo, a compra e venda, a doação, o seguro etc.

b) **Atípicos:** são os contratos que não foram regulados pela lei. Por exemplo, o contrato de cessão de clientela e os contratos eletrônicos, em geral. No que respeita aos contratos atípicos, o art. 425 do CC preceitua: "É lícito às partes estipular contratos atípicos, observadas as normas gerais fixadas neste Código". Desse modo, o Enunciado nº 582, conta com a seguinte redação: "Com suporte na liberdade contratual e, portanto, em concretização da autonomia privada, as partes podem pactuar garantias contratuais atípicas".

> **Atenção**
>
> Alguns autores apontam pela inconveniência de apresentar como sinonímia de típico o termo "nominado", e de atípico o termo "inominado". É que o correto é apontar que será o contrato típico quando apresenta a sua estrutura mínima regulada em lei como, por exemplo, o contrato de doação. Se o legislador mencionar o nome doação sem, contudo, regulá-lo, o contrato de doação seria apenas nominado por apresentar uma designação, porém, atípico. Portanto, contrato típico é aquele que apresenta uma regulação legal mínima, já contrato nominado é aquele que simplesmente apresenta um *nomen juris*.

6. QUANTO AO TEMPO DE EXECUÇÃO OU MOMENTO DO CUMPRIMENTO

a) **Contrato de execução instantânea ou imediata:** trata-se do contrato em que o cumprimento se dá logo em seguida a sua constituição. Por exemplo, uma compra e venda com pagamento estipulado para que seja à vista.

b) **Contrato de execução futura continuada:** trata-se do contrato em que o seu cumprimento se dá paulatinamente por meio de subvenções periódicas, isto é, ocorre o pagamento de parcelas. Por exemplo, a compra e venda com pagamento estipulado por meio de parcelas quinzenais, mensais, trimestrais etc.

c) **Contrato de execução futura diferida:** trata-se do contrato em que o cumprimento também ocorrerá no futuro, porém de uma só vez. Por exemplo, a compra e venda com pagamento efetuado por meio de um cheque pós-datado.

7. QUANTO À PESSOALIDADE

a) **Impessoais:** são os contratos em que se desconsideram as características pessoais do contratante, podendo ser cumprido por qualquer um. Por exemplo, o contrato de compra e venda.

b) **Pessoais ou personalíssimos ou *intuitu personae*:** são os contratos em que se levam em consideração as características pessoais de um dos contratantes. Por exemplo, o contrato de fiança. Tanto é assim que, na fiança, quando do falecimento do fiador o que há é a extinção do contrato, transferindo-se aos herdeiros do fiador apenas eventuais débitos já vencidos, dentro das forças da herança, e não a condição de fiador (art. 836, CC).

8. QUANTO À INDEPENDÊNCIA

a) **Principais:** são aqueles contratos que subsistem por si próprios, independentemente de qualquer outro contrato. Por exemplo, o contrato de locação.

b) **Acessórios:** são aqueles que dependem de outro para existir. Por exemplo, o contrato de fiança.

A importância desta classificação reside em exatamente atentar para a relação entre o acessório e o principal. Já sabemos muito bem que tudo o que acontece ao principal repercute em relação ao acessório. Desse modo, se, por exemplo, for detectada alguma nulidade no contrato principal, o contrato acessório também será fulminado por ela. Que fique claro que o contrário não é verdadeiro. Assim, se o contrato acessório for atingido por algum vício, não haverá repercussão no principal.

9. QUANTO AO MODO DE ELABORAÇÃO OU DISCUSSÃO DAS PARTES ACERCA DO CONTEÚDO DO CONTRATO

a) **Paritário:** aquele em que as cláusulas são fixadas livremente pelas partes, após debate entre elas.

b) **De adesão:** aquele que foi elaborado exclusivamente por umas das partes (o estipulante), que possui o monopólio do negócio. Por exemplo, o contrato de fornecimento de água ou eletricidade.

c) **Por adesão:** aquele que foi elaborado exclusivamente por uma das partes (o estipulante), mas não há o monopólio sobre o negócio. As cláusulas são predeterminadas, sem possibilidade de modificação, debate e transigência entre as partes.

Importante

Seguindo a orientação do Código de Defesa do Consumidor e do Código Civil de 2002, que apenas mencionam "contrato de adesão", preferimos entender que as figuras do contrato por adesão e do contrato de adesão representam, em verdade, sinônimas e, daí que mencionaremos, doravante, apenas a designação contrato de adesão de maneira ampla, sugerindo, ainda, o seguinte conceito: contrato de adesão é a figura negocial pela qual o conteúdo é imposto unilateralmente por uma das partes ou até mesmo por um terceiro, sem haver manifestação de debate ou transigência entre as partes acerca do conteúdo contratual, restando a outra parte apenas a possibilidade de anuir a ele ou rechaçá-lo. Englobamos, assim, o contrato por adesão e aquelas variações designadas de contrato formulário ou tipo, sendo, esses últimos aqueles que são vendidos já prontos, por exemplo, em papelarias e bancas de jornais.

Não obstante ao já relacionado, trazemos à baila o conceito de contrato de adesão previsto no art. 54 do CDC: "Contrato de adesão é aquele cujas cláusulas tenham sido aprovadas pela autoridade competente ou estabelecidas unilateralmente pelo fornecedor de produtos ou serviços, sem que o consumidor possa discutir ou modificar substancialmente o seu conteúdo

Paralelo a tal tratamento já dispensado aos contratos de adesão na Lei Consumerista, encontramos previsão, ainda, no Código Civil de 2002, nos arts. 423 e 424, a seguir transcritos:

> Art. 423, CC: Quando houver no contrato de adesão cláusulas ambíguas ou contraditórias, dever-se-á adotar a interpretação mais favorável ao aderente.
>
> Art. 424, CC: Nos contratos de adesão, são nulas as cláusulas que estipulem a renúncia antecipada do aderente a direito resultante da natureza do negócio.

Fizemos questão de apresentar as estruturas do Código Civil de 2002 e do Código de Defesa do Consumidor respeitantes aos contratos de adesão para já logo realçar que não podemos confundir a figura do contrato de adesão com o contrato de consumo, visto que, por vezes, há um contrato de consumo e não há contrato de adesão, do mesmo modo que poderá haver contrato de adesão sem se tratar de relação de consumo.

O contrato de consumo surge da relação jurídica de consumo. Podemos concluir, após breve análise dos arts. 2° e 3° do CDC, que haverá contrato de consumo quando fornecedor e consumidor transacionam produtos e serviços. Daí que, se essa negociação se der com conteúdo imposto unilateralmente por uma das partes, cabendo a outra apenas anuir a ele ou não, estaremos diante de um contrato de consumo e de adesão. Porém, nem sempre isso acontece. Sendo que, é bem possível que pessoas que se encontram no mesmo nível, não havendo relação de consumo, entabulem negócio por meio de um contrato de adesão. Caso em que, nada obstante a existência de um contrato de adesão, não subjaz por trás dele uma relação consumerista.

Propugnando por afastar a confusão existente entre contrato de adesão e contrato de consumo, foi aprovado o Enunciado nº 171 com o seguinte teor: "O contrato de adesão, mencionado nos arts. 423 e 424 do novo Código Civil, não se confunde com o contrato de consumo". E ainda, corroborando tal entendimento o Enunciado nº 172: "As cláusulas abusivas não ocorrem exclusivamente nas relações jurídicas de consumo. Dessa forma, é possível a identificação de cláusulas abusivas em contratos civis comuns, como, por exemplo, aquela estampada no art. 424 do Código Civil de 2002".

10. QUANTO AOS RISCOS

a) **Comutativos:** as prestações de ambas as partes já são pré-estimadas, isto é, as prestações são certas e determinadas. Por exemplo, no contrato de compra e venda (em regra), no contrato de locação etc.

b) **Aleatórios:** a prestação de uma das partes poderá ser devida ou não e, em sendo devida, a quantidade poderá variar a depender do fator sorte (álea). Desse modo, o Código Civil prevê duas formas de contratos aleatórios:

b.1) **Contrato aleatório *emptio spei*:** um dos contratantes assume o risco relativo à própria existência da coisa ou fato, nada obstante o preço que será pago integralmente, mesmo que a coisa não venha a existir no futuro, desde que não haja dolo ou culpa da outra parte (art. 458, CC). O exemplo comumente lembrado aqui é o seguro de acidente de veículo automotor. Em se tratando de contrato de compra e venda, que, excepcionalmente, poderá ser aleatório, utilizaremos a designação de "venda da esperança".

b.2) **Contrato aleatório *emptio rei speratae*:** o risco se reduz à quantidade da coisa comprada, uma vez que um mínimo deverá ser apresentado (art. 459, CC). O exemplo é: a compra da safra de café do próximo ano. Nesse caso, podemos designá-lo de "venda da coisa esperada". Releva notar que, nessa hipótese, se nada vier a existir, não haverá alienação (art. 459, parágrafo único, CC).

EM RESUMO:	
Quanto ao momento do aperfeiçoamento do contrato	• Consensuais • Reais
Quantos às formalidades exigidas	• Formais • Informais
Quanto às obrigações das partes	• Unilaterais • Bilaterais ou sinalagmáticos
Quanto ao sacrifício patrimonial sofrido	• Oneroso • Gratuito ou benéfico
Quanto à previsão legal	• Típico • Atípico
Quanto ao momento do cumprimento do contrato	• Instantâneo ou execução imediata • Execução futura continuada • Execução futura diferida
Quanto à pessoalidade	• Impessoais • Pessoais ou personalíssimos ou *intuitu personae*
Quanto à independência	• Principal • Acessório
Quanto ao modo de elaboração ou discussão das partes acerca do conteúdo do contrato	• Paritário • De adesão • Por adesão
Quanto aos riscos	Comutativos Aleatórios – *emptio spei;* – *emptio rei speratae.*

Capítulo 22

A Formação dos Contratos

O Código Civil de 2002 disciplina a formação dos contratos nos arts. 427 ao 435. As fases de formação dos contratos são: negociações preliminares, proposta e aceitação, a seguir analisadas.

1. DAS NEGOCIAÇÕES PRELIMINARES OU FASE DA PUNTUAÇÃO

Por negociações preliminares devem ser entendidas as conversas iniciais, as sondagens, as tratativas acerca do futuro contrato a ser celebrado. Essa fase também se denomina fase da puntuação em virtude de orientação italiana ao lançar a informação de que este é o momento em que são discutidos os pontos (*puntos*) principais e periféricos do futuro contrato.

Neste momento surge a minuta contratual que é a redução a termo dos pontos do futuro negócio a ser celebrado, que seria, basicamente o esboço do contrato.

Em regra, as tratativas não geram vinculação ou obrigatoriedade entre as partes. Nessa senda, lembramos que, excepcionalmente, porém, em respeito ao princípio da boa-fé objetiva encontramos julgados no sentido de as negociações preliminares terem vinculado as partes por gerarem excessiva expectativa de contratação, de modo que a não contratação origina o direito de indenização à parte prejudicada.

Para que fique claro, é importante notar, entretanto, que acerca da responsabilização na fase das negociações preliminares, duas podem ser as argumentações:

1ª) Não poderá haver responsabilidade civil contratual, uma vez que não há contrato formado ainda. Poderá haver responsabilidade civil extracontratual ou aquiliana por força do art. 186 conjugado com o art. 927, ambos do CC. Assim, se na fase das tratativas, uma parte com uma conduta antijurídica, movida por culpa ou dolo, causa dano, ainda que exclusivamente moral, a outra, poderá haver pedido de indenização. E também por ofensa aos deveres laterais ou anexos que também estão presente na fase pré-contratual e, por conseguinte, ofensa ao princípio da boa-fé objetiva.

2ª) Poderá haver responsabilidade civil contratual com fincas na ofensa aos deveres laterais ou anexos que estão integrados à obrigação por força do princípio da boa-fé objetiva, sendo que tais deveres decerto deverão estar presentes em todas as fases da contratação. Configura-se aqui uma responsabilidade contratual e objetiva, diante de tal fato se constituir em abuso de direito, em conformidade com o art. 187 do CC e do Enunciado nº 37 do CJF. Ademais, não podemos esquecer o Enunciado nº 24 com a seguinte redação: "Em virtude do princípio da boa-fé, positivado no art. 422 do novo Código Civil, a violação dos deveres anexos constitui espécie de inadimplemento, independentemente de culpa".

2. FASE DA PROPOSTA

A fase da proposta, também conhecida por oferta ou policitação, é de primordial importância, uma vez que é nesta fase que as partes são intituladas de: proponente ou policitante (que é o autor da proposta) e oblato ou policitado (o destinatário da proposta).

Insta salientar que a minuta contratual assinada por uma das partes poderá ser considerada proposta gerando todos os efeitos dessa.

Conforme o art. 427 do CC, o proponente ou policitante se vincula àquilo que oferecer. A proposta não obriga o oblato, tão somente o proponente. Desse modo, a proposta se traduz na manifestação séria e precisa do proponente no sentido de contratar, apresentando os pontos essenciais do futuro negócio, trata-se, em verdade, de declaração unilateral e receptícia de vontade.

A proposta poderá ser realizada entre presentes, que é quando as partes podem se comunicar imediatamente, e aqui se considera a proposta feita por telefone, ou entre ausentes que ocorre quando as partes não podem se comunicar imediatamente.

Como há a vinculação do proponente, uma vez realizada a proposta não poderá ser revogada ou modificada, salvo nas hipóteses do art. 428 do CC: I – se, feita sem prazo a pessoa presente, não foi imediatamente aceita. Considera-se também presente a pessoa que contrata por telefone ou por meio de comunicação semelhante; II – se, feita sem prazo a pessoa ausente, tiver decorrido tempo suficiente para chegar a resposta ao conhecimento do proponente; III – se, feita a pessoa ausente, não tiver sido expedida a resposta dentro do prazo dado; IV – se, antes dela, ou simultaneamente, chegar ao conhecimento da outra parte a retratação do proponente.

A retratação da proposta, conforme art. 428, IV, do CC, poderá ocorrer desde que a faça chegar ao conhecimento do oblato antes da própria proposta (por exemplo, quando o proponente envia a proposta por carta e antes que a carta chegue às mãos do oblato, lhe telefona se retratando) ou pelo menos concomitantemente a ela.

Se o oblato aceitar fora do prazo que lhe foi dado, ou com adições, restrições, ou modificações, tal fato importará nova proposta ou contraproposta (art. 431, CC). Assim, nessa hipótese, os papéis se modificarão: o oblato se tornará proponente e esse, por sua vez, se tornará oblato.

3. FASE DA ACEITAÇÃO

Ocorre a aceitação quando o oblato adere à proposta. Nesta fase surge a vinculação por parte do oblato que agora se torna obrigado ao contrato, sendo possível a retratação da aceitação, conforme o art. 433 do CC, se o oblato fizer chegar a retratação da aceitação ao conhecimento do proponente antes da própria aceitação ou, pelo menos, ao mesmo tempo.

A aceitação poderá ocorrer entre presentes (quando as partes podem se comunicar imediatamente) ou entre ausentes (quando as partes não podem se comunicar imediatamente).

É com a aceitação que se considera que houve a formação do contrato. Esta, quando se dá entre presentes, ocorrerá com a manifestação de vontade por parte do oblato no sentido de aderir à proposta. Já no caso de a aceitação ser dada entre ausentes,

- Qual o momento de formação do contrato quando a aceitação se dá entre presentes? Resposta: Com a manifestação de vontade por parte do oblato no sentido de aderir à proposta.

- Qual o momento de formação do contrato quando a aceitação se dá entre ausentes?

Duas teorias procuram explicar essa última situação: a teoria da cognição e a teoria da agnição.

Por meio da **teoria da cognição**, o contrato será considerado formado quando a aceitação chegar ao conhecimento do proponente.

Já pela **teoria da agnição**, é dispensável a exigência de a aceitação chegar ao conhecimento do proponente. Essa teoria se subdivide em subteorias:

- a da declaração propriamente dita;
- a da expedição;
- e a da recepção.

Pela **subteoria da declaração propriamente dita**, o contrato seria formado no momento da elaboração ou redação da aceitação. De acordo com a **subteoria da expedição**, o contrato deverá ser considerado formado quando da expedição da aceitação. E, por fim, por meio da **subteoria da recepção**, o contrato estará perfeito com a recepção da aceitação, independentemente de sua leitura.

A teoria adotada em nosso ordenamento jurídico é a teoria da agnição, na subteoria da expedição. Assim, considera-se formado o contrato quando a aceitação se der entre ausentes, quando do envio ou da postagem da aceitação (art. 434, 1ª parte, CC: "Os contratos entre ausentes tornam-se perfeitos desde que a aceitação é expedida..."). Essa é a regra. Porém, trata-se de teoria relativa e a regra comportará exceções, de tal modo que o contrato não produzirá os seus efeitos, não terá eficácia. Isso ocorrerá nas seguintes hipóteses:

- no caso de retratação da aceitação (art. 433, CC);
- se o proponente houver se comprometido a esperar a resposta. Assim, somente quando a aceitação chegar às mãos do proponente é que o contrato passará a produzir os seus efeitos;
- se a resposta não chegar no prazo convencionado.

Nas três exceções acima, o que há é o Código Civil de 2002 demonstrando a sua afeição pela teoria da agnição, na subteoria da recepção. Assim, concluímos, por segurança, diante de indagações acadêmicas, que preferimos crer que a regra adotada no Código Civil de 2002 é realmente a teoria da agnição, na subteoria da expedição, em virtude de menção expressa na primeira parte do art. 434 do CC. E que a subteoria da recepção chega em caráter excepcional nas hipóteses retromencionadas.

Importante

No que diz respeito ao contrato realizado pela internet, cada caso merece detida observação. Isso porque entendemos que se o contrato for realizado via eletrônica por meio de e-mail será hipótese de contratação entre ausentes. Todavia, se o contrato for celebrado em *chat* ou videoconferência, tratar-se-á de contratação entre presentes, em virtude da instantaneidade das informações trocadas. Acerca desse assunto há o Enunciado nº 173 do CJF aprovado na III Jornada de Direito Civil com a seguinte redação: "A formação dos contratos realizados entre pessoas ausentes, por meio eletrônico, completa-se com a recepção da aceitação pelo proponente". O enunciado, portanto, ao revés da teoria adotada, em regra, pelo CC/2002, adota a teoria da agnição, na subteoria da recepção para os contratos realizados entre ausentes por meio eletrônico.

Vale lembrar ainda sobre a formação dos contratos que, caso o oblato venha a falecer ou tornar-se incapaz depois da expedição da aceitação, o contrato já estará formado.

Por fim, falemos sobre a resposta tardia. Caso a aceitação, por circunstância imprevista, chegue tardiamente às mãos do proponente, isto é, após ter transcorrido o prazo da proposta, o art. 430 do CC soluciona a questão dizendo que o proponente deverá imediatamente comunicar ao oblato (aceitante) que já contratou com terceiros ou que não deseja mais contratar para que não responda por perdas e danos. É claro que assim deve ser entendido, em reafirmação ao princípio da boa-fé objetiva, consagrado pela nova teoria contratual.

4. LUGAR DE CELEBRAÇÃO DO CONTRATO

De acordo com o art. 435 do CC considera-se celebrado o contrato no lugar em que foi proposto. A importância dessa informação reside em se saber o foro competente e a legislação aplicável ao contrato.

Para aqueles que entendem que o Código Civil de 2002 adotou a teoria da expedição em regra, conforme expresso na primeira metade do art. 434, o disposto no art. 435 apresenta-se de forma incoerente. A outro giro, para aqueles que entendem que o Código Civil de 2002 o que faz é reverenciar a teoria da recepção, o art. 435 de nada destoa.

Vale lembrar, ainda que, o art. 9º, § 2º, da Lei de Introdução às Normas do Direito Brasileiro, preceitua: "A obrigação resultante do contrato reputa-se constituída no lugar em que residir o proponente". Tal dispositivo encontra importância quando os contratantes residirem em países diferentes. Assim, por exemplo, se o policitante e o oblato residem na Espanha e no Brasil, respectivamente, sendo o contrato proposto na Espanha, a legislação aplicável será a espanhola.

EM RESUMO:

Das negociações preliminares ou fase da puntuação	Negociações preliminares = fase da pontuação. Em regra, as tratativas não geram vinculação ou obrigatoriedade entre as partes. Excepcionalmente, porém, em respeito ao princípio da boa-fé objetiva há julgados no sentido de que as negociações preliminares vinculam as partes por gerarem excessiva expectativa de contratação, de modo que a não contratação origina o direito de indenização à parte prejudicada.
Fase da proposta	A minuta contratual assinada por uma das partes pode ser considerada proposta gerando todos os efeitos dessa. O proponente se vincula àquilo que oferecer (art. 427, CC). A proposta não obriga o oblato. A proposta não pode ser revogada ou modificada, salvo nas hipóteses do art. 428 do CC. A retratação da proposta pode ocorrer desde que a faça chegar ao conhecimento do oblato antes da própria proposta ou pelo menos concomitantemente a ela (art. 428, IV, CC). Se o oblato aceitar fora do prazo que lhe foi dado, ou com adições, restrições, ou modificações, tal fato importará nova proposta ou contraproposta (art. 431, CC), invertendo-se os papéis: o oblato se tornará proponente e esse, por sua vez, se tornará oblato.

Fase da aceitação	**Aceitação entre presentes**: o contrato se forma com a manifestação de vontade por parte do oblato no sentido de aderir à proposta.
	
	Aceitação entre ausentes: teorias:
	
	a) **Teoria da cognição**: o contrato se forma quando a aceitação chegar ao conhecimento do proponente.
	
	b) **Teoria da agnição**: é dispensável que a aceitação chegue ao conhecimento do proponente. Essa teoria se subdivide em subteorias:
	
	  – *Subteoria da declaração propriamente dita*: o contrato se forma no momento da elaboração ou redação da aceitação.
	
	  – *Subteoria da expedição*: o contrato se forma com a expedição da aceitação. É a teoria adotada pelo art. 434, 1ª parte, CC.
	
	  – *Subteoria da recepção*: o contrato se forma com a recepção da aceitação, independentemente de sua leitura.

Lugar de celebração do contrato	**Regra**: considera-se celebrado o contrato no lugar em que foi proposto (art. 435, CC). **Contratantes que residem em países diferentes**: a obrigação resultante do contrato reputa-se constituída no lugar em que residir o proponente (art. 9º, § 2º, CC). **Contrato entre ausentes:** a) **Teoria da expedição**: art. 434, CC; b) **Teoria da recepção**: art. 435, CC.

Capítulo 23

O Contrato Preliminar

Contrato preliminar é o mesmo que pré-contrato, compromisso, *pactum de contrahendo,* contrato preparatório ou promessa e está disciplinado no Código Civil nos arts. 462 a 466.

O contrato preliminar é, antes de tudo, um contrato – e não uma fase de sua formação – por meio do qual as partes se obrigam a futuramente celebrar outro contrato que será considerado definitivo ou principal. Portanto, o contrato preliminar encerra em si a promessa de contratar futuramente.

1. OS REQUISITOS DO CONTRATO PRELIMINAR

Se o objetivo do contrato preliminar é a celebração do contrato definitivo, o contrato preliminar deverá seguir os mesmos requisitos do contrato definitivo, exceto no que diz respeito à forma. Assim, exige-se a mesma capacidade das partes – inclusive a vênia conjugal (art. 1.647, do CC), caso necessário para o contrato definitivo – e o mesmo objeto do contrato definitivo. Porém, a forma não. Por exemplo, se vou comprar um imóvel de valor superior a 30 vezes o salário mínimo, o contrato de compra e venda (contrato definitivo) deverá ser feito por escritura pública que é a forma imposta pelo art. 108 do CC. Entretanto, se antes pretendo fazer um contrato preliminar, posso fazê-lo por meio de instrumento particular, pois a forma do contrato preliminar não precisa ser a mesma do contrato definitivo.

2. A AUSÊNCIA DE CLÁUSULA DE ARREPENDIMENTO

Para que o contrato preliminar obrigue à celebração do contrato definitivo é necessário que dele não conste cláusula de arrependimento.

Estando cumprida a obrigação de uma das partes do contrato preliminar – e desde que não conste cláusula de arrependimento –, poderá esta parte exigir a celebração do contrato definitivo, fornecendo um prazo para que a outra o efetive (art. 463, CC). Caso a outra parte se quede inativa, duas consequências poderão advir:

1ª) A execução forçada do contrato preliminar: ocorre quando uma das partes requer ao juiz que supra a vontade da parte inadimplente, atribuindo caráter definitivo ao contrato preliminar (art. 464, CC);

2ª) Caso se trate de obrigação infungível ou personalíssima, a parte prejudicada poderá pleitear ao juiz indenização por perdas e danos (art. 465, CC).

3. ESPÉCIES DE CONTRATO PRELIMINAR

Embora, na maioria das vezes, visualizemos o contrato preliminar obrigando as duas partes nele envolvidas, é possível que esse contrato gere obrigação para apenas uma das partes. É dessa dicotomia que classificamos o contrato preliminar em duas espécies: bilateral e unilateral.

* **contrato preliminar bilateral:** ocorre quando ambas as partes se obrigam a celebrar o contrato definitivo;

* **contrato preliminar unilateral (ou contrato de opção):** ocorre quando apenas uma das partes está obrigada a celebrar o contrato definitivo, enquanto a outra terá a opção de escolher se pretende celebrá-lo ou não (art. 466 do CC).

4. O REGISTRO DA PROMESSA

Conforme dispõe o parágrafo único do art. 463, o contrato preliminar deverá ser levado ao registro. Entretanto, a doutrina opina no sentido de que tal registro só tem necessidade em relação a terceiros, conforme o Enunciado nº 30: "A disposição do parágrafo único do art. 463 do novo Código Civil deve ser interpretada como fator de eficácia perante terceiros". Desse modo, a imposição do "deverá", na verdade, deve ser interpretada como "poderá" (*vide* Enunciado nº 435).

Cumpre esclarecer que, em se tratando de promessa de compra e venda de imóvel, caso tenha havido o registro na matrícula do imóvel, afastada estará a figura do campo obrigacional para alcançar-se um direito real à aquisição previsto nos arts. 1.417 e 1.418 do CC. Desse modo, se há a promessa de compra e venda registrada na matrícula do imóvel, haverá um direito real à aquisição do promitente-comprador. Assim, caso o imóvel seja transferido a um terceiro pelo promissário vendedor, o promitente comprador poderá tomá-lo das mãos deste terceiro. Entretanto, caso não tenha havido o registro e o imóvel tenha sido transferido a um terceiro, porque tão somente no mundo do Direito das Obrigações, o promitente comprador terá apenas o direito a pleitear indenização por perdas e danos.

EM RESUMO:

Os requisitos do contrato preliminar	Os requisitos do contrato preliminar são os mesmos requisitos do contrato definitivo, exceto no que diz respeito à forma. Assim, exige-se a mesma capacidade das partes – inclusive a vênia conjugal (art. 1.647, CC), caso necessário para o contrato definitivo – e o mesmo objeto do contrato definitivo.
A ausência de cláusula de arrependimento	Para que o contrato preliminar obrigue a celebração do contrato definitivo é necessário que dele não conste cláusula de arrependimento. Estando cumprida a obrigação de uma das partes do contrato preliminar – e desde que não conste cláusula de arrependimento –, poderá esta parte exigir a celebração do contrato definitivo, fornecendo um prazo para que a outra o efetive (art. 463, CC). Caso a outra parte se quede inativa, duas consequências poderão advir: 1ª) Execução forçada do contrato preliminar (art. 464, CC); 2ª) Indenização por perdas e danos, caso se trate de obrigação infungível ou personalíssima (art. 465, CC).
Espécies de contrato preliminar	Contrato preliminar bilateral: ambas as partes se obrigam a celebrar o contrato definitivo; Contrato preliminar unilateral (ou contrato de opção): apenas uma das partes está obrigada a celebrar o contrato definitivo, enquanto a outra terá a opção de escolher se pretende celebrá-lo ou não (art. 466 do CC).
O registro da promessa	Para ter eficácia perante terceiros, o contrato preliminar deve ser levado a registro (art. 463, CC e Enunciado nº 30, CJF). Em caso de promessa de compra e venda registrada na matrícula do imóvel, há um direito real à aquisição do promitente-comprador (arts. 1.417 e 1.418 do CC).

Capítulo 24

Exceções ao Princípio da Relatividade dos Efeitos

Ao estudarmos o princípio da relatividade dos efeitos, verificamos que os contratos só vinculam e produzem efeitos *inter partes*, isto é, entre as partes que contrataram. Entretanto, tal princípio comporta exceções. Situações em que os efeitos do contrato espargirão sobre terceiros. São elas: a estipulação em favor de terceiro, a promessa de fato de terceiro e o contrato com pessoa a declarar.

1. ESTIPULAÇÃO EM FAVOR DE TERCEIRO

A estipulação em favor de terceiros, prevista nos arts. 436 a 438 do CC, é tida como exceção ao princípio da relatividade dos efeitos, embora saibamos que para que se alcance o terceiro é necessário que ele anua à estipulação.

A estipulação em favor de terceiros se desenvolve em dois momentos:

1º) quando uma das partes (o estipulante) estipula com a outra (o promitente) a reversão de certo benefício patrimonial em favor de um terceiro (o beneficiário). Nesse momento, o terceiro se encontra totalmente alheio ao negócio que é feito à sua revelia;

2º) ocorrido o fato propulsor da transferência da vantagem ao terceiro, este é convocado para que consinta pelo recebimento do benefício.

Releva notar que o beneficiário não precisa ter capacidade contratual, ao contrário das outras partes. É necessário perceber que, além disso, os efeitos do contrato projetam-se de dentro para fora, isto é, são exógenos, alcançando a terceiro.

A engrenagem da estipulação em favor de terceiro ocorre da seguinte forma:

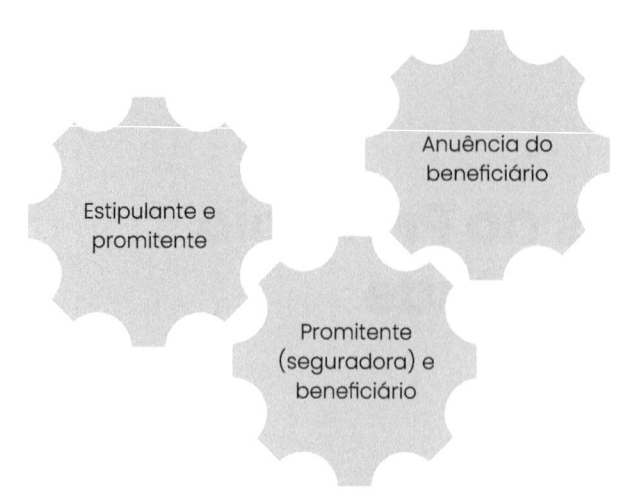

Desse modo, de acordo com o art. 436 do CC: "O que estipula em favor de terceiro pode exigir o cumprimento da obrigação". E seu parágrafo único: "Ao terceiro, em favor de quem se estipulou a obrigação, também é permitido exigi-la, ficando, todavia, sujeito às condições e normas do contrato, se a ele anuir, e o estipulante não o inovar nos termos do art. 438".

O art. 438 do CC traz exatamente a possibilidade de o estipulante substituir o beneficiário, sem que para tanto precise de sua anuência. Essa substituição poderá ocorrer por ato *inter vivos* ou *causa mortis*.

Por fim, se o estipulante tiver deferido a possibilidade de o beneficiário reclamar os seus direitos, o estipulante não mais poderá liberar o promitente de sua obrigação. Trata-se, em verdade, de cláusula de irrevogabilidade da estipulação (art. 437, CC). Se tal direito não for deferido ao beneficiário, o estipulante poderá desobrigar o devedor ou até mesmo substituir o beneficiário, conforme vimos anteriormente.

2. PROMESSA DE FATO DE TERCEIRO

A promessa de fato de terceiro, prevista nos arts. 439 e 440 do CC, é negócio celebrado entre duas partes capazes, cujo objeto se delimita em uma prestação ou fato a ser realizado por um terceiro estranho à relação inicialmente entabulada.

Se o terceiro não anuir em cumprir o estabelecido no contrato, ele não terá obrigação nenhuma, hipótese em que as perdas e danos serão devidas pelo promitente, conforme o art. 439 do CC estabelece. Porém, é o próprio parágrafo único do art. 439 que afasta a indenização se o terceiro for o cônjuge do promitente, dependendo da sua anuência o ato a ser praticado, e desde que, pelo regime do casamento, a indenização, de algum modo, venha a recair sobre os seus bens. Na realidade, ao se afastar a responsabilização nesta hipótese busca-se o respeito à boa-fé objetiva ao proteger o cônjuge (que era o terceiro que não anuiu) de ser atingido e responsabilizado, por vias transversas, por promessa realizada pelo seu consorte.

O terceiro irá se obrigar apenas a partir do momento em que se vincular ao cumprimento do fato. Caso o terceiro não cumpra com a obrigação, este responderá por perdas e danos, e nada deverá o promitente que, em razão da aderência ao negócio por parte do terceiro, foi exonerado da relação, conforme art. 440 do CC.

Compreendida a exposição, nota-se que em se tratando da promessa de fato de terceiro o que há é que os efeitos são endógenos, já que a atuação do terceiro estranho ao contrato repercutirá neste.

3. CONTRATO COM PESSOA A DECLARAR (ARTS. 467 A 471, CC)

O contrato com pessoa a declarar é negócio que se estabelece entre duas partes, sendo que uma delas se reserva o direito de oportunamente indicar a um terceiro para que esse assuma todos os direitos e obrigações dele decorrentes.

Em um contrato com pessoa a declarar, se mostra imprescindível a denominada cláusula *pro amico eligendo* que significa, exatamente, a previsão contratual que defere o direito a uma das partes de indicar uma terceira pessoa para assumir os direitos e obrigações.

O prazo para a indicação do terceiro estará previsto no contrato. Caso o contrato seja omisso, a lei estipula que deverá haver a indicação no prazo de 5 dias da conclusão do contrato, conforme preceito do art. 468 do CC.

Ademais, a aceitação da pessoa nomeada só produzirá efeitos se revestida da mesma forma utilizada para o contrato (art. 468, parágrafo único, CC).

A partir da aceitação do nomeado, os efeitos do contrato retroagirão em relação a sua pessoa desde o dia em que o contrato foi celebrado, e não do dia de sua nomeação (art. 469, CC). E é claro, o contratante originário será liberado dos efeitos do negócio. Entretanto, excepcionalmente, perdurarão os efeitos do contrato em relação aos contratantes originários nas seguintes hipóteses:

- caso não haja a indicação no prazo determinado ou em 5 dias conforme previsão legal (art. 470, I, CC);
- caso haja a indicação, porém o nomeado não a aceite (art. 470, I, CC);
- caso haja a indicação de pessoa insolvente, e a outra pessoa o desconhecia no momento da indicação (art. 470, II c/c art. 471, CC);
- caso haja a indicação de pessoa incapaz para contratar (art. 471, CC).

EM RESUMO:

Estipulação em favor de terceiro	A estipulação em favor de terceiros se desenvolve em dois momentos: 1º) quando uma das partes (o estipulante) estipula com a outra (o promitente) a reversão de certo benefício patrimonial em favor de um terceiro (o beneficiário). Nesse momento, o terceiro se encontra totalmente alheio ao negócio que é feito à sua revelia; 2º) ocorrido o fato propulsor da transferência da vantagem ao terceiro, este é convocado para que consinta pelo recebimento do benefício. O que estipula em favor de terceiro pode exigir o cumprimento da obrigação. Ao terceiro, em favor de quem se estipulou a obrigação, também é permitido exigi-la, ficando, todavia, sujeito às condições e normas do contrato, se a ele anuir, e o estipulante não substituir o beneficiário (art. 436, CC).
Promessa de fato de terceiro	Trata-se de negócio celebrado entre duas partes capazes, cujo objeto se delimita em uma prestação ou fato a ser realizado por um terceiro estranho à relação inicialmente entabulada (arts. 439 e 440, CC). Se o terceiro não anuir em cumprir o estabelecido no contrato, ele não terá obrigação nenhuma, hipótese em que as perdas e danos serão devidas pelo promitente (art. 439, CC). A indenização é afastada se o terceiro for o cônjuge do promitente, dependendo da sua anuência o ato a ser praticado, e desde que, pelo regime do casamento, a indenização, de algum modo, venha a recair sobre os seus bens (art. 439, parágrafo único).
Contrato com pessoa a declarar (arts. 467 a 471, CC)	Trata-se de negócio que se estabelece entre duas partes, sendo que uma delas se reserva o direito de oportunamente indicar a um terceiro para que esse assuma todos os direitos e obrigações dele decorrentes. O prazo para a indicação do terceiro estará previsto no contrato ou, em caso de omissão, o prazo será de 05 dias da conclusão do contrato (art. 468, CC). A aceitação da pessoa nomeada só produzirá efeitos se revestida da mesma forma utilizada para o contrato (art. 468, parágrafo único, CC). A partir da aceitação do nomeado, os efeitos do contrato retroagirão em relação a sua pessoa desde o dia em que o contrato foi celebrado, e não do dia de sua nomeação (art. 469, CC).

Capítulo 25

Dos Vícios Redibitórios

1. AS SISTEMÁTICAS EXISTENTES NO CÓDIGO CIVIL E NO CÓDIGO DE DEFESA DO CONSUMIDOR

Dois sistemas existem em nosso ordenamento jurídico para tratar dos vícios redibitórios: o do Código Civil e o do Código de Defesa do Consumidor. Na sistemática do Código de Defesa do Consumidor o nome que se dá é de "vício do produto ou serviço". Assim, cumpre de início identificar o tipo de relação (se relação regida pelo Código Civil ou relação de consumo) para sabermos qual enquadramento jurídico será dado diante do caso concreto.

Em se tratando de vício redibitório existente em coisa transmitida oriunda de uma relação jurídica civil deverão ser aplicadas as regras do Código Civil (arts. 441 a 446). Ao revés, se o vício se manifestar no produto ou serviço objeto de uma relação jurídica de consumo o estatuto cabível é o Código de Defesa do Consumidor (arts. 18 e ss.).

2. UM CONCEITO GENÉRICO PARA OS VÍCIOS REDIBITÓRIOS

Um conceito amplíssimo que poderíamos aventar acerca do vício redibitório, que abarcaria as duas sistemáticas já mencionadas, seria: Vício redibitório é o defeito oculto ou aparente que contém a coisa, produto ou serviço, objeto de contrato comutativo, oneroso e bilateral que a torne imprópria ao uso ou prejudique o seu valor.

Um exemplo de vício redibitório encontraríamos na seguinte situação: comprei um carro do meu vizinho que apresenta grave defeito oculto que o torna impróprio ao uso, uma vez que impossível o uso contínuo do veículo diante de reiterados enguiços, ou diante do defeito apresentado avulta-se grande desvalorização da coisa. Devemos perceber nesse exemplo que o contrato aventado – a compra e venda – se enquadra nos contornos de um contrato comutativo (prestações previamente estabelecidas pelas partes, sem a incidência de qualquer risco), oneroso (ambas as partes contratantes sofreram sacrifícios patrimoniais) e bilateral (gerando obrigações para ambas as partes). Ademais, afastada está a relação de consumo, já que não vislumbramos um consumidor de um lado e um fornecedor de outro transacionando produtos e serviços.

Nessa situação, devemos aplicar os regramentos do Código Civil respeitantes ao vício redibitório detectado. Se alterássemos o exemplo e vislumbrássemos a aquisição do mesmo veículo, porém, em uma concessionária, teríamos também uma situação de vício redibitório – ou como preferem alguns, vício do produto – sendo cabível, todavia, a aplicação do Código de Defesa do Consumidor.

Importa notar que em ambas as situações exemplificadas o adquirente terá uma proteção legal prevista no respectivo estatuto. Ademais, a proteção destinada ao adquirente decorre, em verdade, da concepção de que obrigação deve ser vista como um processo, formado, portanto, por um conjunto de atos, sendo que em todos esses atos deverão ser permeados de colaboração recíproca decorrentes do princípio da boa-fé objetiva, de modo que, nos exemplos citados, a obrigação não se exaure com a simples entrega da coisa.

Não nos esqueçemos, é claro, da velha premissa do Direito das Obrigações de que "a coisa se perde para o seu dono" ou, em latim, *res perit domino*. É que, em verdade, não é o caso de aplicá-la. Basta compreendermos que a boa-fé objetiva, que deverá estar presente a nortear as relações obrigacionais, afasta, no caso, a vetusta premissa.

3. OS VÍCIOS REDIBITÓRIOS PELO CÓDIGO CIVIL

A principal regra acerca dos vícios redibitórios está presente no art. 441 do CC que preceitua: "A coisa recebida em virtude de contrato comutativo pode ser enjeitada por vícios ou defeitos ocultos, que a tornem imprópria ao uso a que é destinada, ou lhe diminuam o valor".

Note-se que o contrato que originou a relação deverá ser comutativo e oneroso. Em princípio, a noção de contrato aleatório é incompatível com o instituto. Todavia, foi aprovado o Enunciado nº 583, com o seguinte teor: "O art. 441 do Código Civil deve ser interpretado no sentido de abranger também os contratos aleatórios, desde que não inclua os elementos aleatórios do contrato". Ademais, se a coisa for recebida em virtude de contrato gratuito (por exemplo, uma doação) não caberá a garantia legal dos vícios redibitórios. Entretanto, nada impede que mesmo em se tratando de contrato gratuito as partes convencionem expressamente a garantia.

Ademais, atentemos para uma importante exceção: se a doação for com encargo, também conhecida por doação modal a qual o Código Civil chama de doação "onerosa" aplicam-se as regras da garantia legal dos vícios redibitórios (art. 441, parágrafo único). Portanto, se recebi um carro que me foi doado com o encargo de conduzir os filhos do doador à escola pelos próximos seis meses, poderei diante do vício detectado, manejar a proteção dos vícios redibitórios.

3.1 O defeito na coisa

Para que se configure o vício redibitório de acordo com o Código Civil, o defeito deverá ser oculto. Por defeito oculto devemos entender como aquele que não poderia ter sido facilmente detectado pelos sentidos humanos. Assim, concluímos desde já que o defeito aparente ou de fácil constatação não estará sob o manto da proteção dos vícios redibitórios pelo Código Civil.

Vale lembrar ainda que, se na aquisição da coisa, o adquirente foi advertido de eventual vício na coisa, o que frequentemente acontece nas denominadas "compras no estado", não caberá reclamação posterior aventando-se responsabilidade do alienante.

Na configuração do vício redibitório, é importante perceber que quando da transmissão, tal defeito já deveria existir. E é exatamente esse defeito que deverá tornar a coisa imprópria ao uso ou diminuir-lhe o valor.

3.2 Os efeitos do vício

Diante do vício constatado dentro dos contornos retromencionados, o adquirente terá duas opções ao seu alvedrio:

- ação redibitória: visa a rescindir o contrato, devolvendo a coisa e recebendo de volta o valor que foi pago por ela. Além disso, poderá nessa ação haver pleito de indenização por perdas e danos se o alienante conhecia do vício ou defeito da coisa (art. 443, CC);
- ação estimatória ou *quanti minoris* (art. 442, CC): visa a tão somente um abatimento no preço. Se já tiver havido o pagamento, o que se requer, por óbvio, é uma restituição proporcional do valor pago.

Essas ações são denominadas ações edilícias. Em ambas será possível que o adquirente pleiteie indenização por perdas e danos, mediante comprovação do prejuízo sofrido. Além disso, caberá pleito de indenização por perdas e danos se o alienante conhecia do vício ou defeito da coisa (art.443, CC). Aqui, vislumbra-se a culpa do alienante que transfere a coisa sabedor de seu vício sem, contudo, alertar o adquirente. Diante disso, aplica-se a premissa do Direito das Obrigações que impõe o dever de indenizar por perdas e danos tendo em vista a culpa existente.

Escolher qual das duas ações ajuizar é opção do adquirente. Entretanto, caso ele tenha procedido a transformações na coisa, somente restará a ele a ação estimatória ou *quanti minoris*.

De acordo com o art. 444 do CC, ainda que a coisa já não mais exista, perdura a responsabilidade do alienante. Para afastamento de sua responsabilidade, o alienante poderá alegar:

- já haver transcorrido o prazo decadencial para a reclamação;
- a renúncia do adquirente à garantia legal, o que se mostra plenamente possível diante da autonomia privada do adquirente;
- que o adquirente já conhecia do vício antes da aquisição da coisa;
- que o defeito se originou supervenientemente à aquisição da coisa.

3.3   Prazo decadencial para o ajuizamento das ações edilícias

Em se tratando de bens móveis, o prazo para o ajuizamento da ação redibitória ou da ação estimatória será de 30 dias a contar da entrega efetiva da coisa. Já para os bens imóveis, o prazo a ser considerado será de 1 ano a contar também da entrega efetiva da coisa.

Se o adquirente já estava na posse da coisa, os prazos serão reduzidos pela metade, porém a contagem iniciar-se-á da alienação. Assim, para os bens móveis, o prazo será de 15 dias a contar da alienação; e para os bens imóveis, 6 meses também a contar da alienação.

O Código Civil ainda cogita da situação em que o vício, por sua natureza, só puder ser conhecido mais tarde. Um exemplo dessa situação encontramos no animal que foi adquirido já portador de doença que, em virtude do período de incubação, os sintomas só apareceram mais tarde. Nesse caso, o prazo será o mesmo, isto é, 30 dias para bens móveis e 1 ano para bens imóveis, porém serão contados da descoberta do vício, não podendo ultrapassar cento e oitenta dias, em se tratando de bens móveis; e de um ano, para os imóveis (art. 445, § 1º, CC).

Sustentando essa explicação para o § 1º do art. 445 do CC, encontramos o Enunciado nº 174 do CJF: "Em se tratando de vício oculto, o adquirente tem os prazos do *caput* do art. 445 para obter redibição ou abatimento de preço, desde que os vícios se revelem nos prazos estabelecidos no parágrafo primeiro, fluindo, entretanto, a partir do conhecimento do defeito". O STJ confirma esse posicionamento no REsp 1.095.882-SP.

A garantia à qual nos referimos no presente capítulo se trata de uma garantia legal, vez que decorrente de lei. Entretanto é plenamente possível a existência de garantia convencional. Caso exista uma garantia convencional, os prazos da garantia legal somente serão contados após o transcurso do prazo dado em garantia convencional. Porém, é o próprio art. 446 do CC que estabelece que o adquirente deve denunciar o defeito ao alienante nos trinta dias seguintes ao seu descobrimento, sob pena de decadência.

Há, ainda, regra específica para tratar do vício redibitório em animais no § 2º do art. 445 do CC. Menciona o referido parágrafo: Tratando-se de venda de animais, os prazos de garantia por vícios ocultos serão os estabelecidos em lei especial, ou, na falta desta, pelos usos locais, aplicando-se o disposto no parágrafo antecedente se não houver regras disciplinando a matéria.

Quando o parágrafo se refere à "lei especial", lembramos logo do exemplo do animalzinho que foi adquirido em um *pet shop*. É claro que nessa situação, configurada está a relação de consumo e, portanto, cabível a aplicação de lei especial, qual seja, o Código de Defesa do Consumidor. O § 2º do art. 445 do CC ainda traz a possibilidade de aplicação dos usos locais, o que o coloca em plena sintonia com o art. 113 do CC e a necessidade de se interpretar o contrato conforme o contexto da sociedade em que ele se encontra. Exauridas as duas opções deverá ser aplicado o prazo de 180 dias previsto no § 1º do art. 445 do CC, uma vez que os animais são bens móveis semoventes.

Por fim, lembramos que tais prazos são evidentemente decadenciais pois tangenciam a noção de exercício de direito potestativo. Tanto é assim que o Enunciado nº 28 do CJF estabelece: "O disposto no art. 445, §§ 1º e 2º, do Código Civil reflete a consagração da doutrina e da jurisprudência quanto à natureza decadencial das ações edilícias".

Atenção

Diferença entre vício redibitório e erro

Não se pode confundir o erro com o vício redibitório. Isso porque no primeiro, o vício repousa na vontade, isto é, houve uma falsa percepção do adquirente; já no segundo, o vício está presente na própria coisa objeto da aquisição. No erro o adquirente toma para si coisa que, em verdade, não pretendia, mas só o fez porque se enganou, adquirindo, portanto, uma coisa por outra. No vício redibitório, ao revés, o adquirente obtém coisa que realmente queria, porém, essa coisa se apresenta com defeito.

4. OS VÍCIOS DO PRODUTO OU SERVIÇO PELO CÓDIGO DE DEFESA DO CONSUMIDOR

O vício do produto ou serviço está situado a partir do art. 18 do CDC e ocorre quando o produto adquirido ou serviço prestado apresenta defeito oculto ou aparente (de fácil constatação) que o torne impróprio ao uso ou prejudique o seu valor. Haverá ainda vício do produto quando este não corresponder às especificações do rótulo, da embalagem, do informe publicitário etc. Perceba-se, desde já, que pela estrutura do Código de Defesa do Consumidor não se fala em coisa, é que o objeto que padecerá do vício será o produto ou o serviço.

Na hipótese de vício do produto ou serviço, o consumidor poderá, em virtude da solidariedade imposta aos responsáveis, demandar o fabricante ou o comerciante, como bem entender. Deverá fazê-lo no prazo decadencial de 30 dias para produtos ou serviços não duráveis e 90 dias para produtos ou serviços duráveis, em ambos os casos quando o vício for aparente, isto é, de fácil constatação. Os referidos prazos deverão ser contados da entrega do produto ou do término da execução do serviço.

> **Atenção**
>
> Diante de dúvida se se trata de produto ou serviço durável ou não, somos da opinião de que deverá ser aplicado o prazo de 90 dias em virtude do princípio de que na dúvida, *pro consumidor*, isto é, a interpretação deverá ser a mais favorável ao consumidor. Em se tratando de vícios ocultos, os prazos serão os mesmos, porém contados da descoberta do vício (art. 26, CDC).

Apresentando regra anômala em se tratando de prazos decadenciais, o CDC traz no art. 26, § 2º, a possibilidade de obstação de tais prazos nas seguintes hipóteses:

a) reclamação comprovadamente formulada pelo consumidor perante o fornecedor de produtos e serviços até a resposta negativa correspondente, que deve ser transmitida de forma inequívoca;

b) instauração de inquérito civil pelo Ministério Público até seu encerramento.

Dentro dos prazos aludidos, o consumidor poderá optar livremente entre as opções apresentadas pelos arts. 18, 19 e 20 do CDC que aqui sintetizamos:

1ª) a substituição do produto viciado por outro da mesma espécie, em perfeitas condições de uso ou a reexecução do serviço;

2ª) a complementação do peso ou da medida;

3ª) o abatimento proporcional do preço;

4ª) a restituição imediata da quantia paga, monetariamente atualizada, sem prejuízo de eventuais perdas e danos, ocasionando assim a rescisão do negócio.

Vale lembrar que, antes de optar por uma dessas opções, será dado prazo de 30 dias ao fornecedor para que se resolva o problema, sendo que tal prazo poderá variar entre 7 e 180 dias a critério das partes (art. 18, § 2º, CDC). Entretanto, esse prazo poderá ser inobservado, de modo que o consumidor poderá diretamente lançar mão de uma das opções sempre que, em razão da extensão do vício, a substituição das partes viciadas puder comprometer a qualidade ou características do produto, diminuir-lhe o valor ou se tratar de produto essencial (art. 18, § 3º, CDC).

Caso tenha sido fornecido prazo de garantia pelo fornecedor ou prestador de serviço – a chamada a garantia convencional – a solução é análoga ao já verificado no Código Civil. Conforme o art. 50 do CDC: "A garantia contratual é complementar à legal e será conferida mediante termo escrito".

Encerramos o assunto com o disposto no art. 25 do CDC, que apresenta a seguinte redação: "É vedada a estipulação contratual de cláusula que impossibilite, exonere ou atenue a obrigação de indenizar prevista nesta e nas seções anteriores". Desse modo, caso haja no contrato de consumo a referida cláusula vedada pela lei, configurar-se-á hipótese de abusividade, conforme dispõe o art. 51, I, CDC.

EM RESUMO:	
As sistemáticas existentes no código civil e no Código de Defesa do Consumidor	**Vício redibitório em coisa oriunda de uma relação jurídica civil**: arts. 441 a 446, CC. **Vício redibitório em produto ou serviço objeto de uma relação jurídica de consumo**: arts. 18 e seguintes do CDC.
Um conceito genérico para os vícios redibitórios	**Conceito**: é o defeito oculto ou aparente que contém a coisa, produto ou serviço, objeto de contrato comutativo, oneroso e bilateral que a torne imprópria ao uso ou prejudique o seu valor.

Os vícios redibitórios pelo Código Civil	**Efeitos do vício**:
	a) **ação redibitória**: visa a rescindir o contrato, devolvendo a coisa e recebendo de volta o valor que foi pago por ela. Pode pedir indenização por perdas e danos se o alienante conhecia do vício ou defeito da coisa (art. 443, CC);
	b) **ação estimatória ou** quanti minoris: visa somente um abatimento no preço (art. 442, CC).
	Prazo decadencial:
	a) **Vícios aparentes**:
	  – *Bens móveis*: 30 dias a contar da entrega efetiva da coisa.
	  – *Bens imóveis*: 1 ano a contar da entrega efetiva da coisa.
	Se o adquirente já estava na posse da coisa, os prazos serão reduzidos pela metade, porém a contagem iniciar-se-á da alienação.
	b) **Vícios ocultos**:
	  – *Bens móveis*: 30 dias a contar da descoberta do vício, não podendo ultrapassar 180 dias.
	  – *Bens imóveis*: 1 ano a contar da descoberta do vício, não podendo ultrapassar 01 ano.

Os vícios do produto ou serviço pelo Código de Defesa do Consumidor	**Prazo para reclamação**:
	a) **Vícios aparentes**:
	  – *Produtos ou serviços não duráveis*: 30 dias, contados da entrega do produto ou do término da execução do serviço.
	  – *Produtos ou serviços duráveis*: 90 dias, contados da entrega do produto ou do término da execução do serviço

Os vícios do produto ou serviço pelo Código de Defesa do Consumidor	b) **Vícios ocultos**: – *Produtos ou serviços não duráveis*: 30 dias, contados da descoberta do vício. – *Produtos ou serviços duráveis*: 90 dias, contados da descoberta do vício. **Garantia convencional**: em caso de concessão de prazo de garantia pelo fornecedor ou prestador de serviço, esta será complementar à garantia legal. **Hipóteses que obstam de tais prazos**: a) reclamação comprovadamente formulada pelo consumidor perante o fornecedor de produtos e serviços até a resposta negativa correspondente, que deve ser transmitida de forma inequívoca; b) instauração de inquérito civil pelo Ministério Público até seu encerramento. **O consumidor pode pleitear**: a) a substituição do produto viciado por outro da mesma espécie, em perfeitas condições de uso ou a reexecução do serviço; b) a complementação do peso ou da medida; c) o abatimento proporcional do preço; ou d) a restituição imediata da quantia paga, monetariamente atualizada, sem prejuízo de eventuais perdas e danos, ocasionando assim a rescisão do negócio.

Capítulo 26

Da Evicção

1. COMPREENDENDO A EVICÇÃO

Evicção é a perda da coisa em virtude de sentença judicial ou ato administrativo que a atribui a terceiro que possuía direito anterior sobre ela. Por exemplo: João compra um carro de Paulo. Posteriormente, Manuel ajuíza ação reivindicatória em face de João pleiteando o carro, sob o fundamento de que lhe pertencia e lhe havia sido furtado. A decisão obriga João a entregar o carro a Manuel.

A disciplina da evicção se encontra no Código Civil nos arts. 447 a 457 e, tal qual os vícios redibitórios, a evicção também representará uma garantia ao adquirente que perde a coisa para um terceiro. A grande diferença é que nos vícios redibitórios protege-se contra um defeito de fato da coisa; já na evicção, protege-se o adquirente contra um defeito de direito.

Vale destacar que, o STJ reconheceu, ainda, como caracterização de evicção a inclusão de gravame capaz de impedir a transferência livre e desembaraçada de veículo objeto de negócio jurídico de compra e venda (*vide* REsp 1.713.096-SP, Rel. Min. Nancy Andrighi, por unanimidade, julgado em 20.02.2018. Informativo nº 621, STJ).

As partes envolvidas na evicção são: o alienante, que é aquele que transferiu a coisa onerosamente, o adquirente, que perde a coisa e passa a se denominar evicto, o o terceiro a quem é atribuída a coisa e que será denominado evictor.

2. A EXIGÊNCIA DO CONTRATO ONEROSO

O art. 447 do CC cuida do tema evicção com a seguinte redação: "Nos contratos onerosos, o alienante responde pela evicção. Subsiste esta garantia ainda que a aquisição se tenha realizado em hasta pública".

Percebemos que, logo de início, a lei exige, para deferir a proteção, que o contrato realizado entre o alienante e o adquirente seja oneroso. Dessa forma, se a relação decorrer de um contrato gratuito, por exemplo, uma doação, o donatário que venha a perder a coisa para um terceiro nada poderá reclamar, porque em verdade, a perda não é representativa de prejuízo, traduzindo-se apenas na perda de um ganho. É claro, entretanto, que não há óbice quanto à possibilidade de as partes estipularem tal proteção quando da elaboração de um contrato gratuito. Mas perceba-se que, automaticamente, a lei não defere a garantia.

3. A POSSIBILIDADE DA PROTEÇÃO INCIDENTE NAS AQUISIÇÕES EM HASTA PÚBLICA

Na segunda metade do art. 447 do CC apresenta-se grande novidade, a qual grifamos: "*Subsiste esta garantia ainda que a aquisição se tenha realizado em hasta pública*".

Somos da opinião de que o trecho grifado quer dizer respeito às alienações que podem ocorrer em hasta pública decorrentes de procedimento de jurisdição voluntária, como por exemplo, a venda de bens de incapazes. É que nesta hipótese, embora ocorra a hasta pública, não se afasta o caráter negocial da alienação, uma vez que nítido se apresenta um negócio jurídico de direito privado tendo, entretanto, como exigência para a sua validade e eficácia a presença do Estado. E se, como sabemos, a garantia da evicção alcança os contratos onerosos e somente esses, coerente dizer que há nessa hipótese a garantia em caso de evicção.

Diferente é a situação da arrematação em hasta pública resultante de processo executivo. Tal situação não guarda qualquer relação com o negócio jurídico, isto é, não apresenta caráter contratual, tão somente se reduz a um ato expropriatório forçado do bem. Perceba-se que é possível que haja o fato da evicção, se há a perda do bem arrematado em favor de um terceiro com direito anterior sobre ela, porém, não se pode afirmar, peremptoriamente, pela garantia contra a evicção neste caso. Entretanto, solução deverá ser dada à situação em que se arremata um bem em hasta pública decorrente de um processo executivo e depois sucede a sua perda.

No caso em questão, entendemos que a responsabilidade será do executado, uma vez que foi ele que se beneficiou com a hasta pública concluída, ao representar a extinção de sua obrigação. Subsidiariamente serão responsáveis o exequente e o Estado, nessa ordem. Não vislumbramos solidariedade entre as partes do processo e o Estado, uma vez sabedores que a solidariedade não pode ser presumida, resultando apenas de lei ou da vontade das partes.

4. AS CONSEQUÊNCIAS DA EVICÇÃO

O evicto (adquirente) diante da evicção, poderá voltar-se contra o alienante. Entretanto, devem ser observados dois aspectos:

• Se o evicto estava de boa-fé (se adquiriu a coisa do alienante sem saber que ela pertencia a um terceiro ou que sobre ela pendia disputa judicial): terá direito a receber de volta o valor pago pela coisa e ainda uma indenização pela evicção, conforme o art. 450 do CC.

- Se o evicto estava de má-fé (se adquiriu a coisa do alienante sabendo que a coisa pertencia a um terceiro ou que sobre ela pendia disputa judicial): a redação do art. 457 do CC informa: "Não pode o adquirente demandar pela evicção, se sabia que a coisa era alheia ou litigiosa". Diante de tal ditame, dois posicionamentos poderão nos surpreender: o primeiro, sugere que o adquirente (evicto) possa pelo menos pleitear o valor pago pela coisa de volta, pois, caso contrário, restaria configurada situação de enriquecimento indevido em prol do alienante; o segundo posicionamento indica que o adquirente (evicto) de má-fé nada poderá pleitear, nem mesmo o valor pago pela coisa, visto que tal fato não deve ser enquadrado nos contornos do enriquecimento indevido, uma vez que é o próprio CC , no seu art. 883 estabelece: "Não terá direito à repetição aquele que deu alguma coisa para obter fim ilícito, imoral, ou proibido por lei".

5. A EVICÇÃO COMO CAUSA IMPEDITIVA DA PRESCRIÇÃO

A prescrição da pretensão do evicto de se voltar contra o alienante, evidentemente somente começará a correr quando do trânsito em julgado da sentença a ser prolatada em ação em que a evicção é discutida, sendo deferido o bem ao evictor. Por isso, o art. 199, III do CC estabelece: "Não corre igualmente a prescrição: (...) III – pendendo ação de evicção".

6. A CLÁUSULA DE REFORÇO, DIMINUIÇÃO E EXCLUSÃO DA GARANTIA. A CLÁUSULA DE ASSUNÇÃO OU CIÊNCIA DO RISCO

As partes (alienante e adquirente) podem, por cláusula expressa, reforçar, diminuir ou excluir a responsabilidade pela evicção (art. 448, CC).

Ao haver o reforço da responsabilidade, tal cláusula, evidentemente, beneficiará o adquirente que poderá exigir algo além do que a lei já impõe. No entanto, ela não poderá ultrapassar ao dobro do valor da coisa.

É ainda possível que seja estipulada a cláusula de diminuição da responsabilidade ou até mesmo exclusão da responsabilidade do alienante em caso de evicção, hipóteses que serão benéficas ao alienante.

> **Atenção**
>
> Releva notar que, em se tratando de cláusula que exclua a responsabilidade do alienante – cláusula de *non praestanda evictione* ou cláusula de irresponsabilidade –, tal cláusula, cinge-se a excluir a responsabilidade do alienante pela indenização decorrente da evicção, todavia, mesmo assim o valor pago pela coisa terá de ser devolvido ao adquirente. Para que o alienante tenha a sua responsa-

bilidade integralmente excluída e não tenha que arcar com a indenização decorrente da evicção e nem mesmo com o valor pago pela coisa, é necessário que o contrato preveja a cláusula de exclusão de responsabilidade do alienante e também a chamada cláusula de assunção ou ciência do risco por parte do adquirente.

Em suma, para que haja o integral afastamento da responsabilidade do alienante são necessárias as duas cláusulas: a cláusula de exclusão e a cláusula de assunção ou ciência do risco, conforme artigos 448 e 449 do CC.

7. AS MANIFESTAÇÕES DA PERDA (TOTAL OU PARCIAL) E AS SUAS CONSEQUÊNCIAS

O fenômeno da evicção que implica a perda da coisa por parte do adquirente (evicto) poderá se manifestar de duas maneiras: total e parcial.

Ocorre a **perda total** quando o adquirente for completamente despojado da coisa. Ocorre a **perda parcial** quando o adquirente for parcialmente despojado da coisa.

Nessa hipótese, ainda devemos observar se a perda parcial foi considerável ou não, uma vez que as consequências serão distintas. Por perda parcial considerável devemos atentar para aquela que atinge o todo, sendo a não considerável, o contrário. A partir daí, as consequências, segundo art. 455 do CC, serão:

- Se tiver havido a perda parcial considerável: o evicto poderá optar entre a rescisão do contrato realizado com o adquirente, exigindo, nesse caso, os valores constantes do art. 450 do CC, ou, então, permanecer com a coisa exigindo uma indenização pelo desfalque sofrido.

- Se a perda parcial não for considerável: o evicto somente terá a opção de pedir uma indenização pelo desfalque sofrido, tendo que permanecer com a coisa.

Atenção

Acerca do preço da coisa, vale lembrar que, em se tratando de perda total, deverá ser considerado o valor da coisa à época em que evenceu e, em sendo perda parcial, a indenização será proporcional ao desfalque sofrido (art. 450, parágrafo único, CC).

8. A DETERIORAÇÃO OU BENFEITORIA NO OBJETO DA EVICÇÃO

Caso a coisa objeto da evicção tenha sofrido alguma deterioração, tal fato não será suficiente para reduzir o preço da coisa a ser restituído ou a indenização em virtude da evicção, uma vez que a responsabilidade do alienante subsiste. Todavia, se a deterioração decorrer de emprego de dolo do adquirente ou se o adquirente tiver auferido vantagens das deteriorações, tais fatos deverão ser levados em consideração para a redução da indenização devida, conforme arts. 451 e 452 do CC.

Acerca das benfeitorias, aquelas que visam à conservação do bem se denominam necessárias; ao melhoramento do bem, úteis; e ao embelezamento ou mero deleite dos interessados, voluptuárias.

O art. 453 do CC preceitua que: "As benfeitorias necessárias ou úteis, não abonadas ao que sofreu a evicção, serão pagas pelo alienante". O dispositivo está em sintonia com o art. 1.219 do CC que impõe indenização ao possuidor de boa-fé que tenha realizado benfeitorias necessárias ou úteis na coisa.

> **Importante**
>
> **A DENUNCIAÇÃO DA LIDE NA EVICÇÃO**
>
> O art. 456 do CC, que estabelecia que "para poder exercitar o direito que da evicção lhe resulta, o adquirente notificará do litígio o alienante imediato, ou qualquer dos anteriores, quando e como lhe determinarem as leis do processo", foi revogado pelo CPC/2015, em seu art. 1.072, II. Atente-se para o fato de que a denunciação de lide ainda é o caminho adequado a ser seguido pelo evicto. O que se afasta com a revogação do referido artigo é a possibilidade de promover a denunciação por saltos. De acordo com o art. 125, I, CPC/2015: "É admissível a denunciação da lide, promovida por qualquer das partes: ao alienante imediato, no processo relativo à coisa cujo domínio foi transferido ao denunciante, a fim de que possa exercer os direitos que da evicção lhe resultam".
>
> Por fim, atentemos para o fato de que o CPC/2015 admite, ainda, expressamente a via da ação autônoma para a satisfação do evicto, conforme preceitua o § 1º do art. 125: "O direito regressivo será exercido por ação autônoma quando a denunciação da lide for indeferida, deixar de ser promovida ou não for permitida".

EM RESUMO:

Compreendendo a evicção	**Conceito**: evicção é a perda da coisa em virtude de sentença judicial ou ato administrativo que a atribui a terceiro que possuía direito anterior sobre ela. **Previsão legal**: arts. 447 a 457, CC.

A exigência do contrato oneroso	O art. 447 do CC impõe que nos contratos onerosos o alienante responda pela evicção, subsistindo esta garantia ainda que a aquisição se tenha realizado em hasta pública. Logo, essa garantia não é automática nos contratos gratuitos. Entretanto, não há óbice quanto à possibilidade de as partes estipularem tal proteção quando da elaboração de um contrato gratuito.
A possibilidade da proteção incidente nas aquisições em hasta pública	O art. 447 do CC impõe que nos contratos onerosos o alienante responda pela evicção, subsistindo esta garantia ainda que a aquisição se tenha realizado em hasta pública. No entanto, somos da opinião de que essa garantia diz respeito às alienações em hasta pública decorrentes de procedimento de jurisdição voluntária. Diferente é a situação da arrematação em hasta pública resultante de processo executivo, na qual entendemos que a responsabilidade será do executado, uma vez que foi ele que se beneficiou com a hasta pública concluída, ao representar a extinção de sua obrigação.
As consequências da evicção	**Evicto de boa-fé**: terá direito a receber de volta o valor pago pela coisa e uma indenização pela evicção (art. 450, CC). **Evicto de má-fé**: segundo o art. 457 do CC: "Não pode o adquirente demandar pela evicção, se sabia que a coisa era alheia ou litigiosa". Mas há dois posicionamentos: 1º) o adquirente (evicto) pode, ao menos, pleitear o valor pago pela coisa de volta, sob pena de configuração de enriquecimento indevido em prol do alienante; 2º) o adquirente (evicto) de má-fé não poderá pleitear nem mesmo o valor pago pela coisa, pois não tem direito à repetição aquele que deu alguma coisa para obter fim ilícito, imoral, ou proibido por lei (art. 883).
A evicção como causa impeditiva da prescrição	A prescrição da pretensão do evicto de se voltar contra o alienante começará a correr a partir do trânsito em julgado da sentença a ser prolatada em ação em que a evicção é discutida, sendo deferido o bem ao evictor.
A cláusula de reforço, diminuição e exclusão da garantia. A cláusula de assunção ou ciência do risco	As partes (alienante e adquirente) podem, por cláusula expressa, reforçar, diminuir ou excluir a responsabilidade pela evicção (art. 448, CC).

As manifestações da perda (total ou parcial) e as suas consequências	**Consequências**: a) **Perda total**: salvo estipulação em contrário, o evicto terá direito à restituição integral do preço ou das quantias que pagou, à indenização dos frutos que tiver sido obrigado a restituir, à indenização pelas despesas dos contratos e pelos prejuízos que diretamente resultarem da evicção e às custas judiciais e aos honorários do advogado por ele constituído (art. 450, CC). b) **Perda parcial**: – *Perda parcial considerável*: o evicto pode optar por rescindir o contrato realizado com o adquirente, exigindo, nesse caso, os valores constantes do art. 450 do CC, ou permanecer com a coisa exigindo uma indenização pelo desfalque sofrido; – *Perda parcial não considerável*: o evicto somente tem a opção de pedir uma indenização pelo desfalque sofrido, tendo que permanecer com a coisa.
A deterioração ou benfeitoria no objeto da evicção	**Deterioração do objeto da evicção**: – **Regra**: tal fato não será suficiente para reduzir o preço da coisa a ser restituído ou a indenização em virtude da evicção, uma vez que a responsabilidade do alienante subsiste. – **Exceção**: se a deterioração decorrer de emprego de dolo do adquirente ou se o adquirente tiver auferido vantagens das deteriorações, tais fatos deverão ser levados em consideração para a redução da indenização devida. **Benfeitorias no objeto da evicção**: as benfeitorias necessárias ou úteis, não abonadas ao que sofreu a evicção, serão pagas pelo alienante

Capítulo 27

Extinção dos Contratos

O contrato, como negócio jurídico que é, ostenta um ciclo de vida, isto é, ele nasce, vive e morre. Por extinção de contrato, deve-se entender, simplesmente, como o seu fim. As formas extintivas de um contrato podem ser subdivididas da seguinte maneira: extinção normal ou natural; extinção por fatos anteriores ou contemporâneos à celebração do contrato; extinção por fatos posteriores à celebração do contrato; e extinção por morte.

1. FORMA NORMAL OU NATURAL DE EXTINÇÃO DOS CONTRATOS

A forma normal pela qual se extingue um contrato se dá com a sua execução (seja instantânea ou futura) que significa, exatamente, o seu adimplemento ou cumprimento. Este por sua vez poderá ocorrer por meio do pagamento (arts. 304 a 333, CC) ou por meio de formas especiais previstas nos arts. 334 a 388 do CC que são: o pagamento em consignação; o pagamento com sub-rogação; a imputação de pagamento; a dação em pagamento; a novação; a compensação; a confusão; e a remissão de dívidas. O estudo de cada uma dessas manifestações remete ao Direito das Obrigações.

Porém, é possível que o contrato não consiga cumprir o programa pelo qual foi designado, desse modo, poderá haver o seu fim, seja por fatos anteriores ou posteriores à sua celebração, que é o que analisaremos a seguir.

2. EXTINÇÃO DO CONTRATO POR FATOS ANTERIORES OU CONTEMPORÂNEOS À SUA CELEBRAÇÃO

2.1 A invalidade contratual

A extinção do contrato por fato anterior ou contemporâneo à sua celebração se manifestará por meio de sua invalidação, que ocorre quando há nulidade ou anulabilidade do contrato.

A nulidade, também conhecida por nulidade absoluta, ocorre nas situações não taxativas dos arts. 166 e 167 do CC. Assim, por exemplo, um contrato celebrado por um absolutamente incapaz sem a devida representação será extinto em virtude de nulidade apresentada, conforme o inc. I do art. 166 do CC. Ou então, um contrato celebrado em simulação também será extinto porque nulo. Releva notar que a nulidade absoluta procura proteger o interesse público e pode ser alegada a todo tempo, sem admitir, por conseguinte, a possibilidade de sua confirmação (art. 169, CC). Como a nulidade absoluta objetiva a proteção de interesse público, a sentença que a declarar produzirá efeitos *ex tunc*, ou seja, retroagirá no tempo e aniquilará tudo o que tenha ficado para trás.

Já a anulabilidade, também conhecida por nulidade relativa, ocorre nas situações não taxativas do art. 171 do CC. Assim, por exemplo, um contrato celebrado por um relativamente incapaz sem a devida assistência poderá ser extinto em virtude da anulabilidade apresentada, bem como um contrato feito em erro, ou sob dolo, coação, lesão, estado de perigo e fraude contra credores. Nas situações de nulidade relativa o que se procura proteger é um interesse particular do prejudicado, daí que há prazo de 4 ou 2 anos, conforme arts. 178 e 179 do CC, para se reclamar a extinção do contrato por anulação. Admite-se aqui a possibilidade de confirmação do contrato de acordo com o art. 172 do CC. Para parte da doutrina, os efeitos da sentença que se manifesta pela anulabilidade são *ex nunc* (com base no art. 177, 1ª parte, CC); de outro lado, há quem se manifeste pelo caráter retroativo de tal sentença (com base no art. 182 do CC).

Atenção

Lembramos que as hipóteses de nulidade e anulabilidade do contrato são, em resumo, hipóteses de invalidade contratual. Assim, a invalidade contratual gera a extinção do contrato por fato anterior ou contemporâneo à sua celebração. Mas lembramos que, também representam a extinção por fato anterior à celebração do contrato a cláusula resolutiva expressa e a cláusula de arrependimento. Essas cláusulas aqui mencionadas decorrem de previsão contratual sendo, portanto, manifestação da autonomia privada das partes e por isso aqui consideradas como fatores de extinção anteriores à celebração do contrato.

2.2 Cláusula resolutiva

A previsão da cláusula resolutiva está no Código Civil no art. 474 que estabelece. Assim, a cláusula resolutiva poderá ser expressa ou tácita. A expressa é a cláusula por meio da qual as partes, de antemão, estabelecem que não será interessante para qualquer delas criar situações dificultosas ao cumprimento do contrato. Entretanto, cumpre lembrar que a previsão da cláusula resolutiva expressa não faz prescindir da intervenção judicial e a sentença terá efeito meramente declaratório e *ex tunc*, já que a resolução já se operou de pleno direito, isto é, automaticamente, diante do inadimplemento. Nesse sentido, *vide* Enunciado n° 436, CJF.

Já a cláusula resolutiva tácita está implícita em todo contrato bilateral e autoriza a parte prejudicada a pleitear a resolução do contrato com a indenização por perdas e danos cabível, conforme art. 475 do CC. Como na cláusula resolutiva expressa, também haverá intervenção judicial, sendo que, por se tratar de cláusula resolutiva tácita, a sentença não será meramente declaratória, mas sim desconstitutiva.

2.3 Cláusula de arrependimento

A cláusula de arrependimento se traduz na previsão contratual pela qual, de antemão, se delibera pela possibilidade de as partes colocarem fim à avença com a perda das arras dadas ou a sua devolução em dobro, conforme o art. 420 do CC preceitua.

3. EXTINÇÃO DO CONTRATO POR FATOS POSTERIORES À SUA CELEBRAÇÃO

A extinção por fatos posteriores à celebração do contrato poderá ocorrer por meio da resolução ou resilição do contrato.

A **resolução** ocorrerá em caso de inexecução do contrato na qual constataremos que ela poderá ter ocorrido sem culpa do contratante, em hipótese então de caso fortuito ou de força maior, caso em que não caberá pleito de indenização por perdas e danos; ao revés, em se tratando de inexecução por culpa do contratante, será devida indenização por perdas e danos ao prejudicado pelo inadimplemento.

O termo resolução também é aplicável por força de previsão do art. 478 do CC quando da extinção do contrato por onerosidade excessiva. Lembramos que o referido artigo contempla a chamada teoria da imprevisão estabelecendo quatro requisitos para o alcance da resolução do contrato. São eles: 1°) contrato de execução futura continuada ou diferida; 2°) acontecimento de evento superveniente e extraordinário que conduza uma das partes à situação de onerosidade excessiva; 3°) que este acontecimento seja imprevisível; 4°) que gere extrema vantagem para a outra parte.

> **Importante**
>
> A possibilidade de revisão do contrato – solução mais adequada de acordo com o princípio da função social e do seu subprincípio da preservação ou conservação do contrato – não é de todo afastada pelo Código Civil. Porém, tal possibilidade somente se torna factível se houver pedido do réu no sentido da revisão e não da resolução do contrato, de acordo com o art. 479 do CC.

Já a expressão **resilição** deverá ser aplicada na hipótese em que o término do contrato é alcançado por força da vontade. Assim, a resilição poderá ser:

- **Bilateral:** quando ambas as partes decidem colocar fim ao contrato. Dá-se por meio do distrato que deverá ser feito pela mesma forma utilizada para o contrato (art. 472, CC). Assim, em se tratando de um contrato que foi celebrado por escritura pública, o seu distrato, evidentemente, deverá ser feito por escritura pública também. Mas, se o contrato, por exemplo, foi celebrado por instrumento particular, o distrato poderá ser feito por instrumento particular ou até mesmo por meio de instrumento público. Nesse sentido, foi aprovado o Enunciado nº 584 na VII Jornada de Direito Civil: "Desde que não haja forma exigida para a substância do contrato, admite-se que o distrato seja pactuado por forma livre".

- **Unilateral:** quando apenas uma das partes decide por sua vontade colocar fim ao contrato. Ocorre em hipóteses excepcionais previstas em lei expressa ou implicitamente, como nos contratos de locação, mandato, depósito, comodato etc. A resilição unilateral tomará corpo com a denúncia notificada à outra parte (art. 473, CC). São manifestações de resilição unilateral a denúncia, a revogação e a renúncia. Vale lembrar ainda que o parágrafo único do art. 473 do CC orientado pela função social dos contratos e pela boa-fé objetiva dispõe: "Se, porém, dada a natureza do contrato, uma das partes houver feito investimentos consideráveis para a sua execução, a denúncia unilateral só produzirá efeito depois de transcorrido prazo compatível com a natureza e o vulto dos investimentos".

4. EXTINÇÃO DO CONTRATO POR MORTE

Em se tratando de contratos personalíssimos ou *intuitu personae*, em havendo o falecimento da parte, o contrato se extinguirá por razões evidentes. É o caso, por exemplo, de um contrato de fiança em que há o falecimento do fiador. É claro que as obrigações já vencidas respeitantes ao fiador serão transferidas aos seus herdeiros, mas a posição contratual ocupada pelo fiador que faleceu, não (art. 836, CC).

5. AS DIVERSAS ACEPÇÕES DA PALAVRA "RESCISÃO"

A doutrina nacional se digladia em relação ao exato significado e ideal emprego da palavra **rescisão**. Trata-se, em verdade, de termo multifacetado. Isso porque "rescisão" é muitas vezes utilizada como gênero que abarca as hipóteses de resolução e resilição. Desse modo a ação de rescisão contratual englobaria as hipóteses de pedido de resolução ou de resilição. Entretanto, a outro giro, há quem restrinja o termo **rescisão** para as hipóteses em que o vício se dá na origem, como na evicção e no vício redibitório. Um terceiro posicionamento surge ainda atribuindo o manejo da palavra **rescisão** aos casos de extinção do contrato por se configurar situação de lesão ou estado de perigo. Decerto que, com esse último posicionamento não podemos concordar já que a lesão e o estado de perigo são institutos que induzem à invalidade contratual, em sua modalidade de nulidade relativa, conforme art. 171, II do CC, configurando, então, fonte extintiva anterior ou contemporânea à celebração do contrato.

6. A EXCEÇÃO DO CONTRATO NÃO CUMPRIDO (*EXCEPTIO NON ADIMPLETI CONTRACTUS*)

O art. 476 do CC estabelece que: "Nos contratos bilaterais, nenhum dos contratantes, antes de cumprida a sua obrigação, pode exigir o implemento da do outro". Assim, quando uma das partes exige o cumprimento da obrigação, a outra poderá muito bem se defender alegando que a obrigação do pleiteante ainda não foi cumprida. É claro que só faz sentido a aplicação do instituto, em se tratando de contratos bilaterais, que são aqueles que geram obrigações para ambas as partes contratantes.

Decerto que, na realidade, a previsão do instituto no capítulo respeitante à extinção dos contratos não foi de todo precisa pelo legislador do Código Civil de 2002. Isso porque a exceção do contrato não cumprido não é fator gerador necessariamente de sua extinção.

7. A *EXCEPTIO NON RITE ADIMPLETI CONTRACTUS*

A *exceptio non rite adimpleti contractus* é previsão que está no art. 477 do CC. O dispositivo terá cabimento para aquelas situações em que uma das partes gera na outra a insegurança quanto ao cumprimento da obrigação em virtude de sua instabilidade financeira. Assim, a parte que se situa na posição de insegurança poderá exigir que a outra cumpra a sua obrigação por receio de pretenso inadimplemento.

Importante

Respeitante ao art. 477 do CC foi aprovado na V Jornada de Direito Civil, o Enunciado nº 437, com o seguinte teor: "A exceção de inseguridade, prevista no art. 477, também pode ser oposta à parte cuja conduta põe manifestamente em risco a execução do programa contratual".

8. A CLÁUSULA *SOLVE ET REPETE*

A expressão *solve et repete* vem do latim e significa "pague e depois reclame". Por essa cláusula há a renúncia ao manejo da *exceptio non adimpleti contractus* e da *exceptio non rite adimpleti contractus*.

Quando há a inserção em um contrato da cláusula *solve et repete* o que ocorre são os efeitos contrários aos propostos pela *exceptio*. Desse modo, a parte não poderá se socorrer do instituto da *exceptio*.

Atenção

Somos da opinião que, em se tratando de contrato de consumo não terá cabimento a cláusula *solve et repete*, caso contrário, será considerada nula, por força do que dispõe o art. 51, I, do CDC. O mesmo se diga em se tratando de contrato de adesão em virtude da redação do art. 424 do CC.

9. VISÃO TOPOGRÁFICA DAS MANIFESTAÇÕES EXTINTIVAS DE UM CONTRATO

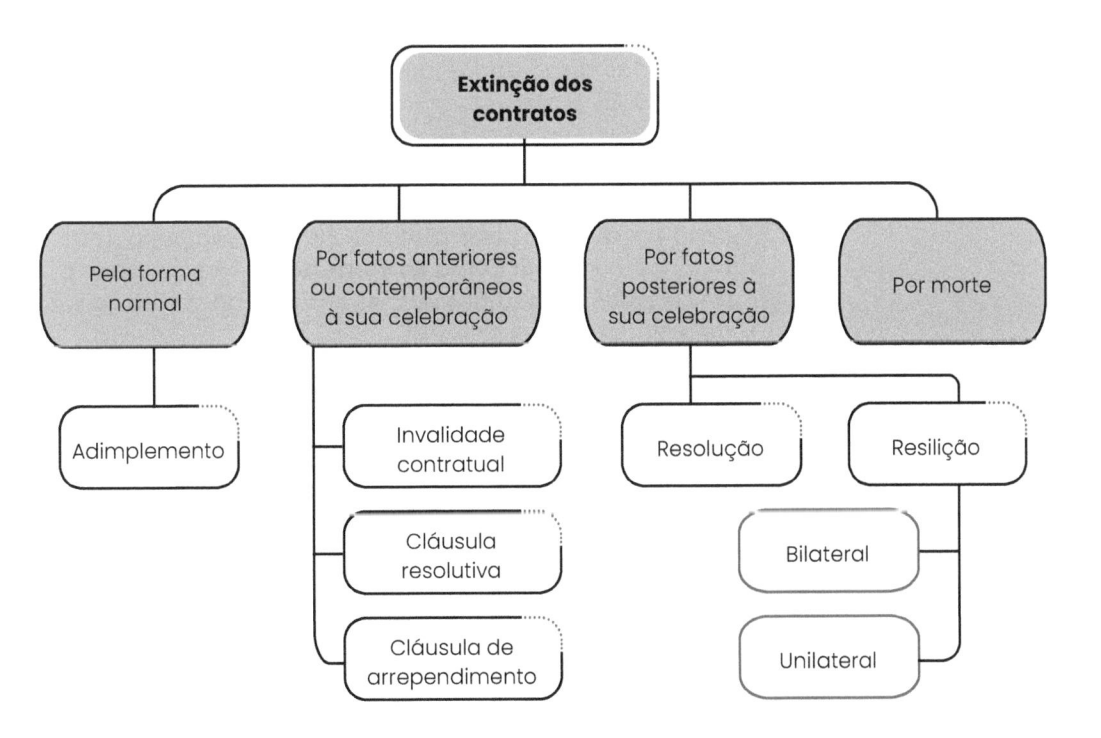

EM RESUMO:

Forma normal ou natural de extinção dos contratos	A forma normal pela qual se extingue um contrato se dá com o seu adimplemento, o qual pode ocorrer por meio do pagamento (arts. 304 a 333, CC) ou por meio de formas especiais (arts. 334 a 388, CC - pagamento em consignação; pagamento com sub-rogação; imputação de pagamento; dação em pagamento; novação; compensação; confusão; e remissão de dívidas).
Extinção do contrato por fatos anteriores ou contemporâneos à sua celebração	**Invalidade contratual**: ocorre quando há **nulidade** (arts. 166 e 167, CC) ou **anulabilidade** do contrato (art. 171, CC). **Cláusula resolutiva** (art. 474, CC): pode ser: *(i)* **expressa**, operando-se de pleno direito); ou *(ii)* **tácita**, dependendo de interpelação judicial. **Cláusula de arrependimento**: se traduz na previsão contratual pela qual, de antemão, se delibera pela possibilidade de as partes colocarem fim à avença com a perda das arras dadas ou a sua devolução em dobro (art. 420, CC).
Extinção do contrato por fatos posteriores à sua celebração	**Resolução**: ocorre em caso de inexecução do contrato, a qual pode ocorrer: *(i)* **sem culpa do contratante**, caso em que não cabe pleito de indenização por perdas e danos; ou *(ii)* **por culpa do contratante**, caso em que é devida indenização por perdas e danos ao prejudicado pelo inadimplemento. **Resilição**: ocorre por força da vontade, podendo ser: *(i)* **bilateral** (ambas as partes decidem colocar fim ao contrato), ocorrendo por meio do distrato que deverá ser feito pela mesma forma utilizada para o contrato (art. 472, CC); ou *(ii)* **unilateral** (apenas uma das partes decide por sua vontade colocar fim ao contrato), ocorrendo em hipóteses excepcionais previstas em lei expressa ou implicitamente.
Extinção do contrato por morte	Em se tratando de contratos personalíssimos ou *intuitu personae*, em havendo o falecimento da parte, o contrato se extingue.

As diversas acepções da palavra "rescisão"	**Acepções**: 1ª: "Rescisão" é gênero que abarca as hipóteses de resolução e resilição. 2ª: O termo rescisão restringe-se às hipóteses em que o vício se dá na origem, como na evicção e no vício redibitório. 3ª: Atribui o manejo da palavra rescisão aos casos de extinção do contrato por se configurar situação de lesão ou estado de perigo. Com esse último posicionamento não podemos concordar, já que a lesão e o estado de perigo são institutos que induzem à invalidade contratual, em sua modalidade de nulidade relativa (art. 171, II do CC), configurando, então, fonte extintiva anterior ou contemporânea à celebração do contrato.
A exceção do contrato não cumprido (*exceptio non adimpleti contractus*)	Nos contratos bilaterais, nenhum dos contratantes, antes de cumprida a sua obrigação, pode exigir o implemento da do outro (art. 479, CC). A exceção do contrato não cumprido não é fator gerador necessariamente de sua extinção.
A *exceptio non rite adimpleti contractus*	A *exceptio non rite adimpleti contractus* é cabível nas situações em que uma das partes gera na outra a insegurança quanto ao cumprimento da obrigação em virtude de sua instabilidade financeira. Assim, a parte que se situa na posição de insegurança pode exigir que a outra cumpra a sua obrigação por receio de pretenso inadimplemento. Enunciado nº 437 da V Jornada de Direito Civil: "A exceção de inseguridade, prevista no art. 477, também pode ser oposta à parte cuja conduta põe manifestamente em risco a execução do programa contratual".
A cláusula *solve et repete*	A expressão *solve et repete* significa "pague e depois reclame". Por essa cláusula há a renúncia ao manejo da *exceptio non adimpleti contractus* e da *exceptio non rite adimpleti contractus*.

Capítulo 28

A Revisão dos Contratos no CC e no CDC

1. A CLÁUSULA *REBUS SIC STANTIBUS*

A cláusula *rebus sic stantibus*, no Código de Defesa do Consumidor e no Código Civil de 2002, com novas e distintas feições, a depender da legislação em tela , passou a ser aplicada em nosso ordenamento diante de situações em que uma das partes contratantes fosse conduzida a uma situação de excessiva onerosidade.

No entanto, vale dizer, a revisão contratual deve ser aplicada de forma excepcional, intenção essa devidamente inserta pelo legislador no art. 421, parágrafo único, e no art. 421-A, III, ambos do CC, por força da Lei nº 13.874/2019 (Lei de Liberdade Econômica). O que não se tratou de novidade, já que a teoria da imprevisão, na forma como foi colocada no CC (art. 478), apresenta entraves insuperáveis ao prejudicado pelo desequilíbrio.

2. TEORIAS APLICÁVEIS QUANDO DA ONEROSIDADE EXCESSIVA

Os institutos cabíveis quando da onerosidade excessiva se manifestam por meio de duas teorias: a teoria da imprevisão e a teoria da base objetiva do negócio jurídico.

2.1 A teoria da imprevisão

A teoria da imprevisão, também conhecida por teoria da pressuposição, é a manifestação moderna de aplicação da cláusula *rebus sic stantibus* no CC em seu art. 478 que apresenta a seguinte redação:

> Nos contratos de execução continuada ou diferida, se a prestação de uma das partes se tornar excessivamente onerosa, com extrema vantagem para a outra, em virtude de acontecimentos extraordinários e imprevisíveis, poderá o devedor pedir a resolução do contrato. Os efeitos da sentença que a decretar retroagirão à data da citação.

Para que ocorra o manejo da teoria e a proposição do art. 478 do CC se torne possível, encontramos os quatro requisitos:

1) *Contrato de execução futura continuada ou diferida*: Contrato cuja execução irá se protrair ao longo do tempo, seja por meio de pagamento de parcelas (execução continuada) ou de uma só vez no futuro (execução diferida). Opõe-se ao contrato de execução instantânea, que é aquele em que o seu cumprimento se dá de imediato.

2) *Acontecimento de evento extraordinário e superveniente que coloque uma das partes em situação de onerosidade excessiva*: Aqui o que há é a ofensa à comutatividade existente na contratação. É comum dizer que a teoria da imprevisão somente terá cabimento em se tratando de contratos comutativos, que são aqueles contratos em que não há risco, já que as prestações de ambas as partes já são pré-estimadas, se opondo, portanto, aos contratos aleatórios. Todavia, importante atentar para o Enunciado nº 440, CJF que declara ser possível "a revisão ou resolução por excessiva onerosidade em contratos aleatórios, desde que o evento superveniente, extraordinário e imprevisível não se relacione com a álea assumida no contrato". Na medida em que o evento extraordinário e superveniente conduz uma das partes a uma situação de penúria, manifesta-se o desequilíbrio contratual, tornando, assim a execução do contrato inviável economicamente.

3) *Que esse acontecimento extraordinário e superveniente seja imprevisível*: Trata-se de fatos incomuns, inesperados e impossíveis de serem previstos pelas partes. Quanto à imprevisibilidade do evento superveniente e extraordinário, é importante, para que a teoria encontre eficácia, que a imprevisibilidade do evento não seja apurada do ponto de vista do mercado, mas sim sob a ótica da parte. Isso porque se aplicarmos o instituto voltados para a imprevisibilidade aventada pelo mercado, quase nada será imprevisível, o que dificultará, sobremaneira, a aplicação da teoria.

   Em virtude desse tipo de constatação foi aprovado o Enunciado nº 176 do CJF visando à ampliação da aplicação da teoria: "A menção à imprevisibilidade e à extraordinariedade, insertas no art. 478 do Código Civil, deve ser interpretada não somente em relação ao fato que gere o desequilíbrio, mas também em relação às consequências que ele produz".

4) *Que gere extrema vantagem para uma das partes*: Tal fato se traduz no aumento patrimonial expressivo da outra parte contratante. Há aqui, também, manifestação de um desequilíbrio contratual.

O principal efeito apresentado pelo Código Civil para a aplicação da teoria da imprevisão, conforme previsão expressa do art. 478, é a resolução do contrato, sendo que os efeitos da sentença que a decretar retroagirão à data da citação. É induvidosa a opção legislativa pela extinção do contrato, diante da verificação dos requisitos apresentados.

Porém, em segundo plano, se apresenta o art. 479 do CC possibilitando a revisão, e não a extinção do contrato, desde que o réu se ofereça a modificar as condições do contrato. Diante disso, a conclusão a que muitos autores chegam é a de que para se viabilizar a revisão do contrato, seria imprescindível a formulação por parte do réu de um pedido contraposto.

> **Atenção**
>
> Algumas decisões importantes do STJ sobre a aplicação da teoria da imprevisão:
> - A "ferrugem asiática" na lavoura – praga que ataca a plantação de soja – não é fato extraordinário e imprevisível apto a ensejar a aplicação da teoria da imprevisão (REsp 945.166, Quarta Turma, 2012).
> - A pandemia do coronavírus não constituiu fato superveniente apto a viabilizar a revisão judicial do contrato de prestação de serviços educacionais, com a redução proporcional do valor das mensalidades (REsp 1.998.206, Quarta Turma, 2022).
> - É cabível a revisão judicial de contrato de locação não residencial com redução proporcional e temporária do valor dos aluguéis, o que se constitui em medida necessária para assegurar o restabelecimento do equilíbrio entre as partes, em razão de fato superveniente decorrente da pandemia da covid-19 (REsp 1.984.277, Quarta Turma, 2022).
> - É possível a revisão de contrato entre banco e empresa de transporte intermunicipal, cujas atividades foram paralisadas devido à crise sanitária da pandemia da covid-19 (REsp 2.070.354, Terceira Turma, 2023).
> - Não se caracterizou o desequilíbrio na relação locatícia decorrente do contrato estabelecido entre o shopping center e o lojista, em virtude de o shopping center ter concedido desconto substancial no valor do aluguel em razão do cenário pandêmico de suspensão das atividades econômicas (REsp 2.032.878, Terceira Turma, 2023).

2.2   A teoria da quebra da base objetiva do negócio jurídico

O CDC também é incorporador dos princípios da justiça contratual e da função social dos contratos. Desse modo, há também manifestação da possibilidade de revisão do contrato nesse Código. Nele encontraremos a chamada teoria da quebra da base objetiva do negócio jurídico prevista no art. 6º, V, do CDC com caracteres distintos da teoria da imprevisão que tem sede no CC.

Assim, quando o contrato, decorrente de uma relação jurídica de consumo, se tornar excessivamente oneroso para uma das partes, a solução será apresentada pela teoria da quebra da base objetiva do negócio jurídico.

O art. 6º, V, do CDC estabelece como direito básico do consumidor "a modificação das cláusulas contratuais que estabeleçam prestações desproporcionais ou sua revisão em razão de fatos supervenientes que as tornem excessivamente onerosas".

Sem suores, verificamos que a referida teoria, expressa no artigo mencionado, em total coerência com o princípio da função social dos contratos e o seu subprincípio da conservação dos contratos, propõe a revisão do contrato, e não a sua extinção.

Para tanto, os requisitos exigidos são apenas dois:

1) Contrato de execução futura continuada ou diferida. É evidente que somente poderá surgir o desequilíbrio superveniente em se tendo em tela um contrato que irá se protrair ao longo do tempo. E aqui nos reportamos a tudo que já foi dito acerca dessa classificação contratual.

2) Acontecimento de evento extraordinário e superveniente que coloque uma das partes em situação de onerosidade excessiva, isto é, que conduza uma das partes à ruína. Vislumbra-se aqui o desequilíbrio contratual que deve ser rechaçado.

EM RESUMO:

Teoria da imprevisão	Teoria da quebra da base objetiva do negócio jurídico
Código Civil: arts. 478, 479 e 480	Código de Defesa do Consumidor, art. 6º, V
Requisitos: • contrato de execução futura continuada ou diferida; • acontecimento de evento extraordinário e superveniente que coloque uma das partes em situação de onerosidade excessiva, isto é, que conduza uma das partes à ruína; • que esse acontecimento seja imprevisível; • que gere extrema vantagem para uma das partes.	Requisitos: • contrato de execução futura continuada ou diferida; • acontecimento de evento extraordinário e superveniente que coloque uma das partes em situação de onerosidade excessiva, isto é, que conduza uma das partes à ruína.
Efeitos: • resolução (art. 478); • revisão (art. 479: a pedido do réu).	Efeito: • revisão.

PARTE 5

DIREITO DAS COISAS

Capítulo 29

Introdução ao Estudo do Direito das Coisas

1. POLÊMICA TERMINOLÓGICA: DIREITO DAS COISAS OU DIREITOS REAIS?

Não se pode confundir as denominações Direito das Coisas, utilizada pelo legislador no CC, nos arts. 1.196 a 1.510 do CC, com Direitos Reais. Isso porque o CC quando disciplina o Direito das Coisas aborda a posse (instituto cuja natureza jurídica é questionada) e os Direitos Reais propriamente ditos. Desse modo, o Direito das Coisas não se reduziria ao estudo dos Direitos Reais, mas também à análise de outros institutos como, por exemplo, a posse e até mesmo os direitos de vizinhança.

2. TEORIAS ACERCA DOS DIREITOS REAIS

2.1 Teoria realista ou clássica

Apresenta os Direitos Reais consistindo em um poder imediato que a pessoa tem sobre a coisa, isto é, há apenas um sujeito e um objeto, sendo despiciendo a existência de um sujeito passivo.

2.2 Teoria personalista

Opondo-se à teoria realista ou clássica, situa-se a teoria personalista que propugna que os Direitos Reais se traduzem em relações entre pessoas, todavia, intermediadas por coisas. Desse modo, haveria um sujeito ativo, um sujeito passivo e, entre eles, um objeto. O sujeito passivo mencionado nos Direitos Reais seria indeterminado e universal. Nos direitos pessoais, também haveria um sujeito ativo e um sujeito passivo. Porém, aqui, o sujeito seria pessoa certa e determinada, isto é, o devedor.

3. DIREITOS REAIS × DIREITOS PESSOAIS DE CUNHO PATRIMONIAL (DIREITOS OBRIGACIONAIS)

Partindo da teoria realista ou clássica, que parece prevalecer em nosso ordenamento, exsurge a diferença entre os Direitos Reais e os Direitos Pessoais.

Fácil entender isso, a partir do momento em que se percebe que, nos Direitos Reais, a relação se dá entre uma pessoa e uma coisa, já nos direitos pessoais, a relação se dá entre pessoas.

Posto isso, é necessário atentar para as seguintes diferenças:

QUADRO COMPARATIVO	
Direitos reais	**Direitos pessoais de caráter patrimonial (direito das obrigações)**
Existência de apenas um sujeito ativo (teoria clássica ou realista).	Existência de dois sujeitos: um ativo e outro passivo.
Objeto: a coisa.	Objeto: a prestação.
Absolutos: o titular poderá opor o Direito Real contra toda e qualquer pessoas (*erga omnes*).	Relativos: o credor só poderá cobrar a prestação de seu devedor.
Caráter permanente.	Caráter transitório.
Há sequela: aptidão que possui o titular do Direito Real para perseguir a coisa.	Não há sequela. Em caso de inadimplemento, caberá pedido indenizatório.
Numerus clausus. São taxativos: só são direitos reais aqueles que a lei determina. No CC o rol dos direitos reais se encontra no art. 1.225.	*Numerus apertus*. Não se limitam à conformação legal. Tanto é assim que é possível a realização de contratos atípicos (art. 425, CC).
Há preferência: privilégio que possui o titular de um direito real de, em um eventual concurso de credores, receber com prioridade.	Não há preferência.

4. INSTITUTOS DE NATUREZA HÍBRIDA

4.1 Obrigação *propter rem* ou obrigação real

A obrigação *propter rem*, real, reipersecutória ou ambulatória é a que decorre do fato de a pessoa ser titular de um direito real. Trata-se de obrigação jungida à coisa que irá acompanhá-la onde quer que ela esteja, nas mãos de quem quer que esteja.

Tal obrigação nasce não da vontade do devedor, mas sim por ser este o titular de um direito real. Desse modo, o devedor somente se vê livre dela se abandonar a coisa ou aliená-la, de modo que o seu sucessor assumirá a obrigação, ainda que não a conheça. Exemplos clássicos são as obrigações de pagar IPTU ou a taxa condominial.

> **Atenção**
>
> Tende a prevalecer, quanto à natureza jurídica de uma obrigação *propter rem*, que se trata de instituto a meio caminho do direito pessoal e do direito real.

4.2 Obrigações com eficácia real

Se o legislador atribuir a um contrato efeitos reais, *erga omnes*, sem se tratar da constituição de novo direito real, conclui-se, então, que se trata de uma obrigação com eficácia real. É o caso, por exemplo, do art. 33 da Lei nº 8.245/91 (Lei de Locação). Por esse dispositivo havendo a averbação do contrato de locação nos seus moldes, surge o direito de preferência do locatário na aquisição do bem, sendo oponível, inclusive, contra terceiros.

4.3 Ônus real

Trata-se de uma modalidade de direitos que mesclam regras dos direitos reais e pessoais. Como exemplos pode-se citar qualquer direito real sobre coisa alheia (hipoteca, penhor, usufruto etc.). Note-se, entretanto, que nem todo ônus real é um direito real. Haja vista o contrato de constituição de renda que se trata de ônus real, já que obriga ao proprietário o pagamento de prestações periódicas, não sendo considerado, no CC/2002, direito real.

A diferença entre uma obrigação *propter rem* e o ônus real repousa na responsabilidade, já que na obrigação *propter rem* o devedor responde com o seu patrimônio pessoal e no ônus real, o devedor responde apenas com o bem onerado.

5. UMA CLASSIFICAÇÃO NECESSÁRIA ACERCA DOS DIREITOS REAIS

Os direitos reais se subdividem em três categorias:

a) Direitos reais de gozo ou fruição (enfiteuse, superfície, servidão, uso, usufruto, habitação, concessão de uso especial para fins de moradia, concessão de direito real de uso, os direitos oriundos da imissão provisória na posse, quando concedida à União, aos Estados, ao Distrito Federal, aos Municípios ou às suas entidades delegadas e a respectiva cessão e promessa de cessão);

b) Direitos reais de garantia (hipoteca, penhor, anticrese e propriedade fiduciária);

c) Direitos reais à aquisição (direito do promitente comprador e propriedade fiduciária).

Importante

O CC disciplina o direito real "propriedade fiduciária" nos arts. 1.361 ao 1.368-B, também denominado de "alienação fiduciária em garantia". Esse direito real apresentará natureza jurídica dupla, isto é, sob a ótica do credor, trata-se de direito real de garantia, já sob a ótica do devedor, tratar-se-á de direito real à aquisição.

EM RESUMO:

Polêmica terminológica: direito das coisas ou direitos reais?	**Direito das Coisas** (arts. 1.196 a 1.510, CC): não se reduz ao estudo dos Direitos Reais, mas também à análise de outros institutos como, por exemplo, a posse e até mesmo os direitos de vizinhança.
Teorias acerca dos direitos reais	**Teoria realista ou clássica**: os Direitos Reais consistem em um poder imediato que a pessoa tem sobre a coisa, sendo despiciendo a existência de um sujeito passivo. **Teoria personalista**: os Direitos Reais se traduzem em relações entre pessoas, todavia, intermediadas por coisas. Desse modo, haveria um sujeito ativo, um sujeito passivo e, entre eles, um objeto. O sujeito passivo mencionado nos Direitos Reais seria indeterminado e universal. Nos direitos pessoais, haveria um sujeito ativo e um sujeito passivo, o qual seria pessoa certa e determinada, isto é, o devedor.

Direitos reais × Direitos pessoais de cunho patrimonial (direitos obriga-cionais)	**Direitos reais × Direitos pessoais de cunho patrimonial (direitos obrigacionais)** **Direitos reais**: • Existência de apenas um sujeito ativo (teoria clássica ou realista). • Objeto: a coisa. • Absolutos: oponível contra toda e qualquer pessoa (*erga omnes*). • Caráter permanente. • Há sequela: aptidão que possui o titular do Direito Real para perseguir a coisa. • *Numerus clausus*. São taxativos: só são direitos reais aqueles que a lei determina (art. 1.225, CC). • Há preferência em um eventual concurso de credores. **Direitos pessoas de cunho patrimonial** (direitos obrigacionais): • Existência de dois sujeitos: um ativo e outro passivo. • Objeto: a prestação. • Relativos: o credor só poderá cobrar a prestação de seu devedor. • Caráter transitório • Não há sequela. Em caso de inadimplemento, cabe pedido indenizatório. • *Numerus apertus*. Não se limitam à conformação legal (contratos atípicos - art. 425, CC). • Não há preferência.
Institutos de natureza híbrida	**Obrigação *propter rem* ou obrigação real**: é a que decorre do fato de a pessoa ser titular de um direito real. Trata-se de obrigação jungida à coisa que irá acompanhá-la onde quer que ela esteja, nas mãos de quem quer que esteja. **Obrigações com eficácia real**: o legislador atribui a um contrato efeitos reais, *erga omnes*, sem se tratar da constituição de novo direito real. Exemplo: art. 33 da Lei nº 8.245/91 (Lei de Locação). **Ônus real**: exemplo: qualquer direito real sobre coisa alheia (hipoteca, penhor, usufruto etc.). Nem todo ônus real é um direito real. **Obrigação *propter rem* × ônus real**: a) **obrigação *propter rem***: o devedor responde com o seu patrimônio pessoal; b) **ônus real**: o devedor responde apenas com o bem onerado.

Uma classificação necessária acerca dos direitos reais	**Direitos reais de gozo ou fruição**: enfiteuse, superfície, servidão, uso, usufruto, habitação, concessão de uso especial para fins de moradia, concessão de direito real de uso, os direitos oriundos da imissão provisória na posse, quando concedida à União, aos Estados, ao Distrito Federal, aos Municípios ou às suas entidades delegadas e a respectiva cessão e promessa de cessão.
	Direitos reais de garantia: hipoteca, penhor, anticrese e propriedade fiduciária.
	Direitos reais à aquisição: direito do promitente comprador e propriedade fiduciária.

Capítulo 30

Da Posse

1. TEORIAS EXPLICATIVAS DA POSSE

A importância das teorias que tentam explicar o significado da posse, é que elas traduzem a necessidade de se aferir se, diante de um caso concreto, os contornos da questão induzem à situação de posse ou de mera detenção. Isso porque visualizada a posse, merecerá ela especial proteção, diferentemente da detenção cujos traços se afastam da noção possessória e, por conseguinte, de sua proteção. Duas teorias ocuparam enfaticamente o cenário jurídico na busca de uma definição para a posse. São elas: a Teoria Subjetiva da posse de Savigny e a Teoria Objetiva da posse de Ihering.

1.1 Teoria subjetiva da posse de Savigny

Friedrich Karl Von Savigny, em 1803, delineou a posse por meio de dois elementos: o *corpus* e o *animus domini*. Por *corpus*, entende-se o poder físico sobre a coisa e o total controle material sobre ela. Agregado a esse primeiro elemento, Savigny, ainda, exigia para a conformação da posse um segundo elemento denominado *animus*, elemento de caráter psicológico que se manifestaria por meio da intenção daquele que tem o controle físico sobre a coisa de tê-la para si, desejando-a ardentemente como se proprietário fosse. Para Savigny, a existência desse segundo elemento (o *animus*) é que traçaria a diferença entre a posse e a detenção. Assim, se houvesse a presença do elemento anímico, estar-se-ia diante de um caso de posse, merecedor, portanto, de toda a proteção possessória.

Ao revés, ausente o *animus*, seria de se considerar mero caso de detenção, prescindindo, portanto, da devida proteção possessória.

1.2 Teoria objetiva da posse de Ihering

Em sentido oposto, a teoria objetiva da posse apresentada por Rudolf Von Ihering, em linhas gerais, prescinde do elemento volitivo de maneira autônoma para a delineação da posse. Para Ihering, bastaria a presença do *corpus*, independentemente de aferição de *animus domini* para que restasse configurada a posse, pois, em verdade, esse elemento restaria subsumido ao *corpus* já que implícito no poder de fato exercido sobre a coisa. O elemento subjetivo exigido por Ihering para a configuração da propriedade não seria o *animus domini*, mas sim o *affectio tenendi* (cuidar da coisa como se fosse sua).

A teoria objetiva de Ihering busca na noção de propriedade o seu alicerce para a construção de um conceito possessório, em que o elemento *corpus* seria a visibilidade de propriedade, isto é, posse seria a exteriorização de atos de propriedade. Assim, a partir do momento em que uma pessoa praticasse atos de propriedade, por exemplo, simplesmente usasse a coisa, ela já poderia ser considerada possuidora, sem haver a preocupação de se aferir se essa pessoa ao usar a coisa desejava ser dona dela ou não.

> **Importante**
>
> Diante de todo o exposto que, a teoria adotada pelo Código Civil de 2002 foi exatamente a teoria objetiva da posse de Ihering, uma vez que o seu art. 1.196 preceitua que: "Considera-se possuidor todo aquele que tem de fato o exercício, pleno ou não, de algum dos poderes inerentes à propriedade". Nada obstante, em um único momento, o Código flerta com a teoria de Savigny, demonstrando sua afeição por ela, ao dispor acerca da usucapião, instituto esse que, para que se configure, exige que a posse seja legitimada pelo *animus domini* do usucapiente.

Apesar de a teoria de Ihering apresentar grande avanço em relação à teoria de Savigny, é importante perceber que a posse é sempre considerada algo inferior à propriedade.

1.3 Teorias sociológicas da posse

As teorias sociológicas da posse fundamentam-se no caráter econômico e na função social da posse que, em verdade, aparece diante do próprio reconhecimento pela CF/88 da função social da propriedade (art. 5º, XXIII). Com isso fortalece-se a posse, admitindo-se até mesmo, em algumas situações, a sua prevalência sobre a própria propriedade.

Essas teorias, em nosso país, se sedimentam aos poucos, em sede legal, jurisprudencial e doutrinária, e ganham força, de modo a abalar as manifestações históricas de Savigny e Ihering.

Na jurisprudência, não raro os Tribunais reconhecem e legitimam a posse com base em sua função social, apresentando, pois, a função social da posse como princípio implícito no Código Civil de 2002, quando esse Código valoriza a chamada "posse-trabalho" em alguns de seus artigos.

> **Importante**
>
> Por fim, vale destacar que, na doutrina, o reconhecimento da função social da posse concretizou-se por meio do Enunciado nº 492, aprovado na V Jornada de Direito Civil, sob a seguinte redação: "A posse constitui direito autônomo em relação à propriedade e deve expressar o aproveitamento dos bens para o alcance de interesses existenciais, econômicos e sociais merecedores de tutela".

2. NATUREZA JURÍDICA DA POSSE

As controvérsias são inúmeras na tentativa de se aferir a natureza jurídica da posse. Aqui apresentaremos, em apertada exposição, as três correntes doutrinárias que, neste tópico, sobressaem.

- **1ª Corrente: A posse é um fato.**

Os adeptos desta corrente fundamentam a afirmação de que a posse deve ser vista como um fato com base no princípio da tipicidade, orientador dos direitos reais. Com base neste princípio, os direitos reais apenas poderiam nascer de lei, de modo que somente o legislador teria o condão de criar os direitos reais. Assim, no Código Civil os direitos reais estão taxativamente elencados no art. 1.225, não se detectando ali a figura da posse. Com base nisso, os doutrinadores partidários desse posicionamento concluem que a posse não pode ser considerada como um direito real, posto não estar presente no rol taxativo do art. 1.225 do CC. Filiando-se a esse posicionamento situam-se Windscheid, Trabucchi, Donnellus e, no Brasil, Clóvis Beviláqua.

- **2ª Corrente: A posse é um direito real.**

Os adeptos desta segunda corrente respaldam a afirmação de a posse ser considerada como um direito real na possibilidade de aplicação de algumas características dos direitos reais à posse também como, por exemplo, a oponibilidade *erga omnes*. Como adeptos dessa corrente podem ser citados Ihering, Cogliolo e, no Brasil, Teixeira de Freitas, Orlando Gomes e Caio Mário da Silva Pereira.

- **3ª Corrente: A posse é concomitantemente fato e direito.**

Os que se filiam a essa manifestação afirmam que a posse é um fato quando considerada em si mesma, porém, sob o ponto de vista de seus efeitos, a posse deve ser considerada como um direito na medida em que pode resultar na usucapião e enseja o manejo de ações possessórias. Posicionando-se assim, encontramos Savigny e, no Brasil, Tito Fulgêncio.

3.   CLASSIFICAÇÃO DA POSSE

A depender de diversos fatores, tais como, a forma pela qual foi adquirida, o *animus* com que o possuidor a exerce, a manifestação sucessória, dentre outros, a posse poderá apresentar distintas classificações, que serão a seguir analisadas.

3.1   Desdobramento da posse: posse indireta e posse direta

Quando, por exemplo, uma pessoa é proprietária de um apartamento – posto figurar no registro imobiliário como proprietária dele –, e ademais reside nele, deve-se dizer que essa pessoa apresenta a chamada propriedade plena ou alodial, isto é, em suas mãos concentram-se as quatro faculdades deferidas ao proprietário (usar, gozar, dispor e reaver a coisa).

Todavia, é possível que essa pessoa se desprenda de alguma faculdade, transferindo-a a um terceiro. É o que ocorre, por exemplo, quando essa pessoa aluga esse apartamento para um terceiro. No momento em que isso ocorre, terá havido o que se denomina desdobramento da posse. Isso porque claro fica que agora duas posses existem: a do locador (posse indireta) e a do locatário (posse direta).

Repare que o possuidor indireto continua a possuir a coisa, porém de maneira mediata. É por isso que se diz que a posse direta não deverá anular a posse indireta (art. 1.197 do CC). Ambas coexistirão. É por isso que em uma situação de desdobramento da posse, não se torna possível ao possuidor direto o pleito de usucapião.

O desdobramento da posse é o que ocorre quando é feito um contrato de comodato, em que surge a figura do comodante (possuidor indireto) e do comodatário (possuidor direto); quando é instituído um usufruto, em que se apresentam o nu-proprietário (possuidor indireto) e o usufrutuário (possuidor direto), dentre outras relações jurídicas que poderiam ser citadas.

Se constatado que ambos são possuidores, deve ser frisado que a ambos é deferida a tutela possessória. Desse modo, caso seja necessário, um pode manejar interdito possessório em desfavor do outro ou de um terceiro (art. 1.197 do CC).

> **Importante**
>
> O desdobramento de posse poderá derivar de direito pessoal ou de direito real. De direito pessoal, seria aquele desdobramento que ocorresse, por exemplo, em virtude de um contrato de locação ou comodato. De direito real, seria o desdobramento que ocorresse, por exemplo, em virtude da constituição de um usufruto.
>
> Importante salientar que a estrutura originada decorrente do desdobramento da posse, será sempre temporária, não se perpetuando infinitamente no tempo.

3.2   Posse exclusiva e composse

A posse exclusiva é aquela que se constitui por apenas um titular, sendo, pois, considerada a regra. Excepcionalmente, é possível que ocorra a composse ou compossessão.

Por composse ou compossessão deve-se entender a posse exercida por duas ou mais pessoas sobre um mesmo bem.

> **Atenção**
>
> Não se permita confundir a composse com o instituto de posses paralelas, já estudado por nós. Na composse, as posses se manifestam no mesmo plano, diversamente das posses paralelas (posse indireta e posse direta) que se apresentam em planos distintos.
>
> Também, não se permita confundir a composse com o condomínio. Se na composse apresenta-se a posse em comum, no condomínio, o que há é uma propriedade em comum. Além disso, é possível que haja composse sem condomínio; outrossim, é possível que haja condomínio sem composse, e é possível até mesmo que os institutos coexistam. Confiram-se os exemplos:

No que tange ao exercício dos atos possessórios no caso de composse, importa notar que, cada compossuidor poderá praticá-los desde que não excluam os dos outros compossuidores. Nesse mote, como na composse cada compossuidor possui uma fração ideal da coisa, isso já basta para que se autorize o manejo de ação possessória contra outro compossuidor que pretenda o exercício de posse exclusiva sem autorização do demais ou contra terceiro. Com isso, vale a leitura do art. 1.199 do CC: "Se duas ou mais pessoas possuírem coisa indivisa, poderá cada uma exercer sobre ela atos possessórios, contanto que não excluam os dos outros compossuidores".

3.3   Posse justa e posse injusta

De acordo com o art. 1.200 do CC, justa é a posse que não for violenta, clandestina ou precária. Permita-nos, de início, uma ligeira correção na redação legislativa para que possamos melhor compreender o que sejam as posses justa e injusta. Em verdade, posse justa é aquela que não foi **adquirida** mediante violência, clandestinidade ou precariedade. *A contrario sensu*, posse injusta seria aquela **adquirida** mediante violência, clandestinidade e precariedade. Isso porque, por meio de interpretação sistemática, ao nos socorrermos da parte final do art. 1.208 do CC, perceberemos que enquanto houver violência ou clandestinidade, não há um estado de posse, mas sim de mera detenção. A posse apenas iniciar-se-á a partir do momento de cessada a violência ou a clandestinidade e tal posse, importa notar, será considerada injusta.

Violência, clandestinidade e precariedade são os três vícios objetivos que podem inquinar uma posse. São considerados vícios de caráter objetivo, pois dispensam a aferição de aspectos anímicos para a sua constatação. Não há necessidade de adentrar ao espírito do agente que age em violência, clandestinidade ou precariedade, para, realmente, se ter certeza que os vícios se manifestaram.

> **Atenção**
>
> Antes de analisar cada um desses vícios, deve ser frisado que se tratam de vícios relativos, isto é, dizem respeito apenas ao ofendido. Em relação a terceiros, a posse de alguém, mesmo adquirida mediante violência, clandestinidade ou precariedade contra o possuidor originário, produzirá seus efeitos normais.

A seguir explicamos cada um dos vícios objetivos da posse.

A violência ocorre quando há o emprego de força ou ameaça para tomar a posse de alguém, seja o proprietário, o possuidor ou o detentor. A violência deve se dirigir contra a pessoa, e não contra a coisa para que se configure o vício. Assim, o mero arrombamento de porta, destruição de cerca ou cadeado, por si só, não implicam violência. Agora, se mais do que isso o agente armado com espingarda dirige-se ao dono da casa e o expulsa dali, nítida está a violência. Importante destacar ainda que, nesse exemplo, se o possuidor agredido em sua posse reage dentro dos contornos do art. 1.210, § 1º, do CC, enquanto houver a violência, não haverá posse, tão somente detenção. A posse injusta iniciar-se-á a partir do momento em que o possuidor agredido cede à agressão, não resistindo mais.

A clandestinidade é vício que ocorre quando o agente às ocultas, às escondidas, sub-repticiamente, toma a coisa para si. Interessantes exemplos são a invasão de uma casa de praia fora de temporada de férias ou alteração de marcos que realizem a divisa entre dois imóveis.

Por precariedade, tem-se o vício que se configura quando uma pessoa tem a obrigação de devolver alguma coisa e não a devolve. Perceba-se que, de início, essa pessoa detinha a coisa ou a possuía de maneira justa, mas ao não a devolver adentrou a um estado de injustiça da posse. A posse injusta, na precariedade, surge, embora, anteriormente, a detenção tenha sido legítima ou a posse justa. Um exemplo seria: Um caseiro (detentor), que morava no sítio, é despedido por seu patrão. Ao invés de o caseiro deixar os seus aposentos na casa do sítio, ele ali continua sem a autorização de seu ex-empregador.

3.4   Posse de boa-fé e posse de má-fé

Quando classificamos a posse como de boa-fé ou de má-fé, ao revés, da classificação anteriormente apresentada, atenta-se para os aspectos psicológicos do possuidor.

Se o possuidor não sabe do vício que inquina a aquisição de sua posse, trata-se de posse de boa-fé (art. 1.201 do CC). Ao contrário, se o possuidor sabe de vícios que possam macular a aquisição de sua posse e, mesmo assim, ali se mantém, trata-se de posse de má-fé.

Um exemplo de posse de boa-fé seria a situação em que um sujeito compra um terreno de um exímio estelionatário, acreditando, porém, se tratar do verdadeiro dono. Vale destacar que para que a posse seja considerada como de boa-fé, é importante que o engano seja desculpável. Desse modo, se, diferentemente, a aquisição do terreno se deu em relação à pessoa com grave e aparente distúrbio psicológico, não se pode nesse caso atribuir um estado de boa-fé, pois o engano aqui não há de ser considerado escusável.

A dificuldade desta classificação repousa exatamente em ter que se adentrar ao mais íntimo do sentimento humano para se averiguar se a posse era, realmente, de boa-fé ou de má-fé. Como tal tarefa se mostra muitas vezes insólita, o parágrafo único do art. 1.201 do CC, apresenta uma presunção que pode auxiliar a desvendar o espírito do adquirente da posse, quando preceitua que: "O possuidor com justo título tem por si a presunção de boa-fé, salvo prova em contrário, ou quando a lei expressamente não admite esta presunção". É claro que tal presunção há de ser considerada relativa (*iuris tantum*), admitindo, portanto, prova em sentido contrário.

Atenção

É um equívoco acreditar que toda posse justa é de boa-fé e toda posse injusta é de má-fé. É possível, portanto, que a posse seja injusta e de boa-fé, por exemplo: João compra uma coisa de um bandido, que havia sido objeto de roubo, sem sabê-lo. Nesse caso a posse é de boa-fé, pois João não sabe do vício que macula a sua aquisição, todavia, será uma posse injusta, pois esse caráter decorre de sua própria origem, valendo a leitura do art. 1.203 do CC: "Salvo prova em contrário, entende-se manter a posse o mesmo caráter com que foi adquirida".

Ressalte-se, por fim, que é possível a transformação do espírito do possuidor em relação à sua posse. É que é permitido vislumbrar possuidor que, de início, age de boa-fé, transmudando-se essa em má-fé. Dúvida surge quanto ao momento exato em que isso se daria. Buscando resposta para a indagação encontramos o art. 1.202 do CC que apresenta a seguinte redação: "A posse de boa-fé só perde este caráter no caso e desde o momento em que as circunstâncias façam presumir que o possuidor não ignora que possui indevidamente". Parece óbvia a redação do presente artigo, porém, as dúvidas não param aqui. Para fins práticos, a partir de quando devemos considerar essa transmudação? As respostas caminham pela propositura da ação, pela citação e até mesmo pela contestação da lide.

3.5   Posse nova e posse velha

O critério aventado na presente classificação é a idade da posse. Dessarte, será posse nova aquela em que a pessoa se encontre há menos de um ano e um dia; ao contrário, será a posse velha, quando o seu titular nela se encontrar há um ano e um dia ou mais.

> **Atenção**
>
> Não se pode confundir o aludido critério classificatório com a classificação das ações possessórias em sendo de força velha ou de força nova. Aqui o que se considera não é a idade da posse, mas sim o tempo decorrido do esbulho ou da turbação até o ajuizamento da ação.

3.6   Posse natural e posse civil ou jurídica

A posse natural é aquela que decorre do exercício dos poderes de fato sobre a coisa, prescindindo de qualquer negócio jurídico que a legitime. Não há, portanto, relação jurídica, entre o proprietário ou possuidor anterior e o novo possuidor. Traduz-se, portanto, em um modo originário de aquisição da posse.

Diversamente, a posse civil ou jurídica é aquela que se lastreia em um negócio jurídico, havendo nítido vínculo entre o possuidor ou proprietário anterior e o novo possuidor, tratando-se, portanto, de um modo aquisitivo da posse derivado.

3.7   Posse *ad interdicta* e posse *ad usucapionem*

Posse *ad interdicta* é aquela que admite proteção possessória. Para tanto, a posse deverá estar despida dos vícios objetivos, quais sejam, a violência, a clandestinidade e a precariedade. Em conclusão, poderá haver o ajuizamento de uma ação possessória para a proteção de determinada posse, desde que essa se trate de uma posse justa.

Já a posse *ad usucapionem* é aquela que reúne em si os elementos legais para a concretização da usucapião, tais como, lapso temporal, *animus* etc.

4.   DETENÇÃO

É salutar que, desde já, se esclareça que a detenção não pode ser confundida com a posse. A preocupação com a distinção se fundamenta nos efeitos jurídicos que resultarão da posse, o que não ocorrerá em relação à detenção.

O legislador foi quem apontou quais seriam as situações consideradas de mera detenção. Caso o legislador não o fizesse, os casos de detenção, que adiante analisaremos, seriam casos de posse, atribuindo-se, então, os efeitos relatados acima. Entenda por meio de um exemplo: para o Código Civil, em seu art. 1.198, o caseiro de um sítio deve ser considerado como detentor, não podendo, portanto, usucapir o sítio e, tampouco, manejar ações possessórias. Se não houvesse o referido artigo no Código Civil, o caseiro do sítio, de acordo com a teoria objetiva da posse de Ihering, apresentaria a visibilidade de proprietário, de modo que seria considerado possuidor e cairíamos no absurdo jurídico de essa pessoa poder se valer de institutos como a usucapião e as ações possessórias. Em conclusão, classicamente se diz que a detenção é uma posse juridicamente desqualificada, não alcançando, assim, os efeitos da posse. Desse modo, não raro, a doutrina denomina a detenção de posse degradada.

Se já estamos convencidos acerca da importância de, em um caso concreto, definir se determinada pessoa é possuidora ou mera detentora, e que a detenção decorre de lei, a seguir extrairemos do Código Civil as hipóteses de detenção.

4.1 Hipóteses de detenção

As hipóteses de detenção estão espalhadas em alguns artigos do CC/2002.

a) **Servidor ou fâmulo da posse (art. 1.198, CC):** Por servidor ou fâmulo da posse deve se entender aquele que pratica atos de posse em nome de terceira pessoa. Essa pessoa não tem nenhum poder de determinação sobre a coisa e está ali cumprindo ordens alheias. É o que se extrai da redação da art. 1.198 do CC: "Considera-se detentor aquele que, achando-se em relação de dependência para com outro, conserva a posse em nome deste e em cumprimento de ordens ou instruções suas". É o caso, por exemplo, do caseiro em relação ao sítio, do motorista particular em relação ao carro do empregador, o militar em relação à arma etc. Não se exige que haja necessariamente o pagamento de remuneração ao detentor por parte do proprietário ou possuidor, tampouco, a formatação de um contrato de trabalho, basta que esteja presente, no caso em tela, um elo de subordinação.

   É de se concluir, então que, os servidores da posse não poderão fazer jus à usucapião, tampouco, terão legitimidade para ajuizar ações possessórias. Todavia, é deferida ao servidor ou fâmulo da posse a possibilidade de lançar mão da autotutela ou autodefesa da posse insculpida no art. 1.210, § 1º, do CC.

b) **Aos de permissão ou tolerância (art. 1.208, primeira parte, CC):** A permissão se configura quando há autorização prévia e expressa do proprietário ou possuidor para que outrem ocupe ou utilize-se da coisa; já na tolerância, também há uma autorização, porém, de maneira tácita, silenciosa.

   Quando há tão somente permissão ou tolerância para que outrem se utilize de determinada coisa, não restará configurada a posse, mas sim mera detenção, conforme preleciona a primeira parte do art. 1.208 do CC.

Problema poderá surgir em se tratando da tolerância diante do instituto da usucapião. É que há uma linha muito tênue que separa a tolerância do proprietário (que induz à mera detenção) de sua real desídia (que induz à posse). Quando há uma total inércia do proprietário, tal fato não representará mera tolerância, o que poderá acabar induzindo à posse por parte daquele que ocupa o bem e, por conseguinte, resultar em usucapião.

Finalmente, em homenagem à interpretação sistemática de todo o ordenamento jurídico, é importante destacar que, hodiernamente, diante da absorção do princípio da boa-fé objetiva em nosso ordenamento e de suas teorias, especialmente, a *supressio*, poderá haver certa fragilização do previsto na primeira parte do art. 1.208 do CC.

> **Importante**
>
> *Supressio* é a teoria decorrente da boa-fé objetiva que impõe a supressão do direito de determinada pessoa, em virtude de sua longa omissão. A supressão do direito respalda-se exatamente na longa omissão de seu titular que fez gerar na outra parte uma legítima expectativa de que aquele direito não seria exercido mais.

Diante disso, é possível que em determinado caso concreto aquilo que em princípio deveria configurar mera tolerância poderá ceder ao instituto da *supressio* de modo a fazer surgir o direito para aquele que o pleiteia. Assim, nesse sentido, confira-se no AgRg no AREsp 338.273-RS (2013/01363552).

Em conclusão, podemos dizer que, nada obstante o fenômeno da tolerância estar respaldado no Código Civil como manifestação de detenção, de modo a afastar a posse, é possível, todavia, que em um caso concreto, observadas as circunstâncias e analisado o caráter da omissão, seja afastada a incidência do art. 1.208, primeira parte, do CC.

c) **Atos de violência ou clandestinidade, enquanto não cessados (art. 1.208, segunda parte, CC):** A ocupação de determinado bem mediante violência ou clandestinidade, de acordo com a segunda parte do art. 1.208 do CC, também não induz à posse, mas sim mera detenção.

Importante notar que, enquanto a ocupação permanecer sob o abuso da força (violência) ou às ocultas (clandestinidade), como tais manifestações são fulcradas na ilicitude, não poderão elas ter qualquer respaldo legal, sendo consideradas meros estados de detenção. Cessados tais vícios, haverá aquilo que se denomina convalescimento da posse. Todavia, ressalte-se que a posse ora constituída, não é de todo benta, mas sim uma posse injusta já que adquirida mediante violência ou clandestinidade.

d) Ocupação de bens públicos de uso comum e de uso especial: Malgrado as espécies de bens públicos estejam presentes no Código Civil (art. 99), foi da cátedra de Direito Administrativo que nos foi ensinado que os bens públicos comportam a seguinte classificação: de uso comum (ex.: as ruas, as praças, os mares etc.); de uso especial (ex.: um edifício que aloque uma escola estadual ou um fórum); dominicais (ex.: uma fazenda de propriedade de um estado).

No que tange aos bens públicos de uso comum e de uso especial, exatamente por serem inalienáveis (art. 100, CC), não admitirão que a ocupação de alguém configure posse, manifestando, pois, somente um estado de detenção. Desse modo, um eventual detentor que ali se encontre jamais poderá manejar uma ação possessória contra a Administração Pública, pleito de usucapião, indenização por benfeitorias e retenção. Ao revés, o mesmo particular que ocupe imóvel público em relação a outros particulares (e não em relação ao Estado) deve ser considerado possuidor, podendo, outrossim, manejar ações possessórias contra o outro particular. Nesse sentido, *vide* REsp 1.484.304/DF, Rel. Min. Moura Ribeiro, julgado em 10/3/2016 e também REsp 1.582.176/MG, Rel. Min. Nancy Andrighi, julgado em 20/9/2016.

Diferente solução se aplica quando nos deparamos com os bens dominicais, que são exatamente aqueles bens que constituem o patrimônio das pessoas jurídicas de direito público e as de direito privado prestadoras de serviço público, sem apresentarem destinação pública, admitindo, desse modo, a possibilidade de serem alienados. Nesse caso, a ocupação dessa espécie de bem público induz à posse sim, gerando, por conseguinte, a possibilidade de o possuidor, em caso de necessidade, manejar ações possessórias contra quem viole a sua posse, incluindo-se, aqui, a própria Administração Pública. Registre-se, todavia, que, embora a ocupação de bens públicos dominicais edifique um estado possessório, não há que se cogitar de usucapião por parte do possuidor, em virtude de expressa vedação com dignidade constitucional (arts. 183, § 3º, e 191, parágrafo único, ambos da CF/88).

5. AQUISIÇÃO DA POSSE. O CONSTITUTO POSSESSÓRIO

Quando estudamos a propriedade, devemos nos ater aos modos de aquisição dela. Ao revés, quando do estudo da posse, tal pormenorização se torna despicienda, pois em se aplicando a teoria objetiva da posse de Ihering adquirir-se-á a posse a partir do momento em que se praticar qualquer faculdade destinada ao proprietário.

Todavia, há que se acrescentar, nada obstante o silêncio da lei, a possibilidade de se adquirir a posse por meio do constituto possessório. Tal instituto se manifesta quando há uma inversão no título da posse, isto é, a pessoa antes possuía a coisa a um certo título e depois passou a possuí-la sob outro título. É o caso, por exemplo, de pessoa que, inicialmente, era proprietária e possuidora de um apartamento e, posteriormente, vendeu esse imóvel reservando-se o direito de alugá-lo imediatamente, permanecendo assim dentro do imóvel. Nesse caso, antes o possuidor possuía o bem, sob o título de proprietário e depois passou a possuí-lo sob o título de locatário.

Malgrado o legislador do CC/2002 apenas mencione o constituto possessório quando disciplina a aquisição da propriedade de coisa móvel (art. 1.267, CC), é importante perceber que ele se aplica também aos imóveis, conforme aprovado o Enunciado nº 77 na I Jornada de Direito Civil.

Quanto aos legitimados à aquisição da posse, o art. 1.205 do CC, tem-se que a aquisição da posse poderá se dar pela própria pessoa que a pretenda, desde que essa pessoa tenha capacidade plena. É evidente que o adquirente da posse poderá se fazer representar, caso necessite, outorgando poderes para tanto a terceiro, em nítida situação de representação convencional. Aqueles que não apresentam capacidade plena, para a aquisição da posse, deverão necessariamente estar representados, em evidente manifestação de representação legal, como a que a ocorre, por exemplo, em relação aos pais em se tratando de filhos menores.

É possível, também, que um terceiro adquira a posse para outrem, sem que haja instrumento de mandato. Mas é evidente que nesse caso, para que a aquisição da posse produza efeitos é imprescindível que haja a ratificação de tal fato. É que o terceiro, em princípio, somente age como gestor de negócios e, como bem sabemos, para que os efeitos se produzam em relação ao dono do negócio é necessário que esse ratifique o ato praticado pelo gestor. A base de tudo isso repousa no art. 873 do CC, que estabelece: "A ratificação pura e simples do dono do negócio retroage ao dia do começo da gestão, e produz todos os efeitos do mandato".

6. EFEITOS DA POSSE

Como efeitos da posse podem ser mencionados: o direito aos frutos, a responsabilidade pela perda ou deterioração da coisa, o direito às benfeitorias, o direito à usucapião e o direito às ações possessórias.

6.1 Direito aos frutos

Os frutos se traduzem em bens acessórios que admitem algumas classificações:

a) Dos frutos quanto à sua origem:

- **frutos naturais:** são as utilidades que decorrem da própria natureza (ex.: frutos das árvores);
- **frutos industriais:** são as utilidades decorrentes da intervenção humana (ex.: produção de uma fábrica);
- **frutos civis:** são os rendimentos decorrentes da utilização de um bem por um terceiro (ex.: juros e aluguéis).

b) Dos frutos quanto ao estado:

- **frutos percebidos:** os frutos que já foram colhidos, isto é, já se separaram da coisa que os originou;
- **frutos percipiendos:** os frutos que eram para ter sido colhidos, porém se perderam antes disso;
- **frutos pendentes:** os frutos que ainda estão unidos à coisa que os originou;
- **frutos estantes:** os frutos que embora colhidos, encontram-se armazenados;
- **frutos consumidos:** os frutos que não existem mais.

Em homenagem à boa-fé do possuidor, de acordo com o art. 1.214 do CC, ele terá direito, enquanto a sua boa-fé durar, aos frutos percebidos, isto é, aos frutos que já foram colhidos. Em relação aos frutos pendentes, a lei preceitua que ao tempo em que cessar a boa-fé, estes devem ser restituídos, depois de deduzidas as despesas da produção e custeio. A mesma regra deve ser aplicada aos frutos colhidos com antecipação (art. 1.214, parágrafo único, CC).

A lei ainda estabelece que os frutos naturais e industriais se reputam colhidos e percebidos, logo que são separados; os civis reputam-se percebidos dia por dia (art. 1.215, CC).

No que respeita ao possuidor de má-fé, responde este por todos os frutos colhidos e percebidos, bem como pelos que, por culpa sua, deixou de perceber (os percipiendos), desde o momento em que se constituiu de má-fé. Porém, para que se evite o enriquecimento sem causa da outra parte, o possuidor, mesmo de má-fé terá direito às despesas da produção e custeio (art. 1.216, CC).

6.2 Responsabilidade pela perda ou deterioração da coisa

No que respeita ao possuidor de boa-fé, a sua responsabilidade pela perda ou deterioração da coisa deve ser considerada subjetiva já que, de acordo com o art. 1.217 do CC, o possuidor de boa fé não responde pela perda ou deterioração da coisa, a que não der causa.

Ao revés, o possuidor de má-fé responde pela perda, ou deterioração da coisa, ainda que acidentais, salvo se provar que de igual modo se teriam dado, estando ela na posse do reivindicante (art. 1.218, CC). Disso conclui-se que a responsabilidade do possuidor de má-fé é de ordem objetiva.

6.3 Direito às benfeitorias

Benfeitorias são as obras ou despesas realizadas na coisa com finalidade de conservação, melhoramento ou embelezamento. Com base nas finalidades almejadas, as benfeitorias podem ser: necessárias, úteis e voluptuárias. Eis a classificação que se apresenta.

Classificação das benfeitorias:

- **benfeitorias necessárias:** são aquelas que objetivam a conservação do bem (ex.: a reforma do telhado da casa);

- **benfeitorias úteis:** são aquelas que objetivam o melhoramento do bem (ex.: a construção de mais um banheiro na casa);

- **benfeitorias voluptuárias:** são aquelas que objetivam o embelezamento da coisa, para mero deleite das pessoas que ali estão (ex.: a piscina feita para lazer em uma casa).

De acordo com o art. 1.219, CC, o possuidor de boa-fé tem direito à indenização das benfeitorias necessárias e úteis, bem como, quanto às voluptuárias, se não lhe forem pagas, a levantá-las, quando o puder sem detrimento da coisa, e poderá exercer o direito de retenção pelo valor das benfeitorias necessárias e úteis.

Em se tratando de possuidor de má-fé, a este serão ressarcidas somente as benfeitorias necessárias; não lhe assistindo o direito de retenção pela importância destas, nem o de levantar as voluptuárias (art. 1.216, CC).

> **Importante**
>
> **Outras observações importantes acerca das benfeitorias:**
>
> - As benfeitorias compensam-se com os danos. Eis uma hipótese de compensação legal prevista no art. 1.221, CC.
> - A indenização, quando prevista, somente será devida, por evidente, se as benfeitorias ainda existirem (art. 1.221, *in fine*, CC).
> - O reivindicante, obrigado a indenizar as benfeitorias ao possuidor de má-fé, tem o direito de optar entre o seu valor atual e o seu custo; ao possuidor de boa-fé indenizará pelo valor atual (art. 1.222, CC).
>
> No que tange a locação de imóvel urbano existem regras específicas acerca das benfeitorias na Lei nº 8.245/91.

6.4 Direito à usucapião

A posse, desde que revestida por caracteres específicos e associada aos requisitos impostos pela lei, gerará direito à usucapião. As modalidades de usucapião serão abordadas, oportunamente, neste livro.

6.5 Direito à autotutela ou autodefesa

Ao titular da posse defere-se o direito à autotutela ou autodefesa, com limitações. O referido direito está estampado no § 1º do art. 1.210 que apresenta a seguinte redação:

"O possuidor turbado, ou esbulhado, poderá manter-se ou restituir-se por sua própria força, contanto que o faça logo; os atos de defesa, ou de desforço, não podem ir além do indispensável à manutenção, ou restituição da posse".

Ao dissecar o dispositivo legal mencionado encontra-se a legítima defesa da posse e o desforço imediato. A legítima defesa da posse se manifesta no caso de turbação. Para o caso de esbulho, terá cabimento o desforço imediato.

Para que o possuidor se valha de tais medidas é salutar lembrar que a defesa deverá ser imediata e que não exceda ao indispensável para a manutenção ou recuperação de sua posse. O vetor a orientar o exercício do direito de autotutela, evidentemente, serão os limites impostos pelo art. 187 do CC que apresenta a figura do abuso de direito.

Por fim, ressalta-se que, embora o direito a autotutela seja efeito da posse, o detentor também fará jus a ele. Nesse caso, cogita-se, por exemplo, do caseiro da fazenda que, de forma imediata e proporcional, repudie a invasão no terreno de seu empregador. Desse modo, na hipótese de o caseiro exceder os limites mencionados no art. 187 do CC para repudiar a invasão, será responsabilizado objetivamente o seu empregador nos moldes do art. 932, III, c/c art. 933, CC.

6.6 Direito às ações possessórias

Por meio das ações possessórias, busca-se a tutela da posse com base no simples fato da posse. A legitimidade para o manejo de tais ações é deferida ao possuidor.

6.6.1 Das ações possessórias

São consideradas ações possessórias ou interditos possessórios a ação de reintegração de posse, a ação de manutenção de posse e o interdito proibitório (autorizadas pelo Código Civil no *caput* do art. 1.210).

a) **Reintegração de posse (arts. 560/566, CPC/2015):** terá cabimento em caso de esbulho, que se traduz na privação no uso da coisa.

b) **Manutenção da posse (arts. 560/566, CPC/2015):** terá cabimento em caso de turbação, que se manifesta por meio do incômodo na posse.

c) **Interdito proibitório (arts. 567/568, CPC/2015):** terá cabimento em caso de ameaça de esbulho ou de turbação. O interdito proibitório implicará necessariamente uma liminar com um comando para que se cesse a ameaça e, ainda, a fixação de pena pecuniária (*astreinte*).

6.6.2 Características das ações possessórias

a) **Fungibilidade:** a propositura de uma ação possessória em vez de outra não obstará a que o juiz conheça do pedido e outorgue a proteção legal correspondente àquela, cujos requisitos estejam provados (art. 554, CPC/2015).

b) Natureza dúplice das ações possessórias: o réu na ação possessória poderá formular pedidos na própria contestação, sem necessidade de reconvir (art. 556, CPC/2015).

c) Cumulação sucessiva de pedidos (art. 555, CPC/2015): é lícito cumular com o pedido possessório os pedidos de condenação em perdas e danos e indenização dos frutos.

d) Proibição da *exceptio proprietatis* (art. 1.210, § 2º, CC): nas ações possessórias o que se discute é a posse. Desse modo, não poderá uma das partes exigir a posse com base em sua propriedade (domínio). A propriedade poderá ser discutida nas ações petitórias.

6.6.3 Classificação das ações possessórias

Em princípio, vale o alerta de que a classificação abaixo proposta somente se aplica em se tratando de ação de reintegração de posse e manutenção de posse.

a) Ação possessória de força nova: é aquela ação em que o seu ajuizamento se deu para dentro de ano e dia do esbulho ou da turbação. Consequências: o procedimento a ser seguido é o especial e caberá liminar.

b) Ação possessória de força velha: é aquela em que o seu ajuizamento se deu para além de ano e dia do esbulho ou da turbação. Consequências: o procedimento a ser seguido é o comum e não caberá liminar.

Interessante é a analogia fornecida por Adriano Stanley: "Podemos dizer que as ações possessórias se assemelham ao homem, que perde as suas forças à medida que envelhece".[1]

Para complementar, vale dizer que o prazo das ações possessórias (ano e dia) somente deve ser considerado a partir do conhecimento do esbulho ou da turbação. Ademais, se o esbulho para se concluir exigir uma série de atos do esbulhador, o prazo será contado a partir do último ato para a concretização do esbulho.

---

1 STANLEY, Adriano. *Direito das coisas*. Belo Horizonte: Del Rey, 2009. p. 20.

EM RESUMO:

Síntese das teorias explicativas da posse

Teoria subjetiva da posse	Teoria objetiva da posse	Teorias sociológicas da posse
Idealizador: Savigny	Idealizador: Ihering	Idealizador: Perozzi, Hernandez Gil e Saleilles
Elementos: Objetivo: *corpus* (poder físico sobre a coisa) Subjetivo: *animus domini* (intenção de ter a coisa como sua) Adotada pelo CC/2002 em caráter excepcional, ao disciplinar a usucapião, já que para que esta se configure exige-se o *animus domini*.	Elementos: Objetivo: *corpus* (visibilidade de domínio) Subjetivo: *affectio tenendi* (intenção de cuidar da coisa como sua) Adotada pelo CC/2002 como regra geral (art. 1.196).	A posse não pode ocupar lugar inferior ao da propriedade. A posse se legitima a partir de seu caráter econômico e de sua função social. Adotada pelo CC/2002 timidamente ao estabelecer a posse-trabalho como requisito para algumas modalidades de usucapião (art. 1.238, p.ú., art. 1.242, p.ú., e ao disciplinar a desapropriação judicial indireta (art. 1.228, §§ 4º e 5º). Insculpida no Enunciado nº 492, CJF: "A posse constitui direito autônomo em relação à propriedade e deve expressar o aproveitamento dos bens para o alcance de interesses existenciais, econômicos e sociais merecedores de tutela".

	Posse de boa-fé	Posse do má-fé
Benfeitoria necessária	Gera direito à indenização.	Gera direito à indenização.
Benfeitoria útil	Gera direito à indenização.	Não.
Benfeitoria voluptuária	Não gera direito à indenização, mas poderá haver o levantamento da benfeitoria.	Não gera direito à indenização, nem poderá haver o levantamento da benfeitoria.
Direito à retenção	Sim, é possível a retenção do bem em se tratando de benfeitorias necessárias e úteis.	Não.

Capítulo 31

Noções Introdutórias da Propriedade

1. CONCEITUAÇÃO E ELEMENTOS CONSTITUTIVOS DA AÇÃO REIVINDICATÓRIA

A propriedade não encontra conceito no Código Civil, embora o referido diploma legislativo apresente os seus elementos constitutivos, que são: usar (*jus utendi*), gozar (*jus fruendi*), dispor (*jus abutendi*) e reaver a coisa (art. 1.228, *caput*, CC). Em virtude desses elementos, pode-se logo constatar que a propriedade é o direito real mais amplo e completo que existe.

O Código Civil disciplina a propriedade atinente aos bens corpóreos. No que respeita à propriedade de bens incorpóreos, leis especiais são dignas de menção, como, por exemplo, a Lei nº 9.279/96 (Lei de Patentes e Marcas), a Lei nº 9.609/98 (Lei de Programas de Computador) e a Lei nº 9.610/98 (Lei de Direitos Autorais).

Ao se apropriar do bem, a pessoa assume o poder jurídico de fazer uso dela, mas não apenas isso, assume o seu gozo, a possibilidade de sua disposição e de reivindicação.

O uso se manifesta pela possibilidade do titular da coisa de se servir dela; já o gozo se dá por meio da fruição da coisa quando, por exemplo, se aluga algo de que se é proprietário, fruindo, portanto, de seu frutos civis nesse caso; a disposição se traduz na possibilidade de onerá-la (disposição parcial), ou até mesmo aliená-la (disposição total), sendo que essa alienação poderá ser a título oneroso (compra e venda) ou gratuito (doação).

Por fim, o direito de reaver a coisa se manifesta no direito de seu titular de reivindicá-la, o que se materializará por meio da denominada ação reivindicatória. É fácil entender que o proprietário da coisa poderá reivindicá-la, a partir do momento em que se pressupõe a sequela como uma das características dos direitos reais.

A ação reivindicatória deve ser manejada pelo proprietário não possuidor em desfavor do possuidor não proprietário. Quando a parte final do art. 1.228 do CC dispõe que o proprietário poderá reaver a coisa de quem injustamente a possua ou a detenha, refoge o dispositivo legal ao sentido técnico de posse injusta que seria aquela adquirida mediante violência, clandestinidade ou precariedade.

> **Atenção**
>
> Não se pode confundir a ação reivindicatória com a ação de imissão na posse. Ambas apresentam natureza petitória cuja legitimidade atribui-se ao proprietário, todavia, enquanto na ação reivindicatória busca-se uma posse que já se teve um dia e veio a perdê-la, na ação de imissão na posse busca-se uma posse que nunca se teve. Seria, então, o caso de manejar a ação de imissão na posse no caso em que a pessoa compra um imóvel havendo o devido registro; entretanto, a posse não lhe é transferida pelo alienante. Vale notar que é vedado o ajuizamento de ação de imissão na posse de imóvel na pendência de ação possessória envolvendo o mesmo bem (STJ, REsp 1.909.196-SP, Rel. Min. Nancy Andrighi, Terceira Turma, por unanimidade, julgado em 15/6/2021, *DJe* 17/6/2021 (Informativo nº 791).

2. A INAFASTÁVEL FUNÇÃO SOCIAL

É a própria Constituição Federal de 1988 que assegura como direito fundamental o direito de propriedade (art. 5º, XXII), todavia, impõe-se ao seu titular o acatamento à função social (art. 5º, XXIII, e art. 170, III).

Sob o formato de cláusula geral, o § 1º do art. 1.228 do CC preceitua:

> O direito de propriedade deve ser exercido em consonância com as suas finalidades econômicas e sociais e de modo que sejam preservados, de conformidade com o estabelecido em lei especial, a flora, a fauna, as belezas naturais, o equilíbrio ecológico e o patrimônio histórico e artístico, bem como evitada a poluição do ar e das águas.

É com base na funcionalização do direito de propriedade que alguns doutrinadores distinguem a propriedade do domínio. Nessa obra, entretanto, por necessidade didática, nos filiamos ao posicionamento tradicional, utilizando o termo propriedade como sinônimo de domínio. Não se pode confundir a imposição de atendimento à função social que se impõe à propriedade com a vedação da prática de atos emulativos prevista no § 2º do art. 1.228 do CC. De acordo com o referido parágrafo: "São defesos os atos que não trazem ao proprietário qualquer comodidade, ou utilidade, e sejam animados pela intenção de prejudicar outrem". É necessário entender que deve ser coibido o exercício irregular ou abusivo da propriedade.

O proprietário, embora faça jus às quatro faculdades mencionadas inicialmente (usar, gozar, dispor e reaver a coisa), além de atender à função social, não poderá fazer uso abusivo da coisa. É o que se depreende da redação do § 2º do art. 1.228 do CC, que veda por parte do proprietário a prática de atos animados sob espírito de emulação.

Nesse sentido, o Enunciado nº 49 do CJF apresenta a seguinte redação: "A regra do art. 1.228, § 2º, do novo Código Civil interpreta-se restritivamente, em harmonia com o princípio da função social da propriedade e com o disposto no art. 187". Dessarte, diante do referido enunciado o que deve prevalecer é a responsabilidade objetiva decorrente da prática abusiva em qualquer situação, ainda que decorrente de comportamento não culposo do proprietário.

> **Importante**
>
> Embora não diga respeito ao Direito Civil, mas sim ao Direito Administrativo, o § 3º do art. 1.228 do CC apresenta mais uma restrição ao exercício da propriedade com a seguinte redação: "O proprietário pode ser privado da coisa, nos casos de desapropriação, por necessidade ou utilidade pública ou interesse social, bem como no de requisição, em caso de perigo público iminente".

3. A ABRANGÊNCIA DA PROPRIEDADE

De acordo com o disposto no art. 1.229 do CC: "A propriedade do solo abrange a do espaço aéreo e subsolo correspondentes, em altura e profundidade úteis ao seu exercício, não podendo o proprietário opor-se a atividades que sejam realizadas, por terceiros, a uma altura ou profundidade tais, que não tenha ele interesse legítimo em impedi-las". Desse modo, o justo interesse do proprietário ditará os limites de abrangência da propriedade, devendo o proprietário, inclusive, suportar ingerências em seu domínio, como, por exemplo, a cogitada no subsequente art. 1.230 do CC que estabelece: "A propriedade do solo não abrange as jazidas, minas e demais recursos minerais, os potenciais de energia hidráulica, os monumentos arqueológicos e outros bens referidos por leis especiais".

Vale lembrar que o parágrafo único do art. 1.230 apresenta a possibilidade de o proprietário explorar os recursos minerais de emprego imediato na construção civil, desde que não submetidos a transformação industrial, obedecido o disposto em lei especial. Claro que tal possibilidade deve se harmonizar com a funcionalização da propriedade contida na Constituição Federal (art. 5º, XXIII) e no art. 1.228, § 1º, do CC.

4. ESPÉCIES DE PROPRIEDADE

- **Propriedade plena ou alodial:** É aquela em que as faculdades de usar, gozar, dispor e reaver a propriedade encontram-se concentradas nas mãos de apenas uma pessoa.

- **Propriedade limitada ou restrita:** Ocorre quando algum ou alguns dos elementos constitutivos da propriedade são transferidos a um terceiro. Por exemplo, é o que ocorre quando da constituição do usufruto em que o uso e o gozo são transferidos ao usufrutuário, ou no caso da constituição de hipoteca, ou quando um bem é gravado com cláusula de inalienabilidade.

- **Propriedade perpétua:** É aquela que apresenta duração temporal ilimitada, o que ocorre como regra geral.

- **Propriedade resolúvel ou revogável:** É aquela que se subordina a um termo ou a uma condição resolutiva. Por exemplo, um caso de doação com cláusula de retorno.

5. PRINCIPAIS ATRIBUTOS OU CARACTERÍSTICAS DO DIREITO DE PROPRIEDADE

Delineando justa e perfeitamente o direito de propriedade, a doutrina apresenta alguns atributos que a seguir serão expostos:

- **Absolutismo:** Classicamente, o direito de propriedade é considerado absoluto, uma vez que a figura do proprietário tem à sua disposição as quatro faculdades de usar, gozar, dispor e reaver a coisa, podendo exercê-las, em princípio, do modo que bem lhe aprouver. Todavia, é importante notar que, diante da funcionalização da propriedade que impera na contemporaneidade, o referido absolutismo há de ser mitigado, sob pena de se colocar em xeque o necessário comprometimento com as transformações sociais que se fizeram notar ao longo dos séculos.

- **Exclusividade:** Uma coisa não poderá pertencer a mais de uma pessoa ao mesmo tempo. Mesmo no condomínio não há que se afastar a ideia de exclusividade, já que cada condômino possui fração ideal do bem. A exclusividade da propriedade se faz notar com a presunção relativa prevista no art. 1.231 do CC que apresenta a seguinte redação: "A propriedade presume-se plena e exclusiva, até prova em contrário".

- **Perpetuidade ou irrevogabilidade:** Classicamente, propõe-se uma propriedade perpétua na medida que essa ostenta duração ilimitada, isto é, o direito de propriedade sobrevive independentemente de seu exercício. Trata-se de mais um atributo que, na pós-modernidade, merece mitigação, já que a finalidade social, repise-se, deve ser atendida para que se legitime a propriedade, além disso, o art. 1.276 do CC cogita da perda da propriedade em virtude de seu abandono. Há que se lembrar, por fim, da propriedade resolúvel ou revogável que esvazia por completo a noção de perpetuidade da propriedade, já que a subordina ao implemento de uma condição ou ao advento de um termo.

- **Elasticidade:** Como os elementos constitutivos da propriedade podem ser destacados, vislumbra-se a possibilidade de distensão ou retração de tais elementos na figura de uma pessoa. Desse modo, uma pessoa poderá concentrar em si os quatro atributos (usar, gozar, dispor e reaver a coisa) – caso em que se tem a propriedade plena ou alodial –, ou destacá-los de si transferindo-lhes a terceiro.

6. DESAPROPRIAÇÃO JUDICIAL INDIRETA

A novidadeira modalidade de desapropriação extrai-se do § 4º do art. 1.228 do CC, que apresenta a seguinte redação:

> O proprietário também pode ser privado da coisa se o imóvel reivindicado consistir em extensa área, na posse ininterrupta e de boa-fé, por mais de cinco anos, de considerável número de pessoas, e estas nela houverem realizado, em conjunto ou separadamente, obras e serviços considerados pelo juiz de interesse social e econômico relevante.

Em princípio cogitou-se de eventual inconstitucionalidade do referido dispositivo, por pretenso ataque ao direito de propriedade previsto no art. 5º, XXII, da CF/88 e inexistência de dispositivo constitucional que autorizasse a privação de propriedade nesse caso. Todavia, tal ilação encontra-se superada com base em eminente interesse social que deve ser avaliado pelo juiz diante do caso concreto. Além disso, o art. 5º, XXIV, da CF/88 deixou uma "porta aberta" para que o legislador infraconstitucional laborasse pela concretização da função social. Nesse mote, de acordo com o Enunciado nº 82, aprovado na I Jornada de Direito Civil: "É constitucional a modalidade aquisitiva de propriedade imóvel prevista nos §§ 4º e 5º do art. 1.228 do novo Código Civil".

O respaldo da denominação "desapropriação judicial indireta" – hoje consagrada pela doutrina – reside na autoridade para o ato expropriatório que decorre, não do executivo ou legislativo, mas sim do judiciário, subvertendo, ainda, a ordem da clássica desapropriação, isto é, na modalidade de desapropriação prevista no Código Civil de 2002, inicialmente, há a ocupação pelo considerável número de pessoas para depois haver o pagamento da indenização ao proprietário que foi expropriado. Daí ser considerada uma desapropriação "indireta".

A indenização que deve ser paga ao proprietário está prevista no § 5º do art. 1.228 do CC que assim dispõe: "No caso do parágrafo antecedente, o juiz fixará a justa indenização devida ao proprietário; pago o preço, valerá a sentença como título para o registro do imóvel em nome dos possuidores".

A previsão de pagamento de indenização afasta qualquer traço que aproxime o presente instituto de qualquer modalidade de usucapião. Trata-se, sim, de modalidade de desapropriação, e não de usucapião.

Dúvida poderá surgir acerca de quem deverá arcar com a indenização cogitada. De acordo com o Enunciado nº 84 do CJF e, em complemento, com o Enunciado nº 308 do CJF, se os possuidores possuem condições financeiras de arcar com a indenização, são eles que deverão fazê-lo. É nesse contexto que a denominação de desapropriação judicial indireta se transmuda para aquisição compulsória onerosa.

Acerca de como deverá se operar a indenização, o Enunciado nº 240 do CJF estabelece que: "A justa indenização a que alude o parágrafo 5º do art. 1.228 não tem como critério valorativo, necessariamente, a avaliação técnica lastreada no mercado imobiliário, sendo indevidos os juros compensatórios". Além disso, deve-se ressaltar que o pagamento, seja a cargo dos possuidores ou do Poder Público, deverá ser feito em dinheiro, pois não se trata de desapropriação-sanção, mas sim de desapropriação por interesse social (Arts. 182 e 184 da CF/88).

Vale lembrar ainda que o Enunciado nº 241 do CJF estabelece que: "O registro da sentença em ação reivindicatória, que opera a transferência da propriedade para o nome dos possuidores, com fundamento no interesse social (art. 1.228, § 5º), é condicionado ao pagamento da respectiva indenização, cujo prazo será fixado pelo juiz". Desse modo, enquanto não houver o pagamento, não haverá o registro. Em complemento, o Enunciado nº 311 do CJF dispõe que: "Caso não seja pago o preço fixado para a desapropriação judicial e ultrapassado o prazo prescricional para se exigir o crédito correspondente, estará autorizada a expedição de mandado para registro de propriedade em favor dos possuidores".

Um dos requisitos exigidos pela Lei para a configuração do predito instituto é a existência de boa-fé por parte dos possuidores. Aqui, o melhor posicionamento é o de que quando o § 4º do art. 1.228 do CC menciona posse de boa-fé deve-se interpretar como posse justa, isto é, aquela que não foi adquirida mediante violência, clandestinidade ou precariedade.

Inicialmente, a desapropriação judicial indireta ou a aquisição compulsória onerosa se manifesta em sede de defesa, por meio do pedido contraposto formulado na contestação, decorrente de ação petitória ou possessória manejada pelo proprietário. Entretanto, não se pode admitir óbice para o ajuizamento de ação que objetive a pretensão expropriatória. Isso porque não se pode deixar à mercê do proprietário a promoção da desapropriação judicial indireta ou da aquisição compulsória onerosa. Nesse contexto, por fim, saliente-se que a pretensão expropriatória não poderá se dar de ofício pelo juiz.

Atenção

Importante ainda não confundir a desapropriação judicial indireta com a usucapião coletiva, prevista no art. 10 da Lei nº 10. 257/2001. Enquanto a desapropriação judicial indireta alcança imóveis urbanos ou rurais, residenciais ou não, a usucapião coletiva apenas diz respeito a imóveis urbanos e residenciais; enquanto a desapropriação judicial indireta dispensa o *animus domini*, a usucapião coletiva, o exige; enquanto a desapropriação judicial indireta exige a boa-fé, a usucapião coletiva, a dispensa; enquanto a desapropriação judicial indireta se refere à extensa área ocupada, a usucapião coletiva exige que cada um dos possuidores

9999999999

> não possua área individual igual ou superior a 250 metros quadrados; e, por fim, enquanto, a desapropriação judicial indireta impõe o pagamento de indenização ao proprietário, a usucapião, o prescinde.

7. DA DESCOBERTA

A descoberta se traduz no achado da coisa alheia perdida que obriga ao descobridor a devolução do bem ao seu dono ou legítimo possuidor. Caso contrário, poderá se configurar o crime de apropriação indébita prevista no art. 169, II, do Código Penal.

A descoberta está prevista no Código Civil nos arts. 1.233 ao 1.237. O parágrafo único do art. 1.233 do CC preceitua que o descobridor deverá envidar esforços para encontrar o dono ou o legítimo possuidor, caso não o consiga, deverá entregar a coisa achada à autoridade competente.

Aquele que restituir a coisa achada fará jus a uma recompensa que será denominada de achádego e que não será inferior a cinco por cento do valor da coisa achada. Para se fixar o valor do achádego deverá se considerar o esforço desenvolvido pelo descobridor para encontrar o dono, ou o legítimo possuidor, as possibilidades que teria este de encontrar a coisa e a situação econômica de ambos. Além disso, o descobridor também fará jus à indenização pelas despesas que houver feito com a conservação e transporte da coisa, se o dono não preferir abandoná-la. A outro giro, impondo responsabilidade ao descobridor, o art. 1.235 do CC estabelece que esse responde pelos prejuízos causados ao proprietário ou possuidor legítimo, quando tiver procedido com dolo.

Uma vez entregue a coisa à autoridade competente, essa dará conhecimento da descoberta através da imprensa e outros meios de informação, somente expedindo editais se o seu valor os comportar (art. 1.236, CC).

Por fim, o art. 1.237 do CC preceitua que, decorridos sessenta dias da divulgação da notícia pela imprensa, ou do edital, não se apresentando quem comprove a propriedade sobre a coisa, será esta vendida em hasta pública e, deduzidas do preço as despesas, mais a recompensa do descobridor, pertencerá o remanescente ao Município em cuja circunscrição se deparou o objeto perdido. Vale ressaltar que, entretanto, sendo de diminuto valor, poderá o Município abandonar a coisa em favor de quem a achou.

8. MODOS AQUISITIVOS DA PROPRIEDADE IMÓVEL

O Código Civil de 2002 não apresentou um elenco que ostentasse os modos pelos quais se pode adquirir a propriedade imobiliária. Entretanto, é comum a doutrina apresentar como tais a usucapião, o registro, a acessão e o direito hereditário. Vale, todavia, a ressalva de que outros meios podem promover a aquisição da propriedade dos bens imóveis, tais como a desapropriação, o casamento pela comunhão universal, a adjudicação compulsória, dentre outros.

No que tange ao direito hereditário, trata-se de um modo aquisitivo pelo qual se adquire a propriedade em virtude de *causa mortis*, merecedora de tratamento autônomo no Livro V da Parte Especial do Código Civil.

EM RESUMO:	
Conceituação e elementos constitutivos da ação reivindicatória	**Elementos constitutivos** (CC, art. 1.228, *caput*): faculdade de usar (*jus utendi*), gozar (*jus fruendi*), dispor (*jus abutendi*) e direito de reaver a coisa.
A inafastável função social	A CF/1988 assegura como direito fundamental o direito de propriedade (art. 5º, XXII), mas impõe ao seu titular o acatamento à **função social** (art. 5º, XXIII, e art. 170, III). O § 1º do art. 1.228 do CC prevê, ainda, que o direito de propriedade deve ser exercido em consonância com as suas **finalidades econômicas e sociais** e de modo que sejam preservados a flora, a fauna, as belezas naturais, o equilíbrio ecológico e o patrimônio histórico e artístico, bem como evitada a poluição do ar e das águas.
A abrangência da propriedade	A propriedade do solo **abrange** (CC, art. 1.229): a do espaço aéreo e subsolo correspondentes, em altura e profundidade úteis ao seu exercício, não podendo o proprietário opor-se a atividades que sejam realizadas, por terceiros, a uma altura ou profundidade tais, que não tenha ele interesse legítimo em impedi-las. A propriedade do solo **não abrange** (CC, art. 1.230): as jazidas, minas e demais recursos minerais, os potenciais de energia hidráulica, os monumentos arqueológicos e outros bens referidos por leis especiais.
Espécies	**Propriedade plena ou alodial**: as faculdades de usar, gozar, dispor e reaver a propriedade ficam concentradas nas mãos de apenas uma pessoa. **Propriedade limitada ou restrita**: ocorre quando algum ou alguns dos elementos constitutivos da propriedade são transferidos a um terceiro. Exemplos: usufruto, hipoteca e cláusula de inalienabilidade. **Propriedade perpétua**: apresenta duração temporal ilimitada (é a regra geral). **Propriedade resolúvel ou revogável**: se subordina a um termo ou a uma condição resolutiva. Exemplo: doação com cláusula de retorno.

Principais atributos ou características do direito de propriedade	**Absolutismo**: faculdades de usar, gozar, dispor e reaver a coisa do modo que bem lhe aprouver. Contemporaneamente, esse absolutismo é mitigado. **Exclusividade**: uma coisa não pode pertencer a mais de uma pessoa ao mesmo tempo. Mesmo no condomínio há exclusividade, já que cada condômino possui fração ideal do bem. **Perpetuidade ou irrevogabilidade**: duração ilimitada, isto é, o direito de propriedade sobrevive independentemente de seu exercício. Mitigações: finalidade social e possibilidade de perda pelo abandono (art. 1.276). **Elasticidade**: uma pessoa pode concentrar em si os quatro atributos (usar, gozar, dispor e reaver a coisa) – caso em que se tem a propriedade plena ou alodial –, ou destacá-los de si transferindo-lhes a terceiro.
Desapropriação judicial indireta	O proprietário pode ser privado do bem imóvel, mediante o pagamento de indenização a ser fixada pelo juiz, se o imóvel reivindicado consistir em extensa área, na posse ininterrupta e de boa-fé, por mais de cinco anos, de considerável número de pessoas, e estas nela houverem realizado, em conjunto ou separadamente, obras e serviços de interesse social e econômico relevante. Previsão legal: CC, art. 1.228, §§ 4.º e 5.º. Requisitos: – Extensa área do imóvel reivindicado; – Posse ininterrupta e de boa-fé por mais de 5 anos; – Considerável número de pessoas; – Realização de obras e serviços de interesse social e econômico relevante.
Descoberta	Consiste no achado da coisa alheia perdida que obriga ao descobridor a devolução do bem ao seu dono ou legítimo possuidor. Previsão legal: CC, arts. 1.233 a 1.237. O descobridor deve envidar esforços para encontrar o dono ou o legítimo possuidor e, caso não o consiga, deve entregar a coisa achada à autoridade competente, a qual deve dar conhecimento da descoberta através da imprensa e outros meios de informação, somente expedindo editais se o seu valor os comportar.

Descoberta	Após 60 dias da divulgação da notícia pela imprensa, ou do edital, não se apresentando quem comprove a propriedade sobre a coisa, esta é vendida em hasta pública e, deduzidas do preço as despesas, mais a recompensa do descobridor, pertencerá o remanescente ao Município em cuja circunscrição se deparou o objeto perdido. O Município pode abandonar a coisa em favor de quem a achou, se esta for de diminuto valor. Aquele que restitui a coisa achada faz jus a recompensa não inferior a 5% do valor da coisa achada, bem como a indenização pela conservação e transporte.
Modos aquisitivos da propriedade	Usucapião; registro; acessão; direito hereditário; desapropriação; casamento pela comunhão universal; adjudicação compulsória.

Capítulo 32

Da Usucapião

1. ETIMOLOGIA E CONCEITO

A palavra usucapião é formada pela soma dos vocábulos *usu* (pelo uso) e *capio* (aquisição, tomada), pretendendo significar, portanto, o modo aquisitivo da propriedade e até mesmo de outros direitos reais, como o usufruto e a servidão, pela posse e decurso de tempo, observados vários requisitos legais. Trata-se, dessarte, de se transformar uma situação de fato em uma situação de direito.

O fundamento da usucapião respalda-se em duas bases: a primeira seria a pena incidente sobre o proprietário desidioso que não se importando com a sua propriedade acaba por permitir o estabelecimento de outrem nela com situação fática própria. A segunda seria premiar a pessoa que estabeleceu tal situação fática. Resumindo, pune-se o proprietário desidioso e premia-se o possuidor dedicado.

Como sinônimo de usucapião a doutrina apresenta a expressão prescrição aquisitiva, a qual não podemos confundir com a prescrição extintiva. Essa última modalidade de prescrição ocupa lugar na parte geral do Direito Civil e representa a extinção de uma pretensão em virtude do decurso do tempo.

A sinonímia de prescrição aquisitiva com a palavra usucapião decorre da inevitável força que o tempo opera para a aquisição da propriedade ou de outro direito real, mas, mais do que isso: o art. 1.244 do CC impõe a extensão das causas impeditivas, suspensivas e interruptivas do prazo prescricional ao possuidor no que tange à usucapião. Desse modo, se por acaso o proprietário de um terreno, ocupado por outrem, vem ao óbito e seu único herdeiro é um menino de 14 anos, o prazo que corre em favor do possuidor para conseguir a usucapião será suspenso, já que agora o proprietário se trata de pessoa absolutamente incapaz e, como bem sabemos, não corre prescrição contra esse (art. 198, I, CC).

Vale lembrar ainda que a Lei nº 14.010/2020 (Lei do RJET) repete a previsão do art. 1.244 do CC em seu art. 10: "Suspendem-se os prazos de aquisição para a propriedade imobiliária ou mobiliária, nas diversas espécies de usucapião, a partir da entrada em vigor desta Lei até 30 de outubro de 2020". Assim, de 12.06.2020 (data da entrada em vigor da Lei nº 14.010/2020) até 30.10.2020 não correram os prazos para a concretização do fenômeno da usucapião.

2. USUCAPIÃO: MODO ORIGINÁRIO DE SE ADQUIRIR A PROPRIEDADE

Se a aquisição da propriedade pode ocorrer de maneira originária (quando não há relação jurídica entre o proprietário anterior e o novo proprietário) ou derivada (quando há relação jurídica entre o proprietário anterior e novo proprietário), cumpre constatar que a aquisição por meio da usucapião se traduz em modo originário.

A consequência da percepção da usucapião como modo originário de aquisição da propriedade resulta na não incidência do fato gerador do ITBI (que é a transmissão da propriedade), assim, o adquirente não arcará com os altos custos do referido tributo. Ademais disso, é importante notar que a propriedade chega para o novo dono isenta de qualquer pecha ou desvalor, como, por exemplo, um ônus hipotecário ou uma servidão (Informativo nº 527).

3. A COISA HÁBIL A SER USUCAPIDA (*RES HABILIS*)

Tratemos neste tópico de atentar para o que poderá ser usucapido. Em regra, qualquer coisa pode ser usucapida, podendo incidir sobre bens móveis ou imóveis, visualizando-se, assim, como insusceptíveis de usucapião apenas os bens fora do comércio.

Os bens públicos, seja de uso comum, especial ou dominical, são inusucapíveis, por disposição expressa dos arts. 183, § 3º, e 191, parágrafo único, da CF/88 e art. 102 do CC. Exceção a isso encontramos no art. 68 do Ato das Disposições Constitucionais Transitórias, que estabelece que "aos remanescentes das comunidades dos quilombos que estejam ocupando suas terras é reconhecida a propriedade definitiva, devendo o Estado emitir-lhes os títulos respectivos".

Vale lembrar ainda que um bem gravado com uma cláusula de inalienabilidade, incomunicabilidade ou impenhorabilidade, isto é, um bem gravado com qualquer cláusula restritiva de direito admite a usucapião. Interessante, todavia, é constatar que não será possível a usucapião na modalidade ordinária se o bem for gravado com cláusula de inalienabilidade. Isso porque, nessa modalidade de usucapião, o usucapiente deverá apresentar um justo título, o que não poderá ser criado diante da cláusula de inalienabilidade.

No que tange ao bem de família, seja o que se manifeste voluntariamente, conforme previsão dos arts. 1.711 ao 1.722 do CC, ou até mesmo o bem de família legal previsto na Lei nº 8.009/90, não há que se vislumbrar a impossibilidade de usucapião.

Questão interessante diz respeito à possibilidade de usucapião de um bem imóvel que tenha sido submetido ao Registro Torrens. De acordo com o STJ, a matrícula do imóvel no referido Registro, por si só, não inviabiliza a usucapião (*vide* STJ, REsp 1.542.820, 3ª Turma, Rel. Min. Ricardo Villas Bôas Cuevas, j. 20.02.2018, *DJe* 01.03.2018).

Vale lembrar que é perfeitamente possível a usucapião da *res nullius*. Por *res nullius* tem-se a chamada coisa de ninguém, isto é, aquele bem que não tenha sido registrado ainda como da titularidade de determinada pessoa. Claro que ao Poder Público é dado o direito de manejar ação discriminatória almejando qualificar determinado bem como de propriedade pública, afastando, doravante, a pretensão de usucapião.

Dúvida poderá surgir acerca de possibilidade de usucapião em área de loteamento irregular. Isso porque se questiona a dificuldade do registro de eventual sentença declaratória de usucapião nessa situação. A questão é solucionada pela Segunda Seção do STJ (REsp 1.818.564-DF, Rel. Min. Moura Ribeiro, Segunda Seção, por unanimidade, julgado em 09.06.2021):

> Não há, portanto, como negar o direito à usucapião sob o pretexto de que o imóvel está inserido em loteamento irregular, porque o direito de propriedade declarado pela sentença (dimensão jurídica) não se confunde com a certificação e publicidade que emerge do registro (dimensão registrária) ou com a regularidade urbanística da ocupação levada a efeito (dimensão urbanística). O reconhecimento da usucapião não impede a implementação de políticas públicas de desenvolvimento urbano. Muito ao revés, constitui, em várias hipóteses, o primeiro passo para restabelecer a regularidade da urbanização.

4. MODALIDADES DE USUCAPIÃO DE BENS IMÓVEIS

4.1 Usucapião extraordinária

A usucapião extraordinária se conclui com a reunião dos seguintes requisitos: posse mansa e pacífica; *animus domini*; decurso de prazo.

A **posse mansa e pacífica** é requisito básico para qualquer modalidade de usucapião. Trata-se da posse em que a pessoa que tem o legítimo interesse sobre o imóvel, diante da ocupação alheia, se queda inerte, promovendo a mansidão e pacificidade almejada pelo usucapiente. Para configurar ato contrário à continuidade, mansidão e pacificidade da posse por parte do legítimo interessado, seria necessária uma manifestação judicial de oposição, por exemplo, o ajuizamento de uma ação reivindicatória. Se, por acaso, a ação cabível tiver sido ajuizada antes de se completar o prazo para a usucapião e, entretanto, o seu trânsito em julgado só venha a se configurar após a concretização do referido prazo, não haverá problemas para o opositor, pois, conforme preleciona o § 1º do art. 240 do CPC/2015, a interrupção da prescrição retroagirá à data da propositura da ação.

Animus domini é a denominação latina que se dá para a intenção de dono daquele que possui a coisa de maneira mansa e pacífica. Desse modo, para que alcance a usucapião, o possuidor deverá agir como se dono fosse e, ainda que saiba que não o é, deseja sê-lo da maneira mais plena possível. É por conta disso que possuidores como um locatário, um usufrutuário, um comodatário, que tem seus vínculos respaldados em ajustes contratuais, não podem intentar a usucapião, pois estão envoltos em relações jurídicas transitórias que chegarão ao fim. Ademais, a posse direta que essas pessoas apresentam não afasta a indireta de quem aquela foi havida (art. 1.197, CC).

Vale notar, entretanto, que, hodiernamente, em virtude da chamada interversão da posse (*interversio possessionis*), admite-se que se opere a usucapião em relação a pessoas que primitivamente ostentavam o estado de possuidores diretos, estado esse que, posteriormente, foi afastado em virtude de não manifestação de oposição daquele que lhe outorgou a posse.

O **decurso de determinado lapso temporal** também configura requisito inafastável para que se configure a usucapião, em qualquer uma de suas modalidades. Em se tratando de usucapião extraordinária, o prazo exigido por lei é de 15 anos (art. 1.238, *caput*, CC), caso se apresente a chamada posse simples, que é aquela que não flerta com a função social, mas que, por existir há 15 anos, o legislador lhe dá o respaldo da usucapião. Na posse simples, o possuidor não apresenta ali a sua moradia habitual, tampouco desenvolve ali qualquer atividade produtiva, muitas vezes, possuindo a coisa em nome de terceiros, como locatários ou meros detentores que lá estão em seu nome.

Diametralmente oposta situa-se um outro tipo de posse que repousa sua legitimidade na função social exercida pelo possuidor que naquele imóvel tenha a sua moradia habitual ou tenha realizado ali obras ou serviços de caráter produtivo. Nesse caso, estimulando a diretriz da socialidade, que orienta o Código Civil de 2002, o prazo exigido por lei para que se conclua a usucapião é reduzido para 10 anos (art. 1.238, parágrafo único, CC.) Se porventura, o usucapiente ajuizar a ação de usucapião e, entretanto, não conseguir provar o prazo de posse exigido em lei, a doutrina se inclina no sentido de que a sentença, se manifestando pela improcedência do pedido, não deverá fazer coisa julgada material, tão somente, formal. Isso porque alcançado futuramente o prazo exigido por lei, tal ação poderá novamente ser ajuizada, já que presente nova causa de pedir.

Por fim, ressalte-se o translúcido Enunciado nº 497, aprovado na V Jornada de Direito Civil, que apresenta o seguinte teor: "O prazo, na ação de usucapião, pode ser completado no curso do processo, ressalvadas as hipóteses de má-fé processual do autor".

4.2 Usucapião ordinária

A usucapião ordinária é composta, em princípio, por cinco elementos: posse mansa e pacífica; *animus domini*; justo título; boa-fé; decurso de prazo.

Para os requisitos posse mansa e pacífica e *animus domini* valem as mesmas observações já formuladas por ocasião do estudo da usucapião extraordinária. O que releva notar na usucapião ordinária é a exigência de justo título e boa-fé.

O justo título manifestar-se-á por meio de um instrumento que seja formalmente capaz de iludir um homem médio da sociedade gerando em seu espírito a convicção de que é proprietário. Além disso, um instrumento que se não contivesse nenhum vício seria hábil a transferir a propriedade. Complementando essa ideia, vale a leitura do Enunciado nº 86 do CJF: "A expressão 'justo título' contida nos arts. 1.242 e 1.260 do CC abrange todo e qualquer ato jurídico hábil, em tese, a transferir a propriedade, independentemente de registro".

Quanto à escritura pública feita pelo proprietário que seja absolutamente incapaz, sem a devida representação ou o instrumento particular de compra e venda de imóvel, quando, na verdade, o que era exigido por lei era a escritura pública em total desprezo à forma exigida em lei, casos que induzem à nulidade, e não à mera anulabilidade, é forte na doutrina a possibilidade de tais instrumentos serem considerados como justos títulos também.

Na usucapião ordinária exige-se também, além do justo título, a presença da boa-fé. Aqui, como a lei exige para a configuração da usucapião ordinária a boa-fé, é importante notar que se trata de boa-fé subjetiva.

Como aferir a boa-fé subjetiva do usucapiente é algo bastante complexo já que se adentra ao plano anímico da pessoa, o Código Civil facilita a sua visualização à medida em que em seu art. 1.201, parágrafo único, presume-se em favor do portador de justo título uma presunção de boa-fé. Evidentemente, tal presunção se manifesta de maneira relativa (*iuris tantum*), já que admite prova em sentido contrário.

Quanto ao prazo exigido para que se configure a usucapião ordinária, urge salientar de início que no CC/2002 não há mais a diferença de prazos que existia no CC/16 quanto à presença do proprietário no município onde situado o imóvel ou não. Há sim, todavia, distinção no CC/2002, a depender da qualificação da posse, isto é, se posse simples ou posse qualificada pela função social.

Por posse simples, como dito alhures, tem-se a posse em que o seu titular não reside habitualmente ou desenvolve qualquer atividade produtiva. Caso o possuidor ostente esse tipo de posse, o prazo exigido pela lei para que se configure a usucapião é de 10 anos. Todavia, se o possuidor qualifica a sua posse estabelecendo naquele imóvel a sua moradia ou realizando ali investimentos de interesse social e econômico, o prazo será reduzido para cinco anos, exatamente porque essa manifestação de posse se mostra simpática aos olhos de um legislador norteado pela diretriz da socialidade. Importante notar que, a justificar um prazo tão reduzido (cinco anos apenas!), associados à função social desempenhada pelo possuidor deverão estar presentes os seguintes requisitos: que a aquisição da posse tenha sido onerosa, por exemplo, fruto de um contrato de compra e venda, e que o justo título tenha sido registrado e posteriormente cancelado na serventia adequada. Esse cancelamento é cogitado já que, se não o houvesse, o possuidor seria proprietário, prescindindo, portanto, da usucapião.

Para ilustrar a usucapião ordinária com posse qualificada pela função social, imagine uma pessoa que compra um imóvel (aquisição onerosa) de um estelionatário que a enganara se fazendo passar pelo verdadeiro proprietário, promovendo a escritura pública no cartório de notas (justo título) e o registro no Cartório de Registro de Imóveis. Depois disso, o comprador enganado passa a morar no imóvel com a sua família (função social), acreditando piamente ser ele o proprietário (boa-fé). O possuidor reside no imóvel durante cinco anos (moradia habitual), eis que para sua surpresa aborda-lhe o verdadeiro dono e reivindica-lhe o imóvel. Nesse caso, perfeitamente possível ao possuidor alegar a usucapião ordinária com posse qualificada pela função social na defesa da ação reivindicatória, conforme autoriza a Súmula nº 237 do STF.

4.3 Usucapião constitucional ou especial

A Constituição Federal de 1988 traz mais uma manifestação de afeição ao princípio da função social quando em seu texto apresenta as duas modalidades de usucapião especial: a urbana e a rural. Estas apresentam os seguintes requisitos em comum: posse mansa e pacífica, *animus domini*, decurso de prazo de cinco anos e vedação à propriedade de outro imóvel, seja urbano ou rural.

Note-se que o prazo é pequeno (cinco anos), a facilitar em demasia a pretensão do usucapiente, com vistas a respaldar de maneira efetiva o direito fundamental à moradia estampado no art. 6º da CF/88 e a própria dignidade da pessoa humana (art. 1º, III, CF/88).

Aliada ao pequenino prazo, há a vedação de o usucapiente ser proprietário de outro imóvel. A vedação vale desde o primeiro dia de posse até se completar os cinco anos exigidos. Se o usucapiente tiver tido a propriedade de outro imóvel antes de começar a sua posse sobre o imóvel que pretende usucapir ou se adquire a propriedade de outro imóvel após findar os cincos anos exigidos, em nenhum desses casos haverá óbice à usucapião especial. Também não implicará óbice a propriedade apresentada por um dos familiares ali residentes, devendo se considerar apenas que essa pessoa não terá legitimidade para pleitear a usucapião.

A distinguir a usucapião especial urbana da rural, verifica-se a área que será usucapida (se urbana ou rural), sua extensão e, também, a finalidade de ocupação.

a) Peculiaridades da usucapião especial urbana ou *pro moradia*

No que tange à usucapião especial urbana, a área que se pretende usucapir há de ser, necessariamente, urbana, sendo que a extensão de usucapião permitida não poderá ultrapassar a 250 m². Deve-se considerar que tende a prevalecer na doutrina que não importa a extensão da área construída, isto é, se, por exemplo, uma pessoa ocupa um lote de 250 m² e nele constrói bela casa de dois andares com área de 400m², tal fator não representará óbice à usucapião, já que a Constituição Federal ao apresentar o referido instituto no art. 183 não faz tal distinção.

Se por acaso houver ocupação de área superior a 250 m², preenchidos os demais requisitos, é lícito o pedido de usucapião da área até o limite de 250 m², o que resultará em um desmembramento do imóvel, de modo que o restante da área continuará a pertencer ao dono primitivo. A área usucapida, então, será portadora agora de nova matrícula, e a matrícula antiga continuará a se referir ao imóvel primevo, porém, com a devida averbação a se referir aos novos limites da propriedade.

Perfeitamente possível, também, a usucapião de apartamentos em zona urbana por meio da usucapião especial urbana. Para fins de se respeitar o limite de 250 m², a área a ser considerada será apenas a área privativa do apartamento, excluindo-se para o caso a aplicação da fração ideal do imóvel, já que esta abarca não apenas a área privativa, mas também as áreas comuns. Nessa senda, então, preceitua o Enunciado nº 85 do CJF.

Atenção

Além do preenchimento dos requisitos antecedentes, a ideia central dessa modalidade de usucapião funda-se na moradia, de modo que imprescindível se mostra que o possuidor ocupe aquela área com essa finalidade. Tanto é assim que, como sinonímia de usucapião especial urbana apresenta-se a expressão usucapião *pro moradia*. Assim, dessa ideia surge a noção de pessoalidade exigida na usucapião especial urbana. Nada impedirá, todavia, a usucapião especial urbana se a ocupação for com finalidade simultânea não residencial e residencial, pois moradia há, ainda que aquele imóvel seja utilizado com outra finalidade também, conforme reconhecido pela 3ª Turma do STJ no REsp 1.777.404-TO, Rel. Min. Nancy Andrighi, julgado em 05.05.2020 (Informativo nº 671).

Importante

A usucapião especial urbana ou *pro moradia* se encontra no art. 183 do CF/88 e no art. 1.240 do CC. Além disso, o instituto é regulamentado pela Lei nº 10.257/2001, nos arts. 9º ao 14. Em breve síntese, segue o elenco de algumas importantes diretrizes constantes nesses artigos:

- O título de domínio será conferido ao homem ou à mulher, ou a ambos, independentemente do estado civil.

- Para fins de concessão da usucapião especial urbana, o herdeiro legítimo continua, de pleno direito, a posse de seu antecessor, desde que já resida no imóvel por ocasião da abertura da sucessão.

- Na pendência da ação de usucapião especial urbana, ficarão sobrestadas quaisquer outras ações, petitórias ou possessórias, que venham a ser propostas relativamente ao imóvel usucapiendo. Trata-se de hipótese de suspensão processual.

- Na ação de usucapião especial urbana é obrigatória a intervenção do Ministério Público (como em qualquer outra ação de usucapião) e, além disso, o seu autor terá os benefícios da justiça e da assistência judiciária gratuita, inclusive perante o cartório de registro de imóveis.

- A usucapião especial de imóvel urbano poderá ser invocada como matéria de defesa, valendo a sentença que a reconhecer como título para registro no cartório de registro de imóveis. Note-se que não há necessidade de ajuizamento da ação de usucapião para que esta seja declarada e haja o consequente registro. A própria sentença que julgue improcedente o pedido reivindicatório pode ser levada a registro.

- Antes da entrada em vigor do CPC/2015, na ação judicial de usucapião especial de imóvel urbano, o rito processual que era aplicado era o sumário. Com a nova lei processual, não há mais procedimento sumário. Desse modo, com o CPC/2015, o procedimento a ser aplicado será o comum.

- Há a possibilidade de se configurar a chamada usucapião especial urbana coletiva. Os caracteres dessa modalidade de usucapião estão relacionados no tópico a seguir.

b) Usucapião especial urbana coletiva ou usucapião coletiva

A usucapião coletiva urbana encontra previsão no art. 10 da Lei nº 10.257/2001, que ostenta o seguinte teor:

> Os núcleos urbanos informais existentes sem oposição há mais de cinco anos e cuja área total dividida pelo número de possuidores seja inferior a duzentos e cinquenta metros quadrados por possuidor são suscetíveis de serem usucapidos coletivamente, desde que os possuidores não sejam proprietários de outro imóvel urbano ou rural.

A redação desse artigo foi fornecida pela Lei nº 13.465/2017.

Ao dissecar o dispositivo mencionado, encontramos os seguintes requisitos:

- O usucapiente não é determinada pessoa, mas sim uma coletividade, sem a exigência de que sejam pessoas necessariamente de baixa renda.

- A área total usucapida dividida pelo número de possuidores deverá ser inferior a 250 m² por possuidor.

- A ocupação dar-se-á há mais de cinco anos ininterruptamente e sem oposição.

- Os possuidores não podem ser proprietários seja urbano ou rural.

A usucapião coletiva chega em prol da função social da propriedade e um aceno no sentido de regularização das favelas.

Na sentença em que for declarada a usucapião coletiva, o juiz atribuirá igual fração ideal de terreno a cada possuidor, independentemente da dimensão do terreno que cada um ocupe, salvo hipótese de acordo escrito entre os condôminos, estabelecendo frações ideais diferenciadas. Trata-se, então, de um condomínio especial que será constituído, de natureza indivisível, não sendo passível de extinção, salvo deliberação favorável tomada por, no mínimo, dois terços dos condôminos, no caso de execução de urbanização posterior à constituição do condomínio. Por fim, por imposição legislativa, as deliberações relativas à administração do condomínio especial serão tomadas por maioria de votos dos condôminos presentes, obrigando também os demais, discordantes ou ausentes.

c) Peculiaridades da usucapião especial rural ou *pro labore*

A usucapião especial rural apareceu pela primeira vez na Constituição de 1934. A Constituição Federal de 1988 também incorpora o instituto em seu art. 191, com algumas modificações. No CC/2002, a usucapião especial rural repousa no art. 1.239, com os seguintes contornos: posse mansa e pacífica, *animus domini*, decurso de prazo de cinco anos e vedação à propriedade de outro imóvel, seja urbano ou rural. Além desses requisitos, comuns à usucapião especial urbana, a distinção reside na área a ser usucapida, que deverá ser necessariamente rural, com a limitação de 50 hectares, sendo que o usucapiente deverá apresentar ali, além de sua moradia, produtividade. A exigência desse último requisito leva-nos a crer que a função social da posse se encontra presente nesta modalidade de usucapião com muito mais intensidade do que na modalidade urbana (Enunciado nº 594, CJF).

A usucapião especial rural é regulada pela Lei nº 6.969/81. Lembrando que o art. 1º dessa Lei prevê um limite de área de 25 hectares para que ocorra essa modalidade de usucapião, dispositivo esse que não foi recepcionado pela CF/88, que estabelece limite de 50 hectares. Também não foi recepcionado o art. 2º no que faz menção à possibilidade de usucapião de terras devolutas, já que na CF/88 bens públicos não admitem usucapião.

De acordo com o *caput* do art. 5º da Lei nº 6.969/81, o procedimento a ser aplicado para a usucapião especial rural seria o sumaríssimo. Nada obstante, a redação da lei, sempre foi aplicado para o caso em tese o procedimento sumário. Ocorre que, como o CPC/2015 extinguiu o procedimento sumário, terá cabimento, doravante, o procedimento comum.

4.4   Usucapião familiar ou usucapião por abandono de lar

A Lei nº 12.424, de 16.06.2011, acrescentou ao Código Civil o art. 1.240-A, trazendo uma nova modalidade de usucapião em nosso ordenamento, que tem sido chamada de usucapião familiar, usucapião conjugal, usucapião pró-familiar, usucapião relâmpago, usucapião tabular familiar ou usucapião especial urbana por abandono de lar.

A Lei nº 12.424/2011 teve por finalidade regulamentar o programa do governo federal "Minha Casa, Minha Vida" (PMCMV) e a regularização fundiária de assentamentos localizados em áreas urbanas. O art. 9º da referida Lei inseriu no Código Civil de 2002 o art. 1.240–A, que apresenta a seguinte redação:

> Aquele que exercer, por 2 (dois) anos ininterruptamente e sem oposição, posse direta, com exclusividade, sobre imóvel urbano de até 250m² (duzentos e cinquenta metros quadrados) cuja propriedade dividia com ex-cônjuge ou ex--companheiro que abandonou o lar, utilizando-o para sua moradia ou de sua família, adquirir-lhe-á o domínio integral, desde que não seja proprietário de outro imóvel urbano ou rural.

A primeira observação que deve ser feita em relação a essa nova modalidade de usucapião é que os sujeitos envolvidos nela devem ser necessariamente ex-cônjuges ou ex-companheiros. Aqui se vislumbram pessoas que foram casadas ou que viveram em união estável, ainda que homoafetiva (*vide* Enunciado nº 500 do CJF).

O objeto da usucapião trata-se de bem de propriedade comum do casal (e não propriedade exclusiva, de um ou de outro!), seja por condomínio ou comunhão. Condomínio para o caso de o casamento ou a união estável serem orientados pelo regime da separação convencional de bens e os cônjuges ou conviventes tiverem adquirido o bem conjuntamente. Comunhão para o caso de o casamento ou a união estável serem orientados pelo regime da comunhão universal ou parcial de bens, ou, ainda, separação obrigatória de bens, tendo em vista o que relata a Súmula nº 377 do STF, que de acordo com a doutrina majoritária ainda tem aplicabilidade: "No regime de separação legal de bens, comunicam-se os bens adquiridos na constância do casamento".

É necessário, em princípio, que os cônjuges ou companheiros se situem, pelo menos, na condição de separados de fatos, já que a separação de fato é considerada pela jurisprudência dominante como fator que promove o fim da sociedade conjugal e do regime de bens.

Sobre a expressão "abandono de lar" há quem simplesmente entenda que houve falta de precisão terminológica por parte do legislador, cabendo simplesmente interpretar-se a expressão "abandonou o lar" como sendo sinonímia de separação de fato associada ao abandono patrimonial. Na VII Jornada de Direito Civil o Enunciado nº 595 apresenta o seguinte teor: O requisito "abandono do lar" deve ser interpretado na ótica do instituto da usucapião familiar como abandono voluntário da posse do imóvel somado à ausência da tutela da família, não importando em averiguação da culpa pelo fim do casamento ou união estável.

O prazo exigido por lei para que se concretize a referida usucapião é de apenas dois anos, o menor prazo de usucapião estabelecido em lei.

Além da posse mansa e pacífica, e da limitação a 250m², a lei exige que o usucapiente não seja proprietário de outro imóvel, seja urbano ou rural. Importante notar também que essa nova modalidade de usucapião apenas incidirá em se tratando de imóvel urbano, e não rural, em princípio, prestigiando-se claramente a moradia, e não o trabalho.

Caso o ex-cônjuge ou ex-companheiro que pretenda a usucapião não esteja na posse direta do bem, mas sim na posse indireta, por exemplo, alugando-o a um terceiro, importante esclarecer que tal fato não representará óbice à usucapião, nada obstante o art. 1.240-A utilize a expressão "posse direta" em seu teor. Isso porque quando o art. 1.240-A se refere à posse direta, não se trata do sentido técnico da posse direta decorrente da análise do desdobramento da posse em direta e indireta. Nesse sentido, restou aprovado na V Jornada de Direito Civil o Enunciado nº 502, com a seguinte redação: "O conceito de posse direta referido no art. 1.240-A do Código Civil não coincide com a acepção empregada no art. 1.197 do mesmo Código". O § 1º do art. 1.240-A estabelece que: "O direito previsto no *caput* não será reconhecido ao mesmo possuidor mais de uma vez".

Quanto ao juízo competente da ação de usucapião especial por abandono de lar, o TJSP entendeu que a matéria em questão é civil por excelência (TJSP. Conflito de competência 018027760.2013.8.26.0000, Câmara Especial, Rel. Cláudia Grieco Tabosa Pessoa. Franca. J. 09.12.2013).

Outro aspecto importante é que a ação respeitante a essa modalidade de usucapião será orientada pelo procedimento comum e a única citação que deve haver é em relação ao ex-cônjuge ou ao ex-companheiro, pois somente em relação a esses a ação correrá em desfavor.

4.5 Usucapião indígena

O estatuto legal que regula a situação jurídica do índio é a Lei nº 6.001/73. Essa lei, em seu art. 3º, estabelece que índio é "todo indivíduo de origem e ascendência pré-colombiana que se identifica e é identificado como pertencente a um grupo étnico cujas características culturais o distinguem da sociedade nacional".

A referida lei admite a possibilidade de usucapião em favor do índio, em seu art. 33: "O índio, integrado ou não, que ocupe como próprio, por dez anos consecutivos, trecho de terra inferior a cinquenta hectares, adquirir-lhe-á a propriedade plena".

A usucapião cogitada aplica-se ao índio integrado ou não. Tem-se por integrado aquele que "incorporado à comunhão nacional e reconhecido no pleno exercício dos direitos civis, ainda que conserve usos, costumes e tradições característicos da sua cultura" (art. 4º, III, Lei nº 6.001/73). Assim, se o índio possuir tal capacidade, ele mesmo poderá ajuizar diretamente a ação de usucapião, caso contrário, deverá ser representado pela FUNAI.

Quando o art. 33 da multicitada lei apresenta a exigência de ocupação como própria, está a impor o *animus domini*. Além disso, atente-se para o prazo de dez anos consecutivos e limitação do trecho de terra a cinquenta hectares.

Ressalte-se, por fim, que essa modalidade de usucapião somente poderá ter incidência em área rural e particular, haja vista a vedação constitucional à usucapião de bens públicos (art. 191, parágrafo único, CC). Além disso, o parágrafo único do já descrito art. 33 dispõe que: "O disposto neste artigo não se aplica às terras do domínio da União, ocupadas por grupos tribais, às áreas reservadas de que trata esta Lei, nem às terras de propriedade coletiva de grupo tribal".

5. OBSERVAÇÕES IMPORTANTES ACERCA DA USUCAPIÃO

a) Direito intertemporal

No que tange à usucapião extraordinária e ordinária, ambas com posse qualificada pela função social, deve-se aplicar dispositivo intertemporal previsto no art. 2.029 do CC.

Assim, até a data de 11.01.2005, o prazo para a usucapião extraordinária com posse qualificada pela função social (art. 1.238, parágrafo único, CC) não será de 10 anos, mas sim 12 anos. E o prazo para a usucapião ordinária com posse qualificada pela função social (art. 1.242, parágrafo único, CC) não será de cinco anos, mas sim de 12 anos.

Por fim, vale conferir o Enunciado nº 564, CJF: "As normas relativas à usucapião extraordinária (art. 1.238, *caput*, CC) e à usucapião ordinária (art. 1.242, *caput*, CC), por estabelecerem redução de prazo em benefício do possuidor, têm aplicação imediata, não incidindo o disposto no art. 2.028 do Código Civil".

b) O somatório das posses: *accessio possessionis* e *sucessio possessionis*

De uma maneira geral, admite-se a soma das posses para fim de se adquirir a propriedade por meio da usucapião (art. 1.243 do CC).

A soma das posses poderá ocorrer de duas maneiras:

* Na *accessio possessionis*: a transmissão da posse se dá a título singular, por exemplo, por meio de um negócio jurídico, e o sucessor tem a opção de unir a sua posse a do seu antecessor ou não.

* Na *sucessio possessionis*: a transmissão da posse se dá a título universal de modo que o herdeiro continua na posse do falecido obrigatoriamente com todas as suas vicissitudes, vícios ou virtudes.

Interessante notar, todavia, que prevalece na doutrina a impossibilidade de se aplicar a *accessio possessionis* em se tratando de usucapião constitucional. Isso porque nessa modalidade de usucapião exige-se a pessoalidade, requisito esse totalmente colidente com a união de posses a título singular. Já a *sucessio possessionis* apresenta compatibilidade com tal modalidade de usucapião, pois o fito maior aqui é a proteção à entidade familiar.

Esse posicionamento encontra-se sedimentado por meio do Enunciado nº 317 do CJF. Nessa mesma esteira, no que tange à pessoalidade exigida para a usucapião familiar ou por abandono de lar, isto é, somente poderá se manifestar como usucapiendo, nessa modalidade de usucapião, o ex-cônjuge ou ex-companheiro abandonado, cogitar acerca da possibilidade de somatório de posses é algo inviável.

c) A possibilidade de usucapião em condomínio

Tem-se admitido a usucapião consolidada por um condômino em desfavor dos demais em se tratando de situação em que o condômino usucapiendo tenha exercido posse exclusiva sobre a coisa, desde que preenchidos os demais requisitos legais.

Ressalte-se, contudo, que em se tratando de condomínio edilício (em edifícios) não será possível a usucapião cujo objeto seja área comum. Isso porque a ocupação de parte comum por um dos condôminos apenas resulta de tolerância dos demais, isto é, resulta de autorização tácita fornecida pelos demais condôminos a favor daquele que ocupa a área. Atos de mera tolerância não induzem à posse, mas sim à mera detenção, conforme preceitua o art. 1.208 do CC, de modo a inviabilizar a pretensão de usucapião. Além disso, o art. 1.335, II, do CC apresenta como direito do condômino: "usar das partes comuns, conforme a sua destinação, e contanto que não exclua a utilização dos demais compossuidores".

Todavia, em homenagem ao princípio da boa-fé objetiva e prestigiando a teoria da *supressio* (*verwirkung*), há julgado do STJ aplicando a referida teoria ao caso de ocupação por alguns dos condôminos de área comum de condomínio edilício por largo lapso temporal. Nesse caso, o STJ reconhece a necessidade de manutenção de ocupação da área comum por esses condôminos em virtude da longa omissão dos demais que se quedaram inertes durante mais de 20 anos, de modo a gerar a expectativa nos condôminos ocupantes de que o direito que tinham de exigir a área comum não mais seria exercido.

d) A usucapião por pessoa jurídica

Não há óbice quanto à possibilidade de uma pessoa jurídica, seja de direito público ou privado, desde que preenchidos os requisitos necessários alçar a propriedade de um bem por meio da usucapião. Até mesmo em se tratando de usucapião extraordinária ou ordinária com a posse qualificada pela função social (art. 1.238, parágrafo único, e art. 1.242, parágrafo único, CC), tal fato será possível.

Todavia, importante ressaltar que a usucapião constitucional, seja urbana ou rural, não poderá ocorrer em relação a uma pessoa jurídica, exatamente porque essas modalidades de usucapião exigem a pessoalidade da posse e moradia, o que não se vislumbra em se tratando de uma pessoa jurídica.

e) A natureza jurídica da sentença na ação de usucapião

A sentença da ação de usucapião apresenta feição eminentemente declaratória, não podendo, assim, ser considerada como requisito para que se configure qualquer modalidade de usucapião. Nesse sentido, relata o art. 1.241 do CC: "Poderá o possuidor requerer ao juiz seja **declarada** adquirida, mediante usucapião, a propriedade imóvel" (grifamos).

Tendo em vista a natureza declaratória da sentença da ação de usucapião, se um proprietário ajuíza ação reivindicatória contra o possuidor, caso esse já apresente os requisitos exigidos em lei para que se configure a usucapião, sem nunca ter ajuizado a própria ação de usucapião, a alegação de usucapião, via defesa, é recurso totalmente hábil ao afastamento da pretensão do proprietário. Tanto é assim que a Súmula nº 237 do STF estabelece: "O usucapião pode ser arguido em defesa".

É importante perceber, entretanto, que, embora a alegação de usucapião tenha o condão de afastar a pretensão do proprietário, a sentença da ação reivindicatória que julgar o pedido do proprietário improcedente não poderá ser levada ao registro com a finalidade de declarar o domínio do usucapiente. É que será necessário o manejo da ação de usucapião para tanto. Somente a sentença dessa ação de usucapião é que deverá ser registrada.

Atenção

Duas situações excepcionais existem, entretanto, no que tange à usucapião especial urbana e rural, conforme art. 13, da Lei nº 10.257/2011, e art. 7º da Lei nº 6.969/81, respectivamente. É que de acordo com esses dispositivos há a previsão, não só da alegação de usucapião como matéria de defesa especificamente para essas modalidades de usucapião, como também a possibilidade de a sentença que reconhecer a usucapião valer como título para registro no Cartório de Registro de Imóveis. O que há nessas situações é a alegação da usucapião por meio de um pedido contraposto em ação dúplice. Nessa senda e com base na Súmula nº 237 do STF foi aprovado o Enunciado nº 315 do CJF.

f) A usucapião via administrativa ou extrajudicial

O CPC/2015 contempla a possibilidade de o procedimento da usucapião se manifestar fora dos muros do Poder Judiciário, isto é, pela via administrativa.

A novidade na legislação processual de usucapião pela via administrativa como não apresenta restrições, por interpretação literal, se aplica a qualquer modalidade de usucapião e se rende ao espírito de desjudicialização das pretensões.

O CPC/2015 em seu art. 1.071 insere o art. 216-A na Lei nº 6.015/73. Diante disso, alguns pontos devem ser indagados. O primeiro diz respeito à ausência de menção na lei acerca da intervenção do Ministério Público. Essa lacuna pode resultar na falta de maior segurança destinada ao procedimento, podendo haver inclusive a facilitação de fraudes internamente nos Cartórios.

O segundo ponto é atentar para o fato de que a Lei nº 13.465/2017 melhora a redação primitiva do § 2º do art. 216-A da Lei nº 6.015/73. É que antes, no referido parágrafo, havia a previsão de que o silêncio do titular do direito real deveria ser interpretado como discordância. Com a alteração, o seu silêncio deve ser interpretado como concordância, acelerando a satisfação do usucapiente. A modificação faz com que o procedimento extrajudicial represente, de fato, uma via mais ágil para aquele que pretende a usucapião, sem beneficiar "aqueles que dormem".

Como terceiro ponto relevante, indaga-se acerca da atuação do oficial do cartório que terá que analisar em algumas modalidades de usucapião alguns requisitos específicos, tais como "abandono de lar", "produtividade", "moradia" etc. Além disso, cumprirá ao oficial do cartório ouvir testemunhas que se manifestarão acerca do caso concreto. O desconforto que se apresenta nesse momento é respeitante à aptidão do oficial do cartório em praticar esses atos, quais sejam, analisar requisitos jurídicos específicos e ouvir testemunhas.

Por fim, comparamos a redação do art. 216-A da Lei nº 6.015/73, antes e depois da superveniência da Lei nº 13.465/2017:

Redação antes das modificações apresentadas pela Lei nº 13.465/2017	Redação após as modificações apresentadas pela Lei nº 13.465/2017
Art. 216-A, Lei nº 6.015/73	**Art. 216-A, Lei nº 6.015/73**
I – ata notarial lavrada pelo tabelião, atestando o tempo de posse do requerente e seus antecessores, conforme o caso e suas circunstâncias;	I – ata notarial lavrada pelo tabelião, atestando o tempo de posse do requerente e de seus antecessores, conforme o caso e suas circunstâncias, aplicando-se o disposto no art. 384 da Lei nº 13.105, de 16 de março de 2015 – Código de Processo Civil;
II – planta e memorial descritivo assinado por profissional legalmente habilitado, com prova de anotação de responsabilidade técnica no respectivo conselho de fiscalização profissional, e pelos titulares de direitos reais e de outros direitos registrados ou averbados na matrícula do imóvel usucapiendo e na matrícula dos imóveis confinantes;	II – planta e memorial descritivo assinado por profissional legalmente habilitado, com prova de anotação de responsabilidade técnica no respectivo conselho de fiscalização profissional, e pelos titulares de direitos registrados ou averbados na matrícula do imóvel usucapiendo **ou** na matrícula dos imóveis confinantes;

Redação antes das modificações apresentadas pela Lei nº 13.465/2017	Redação após as modificações apresentadas pela Lei nº 13.465/2017
Art. 216-A, Lei nº 6.015/73	**Art. 216-A, Lei nº 6.015/73**
§ 2º Se a planta não contiver a assinatura de qualquer um dos titulares de direitos reais e de outros direitos registrados ou averbados na matrícula do imóvel usucapiendo e na matrícula dos imóveis confinantes, esse será notificado pelo registrador competente, pessoalmente ou pelo correio com aviso de recebimento, para manifestar seu consentimento expresso em 15 (quinze) dias, interpretado o seu silêncio como discordância.	§ 2º Se a planta não contiver a assinatura de qualquer um dos titulares de direitos registrados ou averbados na matrícula do imóvel usucapiendo ou na matrícula dos imóveis confinantes, esse será notificado pelo registrador competente, pessoalmente ou pelo correio com aviso de recebimento, para manifestar seu consentimento expresso em 15 (quinze) dias, interpretado o seu silêncio como **concordância**.
§ 6º Transcorrido o prazo de que trata o § 4º deste artigo, sem pendência de diligências na forma do § 5º deste artigo e achando-se em ordem a documentação, com inclusão da concordância expressa dos titulares de direitos reais e de outros direitos registrados ou averbados na matrícula do imóvel usucapiendo e na matrícula dos imóveis confinantes, o oficial de registro de imóveis registrará a aquisição do imóvel com as descrições apresentadas, sendo permitida a abertura de matrícula, se for o caso.	§ 6º Transcorrido o prazo de que trata o § 4º deste artigo, sem pendência de diligências na forma do § 5º deste artigo e achando-se em ordem a documentação, o oficial de registro de imóveis registrará a aquisição do imóvel com as descrições apresentadas, sendo permitida a abertura da matrícula, se for o caso.
	§ 11. No caso de o imóvel usucapiendo ser unidade autônoma de condomínio edilício, fica dispensado consentimento dos titulares de direitos reais e outros direitos registrados ou averbados na matrícula dos imóveis confinantes e bastará a notificação do síndico para se manifestar na forma do § 2º deste artigo.

Redação antes das modificações apresentadas pela Lei nº 13.465/2017	Redação após as modificações apresentadas pela Lei nº 13.465/2017
Art. 216-A, Lei nº 6.015/73	**Art. 216-A, Lei nº 6.015/73**
	§ 12. Se o imóvel confinante contiver um condomínio edilício, bastará a notificação do síndico para o efeito do § 2º deste artigo, de modo que é dispensada a notificação de todos os condôminos.
	§ 13. Para efeito do § 2º deste artigo, caso não seja encontrado o notificando ou caso ele esteja em lugar incerto e não sabido, tal fato será certificado pelo registrador, que deverá promover a sua notificação por edital mediante publicação, por duas vezes, em jornal local de grande circulação pelo prazo de quinze dias cada um, interpretado o silêncio do notificando como concordância.
	§ 14. Regulamento do órgão jurisdicional competente para a correição das serventias poderá autorizar a publicação do edital em meio eletrônico, caso em que ficará dispensada a publicação em jornais de grande circulação.
	§ 15. No caso de ausência ou insuficiência dos documentos de que trata o inciso IV do *caput* deste artigo, a posse e os demais dados necessários poderão ser comprovados em procedimento de justificação administrativa perante a serventia extrajudicial que obedecerá, no que couber, ao rito previsto nos arts. 381, § 3º, 382 e 383 da Lei nº 13.105, de 16 de março de 2015 – Código de Processo Civil.

EM RESUMO:	
Etimologia e conceito	**Etimologia**: soma dos vocábulos *usu* (pelo uso) e *capio* (aquisição, tomada). **Conceito**: modo aquisitivo da propriedade e até mesmo de outros direitos reais, pela posse e pelo decurso de tempo, observados vários requisitos legais, transformando-se uma situação de fato em uma situação de direito.
Usucapião: modo originário de se adquirir a propriedade	**Modo originário de aquisição da propriedade**: quando não há relação jurídica entre o proprietário anterior e o novo proprietário. Consequências: *(i)* não incidência do fato gerador do ITBI (que é a transmissão da propriedade); *(ii)* a propriedade chega para o novo dono isenta de qualquer pecha ou desvalor, como, por exemplo, um ônus hipotecário ou uma servidão.
A coisa hábil a ser usucapida (*res habilis*)	**Regra**: qualquer coisa, podendo incidir sobre bens móveis ou imóveis. **Exceções**: *(i)* bens fora do comércio; *(ii)* bens públicos, seja de uso comum, especial ou dominical, (CF, arts. 183, § 3º, e 191, parágrafo único; e CC, art. 102); *(iii)* não é possível a usucapião na modalidade ordinária de bem gravado com cláusula de inalienabilidade. Embora os bens públicos não possam ser usucapidos, o art. 68 do ADCT preve que aos remanescentes das comunidades dos quilombos que estejam ocupando suas terras é reconhecida a propriedade definitiva, devendo o Estado emitir-lhes os títulos respectivos.
Modalidades de usucapião de bens imóveis	**Usucapião extraordinária** (CC, art. 1.238): posse mansa e pacífica; *animus domini*; e decurso de prazo (15 anos se a posse for simples e 10 anos se o possuidor tiver no imóvel a sua moradia habitual ou tiver realizado ali obras ou serviços de caráter produtivo). **Usucapião ordinária** (CC, art. 1.242): posse mansa e pacífica; *animus domini*; justo título; boa-fé; e decurso de prazo (10 anos, podendo ser reduzido para 05 anos se o possuidor estabelecer naquele imóvel a sua moradia ou realizar ali investimentos de interesse social e econômico).

Modalidades de usucapião de bens imóveis	**Usucapião constitucional ou especial**: a) **Usucapião especial urbana ou pro moradia (CF, art. 183; e CC, art. 1.240)**: imóvel urbano de até 250m²; posse mansa e pacífica; *animus domini*; decurso do prazo de 05 anos; e vedação à propriedade de outro imóvel urbano ou rural. b) **Usucapião especial urbana coletiva ou usucapião coletiva (Lei 10.257/2001, art. 10)**: a coletividade é a usucapiente (não se exige que sejam pessoas de baixa renda); área rural total usucapida dividida pelo número de possuidores deve ser inferior a 250m² por possuidor; posse mansa e pacífica; *animus domini*; decurso do prazo de 05 anos; e vedação à propriedade de outro imóvel urbano ou rural. c) **Usucapião especial rural ou *pro labore* (CF, art. 191; CC, art. 1.239; e Lei nº 6.969/1981)**: área rural de até 50 hectares; usucapiente deve ter estabelecido moradia e produtividade na área; posse mansa e pacífica, *animus domini*; decurso do prazo de 05 anos; e vedação à propriedade de outro imóvel urbano ou rural. **Usucapião familiar ou usucapião por abandono de lar** (CC, art. 1.240-A): propriedade comum do casal; separação de fato; abandono do lar; posse mansa e pacífica; imóvel urbano de até 250m²; usucapiente não pode ser proprietário de outro imóvel urbano ou rural; decurso do prazo de 02 anos. **Usucapião indígena** (Lei 6.001/1973, art. 33): índio, integrado ou não; trecho de terra inferior a 50 hectares; *animus domini*; e decurso do prazo de 10 anos.

Capítulo 33

Do Registro

1. NOTAS INTRODUTÓRIAS

Todos sabem que os bens móveis se transferem com a tradição (art. 1.226, CC), ao passo que os imóveis, com o registro (art. 1.227, CC). Com o registro percebe-se a passagem do mundo do direito pessoal obrigacional para o mundo do direito real. É que no nosso ordenamento não basta ao interessado ostentar um determinado título (por exemplo, uma escritura pública de compra e venda) para ser considerado como proprietário; é necessário que esse título tenha sido registrado no competente Cartório de Registro de Imóveis, conforme a sua localização.

O registro é considerado o modo mais comum de se adquirir a propriedade imóvel em nosso ordenamento. Daí o velho jargão popular: "Só é dono quem registra".

2. SISTEMAS AFETOS À AQUISIÇÃO DA PROPRIEDADE IMOBILÁRIA

2.1 Sistema alemão

Será feito um contrato entre as partes, gerando efeitos apenas no âmbito obrigacional e posteriormente as partes farão uma outra convenção perante o oficial do Cartório de Registro de Imóveis. Esse registro irá produzir uma presunção absoluta de propriedade em prol de seu titular, já que se trata de ato completamente dissociado da convenção inicial.

2.2 Sistema francês

O contrato por si só tem o poder de transferir a propriedade, sendo que o registro se presta apenas a dar publicidade ao ato de transmissão.

2.3 Sistema romano

Situa-se a meio caminho dos dois sistemas anteriormente mencionados e é o sistema adotado em nosso País. Por ele, o título por si só não tem o condão de transferir a propriedade, sendo imprescindível que haja o seu registro no Cartório de Registro de

Imóveis. Uma vez realizado o registro, ele gerará presunção relativa de propriedade, admitindo, pois, prova em sentido contrário (art. 1.245, § 2º, CC).

3. A PRESUNÇÃO RELATIVA DE PROPRIEDADE GERADA PELO REGISTRO

Se, após haver o registro, for constatado algum vício no negócio que o originou, o negócio será invalidado e, por conseguinte, o registro será cancelado. Desse modo, devemos perceber o título e o registro como irmãos siameses que não se dissociarão nunca.

> **Atenção**
>
> Em se tratando do registro Torrens e do registro da sentença da ação de usucapião, tais registros, diferentemente do que até aqui mencionado, gerarão presunção absoluta (*iure et de iure*), visto que os dois registros para acontecer passarão sob o crivo do Poder Judiciário. O registro da sentença da ação de usucapião, por razões óbvias, já que decorreu de uma ação ajuizada. Já o registro Torrens, incidente apenas sobre imóveis rurais e previsto nos arts. 277 e ss. da Lei nº 6.015/77, decorre de um procedimento judicial em que haverá publicação de editais e parecer do Ministério Público. Exatamente por resultar de um minucioso procedimento, tal registro gerará presunção absoluta de propriedade. Desse modo, conclui-se que o registro da sentença da ação de usucapião e o registro Torrens somente poderão ser atacados via ação rescisória dentro das diretrizes apresentadas pela legislação processual civil (*Vide* art. 966 do CPC/2015).

4. PRINCÍPIOS QUE REGEM O ATO REGISTRAL

• **Princípio da instância:** por esse princípio entende-se que o Oficial do Cartório somente poderá agir mediante provocação do interessado. Assim, de acordo com o art. 13 da LRP, excetuados os casos de anotações e as averbações obrigatórias, os atos do registro serão praticados por requerimento dos interessados; do Ministério Público, quando a lei autorizar; ou por ordem judicial.

• **Princípio da constitutividade:** neste princípio é o registro do título que irá constituir o adquirente como proprietário. Tanto é assim que, até o registro, o imóvel continuará a pertencer ao alienante. Somente após a efetivação do registro é que o imóvel passará ao acervo patrimonial do adquirente. Desse modo, o § 1º do art. 1.245 estabelece que: "Enquanto não se registrar o título translativo, o alienante continua a ser havido como dono do imóvel".

> **Atenção**
>
> Importante notar que, se até o registro o alienante continua a ser considerado o proprietário do bem, é evidente que sobre ele recairá a responsabilidade de pagamento de tributos que incidam sobre o imóvel e demais obrigações *propter rem*. Diante da inércia do adquirente em promover o registro do título já produzido, o alienante, para se proteger contra a perpetuação de suas obrigações, poderá manejar tutela inibitória de obrigação de fazer (que é promover o registro) com a devida incidência de astreintes.

> **Importante**
>
> Ressalte-se que, o registro do título constituirá o adquirente como dono, produzindo efeitos *ex nunc*. Ao revés, em caráter excepcional, o registro de uma sentença que julga procedente pedido de usucapião e o registro de um formal de partilha não trazem em seu bojo o viés da constitutividade, uma vez que se prestam apenas a declarar algo já concretizado, produzindo esse registro, portanto, efeito *ex tunc* e se prestando, primordialmente, a apenas alterar a titularidade formal do bem, conforme art. 1.227 do CC.

- **Princípio da territorialidade:** O título deverá ser registrado no Cartório de Registro de Imóveis onde se encontre a sua matrícula, que é o Cartório da circunscrição do bem. A escritura pública, que é um título e é exigida para as negociações de imóveis de valor superior a 30 vezes o salário mínimo (art. 108, CC), poderá ser feita em qualquer Cartório de Notas, diferentemente do registro dessa escritura, que necessariamente deverá ser feito no Cartório de Registro de Imóveis da situação do bem, conforme art. 169 da LRP.

- **Princípio da especialidade ou especialização:** O imóvel objeto de registro deverá se apresentar perfeitamente individualizado e com todas as caracterizações necessárias e imprescindíveis ao registro. É o que se depreende do art. 225 da LRP. Tais minúcias é que garantirão a segurança inerente ao ato registral. Dessarte, conclui-se que não será possível o registro, por exemplo, de uma universalidade de bens, já que a noção de bens coletivos se opõe à noção de individuação e singularidade.

- **Princípio da publicidade:** Estandarte máximo da ideia de promoção do registro de um título é a publicidade que de tal ato decorrerá. Assim, o art. 17 da LRP preceitua que qualquer pessoa pode requerer certidão do registro sem informar ao oficial ou ao funcionário o motivo ou interesse do pedido.

- **Princípio da prioridade ou preferência:** A prioridade de registro de um título decorrerá de sua ordem de apresentação ao Tabelionato de Registro de Imóveis. Assim, se vários títulos disserem respeito a um mesmo imóvel, terá prioridade para o registro aquele que foi apresentado previamente obtendo a chancela da chamada prenotação, conforme a redação do art. 191 da LRP, com redação fornecida pela Lei nº 6.216/75.

Assim, o título que for prenotado em primeiro lugar será submetido ao exame de legalidade com prioridade, ainda que outros títulos digam respeito ao mesmo imóvel. Se tudo transcorrer positivamente no exame de legalidade feito pelo Oficial do Cartório, o título será registrado e os efeitos do registro retroagirão à data em que houve a prenotação, conforme preceitua o art. 1.246 do CC: "O registro é eficaz desde o momento em que se apresentar o título ao oficial do registro, e este o prenotar no protocolo".

- **Princípio da legalidade:** O exame da legalidade traduzir-se-á no comparativo de dados que o oficial do cartório promove com base nos dados que ele já possui e o negócio jurídico que foi realizado.

- **Princípio da força probante:** Por esse princípio, o registro do título gerará a presunção de propriedade. Porém, relevantíssimo notar que se trata de presunção relativa (*iuris tantum*), admitindo, portanto, prova em sentido em contrário.

Uma vez que se trata de presunção relativa de propriedade, poder-se-ia indagar acerca da vantagem de tal presunção, já que tal presunção se apresenta de maneira frágil. É evidente que vantagem repousa na seara processual, já que há a inversão do ônus da prova, beneficiando o proprietário que figura no registro. Assim, caberá ao interessado provar que o registro merece ser cancelado, pois, conforme preceitua o § 2º do art. 1.245 do CC: "Enquanto não se promover, por meio de ação própria, a decretação de invalidade do registro, e o respectivo cancelamento, o adquirente continua a ser havido como dono do imóvel".

EM RESUMO:

Notas introdutórias	Os bens móveis se transferem com a tradição (CC, art. 1.226), ao passo que os imóveis, com o registro (CC, art. 1.227). Com o registro percebe-se a passagem do mundo do direito pessoal obrigacional para o mundo do direito real.
Sistemas afetos à aquisição da propriedade imobiliária	**Sistema alemão**: é feito um contrato entre as partes, o que gera efeitos apenas no âmbito obrigacional, e posteriormente as partes fazem uma outra convenção perante o oficial do Cartório de Registro de Imóveis. Esse registro produz uma **presunção absoluta de propriedade** em prol de seu titular.

Sistemas afetos à aquisição da propriedade imobiliária	**Sistema francês**: o contrato por si só tem o poder de transferir a propriedade e o registro se presta apenas a **dar publicidade** ao ato de transmissão. **Sistema romano**: o título por si só não tem o condão de transferir a propriedade, sendo imprescindível que haja o seu registro no Cartório de Registro de Imóveis. O registro gera **presunção relativa de propriedade**, admitindo, pois, prova em sentido contrário (CC, art. 1.245, § 2º). É o sistema adotado no Brasil.
A presunção relativa de propriedade gerada pelo registro	Se, após haver o registro, for constatado algum vício no negócio que o originou, o negócio será invalidado e, por conseguinte, o registro será cancelado.
Princípios que regem o ato registral	**Princípio da instância**: excetuados os casos de anotações e as averbações obrigatórias, os atos do registro só podem ser praticados por requerimento dos interessados; do Ministério Público, quando a lei autorizar; ou por ordem judicial (LRP, art. 13). **Princípio da constitutividade**: o registro do título que constitui o adquirente como proprietário. Desse modo, "enquanto não se registrar o título translativo, o alienante continua a ser havido como dono do imóvel" (CC, art. 1.245, § 1º). **Princípio da territorialidade**: o título deve ser registrado no Cartório de Registro de Imóveis onde se encontre a sua matrícula, que é o Cartório da circunscrição do bem. A escritura pública, que é um título e é exigida para as negociações de imóveis de valor superior a 30 vezes o salário mínimo (CC, art. 108), pode ser feita em qualquer Cartório de Notas, mas o registro dessa escritura deve ser feito no Cartório de Registro de Imóveis da situação do bem (LRP, art. 169). **Princípio da especialidade ou da especialização**: o imóvel objeto de registro deve se apresentar perfeitamente individualizado e com todas as caracterizações necessárias e imprescindíveis ao registro (LRP, art. 225). **Princípio da publicidade**: do registro de um título decorre a publicidade que de tal ato. Qualquer pessoa pode requerer certidão do registro sem informar ao oficial ou ao funcionário o motivo ou interesse do pedido (LRP, art. 17).

Princípios que regem o ato registral	**Princípio da prioridade ou preferência**: a prioridade de registro de um título decorre de sua ordem de apresentação ao Tabelionato de Registro de Imóveis. Se vários títulos disserem respeito a um mesmo imóvel, terá prioridade para o registro aquele que foi apresentado previamente (LRP, art. 191).
	Princípio da legalidade: o exame da legalidade traduz-se no comparativo de dados que o oficial do cartório promove com base nos dados que ele já possui e o negócio jurídico que foi realizado.
	Princípio da força probante: o registro do título gera a presunção relativa de propriedade, admitindo prova em sentido em contrário.

Capítulo 34

Da Acessão

1. DELIMITANDO A ACESSÃO E SUAS MODALIDADES

O Código Civil apresenta a acessão como mais um modo de se adquirir a propriedade imóvel, em seus arts. 1.248 ao 1.259. De modo simplista, trata-se do modo aquisitivo da propriedade, de natureza originária, pelo qual a propriedade sofrerá um acréscimo. A acessão, a depender de sua origem, poderá ser natural ou artificial.

2. ACESSÃO NATURAL (ARTS. 1.249 A 1.252, CC)

A acessão natural decorre de causas naturais e se manifesta por meio da formação de ilhas, da aluvião, da avulsão e do álveo abandonado.

- **Formação de ilhas (art. 1.249, CC):** As ilhas formadas no meio do rio pertencerão aos proprietários dos terrenos ribeirinhos fronteiros das margens, sendo divididos em partes iguais. As ilhas formadas entre a linha imaginária e uma das margens consideram-se acréscimos desse mesmo lado. As ilhas que se formarem pelo desdobramento de um novo braço do rio continuam a pertencer aos proprietários dos terrenos à custa dos quais se constituíram.

- **Aluvião (art. 1.250, CC):** Subdivide-se em:
    - **Própria:** se dá por meio dos acréscimos formados, sucessiva e imperceptivelmente, por depósitos e aterros naturais ao longo das margens das correntes.
    - **Imprópria:** decorre do desvio das águas, descobrindo parcialmente o álveo (o leito).

    Importante notar que, em qualquer uma dessas manifestações de aluvião – própria ou imprópria – não será devida nenhuma espécie de indenização pelo dono do terreno beneficiado.

- **Avulsão (art. 1.251, CC):** Decorre do acréscimo de uma porção de terra que se destacou de um prédio e se juntou a outro por força violenta da natureza. Na avulsão, o dono do terreno pelo qual a porção de terra se agregou adquirirá a sua propriedade mediante indenização ao dono do terreno que perdeu a porção ou em um ano, se ninguém houver reclamado.

- **Álveo abandonado (art. 1.252, CC):** por álveo deve se entender o leito do rio. Diante do desaparecimento do leito do rio, de acordo com o Código Civil, o acréscimo de propriedade pertencerá aos proprietários das duas margens do rio, sem que seja devida indenização aos donos dos terrenos por onde as águas abrirem novo curso.

> **Atenção**
>
> Nesse mote, chamamos atenção para que não haja confusão entre o álveo abandonado e a aluvião imprópria. No primeiro, há total e permanente abandono do antigo leito. No segundo, o abandono é parcial.

3. ACESSÃO ARTIFICIAL (ARTS. 1.253 A 1.259, CC)

A acessão artificial decorre de ato humano e se manifesta por meio das plantações e construções. Para promovermos o presente estudo, devemos partir de uma regra básica: toda construção ou plantação existente em um terreno presume-se feita pelo proprietário e à sua custa, até que se prove o contrário (art. 1.253, CC). Porém, situações outras poderão ocorrer de modo a afastar a regra cogitada. É o que se analisa a seguir:

Hipóteses:

Aquele que semeia, planta ou edifica em terreno próprio com sementes, plantas ou materiais alheios (art. 1.254, CC):

- se de boa-fé: fica obrigado a pagar as sementes, plantas ou materiais utilizados;
- se de má-fé: fica obrigado a pagar as sementes, plantas ou materiais utilizados, além de indenizar por perdas e danos.

Aquele que semeia, planta ou edifica em terreno alheio (art. 1.255, CC):

- se de boa-fé: perderá o que foi feito para o proprietário e terá direito a ser indenizado;
- se de má-fé: simplesmente perderá o que foi feito, sem direito a indenização.

O Código Civil de 2002 inova em sua redação quando incorpora em seu texto legal, no parágrafo único do art. 1.255, a denominada acessão inversa. Tal modalidade de acessão terá cabimento se a construção ou plantação feita de **boa-fé** exceder consideravelmente o valor do terreno. Nesse caso, aquele que construiu ou plantou adquirirá a propriedade do solo, mediante pagamento de indenização fixada judicialmente, se não houver acordo. Em síntese podemos dizer que os requisitos da acessão inversa são: boa-fé daquele que plantou ou edificou; que o valor da plantação ou edificação tenha excedido consideravelmente o valor do terreno; e que haja pagamento de indenização.

Há que se cogitar ainda de mais uma possibilidade:

• Aquele que semeia, planta ou edifica em terreno alheio com má-fé e diante da má-fé do proprietário do solo (art. 1.256, CC): perderá o que foi feito em favor do proprietário do solo, tendo direito a uma indenização.

Na hipótese retrocitada, o parágrafo único do art. 1.256 do CC presume a má-fé no proprietário do solo, quando o trabalho de construção, ou lavoura, se fez em sua presença e sem impugnação sua. Aqui encontra-se solução para a famosa questão do "genro que constrói no terreno da sogra" e, posteriormente, sobrevém algum desentendimento.

Em última elucubração, o Código Civil apresenta a seguinte possibilidade:

• Quando não pertencerem as sementes, plantas ou materiais a quem de boa-fé os empregou em solo alheio (art. 1.257, CC): perderá o que foi feito em favor do proprietário do solo. O proprietário das sementes, plantas ou materiais poderá cobrar do proprietário do solo a indenização devida, quando não puder havê-la do plantador ou construtor.

Em caso de a construção não ser feita no terreno alheio, mas apenas invadir o terreno alheio, dois parâmetros devem ser observados:

1º) a extensão de invasão da construção: se superior ou inferior a 5% do terreno;

2º) o *animus* com que construtor agiu: se de boa-fé ou de má-fé.

Desse modo, seguem as regras adiante:

Invasão não superior à vigésima parte do terreno.

• se de boa-fé: adquirirá o construtor a propriedade da parte invadida, se o valor da construção exceder ao valor dessa parte e responderá por indenização que represente o valor da área perdida e a desvalorização da área remanescente (art. 1.258, *caput*, CC);

• se de má-fé: adquirirá o construtor a propriedade da parte invadida, se o valor da construção exceder ao valor dessa parte e responderá por dez vezes o valor da indenização que represente o valor da área perdida e a desvalorização da área remanescente. Isso se não for possível a demolição da porção invasora sem grave prejuízo para a construção (art. 1.258, parágrafo único, CC).

Invasão for superior à vigésima parte do terreno (art. 1.259, CC):

• se de boa-fé: adquirirá o construtor a propriedade da parte do solo invadido, e responderá por perdas e danos que abrangem o valor que a invasão acrescer à construção, mais o da área perdida e o da desvalorização da área remanescente;

• se de má-fé: o construtor será obrigado a demolir o que foi construído na parte invadida e a pagar as perdas e danos apurados em dobro.

EM RESUMO:

Delimitando a acessão e suas modalidades	Trata-se do modo aquisitivo da propriedade, de natureza originária, pelo qual a propriedade sofrerá um acréscimo. A acessão pode ser natural ou artificial.
Acessão natural	Decorre de causas naturais e se manifesta por meio da: a) **formação de ilhas** (art. 1.249, CC): as ilhas formadas no meio do rio pertencerão aos proprietários dos terrenos ribeirinhos fronteiros das margens, sendo divididos em partes iguais. As ilhas formadas entre a linha imaginária e uma das margens consideram-se acréscimos desse mesmo lado. As ilhas que se formarem pelo desdobramento de um novo braço do rio continuam a pertencer aos proprietários dos terrenos à custa dos quais se constituíram; b) **aluvião** (art. 1.250, CC): subdivide-se em própria (se dá por meio dos acréscimos formados, sucessiva e imperceptivelmente, por depósitos e aterros naturais ao longo das margens das correntes) e imprópria (decorre do desvio das águas, descobrindo parcialmente o álveo). Em qualquer uma dessas manifestações, não será devida nenhuma espécie de indenização pelo dono do terreno beneficiado; c) **avulsão** (art. 1.251, CC): decorre do acréscimo de uma porção de terra que se destacou de um prédio e se juntou a outro por força violenta da natureza. O dono do terreno pelo qual a porção de terra se agregou adquirirá a sua propriedade mediante indenização ao dono do terreno que perdeu a porção ou em um ano, se ninguém houver reclamado; d) **álveo abandonado** (art. 1.252, CC): diante do desaparecimento do leito do rio, o acréscimo de propriedade pertencerá aos proprietários das duas margens do rio, sem que seja devida indenização aos donos dos terrenos por onde as águas abrirem novo curso.
Acessão artificial	Decorre de ato humano e se manifesta por meio das plantações e construções. Toda construção ou plantação existente em um terreno presume-se feita pelo proprietário e à sua custa, até que se prove o contrário (art. 1.253, CC). Esta regra pode ser afastada nas seguintes hipóteses:

a) Aquele que semeia, planta ou edifica em terreno próprio com sementes, plantas ou materiais alheios (art. 1.254, CC):

- se de boa-fé: fica obrigado a pagar as sementes, plantas ou materiais utilizados;
- se de má-fé: fica obrigado a pagar as sementes, plantas ou materiais utilizados, além de indenizar por perdas e danos.

b) Aquele que semeia, planta ou edifica em terreno alheio (art. 1.255, CC):

- se de boa-fé: perderá o que foi feito para o proprietário e terá direito a ser indenizado;
- se de má-fé: simplesmente perderá o que foi feito, sem direito a indenização.

c) Aquele que semeia, planta ou edifica em terreno alheio com má-fé e diante da má-fé do proprietário do solo (art. 1.256, CC): perderá o que foi feito em favor do proprietário do solo, tendo direito a uma indenização. Presume a má-fé do proprietário do solo, quando o trabalho de construção, ou lavoura, se fez em sua presença e sem impugnação sua (art. 1.256, parágrafo único, CC).

Acessão artificial

d) Quando não pertencerem as sementes, plantas ou materiais a quem de boa-fé os empregou em solo alheio (art. 1.257, CC): perderá o que foi feito em favor do proprietário do solo. O proprietário das sementes, plantas ou materiais poderá cobrar do proprietário do solo a indenização devida, quando não puder havê-la do plantador ou construtor.

e) Em caso de a construção não ser feita no terreno alheio, mas apenas invadir o terreno alheio, devem ser observados os seguintes parâmetros:

(i) invasão não superior à vigésima parte do terreno (art. 1.258, CC):

- se de boa-fé: adquirirá o construtor a propriedade da parte invadida, se o valor da construção exceder ao valor dessa parte e responderá por indenização que represente o valor da área perdida e a desvalorização da área remanescente;
- se de má-fé: adquirirá o construtor a propriedade da parte invadida, se o valor da construção exceder ao valor dessa parte e responderá por dez vezes o valor da indenização que represente o valor da área perdida e a desvalorização da área remanescente. Isso se não for possível a demolição da porção invasora sem grave prejuízo para a construção.

Acessão artificial	*(ii)* invasão superior à vigésima parte do terreno (art. 1.259, CC): • se de boa-fé: adquirirá o construtor a propriedade da parte do solo invadido, e responderá por perdas e danos que abrangem o valor que a invasão acrescer à construção, mais o da área perdida e o da desvalorização da área remanescente; • se de má-fé: o construtor será obrigado a demolir o que foi construído na parte invadida e a pagar as perdas e danos apurados em dobro.

Capítulo 35

Modos Aquisitivos da Propriedade Móvel

Pelo Código Civil de 2002, adquire-se a propriedade móvel por meio de: usucapião, ocupação, achado do tesouro, tradição, especificação, confusão, comissão e adjunção.

1. DA USUCAPIÃO DE BENS MÓVEIS

Os fundamentos e requisitos da usucapião de bens móveis são análogos aos da usucapião dos imóveis, apresentando, porém, prazos mais reduzidos. O Código Civil contempla duas modalidades de usucapião de bens móveis, a seguir apresentadas com os respectivos requisitos:

Usucapião extraordinária (art. 1.261, CC)	Usucapião ordinária (art. 1.260, CC)
Posse mansa e pacífica	Posse mansa e pacífica
Animus domini	*Animus domini*
Prazo: cinco anos	Justo título
	Boa-fé
	Prazo: três anos

De acordo com o art. 1.262 do CC, à usucapião de bens móveis deve-se aplicar o disposto nos arts. 1.243 e 1.244 do mesmo Código. Desse modo, admite-se o somatório das posses para fins de usucapião de bens móveis e também a aplicação das causas impeditivas, suspensivas e interruptivas do curso do prazo prescricional.

2. DA OCUPAÇÃO

A ocupação decorre simplesmente do assenhoramento da coisa de ninguém (*res nullius*) ou da coisa abandonada (*res derelicta*). Nessa senda, o art. 1.263 do CC preceitua: "Quem se assenhorear de coisa sem dono para logo lhe adquire a propriedade, não sendo essa ocupação defesa por lei".

3. DO ACHADO DE TESOURO (ARTS. 1.264 A 1.266, CC)

O tesouro surge do depósito antigo e oculto de objetos preciosos, cujo dono não haja memória. O tesouro, se encontrado, pertencerá:

- Se encontrado em terreno alheio: ao dono do terreno e quem o encontrou.

- Se encontrado em terreno próprio: ao do dono do terreno.

- Se encontrado em terreno objeto de enfiteuse: o tesouro será dividido por igual entre o descobridor e o enfiteuta, ou será deste por inteiro quando ele mesmo seja o descobridor.

4. TRADIÇÃO (ARTS. 1.267 E 1.268, CC)

A tradição se traduz na entrega da coisa móvel, podendo ser real, simbólica ou ficta.

a) real ou efetiva: se traduz na entrega material da coisa;

b) simbólica: decorre de ato representativo da entrega da coisa (ex.: entrega da chave do automóvel);

c) ficta: decorre da vontade das partes, sem modificação no mundo dos fatos. Ocorre no constituto possessório e na *traditio brevi manu*. Por constituto possessório deve-se entender pela inversão no título da posse, ou seja, é a hipótese em se possuía sob um título e passa-se a possuir sob outro título (ex.: pessoa que é proprietária do bem, posteriormente, aliena-o e o aluga, permanecendo, em sua posse). Na *traditio brevi manu* acontece o contrário. Aquele que detinha a posse direta adquire a sua propriedade, sem que para tanto ocorra a tradição material da coisa já que esta já se encontra em poder do adquirente.

De acordo com o art. 1.268 do CC, feita a tradição por quem não seja proprietário, essa não aliena a propriedade, exceto se a coisa, oferecida ao público, em leilão ou estabelecimento comercial, for transferida em circunstâncias tais que, ao adquirente de boa-fé, como a qualquer pessoa, o alienante se afigurar dono.

Nesse caso, ocorrendo por parte do alienante a aquisição superveniente da propriedade, de acordo com o § 1º do art. 1.268, em estando o adquirente de boa-fé considera-se realizada a transferência desde o momento em que ocorreu a tradição.

Por fim, a tradição não terá o condão de transferir a propriedade quando o título que lhe subjaz for considerado nulo.

5. ESPECIFICAÇÃO (ARTS. 1.269 A 1.271, CC)

Decorre da transformação de matéria-prima em espécie nova em razão de um trabalho humano, sendo impossível o retorno ao estado primitivo. Como exemplos podem ser mencionadas a pintura em relação à tela e a estátua em relação à pedra.

Problema surge quando a matéria-prima pertencer parcialmente a outrem. Nesse caso, a nova espécie pertencerá a quem a produziu, se não se puder restituir à forma anterior. Caso toda a matéria-prima seja alheia, não se podendo retornar à forma anterior, e o especificador tenha agido de boa-fé, pertencerá a ele a nova espécie. Todavia, se o especificador tiver agido de má-fé, a nova espécie pertencerá ao dono da matéria-prima.

Importante lembrar, entretanto, que, em qualquer caso, inclusive o da pintura em relação à tela, da escultura, escritura e outro qualquer trabalho gráfico em relação à matéria-prima, a espécie nova será do especificador, se o seu valor exceder consideravelmente o da matéria-prima.

É evidente que, em todas as hipóteses retro mencionadas, a parte prejudica merecerá a devida indenização, exceto em relação ao especificador de má-fé.

6. CONFUSÃO/COMISTÃO/ADJUNÇÃO (ARTS. 1.272 A 1.274, CC)

A confusão decorre da mistura de líquidos; comistão decorre da mistura de coisas secas e sólidas; e a adjunção decorre da justaposição de uma coisa à outra, por exemplo, um anel de brilhantes.

Não se pode confundir a confusão, a comistão e a adjunção com a especificação, pois nessa surge nova espécie.

De acordo com o Código Civil, se as coisas pertencentes a diversos donos, forem confundidas, misturadas ou adjuntadas sem o consentimento deles, continuarão a pertencer-lhes, sendo possível separá-las sem deterioração. Não sendo possível a separação das coisas, ou exigindo dispêndio excessivo, subsiste indiviso o todo, cabendo a cada um dos donos quinhão proporcional ao valor da coisa com que entrou para a mistura ou agregado. Além disso, se uma das coisas puder considerar-se principal, o dono sê-lo-á do todo, indenizando os outros.

Caso haja o emprego de má-fé, à outra parte caberá escolher entre adquirir a propriedade do todo, pagando o que não for seu, abatida a indenização que lhe for devida, ou renunciar ao que lhe pertencer, caso em que será indenizado.

Ainda que a confusão, a comistão e a adjunção resultem em espécie nova, deverão mesmo assim ser aplicadas as regras anteriormente mencionadas, conforme art. 1.274 do CC.

7. PERDA DA PROPRIEDADE

O art. 1.275 do CC apresenta, exemplificativamente, as hipóteses de perda da propriedade imóvel e móvel. São elas: alienação, renúncia, abandono, perecimento da coisa e desapropriação.

- **Alienação:** ocorre quando o proprietário transfere a propriedade a alguém, por meio de um negócio jurídico que poderá ser gratuito (por exemplo, a doação) ou oneroso (ex.: compra e venda, dação em pagamento, permuta). Em se tratando de bem imóvel, exige-se o registro.

- **Renúncia:** é ato unilateral pelo qual o proprietário abdica, despoja-se da coisa de forma expressa. Em se tratando de bem imóvel, exige-se o registro.

- **Abandono ou derrelição:** é ato unilateral pelo qual o proprietário abdica da coisa, sem ser expressamente. Para que se configure é imprescindível o *animus dereliquendi*, isto é, a intenção de abandonar a coisa. Isso porque releva notar que o simples não uso da coisa não induz ao abandono e, por conseguinte, a sua perda. O imóvel urbano que o proprietário abandonar, com a intenção de não mais o conservar em seu patrimônio, e que se não encontrar na posse de outrem, poderá ser arrecadado, como bem vago, e passar, três anos depois, à propriedade do Município ou à do Distrito Federal, se se achar nas respectivas circunscrições (art. 1.276, CC). O imóvel situado em zona rural, nas mesmas circunstâncias, passará à propriedade da União.

- **Perecimento da coisa:** decorre da perda involuntária do objeto. Em verdade, há perda de propriedade em virtude da regra de que não há direito sem objeto.

- **Desapropriação:** ocorre quando o proprietário se vê obrigado a transmitir a coisa ao Poder Público expropriante, em razão de ato administrativo formal resultante da intervenção estatal na propriedade privada.

EM RESUMO:

Da usucapião de bens móveis	a) **Usucapião extraordinária** (art. 1.261, CC): posse mansa e pacífica; *animus domini*; decurso do prazo de 05 anos. b) **Usucapião ordinária** (art. 1.260, CC): posse mansa e pacífica; *animus domini*; justo título; boa-fé; decurso do prazo de 03 anos.

Da ocupação	Decorre simplesmente do assenhoramento da coisa de ninguém (*res nullius*) ou da coisa abandonada (*res derelicta*). Art. 1.263 do CC: "Quem se assenhorear de coisa sem dono para logo lhe adquire a propriedade, não sendo essa ocupação defesa por lei".
Do achado de tesouro (arts. 1.264/1.266, CC)	O tesouro surge do depósito antigo e oculto de objetos preciosos, cujo dono não haja memória. • Se encontrado em terreno alheio: pertencerá ao dono do terreno e a quem o encontrou. • Se encontrado em terreno próprio: pertencerá ao do dono do terreno. • Se encontrado em terreno objeto de enfiteuse: o tesouro será dividido por igual entre o descobridor e o enfiteuta, ou será deste por inteiro quando ele mesmo seja o descobridor.
Tradição (arts. 1.267/1.268, CC)	Consiste na entrega da coisa móvel, podendo ser: a) **real** ou **efetiva**: se traduz na entrega material da coisa; b) **simbólica**: decorre de ato representativo da entrega da coisa (ex.: entrega da chave do automóvel); c) **ficta**: decorre da vontade das partes, sem modificação no mundo dos fatos, podendo ocorrer por: • constituto possessório: há inversão no título da posse, ou seja, é a hipótese em se possuía sob um título e passa-se a possuir sob outro título; • *traditio brevi manu*: aquele que detinha a posse direta adquire a sua propriedade, sem que para tanto ocorra a tradição material da coisa, vez que esta já se encontra em poder do adquirente.
Especificação (arts. 1.269/1.271, CC)	Decorre da transformação de matéria-prima em espécie nova em razão de um trabalho humano, sendo impossível o retorno ao estado primitivo. Se a matéria-prima pertencer parcialmente a outrem: a nova espécie pertencerá a quem a produziu, se não se puder restituir à forma anterior. Se toda a matéria-prima for alheia e não for possível retornar à forma anterior: • se o especificador tiver agido de boa-fé: pertencerá a ele a nova espécie; • se o especificador tiver agido de má-fé: a nova espécie pertencerá ao dono da matéria-prima.

Especificação (arts. 1.269/1.271, CC)	Em qualquer caso, inclusive o da pintura em relação à tela, da escultura, escritura e outro qualquer trabalho gráfico em relação à matéria-prima, a espécie nova será do especificador, se o seu valor exceder consideravelmente o da matéria-prima. Em todas as hipóteses, a parte prejudicada merecerá a devida indenização, exceto em relação ao especificador de má-fé.
Confusão/ comistão/ adjunção (arts. 1.272/1.274, CC)	**Confusão**: decorre da mistura de líquidos. **Comistão**: decorre da mistura de coisas secas e sólidas. **Adjunção**: decorre da justaposição de uma coisa à outra.
Perda da propriedade	**Alienação**: ocorre quando o proprietário transfere a propriedade a alguém, por meio de um negócio jurídico, gratuito ou oneroso. **Renúncia**: é ato unilateral pelo qual o proprietário abdica, despoja-se da coisa de forma expressa. **Abandono ou derrelição**: é ato unilateral pelo qual o proprietário abdica da coisa, sem ser expressamente, sendo imprescindível o *animus dereliquendi*, isto é, a intenção de abandonar a coisa. **Perecimento da coisa**: decorre da perda involuntária do objeto. **Desapropriação**: ocorre quando o proprietário se vê obrigado a transmitir a coisa ao Poder Público expropriante, em razão de ato administrativo formal resultante da intervenção estatal na propriedade privada.

Capítulo 36

Dos Direitos e Vizinhança

1. NOTAS INTRODUTÓRIAS

Os direitos de vizinhança surgiram almejando equalizar os diversos interesses de pessoas que são vizinhas no exercício do direito de propriedade, e seus ditames legais irão impor restrições que permitirão viabilizar o convívio social. Abarcam o uso anormal da propriedade, as árvores limítrofes, a passagem forçada, a passagem de cabos e tubulações, as águas, os limites entre prédios, o direito de tapagem e o direito de construir.

Os direitos de vizinhança são também denominados de servidão legal, opondo-se às servidões propriamente ditas que decorrem da vontade das partes. Já a natureza jurídica das obrigações decorrentes dos direitos de vizinhança esquadrinha-se como obrigação *propter rem*, na medida em que existem em razão da coisa, sendo, pois, transmitidas ao adquirente da propriedade.

2. DO USO ANORMAL DA PROPRIEDADE

Quando se fala do uso anormal da propriedade deve-se atentar para o comportamento que atinja a segurança, o sossego e a saúde da vizinhança, conforme preceitua o art. 1.277 do CC.

Importante saber que será considerada propriedade vizinha não apenas aquela que faça divisa com o imóvel, mas qualquer propriedade cuja realidade alcance, imiscua ou interfira em outra.

A segurança que se protege é tanto a pessoal quanto a patrimonial. Já o sossego associa-se à ideia de repouso e descanso, e no que diz respeito a saúde, almeja-se evitar o surgimento de doenças.

Em todos os casos mencionados anteriormente o proprietário ou o possuidor poderão se valer do Poder Judiciário para resguardo de sua segurança, sossego e saúde. Poderá o prejudicado, a depender do caso, lançar mão da ação de obrigação de fazer ou não fazer, que fixe multa diária em caso de comportamento insubordinado do vizinho; ação de *dano infecto*, diante do receio que o vizinho apresenta de ser prejudicado com o prédio vizinho apresentado, pois, nítido caráter preventivo (art. 1.280, CC); a ação de reparação de danos pleiteando-se a devida reparação civil presentes os contornos apresentados pelo art. 187 do CC; ação demolitória que objetiva demolir uma obra já construída; e a ação de nunciação de obra nova, objetivando embargar o prosseguimento de uma obra. Além disso, por evidente, o Código Civil em seu art. 1.281 ainda preceitua que: "O proprietário ou o possuidor de um prédio, em que alguém tenha direito de fazer obras, pode, no caso de dano iminente, exigir do autor delas as necessárias garantias contra o prejuízo eventual".

Vários critérios são considerados pela jurisprudência para se aferir se o uso da propriedade se manifesta de forma anormal. Dentre outros, podem-se citar: o grau de tolerância, a possibilidade de diminuição do dano, a natureza do incômodo, os usos e costumes locais, os interesses sociais envolvidos na questão e a pré-ocupação, de modo que, por esse último critério, aquele que primeiro ocupou a área teria prioridade em sua destinação.

Atente-se, ainda, para o Enunciado nº 319, aprovado na IV Jornada de Direito Civil, que apresenta o seguinte teor: "A condução e a solução das causas envolvendo conflitos de vizinhança devem guardar estreita sintonia com os princípios constitucionais da intimidade, da inviolabilidade da vida privada e da proteção ao meio ambiente".

Não se pode esquecer, entretanto, de que, ainda que por decisão judicial devam ser toleradas as interferências, poderá o vizinho exigir a sua redução, ou eliminação, quando estas se tornarem possíveis (art. 1.279, CC).

O Código Civil de 2002, pautado em uma de suas diretrizes – a socialidade –, estampa a possibilidade de afastar o pleito individual em benefício dos interesses sociais que devem ser protegidos em determinado caso concreto. Assim, a título de exemplo, pode ser mencionada a fábrica que cria centenas de empregos e incorre em elevada contribuição tributária e cuja vizinhança requer o cancelamento de suas atividades. Nesse caso, de acordo com o art. 1.278 do CC, uma vez que a interferência se justifica pelo interesse público envolvido, a sua atividade não poderá ser cessada, todavia, resguarda-se ao vizinho prejudicado o pleito de indenização cabal.

Problema surge quando da superveniência de um dano anormal à vizinhança que não encontre respaldo social ou público para a sua ocorrência. Nesse caso, retorna-se à regra geral do art. 1.277 do CC. Com isso, a autorização obtida na seara administrativa não poderá ter o condão de elidir o princípio da inafastabilidade da jurisdição previsto no art. 5º, XXXV, CF/88.

3. ÁRVORES LIMÍTROFES

Por árvores limítrofes deve-se entender como aquelas que nascem sobre a linha divisória entre dois terrenos. Tal árvore, por presunção legal (Art. 1.282), pertencerá em comum aos donos dos prédios confinantes, ainda que seus galhos tenham se projetado mais para um lado. Impõe-se, portanto, um condomínio legal necessário.

De acordo com o art. 1.283 do CC, as raízes e os ramos de árvore que ultrapassarem a estrema do prédio poderão ser cortados, até o plano vertical divisório, pelo proprietário do terreno invadido, sendo que o artigo prescinde de autorização judicial para tanto. Evidentemente, a função socioambiental da propriedade repudiará o ato que venha a comprometer a vida da árvore limítrofe.

No que tange aos frutos caídos, esses pertencerão ao dono do solo onde caíram, conforme art. 1.284 do CC. Entretanto, os frutos pendentes pertencem ao dono da árvore, não podendo o vizinho pretender colhê-los nessa condição.

4. DA PASSAGEM FORÇADA

A passagem forçada se configura em direito atribuído aos proprietários ou possuidores de imóveis encravados, ou seja, aquele que não apresente acesso à via pública, nascente ou porto.

Desse modo, o sujeito privado de tal acesso no uso do imóvel poderá, mediante pagamento de indenização cabal, constranger o vizinho a lhe dar passagem, cujo rumo será judicialmente fixado, se necessário. É importante notar que tal direito somente existirá se o encravamento for natural, isto é, não provocado pelo sujeito que o pleiteia.

Por evidente, sofrerá o constrangimento o vizinho cujo imóvel mais natural e facilmente se prestar à passagem. Além disso, os arts. 1.285, § 1º e § 2º esclarecem que se ocorrer alienação parcial do prédio, de modo que uma das partes perca o acesso a via pública, nascente ou porto, o proprietário da outra deve tolerar a passagem.

5. PASSAGEM DE CABOS E TUBULAÇÕES

No que diz respeito à passagem de cabos e tubulações, preceitua o Código Civil, em seus arts. 1.286 e 1.287, que o proprietário é obrigado a tolerar a passagem, através de seu imóvel, de cabos, tubulações e outros condutos subterrâneos de serviços de utilidade pública, em proveito de proprietários vizinhos, quando de outro modo for impossível ou excessivamente onerosa. Tudo isso ocorrerá que mediante recebimento de indenização que atenda, também, à desvalorização da área remanescente.

Além disso, se as instalações oferecerem grave risco, será facultado ao proprietário do prédio onerado exigir a realização de obras de segurança.

6. ÁGUAS

Por prédio superior deve-se entender de onde a água vem; por prédio inferior, para onde a água vai. Nesse mote, o art. 1.288 do CC estabelece:

> O dono ou o possuidor do prédio inferior é obrigado a receber as águas que correm naturalmente do superior, não podendo realizar obras que embaracem

o seu fluxo; porém a condição natural e anterior do prédio inferior não pode ser agravada por obras feitas pelo dono ou possuidor do prédio superior.

A razão que fundamenta o dispositivo é óbvia, já que o que vem de cima deve, por força natural, necessariamente descer. Além disso, com base no princípio da menor onerosidade, a condição do prédio inferior não pode ser agravada. Por tratar-se de imposição legal em desfavor do prédio inferior, o seu proprietário não merecerá nenhum tipo de indenização para tanto.

Em se tratando de escoamento artificial das águas do prédio superior para o inferior, o art. 1.289 do CC estabelece que poderá o dono do prédio inferior reclamar que se desviem, ou se lhe indenize o prejuízo que sofrer.

Já de acordo com o art. 1.290 do CC, como o curso das águas de um prédio para o outro apresenta finalidade social, o proprietário da nascente não poderá impedir o destino das águas para os prédios inferiores. É com esse mesmo sentido que o art. 94 do Código das Águas impõe que: "O proprietário de um nascente não pode desviar-lhe o curso quando da mesma se abasteça uma população".

O art. 1.291 do CC, que recebe duras e necessárias críticas doutrinárias, estabelece que: "O possuidor do imóvel superior não poderá poluir as águas indispensáveis às primeiras necessidades da vida dos possuidores dos imóveis inferiores; **as demais, que poluir, deverá recuperar, ressarcindo os danos que estes sofrerem, se não for possível a recuperação ou o desvio do curso artificial das águas**" (grifamos).

O trecho do dispositivo ao qual grifamos admite expressamente a possibilidade de poluição das águas que não forem indispensáveis às primeiras necessidades da vida dos possuidores. O trecho da lei causa pasmo diante do atual repúdio que prevalece atualmente a água de qualquer natureza, ainda que não essencial, tendo em vista a preocupação constitucional com o meio ambiente (art. 225 da CF/88). Nesse contexto foi aprovado o Enunciado nº 244 do CJF com o seguinte teor: "O CC 1.291 deve ser interpretado conforme a CF, não sendo facultada a poluição das águas, quer sejam essenciais ou não às primeiras necessidades da vida".

Pelo que preleciona o art. 1.292 do CC, "O proprietário tem direito de construir barragens, açudes, ou outras obras para represamento de água em seu prédio; se as águas represadas invadirem prédio alheio, será o seu proprietário indenizado pelo dano sofrido, deduzido o valor do benefício obtido".

Além disso, o direito à construção de aqueduto é prevista no art. 1.293 do CC, que permite a quem quer que seja, mediante prévia indenização aos proprietários prejudicados, construir canais, através de prédios alheios, para receber as águas a que tenha direito, indispensáveis às primeiras necessidades da vida, e, desde que não cause prejuízo considerável à agricultura e à indústria (Enunciado nº 598, CJF), bem como para o escoamento de águas supérfluas ou acumuladas, ou a drenagem de terrenos.

Em proteção ao proprietário eventualmente prejudicado com a construção do aqueduto, são estabelecidas duas regras:

- o proprietário prejudicado terá direito a ressarcimento pelos danos que de futuro lhe advenham da infiltração ou irrupção das águas, bem como da deterioração das obras destinadas a canalizá-las;

- o proprietário prejudicado poderá exigir que seja subterrânea a canalização que atravessa áreas edificadas, pátios, hortas, jardins ou quintais.

Não há óbice ao proprietário do imóvel que suporta o aqueduto de construir sobre ele, podendo usar de suas águas para as primeiras necessidades da vida. É o que preceitua o art. 1.295 do CC.

Por fim, o art. 1.296 do CC admite que, havendo no aqueduto águas supérfluas, outros poderão canalizá-las, para os fins previstos no art. 1.293, mediante pagamento de indenização aos proprietários prejudicados e ao dono do aqueduto, de importância equivalente às despesas que então seriam necessárias para a condução das águas até o ponto de derivação.

7. DOS LIMITES ENTRE PRÉDIOS E DO DIREITO DE TAPAGEM

Almejando segurança, privacidade ou proteção ao seu interesse pessoal, a lei assegura ao proprietário o direito de extremar o seu imóvel promovendo-lhe a devida individualização fática. Tal direito será exercitado na medida em que o proprietário cerca, mura ou promove de alguma maneira a tapagem de seu prédio, seja ele urbano ou rural. Além disso, o proprietário pode constranger o seu confinante a proceder com ele à demarcação entre os dois prédios, a aviventar rumos apagados e a renovar marcos destruídos ou arruinados, repartindo-se proporcionalmente entre os interessados as respectivas despesas. Caso haja a recusa de seu confinante nesse sentido, deve o proprietário lançar mão da ação demarcatória.

Os tapumes poderão se manifestar de diversas formas e, em qualquer modalidade, presume-se pertencerem a ambos os proprietarios confinantes sendo estes obrigados, de conformidade com os costumes da localidade, a concorrer, em partes iguais, para as despesas de sua construção e conservação. É evidente que a presunção de condomínio necessário apresentada se manifesta de forma relativa, possibilitando a prova em sentido contrário.

De acordo com a lei, as sebes vivas, as árvores, ou plantas quaisquer, que servem de marco divisório, só podem ser cortadas, ou arrancadas, de comum acordo entre proprietários.

Ainda nesse contexto, admite-se a construção de tapumes especiais para impedir a passagem de animais de pequeno porte, ou para outro fim, pode ser exigida de quem provocou a necessidade deles, pelo proprietário, que não está obrigado a concorrer para as despesas.

Por fim, sendo confusos os limites, em falta de outro meio, se determinarão de conformidade com a posse justa; e, não se achando ela provada, o terreno contestado se dividirá por partes iguais entre os prédios, ou, não sendo possível a divisão cômoda, se adjudicará a um deles, mediante indenização ao outro, é o que dispõe o art. 1.297 do CC.

8. DO DIREITO DE CONSTRUIR

O direito de construir é conferido de forma ampla a medida em que o proprietário pode levantar em seu terreno as construções que lhe aprouver, salvo o direito dos vizinhos e os regulamentos administrativos (art. 1.299, CC). Quando se menciona o direito dos vizinhos, atenta-se para o art. 1.277 do CC, que protege a segurança, o sossego e a saúde da vizinhança. Algumas regras e restrição afetas ao direito de construir devem ser elencadas: Quanto às medidas:

- na zona urbana, é defeso abrir janelas, ou fazer eirado, terraço ou varanda, a menos de metro e meio do terreno vizinho (art. 1.301, CC);

- na zona rural, não será permitido levantar edificações a menos de três metros do terreno vizinho (art. 1.301, CC).

A Súmula nº 120 do STF relativiza o dispositivo acima mencionado, com a seguinte redação: "Parede de tijolos de vidro translúcido pode ser levantada menos de metro e meio do prédio vizinho, não importando servidão sobre ele".

A edificação não permitida que tenha sido realizada poderá ser demolida. Para tanto deverá ser ajuizada a ação demolitória no prazo decadencial de um ano e dia, a contar da conclusão da obra, conforme art. 1.302 do CC.

Além disso:

- as janelas cuja visão não incida sobre a linha divisória, bem como as perpendiculares, não poderão ser abertas a menos de setenta e cinco centímetros.

Quanto ao despejo de águas:

- o proprietário construirá de maneira que o seu prédio não despeje águas, diretamente, sobre o prédio vizinho (art. 1.300, CC).

Quanto à possibilidade de madeiramento na parede divisória:

- nas cidades, vilas e povoados cuja edificação estiver adstrita a alinhamento, o dono de um terreno pode nele edificar, madeirando na parede divisória do prédio contíguo, se ela suportar a nova construção; mas terá de embolsar ao vizinho metade do valor da parede e do chão correspondentes (art. 1.304, CC).

Quanto à possibilidade de inserir traves ou vigas:

- o confinante que primeiro construir pode assentar a parede divisória até meia espessura no terreno contíguo, sem perder por isso o direito a haver meio valor dela se o vizinho a travejar, caso em que o primeiro fixará a largura e a profundidade do alicerce (art. 1.305, CC);

* se a parede divisória pertencer a um dos vizinhos, e não tiver capacidade para ser travejada pelo outro, não poderá este fazer-lhe alicerce ao pé sem prestar caução àquele, pelo risco a que expõe a construção anterior (art. 1.305, parágrafo único, CC).

Quanto à parede-meia:

* o condômino da parede-meia pode utilizá-la até ao meio da espessura, não pondo em risco a segurança ou a separação dos dois prédios, e avisando previamente o outro condômino das obras que ali tenciona fazer; não pode sem consentimento do outro, fazer, na parede-meia, armários, ou obras semelhantes, correspondendo a outras, da mesma natureza, já feitas do lado oposto (art. 1.306, CC);

* qualquer dos confinantes pode altear a parede divisória, se necessário reconstruindo-a, para suportar o alteamento; arcará com todas as despesas, inclusive de conservação, ou com metade, se o vizinho adquirir meação também na parte aumentada (art. 1.306, CC);

* não é lícito encostar à parede divisória chaminés, fogões, fornos ou quaisquer aparelhos ou depósitos suscetíveis de produzir infiltrações ou interferências prejudiciais ao vizinho (art. 1.308, CC). Essa disposição não abrange as chaminés ordinárias e os fogões de cozinha.

Quanto às águas:

* são proibidas construções capazes de poluir, ou inutilizar, para uso ordinário, a água do poço, ou nascente alheia, a elas preexistentes (art. 1.309, CC);

* não é permitido fazer escavações ou quaisquer obras que tirem ao poço ou à nascente de outrem a água indispensável às suas necessidades normais (art. 1.310, CC).

Quanto às construções que impliquem risco:

* não é permitida a execução de qualquer obra ou serviço suscetível de provocar desmoronamento ou deslocação de terra, ou que comprometa a segurança do prédio vizinho, senão após haverem sido feitas as obras acautelatórias (art. 1.311, CC). O proprietário do prédio vizinho tem direito a ressarcimento pelos prejuízos que sofrer, não obstante haverem sido realizadas as obras acautelatórias.

Importante lembrar que o Código Civil em seu art. 1.312 estabelece que todo aquele que violar as proibições estabelecidas anteriormente é obrigado a demolir as construções feitas, respondendo por perdas e danos.

Hipóteses em que o proprietário ou ocupante do imóvel é obrigado a tolerar que o vizinho entre no prédio, mediante prévio aviso (art. 1.313, CC):

* para dele temporariamente usar, quando indispensável à reparação, construção, reconstrução ou limpeza de sua casa ou do muro divisório;

- para apoderar-se de coisas suas, inclusive animais que aí se encontrem casualmente. Vale lembrar que, uma vez entregues as coisas buscadas pelo vizinho, poderá ser impedida a sua entrada no imóvel.

Em qualquer uma dessas hipóteses, se do exercício do direito assegurado anteriormente provier dano, terá o prejudicado direito a ressarcimento.

EM RESUMO:

Notas introdutórias	Direitos de vizinhança abarcam o uso anormal da propriedade, as árvores limítrofes, a passagem forçada, a passagem de cabos e tubulações, as águas, os limites entre prédios, o direito de tapagem e o direito de construir.
	Natureza jurídica das obrigações decorrentes dos direitos de vizinhança: obrigações *propter rem*, sendo transmitidas ao adquirente da propriedade.
Do uso anormal da propriedade	**Conceito**: é o comportamento que atinge a segurança, o sossego e a saúde da vizinhança (art. 1.277, CC).
	Critérios aferir o uso anormal da propriedade: o grau de tolerância, a possibilidade de diminuição do dano, a natureza do incômodo, os usos e costumes locais, os interesses sociais envolvidos na questão e a pré-ocupação (aquele que primeiro ocupou a área teria prioridade em sua destinação).
Árvores limítrofes	**Conceito**: são aquelas que nascem sobre a linha divisória entre dois terrenos.
	Condomínio legal necessário: a árvore limítrofe, por presunção legal (art. 1.282), pertencerá em comum aos donos dos prédios confinantes, ainda que seus galhos tenham se projetado mais para um lado.
	Os **frutos caídos** pertencem ao dono do solo onde caíram (art. 1.284, CC). Entretanto, os **frutos pendentes** pertencem ao dono da árvore, não podendo o vizinho pretender colhê-los nessa condição.
Da passagem forçada	**Conceito**: trata-se de direito atribuído aos proprietários ou possuidores de imóveis encravados (que não apresentem acesso à via pública, nascente ou porto).
	O sujeito privado de tal acesso (se o encravamento for natural, isto é, não provocado pelo sujeito que o pleiteia) no uso do imóvel poderá, **mediante pagamento de indenização cabal**, constranger o vizinho a lhe dar passagem, cujo rumo será judicialmente fixado, se necessário. Sofrerá o constrangimento o vizinho cujo imóvel mais natural e facilmente se prestar à passagem.
	Se ocorrer **alienação parcial** do prédio, de modo que uma das partes perca o acesso a via pública, nascente ou porto, o proprietário da outra deve tolerar a passagem (art. 1.285, §§ 1º e 2º).

Passagem de cabos e tubulações	O proprietário é obrigado a tolerar a passagem, através de seu imóvel, de cabos, tubulações e outros condutos subterrâneos de serviços de utilidade pública, em proveito de proprietários vizinhos, quando de outro modo for impossível ou excessivamente onerosa (arts. 1.286 e 1.287). Isso ocorre mediante o recebimento de **indenização**.
	Se as instalações oferecerem grave risco, será facultado ao proprietário do prédio onerado exigir a realização de obras de segurança.
Águas	O dono ou o possuidor do prédio inferior (para onde a água vai) é obrigado a receber as águas que correm naturalmente do superior (de onde a água vem), não podendo realizar obras que embaracem o seu fluxo; porém a condição natural e anterior do prédio inferior não pode ser agravada por obras feitas pelo dono ou possuidor do prédio superior (art. 1.288).
	Em se tratando de escoamento artificial das águas do prédio superior para o inferior, poderá o dono do prédio inferior reclamar que se desviem, ou se lhe indenize o prejuízo que sofrer (art. 1.289).
	Como o curso das águas de um prédio para o outro apresenta finalidade social, o proprietário da nascente não pode impedir o destino das águas para os prédios inferiores (art. 1.290).
	Embora o art. 1.291 admita expressamente a possibilidade de poluição das águas que não forem indispensáveis às primeiras necessidades da vida dos possuidores, o enunciado nº 244 do CJF expõe que tal dispositivo deve ser interpretado conforme a CF, não sendo facultada a poluição das águas, quer sejam essenciais ou não às primeiras necessidades da vida.
	O proprietário tem direito de construir barragens, açudes, ou outras obras para represamento de água em seu prédio; se as águas represadas invadirem prédio alheio, será o seu proprietário indenizado pelo dano sofrido, deduzido o valor do benefício obtido (art. 1.292).
Dos limites entre prédios e do direito de tapagem	A lei assegura ao proprietário o direito de extremar o seu imóvel promovendo-lhe a devida individualização fática. Tal direito será exercido das seguintes formas:
	• o proprietário pode cercar, murar ou promover de alguma maneira a tapagem de seu prédio, seja ele urbano ou rural;
	• o proprietário pode constranger o seu confinante a proceder com ele à demarcação entre os dois prédios, a aviventar rumos apagados e a renovar marcos destruídos ou arruinados, repartindo-se proporcionalmente entre os interessados as respectivas despesas. Em caso de recusa de seu confinante, deve o proprietário lançar mão da ação demarcatória;

Dos limites entre prédios e do direito de tapagem	• as sebes vivas, as árvores, ou plantas quaisquer, que servem de marco divisório, só podem ser cortadas, ou arrancadas, de comum acordo entre proprietários; • admite-se a construção de tapumes especiais para impedir a passagem de animais de pequeno porte, ou para outro fim; • sendo confusos os limites, em falta de outro meio, se determinarão de conformidade com a posse justa; e, não se achando ela provada, o terreno contestado se dividirá por partes iguais entre os prédios, ou, não sendo possível a divisão cômoda, se adjudicará a um deles, mediante indenização ao outro.

Do direito de construir	**Regra**: o direito de construir é conferido de forma ampla.
	
	Restrições:
	
	a) **Quanto às medidas**:
	  • na zona urbana, é defeso abrir janelas, ou fazer eirado, terraço ou varanda, a menos de metro e meio do terreno vizinho (art. 1.301, CC);
	  • na zona rural, não será permitido levantar edificações a menos de três metros do terreno vizinho (art. 1.301, CC);
	  • as janelas cuja visão não incida sobre a linha divisória, bem como as perpendiculares, não poderão ser abertas a menos de setenta e cinco centímetros.
	
	b) **Quanto ao despejo de águas**:
	  • o proprietário construirá de maneira que o seu prédio não despeje águas, diretamente, sobre o prédio vizinho (art. 1.300, CC).
	
	c) **Quanto à possibilidade de madeiramento na parede divisória**:
	  • nas cidades, vilas e povoados cuja edificação estiver adstrita a alinhamento, o dono de um terreno pode nele edificar, madeirando na parede divisória do prédio contíguo, se ela suportar a nova construção; mas terá de embolsar ao vizinho metade do valor da parede e do chão correspondentes (art. 1.304, CC).
	
	d) **Quanto à possibilidade de inserir traves ou vigas**:
	  • o confinante que primeiro construir pode assentar a parede divisória até meia espessura no terreno contíguo, sem perder por isso o direito a haver meio valor dela se o vizinho a travejar, caso em que o primeiro fixará a largura e a profundidade do alicerce (art. 1.305, CC);
	  • se a parede divisória pertencer a um dos vizinhos, e não tiver capacidade para ser travejada pelo outro, não poderá este fazer-lhe alicerce ao pé sem prestar caução àquele, pelo risco a que expõe a construção anterior (art. 1.305, parágrafo único, CC).

e) **Quanto à parede-meia**:

- o condômino da parede-meia pode utilizá-la até ao meio da espessura, não pondo em risco a segurança ou a separação dos dois prédios, e avisando previamente o outro condômino das obras que ali tenciona fazer; não pode sem consentimento do outro, fazer, na parede-meia, armários, ou obras semelhantes, correspondendo a outras, da mesma natureza, já feitas do lado oposto (art. 1.306, CC);

- qualquer dos confinantes pode altear a parede divisória, se necessário reconstruindo-a, para suportar o alteamento; arcará com todas as despesas, inclusive de conservação, ou com metade, se o vizinho adquirir meação também na parte aumentada (art. 1.306, CC);

- não é lícito encostar à parede divisória chaminés, fogões, fornos ou quaisquer aparelhos ou depósitos suscetíveis de produzir infiltrações ou interferências prejudiciais ao vizinho (art. 1.308, CC). Essa disposição não abrange as chaminés ordinárias e os fogões de cozinha.

f) **Quanto às águas**:

Do direito de construir

- são proibidas construções capazes de poluir, ou inutilizar, para uso ordinário, a água do poço, ou nascente alheia, a elas preexistentes (art. 1.309, CC);

- não é permitido fazer escavações ou quaisquer obras que tirem ao poço ou à nascente de outrem a água indispensável às suas necessidades normais (art. 1.310, CC).

g) **Quanto às construções que impliquem risco**:

- não é permitida a execução de qualquer obra ou serviço suscetível de provocar desmoronamento ou deslocação de terra, ou que comprometa a segurança do prédio vizinho, senão após haverem sido feitas as obras acautelatórias (art. 1.311, CC). O proprietário do prédio vizinho tem direito a ressarcimento pelos prejuízos que sofrer, não obstante haverem sido realizadas as obras acautelatórias.

O proprietário ou ocupante do imóvel é obrigado a tolerar que o vizinho entre no prédio, mediante prévio aviso (art. 1.313, CC):

- para dele temporariamente usar, quando indispensável à reparação, construção, reconstrução ou limpeza de sua casa ou do muro divisório;

- para apoderar-se de coisas suas, inclusive animais que aí se encontrem casualmente.

Capítulo 37

Do Condomínio Geral

Excepcionalmente, é possível que a propriedade pertença simultaneamente a mais de uma pessoa, é o caso do condomínio ou compropriedade.

Não se pode confundir a comunhão com o condomínio, nada obstante muitos apresentem os termos como sinonímia. É que comunhão, em verdade, figura como gênero ao qual o condomínio é espécie. Quando se refere à comunhão atenta-se para qualquer relação jurídica que contemple uma pluralidade de sujeitos. Se a pluralidade subjetiva se voltar para a propriedade, dá-se o nome de condomínio.

1. CLASSIFICAÇÃO DE CONDOMÍNIO

Quanto à origem:

a) Voluntário ou convencional: é o condomínio que surge de um acordo de vontades entre os sujeitos. Por exemplo, quando vários sujeitos compram um imóvel. O contrato determinará a fração de cada um. Se o contrato for silente, presume-se que as frações são iguais.

b) Eventual, acidental ou incidente: é o condomínio que surge independente da vontade das partes. Por exemplo, em virtude de herança destinada a vários herdeiros.

c) Legal ou necessário: é o condomínio que decorre de imposição legal. Por exemplo: o condomínio de paredes, muros e cercas previsto no art. 1.327, CC.

Quanto ao seu objeto:

a) Universal: quando o condomínio abrange a totalidade de um patrimônio.

b) Particular: quando o condomínio diz respeito a determinada coisa.

Quanto à forma:

a) *Pro diviso*: a propriedade do bem está dividida no plano fático. Por exemplo, o condomínio edilício.

b) *Pro indiviso*: a propriedade do bem não se encontra dividida no plano fático, de modo que, cada proprietário possui apenas uma fração ideal.

Quanto à transitoriedade:

a) Transitório: é o condomínio que pode ser extinto a qualquer momento por vontade de qualquer condômino.

b) Permanente: é o condomínio que se manifesta de maneira perene que perdura enquanto persistir a situação que o originou, por exemplo, o condomínio decorrente de muros divisórios.

2. ESPÉCIES DE CONDOMÍNIO DISCIPLINADAS NO CÓDIGO CIVIL

O Código Civil apresenta as seguintes espécies de condomínio:

- condomínio geral, que regula o condomínio voluntário e o condomínio legal ou necessário;
- condomínio edilício ou em edificações.

3. DIREITOS E DEVERES DOS CONDÔMINOS (ARTS. 1.314 A 1.320, CC)

No que diz respeito aos direitos dos condôminos, cada um dos condôminos pode usar da coisa conforme sua destinação, sobre ela exercer todos os direitos compatíveis com a indivisão, reivindicá-la de terceiro, defender a sua posse e alhear a respectiva parte ideal, ou gravá-la. Nenhum dos condôminos pode alterar a destinação da coisa comum, nem dar posse, uso ou gozo dela a estranhos, sem o consenso dos outros.

O Código Civil apresenta, ainda, o direito à renúncia da parte ideal do condomínio, situação a qual exime o condômino do pagamento das despesas e dívidas. Se os demais condôminos assumem as despesas e as dívidas, a renúncia lhes aproveita, adquirindo a parte ideal de quem renunciou, na proporção dos pagamentos que fizerem. Se não há condômino que faça os pagamentos, a coisa comum será dividida.

Além disso, a todo tempo será lícito ao condômino exigir a divisão da coisa comum, respondendo o quinhão de cada um pela sua parte nas despesas da divisão. Se não houver acordo entre os condôminos pela divisão, caberá à parte interessada o manejo da ação de divisão. É possível, todavia, que os condôminos acordem que fique indivisa a coisa comum por prazo não maior de cinco anos, suscetível de prorrogação ulterior. Se a indivisão decorrer de doação ou testamento, tal estado não poderá ser superior a cinco anos. Por fim, é importante lembrar que, a requerimento de qualquer interessado e se graves razões o aconselharem, pode o juiz determinar a divisão da coisa comum antes do prazo.

Quanto aos deveres dos condôminos, cada um deles é obrigado, na proporção de sua parte, a concorrer para as despesas de conservação ou divisão da coisa, e a suportar os ônus a que estiver sujeita. As partes ideais dos condôminos são presumidas como iguais.

Quando a dívida houver sido contraída por todos os condôminos, sem se discriminar a parte de cada um na obrigação, nem se estipular solidariedade, entende-se que cada qual se obrigou proporcionalmente ao seu quinhão na coisa comum.

As dívidas contraídas por um dos condôminos em proveito da comunhão, e durante ela, obrigam o contratante; mas terá este ação regressiva contra os demais.

Quanto aos frutos e danos causados, cada condômino responde aos outros pelos frutos que percebeu da coisa e pelo dano que lhe causou.

4. DIVISÃO DO CONDOMÍNIO

O Código Civil estipula em seu art. 1.321 que, quanto à divisão do condomínio, aplicam-se, no que couber, as regras de partilha de herança (arts. 2.013 a 2.022).

Quando a coisa for indivisível e os consortes não quiserem adjudicá-la a um só, indenizando os outros, será vendida e repartido o apurado, preferindo-se, na venda, em condições iguais de oferta, o condômino ao estranho, e entre os condôminos aquele que tiver na coisa benfeitorias mais valiosas, e, não as havendo, o de quinhão maior, conforme art. 504, CC.

5. ADMINISTRAÇÃO DO CONDOMÍNIO (ARTS. 1.323 A 1.325, CC)

Deliberando a maioria sobre a administração da coisa comum, escolherá o administrador, que poderá ser estranho ao condomínio. Em caso de aluguel, terá preferência, em condições iguais, o condômino ao que não o é. E ainda o condômino que administrar sem oposição dos outros presume-se representante comum.

As deliberações serão obrigatórias, sendo tomadas por maioria absoluta. Não sendo possível alcançar maioria absoluta, decidirá o juiz, a requerimento de qualquer condômino, ouvidos os outros. Havendo dúvida quanto ao valor do quinhão, será este avaliado judicialmente.

EM RESUMO:

Classificação de condomínio	**Quanto à origem**: a) **voluntário ou convencional** (decorre de um acordo de vontades entre os sujeitos); b) **eventual, acidental ou incidente** (independe da vontade das partes); c) **legal ou necessário** (decorre de imposição legal). **Quanto ao seu objeto**: a) **universal** (abrange a totalidade de um patrimônio); b) **particular** (relativo à determinada coisa). **Quanto à forma**: a) *pro diviso* (a propriedade do bem está dividida no plano fático); b) *pro indiviso* (a propriedade do bem não se encontra dividida no plano fático, de modo que cada proprietário possui apenas uma fração ideal).

Classificação de condomínio	**Quanto à transitoriedade**: a) **transitório** (pode ser extinto a qualquer momento por vontade de qualquer condômino); b) **permanente** (manifesta-se de maneira perene, perdurando enquanto persistir a situação que o originou).
Espécies de condomínio disciplinadas no Código Civil	**Condomínio geral** (regula o condomínio voluntário e o condomínio legal ou necessário) e **condomínio edilício** (ou em edificações).
Direitos e deveres dos condôminos (arts. 1.314 a 1.320, CC)	**Direitos dos condôminos**: • cada um dos condôminos pode usar da coisa conforme sua destinação, sobre ela exercer todos os direitos compatíveis com a indivisão, reivindicá-la de terceiro, defender a sua posse e alhear a respectiva parte ideal, ou gravá-la; • direito à renúncia da parte ideal do condomínio, eximindo-se do pagamento das despesas e dívidas; • a todo tempo será lícito ao condômino exigir a divisão da coisa comum, respondendo o quinhão de cada um pela sua parte nas despesas da divisão. Se não houver acordo entre os condôminos pela divisão, caberá à parte interessada o manejo da ação de divisão. É possível, todavia, que os condôminos acordem que fique indivisa a coisa comum por prazo não maior de cinco anos, suscetível de prorrogação ulterior. Se a indivisão decorrer de doação ou testamento, tal estado não poderá ser superior a cinco anos. A requerimento de qualquer interessado e se graves razões o aconselharem, pode o juiz determinar a divisão da coisa comum antes do prazo. **Deveres dos condôminos**: • cada um deles é obrigado, na proporção de sua parte, a concorrer para as despesas de conservação ou divisão da coisa, e a suportar os ônus a que estiver sujeita. As partes ideais dos condôminos são presumidas como iguais; • quando a dívida houver sido contraída por todos os condôminos, sem se discriminar a parte de cada um na obrigação, nem se estipular solidariedade, entende-se que cada qual se obrigou proporcionalmente ao seu quinhão na coisa comum; • as dívidas contraídas por um dos condôminos em proveito da comunhão, e durante ela, obrigam o contratante; mas terá este ação regressiva contra os demais; • quanto aos frutos e danos causados, cada condômino responde aos outros pelos frutos que percebeu da coisa e pelo dano que lhe causou.

Divisão do condomínio	Aplicam-se, no que couber, as regras de partilha de herança (art. 1.321 c/c arts. 2.013 a 2.022). Quando a coisa for indivisível e os consortes não quiserem adjudicá-la a um só, indenizando os outros, será vendida e repartido o apurado, preferindo-se, na venda, em condições iguais de oferta, o condômino ao estranho, e entre os condôminos aquele que tiver na coisa benfeitorias mais valiosas, e, não as havendo, o de quinhão maior (art. 504, CC).
Administração do condomínio (arts. 1.323 a 1.325, CC)	A maioria escolhe o administrador, o qual poderá ser estranho ao condomínio. Em caso de aluguel, tem preferência, em condições iguais, o condômino ao que não o é. O condômino que administrar sem oposição dos outros presume-se representante comum. A maioria é calculada pelo valor dos quinhões. As deliberações são obrigatórias, sendo tomadas por maioria absoluta. Não sendo possível alcançar maioria absoluta, o juiz decidirá, a requerimento de qualquer condômino, ouvidos os outros.

Do Condomínio Edilício

Capítulo 38

1. INTRODUÇÃO

Como sinônimos de condomínio edilício podemos encontrar as seguintes denominações: condomínio em edifícios, condomínio em edificações ou condomínio horizontal. A razão dessa última denominação explica-se porque as unidades estão horizontalmente uma para as outras.

Em princípio, o regramento legal do condomínio edilício situava-se na Lei nº 4.591/64, arts. 1º ao 27. Nos demais artigos, a referida lei disciplinava as incorporações imobiliárias.

Com o advento do CC/2002, que regula inteiramente a matéria relativa aos condomínios edilícios, há a revogação da primeira parte da Lei nº 4.591/64, a qual se referia aos condomínios edilícios, permanecendo em vigor a parte referente às incorporações imobiliárias.

2. NATUREZA JURÍDICA DO CONDOMÍNIO EDILÍCIO

Existem diversas teorias tentando desvendar a natureza jurídica do condomínio edilício. Prevalece o entendimento de que se trata de um ente despersonalizado, isto é, desprovido de personalidade jurídica, apresentando, todavia, capacidade judiciária a qual lhe permite estar em juízo, ativa ou passivamente, sendo representado pelo síndico. Entretanto, em sentido contrário, se manifesta o Enunciado nº 246.

Além disso, a VII Jornada de Direito Civil aprovou o Enunciado nº 596: "O condomínio edilício pode adquirir imóvel por usucapião".

3. CONDOMÍNIO EDILÍCIO. CARACTERIZAÇÃO

O condomínio edilício se caracteriza por apresentar partes que são propriedade exclusiva e partes que são propriedade comum dos condôminos. Para visualizar o condomínio edilício, basta atentar para a exclusividade de propriedade referente à unidade autônoma e a comunhão de propriedade, que se manifesta por meio de frações ideais, em relação às áreas comuns.

As áreas de propriedade exclusiva seriam os apartamentos, escritórios, salas, lojas e sobrelojas. Tais áreas podem ser alienadas e gravadas livremente por seus proprietários. A Lei nº 12.607/2012, alterando o § 1º do art. 1.331 do CC, preceitua que os abrigos de veículos não poderão ser alienados ou alugados a pessoas estranhas ao condomínio, salvo autorização expressa na convenção de condomínio.

No que tange às áreas comuns, podem ser considerados o solo, a estrutura do prédio, o telhado, a rede geral de distribuição de água, esgoto, gás e eletricidade, a calefação e refrigeração centrais, dentre outras partes comuns, inclusive o acesso ao logradouro público. Tais áreas são utilizadas em comum pelos condôminos, não podendo ser alienadas separadamente, ou divididas. Vale lembrar que o terraço da cobertura é considerado área comum, salvo disposição em contrário na escritura de constituição do condomínio.

4. INSTITUIÇÃO E CONSTITUIÇÃO DO CONDOMÍNIO

É importante distinguir instituição de constituição do condomínio.

A instituição do condomínio edilício, de acordo com o art. 1.332 do CC, ocorrerá por ato entre vivos ou testamento, registrado no Cartório de Registro de Imóveis, devendo constar daquele ato, além do disposto em lei especial: I) a discriminação e individualização das unidades de propriedade exclusiva, estremadas uma das outras e das partes comuns; II) a determinação da fração ideal atribuída a cada unidade, relativamente ao terreno e partes comuns; III) o fim a que as unidades se destinam.

Já a constituição do condomínio ocorrerá por meio da convenção que deve ser subscrita pelos titulares de, no mínimo, dois terços das frações ideais e tornando-se, desde logo, obrigatória para os titulares de direito sobre as unidades, ou para quantos sobre elas tenham posse ou detenção. Além disso, para ser oponível contra terceiros, a convenção do condomínio deverá ser registrada no Cartório de Registro de Imóveis. De acordo com a Súmula nº 260 do STJ, a convenção de condomínio aprovada, ainda que sem registro, é eficaz para regular as relações entre os condôminos.

A convenção de condomínio é regida pelo princípio da obrigatoriedade contratual (o *pacta sunt servanda*).

Sobre a questão dos animais, vale lembrar o Enunciado nº 566, aprovado na VI Jornada de Direito Civil, com o seguinte teor: "A cláusula convencional que restringe a permanência de animais em unidades autônomas residenciais deve ser valorada à luz dos parâmetros legais de sossego, insalubridade e periculosidade".

Nessa linha, o STJ decidiu que é ilegítima a restrição genérica contida em convenção condominial que proíbe a criação e guarda de animais de quaisquer espécies em unidades autônomas.

De acordo com o art. 1.335 do CC: Além das cláusulas referidas no art. 1.332 e das que os interessados houverem por bem estipular, a convenção determinará: I) a quota proporcional e o modo de pagamento das contribuições dos condôminos para atender às despesas ordinárias e extraordinárias do condomínio; II) sua forma de administração; III) a competência das assembleias, forma de sua convocação e quórum exigido para as deliberações; IV) as sanções a que estão sujeitos os condôminos, ou possuidores; V) o regimento interno.

O regimento interno complementará a convenção de condomínio apresentando pormenorizadamente regras comportamentais que deverão ser observadas pelos condôminos, possuidores e detentores no condomínio. De acordo com o Enunciado nº 248 do CJF: "O quórum para alteração do regimento interno do condomínio edilício pode ser livremente fixado na convenção".

Para os casos de incorporação imobiliária, oportuniza-se mencionar o Enunciado nº 504 do CJF que apresenta a seguinte redação: "A escritura declaratória de instituição e convenção firmada pelo titular único de edificação composta por unidades autônomas é título hábil para registro da propriedade horizontal no competente registro de imóveis, nos termos dos arts. 1.332 a 1.334 do Código Civil".

Para finalizar, de acordo com o § 1º do art. 1.335 do CC, a convenção poderá ser feita por escritura pública ou por instrumento particular. E o seu § 2º conclui: "São equiparados aos proprietários, para os fins deste artigo, salvo disposição em contrário, os promitentes compradores e os cessionários de direitos relativos às unidades autônomas".

5. DIREITOS E DEVERES DOS CONDÔMINOS

Acerca dos direitos dos condôminos, há previsão expressa no art. 1.335, CC e são eles: I) usar, fruir e livremente dispor das suas unidades; II) usar das partes comuns, conforme a sua destinação, e contanto que não exclua a utilização dos demais compossuidores; III) votar nas deliberações da assembleia e delas participar, estando quite.

Já no que diz respeito aos deveres dos condôminos, podemos mencionar, conforme art. 1.336, CC:

I) contribuir para as despesas do condomínio na proporção das suas frações ideais, salvo disposição em contrário na convenção. Caso o condômino não cumpra com essa obrigação, estará sujeito à correção monetária e aos juros moratórios convencionados ou, não sendo previstos, aos juros estabelecidos no art. 406 deste Código, bem como à multa de até 2% (dois por cento) sobre o débito (§ 1º, art. 1.336, CC, com redação dada pela Lei nº 14.905/2024). Além disso, as despesas relativas a partes comuns de uso exclusivo de um condômino, ou de alguns deles, incumbem a quem delas se serve (art. 1.340, CC). O STJ decidiu que "as unidades imobiliárias com fração ideal maior pagarão taxa condominial em valor superior às demais unidades com frações menores, salvo previsão contrária na convenção. (...) Não há ilegalidade no pagamento a maior de taxa condominial por apartamentos em cobertura decorrente da fração ideal do imóvel" (STJ, REsp 1.778.522-SP. 3ª Turma. Min. Rel. Ricardo Villas Bôas Cuevas, j. 02.06.2020, *DJe* 04.06.2020).

II) Não realizar obras que comprometam a segurança da edificação.

III) Não alterar a forma e a cor da fachada, das partes e das esquadrias externas.

IV) Dar às suas partes a mesma destinação que tem a edificação e não as utilizar de maneira prejudicial ao sossego, à salubridade e à segurança dos possuidores, ou aos bons costumes.

O condômino que não cumprir qualquer dos deveres estabelecidos nos incisos II a IV pagará a multa prevista no ato constitutivo ou na convenção, não podendo ela ser superior a cinco vezes o valor de suas contribuições mensais, independentemente das perdas e danos que se apurarem; não havendo disposição expressa, caberá à assembleia geral, por dois terços no mínimo dos condôminos restantes, deliberar sobre a cobrança da multa (art. 1.336, § 2º, CC).

6. OBRAS NO CONDOMÍNIO

A realização de obras no condomínio, em princípio, dependerá de um quórum para a sua aprovação. Esse quórum, por sua vez, variará a depender da natureza da obra que se pretende promover.

Em se tratando de obra necessária, essa pode ser realizada, independentemente de autorização, pelo síndico, ou, em caso de omissão ou impedimento deste, por qualquer condômino. Caso seja urgente e importar em despesa excessiva, determinada sua realização, o síndico ou o condômino que tomou a iniciativa dará ciência à assembleia, que deverá ser convocada imediatamente. Ao revés, não sendo urgente, a obra ou reparo necessários, que importarem em despesas excessivas, somente poderão ser efetuadas após autorização da assembleia, especialmente convocada pelo síndico, ou, em caso de omissão ou impedimento deste, por qualquer dos condôminos.

Já no que respeita às obras úteis, o quórum de aprovação será da maioria dos condôminos; e as obras voluptuárias, o quórum de aprovação será de dois terços dos condôminos (art. 1.341, CC).

7. A LEI Nº 14.309/2022 E A REALIZAÇÃO DE ASSEMBLEIAS VIRTUAIS EM CONDOMÍNIOS EDILÍCIOS E SESSÃO PERMANENTE DE CONDÔMINOS

O Código Civil, nos arts. 1.347 a 1.356, cuida da administração do condomínio, dispondo sobre a escolha do síndico, sua atuação, bem como as assembleias pertinentes e os seus respectivos quóruns.

Com a Lei nº 14.309/2022, permite-se que as assembleias nos condomínios edilícios, sejam elas de instituição, geral ordinária, geral extraordinária ou especial, e, de igual modo, as reuniões de colegiados deliberativos, possam ser realizadas de forma virtual, desde que não haja vedação na convenção do condomínio e que sejam preservados aos condôminos os direitos de voz, de debate e de voto.

A inovação chega a permitir que a convenção condominial vede a realização de assembleias por via eletrônica. A outro giro, não havendo a proibição expressa na convenção condominial, as assembleias virtuais poderão ser realizadas, desde que observados os parâmetros dispostos no art. 1.354-A e seus parágrafos, inseridos no Código Civil por força da Lei nº 14.309/2022, sintetizados a seguir:

a) Que no instrumento de convocação conste que a assembleia será realizada por meio eletrônico, bem como as instruções sobre acesso, manifestação e forma de coleta de votos dos condôminos, cabendo estrita obediência aos preceitos de instalação, de funcionamento e de encerramento previstos no edital de convocação, admitindo-se a possibilidade de sua realização de forma híbrida (física e virtual concomitantemente), sendo ainda possível a existência de normas complementares no regimento interno do condomínio.

b) Que a administração do condomínio não poderá ser responsabilizada por problemas decorrentes dos equipamentos de informática ou da conexão à internet dos condôminos ou de seus representantes nem por quaisquer outras situações que não estejam sob o seu controle.

c) Que somente após a somatória de todos os votos e a sua divulgação será lavrada a respectiva ata, também eletrônica, e encerrada a assembleia geral, sendo que os documentos pertinentes à ordem do dia poderão ser disponibilizados de forma física ou eletrônica aos participantes.

Outra inovação apresentada pela Lei nº 14.309/2022 é a possibilidade de realização de sessão permanente quando a deliberação exigir quórum especial previsto em lei ou em convenção e ele não for atingido. Isso ocorre, por exemplo, nos casos das deliberações para alteração das convenções, que dependem da aprovação de dois terços dos votos dos condôminos, ou para a modificação da destinação de áreas comuns, em que se exige a aprovação por unanimidade dos condôminos.

Assim, torna-se possível, por decisão da maioria dos presentes, autorizar o presidente a converter a reunião em sessão permanente, desde que sejam observados os seguintes aspectos, conforme preceitua o § 1º do art. 1.353, inserido no Código Civil por força da multicitada Lei:

a) sejam indicadas a data e a hora da sessão em seguimento, que não poderá ultrapassar 60 (sessenta) dias, e identificadas as deliberações pretendidas, em razão do quórum especial não atingido;

b) fiquem expressamente convocados os presentes e sejam obrigatoriamente convocadas as unidades ausentes, na forma prevista em convenção;

c) seja lavrada ata parcial, relativa ao segmento presencial da reunião da assembleia, da qual deverão constar as transcrições circunstanciadas de todos os argumentos até então apresentados relativos à ordem do dia, que deverá ser remetida aos condôminos ausentes;

d) seja dada continuidade às deliberações no dia e na hora designados, e seja a ata correspondente lavrada em seguimento à que estava parcialmente redigida, com a consolidação de todas as deliberações.

Sobre os votos consignados na primeira sessão, ficarão esses registrados, sem que haja necessidade de comparecimento dos condôminos para sua confirmação, os quais poderão, se estiverem presentes no encontro seguinte, requerer a alteração do seu voto até o desfecho da deliberação pretendida, conforme o § 2º do art. 1.353 do CC.

E, por fim, de acordo com o § 3º do art. 1.353 do CC, a sessão permanente poderá ser prorrogada tantas vezes forem necessárias, desde que a assembleia seja concluída no prazo total de 90 (noventa) dias contados da data de sua abertura inicial. Os lindes temporais são muito importantes para que a sessão não fique em aberto *ad infinitum* e não gere insegurança e intranquilidade aos condôminos.

8. O CONDOMÍNIO DE LOTES

Como espécie de condomínio edilício surge o denominado condomínio de lotes com a Lei nº 13.465/2017. Como exigência de regularização de inafastável realidade fática manifestada por meio do que se denominava de "loteamentos fechados", necessitou a Lei de trazer disciplina própria para colocar fim a inúmeras questões que decorriam do tema. Até a Lei nº 13.465/2017, os tidos por "loteamentos fechados" eram figuras anômalas que não se enquadravam nos contornos de um condomínio, nada obstante, indistinta e atecnicamente, fosse utilizado no dia a dia a expressão "condomínios fechados" para defini-los. Tratava-se, pois, de condomínios de fatos, os quais, por detrás deles, subjaziam associações de moradores, que colocavam muros ou cercas ao redor dos terrenos, além de cancela com guarita para controlar a passagem das pessoas.

Solucionando essa questão, a Lei nº 13.465/2017 prevê que nos condomínios de lotes, as avenidas, ruas, praças etc., isto é, as áreas de uso comum, não pertencem ao Município, mas sim aos proprietários dos lotes conforme a respectiva fração ideal. Desse modo, assume legitimidade a obrigatoriedade de pagamento ao condomínio que passa a prescindir da existência de uma associação de moradores, havendo apenas a figura do síndico a representá-lo. Assim, fica evidente a disposição do § 3º do art. 1.358-A que estabelece: "A implantação de toda a infraestrutura ficará a cargo do empreendedor". É evidente que caberá ao empreendedor, e não ao Poder Público, já que a titularidade não será desse. Na VIII Jornada de Direito Civil, foi aprovado o Enunciado nº 625, que informa: "A incorporação imobiliária que tenha por objeto o condomínio de lotes poderá ser submetida ao regime do patrimônio de afetação, na forma da lei especial".

Em verdade, tendo-se em vista que a realização do condomínio de lotes cabe ao incorporador imobiliário e considerando que se aplica à espécie a lei de incorporação imobiliária, que permite a constituição de patrimônio de afetação, o enunciado objetiva a maior segurança jurídica para os consumidores e para as instituições financiadoras dos empreendimentos, já que serão apartados do patrimônio do incorporador o terreno e as acessões objeto de incorporação imobiliária do condomínio de lotes, bem como os demais bens e direitos a ela vinculados.

Importante

Vale lembrar, então, que o condomínio de lotes se prende à cepa dos condomínios edilícios, nada obstante esses últimos também sejam denominados de condomínios em edificações. A base para a compreensão do condomínio de lotes repousa na compreensão de que nos condomínios edilícios existirão partes que são propriedade exclusiva, e partes que são propriedade comum dos condôminos (art. 1.331, CC). Assim, a cada unidade imobiliária caberá, como parte inseparável, uma fração ideal no solo e nas outras partes comuns.

Além disso, devemos destacar que, como se trata de um condomínio de lotes, haverá um parcelamento do solo, sob a observância dos ditames da Lei nº 6.766/79 (Lei de Loteamentos) e, diante das omissões dessa, devem ser aplicadas as regras da Lei nº 4.591/64 (Lei de Incorporação Imobiliária).

Atenção

Embora, seja aplicada a Lei nº 6.766/79, valo lembrar que deve ser afastada a aplicação do art. 22 desse tecido normativo que estabelece que: "Desde a data de registro do loteamento, passam a integrar o domínio do Município as vias e praças, os espaços livres e as áreas destinadas a edifícios públicos e outros equipamentos urbanos, constantes do projeto e do memorial descritivo". Isso porque, como visto, esses bens serão particulares. Todavia, nada obstante serem consideradas áreas particulares, a Lei nº 13.465/2017 acrescentou ao art. 4º da Lei nº 6.766/79 o § 4º, com o seguinte teor: "No caso de lotes integrantes de condomínio de lotes, poderão ser instituídas limitações administrativas e direitos reais sobre coisa alheia em benefício do poder público, da população em geral e da proteção da paisagem urbana, tais como servidões de passagem, usufrutos e restrições à construção de muros".

9. O LOTEAMENTO DE ACESSO CONTROLADO

A Lei nº 13.465/2017 insere o § 8º no art. 2º da Lei nº 6.766/79, que estabelece:

> Constitui loteamento de acesso controlado a modalidade de loteamento, defini-da nos termos do § 1º deste artigo, cujo controle de acesso será regulamentado por ato do poder público Municipal, sendo vedado o impedimento de acesso a pedestres ou a condutores de veículos, não residentes, devidamente identifica-dos ou cadastrados.

Para a devida compreensão do preceito legal é importante perceber que é possível que o loteamento fechado se manifeste por meio de um condomínio de lotes ou não.

Não havendo a caracterização desse condomínio, é possível, todavia, instituir-se o controle do acesso ao loteamento nos termos do dispositivo mencionado. Nesses casos, as vias continuam a pertencer ao Poder Público e os moradores irão requerer, por meio da associação de moradores, que o Município autorize o controle de acesso, devendo ficar claro que, em hipótese alguma, deve-se impedir o acesso a pedestres ou a condutores de veículos devidamente identificados ou cadastrados.

Assim, não se pode confundir o loteamento de acesso controlado com o condo-mínio de lotes, pois, enquanto no primeiro as vias continuam a ser públicas, no segun-do, elas são dos particulares (dos condôminos) que poderão criar qualquer tipo de óbice à entrada de pessoa estranha ao condomínio, salvo qualquer limitação ou direito real estabelecido pelo Poder Público, conforme mencionado alhures.

10. O CONDOMÍNIO URBANO SIMPLES

O condomínio urbano simples também foi criado pela Lei nº 13.465/2017, em seus arts. 61 ao 63, porém, não houve menção desse condomínio no Código Civil.

De acordo com o art. 61 da referida Lei, quando um mesmo imóvel contiver cons-truções de casas ou cômodos, poderá ser instituído, inclusive para fins de Reurb, con-domínio urbano simples, respeitados os parâmetros urbanísticos locais, e serão dis-criminadas, na matrícula, a parte do terreno ocupada pelas edificações, as partes de utilização exclusiva e as áreas que constituem passagem para as vias públicas ou para as unidades entre si.

Trata-se também de mais uma modalidade de condomínio edilício, porém, de di-mensão reduzida. Tanto é assim que sua regulamentação se situa na Lei nº 13.465/2017 e, também, nos arts. 1.331 ao 1.358 do CC, conforme previsão do parágrafo único do art. 61 da Lei nº 13.465/2017.

Vislumbra-se o seu cabimento em imóveis que, por exemplo, apresentem a casa e "nos fundos" uma casa menor ou um barracão ou, até mesmo, um cômodo.

Limitando-se, inexplicavelmente, aos perímetros das áreas urbanas, como o referido arranjo se trata de um condomínio, deverá ser aberta uma matrícula para cada unidade autônoma, à qual caberá, como parte inseparável, uma fração ideal do solo e das outras partes comuns, se houver, representada na forma de percentual. Desse modo, as unidades autônomas constituídas em matrícula própria poderão ser alienadas e gravadas livremente por seus titulares. Em virtude de sua simplificação, a gestão das partes comuns será feita de comum acordo entre os condôminos, podendo ser formalizada por meio de instrumento particular.

EM RESUMO:

Natureza jurídica do condomínio edilício	Prevalece o entendimento de que se trata de um **ente desprovido de personalidade jurídica**, apresentando, todavia, capacidade judiciária, a qual lhe permite estar em juízo, ativa ou passivamente, sendo representado pelo síndico. Entretanto, em sentido contrário, se manifesta o Enunciado nº 246 da VII Jornada de Direito Civil: "O condomínio edilício pode adquirir imóvel por usucapião".
Condomínio edilício. Caracterização	O condomínio edilício se caracteriza por apresentar: **áreas de propriedade exclusiva** (exclusividade de propriedade referente à unidade autônoma) + **áreas de propriedade comum** (comunhão de propriedade manifestada por meio de frações ideais em relação às áreas comuns).
Instituição e constituição do condomínio	**Instituição do condomínio edilício**: ocorre por ato entre vivos ou testamento, registrado no Cartório de Registro de Imóveis, devendo constar, além do disposto em lei especial: *(i)* a discriminação e individualização das unidades de propriedade exclusiva, estremadas uma das outras e das partes comuns; *(ii)* a dotorminação da fração ideal atribuída a cada unidade, relativamente ao terreno e partes comuns; *(iii)* o fim a que as unidades se destinam. **Constituição do condomínio edilício**: ocorre por meio da convenção que deve ser subscrita pelos titulares de, no mínimo, 2/3 das frações ideais, tornando-se, desde logo, obrigatória para os titulares de direito sobre as unidades, ou para quantos sobre elas tenham posse ou detenção. Para ser oponível contra terceiros, a convenção deve ser registrada no Cartório de Registro de Imóveis.

Direitos e deveres dos condôminos	**Direitos dos condôminos** (art. 1.335, CC): *(i)* usar, fruir e livremente dispor das suas unidades; *(ii)* usar das partes comuns, conforme a sua destinação, e contanto que não exclua a utilização dos demais compossuidores; *(iii)* votar nas deliberações da assembleia e delas participar, estando quite. **Deveres dos condôminos** (art. 1.336, CC): *(i)* contribuir para as despesas do condomínio na proporção das suas frações ideais, salvo disposição em contrário na convenção; *(ii)* não realizar obras que comprometam a segurança da edificação; *(iii)* não alterar a forma e a cor da fachada, das partes e esquadrias externas; *(iv)* dar às suas partes a mesma destinação que tem a edificação, e não as utilizar de maneira prejudicial ao sossego, salubridade e segurança dos possuidores, ou aos bons costumes.
Obras no condomínio	A realização de obras no condomínio, em princípio, depende de um quórum para a sua aprovação (art. 1.341, CC): a) **obra necessária**: pode ser realizada, independentemente de autorização, pelo síndico, ou, em caso de omissão ou impedimento deste, por qualquer condômino. Caso a obra necessária importe em despesa excessiva: (i) se for urgente, determinada sua realização, o síndico ou o condômino que tomou a iniciativa dará ciência à assembleia, que deverá ser convocada imediatamente; (ii) se não for urgente: somente poderão ser efetuadas após autorização da assembleia, especialmente convocada pelo síndico, ou, em caso de omissão ou impedimento deste, por qualquer dos condôminos; b) **obras úteis**: voto da maioria dos condôminos; c) **obras voluptuárias**: voto de 2/3 dos condôminos.
A Lei nº 14.309/2022 e a realização de assembleias virtuais em condomínios edilícios e sessão permanente de condôminos	A Lei nº 14.309/2022 permite que as assembleias nos condomínios edilícios, sejam elas de instituição, geral ordinária, geral extraordinária ou especial, e, de igual modo, as reuniões de colegiados deliberativos, possam ser realizadas de **forma virtual**, desde que não haja vedação na convenção do condomínio e que sejam preservados aos condôminos os direitos de voz, de debate e de voto.

A Lei nº 14.309/2022 e a realização de assembleias virtuais em condomínios edilícios e sessão permanente de condôminos	**Parâmetros** (art. 1.354-A): a) que no instrumento de convocação conste que a assembleia será realizada por meio eletrônico, bem como as instruções sobre acesso, manifestação e forma de coleta de votos dos condôminos, admitindo-se a possibilidade de sua realização de forma híbrida (física e virtual concomitantemente) e sendo possível a existência de normas complementares no regimento interno do condomínio; b) que a administração do condomínio não possa ser responsabilizada por problemas decorrentes dos equipamentos de informática ou da conexão à internet dos condôminos ou de seus representantes nem por quaisquer outras situações que não estejam sob o seu controle; c) que somente após a somatória de todos os votos e a sua divulgação seja lavrada a respectiva ata, também eletrônica, e encerrada a assembleia geral, sendo que os documentos pertinentes à ordem do dia poderão ser disponibilizados de forma física ou eletrônica aos participantes. **Sessão permanente**: há possibilidade de realização de sessão permanente quando a deliberação exigir quórum especial previsto em lei ou em convenção e ele não for atingido. Por decisão da maioria dos presentes, é possível que o presidente autorize a converter a reunião em sessão permanente, desde que sejam observados os aspectos do § 1º do art. 1.353.
O condomínio de lotes	A Lei nº 13.465/2017 prevê que, nos condomínios de lotes, as avenidas, ruas, praças etc., isto é, as áreas de uso comum, não pertencem ao Município, mas sim aos proprietários dos lotes conforme a respectiva fração ideal. Desse modo, assume legitimidade a obrigatoriedade de pagamento ao condomínio que passa a prescindir da existência de uma associação de moradores, havendo apenas a figura do síndico a representá-lo. A implantação de toda a infraestrutura fica a cargo do empreendedor (art. 1.358-A, § 3.º, CC).
O loteamento de acesso controlado	Constitui loteamento de acesso controlado a subdivisão de gleba em lotes destinados a edificação, com abertura de novas vias de circulação, de logradouros públicos ou prolongamento, modificação ou ampliação das vias existentes, cujo controle de acesso será regulamentado por ato do poder público Municipal, sendo vedado o impedimento de acesso a pedestres ou a condutores de veículos, não residentes, devidamente identificados ou cadastrados (art. 2º, § 8º, da Lei nº 6.766/1979).

O loteamento de acesso controlado	Não se pode confundir o loteamento de acesso controlado com o condomínio de lotes, pois, enquanto no primeiro as vias continuam a ser públicas, no segundo, elas são dos particulares (dos condôminos) que poderão criar qualquer tipo de óbice à entrada de pessoa estranha ao condomínio, salvo qualquer limitação ou direito real estabelecido pelo Poder Público, conforme mencionado alhures.
O condomínio urbano simples	De acordo com o art. 61 da Lei nº 13.465/2017, quando um mesmo imóvel contiver construções de casas ou cômodos, poderá ser instituído, inclusive para fins de Reurb, **condomínio urbano simples**, respeitados os parâmetros urbanísticos locais, e serão discriminadas, na matrícula, a parte do terreno ocupada pelas edificações, as partes de utilização exclusiva e as áreas que constituem passagem para as vias públicas ou para as unidades entre si.

Capítulo 39

Da Multipropriedade ou *Time Sharing*

1. A LEI Nº 13.777/2018 E A MULTIPROPRIEDADE IMOBILIÁRIA

Por multipropriedade do imóvel ou *time sharing* deve-se compreender um parcelamento do imóvel em frações temporais cujos titulares serão proprietários diversos, proporcionando um melhor aproveitamento do imóvel, considerando-se a escassez desse recurso, o que demonstra a inegável vocação de atendimento à função social desempenhada pelo instituto.

A multipropriedade imobiliária resultará, então, em condomínio e terá grande aplicabilidade em imóveis destinados a áreas de veraneio e gozo de férias. Sobre o tema, a Lei nº 13.777/2018 insere no CC/2002 os arts 1.358-B ao 1.358-U e, também, altera os arts. 176 e 178 da Lei nº 6.015/73.

2. DISCIPLINA LEGAL E DEFINIÇÃO

O art. 1.358-B do CC inicia o tratamento destinado à multipropriedade, definindo que a base legal que será aplicada ao instituto serão os novos dispositivos do Código Civil e, subsidiariamente, outros dispositivos desse tecido normativo que versam sobre o condomínio edilício (arts. 1.331 e ss.), a Lei nº 4.591/64 (que dispõe sobre o condomínio em edificações e as incorporações imobiliárias) e a Lei nº 8.078/91 (Código de Defesa do Consumidor). Evidentemente, a legislação consumerista apenas terá cabimento se houver a constatação de uma relação de consumo, isto é, se for verificado no polo do consumidor os multiproprietários e, no polo do fornecedor, o administrador do condomínio multiproprietário, a empresa operadora do regime de *pool* (art. 1.358-S, II, CC) ou a empresa operadora do regime de intercâmbio (art. 1.358-P, VI, CC).

Em busca de uma definição para o instituto, o art. 1.358-C do CC estabelece a ideia de fracionamento, parcelamento ou fatiamento temporal que determinará o período em que cada um dos condôminos exercerá o uso e o gozo do bem, com exclusividade de todo o imóvel. É bom perceber que, na Lei nº 13.777/2018, o instituto apenas foi disciplinado em se tratando de bens imóveis, não havendo disciplina para os móveis, tais como iates, aeronaves etc. Além disso, vale notar que, ainda que todas as frações de tempo se concentrem na pessoa de um mesmo multiproprietário, não haverá a extinção automática do instituto (art. 1.358-C, parágrafo único, CC).

3. MULTIPROPRIEDADE: DIREITO REAL SOBRE COISA PRÓPRIA

A multipropriedade se manifesta com feição de direito real sobre coisa própria e não sobre coisa alheia. Nessa perspectiva, o multiproprietário não terá que arcar com as obrigações *propter rem* dos demais (por exemplo, o IPTU) e, ademais, a unidade periódica pode ser dada em garantia.

No que diz respeito ao IPTU, se consideramos que a multipropriedade se traduz em direito real sobre coisa própria, se houver uma dívida de uma das unidades periódicas, os demais proprietários não poderão ser responsabilizados por essa dívida, posto que não há solidariedade entre os multiproprietários. Mas não foi essa a ideia transmitida por meio de veto presidencial. É que o Presidente da República vetou os §§ 3º, 4º e 5º do art. 1.358-J que estabeleciam que cada um dos multiproprietários responderia "na proporção de sua fração de tempo, pelo pagamento dos tributos, contribuições condominiais e outros encargos que incidam sobre o imóvel", e assim a cobrança somente poderia ser realizada "mediante documentos específicos e individualizados para cada multiproprietário", sem "solidariedade entre os diversos multiproprietários".

A justificativa para o veto se pautou na solidariedade tributária existente no art. 124 do CTN. Todavia, vale lembrar que, no âmbito do Código Civil, ao disciplinar as regras do Condomínio Geral, o seu art. 1.315 estabeleceu que "o condômino é obrigado, na proporção de sua parte, a concorrer com as despesas de conservação ou divisão da coisa, e a suportar os ônus a que estiver sujeita".

4. DOS DIREITOS E DEVERES DO MULTIPROPRIETÁRIO

Como direitos do multiproprietário, o art. 1.358-I do CC estabelece que, além daqueles previstos no instrumento de instituição e na convenção de condomínio em multipropriedade, o multiproprietário poderá: usar e gozar, durante o período correspondente à sua fração de tempo, do imóvel e de suas instalações, equipamentos e mobiliário; ceder a fração de tempo em locação ou comodato; alienar a fração de tempo, por ato entre vivos ou por causa de morte, a título oneroso ou gratuito, ou onerá-la, devendo a alienação e a qualificação do sucessor, ou a oneração, ser informadas ao administrador; participar e votar, pessoalmente ou por intermédio de representante ou procurador, desde que esteja quite com as obrigações condominiais, em:

a) assembleia geral do condomínio em multipropriedade, e o voto do multiproprietário corresponderá à quota de sua fração de tempo no imóvel;

b) assembleia geral do condomínio edilício, quando for o caso, e o voto do multiproprietário corresponderá à quota de sua fração de tempo em relação à quota de poder político atribuído à unidade autônoma na respectiva convenção de condomínio edilício.

Como deveres do multiproprietário, o art. 1.358-J estabelece que, além daqueles previstas no instrumento de instituição e na convenção de condomínio em multipropriedade, o multiproprietário deverá: pagar a contribuição condominial do condomínio em multipropriedade e, quando for o caso, do condomínio edilício, ainda que renuncie ao uso e gozo, total ou parcial, do imóvel, das áreas comuns ou das respectivas instalações, equipamentos e mobiliário; responder por danos causados ao imóvel, às instalações, aos equipamentos e ao mobiliário por si, por qualquer de seus acompanhantes, convidados ou prepostos ou por pessoas por ele autorizadas; comunicar imediatamente ao administrador os defeitos, avarias e vícios no imóvel dos quais tiver ciência durante a utilização; não modificar, alterar ou substituir o mobiliário, os equipamentos e as instalações do imóvel; manter o imóvel em estado de conservação e limpeza condizente com os fins a que se destina e com a natureza da respectiva construção; usar o imóvel, bem como suas instalações, equipamentos e mobiliário, conforme seu destino e natureza; usar o imóvel exclusivamente durante o período correspondente à sua fração de tempo; desocupar o imóvel, impreterivelmente, até o dia e hora fixados no instrumento de instituição ou na convenção de condomínio em multipropriedade, sob pena de multa diária, conforme convencionado no instrumento pertinente; permitir a realização de obras ou reparos urgentes.

Assim, conforme previsão que deverá constar da respectiva convenção de condomínio em multipropriedade, o multiproprietário estará sujeito a:

I) multa, no caso de descumprimento de qualquer de seus deveres;

II) multa progressiva e perda temporária do direito de utilização do imóvel no período correspondente à sua fração de tempo, no caso de descumprimento reiterado de deveres.

Além disso, a responsabilidade pelas despesas referentes a reparos no imóvel, bem como suas instalações, equipamentos e mobiliário, será:

I) de todos os multiproprietários, quando decorrentes do uso normal e do desgaste natural do imóvel;

II) exclusivamente do multiproprietário responsável pelo uso anormal, sem prejuízo de multa, quando decorrentes de uso anormal do imóvel.

5. A ALIENAÇÃO DA UNIDADE PERIÓDICA

O titular da unidade periódica poderá aliená-la ou onerá-la, como bem entender. Para tanto, deverá haver a informação ao administrador do condomínio em multipropriedade.

É importante notar que a lei não impõe a autorização dos demais multiproprietários para que haja a alienação ou oneração da unidade periódica. Além disso, não haverá direito de preferência dos demais condôminos, salvo disposição expressa no instrumento de instituição da multipropriedade imobiliária ou na convenção do condomínio em multipropriedade em favor dos demais multiproprietários ou do instituidor do condomínio em multipropriedade. É o que dispõe o art. 1.358-L, § 1º, do CC.

6. O OBJETO DA MULTIPROPRIEDADE

Se o sujeito da multipropriedade é o multiproprietário ou o condômino da multipropriedade, o objeto será a unidade periódica que se traduz na coisa física considerada em determinado período de tempo do ano.

Nada obstante a lei se refira aos bens imóveis, deixando à deriva legislativa a possibilidade de multipropriedade em bens móveis, por exemplo, em automóveis, iates, aeronaves etc., com relação aos móveis que guarneçam o bem imóvel objeto da multipropriedade, tendo-se em vista o princípio da gravitação jurídica, o imóvel objeto de multipropriedade incluirá as instalações, os equipamentos e o mobiliário destinados a seu uso e gozo.

Além disso, o imóvel objeto da propriedade é indivisível, não se sujeitando à ação de divisão ou de extinção de condomínio, conforme preceitua o art. 1.358-D do CC.

Por fim, vale lembrar que a lei não distingue se a multipropriedade incidirá sobre o bem imóvel urbano ou rural, não cabendo ao intérprete, evidentemente, fazê-lo.

7. A MULTIPROPRIEDADE EM UNIDADE AUTÔNOMA DE CONDOMÍNIO EDILÍCIO

A Lei nº 13.777/2018 inseriu no CC disposições específicas relativas às unidades autônomas de condomínios edilícios, presentes nos arts. 1.358-O ao 1.358-U.

Em se tratando de unidade autônoma em um condomínio edilício, para que ocorra a multipropriedade, por exemplo, em um de seus apartamentos, será necessária a previsão no instrumento de instituição; ou deliberação da maioria absoluta dos condôminos (art. 1.358-O, CC). Assim, a vontade isolada do proprietário do apartamento não será suficiente para a instituição da multipropriedade do bem. Isso porque a instituição da multipropriedade afetará o condomínio como um todo.

Acerca da previsão de multipropriedade em condomínio edilício, de acordo com o art. 1.358-P do CC, a convenção de condomínio edilício deve prever, além das matérias elencadas nos arts. 1.332, 1.334 e, se for o caso, art. 1.358-G do CC: I) a identificação das unidades sujeitas ao regime da multipropriedade, no caso de empreendimentos mistos; II) a indicação da duração das frações de tempo de cada unidade autônoma sujeita ao regime da multipropriedade; III) a forma de rateio, entre os multiproprietários de uma mesma unidade autônoma, das contribuições condominiais relativas à unidade, que, salvo se disciplinada de forma diversa no instrumento de instituição ou na convenção de condomínio em multipropriedade, será proporcional à fração de tempo de cada multiproprietário; IV) a especificação das despesas ordinárias, cujo custeio será obrigatório, independentemente do uso e gozo do imóvel e das áreas comuns; V) os órgãos de administração da multipropriedade; VI) a indicação, se for o caso, de que o empreendimento conta com sistema de administração de intercâmbio, na forma prevista no § 2º do art. 23 da Lei nº 11.771, de 17/9/2008, seja do período de fruição da fração de tempo, seja do local de fruição, caso em que a responsabilidade e as obrigações da companhia de intercâmbio limitam-se ao contido na documentação de sua contratação; VII) a competência para a imposição de sanções e o respectivo procedimento, especialmente nos casos de mora no cumprimento das obrigações de custeio e nos casos de descumprimento da obrigação de desocupar o imóvel até o dia e hora previstos; VIII) o quórum exigido para a deliberação de adjudicação da fração de tempo na hipótese de inadimplemento do respectivo multiproprietário; IX) o quórum exigido para a deliberação de alienação, pelo condomínio edilício, da fração de tempo adjudicada em virtude do inadimplemento do respectivo multiproprietário.

Ainda em se tratando da multipropriedade no condomínio edilício, o seu regimento interno deverá prever: I) os direitos dos multiproprietários sobre as partes comuns do condomínio edilício; II) os direitos e obrigações do administrador, inclusive quanto ao acesso ao imóvel para cumprimento do dever de manutenção, conservação e limpeza; III) as condições e regras para uso das áreas comuns; IV) os procedimentos a serem observados para uso e gozo dos imóveis e das instalações, equipamentos e mobiliário destinados ao regime da multipropriedade; V) o número máximo de pessoas que podem ocupar simultaneamente o imóvel no período correspondente a cada fração de tempo; VI) as regras de convivência entre os multiproprietários e os ocupantes de unidades autônomas não sujeitas ao regime da multipropriedade, quando se tratar de empreendimentos mistos; VII) a forma de contribuição, destinação e gestão do fundo de reserva específico para cada imóvel, para reposição e manutenção dos equipamentos, instalações e mobiliário, sem prejuízo do fundo de reserva do condomínio edilício; VIII) a possibilidade de realização de assembleias não presenciais, inclusive por meio eletrônico; IX) os mecanismos de participação e representação dos titulares; X) o funcionamento do sistema de reserva, os meios de confirmação e os requisitos a serem cumpridos pelo multiproprietário quando não exercer diretamente sua faculdade de uso; XI) a descrição dos serviços adicionais, se existentes, e as regras para seu uso e custeio. Parágrafo único. O regimento interno poderá ser instituído por escritura pública ou por instrumento particular.

> **Importante**
>
> É importante registrar que o art. 1.358-U do CC estabelece que as convenções dos condomínios edilícios, os memoriais de loteamentos e os instrumentos de venda dos lotes em loteamentos urbanos poderão limitar ou impedir a instituição da multipropriedade nos respectivos imóveis, vedação que somente poderá ser alterada no mínimo pela maioria absoluta dos condôminos.

8. FRAÇÃO DE TEMPO

A fração de tempo destinada a cada multiproprietário deve ser considerada indivisível, sendo que o período mínimo estabelecido pela lei será de sete dias, podendo ser seguidos ou intercalados. Assim, o período de cada fração poderá se manifestar de três formas, conforme a lei: I) período fixo e determinado, isto é, considerando o mesmo período em cada ano; II) flutuante, caso em que a determinação do período será realizada de forma periódica, mediante procedimento objetivo que respeite, em relação a todos os multiproprietários, o princípio da isonomia, devendo ser previamente divulgado; ou III) misto, combinando os sistemas fixo e flutuante.

Além disso, de acordo com o § 2º do art. 1.358-E, todos os multiproprietários terão direito a uma mesma quantidade mínima de dias seguidos durante o ano, podendo haver a aquisição de frações maiores que a mínima, com o correspondente direito ao uso por períodos também maiores.

9. A INSTITUIÇÃO E A ADMINISTRAÇÃO DA MULTIPROPRIEDADE

A instituição da multipropriedade poderá ocorrer por ato *inter vivos* ou *causa mortis*, isto é, por meio de um testamento. Deverá haver o registro da multipropriedade no cartório da circunscrição em que o imóvel se situe, sendo que deverá constar do ato a duração dos períodos de cada fração de tempo.

Assim, no que respeita ao subsequente registro, haverá uma matrícula-mãe que será referente ao condomínio em multipropriedade e, além disso, várias matrículas-filhas atinentes às unidades periódicas.

Como a multipropriedade se traduz em genuíno condomínio haverá uma convenção de condomínio que determinará, além das cláusulas que os multiproprietários decidirem estipular: os poderes e deveres dos multiproprietários, especialmente em matéria de instalações, equipamentos e mobiliário do imóvel, de manutenção ordinária e extraordinária, de conservação e limpeza e de pagamento da contribuição condominial; o número máximo de pessoas que podem ocupar simultaneamente o imóvel no período correspondente a cada fração de tempo; as regras de acesso do administrador condominial ao imóvel para cumprimento do dever de manutenção, conservação e limpeza; a criação de fundo de reserva para reposição e manutenção dos equipamentos, instalações e mobiliário; o regime aplicável em caso de perda ou destruição parcial ou total do imóvel, inclusive para efeitos de participação no risco ou no valor do seguro, da indenização ou da parte restante; as multas aplicáveis ao multiproprietário nas hipóteses de descumprimento de deveres.

> ## Atenção
>
> Importante destacar que, de acordo com o art. 1.358-H do CC, o instrumento de instituição da multipropriedade ou a convenção de condomínio em multipropriedade poderá estabelecer o limite máximo de frações de tempo no mesmo imóvel que poderão ser detidas pela mesma pessoa natural ou jurídica. Considerando isso, se houver a pretensão de posterior venda das frações de tempo a terceiros, o limite de frações de tempo estabelecido no instrumento de instituição será obrigatório somente após a venda das frações.

Quando a instituição ocorrer por ato *inter vivos*, deve-se aplicar o art. 108 do CC, de modo que, se o imóvel tiver valor superior a 30 salários mínimos, deve ser adotada a forma de escritura pública, sob pena de invalidade do negócio.

O condomínio em multipropriedade poderá ser considerado parte em processos judiciais, sendo considerado para alguns ente despersonalizado. O referido condomínio será representado pelo administrador (art. 1.358-J, III, e art. 1.358-M, CC), que nada mais é do que a figura do síndico no condomínio edilício.

O administrador do condomínio em multipropriedade será definido no instrumento de instituição do condomínio ou por meio de eleição em assembleia geral dos condôminos. De acordo com o art. 1.358-M do CC, ao administrador, além das tarefas elencadas no próprio instrumento de instituição da multipropriedade, caberá: coordenar a utilização do imóvel; definir nos sistemas de fração temporal variável, o período de uso de cada um dos multiproprietários; manter e conservar o imóvel; trocar ou substituir equipamentos ou mobiliário; elaborar orçamento anual; cobrar as quotas de cada um dos coproprietários, pagando as despesas comuns.

Se o condomínio em multipropriedade estiver presente em condomínio edilício, seja em sua totalidade ou em algumas unidades desse, nada impede que o síndico do condomínio edilício seja o administrador da multipropriedade.

Além disso, o condomínio edilício em que tenha sido instituído o regime de multipropriedade terá necessariamente um administrador profissional, conforme estabelece o art. 1.358-R. Acerca desse administrador a lei estabelece:

- o prazo de duração do contrato de administração será livremente convencionado;
- o administrador do condomínio será também o administrador de todos os condomínios em multipropriedade de suas unidades autônomas;

- o administrador será mandatário legal de todos os multiproprietários, exclusivamente para a realização dos atos de gestão ordinária da multipropriedade, incluindo manutenção, conservação e limpeza do imóvel e de suas instalações, equipamentos e mobiliário;

- o administrador poderá modificar o regimento interno quanto aos aspectos estritamente operacionais da gestão da multipropriedade no condomínio edilício;

- o administrador pode ser ou não um prestador de serviços de hospedagem.

10. A PENHORABILIDADE DA UNIDADE PERIÓDICA E A IMPENHORABILIDADE DOS MÓVEIS QUE A GUARNECEM

Caso um titular de uma unidade periódica apresente dívidas pessoais, será possível que ocorra a penhora de sua unidade periódica, já que essa compõe o patrimônio do devedor. É importante perceber que a penhora não pode incidir sobre o imóvel em si, mas sim sobre a fração temporal a qual o condômino é titular.

Vale destacar ainda que os bens móveis que guarnecem o imóvel não podem ser objeto de penhora, pois o devedor não pode ser considerado proprietário dos bens móveis isoladamente.

11. DO INADIMPLEMENTO DAS OBRIGAÇÕES POR PARTE DO MULTIPROPRIETÁRIO

Caso o multiproprietário não cumpra com o pagamento das despesas ordinárias e extraordinárias da multipropriedade, é cabível, na forma da lei processual civil, a adjudicação ao condomínio edilício de sua fração de tempo correspondente.

Se o imóvel estiver em regime de *pool* hoteleiro, isto é, na hipótese de o imóvel objeto da multipropriedade ser parte integrante de empreendimento em que haja sistema de locação das frações de tempo no qual os titulares possam ou sejam obrigados a locar suas frações de tempo exclusivamente por meio de uma administração única, repartindo entre si as receitas das locações independentemente da efetiva ocupação de cada unidade autônoma, poderá a convenção do condomínio edilício regrar que em caso de inadimplência:

I) o inadimplente fique proibido de utilizar o imóvel até a integral quitação da dívida;

II) a fração de tempo do inadimplente passe a integrar o pool da administradora;

III) a administradora do sistema de locação fique automaticamente munida de poderes e obrigada a, por conta e ordem do inadimplente, utilizar a integralidade dos valores líquidos a que o inadimplente tiver direito para amortizar suas dívidas condominiais, seja do condomínio edilício, seja do condomínio em multipropriedade, até sua integral quitação, devendo eventual saldo ser imediatamente repassado ao multiproprietário.

12. A PREVISÃO DE RENÚNCIA TRANSLATIVA NA LEI

Quando se aborda a questão da renúncia, é comum encontrar a seguinte classificação na doutrina:

- Renúncia abdicativa: trata-se da renúncia propriamente dita e ocorre quando o titular de um direito simplesmente abre mão dele. Nesse caso, não há o fato gerador do ITCD, pois a manifestação não envolve transmissão de bem.

- Renúncia translativa: trata-se de uma falsa renúncia, pois, em verdade, o que ocorre é uma transmissão gratuita de um direito a outrem. Desse modo, isso resultará em fato gerador de ITCD.

Posto isso, o art. 1.358-T do CC estabelece: "O multiproprietário somente poderá renunciar de forma translativa a seu direito de multipropriedade em favor do condomínio edilício".

Nada impede, no entanto, que ocorra a renúncia abdicativa da unidade periódica, nos termos do art. 1.275, II, do CC. Para tanto, basta que o multiproprietário manifeste sua renúncia e ocorra a inscrição de sua manifestação de vontade na matrícula do imóvel. Assim, a unidade periódica irá se transformar em bem vago e será revertido em favor do município, como sucede no caso de vacância dos bens.

> **Atenção**
>
> Todavia, o que o art. 1.358-T do CC faz é prever a renúncia translativa. E em virtude do advérbio "somente", tal manifestação apenas poderia ocorrer tendo como beneficiário o próprio condomínio edilício. Além disso, de acordo o parágrafo único do art. 1.358-T, a renúncia prevista no *caput* do referido artigo só é admitida se o multiproprietário estiver em dia com as contribuições condominiais, com os tributos imobiliários e, se houver, com o foro ou a taxa de ocupação.

EM RESUMO:

A Lei nº 13.777/2018 e a multipropriedade imobiliária	**Conceito**: trata-se de um parcelamento do imóvel em frações temporais cujos titulares serão proprietários diversos, proporcionando um melhor aproveitamento do imóvel.
	A multipropriedade imobiliária resulta em condomínio.
	Lei nº 13.777/2018-A: inseriu no CC/2002 os arts 1.358-B ao 1.358-U e alterou os arts. 176 e 178 da Lei nº 6.015/1973.

Disciplina legal e definição	**Previsão legal**: arts. 1.358-B a 1.358-U do CC e, subsidiariamente, os arts. 1.331 e seguintes do CC (que versam sobre o condomínio edilício), a Lei nº 4.591/1964 (que dispõe sobre o condomínio em edificações e as incorporações imobiliárias) e o CDC (se envolver relação de consumo).
	A ideia de fracionamento, parcelamento ou fatiamento temporal que determinará o período em que cada um dos condôminos exercerá o uso e o gozo do bem, com exclusividade de todo o imóvel (art. 1.358-C do CC). Além disso, ainda que todas as frações de tempo se concentrem na pessoa de um mesmo multiproprietário, não haverá a extinção automática do instituto (art. 1.358-C, parágrafo único, CC).
Multipropriedade: direito real sobre coisa própria	A multipropriedade se manifesta com feição de direito real sobre coisa própria: nessa perspectiva, o multiproprietário não terá que arcar com as obrigações *propter rem* dos demais (exemplo: IPTU) e a unidade periódica pode ser dada em garantia.
Dos direitos e deveres do multiproprietário	**Direitos**: art. 1.358-I do CC.
	Deveres: art. 1.358-J do CC.
A alienação da unidade periódica	O titular da unidade periódica pode aliená-la ou onerá-la, como bem entender, desde que informe ao administrador do condomínio em multipropriedade, sendo dispensável a autorização dos demais multiproprietários.
	Não há direito de preferência dos demais condôminos, salvo disposição expressa no instrumento de instituição da multipropriedade imobiliária ou na convenção do condomínio em multipropriedade em favor dos demais multiproprietários ou do instituidor do condomínio em multipropriedade (art. 1.358-L, § 1º, do CC).
O objeto da multipropriedade	**Objeto**: é a unidade periódica, isto é, a coisa física considerada em determinado período de tempo do ano.
	Nada obstante a lei se refira aos bens imóveis, tendo-se em vista o princípio da gravitação jurídica – o acessório segue o principal –, inclui-se as instalações, os equipamentos e o mobiliário destinados a seu uso e gozo.
	O imóvel objeto da propriedade é indivisível, não se sujeitando à ação de divisão ou de extinção de condomínio (art. 1.358-D do CC).

A multipropriedade em unidade autônoma de condomínio edilício	Em se tratando de unidade autônoma em um condomínio edilício, para que ocorra a multipropriedade, por exemplo, em um de seus apartamentos, será necessária a previsão no instrumento de instituição ou a deliberação da maioria absoluta dos condôminos (art. 1.358-O, CC). As convenções dos condomínios edilícios, os memoriais de loteamentos e os instrumentos de venda dos lotes em loteamentos urbanos poderão limitar ou impedir a instituição da multipropriedade nos respectivos imóveis, vedação que somente poderá ser alterada no mínimo pela maioria absoluta dos condôminos (art. 1.358-U, CC).
Fração de tempo	A fração de tempo destinada a cada multiproprietário deve ser considerada indivisível, sendo que o período mínimo estabelecido pela lei será de 07 dias (seguidos ou intercalados). O período de cada fração poderá se manifestar de três formas: *(i)* período fixo e determinado, isto é, considerando o mesmo período em cada ano; *(ii)* flutuante, caso em que a determinação do período será realizada de forma periódica, mediante procedimento objetivo que respeite o princípio da isonomia; ou *(iii)* misto, combinando os sistemas fixo e flutuante. Todos os multiproprietários terão direito a uma mesma quantidade mínima de dias seguidos durante o ano, podendo haver a aquisição de frações maiores que a mínima, com o correspondente direito ao uso por períodos também maiores.
A instituição e a administração da multipropriedade	A instituição da multipropriedade pode ocorrer: por ato *inter vivos* ou causa mortis (por meio de um testamento). Deve haver o registro da multipropriedade no cartório da circunscrição em que o imóvel se situe, sendo que deverá constar do ato a duração dos períodos de cada fração de tempo.
A penhorabilidade da unidade periódica e a impenhorabilidade dos móveis que a guarnecem	Caso um titular de uma unidade periódica apresente dívidas pessoais, será possível que ocorra a penhora de sua unidade periódica, já que essa compõe o patrimônio do devedor. Essa penhora não pode incidir sobre o imóvel em si, mas sim sobre a fração temporal da qual o condômino é titular. Os bens móveis que guarnecem o imóvel não podem ser objeto de penhora.

Do inadimplemento das obrigações por parte do multiproprietário	Caso o multiproprietário não cumpra com o pagamento das despesas ordinárias e extraordinárias da multipropriedade, é cabível, na forma da lei processual civil, a adjudicação ao condomínio edilício de sua fração de tempo correspondente. Se o imóvel objeto da multipropriedade for parte integrante de empreendimento em que haja sistema de locação das frações de tempo no qual os titulares possam ou sejam obrigados a locar suas frações de tempo exclusivamente por meio de uma administração única, repartindo entre si as receitas das locações independentemente da efetiva ocupação de cada unidade autônoma, a convenção do condomínio edilício pode regrar que em caso de inadimplência: (i) o inadimplente fique proibido de utilizar o imóvel até a integral quitação da dívida; (ii) a fração de tempo do inadimplente passe a integrar o pool da administradora; (iii) a administradora do sistema de locação fique automaticamente munida de poderes e obrigada a, por conta e ordem do inadimplente, utilizar a integralidade dos valores líquidos a que o inadimplente tiver direito para amortizar suas dívidas condominiais, seja do condomínio edilício, seja do condomínio em multipropriedade, até sua integral quitação, devendo eventual saldo ser imediatamente repassado ao multiproprietário.
A previsão de renúncia translativa na lei	**Renúncia abdicativa** (o titular de um direito simplesmente abre mão dele, não havendo o fato gerador do ITCD, pois a manifestação não envolve transmissão de bem) × **Renúncia translativa** (há uma transmissão gratuita de um direito a outrem, resultando em fato gerador de ITCD). Segundo o art. 1.358-T do CC, o multiproprietário somente pode renunciar de forma translativa a seu direito de multipropriedade em favor do condomínio edilício. Isso só é possível se o multiproprietário estiver em dia com as contribuições condominiais, com os tributos imobiliários e, se houver, com o foro ou a taxa de ocupação. Nada impede, no entanto, que ocorra a **renúncia abdicativa** da unidade periódica, nos termos do art. 1.275, II, do CC, bastando que o multiproprietário manifeste sua renúncia e ocorra a inscrição de sua manifestação de vontade na matrícula do imóvel. Assim, a unidade periódica irá se transformar em bem vago e será revertido em favor do município, como sucede no caso de vacância dos bens.

Capítulo 40

Da Propriedade Fiduciária e da Propriedade Resolúvel

A propriedade fiduciária está disciplinada nos arts. 1.361 a 1.368-B do CC. Dentro da noção de propriedade fiduciária reside a denominada propriedade resolúvel.

Por propriedade resolúvel deve-se entender aquela que pode alcançar o seu fim em virtude de uma causa prevista no próprio título que a criou (por meio de uma condição ou um termo) ou em virtude de uma causa superveniente. Excetua-se, portanto, o princípio geral do *semel dominus, semper dominus* ("Uma vez dono, sempre dono").

O Código Civil contempla a propriedade nos artigos 1.359 e 1.360 e, na sequência deles acerca da propriedade resolúvel, em capítulo próprio, o legislador disciplina a propriedade fiduciária, decerto porque uma abrange a outra.

O art. 1.361 do CC inicia o tema dispondo: "Considera-se fiduciária a propriedade resolúvel de coisa móvel infungível que o devedor, com escopo de garantia, transfere ao credor".

Vale lembrar que a Lei nº 9.514/97 trata da alienação fiduciária em garantia de bens imóveis, sendo estabelecido em seu art. 22, com redação dada pela Lei nº 14.711/23: "A alienação fiduciária regulada por esta Lei é o negócio jurídico pelo qual o fiduciante, com o escopo de garantia de obrigação própria ou de terceiro, contrata a transferência ao credor, ou fiduciário, da propriedade resolúvel de coisa imóvel."

O art. 1.368-A do CC, incluído pela Lei nº 10.931/2004, estabelece que: "As demais espécies de propriedade fiduciária ou de titularidade fiduciária submetem-se à disciplina específica das respectivas leis especiais, somente se aplicando as disposições deste Código naquilo que não for incompatível com a legislação especial". Diante do referido dispositivo, conclui-se que o Código Civil apresentará caráter subsidiário no que se refere ao tema.

A alienação fiduciária decorre de um contrato que resulta em um direito real de garantia. Assim, no referido contrato estipula-se que a posse direta do bem ficará com o devedor fiduciante que, a título de garantia, transmite o bem ao credor fiduciário que apresenta em seu favor uma propriedade, porém, resolúvel, já que se finda automaticamente com o pagamento da última prestação. Constata-se, portanto, um perfeito desdobramento da posse, já que a posse direta caberá ao devedor fiduciante, enquanto a posse indireta, ao credor fiduciário. É importante notar que é o credor fiduciário que paga o preço diretamente ao alienante primitivo, o que resulta na alienação fiduciária em seu favor.

Como o art. 1.361 do CC se refere ao bem móvel infungível, larga aplicação encontra o instituto em relação ao financiamento de veículos, já que esses são tidos como bens móveis infungíveis em virtude de chassi próprio que os individualizam.

O contrato que estabelece a alienação fiduciária deverá apresentar: o total da dívida, ou sua estimativa; o prazo, ou a época do pagamento; a taxa de juros, se houver; a descrição da coisa objeto da transferência, com os elementos indispensáveis à sua identificação, conforme estabelece o art. 1.362 do CC.

Na sequência, a codificação civil preceitua que o devedor, a suas expensas e risco, pode usar a coisa segundo sua destinação, sendo obrigado, como depositário: a empregar na guarda da coisa a diligência exigida por sua natureza; e a entregá-la ao credor, se a dívida não for paga no vencimento.

Além disso, vencida a dívida, e não paga, fica o credor obrigado a vender, judicial ou extrajudicialmente, a coisa a terceiros, a aplicar o preço no pagamento de seu crédito e das despesas de cobrança, e a entregar o saldo, se houver, ao devedor (art. 1.364, CC).

> **Atenção**
>
> Nesse mote, importa notar que, em virtude do reconhecimento do caráter supralegal da Convenção Interamericana de Direitos Humanos, conhecida com Pacto de São José da Costa Rica, não se admite mais em nosso ordenamento a prisão do depositário infiel. Assim, vale lembrar a edição da Súmula Vinculante nº 25 do STF e a Súmula nº 419 do STJ que abraçam o mesmo propósito.

Consagra-se a vedação do pacto comissório no art. 1.365 que estabelece: "É nula a cláusula que autoriza o proprietário fiduciário a ficar com a coisa alienada em garantia, se a dívida não for paga no vencimento". Todavia, admite-se que o bem seja dado em pagamento mediante anuência do credor (art. 1.365, parágrafo único). É evidente que, quando vendida a coisa, o produto não bastar para o pagamento da dívida e das despesas de cobrança, continuará o devedor obrigado pelo restante (art. 1.366, CC).

A Lei nº 13.043/2014 altera a redação do art. 1.367 do CC e insere o art. 1.368-B, a seguir expostos:

> Art. 1.367, CC: A propriedade fiduciária em garantia de bens móveis ou imóveis sujeita-se às disposições do Capítulo I do Título X do Livro III da Parte Especial deste Código e, no que for específico, à legislação especial pertinente, não se equiparando, para quaisquer efeitos, à propriedade plena de que trata o art. 1.231.

Art. 1.368-B. A alienação fiduciária em garantia de bem móvel ou imóvel confere direito real de aquisição ao fiduciante, seu cessionário ou sucessor. Parágrafo único: O credor fiduciário que se tornar proprietário pleno do bem, por efeito de realização da garantia, mediante consolidação da propriedade, adjudicação, dação ou outra forma pela qual lhe tenha sido transmitida a propriedade plena, passa a responder pelo pagamento dos tributos sobre a propriedade e a posse, taxas, despesas condominiais e quaisquer outros encargos, tributários ou não, incidentes sobre o bem objeto da garantia, a partir da data em que vier a ser imitido na posse direta do bem.

EM RESUMO:

Da propriedade fiduciária e da propriedade resolúvel	**Propriedade resolúvel** (arts. 1.359 e 1.360): é aquela que pode alcançar o seu fim em virtude de uma causa prevista no próprio título que a criou (por meio de uma condição ou um termo) ou em virtude de uma causa superveniente.
	Propriedade fiduciária (arts. 1.361 a 1.368-B do CC): é a propriedade resolúvel de coisa móvel infungível que o devedor, com escopo de garantia, transfere ao credor.
	A alienação fiduciária decorre de um contrato que resulta em um direito real de garantia. No referido contrato estipula-se que a posse direta do bem ficará com o devedor fiduciante que, a título de garantia, transmite o bem ao credor fiduciário que apresenta em seu favor uma propriedade, porém, resolúvel, já que se finda automaticamente com o pagamento da última prestação. A posse direta cabe ao devedor fiduciante, enquanto a posse indireta, ao credor fiduciário.

Capítulo 41

Dos Direitos Reais de Garantia

1. DISTINÇÕES NECESSÁRIAS

São considerados direitos reais de garantia o penhor, a hipoteca, a anticrese e a alienação fiduciária. Porém, de início, é importante perceber que, enquanto o penhor, a hipoteca e a anticrese são considerados direitos reais de garantia sobre coisa alheia, a alienação fiduciária seria um direito real de garantia sobre coisa própria.

Outra distinção relevante é a que existe entre as garantias reais e as garantias fidejussórias, já que em se tratando de garantia real o que se tem é uma coisa garantindo o adimplemento de uma dívida por meio de um vínculo real (art. 1.419 do CC). A outro giro, quando se cogita de uma garantia fidejussória, também conhecida como pessoal, o cumprimento da obrigação será garantido por uma pessoa, como é o que ocorre, por exemplo, com a fiança.

2. REGRAS GERAIS

As regras gerais referentes ao penhor, à hipoteca e à anticrese se situam nos arts. 1.419 ao 1.430 do CC. Dentre elas podemos encontrar vários requisitos de caráter subjetivo, objetivo e formal.

Como requisitos subjetivos podem ser citados:

- Só quem é dono poderá dar um bem em garantia. Se a garantia for constituída por quem não é o proprietário (constituição de garantia a *non domino*), haverá causa de nulidade do ato, exceto se houver a chamada convalidação por superveniência de domínio. Desse modo, a propriedade superveniente torna eficaz, desde o registro, as garantias reais estabelecidas por quem não era dono.
- Só aquele que pode alienar poderá empenhar, hipotecar ou dar em anticrese.
- Os absoluta e relativamente incapazes poderão dar em garantia, desde que devidamente representados e assistidos, respectivamente.
- As pessoas casadas, exceto sob o regime de separação de bens, para dar bens em garantia deverão obter a vênia conjugal, conforme art. 1.647, I, CC.

- A coisa comum a dois ou mais proprietários não pode ser dada em garantia real, na sua totalidade, sem o consentimento de todos; mas cada um pode individualmente dar em garantia real a parte que tiver.

- No que tange à possibilidade de um ascendente dar um bem em garantia (especificamente, hipotecar) ao seu descendente, a doutrina se divide acerca da necessidade de obtenção de autorização dos demais descendentes. Parte da doutrina entende que, por aplicação analógica do art. 496 do CC, tal autorização seria imprescindível para se atribuir validade ao ato. De outro lado, há quem propugne pela desnecessidade de tal autorização, já que se trata de norma restritiva da autonomia privada, não admitindo interpretação extensiva, portanto.

    Como requisito objetivo, pode ser citado:

- Só os bens que podem ser alienados podem ser dados em garantia, desse modo, os bens fora do comércio não poderão ser empenhados, hipotecados ou dados em anticrese.

    Como requisitos formais, há de ser lembrado que:

- Os direitos reais de garantia somente produzirão efeitos em relação a terceiros se presentes a especialização e a publicidade. Por especialização entende-se a descrição pormenorizada do bem, do valor do crédito, do prazo para pagamento e da taxa de juros, conforme art. 1.424 do CC. Já a publicidade dar-se-á mediante o registro do contrato de penhor, hipoteca ou anticrese, no Cartório de Registro de Imóveis ou no Cartório de Registro de Títulos e Documentos, a depender do caso. Importante ressaltar que a falta dos requisitos formais não implicará a nulidade do contrato, tão somente a ineficácia em relação a terceiros.

3. EFEITOS DOS DIREITOS REAIS DE GARANTIA

- Direito de preferência: diante de eventual concurso de credores, aqueles que sejam titulares de garantias reais terão preferência a outros credores no recebimento de seus créditos (art. 1.422, CC).

- Direito de sequela: se traduz no direito que tem o titular do direito real de perseguir a coisa dada em garantia (*vide* Súmula nº 308 do STJ).

    Por essa súmula, a sequela restará afastada nesse caso específico.

- Direito de excussão: trata-se do direito que tem o credor de promover a venda judicial do bem empenhado ou hipotecado para a satisfação do crédito garantido. Ressalte-se que o credor anticrético não fará jus ao direito de excussão, tendo apenas a possibilidade de reter o bem em seu poder. Porém, esse direito será extinto se decorridos quinze anos da data de sua constituição.

- Indivisibilidade: o pagamento parcial da dívida não importará a exoneração do bem dado em garantia, salvo disposição expressa no título ou na quitação (art. 1.421, CC).

4. VENCIMENTO ANTECIPADO DA DÍVIDA

O Código Civil em seu art. 1.425 objetiva beneficiar o credor quando admite a possibilidade de se antecipar o vencimento da dívida, nas seguintes situações:

I) se, deteriorando-se, ou depreciando-se o bem dado em segurança, desfalcar a garantia, e o devedor, intimado, não a reforçar ou substituir;

II) se o devedor cair em insolvência ou falir;

III) se as prestações não forem pontualmente pagas, toda vez que deste modo se achar estipulado o pagamento. Neste caso, o recebimento posterior da prestação atrasada importa renúncia do credor ao seu direito de execução imediata;

IV) se perecer o bem dado em garantia, e não for substituído;

V) se se desapropriar o bem dado em garantia, hipótese na qual se depositará a parte do preço que for necessária para o pagamento integral do credor.

5. VEDAÇÃO AO PACTO COMISSÓRIO REAL

Por pacto comissório ou cláusula comissória entende-se o dispositivo contratual que autoriza ao credor fazer seu o bem dado em garantia diante do inadimplemento do devedor. O Código Civil, em seu art. 1.428, veda expressamente a referida cláusula. Restará ao credor a possibilidade de promover a excussão do bem. Em verdade, o preceito legal liga-se ao princípio da execução menos gravosa para o devedor.

Desse modo, a vedação ao pacto comissório funda-se em duas bases: a primeira, no sentido de proteção ao devedor, já que, se o contrário fosse admitido, muitas vezes o credor ao se apropriar do bem dado em garantia acabaria por ficar com um bem de maior valor do que o da dívida, já que na maioria das vezes o valor do bem dado em garantia supera o valor da dívida; a segunda, no sentido de se efetivar o princípio do *par conditium creditorum* que, em breves linhas, objetiva aplicar condições iguais a todos os credores. Isso porque, se fosse admitido o pacto comissório e o credor se apropriasse do bem dado em garantia, o valor que sobejasse à dívida não voltaria ao patrimônio do devedor para satisfação dos demais credores eventualmente existentes, de modo que apenas um credor se beneficiaria.

> **Atenção**
>
> Não se pode confundir o pacto comissório com o pacto marciano. Nessa senda, aprovou-se o Enunciado nº 626, na VIII Jornada de Direito Civil, com o seguinte conteúdo:
>
> Não afronta o art. 1.428 do Código Civil, em relações paritárias, o pacto marciano, cláusula contratual que autoriza que o credor se torne proprietário da coisa objeto da garantia mediante aferição de seu justo valor e restituição do supérfluo (valor do bem em garantia que excede o da dívida).

Todavia, é possível que devedor dê a coisa em pagamento da dívida, a título de dação em pagamento, o que diante do aceite do credor resultará na extinção da dívida (art. 1.428, parágrafo único, CC).

6. GARANTIA REAL PRESTADA POR TERCEIRO

De acordo com o art. 1.427 do CC, "salvo cláusula expressa, o terceiro que presta garantia real por dívida alheia não fica obrigado a substituí-la, ou reforçá-la, quando, sem culpa sua, se perca, deteriore ou desvalorize". Por esse dispositivo constata-se a possibilidade de um terceiro alheio a relação jurídica obrigacional primitiva ofereça bem em garantia de dívida alheia. É importante notar que o terceiro que oferece o bem não se transforma automaticamente em devedor, nem fiador. Com base nisso, havendo a perda, a deterioração ou a desvalorização do bem dado pelo terceiro, sem culpa sua, esse não se vê obrigado a substituí-la ou reforçá-la.

A obrigação de o terceiro substituir ou reforçar a garantia surgirá excepcionalmente apenas se houver previsão contratual ou se a depreciação ou perda se der por culpa sua.

Se a depreciação ou perda da garantia se der em relação ao bem dado em garantia pelo próprio devedor, nesse caso, como visto alhures, se o devedor se negar a reforçá-la, tal fato implicará vencimento antecipado da dívida (art. 1.425, I e IV, CC).

7. PENHOR

Penhor é o direito real de garantia ao qual o devedor, em regra, entrega a posse direta de um bem ao seu credor a título de garantir o adimplemento de uma obrigação. Excepcionalmente, em se tratando das modalidades de penhor rural, industrial, mercantil e de veículos, não há a entrega do bem ao credor.

Não se pode confundir o penhor com a penhora. Como visto, o penhor é direito real em garantia, já a penhora trata-se de ato de constrição judicial pelo qual os bens do devedor inadimplente são arrecadados para a satisfação do credor. Da penhora decorre a coisa penhorada; do penhor, a coisa será empenhada ou apenhada.

7.1 Espécies de penhor

1) Penhor comum ou convencional (art. 1.431, *caput*, CC)

- • decorre da convenção feita entre as partes;
- • haverá a transferência da posse do bem móvel alienável em favor do credor;
- • deverá ser feito por escrito particular ou público;
- • o seu instrumento deverá ser levado a registro no Cartório de Títulos e Documentos.

2) Penhor legal (art. 1.467, CC)

- decorre de imposição legal, independentemente de convenção estabelecida entre as partes;

- ocorre em relação aos hospedeiros, ou fornecedores de pousada ou alimento, sobre as bagagens, móveis, joias ou dinheiro que os seus consumidores ou fregueses tiverem consigo nas respectivas casas ou estabelecimentos, pelas despesas ou consumo que aí tiverem feito; ao dono do prédio rústico ou urbano, sobre os bens móveis que o rendeiro ou inquilino tiver guarnecendo o mesmo prédio, pelos aluguéis ou rendas.

3) Penhores especiais:

a) Penhor rural, que poderá ser agrícola ou pecuário (art. 1.438 do CC): No penhor rural não haverá a transferência da posse do bem para o credor, assim as coisas continuam em poder do devedor que as deve guardar e conservar.

- Penhor agrícola (art. 1.442, CC): o objeto de penhor agrícola são as máquinas e instrumentos de agricultura; colheitas pendentes, ou em via de formação; frutos acondicionados ou armazenados; lenha cortada e carvão vegetal; animais do serviço ordinário de estabelecimento agrícola.

- Penhor pecuário (art. 1.444, CC): o objeto do penhor pecuário são os animais que integram a atividade pastoril, agrícola ou de lacticínios.

b) Penhor industrial e mercantil (art. 1.447, CC): o objeto do penhor industrial e mercantil são máquinas, aparelhos, materiais, instrumentos, instalados e em funcionamento, com os acessórios ou sem eles; animais, utilizados na indústria; sal e bens destinados à exploração das salinas; produtos de suinocultura, animais destinados à industrialização de carnes e derivados; matérias-primas e produtos industrializados. Não haverá a transferência da posse do bem para o credor; Registro: Cartório de Registro de Imóveis da circunscrição onde estiverem situadas as coisas empenhadas.

c) Penhor de direitos e títulos de crédito: o objeto do penhor de direitos e títulos de crédito são direitos, suscetíveis de cessão, sobre coisas móveis. Registro: Cartório de Registro de Títulos e Documentos.

d) Penhor de veículos (art. 1.461, CC): o objeto do penhor de veículos são os veículos empregados em qualquer espécie de transporte ou condução. Não haverá a transferência da posse do bem para o credor; Registro: no Cartório de Títulos e Documentos do domicílio do devedor, devendo haver anotação no certificado de propriedade do veículo.

A Lei nº 14.179, de 30/6/2021, que estabeleceu normas para a facilitação de acesso ao crédito e para mitigação dos impactos econômicos decorrentes da pandemia da Covid-19, entrando em vigor na data de sua publicação, revogou expressamente o art. 1.463 do CC, passando a não se exigir mais o seguro, com a justificativa de que a dispensa prévia do seguro iria facilitar o acesso ao crédito dando continuidade às atividades empresariais e consequentemente assegurando o emprego da população e a economia do Brasil.

7.2 Direitos e deveres do credor pignoratício

São direitos do credor pignoratício, conforme preceitua o art. 1.433 do CC:

> I) à posse da coisa empenhada, em regra; II) à retenção dela, até que o indenizem das despesas devidamente justificadas, que tiver feito, não sendo ocasionadas por culpa sua; III) ao ressarcimento do prejuízo que houver sofrido por vício da coisa empenhada; IV) a promover a execução judicial, ou a venda amigável, se lhe permitir expressamente o contrato, ou lhe autorizar o devedor mediante procuração; V) a apropriar-se dos frutos da coisa empenhada que se encontra em seu poder; VI) a promover a venda antecipada, mediante prévia autorização judicial, sempre que haja receio fundado de que a coisa empenhada se perca ou deteriore, devendo o preço ser depositado. O dono da coisa empenhada pode impedir a venda antecipada, substituindo-a, ou oferecendo outra garantia real idônea.

Além disso, o credor não pode ser constrangido a devolver a coisa empenhada, ou uma parte dela, antes de ser integralmente pago, podendo o juiz, a requerimento do proprietário, determinar que seja vendida apenas uma das coisas, ou parte da coisa empenhada, suficiente para o pagamento do credor (art. 1.434, CC).

São obrigações do credor pignoratício, conforme art. 1.435 do CC:

> I – a custódia da coisa, como depositário, e a ressarcir ao dono a perda ou deterioração de que for culpado, podendo ser compensada na dívida, até a concorrente quantia, a importância da responsabilidade;
>
> II – a defesa da posse da coisa empenhada e a dar ciência, ao dono dela, das circunstâncias que tornarem necessário o exercício de ação possessória;
>
> III – a imputar o valor dos frutos, de que se apropriar (art. 1.433, inciso V) nas despesas de guarda e conservação, nos juros e no capital da obrigação garantida, sucessivamente;
>
> IV – a restituí-la, com os respectivos frutos e acessões, uma vez paga a dívida;
>
> V – a entregar o que sobeje do preço, quando a dívida for paga, no caso do inciso IV do art. 1.433.

7.3 Extinção do penhor

São hipóteses de extinção do penhor:

- havendo a extinção da obrigação;
- diante do perecimento da coisa dada em garantia;

- ocorrendo a renúncia do credor à garantia real;
- confundindo-se na mesma pessoa as qualidades de credor e de dono da coisa;
- dando-se a adjudicação judicial, a remissão ou a venda da coisa empenhada, feita pelo credor ou por ele autorizada.

8. HIPOTECA

É o direito real de garantia pelo qual o devedor da relação jurídica obrigacional oferece um bem imóvel, que continua em seu poder, ao credor para garantir-lhe o adimplemento da obrigação.

Como os demais direitos reais de garantia, a hipoteca apresenta o caráter de acessoriedade, indivisibilidade, sequela e preferência. Ao contrário do que acontece com o penhor comum ou convencional, na hipoteca o bem hipoteca continua sobre a posse do devedor.

As partes envolvidas na hipoteca são: o credor hipotecário e o devedor hipotecante.

8.1 Objeto da hipoteca

Em princípio, a hipoteca incidirá sobre bens imóveis, abrangendo todas as acessões, melhoramentos ou construções do imóvel. Todavia, o art. 1.473 do CC de forma específica alarga a possibilidade de alcance da hipoteca fazendo incidi-la também sobre: o domínio direto; o domínio útil; as estradas de ferro; os recursos naturais a que se refere o art. 1.230, independentemente do solo onde se acham; os navios; as aeronaves; o direito de uso especial para fins de moradia; o direito real de uso; a propriedade superficiária; e sobre os direitos oriundos da imissão provisória na posse, quando concedida à União, aos Estados, ao Distrito Federal, aos Municípios ou às suas entidades delegadas e a respectiva cessão e promessa de cessão.

Atenção

Realce que a hipoteca de navios e aeronaves será regida por lei especial. Além disso, no que diz respeito à hipoteca do direito real de uso e à hipoteca da propriedade fiduciária, essas ficarão limitadas à duração da concessão ou direito de superfície, caso tenham sido transferidos por período determinado.

8.2 Algumas espécies de hipoteca

1) Hipoteca convencional: decorre de convenção realizada entre as partes.
2) Hipoteca legal: decorre de imposição de lei como ocorre com o art. 1.489 do CC, que confere hipoteca às pessoas de direito público interno (art. 41) sobre os imóveis

pertencentes aos encarregados da cobrança, guarda ou administração dos respectivos fundos e rendas; aos filhos, sobre os imóveis do pai ou da mãe que passar a outras núpcias, antes de fazer o inventário do casal anterior; ao ofendido, ou aos seus herdeiros, sobre os imóveis do delinquente, para satisfação do dano causado pelo delito e pagamento das despesas judiciais; ao coerdeiro, para garantia do seu quinhão ou torna da partilha, sobre o imóvel adjudicado ao herdeiro reponente; ao credor sobre o imóvel arrematado, para garantia do pagamento do restante do preço da arrematação.

3) Hipoteca judicial: trata-se da hipoteca imposta pelo Poder Judiciário, figurante do processo civil, sem menção na legislação material.

8.3 Alienação de bem hipotecado

A alienação de um imóvel gravado com o direito real da hipoteca não importará prejuízo para o credor hipotecário, já que, como visto anteriormente, esse tem para si o direito de sequela, isto, a possibilidade de perseguir a coisa. Desse modo, nem há necessidade de interveniência do credor hipotecário quando da alienação.

Em virtude disso, o art. 1.475 do CC estabelece: "É nula a cláusula que proíbe ao proprietário alienar imóvel hipotecado". Todavia, não há nenhum impedimento para a previsão contratual que estabeleça o vencimento do crédito hipotecário em caso de alienação do imóvel.

8.4 Pluralidade de hipotecas

Um mesmo imóvel poderá ser gravado com mais de uma hipoteca, conforme prevê o art. 1.476 do CC. A essa nova constituição de hipoteca denomina-se de sub-hipoteca.

> **Atenção**
>
> Importante notar que a possibilidade de constituição de novas hipotecas se limita ao valor do bem, isto é, a soma das dívidas deverá corresponder ao valor do bem.

Quando da constituição de nova hipoteca será feito um novo instrumento hipotecário que será averbado no Cartório de Registro de Imóveis. O credor da segunda hipoteca, embora vencida, não poderá executar imóvel antes de vencida a primeira, exceto em caso de insolvência do devedor, sendo que não se considera insolvente o devedor por faltar ao pagamento das obrigações garantidas por hipotecas posteriores à primeira.

De acordo com o art. 1.478 do CC há a possibilidade de o segundo credor hipotecário promover a remição do bem, se sub-rogando no lugar do credor da primeira hipoteca constituída. Para tanto, o segundo credor se valerá da consignação em pagamento. Se o primeiro credor já estiver promovendo a execução da hipoteca, o credor da segunda depositará a importância do débito e as despesas judiciais.

Por fim, vale lembrar que a Lei nº 14.382/2022, que dispõe sobre o sistema eletrônico de registros públicos, revogou o art. 1.494 do CC, que estabelecia: "Não se registrarão no mesmo dia duas hipotecas, ou uma hipoteca e outro direito real, sobre o mesmo imóvel, em favor de pessoas diversas, salvo se as escrituras, do mesmo dia, indicarem a hora em que foram lavradas". Em verdade, a revogação se apresenta de pouco necessidade e utilidade, já que parte final do dispositivo ao ressalvar a indicação da hora afastaria qualquer abusividade ou confusão acerca da ordem de constituição das duas hipotecas ou uma hipoteca e outro direito real em favor de pessoas diversas.

8.5 Do recarregamento da hipoteca ou "refil" da hipoteca

A Lei nº 14.711/2023, conhecida como a Lei das Garantias, tem por objetivo aprimorar as garantias para estimular as concessões de créditos. É evidente que a interpretação do fomento ao crédito deve ser feita em conjunto com a Lei nº 8.009/90 e com base no princípio do crédito responsável para se evitar o superendividamento do consumidor.

A mencionada Lei insere no CC o art. 1487-A que apresenta a possibilidade de se lançar mão de interessante instituto denominado de recarregamento de hipoteca ou "refil" da hipoteca, à medida em que facilita, do ponto de vista registral, a formalização de novas operações de crédito entre as mesmas partes aproveitando-se de um imóvel que já havia sido oferecido em garantia. Assim, estende-se a hipoteca sobre um determinado imóvel para garantir novas obrigações perante o mesmo credor (regra da unicidade do credor), ao invés de se constituir nova hipoteca. Com isso, aproveita-se o "capital morto" e economiza-se com a nova operação (no lugar de um novo registro, caberá uma averbação na matrícula do imóvel).

8.6 Direito de remição

Cumpre em princípio diferenciar a remição da remissão. A remição significa resgate, tema atinente ao Direito Processual Civil, cujo verbo seria remir. Não se confunda, pois, com a remissão que significa perdão, cujo verbo seria remitir.

Para este ponto da matéria, interessa-nos a possibilidade de remição da hipoteca, que se traduz exatamente no ato pelo qual se libera o bem da hipoteca. Em sua origem, o Código Civil de 2002 trouxe três possibilidades de remição da hipoteca:1ª) operada pelo adquirente do imóvel; 2ª) operado pelo próprio devedor ou seus familiares; 3ª) operada em caso de falência ou insolvência do devedor hipotecário.

Sobre a remição da hipoteca operada pelo adquirente do imóvel, confira-se a redação do art. 1.481 e os seus parágrafos.

No que respeita a remição operada pelo executado ou pelos seus familiares, o art. 1.482 a admitia, mas este foi revogado pelo CPC/2015, tendo a remição sido substituída pela adjudicação, com direito de preferência a favor dos parentes (art. 685-A do CPC/73). A referida adjudicação a favor dos parentes se mantém no CPC/2015 no § 5º do art. 876. E a remição operada pelo próprio executado também se mantém no CPC/2015.

Já no que pertine à terceira possibilidade de remição, aquela operada em caso de falência ou insolvência do devedor – que antes estava prevista no art. 1.483, CC –, passou a ser disciplinada pelo próprio CPC/2015, agora com previsão no art. 877, § 4º, desse tecido normativo, sem manifesta alteração quanto ao seu conteúdo.

8.7 Extinção da hipoteca

Por fim, as formas pelas quais a hipoteca poderá ser extinta são mencionadas no art. 1.499 do CC e são elas: I) pela extinção da obrigação principal; II) pelo perecimento da coisa; III) pela resolução da propriedade; IV) pela renúncia do credor; V) pela remição; VI) pela arrematação ou adjudicação.

Além disso, importa notar que, extingue-se ainda a hipoteca com a averbação, no Registro de Imóveis, do cancelamento do registro, à vista da respectiva prova (art. 1.500, CC). E também não extinguirá a hipoteca, devidamente registrada, a arrematação ou adjudicação, sem que tenham sido notificados judicialmente os respectivos credores hipotecários, que não forem de qualquer modo partes na execução (art. 1.501, CC).

9. ANTICRESE

Anticrese é o direito real de garantia pelo qual o devedor transfere a posse de bem imóvel ao credor para que esse extraia do bem os seus rendimentos como compensação da dívida.

Trata-se de instituto pouco utilizado na prática e cumpre ao credor administrar o bem imóvel buscando extrair dele os frutos que representarão o adimplemento da obrigação.

Desse modo, o credor anticrético pode administrar os bens dados em anticrese e fruir seus frutos e utilidades, mas deverá apresentar anualmente balanço, exato e fiel, de sua administração. Caso o devedor anticrético não concorde com o que se contém no balanço, por ser inexato, ou ruinosa a administração, poderá impugná-lo, e, se o quiser, requerer a transformação em arrendamento, fixando o juiz o valor mensal do aluguel, o qual poderá ser corrigido anualmente. É o que prevê o art. 1.507 e seu § 1º, CC.

A lei ainda admite que o credor anticrético possa, salvo pacto em sentido contrário, arrendar os bens dados em anticrese a terceiro, mantendo, até ser pago, direito de retenção do imóvel, embora o aluguel desse arrendamento não seja vinculativo para o devedor (art. 1.507, § 2º, CC).

No que respeita às deteriorações sofridas pela coisa dada em anticrese, o Código Civil estabelece que o credor anticrético responde pelas deteriorações que, por culpa sua, o imóvel vier a sofrer, e pelos frutos e rendimentos que, por sua negligência, deixar de perceber (art. 1.508, CC).

O art. 1.423 do CC prevê que após o decurso de 15 anos a anticrese se extingue por caducidade, ainda que a dívida não tenha sido integralmente adimplida. Doravante, o credor perde a qualidade de titular de garantia real e passa a ser credor quirografário.

A lei ainda admite que adquirente dos bens dados em anticrese pode remi-los, antes do vencimento da dívida, pagando a sua totalidade à data do pedido de remição e, desse modo, imitir-se, se for o caso, na sua posse (art. 1.510, CC).

EM RESUMO:	
Distinções necessárias	**Direitos reais de garantia sobre coisa alheia**: o penhor, a hipoteca e a anticrese. **Direito real de garantia sobre coisa própria**: alienação fiduciária. **Garantias reais**: há uma coisa garantindo o adimplemento de uma dívida por meio de um vínculo real (art. 1.419 do CC) **Garantias fidejussórias** (ou pessoal): o cumprimento da obrigação é garantido por uma pessoa (exemplo: fiança).
Regras gerais	As regras gerais referentes ao penhor, à hipoteca e à anticrese se situam nos arts. 1.419 ao 1.430 do CC.
Efeitos dos direitos reais de garantia	**Direito de preferência** diante de eventual concurso de credores (art. 1.422, CC). **Direito de sequela**: possibilidade de o titular do direito real perseguir a coisa dada em garantia. Exceção: Súmula nº 308 do STJ ("A hipoteca firmada entre a construtora e o agente financeiro, anterior ou posterior à celebração da promessa de compra e venda, não tem eficácia perante os adquirentes do imóvel."). **Direito de excussão**: trata-se do direito que tem o credor de promover a venda judicial do bem empenhado ou hipotecado para a satisfação do crédito garantido. O credor anticrético não faz jus ao direito de excussão, tendo apenas a possibilidade de reter o bem em seu poder, mas esse direito extingue-se se decorridos 15 anos da data de sua constituição. **Indivisibilidade**: o pagamento parcial da dívida não importa a exoneração do bem dado em garantia, salvo disposição expressa no título ou na quitação (art. 1.421, CC).

Vencimento antecipado da dívida	O credor pode se beneficiar do vencimento antecipado da dívida, nas seguintes situações (art. 1.425): (*i*) se, deteriorando-se, ou depreciando-se o bem dado em segurança, desfalcar a garantia, e o devedor, intimado, não a reforçar ou substituir; (*ii*) se o devedor cair em insolvência ou falir; (*iii*) se as prestações não forem pontualmente pagas, toda vez que deste modo se achar estipulado o pagamento; (*iv*) se perecer o bem dado em garantia, e não for substituído; (*v*) se se desapropriar o bem dado em garantia.
Vedação ao pacto comissório real	**Pacto comissório ou cláusula comissória**: é o dispositivo contratual que autoriza ao credor fazer seu o bem dado em garantia diante do inadimplemento do devedor. O Código Civil, em seu art. 1.428, **veda expressamente** a referida cláusula, restando ao credor a possibilidade de promover a excussão do bem.
Garantia real prestada por terceiro	É possível que um terceiro alheio a relação jurídica obrigacional primitiva ofereça bem em garantia de dívida alheia. Salvo cláusula expressa, o terceiro que presta garantia real por dívida alheia não fica obrigado a substituí-la, ou reforçá-la, quando, sem culpa sua, se perca, deteriore ou desvalorize (art. 1.427, CC). Se a depreciação ou perda da garantia se der em relação ao bem dado em garantia pelo próprio devedor e o devedor se negar a reforçá-la, tal fato implicará vencimento antecipado da dívida (art. 1.425, I e IV, CC).
Penhor	**Conceito**: é o direito real de garantia ao qual o devedor, em regra, entrega a posse direta de um bem ao seu credor a título de garantir o adimplemento de uma obrigação. Excepcionalmente, em se tratando das modalidades de penhor rural, industrial, mercantil e de veículos, não há a entrega do bem ao credor. **Espécies**: **penhor convencional** (art. 1.431, *caput*, CC); **penhor legal** (art. 1.467, CC); e **penhores especiais** (penhor rural – art. 1.438 do CC, penhor industrial e mercantil – art. 1.447 do CC, penhor de direitos e títulos de crédito e penhor de veículos – art. 1.461, CC). **Direitos do credor pignoratício**: arts. 1.433 e 1.434, CC. **Deveres do credor pignoratício**: art. 1.435, CC. **Extinção**: (*i*) havendo a extinção da obrigação; (*ii*) diante do perecimento da coisa dada em garantia; (*iii*) ocorrendo a renúncia do credor à garantia real; (*iv*) confundindo-se na mesma pessoa as qualidades de credor e de dono da coisa; (*v*) dando-se a adjudicação judicial, a remissão ou a venda da coisa empenhada, feita pelo credor ou por ele autorizada.

	Conceito: É o direito real de garantia pelo qual o devedor da relação jurídica obrigacional oferece um bem imóvel, que continua em seu poder, ao credor para garantir-lhe o adimplemento da obrigação.

Conceito: É o direito real de garantia pelo qual o devedor da relação jurídica obrigacional oferece um bem imóvel, que continua em seu poder, ao credor para garantir-lhe o adimplemento da obrigação.

Características: acessoriedade, indivisibilidade, sequela e preferência.

Partes envolvidas: o credor hipotecário e o devedor hipotecante.

Objeto: bens imóveis, abrangendo todas as acessões, melhoramentos ou construções do imóvel. Todavia, o art. 1.473 do CC alarga a possibilidade de alcance também sobre: o domínio direto; o domínio útil; as estradas de ferro; os recursos naturais a que se refere o art. 1.230, independentemente do solo onde se acham; os navios; as aeronaves; o direito de uso especial para fins de moradia; o direito real de uso; a propriedade superficiária; e sobre os direitos oriundos da imissão provisória na posse, quando concedida à União, aos Estados, ao Distrito Federal, aos Municípios ou às suas entidades delegadas e a respectiva cessão e promessa de cessão.

Espécies: convencional (decorre de convenção); legal (decorre de lei); e judicial (imposta pelo Poder Judiciário).

Hipoteca

Alienação do bem hipotecado: a alienação do bem hipotecado não gera prejuízo para o credor hipotecário, já que esse tem para si o direito de sequela (a possibilidade de perseguir a coisa), não havendo necessidade de interveniência do credor hipotecário quando da alienação. É nula a cláusula que proíbe ao proprietário alienar imóvel hipotecado (art. 1.475, CC).

Pluralidade de hipotecas: um mesmo imóvel pode ser gravado com mais de uma hipoteca, desde que se limite ao valor do bem, isto é, a soma das dívidas deve corresponder ao valor do bem (art. 1.476, CC). A essa nova constituição de hipoteca denomina-se de sub-hipoteca.

Recarregamento da hipoteca ou "refil" da hipoteca: facilita, do ponto de vista registral, a formalização de novas operações de crédito entre as mesmas partes aproveitando-se de um imóvel que já havia sido oferecido em garantia (no lugar de um novo registro, caberá uma averbação na matrícula do imóvel). Assim, estende-se a hipoteca sobre um determinado imóvel para garantir novas obrigações perante o mesmo credor (regra da unicidade do credor), ao invés de se constituir nova hipoteca.

Possibilidades de remição da hipoteca: 1ª) operada pelo adquirente do imóvel (art. 1.481, CC); 2ª) operado pelo próprio devedor ou seus familiares (CPC); 3ª) operada em caso de falência ou insolvência do devedor hipotecário (art. 877, § 4º, CPC).

Hipoteca	**Extinção**: (*i*) pela extinção da obrigação principal; (*ii*) pelo perecimento da coisa; (*iii*) pela resolução da propriedade; (*iv*) pela renúncia do credor; (*v*) pela remição; (*vi*) pela arrematação ou adjudicação. Extingue-se ainda a hipoteca com a averbação, no Registro de Imóveis, do cancelamento do registro, à vista da respectiva prova (art. 1.500, CC).
Anticrese	**Conceito**: é o direito real de garantia pelo qual o devedor transfere a posse de bem imóvel ao credor para que esse extraia do bem os seus rendimentos como compensação da dívida. **Extinção**: após o decurso de 15 anos a anticrese se extingue por caducidade, ainda que a dívida não tenha sido integralmente adimplida, de modo que o credor perde a qualidade de titular de garantia real e passa a ser credor quirografário. **Direito de remição**: o adquirente dos bens dados em anticrese pode remi-los, antes do vencimento da dívida, pagando a sua totalidade à data do pedido de remição e, desse modo, imitir-se, se for o caso, na sua posse (art. 1.510, CC).

Capítulo 42

Direito Real de Laje

1. INTRODUÇÃO

O direito real de laje, atualmente, encontra expressa disposição e disciplina no CC, por meio da Lei nº 13.465/2017 que consolidou o inciso XIII no art. 1.225 e os arts. 1.510-A ao 1.510-E naquele tecido normativo.

O direito real de laje, também conhecido como direito real à laje, direito de sobre-levação, direito de superfície de segundo grau, ou, na linguagem popular, o "puxadi-nho", ocorre quando o proprietário de um imóvel permite, a título gratuito ou oneroso, que um terceiro construa ou ocupe construção acima ou abaixo de seu imóvel. Essa construção irá se traduzir em unidade imobiliária autônoma com matrícula própria (Lei nº 6.015/73, art. 176, § 9º).

Atenção

É importante notar a necessidade de a projeção imobiliária se manifestar de forma vertical, admitindo a lei não apenas a construção acima (espaço aéreo), mas também abaixo (subsolo) do imóvel.

Desse modo, o *caput* do art. 1.510-A do CC estabelece: "O proprietário de uma construção-base poderá ceder a superfície superior ou inferior de sua construção a fim de que o titular da laje mantenha unidade distinta daquela originalmente construída sobre o solo".

A inserção dos dispositivos referentes ao direito de laje no Código Civil se deu almejando a devida regularização fundiária, tendo cabimento diante de assentamentos informais ou irregulares.

2. NATUREZA JURÍDICA

Atualmente, a doutrina se divide em relação ao direito real de laje se tratar de direito real sobre coisa própria ou direito real sobre coisa alheia. Se a laje for considerada direito real sobre coisa própria, o seu titular, além de ter à sua disposição as faculdades de usar, gozar e dispor da coisa (essas já reconhecidas no art. 1.510-A, § 3º, CC), poderá, ainda, reivindicá-la de quem quer que a possua ou a detenha. Ao revés, considerar a laje como direito real sobre coisa alheia afastará tal possibilidade, admitindo tão somente o manejo de ações possessórias. Majoritariamente, parece ter mais razão o posicionamento de que a laje deve ser considerada como direito real sobre coisa própria.

3. CARACTERÍSTICAS E EFEITOS

A Lei nº 13.465/2017 não exige para a configuração do direito real de laje que o acesso seja independente do imóvel primevo. Isso porque a realidade demonstrou que é comum o compartilhamento de acessos entre a laje e a construção-base. Nada obstante, não deve ser afastada a necessidade de isolamento funcional que justifica a independência e a matrícula própria da laje.

Vale notar que a constituição do direito real de laje não implicará atribuição de fração ideal de terreno ao beneficiário ou participação proporcional em áreas já edificadas (art. 1.510-A, § 4º, CC).

Efeito de natureza tributária relevante é que o titular do direito real de laje responderá pelos encargos e tributos que incidirem sobre a sua unidade. E, além disso, a unidade autônoma constituída em matrícula própria poderá ser alienada e gravada livremente por seu titular, podendo o adquirente instituir sobrelevações sucessivas. Isso significa que o titular do direito real de laje poderá ceder à possibilidade do surgimento de um subsequente direito real de laje e assim por diante, desde que haja autorização expressa dos titulares da construção-base e das demais lajes, respeitadas as posturas edilícias e urbanísticas vigentes. Nada impede, ainda, que um direito real de laje apresente mais de um pavimento devendo ser observadas as posturas previstas em legislação local.

Com a redução fornecida pela Lei nº 13.465/2017, a alienação onerosa da laje pressupõe direito de preferência, conforme preceitua o art. 1.510-D do CC.

Vale notar que não haverá preferência ao titular do direito de laje, no caso de alienação da construção-base, haja vista que o ordenamento jurídico busca exatamente a cisão da propriedade da laje e do imóvel sobre o qual se assenta. Não visa, pois, à concentração das faculdades da propriedade numa mesma pessoa.

É expressamente vedado ao titular da laje prejudicar com obras novas ou com falta de reparação a segurança, a linha arquitetônica ou o arranjo estético do edifício, observadas as posturas previstas em legislação local. É o que dispõe o art. 1.510-B do CC.

Embora a laje não se confunda com o condomínio, tanto é assim que não implica a atribuição de fração ideal de terreno ao titular da laje ou a participação proporcional em áreas já edificadas, é importante notar que, em caráter excepcional é possível a aplicação de normas afetas ao condomínio à laje. Assim, o art. 1.510-C do CC estabelece:

> Sem prejuízo, no que couber, das normas aplicáveis aos condomínios edilícios, para fins do direito real de laje, as despesas necessárias à conservação e fruição das partes que sirvam a todo o edifício e ao pagamento de serviços de interesse comum serão partilhadas entre o proprietário da construção-base e o titular da laje, na proporção que venha a ser estipulada em contrato.

Sendo que o seu § 1º relata quais são as partes que servem a todo o edifício: I – os alicerces, colunas, pilares, paredes-mestras e todas as partes restantes que constituam a estrutura do prédio; II – o telhado ou os terraços de cobertura, ainda que destinados ao uso exclusivo do titular da laje; III – as instalações gerais de água, esgoto, eletricidade, aquecimento, ar condicionado, gás, comunicações e semelhantes que sirvam a todo o edifício; IV – em geral, as coisas que sejam afetadas ao uso de todo o edifício.

Além disso, desde que haja urgência, a lei admite a autoexecutoriedade na obrigação de fazer em se tratando de reparações emergenciais a serem feitas na construção tendo em vista o que dispõe o parágrafo único do art. 249 do CC.

4. A AQUISIÇÃO DO DIREITO REAL DE LAJE

A laje poderá ser adquirida mediante negócio jurídico realizado entre as partes, seja oneroso ou gratuito, ou até mesmo via usucapião, desde que preenchidos os requisitos legais do referido instituto, conforme aprovado no Enunciado nº 627 na VIII Jornada de Direito Civil.

Vale notar que a Lei nº 13.465/2017 que consolidou a laje como direito real na codificação civil também promoveu relevante modificação afeta à possibilidade de usucapião pela via extrajudicial, alterando o art. 216-A, § 2º, da Lei nº 6.015/73, interpretando o "silêncio do notificando como concordância".

Importante ainda perceber a omissão da lei acerca da forma de constituição do direito real de laje, cabendo, desse modo, a aplicação do art. 108 do CC, que estabelece: "Não dispondo a lei em contrário, a escritura pública é essencial à validade dos negócios jurídicos que visem à constituição, transferência, modificação ou renúncia de direitos reais sobre imóveis de valor superior a trinta vezes o maior salário mínimo vigente no País".

5. A EXTINÇÃO DA LAJE EM VIRTUDE DA RUÍNA DA CONSTRUÇÃO-BASE

Embora o direito real de laje não comporte sua extinção com o advento de termo, tendo, em princípio, natureza perpétua, será possível a extinção da laje em virtude da ruína da construção-base.

De acordo com o art. 1.510-E do CC, a ruína da construção-base implica extinção do direito real de laje, salvo se este tiver sido instituído sobre o subsolo; ou se a construção-base não for reconstruída no prazo de cinco anos.

Evidentemente que o disposto neste artigo não afasta o direito a eventual reparação civil contra o culpado pela ruína.

6. REFLEXO NO ÂMBITO PROCESSUAL

A multicitada Lei nº 13.465/2017 ainda promove alterações no CPC/2015, quando esse tecido normativo disciplina a execução, especificamente em seu art. 799, que estipula como incumbência do exequente:

> X – requerer a intimação do titular da construção-base, bem como, se for o caso, do titular de lajes anteriores, quando a penhora recair sobre o direito real de laje;
>
> XI – requerer a intimação do titular das lajes, quando a penhora recair sobre a construção-base.

Nada obstante a menção do legislador, poderia a Lei nº 13.465/2017 ainda ter promovido inserções nos arts. 804 e 899 do CPC/2015, já que esses artigos integram uma estrutura lógica que objetiva a proteção de interesses de terceiros.

EM RESUMO:

Introdução	Direito real de laje: ocorre quando o proprietário de um imóvel permite, a título gratuito ou oneroso, que um terceiro construa ou ocupe construção acima ou abaixo de seu imóvel. Essa construção irá se traduzir em unidade imobiliária autônoma com matrícula própria (Lei nº 6.015/73, art. 176, § 9º).
Natureza jurídica	A doutrina se divide em relação ao direito real de laje se tratar de: **direito real sobre coisa própria** (o seu titular, além de ter à sua disposição as faculdades de usar, gozar e dispor da coisa, pode reivindicá-la de quem quer que a possua ou a detenha) ou **direito real sobre coisa alheia** (afasta a possibilidade de reivindicar de quem possui ou detém, admitindo tão somente o manejo de ações possessórias).
Características e efeitos	Não se exige para a configuração do direito real de laje que o acesso seja independente do imóvel primevo, mas é necessário o isolamento funcional. A constituição do direito real de laje não implica atribuição de fração ideal de terreno ao beneficiário ou participação proporcional em áreas já edificadas (art. 1.510-A, § 4º, CC).

Características e efeitos	Efeito de natureza tributária: o titular do direito real de laje responde pelos encargos e tributos que incidirem sobre a sua unidade. A unidade autônoma constituída em matrícula própria poderá ser alienada e gravada livremente por seu titular, podendo o adquirente instituir sobrelevações sucessivas.
A aquisição do direito real de laje	A laje pode ser adquirida mediante negócio jurídico realizado entre as partes, seja oneroso ou gratuito, ou via usucapião, desde que preenchidos os requisitos legais do referido instituto.
A extinção da laje em virtude da ruína da construção-base	A ruína da construção-base implica extinção do direito real de laje, salvo se este tiver sido instituído sobre o subsolo; ou se a construção-base não for reconstruída no prazo de 05 anos. Evidentemente que o disposto neste artigo não afasta o direito a eventual reparação civil contra o culpado pela ruína (art. 1.510-E, CC).
Reflexo no âmbito processual	Incumbe ao exequente (art. 799, CPC): (*i*) requerer a intimação do titular da construção-base, bem como, se for o caso, do titular de lajes anteriores, quando a penhora recair sobre o direito real de laje; e (*ii*) requerer a intimação do titular das lajes, quando a penhora recair sobre a construção-base.

Capítulo 43

A Família Constitucionalizada

Na contemporaneidade, é possível vislumbrar a família sob a perspectiva de infinitas formatações. Hoje é possível visualizar as mais diversas conformações familiares, o que resultou na adoção do vocábulo **"Direito das Famílias"**, e a proteção a todas elas residirá na própria Constituição Federal de 1988 que produziu o reconhecimento daquilo que hoje sói denominar de **"família constitucionalizada"**. Assim, a Lei Maior declara, em seu art. 226, que a família, base da sociedade, tem especial proteção do Estado. Ainda, aponta **a igualdade de gêneros** – ao afastar pretensa superioridade masculina que se respaldava no pátrio poder – e **a igualdade entre os filhos** – extinguindo repudiosa diferenciação entre os filhos havidos no casamento e os filhos havidos fora dele, ao denominar de legítimos e ilegítimos.

Assim, o Direito de Família se compõe pelo conjunto de normas que disciplina os meios de constituição familiar, as relações de parentesco, a filiação, os alimentos, o bem de família e os institutos protetivos da família.

EM RESUMO:

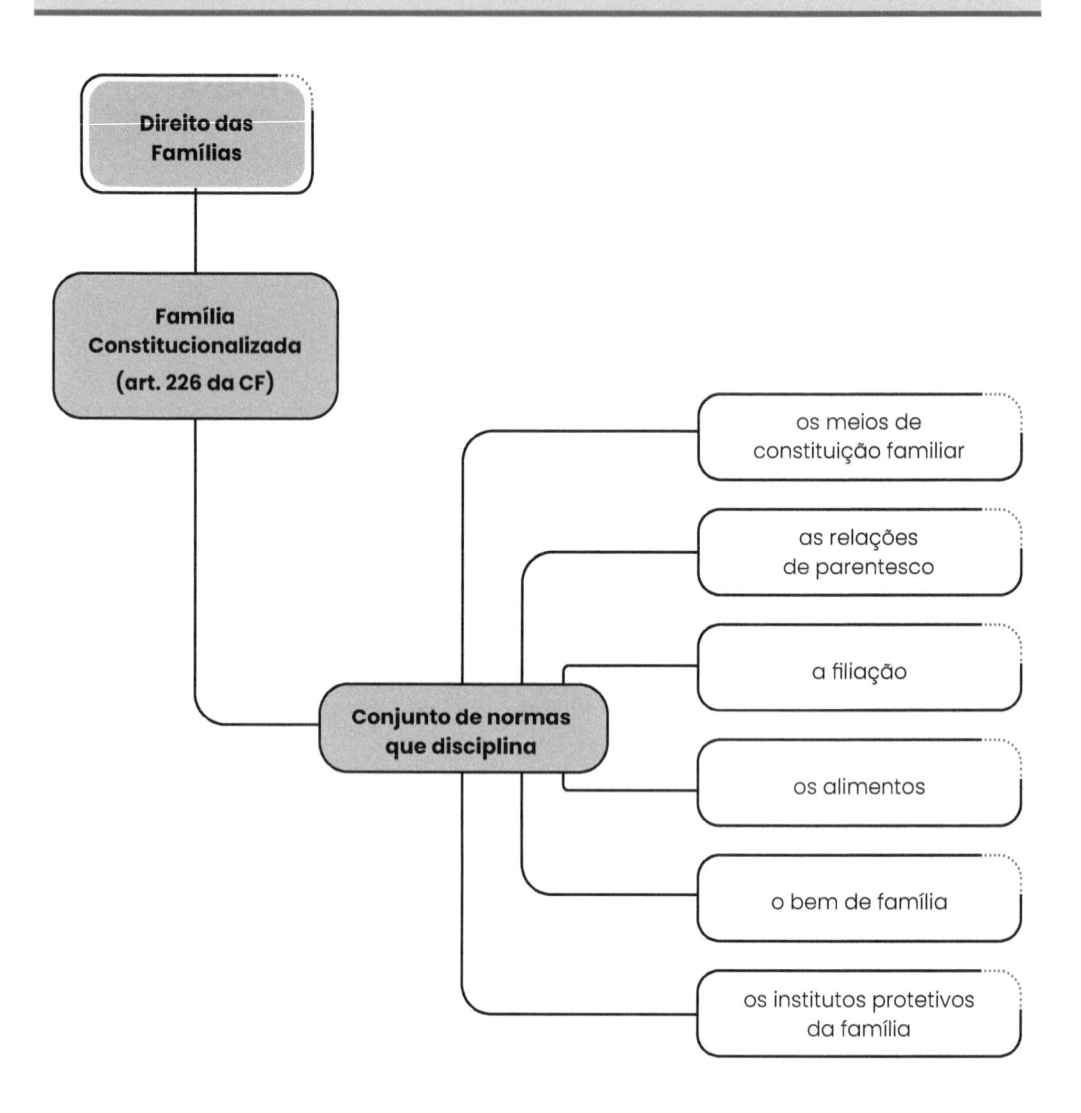

Capítulo 44

Princípios do Direito de Família

1. PRINCÍPIO DA DIGNIDADE DA PESSOA HUMANA

A dignidade da pessoa humana se apresenta como fundamento da República no inciso III do art. 1º da CF/88.

Doutrinariamente, são detalhados os parâmetros mínimos de aferição, vetores ou dimensões que devem ser defendidos para a consecução normativa da dignidade da pessoa humana, que são: a não instrumentalização, já que, conforme premissa kantiana, o ser humano não pode ser tratado como um meio para a obtenção de determinado fim; a autonomia existencial, uma vez que cada pessoa deve ter o direito de fazer suas escolhas essenciais de vida; o direito ao mínimo existencial, que, derivando do constitucionalismo social, se traduz na existência de condições materiais básicas para a vida; e o direito ao reconhecimento, que se manifesta na concepção de que as injustiças podem se dar não apenas no campo da redistribuição de bens, mas também no campo do reconhecimento, assim é relevante atentar para o olhar que as pessoas lançam sobre as outras pessoas que podem diminui--las em sua dignidade.

> **Importante**
>
> O princípio da dignidade da pessoa humana se faz notar de forma muito nítida no Direito de Família e respalda a ideia de despatrimonialização, de despatriarcalização e de personalização do Direito Civil, podendo ser constatado, por exemplo, com a superveniência da Súmula nº 364 do STJ, que estabelece: "O conceito de impenhorabilidade de bem de família abrange também o imóvel pertencente a pessoas solteiras, separadas e viúvas".

2. PRINCÍPIO DA SOLIDARIEDADE

Objetivo fundamental da República Federativa do Brasil é apontado no art. 3º, I, da CF/88 no sentido de se construir uma sociedade livre, justa e solidária. Preocupar-se com o outro, representa a solidariedade no seio familiar, manifestada na necessidade de cooperação entre os membros de uma família, no fenômeno da adoção que se espelha no sentimento de solidariedade, na assistência moral e material que deve existir entre os cônjuges e companheiros, no dever de prestar alimentos, dentre outras manifestações espraiadas no CC/2002.

3. PRINCÍPIO DA PLURALIDADE DAS ENTIDADES FAMILIARES

O art. 226, §§ 3º e 4º, da CF/88 reconhece como entidades familiares, além do casamento, a união estável e a família monoparental (a comunidade formada por qualquer dos pais e seus descendentes).

Todavia, com base nesse artigo já se discutiu, um dia, se as entidades familiares estariam restritas ao casamento, à união estável e à família monoparental. Na contemporaneidade, é inevitável o reconhecimento de múltiplos arranjos familiares, pois percebe-se a dignidade da pessoa humana, a igualdade e a liberdade como vetores máximos do texto constitucional.

Os arranjos familiares são inúmeros e merecem todos eles a especial proteção do Estado. Assim, pode-se aventar, por exemplo: a família homoafetiva (oriunda da união de pessoas do mesmo sexo), a família eudemonista (aquela que busca a felicidade de seus membros), a família anaparental (aquela em que não há a presença dos pais), a família mosaico, também conhecida como recomposta ou pluriparental (aquela que decorre de diversas conjunturas relacionadas subsequentemente, como casamentos desfeitos em que cada um de seus membros criam novas famílias, em uniões estáveis ou novos casamentos, ou mesmo de simples relações afetivas que emergem em sequência, de modo que a cada adição de novas pessoas deixa-se transparecer a sua complexidade).

4. PRINCÍPIO DA IGUALDADE ENTRE CÔNJUGES E COMPANHEIROS

Pauta-se na igualdade de gêneros, afastando-se da pretensa superioridade masculina que se respaldava no **pátrio poder** substituído, com o Código Civil de 2002, pelo **poder familiar**. Assim, efetiva-se o disposto no § 5º do art. 226 da CF/88: "Os direitos e deveres referentes à sociedade conjugal são exercidos igualmente pelo homem e pela mulher". Além disso, vale conferir o art. 1.511 do CC, que diz: "O casamento estabelece comunhão plena de vida, com base na igualdade de direitos e deveres dos cônjuges".

5. PRINCÍPIO DA IGUALDADE ENTRE OS FILHOS

Pelo princípio da igualdade entre os filhos, repudia-se a odiosa diferenciação que separava em classes diferentes – legítimos e ilegítimos – os filhos havidos no casamento e os filhos havidos fora dele, respectivamente.

6. PRINCÍPIO DO MELHOR INTERESSE DA CRIANÇA OU ADOLESCENTE

Considerando o princípio do melhor interesse da criança ou do adolescente, o que deve prevalecer é o interesse dos filhos, e não o dos pais. Tudo isso se respalda na novidadeira ótica protetiva destinada às crianças e aos adolescentes com a CF/88, que, inclusive, desaguou na promulgação do Estatuto da Criança e do Adolescente (Lei nº 8.069/90). É comum mencionar como exemplo de aplicação deste princípio a possibilidade de guarda compartilhada reconhecida no art. 1.583 do CC/2002.

7. PRINCÍPIO DA NÃO INTERVENÇÃO OU PROIBIÇÃO DE INTERFERÊNCIA

Festeja-se a autonomia privada sob as diversas perspectivas da existência humana. Não seria diferente no seio familiar. Assim, o art. 226, § 7º, estabelece: "Fundado nos princípios da dignidade da pessoa humana e da paternidade responsável, o planejamento familiar é livre decisão do casal, competindo ao Estado propiciar recursos educacionais e científicos para o exercício desse direito, vedada qualquer forma coercitiva por parte de instituições oficiais ou privadas". O preceito foi repetido no § 2º do art. 1.565 do CC. E, nessa senda, o Código Civil ainda pontifica em seu art. 1.513: "É defeso a qualquer pessoa, de direito público ou privado, interferir na comunhao de vida instituída pela família".

8. PRINCÍPIO DA MONOGAMIA

A monogamia, que se traduz na exclusividade de relações afetivas e sexuais entre duas pessoas, apresenta inegável raiz religiosa, inclusive, no Novo Testamento. Sempre se apresentou como nítido instrumento para a concentração patrimonial, bastante concernente aos interesses de uma época. Na contemporaneidade, com o Estado laico e a despatrimonialização, põe-se em dúvida a natureza principiológica da monogamia, pois esta se inclina muito mais para aquilo que é tido como bom, do que aquilo que deve ser. Nesse contexto, releva diferenciar os princípios dos valores. A monogamia apresenta forte viés valorativo, pois, embora considerada o ideal para alguns, não o é para todos, afastando-se, assim, dos contornos imprescindíveis para se caracterizar a monogamia como princípio. Dessa perspectiva surge a questão do poliamor ou poliamorismo, que se traduz na assunção de diversos relacionamentos afetivos e sexuais concomitantemente, sendo imprescindível para a sua caracterização a anuência de todos os envolvidos. Já houve a lavratura de três escrituras públicas reconhecendo o poliamorismo entre os envolvidos no território brasileiro, que perderam efeito após proibição do CNJ, em 2018, de os cartórios em registrar união estável poliafetiva, sob o argumento de que o conceito constitucional, histórico e sociológico da família sempre se deu com base na monogamia.

> ### Jurisprudência
>
> Em 2020, o STF considerou ilegítima a existência paralela de duas uniões estáveis, ou de um casamento e uma união estável, inclusive para efeitos previdenciários ao negar provimento ao RE nº 1.045.273, com repercussão geral reconhecida, que envolve a divisão da pensão por morte de um homem que tinha união estável reconhecida judicialmente com uma mulher, com a qual tinha um filho e, simultaneamente, por 12 anos manteve uma relação homoafetiva.

9. PRINCÍPIO DA AFETIVIDADE

Nada obstante a afetividade seja enquadrada pela doutrina prevalecente como pertencente à cepa dos princípios, dúvidas pairam acerca desse posicionamento.

O afeto decorre da autonomia privada de cada um e se traduz na terna benquerença que une uma pessoa a outra, sendo inerente a *espontaneidade*, não pode ser imposto, sob pena de se desfigurar. Motivando novas manifestações doutrinárias, jurisprudenciais e legislativas, por exemplo, a possibilidade de inclusão do sobrenome do padrasto ou da madrasta (Lei nº 11.924/2009) ou o reconhecimento da paternidade socioafetiva como mais uma modalidade de filiação. Ante a certeza de que um princípio traz em si verdadeira qualidade normativa, é que o afeto não pode se traduzir em princípio, já que se afasta do conceito principal do plano deôntico que é o dever-ser. O afeto não admite postulação, por isso não pode ser considerado um princípio, mas sim um valor.

10. PRINCÍPIO DA FUNÇÃO SOCIAL

A função social cuja sede se encontrava na propriedade, no contrato e na empresa hoje alcança os institutos do direito de família, de modo que enxergar cada um deles despido de suas finalidades sociais pode implicar verdadeiro desvio da proposição constitucional. Nesse mote, seguindo as pegadas da inafastável função social destinada aos institutos do Direito de Família, reconheceu-se a possibilidade do direito de visitação aos diferentes membros das entidades familiares, tais como tios, avós etc.; a própria possibilidade de condenação ao pagamento de pensão alimentícia para manutenção dos membros da família; e o reconhecimento de união estável à pessoa que, embora casada, esteja separada de fato.

11. PRINCÍPIO DA BOA-FÉ OBJETIVA

A boa-fé objetiva se traduz em um modelo de conduta honesto, probo e leal, já a boa-fé subjetiva se limita ao aspecto psicológico do agente que atua animado sob o espírito da ignorância do vício que inquina a relação.

No Direito de Família, a boa-fé está presente, por exemplo, no casamento putativo, quando o art. 1.561 do CC menciona a possibilidade de boa-fé de um dos cônjuges. Essa boa-fé é a boa-fé subjetiva. A boa-fé objetiva estar presente nas relações familiares é questão imperativa, e seus desdobramentos teóricos – tais como o *venire contra factum proprium*, a *supressio* e a *surrectio* – são manifestações que precisam estar presentes nas relações familiares, sob pena de se subverter o propósito dos institutos familiares.

Importante

Não raro se fala em impossibilidade de ação negatória de paternidade diante de um caso de "adoção à brasileira", não apenas por se impor o melhor interesse da criança, mas também por haver notada contradição no comportamento do agente. Contradição que também se constata quando uma das partes renuncia aos alimentos para muitos anos depois vir a exigi-los, nada obstante o art. 1.707 do CC se manifeste pela irrenunciabilidade dos alimentos. Nessa mesma toada, constata-se inadmissível contradição quando o devedor oferece um bem à penhora e, posteriormente, vem a reconhecer nele os caracteres de um bem de família.

EM RESUMO:

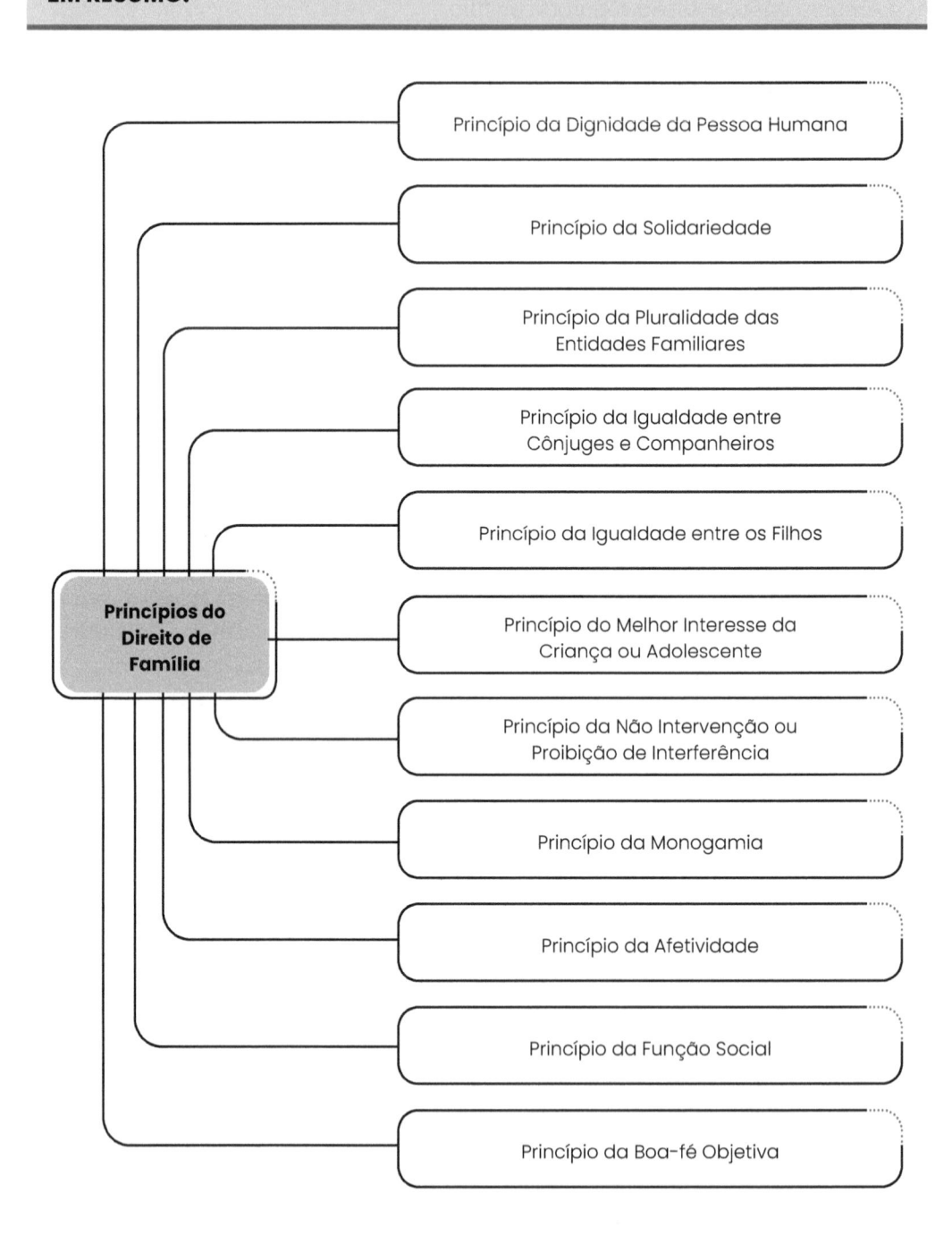

- Princípio da Dignidade da Pessoa Humana
- Princípio da Solidariedade
- Princípio da Pluralidade das Entidades Familiares
- Princípio da Igualdade entre Cônjuges e Companheiros
- Princípio da Igualdade entre os Filhos
- Princípio do Melhor Interesse da Criança ou Adolescente
- Princípio da Não Intervenção ou Proibição de Interferência
- Princípio da Monogamia
- Princípio da Afetividade
- Princípio da Função Social
- Princípio da Boa-fé Objetiva

Princípios do Direito de Família

Capítulo 45

Do Casamento

1. INTRODUÇÃO

O casamento é a forma mais tradicional de se constituir a família e se traduz na união de duas pessoas que reúnem esforços para a comunhão plena de vida. Não se vislumbra mais a superioridade da instituição do casamento se sobrepondo a cada um de seus membros, ao revés, a ideia que deve prevalecer é a do casamento buscando a promoção de cada um deles, tendo em vista a autonomia privada respeitante a cada um.

2. A NATUREZA JURÍDICA DO CASAMENTO

Três teorias se apresentam na busca da natureza jurídica do casamento. São elas:

a) **Teoria contratualista:** a natureza jurídica do casamento é contratual, já que o casamento nasce de um acordo de vontades, sendo o casamento, portanto, um contrato especial que gera para os cônjuges direitos e deveres recíprocos.

b) **Teoria institucionalista:** a natureza jurídica do casamento é de instituição, de modo que a manifestação de vontade das partes se resume a aceitar as normas já preestabelecidas pelo Estado para a sua conformação. A teoria institucionalista se enfraquece nitidamente quando se constata a autonomia privada de cada um dos membros envolvidos no casamento.

c) **Teoria mista, híbrida ou eclética:** essa teoria reúne as duas teorias anteriores em busca de se aferir a natureza jurídica do casamento, ao estabelecer que este deve ser considerado contrato quando de sua formação, pois há manifestação de vontade das partes envolvidas; todavia, após a sua constituição, evidencia-se a sua feição institucional, já que emergem regras preestabelecidas pelo Estado que inadmite o seu afastamento.

3. CAUSAS IMPEDITIVAS DO CASAMENTO

O casamento será considerado **nulo** se for contraído presente qualquer um dos impedimentos matrimoniais previstos no art. 1.521 do CC, não podendo ser confundidas com a falta de capacidade para o casamento que irá se manifestar em virtude de o pretendente não ter alcançado a idade núbil que se dá aos 16 anos. A pessoa pode ter a capacidade para se casar, mas não ter legitimação para se casar com determinada pessoa em virtude da existência de uma causa impeditiva. Assim, a existência de um impedimento irá se traduzir na **falta de legitimação** que a pessoa apresenta em um caso concreto que a impede de se casar com determinada pessoa.

As causas impeditivas do casamento devem ser consideradas *numerus clausus*, isto é, taxativamente. Já que as causas mencionadas no art. 1.521 do CC restringem direitos, devem elas ser interpretadas restritivamente. O art. 1.521 do CC estabelece que **não podem casar**:

I) **Os ascendentes com os descendentes, seja o parentesco natural ou civil.** As razões que motivaram o legislador aqui são de ordem moral, em virtude do repúdio ao incesto, e de ordem biológica por recear a possiblidade de problemas genéticos em virtude da proximidade de parentesco.

II) **Os afins em linha reta.** A reprovação jurídica se dá por força moral; mesmo com o casamento ou a união estável tendo chegado ao fim, o vínculo de afinidade em linha reta não se extingue. O que não ocorre com a afinidade na linha colateral, que será extinta com o fim do casamento ou da união estável. Desse modo, não se pode visualizar o genro casando com a sogra, o padrasto com a enteada etc.

III) **O adotante com quem foi cônjuge do adotado e o adotado com quem o foi do adotante.** Essa hipótese se torna desnecessária na lei, pois se refere à impossibilidade do casamento entre afins na linha reta.

IV) **Os irmãos, unilaterais ou bilaterais, e demais colaterais, até o terceiro grau inclusive.** Mais uma vez, o receio relativo à propensão de problemas genéticos se faz notar. Irmãos não podem se casar entre si, sejam unilaterais (aqueles com apenas o pai ou a mãe em comum) ou bilaterais, também conhecidos como germanos (aqueles que são filhos do mesmo pai e da mesma mãe). Também não podem se casar os tios com os sobrinhos (que são os parentes colaterais de 3º grau).

> **Atenção**
>
> Excepcionalmente, será admitido esse casamento em virtude do Decreto-lei nº 3.200/41, que permanece em vigor, mesmo após a entrada em vigor do CC/2002. Isso porque lei geral não tem o condão de revogar lei especial. Tanto é assim que o Enunciado nº 98 do CJF estabelece: "O inciso IV do art. 1.521 do novo Código Civil deve ser interpretado à luz do Decreto-lei nº 3.200/41, no que se refere à possibilidade do casamento entre colaterais de 3º grau". Isso posto, o Decreto-lei cogita de os colaterais de 3º grau – ou em se tratando de menores, os seus represen-

tantes legais – poderem requerer ao juiz competente que indique dois médicos para examiná-los e se manifestar pela ausência de inconveniência do casamento. Trata-se, pois, do chamado **casamento avuncular**.

V) **O adotado com o filho do adotante.** Trata-se de mais uma menção desnecessária feita pela lei, já que, em verdade, o adotado e o filho do adotante são irmãos e o inciso anterior já vedaria tal possibilidade.

VI) **As pessoas casadas.** Esse impedimento transcende à vedação na esfera cível, alcançando a esfera criminal já que se houver um novo casamento além do preexistente tal ato configurará crime de bigamia previsto no art. 235 do Código Penal.

VII) **O cônjuge sobrevivente com o condenado por homicídio ou tentativa de homicídio contra o seu consorte.** O impedimento decorre de razão moral e, para que se considere a causa impeditiva, o homicídio deverá ser doloso, e não culposo. Isto é, o homicídio culposo não se traduz em causa idônea a impedir o casamento. Além disso, impõe-se o trânsito em julgado da sentença penal condenatória para que o impedimento se verifique.

> **Importante**
>
> Vale notar que o Código Penal, em seu art. 237, considera como crime o ato de contrair casamento, conhecendo a existência de impedimento que lhe cause a nulidade absoluta, impondo pena de detenção de três meses a um ano.
>
> Os impedimentos podem ser opostos, até o momento da celebração do casamento, por qualquer pessoa capaz, sendo que, se o juiz, ou o oficial de registro, tiver conhecimento da existência de algum impedimento, será obrigado a declará-lo de ofício. A violação a qualquer impedimento representa ofensa ao interesse público.

4. CAUSAS SUSPENSIVAS DO CASAMENTO

As causas suspensivas do casamento transitam por preocupações patrimoniais e se traduzem em **recomendações** para que o casamento não ocorra nas situações descritas no art. 1.523 do CC. Assim, não devem casar:

I) **O viúvo ou a viúva que tiver filho do cônjuge falecido, enquanto não fizer inventário dos bens do casal e der partilha aos herdeiros.**

II) **A viúva, ou a mulher cujo casamento se desfez por ser nulo ou ter sido anulado, até dez meses depois do começo da viuvez, ou da dissolução da sociedade conjugal.**

III) O divorciado, enquanto não houver sido homologada ou decidida a partilha dos bens do casal.

IV) O tutor ou o curador e os seus descendentes, ascendentes, irmãos, cunhados ou sobrinhos, com a pessoa tutelada ou curatelada, enquanto não cessar a tutela ou curatela, e não estiverem saldadas as respectivas contas.

Para a hipótese de pretensa dúvida quanto à paternidade de eventual prole prevista no art. 1.523, II, CC, os nubentes podem solicitar ao juiz que não lhes sejam aplicadas as causas suspensivas desde que a nubente prove o nascimento de filho, ou inexistência de gravidez, na fluência do prazo. Para as demais hipóteses (art. 1.523, I, III e IV, CC), os nubentes podem solicitar afastamento da respectiva causa suspensiva desde que se prove a inexistência de prejuízo, respectivamente, para o herdeiro, para o ex-cônjuge e para a pessoa tutelada ou curatelada.

De acordo com o art. 1.524 do CC, as causas suspensivas da celebração do casamento podem ser arguidas pelos parentes em linha reta de um dos nubentes, sejam consanguíneos ou afins, e pelos colaterais em segundo grau, sejam também consanguíneos ou afins, sendo este um *rol exemplificativo*. Assim, deve ser considerada como legitimada qualquer pessoa que tenha interesse nos objetivos resguardados pela lei.

Segundo o art. 1.529 do CC, tanto os impedimentos quanto as causas suspensivas serão opostos em declaração escrita e assinada, instruída com as provas do fato alegado, ou com a indicação do lugar onde possam ser obtidas. O oficial do registro dará aos nubentes ou a seus representantes nota da oposição, indicando os fundamentos, as provas e o nome de quem a ofereceu. Podem os nubentes requerer prazo razoável para fazer prova contrária aos fatos alegados e é evidente que a oposição irresponsável e de má-fé implicará em sanções cíveis e criminais cabíveis (art. 1.530, CC).

5. PRESSUPOSTOS DO CASAMENTO

Os pressupostos do casamento se dividem em duas classes: os de existência e os de validade.

Classicamente, como **pressupostos de existência** considera-se: **a diversidade de sexos**, a **vontade** e a **celebração por autoridade competente**.

A **diversidade de sexos** é pressuposto expressamente apresentado pelo Código Civil (art. 1.516), já que o objetivo do casamento *era* a perpetuação da espécie. Na contemporaneidade, constata-se que o casamento e o sexo não são imprescindíveis para a procriação, já que hoje é possível se alcançar tal desiderato por meio da reprodução assistida. A heterossexualidade não pode ser considerada mais requisito essencial para o casamento. Assim, o pressuposto da diversidade de sexos se apresenta substituível pela identidade de sexos, pautado na liberdade e na igualdade, princípios esses ostentados pela CF/88.

Jurisprudência

Em 5/5/2011, o STF decidiu na **ADIn nº 4277** e na **ADPF nº 132** pelo reconhecimento da união estável entre pessoas do mesmo sexo. Em decorrência dessas manifestações, decisões outras se fizeram notar no sentido de se converter uniões estáveis homoafetivas preexistentes em casamentos, o fundamento foi exatamente a necessidade de se aplicar à união estável homoafetiva os mesmos efeitos da união estável heteroafetiva. Nesse mote, o STJ decidiu, no **REsp 1.183.378-RS**, a possibilidade de habilitação de pessoas do mesmo sexo para o casamento civil. Essa decisão produziu efeitos *inter partes*, todavia, nada obstante a inexistência de modificação legislativa referente ao tema, a referida manifestação do STJ representa a forte tendência em se admitir a união, via casamento, de pessoas do mesmo sexo no ordenamento jurídico brasileiro.

Além disso, o CNJ, através da **Resolução nº 175/2013**, estabeleceu que: "É vedada às autoridades competentes a recusa de habilitação, celebração de casamento civil ou de conversão de união estável em casamento entre pessoas de mesmo sexo". As autoridades competentes mencionadas na referida Resolução são os responsáveis pelos Cartórios de Registro Civil das Pessoas Naturais.

No que tange ao **transexual** submetido à cirurgia de transgenitalização, não se pode vislumbrar nenhum óbice quanto ao seu casamento, já que a alteração de seu prenome e de seu designativo sexual no registro civil também já foi plenamente reconhecida pelo STJ (REsp 1.008.398-SP e REsp 737.993-MG). Entretanto, é evidente que, se o transexual ocultou a realidade acerca de seu sexo anterior, o seu cônjuge poderá pleitear a anulação do casamento por erro essencial quanto à pessoa do cônjuge, conforme preceitua o art. 1.556 c/c art. 1.557, I, CC.

A **ausência de vontade** resulta na inexistência do casamento. por exemplo, o nubente que anui pelo casamento sob coação por *vis absoluta* (por coação física); ou o casamento de uma pessoa sob hipnose. O consentimento é previsto pelo art. 1.516 do CCO art. 1.538 do CC prevê que a celebração do casamento será imediatamente suspensa se algum dos contraentes recusar a solene afirmação da sua vontade; declarar que esta não é livre e espontânea; manifestar-se arrependido, não sendo admitida a retratação no mesmo dia.

A doutrina clássica afirma que o consentimento externalizado pelos nubentes é ato pessoal e intransmissível, mas não é isso que se verifica quando se cogita do casamento de pessoa menor de idade e do casamento por procuração. O que é de fato personalíssima é a relação matrimonial, a condição pessoal de cônjuge com seus respectivos atributos e caracteres, e não o ato constitutivo do casamento.

No que diz respeito à **celebração**, devem ser observadas as premissas técnicas ostentadas nos arts. 1.533 ao 1.542 do CC, oportunamente aqui relacionadas. O casamento se traduz em ato formal e solene. A ausência da solenidade do casamento resulta em sua inexistência, diferentemente da ausência da solenidade nos demais negócios jurídicos que, de acordo com o art. 166, V, do CC resulta em sua invalidade, na matiz de nulidade.

Considera-se inexistente o casamento quando celebrado por **autoridade incompetente**, considerando-se a incompetência em relação à matéria (*ratione materiae*), por exemplo, um casamento celebrado por um delegado de polícia, quando a autoridade competente seria um juiz de paz. Como o ato inexistente é um nada jurídico, não há regramento para seus efeitos; todavia, devemos aplicar as mesmas regras atinentes à nulidade absoluta.

> **Atenção**
>
> Quanto aos **pressupostos de validade**, estando ausente qualquer um deles, poder-se-á considerar o casamento nulo ou anulável, a depender do caso. A teoria das nulidades no âmbito do casamento se afasta da teoria das nulidades dos negócios jurídicos em geral. Assim, embora na parte geral do Direito Civil se apregoe que o negócio nulo não produzirá efeitos, no âmbito do casamento, é possível a produção de efeitos para o cônjuge de boa-fé, desde que o casamento seja considerado putativo (art. 1.561, CC). Embora a nulidade deva ser declarada de ofício, no que respeita ao casamento, será necessário o manejo de uma ação ordinária (arts. 1.549 e 1.563, CC), não havendo declaração de ofício.

5.1 Do casamento nulo

Originalmente, o art. 1.548 do CC trazia duas hipóteses de nulidade absoluta do casamento, quando contraído: "I – pelo enfermo mental sem o necessário discernimento para os atos da vida civil; II – por infringência de impedimento".

A **Lei nº 13.146/2015 (Estatuto da Pessoa com Deficiência)** promoveu expressamente a **revogação do inciso I,** incluindo a pessoa com deficiência nesse tecido normativo, pois atribuiu capacidade civil plena a ela.

> Art. 6º A deficiência não afeta a plena capacidade civil da pessoa, inclusive para:
>
> I – casar-se e constituir união estável;
>
> II – exercer direitos sexuais e reprodutivos;
>
> III – exercer o direito de decidir sobre o número de filhos e de ter acesso a informações adequadas sobre reprodução e planejamento familiar;
>
> IV – conservar sua fertilidade, sendo vedada a esterilização compulsória;

V – exercer o direito à família e à convivência familiar e comunitária; e

VI – exercer o direito à guarda, à tutela, à curatela e à adoção, como adotante ou adotando, em igualdade de oportunidades com as demais pessoas.

Atenção

Atualmente, considera-se nulo o casamento apenas quando contraído por infringência aos impedimentos previstos no art. 1.521 do CC, analisados anteriormente.

A ação cabível nesses casos será a ação declaratória de nulidade e os efeitos de sua sentença serão *ex tunc*, retroagindo, assim, à data do casamento. A decretação de nulidade de casamento pode ser promovida mediante ação direta, por qualquer interessado, ou pelo Ministério Público (art. 1.549, CC). Os impedimentos deverão ser reconhecidos de ofício pelo juiz, conforme preceitua o art. 1.522 do CC, todavia, ao revés, a declaração de nulidade não poderá ocorrer de ofício.

5.2 Do casamento anulável

O casamento será considerado anulável diante de qualquer das causas previstas no art. 1.550 do CC:

I) De quem não completou a idade mínima para casar

A idade mínima para o casamento, tanto para o homem quanto para a mulher, é de 16 anos. A Lei nº 13.811/2019 alterou a redação do art. 1.520 do CC para "suprimir as exceções legais permissivas do casamento infantil. Em comparação:

Art. 1.520, CC, antes da Lei nº 13.811/2019	Art. 1.520, CC, depois da Lei nº 13.811/2019
"Excepcionalmente, será permitido o casamento de quem ainda não alcançou a idade núbil (art. 1.517), para evitar imposição ou cumprimento de pena criminal ou em caso de gravidez".	"Não será permitido, em qualquer caso, o casamento de quem não atingiu a idade núbil, observado o disposto no art. 1.517 deste Código".

A anulação do casamento dos menores de 16 anos será requerida: pelo próprio cônjuge menor; por seus representantes legais; ou por seus ascendentes. O prazo decadencial para se requerer a anulação será de **180 dias**, contado para o menor do dia em que completar 16 anos; e da data do casamento, para seus representantes legais ou ascendentes, conforme o § 1º do art. 1.560, CC. É possível que o menor que não atingiu a idade núbil possa, depois de completá-la, confirmar seu casamento, com a autorização de seus representantes legais, se necessária, ou com suprimento judicial (art. 1.553, CC).

II) Do menor em idade núbil, quando não autorizado por seu representante legal

Nessa hipótese, encontramos uma pessoa que tenha entre 16 e 18 anos.

A ação anulatória, nesse caso, deverá ser ajuizada no prazo decadencial de **180 dias**. Se ajuizada pelo próprio menor, o prazo será contado a partir de quando completar 18 anos. Se for ajuizada pelos representantes legais, o prazo será contado a partir do casamento. E, por fim, se for ajuizada pelos herdeiros necessários do incapaz, da morte desse.

Se o casamento tiver sido presenciado pelos representares legais do incapaz, não haverá a sua anulação. Trata-se de uma forma de convalidação, que também poderá ocorrer se os representantes, por qualquer modo, tiverem manifestado a sua aprovação. É o que dispõe o § 2º do art. 1.555, CC. O dispositivo homenageia a boa-fé objetiva, na medida em que veda o comportamento contraditório em clara aplicação da teoria do *venire contra factum proprium*.

III) Por vício da vontade, nos termos dos arts. 1.556 a 1.558

Os referidos artigos versam sobre o casamento realizado sob **erro essencial quanto à pessoa do outro cônjuge** (art. 1.556 c/c art. 1.557, CC) e sob **coação** (art. 1.558, CC). No que diz respeito ao casamento realizado sob coação, deve ficar claro que se trata de **coação moral (coação por *vis compulsiva*** – fundado temor de dano considerável e iminente à sua pessoa ou à sua família) e esta é um pouco mais restrita do que a coação moral prevista na parte geral do Código Civil, pois essa última induzirá à anulação também em caso de ameaça de ofensa dirigida aos bens do coagido ou a terceiro. O prazo para se anular o casamento em caso de coação será de **quatro anos**, a contar da data da celebração (art. 1.560, IV, CC).

IV) Do incapaz de consentir ou manifestar, de modo inequívoco, o consentimento

A hipótese é afeta aos ébrios habituais, aos viciados em tóxicos e àqueles que por causa transitória ou permanente não puderem exprimir a sua vontade. O prazo para ser intentada a ação de anulação do casamento, a contar da data da celebração, é de **180 dias** (art. 1.560, I, CC). Por fim, é importante destacar que o casamento do pródigo é considerado válido, tendo em vista a previsão do art. 1.782 do CC.

Importante

O pródigo não necessitará de assistência para o casamento e o regime de bens, se não for realizado pacto antenupcial, será, naturalmente, o regime da comunhão parcial de bens. Importante notar, entretanto, que para a realização do pacto antenupcial, o pródigo necessitará de assistência, pois trata-se de ato afeto ao âmbito patrimonial.

V) Realizado pelo mandatário, sem que ele ou o outro contraente soubesse da revogação do mandato, e não sobrevindo coabitação entre os cônjuges

Hipótese em que o mandante revoga o mandato antes do casamento e o casamento é celebrado sem que o mandatário ou o outro cônjuge soubesse da revogação. Deve-se acrescentar a isso a inexistência de coabitação entre os cônjuges. De acordo com o art. 1.560, § 2º, do CC, o prazo para anulação do casamento é de **180 dias**, a partir da data em que o mandante tiver conhecimento da celebração. Vale notar que, de acordo com o § 1º do art. 1.550 do CC, "equipara-se à revogação a invalidade do mandato judicialmente decretada". Por fim, é importante destacar que se a revogação for superveniente ao casamento, não é caso de se cogitar da invalidade do casamento.

VI) Por incompetência da autoridade celebrante

Essa hipótese é restrita ao caso de incompetência relativa em razão do lugar (*ratione loci*), por exemplo, um juiz de paz que celebre o casamento em lugar em que não tenha competência para tanto. O prazo decadencial para o ajuizamento da ação anulatória é de **dois anos** a contar da data da celebração (art. 1.560, II, CC). O art. 1.554 do CC dispõe que "subsiste o casamento celebrado por aquele que, sem possuir a competência exigida na lei, exercer publicamente as funções de juiz de casamentos e, nessa qualidade, tiver registrado o ato no Registro Civil".

5.2.1   Da anulação por erro essencial quanto à pessoa do outro cônjuge

De acordo com o art. 1.550, III, do CC, é anulável o casamento por vício da vontade, nos termos do art. 1.556 do CC. Esse artigo, por sua vez, preceitua que "o casamento pode ser anulado por vício da vontade, se houve por parte de um dos nubentes, ao consentir, erro essencial quanto à pessoa do outro".

As manifestações do que é considerado erro essencial sobre a pessoa do outro cônjuge estão no art. 1.557 e são:

I)   *O que diz respeito à sua identidade, sua honra e boa fama, sendo esse erro tal que o seu conhecimento ulterior torne insuportável a vida em comum ao cônjuge enganado* (exemplos: cônjuge homossexual ou transexual, coitofobia, perversão do instinto sexual, atividade de meretriz da mulher não conhecida pelo marido antes do casamento, cônjuge que agride a mulher na noite do casamento etc.): configura erro essencial quanto à pessoa do outro cônjuge, não alcançando a sua família. Além disso, para que induza à anulação é necessário que o conhecimento do fato torne insuportável a vida em comum.

II) *A ignorância de crime, anterior ao casamento, que, por sua natureza, torne insuportável a vida conjugal* (exemplo: pessoa que descobre que o cônjuge praticava tráfico de drogas ou que matou alguém): é necessário que o crime tenha sido praticado antes do casamento, sem exigência de que haja sentença condenatória com trânsito em julgado, agregado à insuportabilidade da vida em comum. Se a conduta ocorreu quando o agente tinha menos de 18 anos, sendo, pois, inimputável criminalmente, não se aperfeiçoa essa hipótese legal, entretanto, a anulação poderá ser pleiteada com base no erro quanto à honra e boa fama.

III) *A ignorância, anterior ao casamento, de defeito físico irremediável que não caracterize deficiência ou de moléstia grave e transmissível, por contágio ou por herança, capaz de pôr em risco a saúde do outro cônjuge ou de sua descendência* (exemplos: hermafroditismo ou má-formação dos genitais, impedindo à prática sexual; impotência *coeundi* ou instrumental – para a prática do ato sexual – também é considerada aqui para fins de anulação, afastando-se a impotência *generandi* – para gerar, em relação ao homem – ou *concipiendi* – para conceber, em relação à mulher): a moléstia grave considerada pelo inciso deverá ser transmissível, tais como a AIDS, hepatite, sífilis etc. Nesses casos, há presunção absoluta ou *iure et de iure* de insuportabilidade da vida em comum. O defeito físico não se traduz em deficiência. No que respeita à doença mental, havia previsão de anulabilidade também que, porém, foi revogada pela Lei nº 13.146/2015 (Estatuto da Pessoa com Deficiência). Há muito não existe a hipótese de erro quanto à pessoa em virtude do defloramento da mulher ignorado pelo marido, que constava do CC/1916. A ação anulatória é personalíssima, deverá ser manejada apenas pelo cônjuge que incidiu em erro no prazo decadencial de **três anos** a contar da celebração do casamento (art. 1.559 c/c art. 1.560, III, CC). Todavia, será caso de convalidação do casamento a coabitação posterior ao casamento, exceto no caso do defeito físico irremediável que não caracterize deficiência ou de moléstia grave e transmissível (art. 1.559, 2ª parte, CC).

5.3 O casamento da pessoa com deficiência após a entrada em vigor do Estatuto da Pessoa com Deficiência

A Lei nº 13.146/2015 (Estatuto da Pessoa com Deficiência) promoveu profundas alterações no que respeita à possibilidade do casamento da pessoa com deficiência. Com vistas à plena inclusão da pessoa deficiente na sociedade, o art. 6º dispõe:

> Art. 6º A deficiência não afeta a plena capacidade civil da pessoa, inclusive para:
>
> I – casar-se e constituir união estável;
>
> II – exercer direitos sexuais e reprodutivos;
>
> III – exercer o direito de decidir sobre o número de filhos e de ter acesso a informações adequadas sobre reprodução e planejamento familiar;
>
> IV – conservar sua fertilidade, sendo vedada a esterilização compulsória;
>
> V – exercer o direito à família e à convivência familiar e comunitária; e
>
> VI – exercer o direito à guarda, à tutela, à curatela e à adoção, como adotante ou adotando, em igualdade de oportunidades com as demais pessoas.

O art. 114 da mesma Lei revoga expressamente o art. 1.548, I, CC, que estabelecia como nulo o casamento realizado por enfermo mental sem o necessário discernimento para os atos da vida civil.

Importante

Reflexões outras devem ser feitas. A primeira de que o art. 1.550, IV, CC não foi revogado pelo Estatuto da Pessoa com Deficiência. O referido inciso preceitua que será anulável: o casamento "do incapaz de consentir ou manifestar, de modo inequívoco, o consentimento". Desse modo, em princípio, após a entrada em vigor do Estatuto da Pessoa com Deficiência, a pessoa com alguma enfermidade ou deficiência mental pode se casar sim, porém, o casamento poderá ser anulável caso essa pessoa seja incapaz de consentir. Seria o caso da pessoa que com deficiência mental adentre aos perímetros do art. 4º, III, do CC que estabelece como relativamente incapaz aquele que por causa transitória ou permanente não puder exprimir livremente a sua vontade. Caso a pessoa com deficiência não se enquadre nessa situação, logo, ele poderá contrair núpcias ou constituir família do modo que achar adequado. Todavia, o Estatuto da Pessoa com Deficiência acrescenta o § 2º no art. 1.550 do CC, que apresenta o seguinte teor: "A pessoa com deficiência mental ou intelectual em idade núbia (*sic*) poderá contrair matrimônio, expressando sua vontade diretamente ou por meio de seu responsável ou curador".

Atenção

Dois aspectos intrigantes destacam-se na redação ofertada pelo legislador. O primeiro diz respeito à menção "idade núbia", quando o correto teria sido "idade núbil". O segundo é a possibilidade de se contrair o casamento por meio de seu responsável ou curador. Estranheza surge nesse ponto já que o casamento é ato eminentemente pessoal. Outro registro que deve ser feito – na tentativa de elucidar o inusitado texto legal – é a possibilidade de um deficiente mental ou intelectual ter um curador. De início uma dúvida pode surgir: mas se o deficiente é plenamente capaz, por que a menção ao curador? É que o próprio Estatuto apresenta possibilidade de se nomear curador para o deficiente. Seria, então, a nomeação de curador para uma pessoa capaz!? Assim, atualmente, tem-se pessoas capazes sob curatela. Estranho. Muito estranho.

O STJ parece fornecer alguma sinalização – acertada ou não – em decisão proferida por sua 3ª Turma, ao se manifestar sobre a curatela de um idoso. Em princípio, a decisão deixa claro que, após a Lei nº 13.146/2015, é considerado absolutamente incapaz, em nosso ordenamento jurídico, apenas o menor de 16 anos. Assim, em caso de enfermidade permanente, o adulto que se encontra inapto para gerir sua pessoa e administrar os seus bens de modo voluntário e consciente poderá ser considerado relativamente incapaz cabendo nomeação de curador, sendo a curatela proporcional às circunstâncias e necessidades do caso concreto.

6. DO CASAMENTO PUTATIVO

Casamento putativo é considerado aquele que, embora nulo ou anulável, foi contraído de boa-fé por um ou ambos os cônjuges. Nesse caso, em relação ao cônjuge de boa-fé e aos filhos, o casamento produzirá todos os efeitos até o dia da sentença anulatória ou declaratória de nulidade (art. 1.561 do CC). Se ambos os cônjuges estavam de má-fé ao celebrar o casamento, os seus efeitos civis só aos filhos aproveitarão. Trata-se de boa-fé subjetiva, da ignorância do cônjuge acerca de qualquer fator (de fato ou de direito) que lhe impedia o casamento e será, de qualquer modo, declarado nulo. No que diz respeito à pensão alimentícia, existem dois posicionamentos: 1º) as pensões alimentícias serão devidas até a data da sentença; 2º) as pensões alimentícias perdurarão mesmo após a sentença, bem como o direito ao nome e a emancipação.

7. DO PROCESSO DE HABILITAÇÃO PARA O CASAMENTO

O processo de habilitação para o casamento terá início com o requerimento de habilitação para o casamento que será firmado por ambos os nubentes, de próprio punho, ou, a seu pedido, por procurador, devendo ser instruído com os seguintes documentos (art. 1.525, CC):

* certidão de nascimento ou documento equivalente;
* autorização por escrito das pessoas sob cuja dependência legal estiverem, ou ato judicial que a supra;
* declaração de duas testemunhas maiores, parentes ou não, que atestem conhecê-los e afirmem não existir impedimento que os iniba de casar;
* declaração do estado civil, do domicílio e da residência atual dos contraentes e de seus pais, se forem conhecidos;
* certidão de óbito do cônjuge falecido, de sentença declaratória de nulidade ou de anulação de casamento, transitada em julgado, ou do registro da sentença de divórcio.

O requerimento para a habilitação será feito perante o Oficial do Registro Civil das Pessoas Naturais da residência dos nubentes. Estando em ordem a documentação, o oficial extrairá o edital, que se afixará durante 15 dias nas circunscrições do Registro Civil de ambos os nubentes, e publicado na imprensa local, se houver. Havendo urgência, a autoridade competente poderá dispensar a publicação. É dever do oficial do registro esclarecer os nubentes a respeito dos fatos que podem ocasionar a invalidade do casamento, bem como sobre os diversos regimes de bens, conforme impõe o art. 1.528 do CC. Cumpridas tais formalidades e verificada a inexistência de fato obstativo, o oficial do registro extrairá o **certificado de habilitação**, que é personalíssimo para aqueles nubentes em questão, não se tratado, pois, de um "título ao portador". A contar da data em que foi extraído o certificado, a eficácia da habilitação será de **90 dias** (arts. 1.531 e 1.532, CC).

8. DA CELEBRAÇÃO DO CASAMENTO

O casamento será celebrado no dia, hora e lugar previamente designados pela autoridade que houver de presidir o ato, que será o juiz de paz, mediante petição dos contraentes, que se mostrem habilitados com a certidão específica. A solenidade será realizada na sede do cartório, com toda publicidade, a portas abertas, presentes pelo menos duas testemunhas, parentes ou não dos contraentes, ou, querendo as partes e consentindo a autoridade celebrante, noutro edifício público ou particular. Caso o casamento ocorra em edifício particular, ficará este de portas abertas durante o ato, cabendo nesse caso quatro testemunhas, o que também terá cabimento se algum dos contraentes não souber ou não puder escrever. Presentes os contraentes, em pessoa ou por procurador especial, juntamente com as testemunhas e o oficial do registro, o presidente do ato, ouvida aos nubentes a afirmação de que pretendem casar por livre e espontânea vontade, declarará efetuado o casamento, nos seguintes termos: "De acordo com a vontade que ambos acabais de afirmar perante mim, de vos receberdes por marido e mulher, eu, em nome da lei, vos declaro casados" (art. 1.535, CC).

O casamento é um negócio jurídico *sui generis*, nada obstante o art. 1.514 do CC informar que o ato será considerado realizado apenas após a manifestação do juiz de paz, o mais adequado é concluir que a predita exaração sacramental por parte do juiz de paz apresenta apenas natureza declaratória, isto é, caso os nubentes anuam pelo casamento se, antes da manifestação do juiz de paz, um deles sofrer um mal súbito vindo ao óbito, o casamento deverá ser considerado realizado.

Do casamento, logo depois de celebrado, lavrar-se-á o assento no livro de registro, que não se confunde com a certidão de casamento. Essa será extraída do assento.

9. DA POSSIBILIDADE DE SUSPENSÃO DA CELEBRAÇÃO DO CASAMENTO

A celebração do casamento será imediatamente suspensa – sem opção de retratação no mesmo dia – se algum dos contraentes (art. 1.538, CC):

- recusar a solene afirmação da sua vontade;
- declarar que esta não é livre e espontânea;
- manifestar-se arrependido.

10. FORMAS ESPECIAIS DE REALIZAR O CASAMENTO

Em duas situações específicas, a lei admite formas especiais de se realizar o casamento: o casamento celebrado em caso de moléstia grave e o casamento nuncupativo.

10.1 Casamento celebrado em caso de moléstia grave

Em caso de moléstia grave de um dos nubentes, a lei dispensa a publicação de editais e a presença do oficial do registro civil, não dispensando, entretanto, a presença do presidente do ato (o juiz de paz), que irá celebrá-lo onde se encontrar o impedido, sendo urgente, ainda que à noite, perante duas testemunhas que saibam ler e escrever.

> **Importante**
>
> De acordo com o § 1º do art. 1.539 do CC, a falta ou impedimento da autoridade competente para presidir o casamento suprir-se-á por qualquer dos seus substitutos legais, e a do oficial do Registro Civil por outro *ad hoc*, nomeado pelo presidente do ato. E, consoante o § 2º, o termo avulso, lavrado pelo oficial *ad hoc*, será registrado no respectivo registro dentro de cinco dias, perante duas testemunhas, ficando arquivado. O termo avulso se justifica uma vez que o oficial *ad hoc* não poderá trazer consigo os livros do registro.

10.2 Casamento nuncupativo

O casamento nuncupativo (*in extremis vitae momentis*) se faz necessário quando algum dos contraentes estiver em **iminente risco de vida**, não obtendo a presença da autoridade à qual incumba presidir o ato, nem a de seu substituto. Assim, o casamento poderá ser celebrado na presença de seis testemunhas, que com os nubentes não tenham parentesco em linha reta, ou, na colateral, até segundo grau (art. 1.540, CC). Após a realização do casamento, devem as testemunhas comparecer perante a autoridade judicial mais próxima, dentro de dez dias, pedindo que lhes tome por termo a declaração de:

- que foram convocadas por parte do enfermo;
- que este parecia em perigo de vida, mas em seu juízo;
- que, em sua presença, declararam os contraentes, livre e espontaneamente, receber-se por marido e mulher.

Autuado o pedido e tomadas as declarações, o juiz procederá às diligências necessárias para verificar se os contraentes podiam ter se habilitado, na forma ordinária, ouvidos os interessados que o requererem, dentro de 15 dias. Verificada a idoneidade dos cônjuges para o casamento, assim o decidirá a autoridade competente, com recurso voluntário às partes. Se da decisão não se tiver recorrido, ou se ela passar em julgado, apesar dos recursos interpostos, o juiz mandará registrá-la no livro do Registro dos Casamentos. O assento assim **lavrado retrotrairá os efeitos do casamento**, quanto ao estado dos cônjuges, à data da celebração.

Todas as formalidades mencionadas serão dispensadas **se o enfermo convalescer** e puder ratificar o casamento na presença da autoridade competente e do oficial do registro.

> ## Importante
>
> Não se pode confundir o casamento em caso de moléstia grave com o casamento nuncupativo. Para tanto, basta compreender que a moléstia grave não implica necessariamente risco de morte, que é imanente ao casamento nuncupativo. Assim, enquanto no casamento em caso de moléstia grave os nubentes já foram habilitados (sendo possível inclusive a dispensa de editais em caso de urgência, conforme dispõe o parágrafo único do art. 1.527, CC), dispensa-se apenas a presença do Oficial do Registro, não dispensando, entretanto, a presença do Juiz de Paz. Já para o casamento nuncupativo, não se exige a habilitação dos nubentes, nem a presença do Juiz de Paz para a celebração do casamento, que ocorrerá independentemente de tudo isso, sendo observadas apenas as outras formalidades legais após a celebração do casamento perante a autoridade judicial, isto é, o Juiz de Direito.

10.3 Casamento por procuração

A habilitação para o casamento poderá ocorrer por meio de procuração. Admite-se que o próprio casamento seja celebrado mediante procuração, **por instrumento público**, com poderes especiais, sendo que a eficácia do mandato não poderá ultrapassar a 90 dias (art. 1.542, CC).

Embora não haja vedação legal quanto a ambos os nubentes serem representados pela mesma pessoa, é possível se vislumbrar algum conflito de interesses entre os nubentes desaconselhando que o mesmo mandatário represente a ambos.

Vale lembrar que é possível a revogação do mandato que não necessita chegar ao conhecimento do mandatário para produzir efeitos; mas, celebrado o casamento sem que o mandatário ou o outro contraente tivessem ciência da revogação, responderá o mandante por perdas e danos, é o que preleciona o § 1º do art. 1.542, CC.

Do mesmo modo que a procuração deverá ser feita por instrumento público, a sua eventual revogação deverá ostentar a mesma forma (art. 1.542, § 4º, CC).

> **Importante**
>
> A morte do mandante extingue o mandato. Todavia, questão complexa surge quando se cogita da morte do mandante, antes da realização do casamento, sem que o mandatário tome conhecimento dela e, por conseguinte ocorra o casamento mediante a boa-fé do mandatário e do outro nubente que não ficaram sabendo do ocorrido. Diante do silêncio da lei, a melhor solução caminha no sentido de que o casamento deverá ser considerado inexistente por ausência de consentimento.

No que tange ao casamento nuncupativo, a representação se mostra possível, conforme admite o art. 1.542, § 2º, do CC, desde que o nubente não esteja em iminente risco de vida.

11. DAS PROVAS DO CASAMENTO

Em regra, o casamento celebrado no Brasil é provado pela certidão do registro (art. 1.543, CC). Há aqui uma presunção relativa de existência do casamento. Todavia, caso ocorra a perda do registro civil admite-se a chamada prova supletória, que poderá ocorrer de forma direta ou indireta. Considera-se a prova supletória direta mediante justificação requerida ao juiz competente, valendo-se o requerente de qualquer outra espécie de prova, como, por exemplo, outro documento público que informe o estado civil do requerente, tal como um passaporte. Já a prova supletória indireta se manifesta por meio da ostentação da posse do estado de casado que ocorrerá por meio dos elementos *nomen* (um possui o nome do outro); *tractatus* (um deve tratar o outro como seu cônjuge); e *fama* (reconhecimento social daquele estado).

De acordo com o art. 1.545 do CC: "O casamento de pessoas que, na posse do estado de casadas, não possam manifestar vontade, ou tenham falecido, não se pode contestar em prejuízo da prole comum, salvo mediante certidão do Registro Civil que prove que já era casada alguma delas, quando contraiu o casamento impugnado". Diante da igualdade entre os filhos imposta pela CF/88 a referida norma perde por completo a sua importância.

O art. 1.546 do CC estabelece que: "Quando a prova da celebração legal do casamento resultar de processo judicial, o registro da sentença no livro do Registro Civil produzirá, tanto no que toca aos cônjuges como no que respeita aos filhos, todos os efeitos civis desde a data do casamento". Assim, os efeitos da sentença da ação declaratória de existência do casamento produzirão efeitos *ex tunc*, retroagindo, assim, os efeitos à data do casamento.

Vale lembrar que, na dúvida entre as provas favoráveis e contrárias, julgar-se-á pelo casamento, se os cônjuges, cujo casamento se impugna, viverem ou tiverem vivido na posse do estado de casados (art. 1.547, CC). Essa é a vetusta premissa *in dubio pro matrimonio*.

Importante

Acerca do casamento no exterior, o art. 1.544 preceitua que:

O casamento de brasileiro, celebrado no estrangeiro, perante as respectivas autoridades ou os cônsules brasileiros, deverá ser registrado em cento e oitenta dias, a contar da volta de um ou de ambos os cônjuges ao Brasil, no cartório do respectivo domicílio, ou, em sua falta, no 1º Ofício da Capital do Estado em que passarem a residir.

12. DOS EFEITOS DO CASAMENTO

Os efeitos do casamento se dividem em sociais, pessoais e patrimoniais.

a) **Efeitos sociais:**
   - constituição de uma família;
   - emancipação (art. 5º, parágrafo único, II, CC);
   - presunção legal de paternidade (art. 1.597, CC);
   - constituição do estado civil de casado.

b) **Efeitos pessoais:**
   - estabelecimento de igualdade de direitos e deveres entre os cônjuges. Aqui vale notar que o art. 1.565 do CC estabelece: "Pelo casamento, homem e mulher assumem mutuamente a condição de consortes, companheiros e responsáveis pelos encargos da família". Além disso, o § 1º preceitua: "Qualquer dos nubentes,

querendo, poderá acrescer ao seu o sobrenome do outro". Outros artigos do Código Civil incorporam essa igualdade (arts. 1.567 a 1.570, CC);

• estabelecimento de deveres conjugais.

c) Efeitos patrimoniais

• o regime de bens regulará a propriedade, a administração e a disposição do patrimônio daquele casal. O regime de bens será estudado em capítulo próprio.

12.1 Os deveres conjugais

Os deveres conjugais estão previstos no art. 1.566 do CC e trata de matéria de ordem pública, o que significa dizer que é defesa a modificação ou exclusão dos deveres por pacto antenupcial. São eles: I) fidelidade recíproca; II) vida em comum, no domicílio conjugal; III) mútua assistência; IV) sustento, guarda e educação dos filhos; V) respeito e consideração mútuos.

I) Fidelidade recíproca

A exigência de exclusiva e recíproca dedicação afetiva dos cônjuges decorre da monogamia. Quando isso não ocorre, está-se diante da infidelidade que se divide em duas modalidades: material (quando há congresso carnal, recebendo assim, o nome de adultério) e moral (qualquer ato que ofenda o patrimônio interno do outro cônjuge, que pode se manifestar por afeição ou intimidade excessiva com uma terceira pessoa, constituindo assim, a injúria grave).

II) Vida em comum no domicílio conjugal

O marido e a mulher devem possuir o mesmo domicílio, coabitar.

Para muitos a vida em comum se manifesta pelo *debitum conjugale,* que implica o direito que possui um cônjuge de dispor do corpo do outro ou em outras palavras da satisfação das necessidades sexuais recíprocas. Entretanto, não se pode acatar à imposição absoluta desta regra, sob pena de violar a liberdade individual de cada um.

Atenção

Não é verdade que a consumação do casamento se dá com o exercício da sexualidade, posto que o casamento não se resume ao sexo, embora se vislumbre nele, elemento importante para satisfação pessoal e para fins de procriação. E é por isso mesmo que não se pode dar caráter de obrigatoriedade à atividade sexual e, por conseguinte, à reprodução. Tanto é assim que, se entendêssemos o contrário, o estupro em relação ao cônjuge deveria ser descriminalizado, o casamento sem filhos não seria casamento e a senilidade que resultasse em decadência da vida sexual implicaria o fim do casamento.

III) Mútua assistência

O dever de mútua assistência deve ser compreendido em sentido amplo. Desse modo, impõe-se aos cônjuges não só a assistência material, mas também moral, afetiva e psíquica. Exige-se, pois, uma cumplicidade *in totum*. A postura comportamental de cada um dos cônjuges deve significar a todo o tempo um "porto-seguro" para o outro, demonstrando, sem titubeios e sem escusas, amparo, socorro e auxílio recíprocos dentro da vida conjugal.

IV) Guarda, sustento e educação dos filhos

O dever de guarda, sustento e educação dos filhos não decorre propriamente da vida conjugal, mas sim do poder familiar (art. 22, Lei nº 8.069/90 – Estatuto da Criança e do Adolescente). Releva notar que, tal encargo deve ser compartilhado por ambos os cônjuges, sem restar, assim, qualquer dúvida de que a obrigação se impõe tanto ao marido quanto à mulher. Havendo omissão ao cumprimento desse dever, as implicações reverberarão não apenas no âmbito civil, mas também no âmbito criminal, podendo caracterizar os crimes de abandono material e intelectual.

V) Respeito e consideração mútuos

No Código Civil de 1916 não havia a previsão expressa desse dever, como no atual Código existe. Esse dever sempre existiu, posto que subsumido ao dever de fidelidade. Assim, em caso de infração a esse dever, o cônjuge faltoso incidirá sim em infidelidade moral.

EM RESUMO:

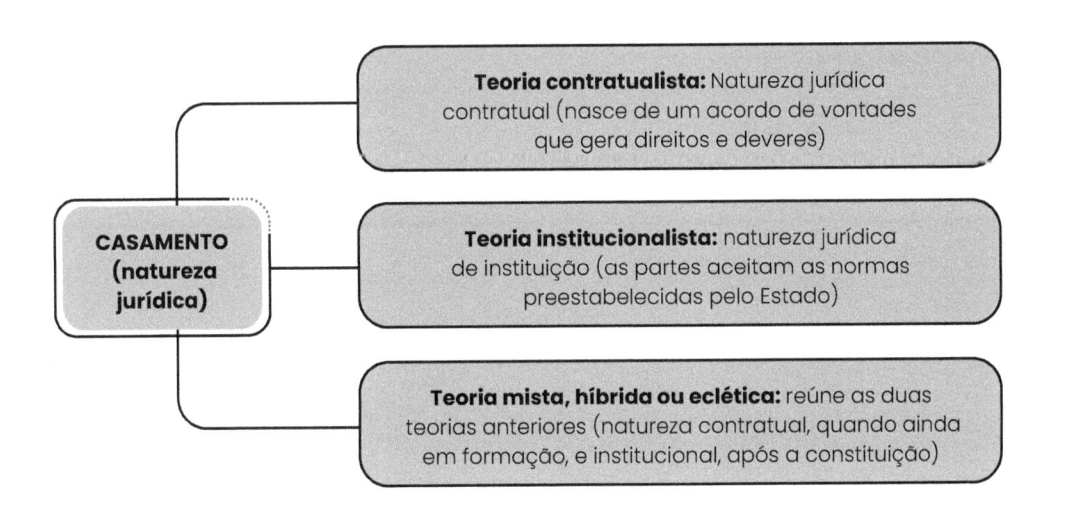

CASAMENTO	
Causas Impeditivas	**Causas Suspensivas**
Os ascendentes com os descendentes, seja o parentesco natural ou civil	O viúvo ou a viúva que tiver filho do cônjuge falecido, enquanto não fizer inventário dos bens do casal e der partilha aos herdeiros
Os afins em linha reta	A viúva, ou a mulher cujo casamento se desfez por ser nulo ou ter sido anulado, até dez meses depois do começo da viuvez, ou da dissolução da sociedade conjugal
O adotante com quem foi cônjuge do adotado e o adotado com quem o foi do adotante	O divorciado, enquanto não houver sido homologada ou decidida a partilha dos bens do casal
Os irmãos, unilaterais ou bilaterais, e demais colaterais, até o terceiro grau inclusive	O tutor ou o curador e os seus descendentes, ascendentes, irmãos, cunhados ou sobrinhos, com a pessoa tutelada ou curatelada, enquanto não cessar a tutela ou curatela, e não estiverem saldadas as respectivas contas
O adotado com o filho do adotante	–
As pessoas casadas	–
O cônjuge sobrevivente com o condenado por homicídio ou tentativa de homicídio contra o seu consorte	–

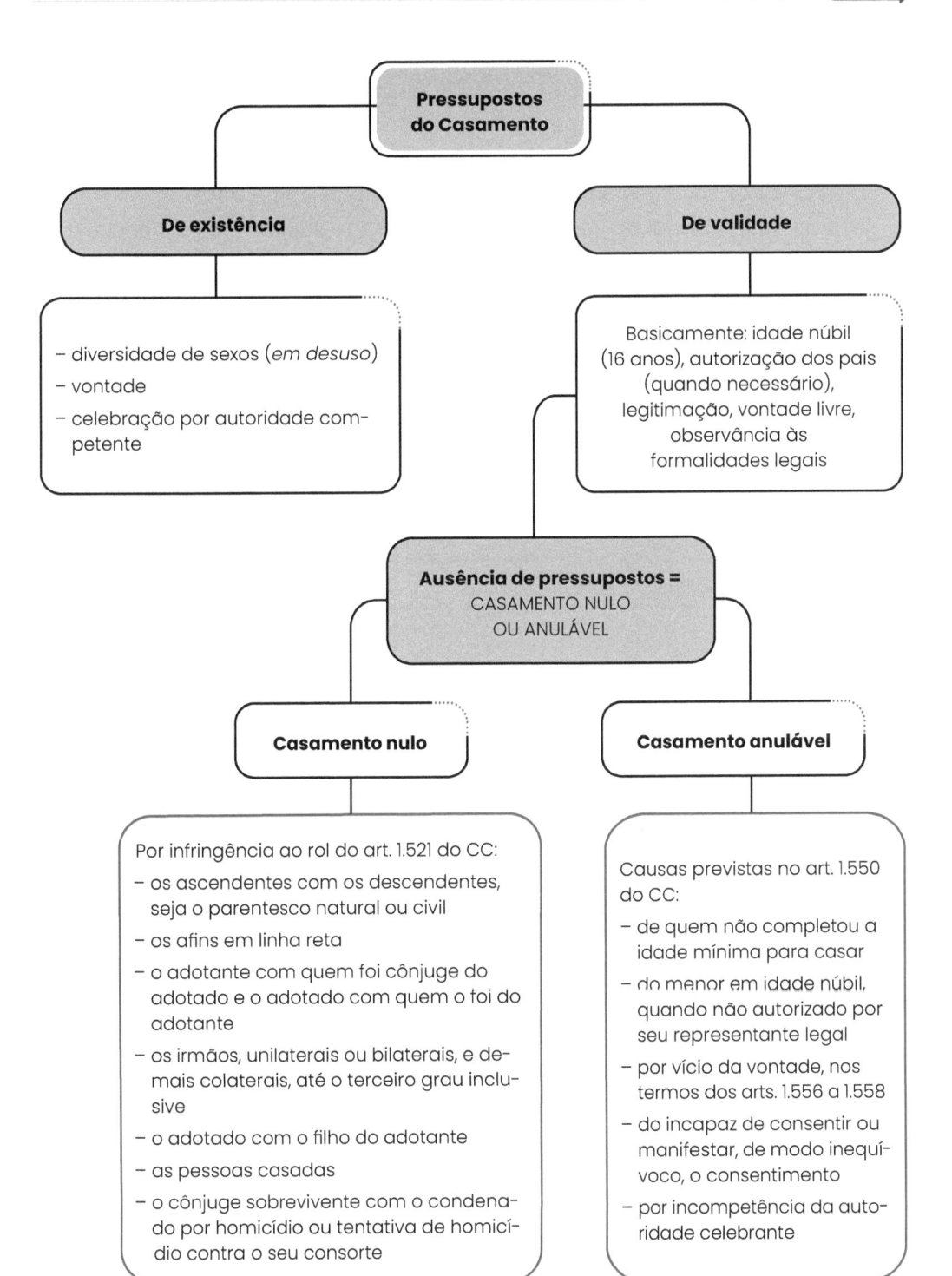

Pressupostos do Casamento

De existência
- diversidade de sexos (*em desuso*)
- vontade
- celebração por autoridade competente

De validade
Basicamente: idade núbil (16 anos), autorização dos pais (quando necessário), legitimação, vontade livre, observância às formalidades legais

Ausência de pressupostos = CASAMENTO NULO OU ANULÁVEL

Casamento nulo

Por infringência ao rol do art. 1.521 do CC:
- os ascendentes com os descendentes, seja o parentesco natural ou civil
- os afins em linha reta
- o adotante com quem foi cônjuge do adotado e o adotado com quem o foi do adotante
- os irmãos, unilaterais ou bilaterais, e demais colaterais, até o terceiro grau inclusive
- o adotado com o filho do adotante
- as pessoas casadas
- o cônjuge sobrevivente com o condenado por homicídio ou tentativa de homicídio contra o seu consorte

Casamento anulável

Causas previstas no art. 1.550 do CC:
- de quem não completou a idade mínima para casar
- do menor em idade núbil, quando não autorizado por seu representante legal
- por vício da vontade, nos termos dos arts. 1.556 a 1.558
- do incapaz de consentir ou manifestar, de modo inequívoco, o consentimento
- por incompetência da autoridade celebrante

PROCESSO DE HABILITAÇÃO PARA O CASAMENTO

O Requerimento de Habilitação para o Casamento deve ser:

- firmado por ambos os nubentes, de próprio punho (ou por procurador);
- instruído pelos documentos elencados no art. 1.525, CC;
- feito perante o Oficial do Registro Civil das Pessoas Naturais da residência dos nubentes;

- estando em ordem a documentação, o oficial extrairá o edital, que se afixará durante 15 dias nas circunscrições do Registro Civil de ambos os nubentes (havendo urgência, dispensa-se a publicação);

- o Oficial tem o dever de esclarecer os nubentes sobre invalidade do casamento, regimes de bens;

- cumpridas as formalidades dos arts. 1.526 e 1.527, e verificada a inexistência de fato obstativo, o oficial do registro extrairá o certificado de habilitação (personalíssimo);

- a eficácia da habilitação será de 90 dias.

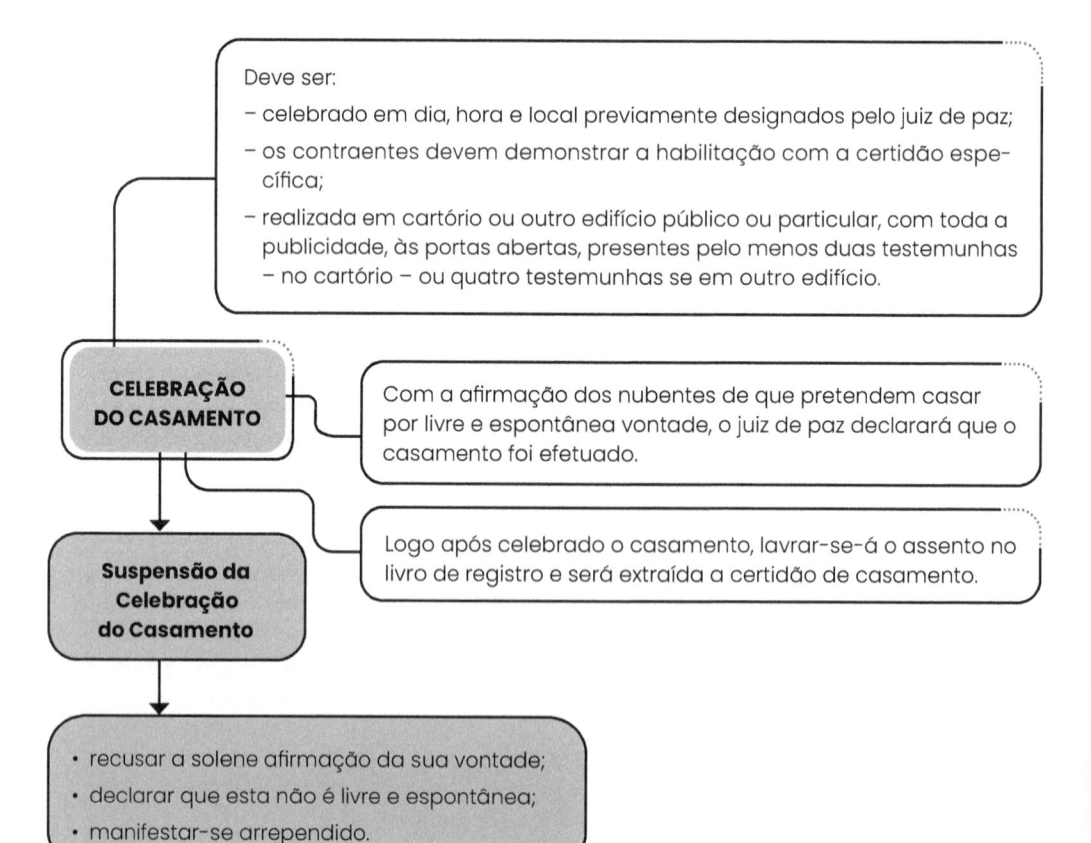

Deve ser:
- celebrado em dia, hora e local previamente designados pelo juiz de paz;
- os contraentes devem demonstrar a habilitação com a certidão específica;
- realizada em cartório ou outro edifício público ou particular, com toda a publicidade, às portas abertas, presentes pelo menos duas testemunhas – no cartório – ou quatro testemunhas se em outro edifício.

CELEBRAÇÃO DO CASAMENTO

Com a afirmação dos nubentes de que pretendem casar por livre e espontânea vontade, o juiz de paz declarará que o casamento foi efetuado.

Logo após celebrado o casamento, lavrar-se-á o assento no livro de registro e será extraída a certidão de casamento.

Suspensão da Celebração do Casamento

- recusar a solene afirmação da sua vontade;
- declarar que esta não é livre e espontânea;
- manifestar-se arrependido.

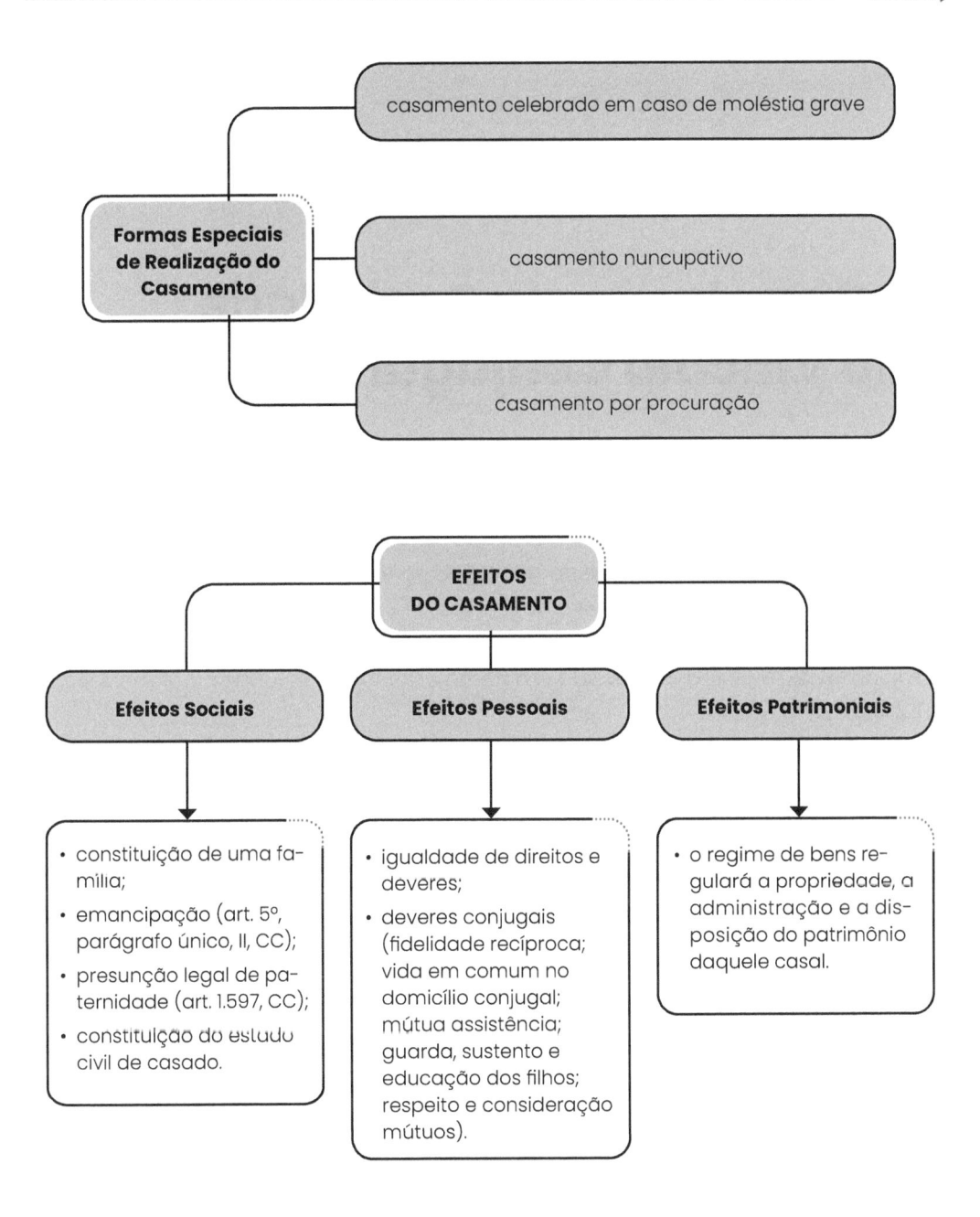

Capítulo 46

Da Dissolução da Sociedade e do Vínculo Conjugal

1. GENERALIDADES SOBRE A MANUTENÇÃO DE UM SISTEMA DUALISTA

A EC nº 66/2010 fez ebulir uma série de questões e debates acerca do fim ou não do instituto da separação de direito ou jurídica. Importante notar que o conceito de separação de direito ou jurídica deve abranger a separação judicial e a separação extrajudicial, essa última introduzida em nosso ordenamento jurídico por meio da Lei nº 11.441/2007.

Após a entrada em vigor da referida Emenda ao Texto Maior, exsurge a nova redação dada ao § 6º do art. 226 da CF, com o seguinte teor: "O casamento civil pode ser dissolvido pelo divórcio".

O CNJ se manifestou no Pedido de Providências nº 0005060-32.2010.2.00.0000, formulado pelo IBDFAM (Instituto Brasileiro de Direito de Família), pela manutenção do instituto da separação no ordenamento jurídico brasileiro informando que "nem todas as questões encontram-se pacificadas na doutrina e sequer foram versadas na jurisprudência pátria. Tem-se que, mesmo com o advento da Emenda nº 66, persistem diferenças entre o divórcio e a separação. No divórcio há maior amplitude de efeitos e consequências jurídicas".

Na V Jornada de Direito Civil foi aprovado o Enunciado nº 514 com o seguinte teor: "A Emenda Constitucional nº 66/2010 não extinguiu o instituto da separação judicial e extrajudicial".

No STJ, em 2017, duas decisões se destacaram pela manutenção da separação jurídica em nosso ordenamento jurídico (REsp 1.247.098-MS e REsp 1.431.370-SP).

Nada obstante, em 2023, o STF apreciando o tema 1.053 da repercussão geral, negou provimento ao RE1.167.478 e fixou a seguinte tese: "Após a promulgação da EC nº 66/2010, a separação judicial não é mais requisito para o divórcio nem subsiste como figura autônoma no ordenamento jurídico. Sem prejuízo, preserva-se o estado civil das pessoas que já estão separadas, por decisão judicial ou escritura pública, por se tratar de ato jurídico perfeito (art. 5º, XXXVI, da CF)".

2. NECESSÁRIAS CONCLUSÕES ADVINDAS COM A EC Nº 66/2010

Nada obstante o inconformismo de autorizada parcela da doutrina, é importante que sejam apresentadas algumas conclusões tendo em vista a análise dos efeitos da EC nº 66/2010:

1ª) Não existe mais prazo algum para requerimento do divórcio.

2ª) A separação de direito ou jurídica não pode ser considerada requisito para manejo da ação de divórcio.

3ª) O STF, em 2023, fixou tese no sentido que além de a separação de direito não ser requisito para o divórcio, não subsiste como figura autônoma, mantendo-se, todavia, o estado civil daqueles que já separaram de direito.

4ª) A EC nº 66/2010 sepultou em definitivo a discussão da culpa no ordenamento jurídico brasileiro. A inevitável facilitação do divórcio deve se sobrepor à exigência de comprovação de culpa, que, mesmo anteriormente, já era bastante criticada.

5ª) A EC nº 66/2010 não produziu efeitos no âmbito das causas de nulidade e anulabilidade do casamento, já que nessas hipóteses o que ocorre é o fim do casamento por um fato anterior a ele. Isso porque a nulidade e anulabilidade dizem respeito ao plano da validade, ao passo que a separação e o divórcio ocupam o plano da eficácia.

6ª) A separação de corpos, indubitavelmente, continua a existir no ordenamento jurídico brasileiro, não sendo alcançada pela EC nº 66/2010.

3. COMPARAÇÃO ENTRE A SEPARAÇÃO E O DIVÓRCIO

A **separação de direito ou jurídica (judicial ou extrajudicial)** colocava fim à **sociedade conjugal**, mas não dissolvia o vínculo conjugal.

Além da separação de direito, o que colocaria fim à sociedade conjugal seria a morte, a sentença anulatória do casamento e o divórcio. Essas hipóteses estão previstas no art. 1.571 do CC.

Assim, por meio da separação judicial ou extrajudicial, colocava-se fim à **sociedade conjugal** de tal modo que o **vínculo conjugal** permaneceria intacto. A separação se prestava, portanto, a colocar fim aos deveres de coabitação, de fidelidade recíproca e ao regime de bens. Entretanto, embora tudo isso, inviável seria a contração de novas núpcias, ou seja, não obstante, separados judicialmente, não poderia se casar novamente, enquanto pendente tal situação.

Com a EC n° 66/2010 e com a tese fixada pelo STF em novembro de 2023 (Tema 1.053) os cônjuges devem partir direto para o divórcio, sem ter que passar pela *via crucis* da separação de direito.

> ### Atenção
>
> O STJ reconheceu a possibilidade de divórcio *post mortem*. Desse modo, os herdeiros do cônjuge falecido têm legitimidade para prosseguirem com a ação de divórcio, buscando o fim do vínculo conjugal, não se tratando da transmissibilidade do direito potestativo (que já foi exercido), mas tão somente da preservação dos efeitos atribuídos por lei (Processo em segredo de justiça, Rel. Min. Antônio Carlos Ferreira, 4ª Turma, j. 16.05.2024).

EM RESUMO:

O que enseja o fim da sociedade conjugal	O que enseja o fim do vínculo conjugal
Morte	Morte
Sentença anulatória do casamento	Divórcio
Separação judicial ou extrajudicial	
Divórcio	

Efeitos do fim da sociedade conjugal	Efeitos do fim do vínculo conjugal
Colocaria fim aos deveres de coabitação e fidelidade recíproca.	Coloca fim aos deveres de coabitação e fidelidade recíproca.
Colocaria fim ao regime de bens.	Coloca fim ao regime de bens.
Não poderia haver novas núpcias com outrem. Nada impediria, entretanto, a configuração de união estável com outrem.	É possível haver novas núpcias com outrem.
Seria possível o restabelecimento da sociedade conjugal.	Não se admite o restabelecimento do vínculo conjugal. Se o ex-casal pretender se unir novamente, via matrimônio, deverá haver um novo casamento.

Capítulo 47

Regime de Bens

1. VISÃO TOPOGRÁFICA E RELEVANTES PREMISSAS ACERCA DO TEMA

A união entre duas pessoas, via casamento ou união estável, em primeiro plano, não deve almejar conteúdo econômico. Todavia, é inevitável a produção de reflexos patrimoniais, principalmente, diante do fim dessas entidades familiares. O que regulará essas relações patrimoniais será o regime de bens, que pode ser conceituado como o complexo de normas que regula as relações patrimoniais entre os cônjuges durante o casamento e entre os companheiros na constância da união estável, produzindo efeitos, inclusive, em relação a terceiros. Embora atinente também a essa última entidade familiar, aqui trataremos especificamente o regime de bens referente ao casamento.

O **pacto antenupcial** ou a **imposição legal** apresentará o regime de bens cabível ao casamento, que alinhará questões afetas ao patrimônio, à propriedade, a disponibilidade e administração de bens do casal.

O CC/2002 apresenta quatro regimes de bens, havendo, ainda, a possibilidade de combinação de tais regimes entre si:

1. comunhão universal de bens;
2. comunhão parcial de bens;
3. separação de bens;
4. participação final nos aquestos (este último substituiu o antigo regime dotal previsto no CC/16).

> **Atenção**
>
> Além da combinação de regimes, admite-se, inclusive, a criação de um novo regime de bens não disciplinado em lei. A conclusão é: o rol mencionado acima acerca dos regimes de bens não é taxativo! Por isso, o art. 1.639 do CC apresenta

a seguinte redação: "É lícito aos nubentes, antes de celebrado o casamento, estipular, quanto aos seus bens, o que lhes aprouver".

O que não se pode admitir é que a liberdade das partes contrarie norma cogente (art. 1.655 do CC).

Importante

Embora o pacto antenupcial verse eminentemente sobre questões patrimoniais, tem-se admitido que questões existenciais também se afigurem no acordo. Essa é a manifestação do Enunciado nº 635, aprovado na VIII Jornada de Direito Civil: "O pacto antenupcial e o contrato de convivência podem conter cláusulas existenciais, desde que estas não violem os princípios da dignidade da pessoa humana, da igualdade entre os cônjuges e da solidariedade familiar".

Em suma, o vetor que orienta o regime de bens é **a liberdade dos nubentes**, expressão máxima da **autonomia privada** de cada um, desde que não contrarie norma de interesse público. Desse modo, os nubentes poderão escolher o regime de bens que lhes interessa, de modo que deitarão a sua vontade no denominado **pacto antenupcial** que será feito por meio de uma **escritura pública**. A inobservância dessa forma resultará em invalidade do pacto, na matiz da nulidade. Além disso, a produção de efeitos do pacto antenupcial ocorrerá apenas com a superveniência do casamento (art. 1.653, CC). No que respeita ao casamento do menor, o art. 1.654 do CC, estabelece que: "A eficácia do pacto antenupcial, realizado por menor, fica condicionada à aprovação de seu representante legal, salvo as hipóteses de regime obrigatório de separação de bens".

Caso não se defina o regime de bens em escritura pública, será aplicado ao casamento o **regime da comunhão parcial de bens**, que se trata de **regime legal supletivo** (art. 1.640, CC/2002). A opção do legislador por esse regime veio, inicialmente, com a Lei nº 6.515/77 (Lei do Divórcio). Antes dessa lei, se os nubentes não escolhessem o regime, teria cabimento o regime da comunhão universal de bens, fazendo surgir a denominada mancomunhão, isto é, "a propriedade a duas mãos" de todos os bens do casal.

Atenção

É importante notar que prevalece a **indivisibilidade do regime de bens**, isto é, o regime escolhido pelos nubentes ou imposto por lei terá cabimento para ambos os cônjuges, não se admitindo que para um se aplique um regime, enquanto para o outro se aplique regime diverso. Com fincas na igualdade estabelecida pela CF/88, caberá ao marido e à mulher um regime único.

Escolhido o regime de bens pelo casal ou imposto por lei, o regime começa a vigorar desde a data do casamento (art. 1.639, § 1º, CC).

O Código Civil de 2002 adotou o **princípio da mutabilidade justificada** no que diz respeito ao regime e bens. Isso significa que estando o casamento em curso, será possível a **alteração do regime de bens** – até mais de uma vez –, desde que sejam observados os seguintes requisitos, extraídos do art. 1.639, § 2º, CC:

Que haja pedido judicial de ambos os cônjuges, por meio de uma ação de alteração de regime de bens, pertinente à Vara de Família. Assim, não é possível a modificação litigiosa do regime de bens, não cabendo ao juiz a possibilidade de suprimento da manifestação de vontade do cônjuge que se recuse a modificar o regime.

Que haja um justo motivo, devendo ser apuradas as procedências das razões invocadas. Trata-se de cláusula geral, devendo ser avaliado o motivo pelo juiz do caso concreto.

Que não prejudique a terceiros, em clara reverência ao princípio da boa-fé objetiva.

Ocorrida a modificação do regime de bens, a decisão judicial poderá ter alcance *ex tunc* ou *ex nunc*, a depender de para qual regime os cônjuges optaram por migrar. Quanto a possibilidade de alteração do regime de bens das pessoas que se casaram sob a égide do Código Civil de 1916, já que esse tecido normativo não admitia essa possibilidade, registramos o Enunciado nº 260 do CJF que relata: "A alteração do regime de bens prevista no § 2º do art. 1.639 do Código Civil também é permitida nos casamentos realizados na vigência da legislação anterior".

2. O REGIME DE SEPARAÇÃO OBRIGATÓRIA DE BENS (REGIME DA SEPARAÇÃO DE BENS LEGAL OU COGENTE)

O propósito inicial ostentado pelo regime da separação de bens é a incomunicabilidade dos bens pelo casal. Quando se cogita de um regime de separação de bens que seja obrigatório, deparamos com situações que, por imposição legislativa, e não por vontade das partes, os bens dos cônjuges não se comunicarão (art. 1.641 do CC). Nessas hipóteses é afastada a liberdade das partes em escolher o estatuto patrimonial que regerá o casamento. São hipóteses *numerus clausus* ou taxativas, já que se trata de norma restritiva de direito que implicará, portanto, em interpretação restritiva. Vamos às hipóteses legais:

- **A separação obrigatória de bens para as pessoas que se casaram com a inobservância das causas suspensivas da celebração do casamento (art. 1.523, CC).** A presença de qualquer uma delas não induzirá à invalidade do casamento, mas sim a uma sanção mais tênue que seria simplesmente a aplicação do regime da separação obrigatória de bens.

• **A separação obrigatória de bens da pessoa maior de 70 anos**. Em princípio, a justificativa para o dispositivo era a tentativa de se evitar um pretenso "golpe do baú" em relação à pessoa que se casasse em idade superior a 70 anos. Entretanto, seguindo os passos da doutrina prevalecente que se manifestava pela inconstitucionalidade da regra, tendo em vista a presunção de incapacidade da pessoa maior de 70 anos e consequente ofensa à dignidade da pessoa humana, à liberdade, à igualdade e à autonomia privada, apreciando o Tema 1.236, o STF, em 2024, fixou a seguinte tese: "Nos casamentos e uniões estáveis envolvendo pessoa maior de 70 anos, o regime de separação de bens previsto no art. 1.641, II, do Código Civil pode ser afastado por expressa manifestação de vontade das partes mediante escritura pública". Assim, de acordo com o STF, deve se considerar o envelhecimento progressivo da população brasileira e que o art. 1.641, II, do CC deve ser aplicado como norma dispositiva e interpretado à luz da CF/88, fazendo prevalecer a dignidade da pessoa humana. Portanto, para esses casamentos e uniões estáveis, o regime de separação obrigatória de bens será considerado apenas se não houver escritura pública afastando o regime. Conclusão: atualmente, a separação de bens para casamento ou união estável de pessoa acima de 70 anos não é mais obrigatória, mas, sim, facultativa.

Vale destacar que, para esses casamentos ou uniões estáveis firmados antes dessa decisão do STF, o casal pode manifestar ao juiz ou ao cartório o desejo de mudança do regime adotado inicialmente. Nesse caso, no entanto, só haverá impacto na divisão do patrimônio a partir da mudança, não afetando o período anterior do relacionamento, quando havia a separação de bens, tendo-se em vista a segurança jurídica.

• **A separação obrigatória de bens de todos os que dependerem, para casar, de suprimento judicial.** Necessitará de suprimento judicial para se casar a pessoa que tenha entre 16 e 18 anos e não tenha obtido a autorização de seus responsáveis para contrair núpcias. Assim, essa pessoa obtendo o suprimento judicial para que ocorra o casamento terá as regras patrimoniais desse enlace conjugal sob a égide da separação obrigatória de bens.

Apresentadas as hipóteses em que se impõe que o casamento seja celebrado sob o regime da separação obrigatória de bens, destaca-se que é possível a futura modificação do referido regime para outro que os cônjuges pretendam, desde que preenchidos os requisitos do art. 1.639, § 2°, do CC

A possibilidade de alteração do regime de bens, então, somente poderá ocorrer em se tratando das hipóteses previstas no art. 1.641, I e III, do CC. Nessa senda, foi aprovado o Enunciado n° 262, CJF: "A obrigatoriedade da separação de bens nas hipóteses previstas nos incisos I e III do art. 1.641 do Código Civil não impede a alteração do regime, desde que superada a causa que o impôs".

> **Importante**
>
> Interessante questão é suscitada quando pessoa idosa ao contrair o casamento, em verdade, já vivia em união estável com a sua noiva. O que pode ser indagado é se nesse caso, o regime será o da separação obrigatória de bens. Enfrentando o tema, o STJ entendeu que não, pois acarretaria incoerência lógica e jurídica já que durante a união estável o regime vigente era o da comunhão parcial e, posteriormente ao casamento passaria a ser o da separação obrigatória, não fazendo sentido a imposição de um regime mais gravoso (REsp 1.318.281 – PE).
>
> Nessa toada, aprovou-se o Enunciado nº 261, na III Jornada de Direito Civil, com a seguinte redação: "A obrigatoriedade do regime da separação de bens não se aplica a pessoa maior de sessenta anos, quando o casamento for precedido de união estável iniciada antes dessa idade". O enunciado quer se referir, em verdade, à pessoa maior de setenta anos.

2.1   A Súmula nº 377 do STF

Em 1964, foi editada a Súmula nº 377 pelo STF, com o seguinte teor: "No regime de separação legal de bens, comunicam-se os adquiridos na constância do casamento". Assim, o casal que se casasse sob regime da separação obrigatória de bens, havendo o esforço comum do casal, os bens adquiridos na constância do casamento deveriam se comunicar entre ambos os cônjuges, fazendo com que o regime da separação obrigatória se aproximasse do regime da comunhão parcial de bens.

Com a entrada em vigor do Código Civil de 2002, muito se discute ainda se a Súmula nº 377 do STF continua a ser aplicada ou se caiu em desuso depois da nova Codificação.

Dois posicionamentos são constatados:

1º) a Súmula nº 377 do STF caiu em desuso, pois se fosse a intenção do legislador do CC/2002 em mantê-la, ele o teria feito de forma expressa na nova Codificação. De modo que, no regime da separação obrigatória de bens não se pode vislumbrar a comunicação dos bens;

2º) a Súmula nº 377 do STF, mesmo após a entrada em vigor do CC/2002, continua a ser aplicada, pois o fundamento de sua existência continua a existir, isto é, a vedação ao enriquecimento indevido.

2.2 Diferenciando a separação obrigatória da separação convencional de bens

A separação de bens pode se manifestar de duas formas: convencional e legal. Pela primeira forma, os nubentes decidem livremente que os bens serão incomunicáveis. Todavia, como vimos acima, para algumas pessoas, é o legislador que impõe essa separação de bens, eis que surge a separação de bens legal, obrigatória ou cogente.

Embora, em princípio, ambas as manifestações do regime da separação de bens ostentem traços similares, existem fortes caracteres que a distinguem.

Podemos mencionar, inicialmente, a própria incidência da Súmula nº 377 do STF que se aplica ao regime da separação obrigatória de bens e não se aplica ao regime da separação convencional de bens, fazendo com que o primeiro regime assuma as feições do regime da comunhão parcial de bens. Outro traço distintivo importante diz respeito à questão sucessória. De acordo com o art. 1.829, I, do CC, os descendentes concorrerão com o cônjuge em se tratando do regime da separação convencional de bens, o que não ocorre se o regime for o da separação obrigatória de bens.

2.3 A doação entre cônjuges casados sob o regime de separação obrigatória de bens

Mais uma questão palpitante afeta ao regime de bens da separação imposto pela lei é acerca da possibilidade ou não de um cônjuge fazer doações ao outro na constância do casamento. Almejando sanar a dúvida, surgem dois posicionamentos:

1º) O art. 544 do CC que versa sobre a doação entre cônjuges não apresenta nenhum óbice quanto à possibilidade de um promover doações que favoreçam ao outro. Portanto, é perfeitamente possível a doação entre cônjuges casados sobre o regime da separação obrigatória de bens, em clara homenagem a autonomia privada.

2º) Não se pode admitir a doação entre cônjuges quando casados sob o regime da separação obrigatória de bens, pois seria, por vias transversas, violar a intenção da lei, resultando em fraudes e esvaziando o sentido da separação de bens obrigatória.

3. O REGIME DA SEPARAÇÃO CONVENCIONAL DE BENS

No regime da separação convencional de bens, os nubentes simplesmente decidem pela incomunicabilidade dos bens, isto é, os bens permanecerão sob a administração exclusiva de cada um dos cônjuges, que os poderá livremente alienar ou gravar de ônus real, por vontade dos nubentes, e não por imposição de lei. Além disso, ambos os cônjuges são obrigados a contribuir para as despesas do casal na proporção dos rendimentos de seu trabalho e de seus bens, salvo estipulação em contrário no pacto antenupcial, conforme preceitua o art. 1.688 do CC.

> **Atenção**
>
> É importante notar que a opção pelo regime da separação de bens em nada atinge futura pretensão de alimentos de um cônjuge em face do outro, cujo norte será o binômio necessidade/possibilidade.

4. O REGIME DE COMUNHÃO PARCIAL DE BENS

O regime da comunhão parcial de bens será aplicado se os nubentes não fizerem pacto antenupcial ou se esse for considerado inválido, é o que dispõe o art. 1.640 do CC. Desse modo, trata-se de regime de bens considerado legal e supletivo. A sua aplicação independerá de qualquer ato solene, e quanto à forma, no processo de habilitação para o casamento, apenas reduzir-se-á a termo a opção pela comunhão parcial.

No regime de comunhão parcial, comunicam-se os bens que sobrevierem ao casal, na constância do casamento, com algumas exceções mencionadas em lei (art. 1.658, CC). Assim, os bens que cada um dos nubentes possuir antes do casamento continuam próprios, já os bens adquiridos onerosamente, após o casamento, serão comunicáveis. Constata-se neste regime de bens, portanto, a possibilidade de superveniência de três massas de bens: os bens comuns do casal, os bens particulares do marido e os bens particulares da mulher.

4.1 Bens e obrigações que serão excluídos do regime de comunhão parcial

O art. 1.659 do CC exclui expressamente da comunhão parcial de bens:

I) os bens que cada cônjuge possuir ao casar, e os que lhe sobrevierem, na constância do casamento, por doação ou sucessão, e os sub-rogados em seu lugar;

Os bens que se comunicam serão aqueles adquiridos a título oneroso após o casamento, conhecidos como aquestos. Desse modo, os bens que cada cônjuge possuía antes de casar e aqueles adquiridos a título gratuito, após o casamento, seja por doação ou sucessão *causa mortis*, não serão comunicáveis. Para que sejam comunicáveis, é necessário que o doador ou o sucessor contemple a ambos os cônjuges. Destaque-se que até mesmo os bens sub-rogados no lugar daqueles recebidos a título gratuito continuarão a ser considerados particulares.

II) os bens adquiridos com valores exclusivamente pertencentes a um dos cônjuges em sub-rogação dos bens particulares;

Nessa hipótese o bem é adquirido após o casamento, porém, com recurso exclusivo de um dos cônjuges decorrentes de bens particulares. Desse modo, tem-se que o bem particular de um dos cônjuges foi substituído por outro bem após o casamento, com recursos estritamente decorrentes do primeiro bem. Trata-se de nítida hipótese de sub-rogação, perdendo o predito inciso a sua utilidade, já que subsumido ao inciso antecedente.

III) as obrigações anteriores ao casamento;

É de se destacar que as dívidas contraídas antes do casamento, e desde que não digam respeito a ele, pertencerá ao cônjuge que a contraiu. Para que a dívida se comunique com o cônjuge é necessária a produção probatória no sentido de que ambos os cônjuges se beneficiaram com a dívida.

IV) as obrigações provenientes de atos ilícitos, salvo reversão em proveito do casal;

Da prática do ato ilícito decorre o dever de indenizar. Não importa se o ato ilícito foi praticado antes ou depois do casamento. Como, em regra, a obrigação é pessoal, apenas o cônjuge que deu ensejo ao ato ilícito é que responderá por ele. O referido inciso traz expressa exceção quando menciona a possibilidade de comunicação da obrigação em caso de reversão em proveito do casal. Assim, nessa senda, editou-se a Súmula nº 251 do STJ com o seguinte teor: "a meação só responde pelo ato ilícito quando o credor, na execução fiscal, provar que o enriquecimento dele resultante aproveitou ao casal".

V) os bens de uso pessoal, os livros e instrumentos de profissão;

Apetrechos pessoais, tais como objetos, roupas, sapatos, livros, instrumentos de profissão, não devem extravasar a individualidade de cada um dos cônjuges de modo a tocar o outro.

VI) os proventos do trabalho pessoal de cada cônjuge;

Os proventos do trabalho pessoal de cada cônjuge se manifestam por meio dos rendimentos, salários, vencimentos, honorários ou qualquer remuneração a que o cônjuge tenha direito. Esses proventos, portanto, são incomunicáveis. Não podemos, contudo, confundir o direito aos proventos do trabalho pessoal (que não se comunicam) com os proventos em si e os produtos adquiridos com esses proventos (que irão se comunicar). Como consequência lógica, os créditos trabalhistas adquiridos na constância do casamento, ainda que venham a ser reconhecidos e pagos depois de findo o casamento, deverão ser partilhados entre os cônjuges.

VII) as pensões, meios-soldos, montepios e outras rendas semelhantes.

Além dos bens e obrigações mencionados nos incisos do art. 1.659 do CC que foram analisados, o art. 1.661 do CC acrescenta que "são incomunicáveis os bens cuja aquisição tiver por título uma causa anterior ao casamento". É de se imaginar aqui a comum hipótese em que o nubente faz promessa de compra e venda antes do casamento, paga as parcelas também antes do casamento e apenas depois dele obtém a escritura pública de compra e venda com o subsequente registro no Cartório de Registro de Imóveis. Nesse caso, a aquisição tem por título uma causa anterior. Diante disso, o bem pertencerá ao cônjuge que, de fato, pagou por ele antes do casamento. Ainda dentro dessa perspectiva, se tiver ocorrido o contrário, isto é, se a promessa de compra e venda de um imóvel tiver sido feita antes do casamento por um dos cônjuges e, nada obstante, parte do pagamento das parcelas tiver ocorrido depois do casamento, deverá ser apurado o que foi pago antes e o que foi pago depois do casamento para que seja feita a devida partilha de bens.

Foi visto no inciso IV do art. 1.659 do CC que "as obrigações provenientes de atos ilícitos, salvo reversão em proveito do casal" não se comunicam. Cumpre lembrar que as indenizações pessoais, tais como a reparação por um dano moral ou a indenização decorrente de seguro em virtude de acidente de trabalho também são incomunicáveis dado o caráter personalíssimo de tais indenizações. É possível admitir a comunicabilidade apenas da indenização referente aos lucros cessantes, diante da ideia de que os lucros cessantes representam aquilo que a vítima deixou de ganhar e que, em princípio, seria dividido com o ex-cônjuge.

No que diz respeito ao Fundo de Garantia por Tempo de Serviço (FGTS), a questão não é pacífica. Tudo depende da aferição de sua natureza jurídica. Se o FGTS for compreendido como uma parcela do salário, caberá a inclinação por sua comunicabilidade. Todavia, se ao revés, o FGTS for compreendido como manifestação de indenização pessoal, o seu crédito será considerado incomunicável. Dentro desse último quadrante, surgem ainda duas correntes: i) uma defendendo que deixa de ser incomunicável quando utilizado em benefício da família; ii) e outra com o entendimento de que é incomunicável mesmo quando utilizado em benefício da família, pois haveria sub-rogação de bem particular.

4.2 O que se comunica no regime de comunhão parcial de bens

Independentemente de o bem ter sido adquirido por esforço pessoal de um dos cônjuges ou, em se tratando do imóveis, estar registrado no nome de apenas um dos cônjuges, de acordo com o art. 1.660 do CC, entram na comunhão:

I) os bens adquiridos na constância do casamento por título oneroso, ainda que só em nome de um dos cônjuges;

Independentemente de o bem ter sido adquirido em virtude do ganho pessoal de um dos cônjuges, há presunção absoluta de que o outro colaborou, ainda que indiretamente, para a aquisição do bem.

II) os bens adquiridos por fato eventual, com ou sem o concurso de trabalho ou despesa anterior;

Cogita-se aqui, por exemplo, de valores recebidos em loterias, apostas e jogos, ou então, em virtude de manifestação natural, como no caso aquisição de propriedade por meio de acessão natural.

III) os bens adquiridos por doação, herança ou legado, em favor de ambos os cônjuges;

Já que o bem foi destinado a ambos os cônjuges, será evidente a sua comunicabilidade.

IV) as benfeitorias em bens particulares de cada cônjuge;

Não importa se se trata de benfeitoria necessária, útil ou voluptuária, há presunção do esforço comum para a sua concretização, daí a conclusão de sua comunicabilidade. O dispositivo é estendido às acessões também. Daí que, uma casa construída em um terreno presume-se resultado do esforço comum do casal.

V) os frutos dos bens comuns, ou dos particulares de cada cônjuge, percebidos na constância do casamento, ou pendentes ao tempo de cessar a comunhão.

Seria o caso, por exemplo, dos aluguéis oriundos de um imóvel que pertença ao patrimônio particular de um dos cônjuges. É de se notar que, nada obstante, o imóvel seja um bem particular, os seus frutos pertencerão a ambos os cônjuges. O mesmo raciocínio deve ser aplicado em se tratando de produtos.

Além disso, o art. 1.662 do CC presume adquiridos na constância do casamento os bens móveis, quando não se provar que o foram em data anterior, isto é, trata-se de presunção relativa que admite, portanto, prova em sentido contrário, afastando a comunicabilidade.

4.3 Quanto à administração dos bens no regime de comunhão parcial

De acordo com o art. 1.663 do CC, a administração do patrimônio comum compete a qualquer dos cônjuges. O dispositivo é resultado da isonomia imposta pela própria CF/88 e exsurge como timbre próprio do regime da comunhão parcial que impõe aos cônjuges a colaboração recíproca. As dívidas contraídas no exercício da administração obrigam os bens comuns e particulares do cônjuge que os administra, e os do outro na razão do proveito que houver auferido. E, no que se refere aos atos, a título gratuito, que impliquem cessão do uso ou gozo dos bens comuns, a anuência de ambos os cônjuges é necessária. E, ainda, em caso de malversação dos bens, o juiz poderá atribuir a administração a apenas um dos cônjuges.

Os bens da comunhão respondem pelas obrigações contraídas pelo marido ou pela mulher para atender aos encargos da família, às despesas de administração e às decorrentes de imposição legal (art. 1.664, CC).

Obviamente que a administração e a disposição dos bens constitutivos do patrimônio particular competem ao cônjuge proprietário, salvo convenção diversa em pacto antenupcial. E, também, as dívidas, contraídas por qualquer dos cônjuges na administração de seus bens particulares e em benefício destes, não obrigam os bens comuns (arts. 1.665 e 1.666, CC).

5. O REGIME DE COMUNHÃO UNIVERSAL DE BENS

No regime de comunhão universal de bens, tudo se comunica. Os bens presentes e os bens futuros dos cônjuges, incluindo as suas dívidas, o que dá lugar a uma massa patrimonial. Todavia, o art. 1.668 do CC exclui da comunhão:

I) os bens doados ou herdados com a cláusula de incomunicabilidade e os sub-rogados em seu lugar;

Trata-se de hipótese em que o bem recebido a título de doação ou sucessão por um dos cônjuges já carrega em si o fardo da incomunicabilidade imposto pelo proprietário pretérito. Importante registrar que de acordo com a Súmula nº 49 do STF: "A cláusula de inalienabilidade inclui a incomunicabilidade dos bens". Assim, nota-se que o espectro da inalienabilidade é mais amplo do que o da incomunicabilidade. Desse modo, significa dizer que quando há a incomunicabilidade não necessariamente haverá a inalienabilidade.

II) os bens gravados de fideicomisso e o direito do herdeiro fideicomissário, antes de realizada a condição suspensiva;

No fideicomisso existem três sujeitos: o fideicomitente, o fiduciário e o fideicomissário. O primeiro delibera em testamento que o segundo ficará com a propriedade resolúvel até que se implemente o termo ou a condição que autorizará a passagem do bem para o terceiro. Como o objetivo do instituto é a transmissão do bem para o fideicomissário, o bem que está sob a guarda e propriedade resolúvel do fiduciário não se comunica com o cônjuge desse, sob pena de frustrar o instituto do fideicomisso. Evidentemente que o direito do fideicomissário também não se comunica com o seu cônjuge, pois enquanto não há o implemento da condição ou seu direito é meramente eventual não sendo possível a comunicação. A outro giro, implementada a condição, é claro que o bem já estará apto à comunhão. Por fim, se o fideicomissário morrer ou renunciar ao seu direito, a propriedade irá se consolidar na pessoa do fiduciário e, sendo este casado, operar-se-á a comunhão com o seu cônjuge.

III) as dívidas anteriores ao casamento, salvo se provierem de despesas com seus aprestos, ou reverterem em proveito comum;

As dívidas pessoais de cada cônjuge contraídas antes do casamento não se comunicam. Todavia, se essas dívidas forem contraídas para, por exemplo, promover a festa do casamento ou promover a aquisição do imóvel do casal ou seu enxoval haverá a devida comunicação.

IV) as doações antenupciais feitas por um dos cônjuges ao outro com a cláusula de incomunicabilidade;

No regime de comunhão universal de bens só se faz sentido cogitar da doação de um cônjuge ao outro, se essa doação trouxer em seu bojo uma cláusula de incomunicabilidade, senão a doação não produziria efeito nenhum, já que o bem continuaria a pertencer a ambos os cônjuges.

V) os bens referidos nos incisos V a VII do art. 1.659.

Trata-se da incomunicabilidade dos bens de uso pessoal, dos livros e instrumentos de profissão; dos proventos do trabalho pessoal de cada cônjuge; das pensões, meios-soldos, montepios e outras rendas semelhantes.

Apontados os bens excluídos da comunhão, devemos destacar que os frutos oriundos dos bens incomunicáveis extraídos durante o casamento são, ao revés, comunicáveis a ambos os cônjuges, conforme impõe o art. 1.669 do CC.

As regras atinentes à administração dos bens no regime de comunhão parcial, previstas nos arts. 1.663 ao 1.666 do CC, também se aplicam ao regime da comunhão universal.

Por fim, vale lembrar que extinta a comunhão, e efetuada a divisão do ativo e do passivo, cessará a responsabilidade de cada um dos cônjuges para com os credores do outro.

6. O REGIME DE PARTICIPAÇÃO FINAL NOS AQUESTOS

O regime de participação final nos aquestos, nada obstante seja extremamente criticado pela doutrina, tem por objetivo absorver as virtudes dos regimes da comunhão parcial de bens e da separação de bens, isto é, almeja-se o respaldo protetivo a ambos os cônjuges da comunhão parcial de bens agregada à ínsita liberdade do regime da separação de bens.

Aquestos são os bens adquiridos a título oneroso na constância do casamento. Desse modo, no regime da participação final nos aquestos, ao longo do casamento os cônjuges terão a liberdade de administrar e alienar o patrimônio próprio de cada um, porém, se o casamento chegar ao fim, os bens adquiridos a título oneroso na constância do casamento (os aquestos) deverão ser divididos em duas metades. Daí o nome: participação final nos aquestos. Trata-se, portanto, de regime misto ou híbrido.

Nesse regime não há uma massa patrimonial comum, como no regime da comunhão parcial de bens, se não há patrimônio comum, o que há é uma expectativa de direito à meação, que apenas tomará corpo e se concretizará se o casamento for dissolvido.

> **Atenção**
>
> Embora o Código Civil ao disciplinar o regime da comunhão final nos aquestos mencione a todo tempo o termo "meação", o ideal seria "participação".

O patrimônio próprio de cada um será formado pelos bens que cada cônjuge possuía ao casar e os por ele adquiridos, a qualquer título, na constância do casamento.

A administração desses bens é exclusiva de cada cônjuge, que os poderá livremente alienar, se forem móveis.

No que respeita ao patrimônio particular tem-se os bens que não serão considerados para a conformação dos aquestos quando do fim do casamento. O art. 1.674 do CC apresenta o rol que compõe o patrimônio particular: "I) os bens anteriores ao casamento e os que em seu lugar se sub-rogaram; II) os que sobrevieram a cada cônjuge por sucessão ou liberalidade; III) as dívidas relativas a esses bens".

Em comum com o regime da comunhão parcial de bens, no regime da participação final nos aquestos, salvo prova em contrário, presumem-se adquiridos durante o casamento os bens móveis. (parágrafo único do art. 1.674 do CC). Em relação aos bens alienados por um dos cônjuges, em detrimento da meação/participação, esses bens terão os seus valores incorporados ao monte, se não houver preferência do cônjuge lesado, ou de seus herdeiros, de os reivindicar (art. 1.676, CC).

As dívidas contraídas por um dos cônjuges na constância do casamento serão de responsabilidade apenas do cônjuge que a contraiu, salvo prova de terem revertido, parcial ou totalmente, em benefício do outro. Se um dos cônjuges solveu uma dívida do outro com bens do seu patrimônio, o valor do pagamento deve ser atualizado e imputado, na data da dissolução, à meação do outro cônjuge (arts. 1.677 e 1.678, CC).

Em relação a terceiros, as coisas móveis, por exemplo um carro adquirido que esteja sob um financiamento, devem ser presumidas de propriedade do cônjuge que seja o devedor. Claro que a presunção é relativa, admitindo prova em contrário caso o bem seja de uso pessoal do outro. No que respeita aos imóveis, esses são considerados da propriedade daquele que figura no registro do imóvel. Se houver a impugnação dessa titularidade, não será o cônjuge impugnante que deverá provar que o bem lhe pertence, mas sim o cônjuge proprietário é que deverá provar que adquiriu o bem e promoveu-lhe o pagamento. Há, portanto, uma inversão no ônus da prova.

O direito à meação/participação não admite renúncia, nem cessão, tampouco se sujeita a qualquer tipo de constrição judicial durante a vigência do regime de bens (art. 1.682, CC).

Quando do fim do casamento, o montante dos aquestos será verificado à data em que cessou a convivência. No que tange à partilha dos bens, se não for possível, nem conveniente, a divisão de todos os bens em virtude de sua natureza, calcular-se-á o valor de alguns ou de todos para reposição em dinheiro ao cônjuge não proprietário. Caso não se possa realizar a reposição em dinheiro, os bens serão avaliados e, mediante autorização judicial, alienados tantos bens quantos bastarem.

Se um dos cônjuges falecer, verificar-se-á a meação/participação do cônjuge sobrevivente, conforme as regras mencionadas anteriormente, deferindo-se a herança aos herdeiros na forma da lei.

Por fim, as dívidas de um dos cônjuges, quando superiores à sua meação, não obrigam ao outro, ou a seus herdeiros (art. 1.686, CC).

7. REGRAS FINAIS ACERCA DOS REGIMES DE BENS

Os arts. 1.642 e 1.643 do CC apresentam os atos que, um ou outro cônjuge, independentemente do regime de bens aplicado ao casamento, poderão ser praticados sem se exigir a autorização do outro cônjuge. São eles:

- Praticar todos os atos de disposição e de administração necessários ao desempenho de sua profissão, com as limitações estabelecida no inciso I do art. 1.647.

- Administrar os bens próprios.

- Desobrigar ou reivindicar os imóveis que tenham sido gravados ou alienados sem o seu consentimento ou sem suprimento judicial. As ações aqui competem ao cônjuge prejudicado e a seus herdeiros. Além disso, o terceiro, prejudicado com a sentença favorável ao autor, terá direito regressivo contra o cônjuge, que realizou o negócio jurídico, ou seus herdeiros.

- Demandar a rescisão dos contratos de fiança e doação, ou a invalidação do aval, realizados pelo outro cônjuge com infração do disposto nos incisos III e IV do art. 1.647. As ações aqui também competem ao cônjuge prejudicado e a seus herdeiros. O terceiro, prejudicado com a sentença favorável ao autor, terá direito regressivo contra o cônjuge, que realizou o negócio jurídico, ou seus herdeiros.

- Reivindicar os bens comuns, móveis ou imóveis, doados ou transferidos pelo outro cônjuge ao concubino, desde que provado que os bens não foram adquiridos pelo esforço comum destes, se o casal estiver separado de fato por mais de cinco anos. As ações aqui, de igual modo, também competem ao cônjuge prejudicado e a seus herdeiros.

- Praticar todos os atos que não lhes forem vedados expressamente.

- Comprar, ainda a crédito, as coisas necessárias à economia doméstica.

- Obter, por empréstimo, as quantias que a aquisição dessas coisas possa exigir.

Nas duas últimas hipóteses, as dívidas contraídas para os fins do artigo antecedente obrigam solidariamente ambos os cônjuges. Trata-se de clara imposição de solidariedade por força de lei.

8. A VÊNIA CONJUGAL

Para a prática de alguns negócios, a lei exige mais do que a capacidade de fato da parte. Trata-se dos casos em que a lei requer a vênia conjugal. Essa manifestação de **legitimação** ocorre quando a lei exige a autorização do outro cônjuge para a realização do negócio, que poderá se manifestar por meio de outorga marital (quando se exige a autorização do marido) ou por meio da outorga uxória (quando se exige a autorização da mulher).

O art. 1.647 do CC apresenta as hipóteses em que se exige a vênia conjugal, excetuando a necessidade em caso de regime de separação absoluta. São elas:

I)   alienar ou gravar de ônus real os bens imóveis. Tem-se aqui, por exemplo, a compra e venda ou a celebração de uma promessa de compra e venda de um apartamento, a hipoteca de uma fazenda etc.;

II) pleitear, como autor ou réu, acerca desses bens ou direitos. Essa hipótese, embora prevista no Código Civil, apresenta natureza processual;

III) prestar fiança ou aval;

IV) fazer doação, não sendo remuneratória, de bens comuns, ou dos que possam integrar futura meação. Ainda no que respeita à doação, são consideradas válidas as doações nupciais feitas aos filhos quando casarem ou estabelecerem economia separada, conforme preceitua o parágrafo único do art. 1.647 do CC.

De acordo com o art. 1.648 do CC, é possível o suprimento judicial da manifestação de vontade do cônjuge que se recuse a fornecer o consentimento sem motivo justo, ou lhe seja impossível conceder a vênia.

A falta de autorização, não suprida pelo juiz, nas hipóteses do art. 1.647 do CC, tornará anulável o ato praticado, podendo o outro cônjuge pleitear-lhe a anulação, até dois anos depois de terminada a sociedade conjugal. Sendo que a decretação de invalidade dos atos praticados sem outorga, sem consentimento, ou sem suprimento do juiz, só poderá ser demandada pelo cônjuge a quem cabia concedê-la, ou por seus herdeiros.

A previsão de anulabilidade decorre de lei (art. 1.649, CC). No que se refere ao aval concedido sem a autorização do cônjuge, há posicionamento no sentido de que a consequência não deve ser a anulabilidade do ato, mas sim a sua ineficácia em relação ao cônjuge que não manifestou o consentimento. Esse posicionamento se respalda no princípio da plena circulação dos títulos de crédito. Assim, o Enunciado nº 114 do CJF expõe: "o aval não pode ser anulado por falta de vênia conjugal, de modo que o inc. III do art. 1.647 apenas caracteriza a inoponibilidade do título ao cônjuge que não assentiu".

O CC/16, ao apresentar as hipóteses de necessidade de vênia conjugal, apresentava a nulidade absoluta como sanção para a falta do consentimento. O CC/2002, como vimos, atenua a questão impondo a sanção de anulabilidade (ou nulidade relativa). Com isso, nos deparamos com interessante questão de direito intertemporal a ser resolvida pelo art. 2.035 do CC/2002, que ostenta que questões afetas ao plano da validade se subordinam à legislação pretérita, ao passo que questões afetas ao plano da eficácia se subordinam aos preceitos do CC/2002.

Dessarte, o negócio que exigia a vênia conjugal e que foi celebrado sem o consentimento do cônjuge sob a égide do CC/16 será considerado nulo, ainda que a ação tenha sido proposta depois da entrada em vigor do CC/2002. Ao revés, como sabemos, se o negócio tiver sido celebrado sob os auspícios do CC/2002, caberá a anulabilidade.

A **Súmula nº 332 do STJ** pontifica que: "A fiança prestada sem autorização de um dos cônjuges implica a ineficácia total da garantia". A disposição da referida súmula não contraria a ideia de que o negócio celebrado sem a vênia conjugal seja anulável (pelo CC/2002) ou nulo (pelo CC/16). É que as sanções de anulabilidade e de nulidade residem no plano da validade do negócio jurídico. Desse modo, o que se constata, em regra, é que o negócio inválido (seja por nulidade ou anulabilidade) não produzirá seus regulares efeitos, isto é, será ineficaz. Daí o verbete sumular se referir à "ineficácia total da garantia".

Atenção

Questão importante é a dispensa de vênia conjugal para os negócios mencionados no art. 1.647 do CC quando o regime do casamento for o da **"separação absoluta"**. Dúvida surge acerca do alcance da expressão legal.

Sabemos que o CC/2002 apresenta o regime da separação convencional de bens e o regime da separação obrigatória, legal ou cogente. Em relação ao primeiro, não há dúvida de que há uma separação absoluta dos bens, já nenhum dos bens se comunica. Todavia, no que respeita ao regime de separação obrigatória de bens, a resposta variará a depender da aplicação da Súmula nº 377 do STF ou não.

Como visto alhures, acerca da referida súmula, projetada na década de 1960 pelo STF, depois da entrada em vigor do CC/2002, paira dúvidas sobre a sua manutenção em nosso ordenamento.

É que para parte da doutrina, a Súmula nº 377 do STF teria caído em desuso, sendo, pois, cancelada. Já, a outro giro, há quem se manifeste pela manutenção da súmula. Para aqueles que entendem que a súmula 377 do STF não tem cabimento depois da entrada em vigor do CC/2002, o art. 1.647 do CC estaria abrangendo o regime da separação convencional de bens e, também, o regime da separação obrigatória de bens, pois em ambos não haveria nenhuma comunicação dos bens. Para aqueles que entendem que a Súmula nº 377 do STF continua a existir, o art. 1.647 do CC, ao mencionar "separação absoluta" estaria se referindo apenas à separação convencional.

9. A ADMINISTRAÇÃO DOS BENS DIANTE DA IMPOSSIBILIDADE DE EXERCÍCIO POR UM DOS CÔNJUGES

Como derradeira regra acerca do regime de bens, de acordo com o art. 1.651 do CC, quando um dos cônjuges não puder exercer a administração dos bens que lhe incumbe, segundo o regime de bens, caberá ao outro: I) gerir os bens comuns e os do consorte; II) alienar os bens móveis comuns; III) alienar os imóveis comuns e os móveis ou imóveis do consorte, mediante autorização judicial.

I) Além disso, o cônjuge que estiver na posse dos bens particulares do outro será para com este e seus herdeiros responsável: como usufrutuário, se o rendimento for comum; II) como procurador, se tiver mandato expresso ou tácito para os administrar; III) como depositário, se não for usufrutuário, nem administrador.

EM RESUMO:

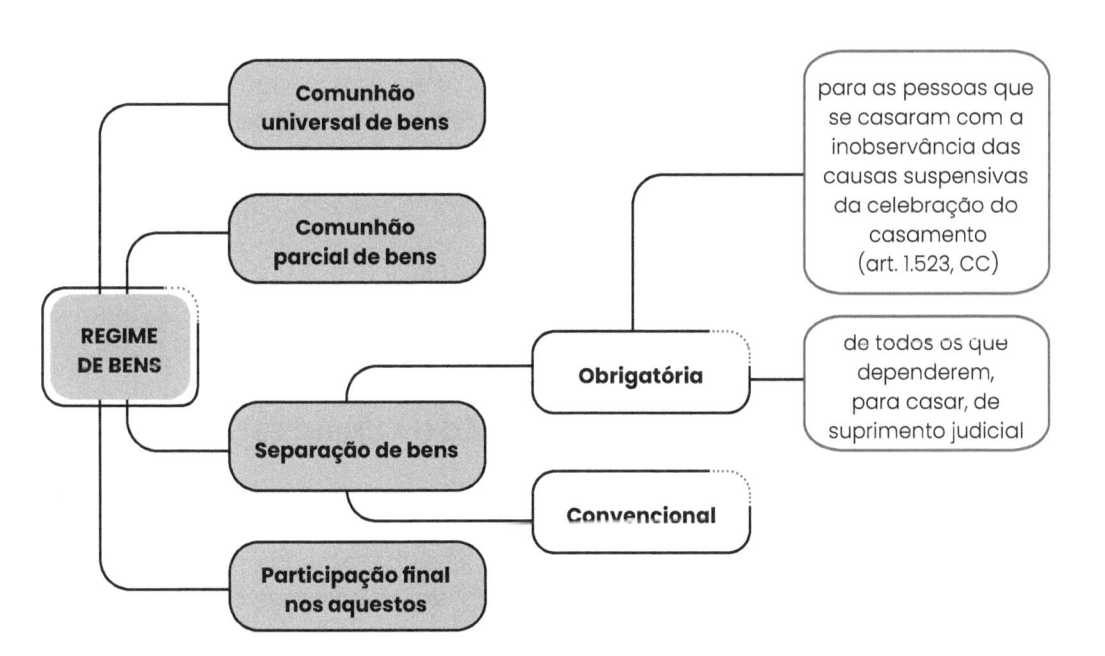

Capítulo 48

Da União Estável

1. A UNIÃO ESTÁVEL E O ABANDONO DE DESIGNAÇÕES DISCRIMINATÓRIAS

O reconhecimento da união estável como entidade familiar ao lado do casamento representou como a Constituição Federal de 1988 absorveu as transformações e realidades sociais das últimas décadas em nosso país (art. 226, § 3º, CF).

Inicialmente, quando da divisão do patrimônio entre os companheiros, os Tribunais atribuíam à companheira, que por vários anos tivesse prestado serviços domésticos ao companheiro, o direito a salários. Depois, com a Súmula nº 380 do STF adotou-se a teoria da sociedade de fato entre os companheiros que permitia a divisão do patrimônio em comum.

Posteriormente, as Leis nos 8.971/94 e 9.278/96 efetivaram a possibilidade de concessão de alimentos, o direito à herança, o direito de usufruto e habitação às pessoas que se uniram informalmente.

2. PARÂMETROS PARA A CONFIGURAÇÃO DA UNIÃO ESTÁVEL

A doutrina sempre apontou que o excesso de regras acerca da união estável acaba por desnaturar a própria estrutura do instituto que é a união das pessoas livremente. Na medida em que se impõem regras, efeitos, consequências, o que, de início, por vontade espontânea das partes representava a "fuga" de um casamento, por imposições legais, acabava se tornando um "pseudocasamento".

O CC/2002, em seus arts. 1.723 a 1.727, incorporou várias regras contidas nas Leis nº 8.971/94 e nº 9.278/96. Os referidos artigos do CC/2002 não se referem à Vara de Família como competente para apreciar os aspectos afetos à união estável e, ainda, se omitem em relação ao direito real de habitação do companheiro. Essas questões foram relacionadas nos arts. 9º e 7º da Lei nº 9.278/96, respectivamente, que para a doutrina majoritária continuam em vigor, em virtude do silêncio do CC/2002.

Além disso, vale lembrar os arts. 1.694 e ss. do CC que regulam os alimentos também entre os companheiros. E, ainda, o sempre polêmico art. 1.790 do CC/2002, finalmente, declarado inconstitucional pelo STF, em 10.05.2017, nas decisões do RE 878.694/MG e RE 646.721/RS.

O art. 1.723 do CC apresenta, em formato de cláusula geral, os contornos da união estável com os seguintes dizeres: "É reconhecida como entidade familiar a união estável entre o homem e a mulher, configurada na convivência pública, contínua e duradoura e estabelecida com o objetivo de constituição de família".

Em análise ao artigo mencionado e a outros dispositivos legais, oportunas são as seguintes conclusões:

1ª) **A literalidade do art. 1.723 do CC exige a diversidade de sexos para a configuração da união estável.** Todavia, a premissa legal deixou de ser considerada em 05.05.2011, quando o STF decidiu na ADIn nº 4277 e na ADPF nº 132, pelo reconhecimento da **união estável entre pessoas do mesmo sexo**. Em decorrência dessas manifestações, decisões outras se fizeram notar no sentido de se converter uniões estáveis homoafetivas preexistentes em casamentos, o fundamento foi exatamente a necessidade de se aplicar à união estável homoafetiva os mesmos efeitos da união estável heteroafetiva.

2ª) **Inexistência de lapso temporal mínimo para a configuração da união estável.**

3ª) **Inexistência de impedimentos matrimoniais.**

4ª) **A existência de qualquer causa suspensiva do casamento (art. 1.523, CC) não impede a configuração da união estável.**

5ª) **Não se exige a coabitação dos companheiros sob mesmo teto para que se configure a união estável.**

6ª) **Objetivo de constituir família.**

7ª) **Estabilidade.**

8ª) **Publicidade ou ostensibilidade.**

3. OS EFEITOS DA UNIÃO ESTÁVEL

No que se refere aos **efeitos pessoais da união estável**, o art. 1.724 do CC apresenta os **deveres dos companheiros**. Em comparação com os deveres que decorrem do casamento, temos que:

Deveres dos companheiros (art. 1.724, CC)	Deveres dos cônjuges (art. 1.566, CC)
As relações pessoais entre os companheiros obedecerão aos deveres de lealdade, respeito e assistência, e de guarda, sustento e educação dos filhos.	São deveres de ambos os cônjuges: I – fidelidade recíproca; II – vida em comum, no domicílio conjugal; III – mútua assistência; IV – sustento, guarda e educação dos filhos; V – respeito e consideração mútuos.

Percebemos que a união estável deve se pautar na lealdade, ao passo que, em relação ao casamento, o vetor é a fidelidade. É certo que a lealdade é termo mais amplo do que a fidelidade, sendo essa última mais restrita ou rigorosa a delimitar os perímetros do relacionamento afetivo. É como se na união estável houvesse uma "maior liberdade" a nortear a relação dos companheiros.

Além disso, enquanto o casamento exige a "vida em comum, no domicílio conjugal", há muito já se sabe que o referido requisito não se faz presente para a configuração da união estável. Para tanto, basta conferir a Súmula nº 382 do STF que dispõe: "A vida em comum sob o mesmo teto, *more uxorio*, não é indispensável à caracterização do concubinato".

Já a assistência, o respeito, a consideração e o dever de sustento, guarda e educação dos filhos são parâmetros projetados para as duas entidades familiares, quais sejam, a união estável e o casamento, não se podendo, pois, prescindir de qualquer um deles.

No **seio patrimonial**, o art. 1.725 do CC dispõe: "Na união estável, salvo contrato escrito entre os companheiros, aplica-se às relações patrimoniais, no que couber, o regime da comunhão parcial de bens".

O contrato mencionado é comumente denominado de **"contrato de convivência"**. Acerca desse ato negocial e do dispositivo legal citado, valem as seguintes ponderações:

* Não se pode admitir que um pretenso "contrato de namoro" pretenda o afastamento da união estável quando presentes os necessários elementos fáticos a estabelecer o contrário. Desse modo, prevalece a premissa *in dubio pro familia*.

* Além do reconhecimento da união estável, o regime de bens a reger essa entidade familiar poderá ser escolhido pelos conviventes no contrato de convivência. Caso não seja eleito nenhum regime, aplicar-se-á o regime da **comunhão parcial de bens**. Esse é o regime legal da união estável.

* O art. 1.725 do CC, ao estabelecer que se aplica "no que couber" o regime da comunhão parcial de bens, se refere, por exemplo, à desnecessidade de outorga convivencial referenciada no art. 1647, CC.

Importante

O contrato de convivência poderá ser feito por instrumento particular ou público. Caso seja feito por instrumento particular, é possível o seu registro no Cartório de Títulos e Documentos. Ao revés, poderá ser feito por instrumento público no Cartório de Notas. O STJ, na decisão do REsp 1.459.597-SC (Rel. Min. Nancy Andrigui, j. 01.12.2016), manifestou-se pela validade, desde que escrito, do pacto de convivência formulado pelo casal, no qual se opta pela adoção da regulação patrimonial da futura relação como símil (igual) ao regime de comunhão universal, ainda que não tenha sido feito por meio de escritura pública.

4. A CONVERSÃO DA UNIÃO ESTÁVEL EM CASAMENTO

A norma constitucional prevê a facilitação conversão da união estável em casamento e o CC/2002 em seu art. 1.726 dispõe sobre a questão com os seguintes dizeres: "A união estável poderá converter-se em casamento, mediante pedido dos companheiros ao juiz e assento no Registro Civil".

No que diz respeito à via administrativa ser o único caminho adequado à conversão pretendida, acerca dessa possibilidade, o STJ já entendeu ser uma via opcional, não restringindo como única via (REsp 1.685.937-RJ, Rel. Min. Nancy Andrighi, por unanimidade, j. 17.08.2017. Informativo nº 609).

EM RESUMO:

PARÂMETROS DE CONFIGURAÇÃO DA UNIÃO ESTÁVEL	EFEITOS DA UNIÃO ESTÁVEL (DEVERES)
Diversidade de sexos (EM DESUSO)	Lealdade
Inexistência de lapso temporal mínimo	Respeito
Inexistência de impedimentos matrimoniais	Assistência mútua
A existência de qualquer causa suspensiva do casamento não impede a configuração da união estável	Guarda, sustento e educação dos filhos
Objetivo de constituir família	
Estabilidade	
Publicidade ou Ostensibilidade	

Capítulo 49

Das Relações de Parentesco

1. O QUE É O PARENTESCO E COMO ELE SE MANIFESTA

O parentesco se traduz no vínculo jurídico que existe entre as pessoas em virtude de ostentarem a mesma origem genética (parentesco biológico); que existe entre o cônjuge ou companheiro e os parentes do outro (parentesco por afinidade); e que existe em virtude de um liame civil.

O parentesco por mesma origem genética existe entre pessoas que guardem entre si um elo biológico, originando-se, pois, de um mesmo tronco familiar, sendo ilimitado na linha reta (ascendentes e descendentes) e na linha colateral ou transversal limitado até o quarto grau. Já o parentesco por afinidade, isto é, aquele existe entre o cônjuge ou companheiro e os parentes do outro, encontra seus perímetros nos ascendentes, nos descendentes e nos irmãos do cônjuge ou companheiro. Por fim, o parentesco civil decorrerá de outras origens tais como a adoção, a reprodução heteróloga (considerando o material genético de terceiro) e a socioafetividade.

Devemos registrar que não há parentesco entre marido/mulher e entre companheiros.

Assim podemos esquematizar:

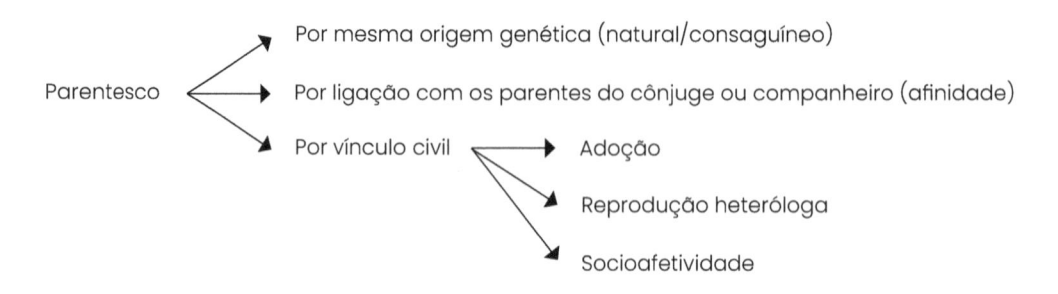

Parentesco
- Por mesma origem genética (natural/consaguíneo)
- Por ligação com os parentes do cônjuge ou companheiro (afinidade)
- Por vínculo civil
  - Adoção
  - Reprodução heteróloga
  - Socioafetividade

Além disso, é importante notar que o parentesco poderá ocorrer na linha reta ou na linha colateral (também conhecida por linha transversal), conforme arts. 1.591 e 1.592 do CC.

Assim, o parentesco na linha reta é ilimitado, por exemplo, pai, avô, bisavô etc. Já o parentesco na linha colateral (ou transversal) é limitado ao quarto grau, por exemplo, irmão (2° grau), sobrinho (3° grau), tio (3° grau) etc.

Para contar os graus de parentesco na linha reta, consideram-se os graus de parentesco pelo número de gerações, e, na colateral, também pelo número delas, subindo de um dos parentes até o ascendente comum, e descendo até encontrar o outro parente. Desse modo, não existe parente na linha colateral de 1° grau, pois será sempre necessário subir ao ascendente em comum. Por exemplo, uma pessoa é parente de sua mãe na linha reta e esse parentesco será de 1° grau. Essa mesma pessoa é parente na linha colateral de seu irmão de 2° grau. Isso porque, nesse caso, para a contagem de graus, sobe-se ao ascendente em comum, por exemplo, a mãe (1° grau) e desce-se ao irmão (2° grau) e, assim, sucessivamente. A pessoa cogitada é parente de seu tio na linha colateral de 3° grau. Isso porque sobe-se ao grau da mãe (1° grau), depois ao do avô (que é o ascendente em comum), e, posteriormente, alcança-se o tio (3° grau).

No parentesco por afinidade, a lei limita o vínculo aos ascendentes, aos descendentes e aos irmãos do cônjuge ou companheiro (art. 1.595, § 1°, CC). Quando findo o casamento ou a união estável, findo será o cunhadio, isto é, a ligação afim colateral. Todavia, na linha reta, a afinidade não se extingue com a dissolução do casamento ou da união estável (art. 1.595, § 2°, CC). O principal efeito disso é que essas pessoas não podem se casar, nem constituir união estável.

2. DA FILIAÇÃO

A filiação é o vínculo jurídico específico entre ascendente e descendente que seja de 1° grau, isto é, entre pai/mãe e filho(a). Atualmente, não se admite qualquer adjetivo (legítimo, ilegítimo, adulterino, bastardo, incestuoso etc.) acrescentado ao substantivo "filho" (a art. 227, § 6°, da , a CF/88.) Além disso, de acordo com o art. 1.596 do CC prevalece a igualdade entre os filhos.

Atualmente há três critérios para aferir a filiação: o biológico, o jurídico e o socioafetivo.

✓ **Critério biológico:** manifesta-se tendo em vista o elo genético constatado entre duas pessoas. Hoje o exame de DNA ostenta uma margem de segurança de 99,99% na definição deste elo genético.

✓ **Critério jurídico:** denota-se por meio das presunções de paternidade estabelecidas no art. 1.597 do CC que serão analisadas adiante. Em princípio, importa notar que tem cabimento o adágio *pater is est quem justae nuptiae demonstrant* que quer significar que é presumida a paternidade do marido em relação ao filho gerado pela mulher casada. É comum denominar a regra abreviando-a para presunção *pater is est.*

✓ **Critério socioafetivo:** vislumbra a possibilidade de a paternidade decorrer de um vínculo social e afetivo apresentado por duas pessoas que ostentem os caracteres de pai e filho.

A divergência entre a paternidade biológica e a declarada no registro de nascimento não é apta, por si só, para anular o ato registral, dada a proteção conferida a paternidade socioafetiva, de acordo com a 3ª Turma do STJ (REsp 1.829.093-PR, Rel. Min. Nancy Andrighi, por unanimidade, julgado em 1/6/2021).

Retomando o **critério jurídico de filiação**, as presunções de paternidade estão no Código Civil, quando o art. 1.597 estabelece que se presumem concebidos na constância do casamento os filhos:

I)   Nascidos 180 dias, pelo menos, depois de estabelecida a convivência conjugal. Trata-se de presunção relativa, que admite prova em sentido contrário, máxime por meio do exame de DNA.

II)   Nascidos nos 300 dias subsequentes à dissolução da sociedade conjugal, por morte, separação judicial, nulidade e anulação do casamento. Trata-se de outra presunção relativa, que admite prova em contrário, tendo cabimento também o exame de DNA para afastá-la. Em complemento o art. 1.598 do CC: "Salvo prova em contrário, se, antes de decorrido o prazo previsto no inciso II do art. 1.523, a mulher contrair novas núpcias e lhe nascer algum filho, este se presume do primeiro marido, se nascido dentro dos trezentos dias a contar da data do falecimento deste e, do segundo, se o nascimento ocorrer após esse período e já decorrido o prazo a que se refere o inciso I do art. 1.597".

III) Havidos por fecundação artificial homóloga, mesmo que falecido o marido. A fecundação artificial homóloga ocorre com o material genético dos próprios cônjuges. Problema surge diante da proposição do referido inciso que admite tal possibilidade ainda que o marido já tenha falecido. Há quem se manifeste pela violação ao princípio da paternidade responsável de linhagem constitucional. Assim, o Enunciado nº 106 do CJF estabelece que: "Para que seja presumida a paternidade do marido falecido, será obrigatório que a mulher, a se submeter a uma das técnicas de reprodução assistida com o material genético do falecido, esteja na condição de viúva, sendo obrigatório, ainda, que haja autorização escrita do marido para que utilize seu material genético após sua morte". Indaga-se acerca de a pessoa falecida ser a esposa e o marido ou companheiro viúvo pretender se valer da fecundação artificial homóloga por meio da maternidade por substituição. Acerca dessa questão, foi aprovado na VIII Jornada de Direito Civil, o Enunciado nº 633, que estabeleceu: "É possível ao viúvo ou ao companheiro sobrevivente, o acesso à técnica de reprodução assistida póstuma – por meio da maternidade de substituição, desde que haja expresso consentimento manifestado em vida pela sua esposa ou companheira".

IV) Havidos, a qualquer tempo, quando se tratar de embriões excedentários, decorrentes de concepção artificial homóloga. Nessa hipótese, mencionam-se os embriões que remanesceram e foram criopreservados, de modo que a concepção ocorrerá *in vitro* (na proveta), fora do corpo da mulher.

V) Havidos por inseminação artificial heteróloga, desde que tenha prévia autorização do marido. A inseminação cogitada neste inciso é aquela que decorre de material genético de terceiro. Menciona-se como exemplo o caso de doação de sêmen. Nessa hipótese, inclusive, vale lembrar que de acordo com o Enunciado nº 111 do CJF não poderá haver a quebra do sigilo do doador, não cabendo, por conseguinte, ação de investigação de paternidade e ação de alimentos.

Os incisos III, IV e V previstos no art. 1.597 do CC mencionados devem ser estendidos à união estável.

Para os casos em que se exija a autorização do marido, pretensa revogação superveniente não terá valor. Vários argumentos fundamentam esse posicionamento, tais como a vedação de comportamento contraditório, a igualdade entre os filhos, o princípio do melhor interesse da criança e a presunção absoluta de paternidade, conforme Enunciado nº 258 do CJF, que dispõe o seguinte: "Não cabe a ação prevista no art. 1.601 do Código Civil se a filiação tiver origem em procriação assistida heteróloga, autorizada pelo marido nos termos do inciso V do art. 1.597, cuja paternidade configura presunção absoluta". Além disso, as técnicas de reprodução assistida devem ser estendidas aos casais homoafetivos.

As presunções constantes do art. 1.597, III, IV e V, do CC devem ser interpretadas restritivamente, não abrangendo a utilização de óvulos doados e a gestação de substituição, essa última conhecida como "barriga de aluguel", conforme Enunciado nº 257 do CJF. Bom lembrar que apesar da denominação "barriga de aluguel", não se admite que a gestação por substituição ocorra onerosamente.

Visto tudo isso, caso o pretenso pai consiga provar a sua impotência *generandi* quando da concepção, será afastada a presunção de paternidade, conforme preceitua o art. 1.599 do CC.

A extensão da presunção de paternidade ofertada pela lei é tão grande que não basta o adultério da mulher, ainda que confessado, para ilidir a presunção legal da paternidade e, tampouco, basta a confissão materna para excluir a paternidade, conforme arts. 1.600 e 1.602 do CC.

Sabido que existe a paternidade socioafetiva oriunda do vínculo social e afetivo ostentado por duas pessoas que se tratam mutuamente de pai e filho, causa estranheza a previsão do art. 1.601 do CC que assim relata: "Cabe ao marido o direito de contestar a paternidade dos filhos nascidos de sua mulher, sendo tal ação imprescritível". Além disso, o parágrafo único do referido artigo dispõe: "Contestada a filiação, os herdeiros do impugnante têm direito de prosseguir na ação".

A perpetuidade do pleito da negatória de paternidade prevista no art. 1.601 do CC acaba por se esquecer da paternidade socioafetiva, modalidade essa de filiação tão festejada na contemporaneidade. Não é sem motivo, então, que o Enunciado nº 339 do CJF se manifesta pela impossibilidade de se romper a paternidade socioafetiva tendo-se em vista o melhor interesse do filho. E nesse mesmo sentido o Enunciado nº 520 do CJF dispõe: "O conhecimento da ausência de vínculo biológico e a posse de estado de filho obstam a contestação da paternidade presumida". Nesse mote, constata-se situação relativamente corriqueira que é aquela em que um homem reconhece a paternidade do filho de sua mulher sabedor de que não é o seu pai consanguíneo, dando ensejo ao que se denomina de "adoção à brasileira", relação essa que se perpetua por vários anos até o relacionamento com a mãe da criança chegar ao fim, e esse homem que até então se portava como pai nesse momento recua querendo desfazer o liame de filiação que ele mesmo um dia quis estabelecer. Nesse caso, a ação negatória de paternidade ajuizada por esse homem deve ser julgada parcialmente procedente, na medida em que, nada obstante reconheça que não há vinculo biológico entre o pai e o filho, decida pela impossibilidade de ser desfeito o elo socioafetivo ostentado pelos dois.

Atenção

Qual filiação deverá prevalecer? A biológica ou a socioafetiva? Alinhamo-nos à doutrina que se manifesta pela possibilidade de multiparentalidade, que reconhece que não há problemas de a pessoa apresentar mais de um pai ou mais de uma mãe em seu registro civil.

Nesse sentido, foi aprovado o Enunciado nº 632, na VIII Jornada de Direito Civil, com o seguinte teor: "Nos casos de reconhecimento de multiparentalidade paterna ou materna, o filho terá direito à participação na herança de todos os ascendentes reconhecidos". Esse posicionamento foi reconhecido também no RE 898.060, com repercussão geral reconhecida, e no REsp 1.618.230-RS. Nessa toada, a 4ª Turma do STJ se manifestou no sentido de que "na multiparentalidade deve ser reconhecida a equivalência de tratamento e de efeitos jurídicos entre as paternidades biológica e socioafetiva".

Como regras finais acerca da filiação tem-se o art. 1.603 do CC que estabelece: "A filiação prova-se pela certidão do termo de nascimento registrada no Registro Civil". Complementando a ideia, vale a lembrança do Enunciado nº 108 do CJF: "No fato jurídico do nascimento, mencionado no art. 1.603, compreende-se à luz do disposto no art. 1.593, a filiação consanguínea e também a socioafetiva".

Já o art. 1.604 do CC reconhece a denominada ação vindicatória de filho por terceiro, com a seguinte redação: "Ninguém pode vindicar estado contrário ao que resulta do registro de nascimento, salvo provando-se erro ou falsidade do registro". Aqui se vislumbra a possibilidade de um pai biológico requerer estado contrário ao que consta do registro de seu filho, que fora realizado por um terceiro. É evidente que não se pode, nesse contexto, afastar a paternidade socioafetiva com base no erro ou falsidade do registro.

> Art. 1.605. Na falta, ou defeito, do termo de nascimento, poderá provar-se a filiação por qualquer modo admissível em direito:
>
> I – quando houver começo de prova por escrito, proveniente dos pais, conjunta ou separadamente;
>
> II – quando existirem veementes presunções resultantes de fatos já certos.

O disposto no inciso II apresenta um tímido, mas existente, reconhecimento da filiação socioafetiva e dá sinais da força que lhe subjaz.

Por fim, o art. 1.606 do CC dispõe que: "A ação de prova de filiação compete ao filho, enquanto viver, passando aos herdeiros, se ele morrer menor ou incapaz". Além disso, o seu parágrafo único estabelece: "Se iniciada a ação pelo filho, os herdeiros poderão continuá-la, salvo se julgado extinto o processo". Ampliando essa perspectiva, o Enunciado nº 521 do CJF, admitindo a ação avoenga, isto é, do(a) neto(a) contra o avô ou avó, apresenta o seguinte teor: "Qualquer descendente possui legitimidade, por direito próprio, para propor o reconhecimento do vínculo de parentesco em face dos avós ou de qualquer ascendente de grau superior, ainda que o seu pai não tenha iniciado a ação de prova de filiação em vida".

3. DO RECONHECIMENTO DOS FILHOS

Em relação ao filho havido na constância do casamento, incide a presunção de que o pai será considerado o marido (presunção *pater is est*). Não será aplicada a referida presunção se o filho for havido fora do casamento. Desse modo, conforme o art. 1.607 do CC, o filho havido fora do casamento pode ser reconhecido pelos pais, conjunta ou separadamente. Isso se torna necessário pois, embora exista o vínculo biológico, falta o vínculo jurídico de parentesco que só surge com o reconhecimento.

O reconhecimento de filhos já era disciplinado pela Lei nº 8.560/92 (Lei da Investigação de Paternidade). No Código Civil de 2002, o tema é tratado nos arts. 1.607 ao 1.617.

É evidente que o assunto toma mais importância em relação à paternidade. Isso diante da parêmia de que *mater semper certa est*, isto é, a maternidade é sempre certa. Assim, "quando a maternidade constar do termo do nascimento do filho, a mãe só poderá contestá-la, provando a falsidade do termo, ou das declarações nele contidas" (art. 1.608, CC).

O reconhecimento de filhos poderá se manifestar de duas formas: voluntariamente ou judicialmente.

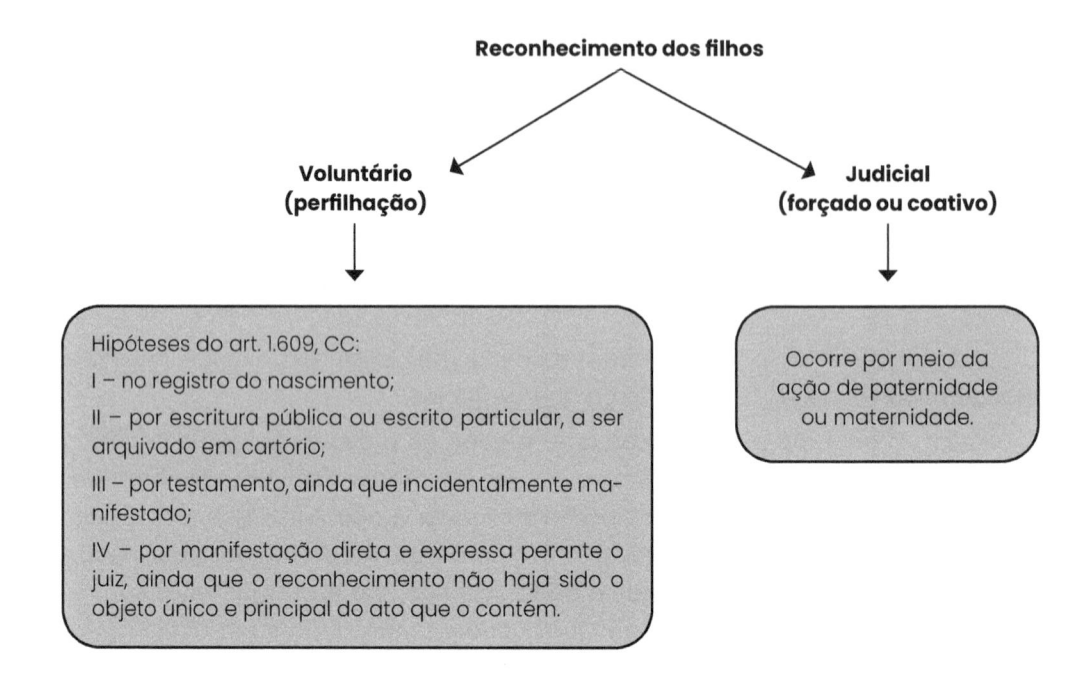

Reconhecimento dos filhos

Voluntário (perfilhação)

Judicial (forçado ou coativo)

Hipóteses do art. 1.609, CC:

I – no registro do nascimento;

II – por escritura pública ou escrito particular, a ser arquivado em cartório;

III – por testamento, ainda que incidentalmente manifestado;

IV – por manifestação direta e expressa perante o juiz, ainda que o reconhecimento não haja sido o objeto único e principal do ato que o contém.

Ocorre por meio da ação de paternidade ou maternidade.

Importante

Algumas observações importantes acerca do reconhecimento voluntário:

- O reconhecimento do filho será irrevogável. Ainda que o reconhecimento tenha ocorrido por meio de um testamento. Nada obstante o testamento ser considerado negócio jurídico unilateral revogável, a disposição acerca do reconhecimento da paternidade não o será.

- É possível o reconhecimento que preceda ao nascimento, isto é, em relação ao nascituro. Essa possibilidade prevista no parágrafo único do art. 1.609 do CC reforça a teoria concepcionista, cujo grande mote é reconhecer que a personalidade jurídica da pessoa natural se inicia da concepção.

- É possível o reconhecimento posterior ao falecimento do filho apenas se esse deixar descendente. Essa exigência se faz necessária para evitar reconhecimento por interesse financeiro. Seria o caso, por exemplo, de um pai reconhecer a paternidade de seu filho já morto, apenas por almejar a herança desse. Veja que se não fosse imposto o requisito "deixar descendentes", o pai "interesseiro" é que herdaria o patrimônio do filho.

- O reconhecimento do filho se traduz em ato jurídico em sentido estrito, já que se subsume aos efeitos predeterminados pela lei. Considerando assim, aplica--se o art. 185 do CC que estabelece: "Aos atos jurídicos lícitos, que não sejam negócios jurídicos, aplicam-se, no que couber, as disposições do Título anterior". O título anterior da codificação civil apresenta as regras atinentes aos negócios jurídicos. Importante notar que o art. 185 do CC acrescenta ressalva "no que couber". A referida ressalva atenta para a impossibilidade de se aplicar os elementos acidentais do negócio jurídico ao ato jurídico em sentido estrito. Desse modo, não serão eficazes os elementos acidentais apostos ao ato de reconhecimento.

- O filho maior não pode ser reconhecido sem o seu consentimento.

- O filho menor pode impugnar o reconhecimento, nos quatro anos que se seguirem à maioridade, ou à emancipação. Considerando que se trata de questão afeta ao estado civil e à verdade biológica, a jurisprudência tem se manifestado pela perpetuidade do direito de se promover a impugnação.

- De acordo com o art. 1.611 do CC, "o filho havido fora do casamento, reconhecido por um dos cônjuges, não poderá residir no lar conjugal sem o consentimento do outro". O dispositivo apresenta ares de inconstitucionalidade, já que prioriza o casamento sem atentar para a igualdade dos filhos. Uma saída para "neutralizar" o art. 1.611 do CC seria interpretá-lo conforme o subsequente art. 1.612 do CC, que preceitua: "O filho reconhecido, enquanto menor, ficará sob a guarda do genitor que o reconheceu, e, se ambos o reconheceram e não houver acordo, sob a de quem melhor atender aos interesses do menor".

- Por fim, o art. 1.617 do CC estabelece que: "A filiação materna ou paterna pode resultar de casamento declarado nulo, ainda mesmo sem as condições do putativo". Em verdade o dispositivo se pauta na ideia de igualdade que deve existir entre os filhos, independentemente de sua origem. Assim, a invalidade do casamento nada tem a ver com a paternidade ou maternidade que dele resulta.

Algumas observações importantes acerca da ação de investigação de paternidade:

- Trata-se de ação perpétua, não apresentando prazo para o seu ajuizamento. Nesse sentido deve-se considerar o art. 27 do ECA: "O reconhecimento do estado de filiação é direito personalíssimo, indisponível e imprescritível, podendo ser exercitado contra os pais ou seus herdeiros, sem qualquer restrição, observado o segredo de Justiça". E, ainda, a Súmula nº 149 do STF: "É imprescritível a ação de investigação de paternidade, mas não o é a de petição de herança".

- Trata-se de ação de estado e de natureza declaratória, desse modo, os seus efeitos são *ex tunc*, retroagindo à data do nascimento do filho.

- A legitimidade ativa é do pretenso filho que, se for menor, deverá ser devidamente representado ou assistido pela mãe ou pelo tutor.

- A legitimidade passiva é do suposto pai, se esse já for falecido, a ação poderá ser movida contra os seus herdeiros.

- Qualquer pessoa que tenha justo interesse poderá contestar a ação de investigação de paternidade (art. 1.615, CC), por exemplo, cônjuge, companheiros, filhos etc.

- A principal prova será o exame de DNA, que fornecerá 99,99% de certeza acerca da paternidade. Quanto à possibilidade de condução coercitiva do suposto pai para a realização do exame de DNA, o STF decidiu por sua não obrigatoriedade, fazendo prevalecer a dignidade da pessoa humana, a intimidade e a inviolabilidade do corpo humano em detrimento da verdade biológica. Todavia, o STF entendeu que a negativa do suposto pai em realizar o exame resulta em presunção relativa de paternidade. Posteriormente a essa decisão do STF, os arts. 231 e 232 do CC/2002 caminharam no mesmo sentido. Além disso, a Súmula nº 301 do STJ, de 2004, dispôs: "Em ação investigatória, a recusa do suposto pai a submeter-se ao exame de DNA induz presunção *juris tantum* de paternidade". Por fim, aprovou-se a Lei nº 12.004/2009 que inseriu na Lei nº 8.560/92 o art. 2º-A com o seguinte teor: "Na ação de investigação de paternidade, todos os meios legais, bem como os moralmente legítimos, serão hábeis para provar a verdade dos fatos".. §1º "A recusa do réu em se submeter ao exame de código genético – DNA gerará a presunção da paternidade, a ser apreciada em conjunto com o contexto probatório". Mais tarde, a Lei nº 14.138/2021 inseriu o § 2º com o seguinte teor: "Se o suposto pai houver falecido ou não existir notícia de seu paradeiro, o juiz determinará, a expensas do autor da ação, a realização do exame de pareamento do código genético (DNA) em parentes consanguíneos, preferindo-se os de grau mais próximo aos mais distantes, importando a recusa em presunção da paternidade, a ser apreciada em conjunto com o contexto probatório."

- Embora o mais comum seja a ação de investigação de paternidade, nada impede que se trate de uma ação de investigação de maternidade, cuja legitimidade passiva, evidentemente, será da suposta mãe.

4. DA ADOÇÃO

4.1 Classificação

Classicamente, existiam duas espécies de adoção:

a) **Adoção civil ou restrita:** era a disciplinada pelo CC/16 e não ensejava total integração do menor à família do adotante. Com a entrada em vigor do Estatuto da

Criança e do Adolescente (Lei nº 8.069/90), essa espécie de adoção se restringiu aos maiores de idade.

b) **Adoção estatutária ou plena:** era a disciplinada pelo Estatuto da Criança e do Adolescente (Lei nº 8.069/90), sendo aplicada aos menores de idade, almejando a total integração do menor à família do adotante, desligando o adotado dos laços anteriores com a família pretérita, exceto em relação aos impedimentos matrimoniais.

Havia a denominada **adoção à brasileira ou simulada**, que se traduzia no ato informal de uma pessoa, em comum acordo com a mãe, registrar como seu filho alheio com o fito exclusivo de lhe ofertar uma família. Embora, em tese, essa manifestação se situe nos perímetros do crime de falsidade ideológica, os casais acabavam não sendo punidos em virtude da ausência de dolo específico e do conteúdo afetivo que movia o ato.

Com a entrada em vigor da Lei nº 12.010/2009 (Lei da Adoção), o panorama que se tem atualmente é: a adoção à brasileira ou simulada continuará a existir, muito em virtude das dificuldades do pretendente à adoção de promover o ato formalmente e, inclusive, do receio de se frustrar judicialmente com o pedido. Em princípio, essa manifestação de adoção deverá se traduzir em ato revogável, pois, em verdade, trata-se da prática de um ato ilícito. Porém, com fincas no princípio da boa-fé objetiva, na vedação do comportamento contraditório (*venire contra factum proprium*) e no melhor interesse da criança não se deve admitir a revogação do ato, pois feito de forma espontânea pelo "adotante".

Muito comum se constatar o pleito de revogação ou de anulação do registro civil em casos como o de um homem que ao se relacionar afetivamente com uma mulher – que já tinha um filho de outro relacionamento, mas que não foi reconhecido pelo pai biológico – registra esse filho como próprio e, posteriormente, com o fim do relacionamento afetivo com a mãe da criança, pretende a desconstituição da filiação. Decerto que a desconstituição do ato não deve ser admitida por violar os princípios retrocitados. É o que tem entendido os Tribunais brasileiros, em clara afeição à paternidade socioafetiva.

Já as classificações de adoção civil e de adoção estatutária não encontram mais respaldo em nosso ordenamento, posto que qualquer modalidade de adoção, inclusive a adoção de pessoa maior, será tratada pelo regras do Estatuto da Criança e do Adolescente (Lei nº 8.069/90) com as alterações promovidas pela Lei Nacional de Adoção (Lei nº 12.010/2009) . Essa última Lei, ainda, revogou no CC/2002 dez artigos (arts. 1.620 a 1.629), remanescendo apenas dois artigos, ambos com novidadeiro conteúdo, a seguir dispostos:

> Art. 1.618. A adoção de crianças e adolescentes será deferida na forma prevista pela Lei nº 8.069, de 13 de julho de 1990 – Estatuto da Criança e do Adolescente.

Art. 1.619. A adoção de maiores de 18 (dezoito) anos dependerá da assistência efetiva do poder público e de sentença constitutiva, aplicando-se, no que couber, as regras gerais da Lei nº 8.069, de 13 de julho de 1990 – Estatuto da Criança e do Adolescente.

4.2   O que é a adoção?

A adoção é um ato jurídico em sentido estrito praticado de forma solene e sob as chancelas do Poder Judiciário, de natureza complexa, já que se traduz em um ato de vontade agregado ao seu caráter institucional, cujo objetivo é a criação de um novo parentesco, que será denominado de civil, e que apresentará as mesmas feições de um parentesco biológico.

Atenção

Importante perceber que a adoção é medida excepcional e irrevogável, à qual se deve recorrer apenas quando esgotados os recursos de manutenção da criança ou adolescente na família natural ou extensa. De acordo com o art. 25 do ECA, entende-se por família natural a comunidade formada pelos pais ou qualquer deles e seus descendentes. Já por família extensa ou ampliada aquela que se estende para além da unidade pais e filhos ou da unidade do casal, formada por parentes próximos com os quais a criança ou adolescente convive e mantém vínculos de afinidade e afetividade. Inclusive, a Lei nº 13.509/2017 inseriu o § 3º no art. 39 do ECA que apresenta seguinte redação: "Em caso de conflito entre direitos e interesses do adotando e de outras pessoas, inclusive seus pais biológicos, devem prevalecer os direitos e os interesses do adotando".

4.3   Requisitos para que ocorra a adoção

A adoção será feita mediante **sentença judicial,** que será inscrita no registro civil mediante mandado do qual não se fornecerá certidão (art. 47, ECA). Não se admite procuração para a prática do ato (art. 39, § 2º, ECA), exatamente em virtude de seu caráter personalíssimo. A Lei nº 13.509/2017 incluiu o § 10 do art. 47 do ECA: "O prazo máximo para conclusão da ação de adoção será de 120 (cento e vinte) dias, prorrogável uma única vez por igual período, mediante decisão fundamentada da autoridade judiciária". Além disso, a Lei nº 12.955/2014 inseriu o § 9º no art. 47 do ECA que impõe de forma louvável que terão prioridade de tramitação os processos de adoção em que o adotando for criança ou adolescente com deficiência ou com doença crônica.

Em relação a menores, o processo corre na Vara da Infância e da Juventude; em se tratando de maiores, na Vara de Família.

* A adoção deverá apresentar **reais vantagens** para o adotando e fundar-se em motivos legítimos (art. 43, ECA).

* A adoção dependerá do **consentimento dos pais ou do representante legal** do adotando (art. 45, ECA). O consentimento será dispensado em relação à criança ou adolescente cujos pais sejam desconhecidos ou tenham sido destituídos do poder familiar.

* Em se tratando de **adotando maior de doze anos de idade**, será também necessário o seu consentimento (art. 45, § 2º, ECA).

* O adotante deverá apresentar **idade mínima de 18 anos**, independentemente do estado civil (art. 42, *caput*, ECA).

* O adotante **não poderá ser ascendente ou irmão do adotando** (art. 42, § 1º, ECA).

* Deverá existir uma **diferença de idade** entre o adotante e o adotado de **no mínimo 16 anos** (art. 42, § 3º, ECA). Em decisão no REsp nº 1.785.754-RS, o STJ flexibilizou esse parâmetro legal à luz do princípio da socioafetividade. Assim, o mencionado Tribunal admitiu a possibilidade de adoção mesmo faltando três meses para se alcançar o parâmetro legal de 16 anos de diferença entre adotante e adotado.

* O **tutor ou curador** poderá adotar o pupilo ou curatelado apenas após prestar contas de sua administração (art. 44, ECA).

* Em caso de **adoção conjunta** (antes conhecida como adoção bilateral), isto é, aquela feita por duas pessoas, é indispensável que os adotantes sejam casados civilmente ou mantenham união estável, comprovada a estabilidade da família (art. 42, § 2º, ECA).

* Os divorciados, os judicialmente separados e os ex-companheiros podem adotar conjuntamente, contanto que acordem sobre a guarda e o regime de visitas e desde que o estágio de convivência tenha sido iniciado na constância do período de convivência e que seja comprovada a existência de vínculos de afinidade e afetividade com aquele não detentor da guarda, que justifiquem a excepcionalidade da concessão (art. 42, § 4º, ECA). Nesses casos, demonstrado efetivo benefício ao adotando, será assegurada a guarda compartilhada, conforme previsto no art. 1.584 do CC (art. 42, § 5º, ECA).

* Depois da decisão do STF que reconheceu a união estável homoafetiva, deve-se admitir a **adoção homoparental**, sobretudo, porque estudos interdisciplinares indicam que tratar-se de casal heterossexual ou homoafetivo é questão indiferente ao plano da adoção, já que o primevo objetivo do instituto é o fornecimento de um ambiente familiar adequado ao desenvolvimento da personalidade do ser humano adotado.

4.4   Estágio de convivência

A adoção será precedida de estágio de convivência com a criança ou adolescente, pelo prazo máximo de 90 dias, observadas a idade da criança ou adolescente e as peculiaridades do caso. Esse prazo máximo poderá ser prorrogado por até igual período, mediante decisão fundamentada da autoridade judiciária. Essa previsão se encontra no art. 46 do ECA, que apresenta nova redação oferecida pela Lei nº 13.509/2017, que impõe o referido prazo para o estágio de convivência. Vale notar que estágio de convivência poderá ser dispensado se o adotando já estiver sob a tutela ou guarda legal do adotante durante tempo suficiente para que seja possível avaliar a conveniência da constituição do vínculo, sendo que a simples guarda de fato não autoriza, por si só, a dispensa da realização do estágio de convivência.

Em caso de adoção por pessoa ou casal residente ou domiciliado fora do País, o estágio de convivência será de, no mínimo, 30 dias e, no máximo, 45 dias, prorrogável por até igual período, uma única vez, mediante decisão fundamentada da autoridade judiciária. Também foi a Lei nº 13.509/2017 que trouxe o prazo máximo mencionado.

O estágio de convivência será acompanhado por equipe interprofissional a serviço da Justiça da Infância e da Juventude, preferencialmente com apoio dos técnicos responsáveis pela execução da política de garantia do direito à convivência familiar, que apresentarão relatório minucioso acerca da conveniência do deferimento da medida.

A Lei nº 13.509/2017 também inseriu o § 5º no art. 46 do ECA: "O estágio de convivência será cumprido no território nacional, preferencialmente na comarca de residência da criança ou adolescente, ou, a critério do juiz, em cidade limítrofe, respeitada, em qualquer hipótese, a competência do juízo da comarca de residência da criança".

4.5   Efeitos da adoção

Os efeitos da adoção se subdividem em efeitos pessoais e efeitos patrimoniais. Como efeitos pessoais, podem ser mencionados:

- Constituição de parentesco entre o adotante e o adotado que será denominado de civil. Desse modo, o adotado se desliga da família primitiva, permanecendo apenas os óbices matrimonias com essa (art. 41, ECA). Se um dos cônjuges ou companheiros adota o filho do outro, mantêm-se os vínculos de filiação entre o adotado e o cônjuge ou companheiro do adotante e os respectivos parentes.

- Transferência do poder familiar dos pais consanguíneos ao adotante. Inclusive, a morte dos adotantes não restabelece o poder familiar dos pais naturais. O sobrenome do adotante é conferido ao adotado, podendo haver, outrossim, a modificação do prenome desse. Caso a modificação de prenome seja requerida pelo adotante, é obrigatória a oitiva do adotando, tudo isso, é claro, em virtude de o nome ser considerado direito da personalidade.

Como efeitos patrimoniais, citamos:

- O direito a alimentos. Como adotante e adotado se tornam parentes, passam a dever alimentos reciprocamente (art. 1.694, CC).

- O direito sucessório. É recíproco o direito sucessório entre o adotado, seus descendentes, o adotante, seus ascendentes, descendentes e colaterais até o 4º grau, observada a ordem de vocação hereditária, conforme preceitua o art. 41, § 2º, ECA.

A adoção produz seus efeitos a partir do trânsito em julgado da sentença constitutiva, exceto na hipótese de falecimento do adotante no curso do procedimento, antes de prolatada a sentença, caso em que terá força retroativa à data do óbito (art. 47, § 7º, ECA).

É garantido ao adotado o direito de conhecer sua origem biológica – já que esse se trata de direito fundamental –, bem como de obter acesso irrestrito ao processo no qual a medida foi aplicada e seus eventuais incidentes, após completar 18 anos. No caso de menor de 18 anos, o acesso ao processo de adoção poderá ser também deferido a seu pedido, sendo assegurada orientação e assistência jurídica e psicológica.

4.6 As listas de adoção

De acordo com o art. 50 do ECA, "a autoridade judiciária manterá, em cada comarca ou foro regional, um registro de crianças e adolescentes em condições de serem adotados e outro de pessoas interessadas na adoção". Trata-se das chamadas listas de adoção. A Lei nº 13.509/2017 forneceu nova redação ao § 10 do art. 50: "Consultados os cadastros e verificada a ausência de pretendentes habilitados residentes no País com perfil compatível e interesse manifesto pela adoção de criança ou adolescente inscrito nos cadastros existentes, será realizado o encaminhamento da criança ou adolescente à adoção internacional".

Por fim, a Lei nº 13.509/2017 acrescentou o § 15 no art. 50 do ECA: "Será assegurada prioridade no cadastro a pessoas interessadas em adotar criança ou adolescente com deficiência, com doença crônica ou com necessidades específicas de saúde, além de grupo de irmãos". Trata-se, evidentemente, de regra com notável conteúdo humano.

EM RESUMO:

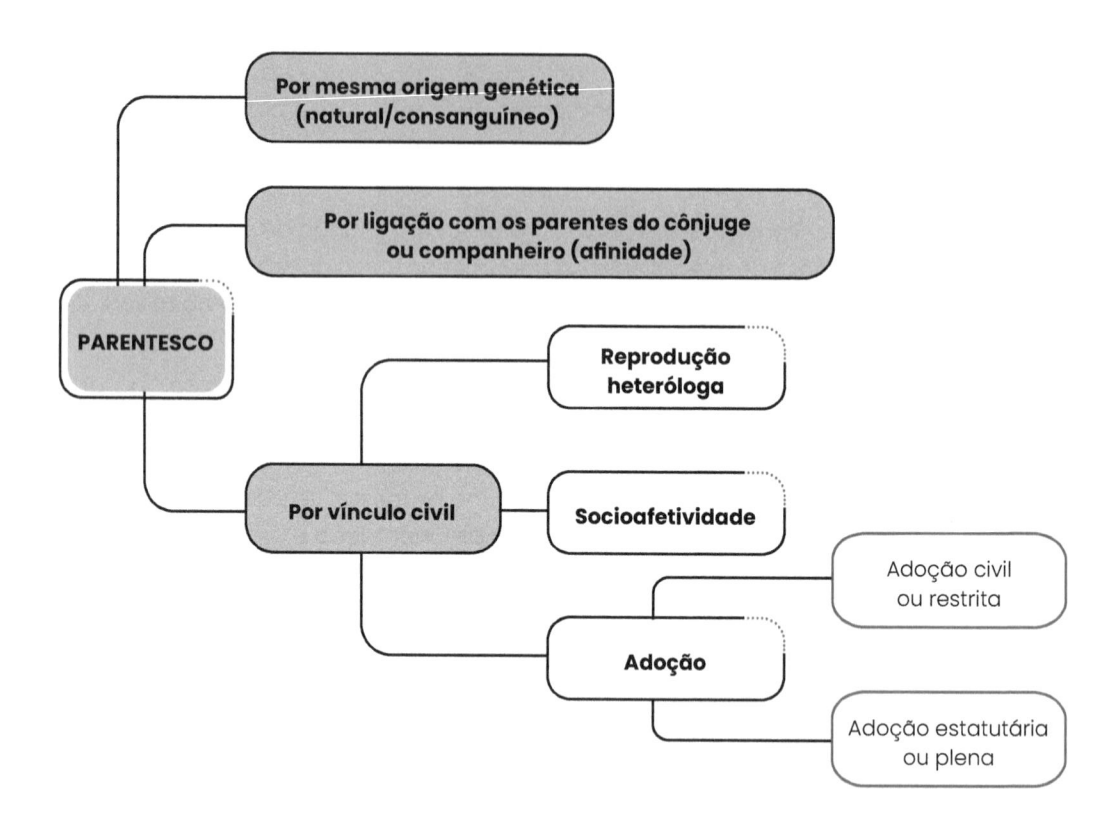

ADOÇÃO	
Efeitos Pessoais	**Efeitos Patrimoniais**
• Constituição de parentesco entre o adotante e o adotado que será denominado de civil	• O direito a alimentos
• Transferência do poder familiar dos pais consanguíneos ao adotante	• O direito sucessório

Capítulo 50

Do Poder Familiar

1. NOTAS INTRODUTÓRIAS

Poder Familiar é o conjunto de direitos e deveres que os pais apresentam em relação à pessoa e aos bens dos filhos menores, decorrente da filiação. A denominação de poder familiar chega em substituição à antiga e superada expressão "pátrio poder". Essa última expressão se mostra sepultada tendo em vista a despatriarcalização do Direito Civil, corolário lógico da igualdade projetada pela CF/88.

A disciplina legal do poder familiar se encontra no Código Civil, nos arts. 1.630 ao 1.638, além de outros dispositivos que alinham o tema no Estatuto da Criança e do Adolescente.

O art. 1.630 do CC inicia o tratamento estabelecendo que "os filhos estão sujeitos ao poder familiar, enquanto menores". O dispositivo deve ser interpretado considerando a incidência do poder familiar sobre os filhos menores, desde que eles não tenham sido emancipados, pois a emancipação é considerada causa extintiva do poder familiar, conforme art. 1.635, II, do CC.

O poder familiar existe independentemente da origem do filho, se havido ou não na constância de um casamento, ou se o filho foi adotado. Nesse último caso, rompe-se o poder familiar dos pais consanguíneos e se estabelece novo poder familiar em relação ao(s) adotante(s).

O poder familiar compete ao pai e à mãe, todavia, caso um deles seja impedido de exercitá-lo ou venha a faltar, o poder familiar caberá ao outro com exclusividade. Caso os pais venham a divergir quanto ao exercício do poder familiar, é assegurado a qualquer um deles recorrer ao juiz para solução do desacordo.

Outrossim, a separação judicial, o divórcio e a dissolução da união estável não alteram as relações entre pais e filhos senão quanto ao direito, que aos primeiros cabe, de terem em sua companhia os segundos (art. 1.632 do CC).

Por fim, o art. 1.633 do CC estabelece que "o filho, não reconhecido pelo pai, fica sob poder familiar exclusivo da mãe; se a mãe não for conhecida ou capaz de exercê-lo, dar-se-á tutor ao menor". Conclui-se que pai e mãe nunca serão tutores, já que ambos apresentam o denominado poder familiar. O tutor se impõe na falta do pai e da mãe.

2. O CONTEÚDO DO PODER FAMILIAR E A LEI DA PALMADA

Quanto ao conteúdo do poder familiar, podemos subdividi-lo em quanto à pessoa dos filhos e quanto aos bens do filho.

Quanto à pessoa do filho, o art. 1.634 do CC, com redação alterada pela Lei nº 13.058/2014, relata que compete a ambos os pais, qualquer que seja a sua situação conjugal, o pleno exercício do poder familiar, que consiste em:

I) dirigir-lhes a criação e a educação;

II) exercer a guarda unilateral ou compartilhada nos termos do art. 1.584;

III) conceder-lhes ou negar-lhes consentimento para casarem;

IV) conceder-lhes ou negar-lhes consentimento para viajarem ao exterior;

V) conceder-lhes ou negar-lhes consentimento para mudarem sua residência permanente para outro Município;

VI) nomear-lhes tutor por testamento ou documento autêntico, se o outro dos pais não lhe sobreviver, ou o sobrevivo não puder exercer o poder familiar;

VII) representá-los judicial e extrajudicialmente até os 16 (dezesseis) anos, nos atos da vida civil, e assisti-los, após essa idade, nos atos em que forem partes, suprindo-lhes o consentimento;

VIII) reclamá-los de quem ilegalmente os detenha;

IX) exigir que lhes prestem obediência, respeito e os serviços próprios de sua idade e condição.

No que respeita à possibilidade de os pais exigirem que os filhos lhe prestem obediência, respeito e os serviços próprios de sua idade e condição, tudo deve ser interpretado dentro da perspectiva da proteção integral da criança e do adolescente e, em caso de excessos na imposição de obediência e respeito pelos pais, a questão adentrará à imposição de responsabilidade civil por abuso de direito, conjugando-se os arts. 927 e 187 do CC, já que terá havido o exercício de um direito extrapolando a determinados limites.

A Lei nº 13.010/2014 ficou conhecida como **Lei da Palmada ou Lei do Menino Bernardo**, que teve por objetivo coibir qualquer castigo físico ou tratamento cruel ou degradante perpetrados pelos pais, pelos integrantes da família ampliada, pelos responsáveis, pelos agentes públicos ou qualquer outra pessoa, em relação às crianças ou adolescentes sob o pretexto de cuidado, educação ou proteção. A Lei da Palmada então promove significativas alterações no Estatuto da Criança e do Adolescente, incluindo os arts. 18-A, 18-B e 70-A, além de outras modificações.

Quanto aos bens dos filhos (arts. 1.689 a 1.693, CC), de acordo com o art. 1.689 do CC, o pai e a mãe, enquanto no exercício do poder familiar:

- são usufrutuários dos bens dos filhos (trata-se de usufruto legal);
- têm a administração dos bens dos filhos menores sob sua autoridade.

Além disso, compete aos pais, e na falta de um deles ao outro, com exclusividade, representar os filhos menores de 16 anos, bem como assisti-los até completarem a maioridade ou serem emancipados. Os pais devem decidir em comum as questões relativas aos filhos e a seus bens; havendo divergência, poderá qualquer deles recorrer ao juiz para a solução necessária (art. 1.690, *caput* e parágrafo único, CC).

Os pais não podem alienar ou gravar de ônus real os imóveis dos filhos, nem contrair, em nome deles, obrigações que ultrapassem os limites da simples administração, salvo por necessidade ou evidente interesse da prole, mediante prévia autorização do juiz, conforme dispõe o art. 1.691 do CC, sendo que o seu parágrafo único apresenta o rol daqueles que podem pleitear a declaração de nulidade dos atos previstos neste artigo: os filhos; os herdeiros; o representante legal.

Caso haja colisão entre o interesse dos pais, no exercício do poder familiar, com o interesse do filho, a requerimento deste ou do Ministério Público o juiz lhe dará curador especial (art. 1.692, CC).

Por fim, o art. 1.693 do CC apresenta os bens e valores que são excluídos do usufruto e da administração dos pais:

- os bens adquiridos pelo filho havido fora do casamento, antes do reconhecimento;
- os valores auferidos pelo filho maior de 16 anos, no exercício de atividade profissional e os bens com tais recursos adquiridos;
- os bens deixados ou doados ao filho, sob a condição de não serem usufruídos, ou administrados, pelos pais;
- os bens que aos filhos couberem na herança, quando os pais forem excluídos da sucessão.

3. DA EXTINÇÃO, SUSPENSÃO E PERDA DO PODER FAMILIAR

O poder familiar será **extinto** nas hipóteses apresentadas pelo art. 1.635 do CC:

- pela morte dos pais ou do filho;
- pela emancipação, nos termos do art. 5º, parágrafo único;
- pela maioridade;
- pela adoção;
- por decisão judicial, em caráter sancionatório, nas hipóteses do art. 1.638 do CC, analisadas adiante.

O pai ou a mãe que contrai novas núpcias, ou estabelece união estável, não perde, quanto aos filhos do relacionamento anterior, os direitos ao poder familiar, exercendo-os sem qualquer interferência do novo cônjuge ou companheiro. Essa mesma solução se aplica ao pai ou à mãe solteiros que casarem ou estabelecerem união estável (art. 1.636, *caput* e parágrafo único, CC).

A **suspensão do poder familiar** é sanção de menor intensidade, temporária, tendo cabimento em caso de violação aos deveres resultantes do poder familiar de forma mais tênue. Vejamos o que dispõe o art. 1.637 do CC: "Se o pai, ou a mãe, abusar de sua autoridade, faltando aos deveres a eles inerentes ou arruinando os bens dos filhos, cabe ao juiz, requerendo algum parente, ou o Ministério Público, adotar a medida que lhe pareça reclamada pela segurança do menor e seus haveres, até suspendendo o poder familiar, quando convenha". E, ainda, o seu parágrafo único: "Suspende-se igualmente o exercício do poder familiar ao pai ou à mãe condenados por sentença irrecorrível, em virtude de crime cuja pena exceda a dois anos de prisão".

Já a **perda do poder familiar**, decorrente de ato judicial, apresenta viés sancionatório permanente e definitivo, que terá cabimento nas hipóteses previstas no art. 1.638 do CC, com redação alterada pelas Leis nºs 13.509/2017 e 13.715/2018: I) castigar imoderadamente o filho; II) deixar o filho em abandono; III) praticar atos contrários à moral e aos bons costumes; IV) incidir, reiteradamente, nas faltas previstas no artigo antecedente; V) entregar de forma irregular o filho a terceiros para fins de adoção. Essa hipótese foi incluída pela Lei nº 13.509/2017.

A Lei nº 13.715/2018 alterou os arts. 1.638 do CC e 92, II, do CP, além de promover alteração no art. 23 do ECA e determina que perderá o poder familiar aquele que praticar homicídio, feminicídio ou lesão corporal de natureza grave ou seguida de morte, quando se tratar de crime doloso envolvendo violência doméstica e familiar ou menosprezo ou discriminação à condição de mulher; ou estupro, estupro de vulnerável ou outro crime contra a dignidade sexual sujeito à pena de reclusão.

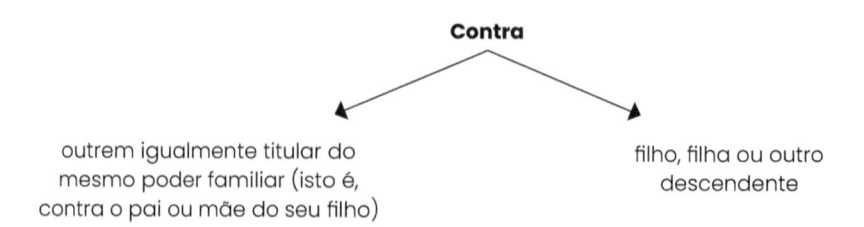

Contra

outrem igualmente titular do mesmo poder familiar (isto é, contra o pai ou mãe do seu filho)

filho, filha ou outro descendente

Essas hipóteses previstas no Código Civil indicam que a perda do poder familiar poderá ocorrer independentemente de eventual sentença penal condenatória, tratando-se, pois, de hipóteses autônomas.

> **Atenção**
>
> Vale destacar que a perda do poder familiar não alcançará apenas o filho ofen-
> dido, mas todos os filhos que o ofensor tenha.

4. DA ALIENAÇÃO PARENTAL

Em busca da proteção de direitos fundamentais das crianças e dos adolescentes, em 26/8/2010, foi promulgada a Lei nº 12.318, que considerou como alienação parental a interferência na formação psicológica da criança ou do adolescente promovida ou in-duzida por um dos genitores, pelos avós ou pelos que tenham a criança ou adolescen-te sob a sua autoridade, guarda ou vigilância para que repudie genitor ou que cause prejuízo ao estabelecimento ou à manutenção de vínculos com este (art. 2º).

Na sequência, a referida lei exemplificou as formas de alienação parental, sem afastar outros atos declarados pelo juiz ou constatados por perícia:

I)   realizar campanha de desqualificação da conduta do genitor no exercício da pa-ternidade ou maternidade;

II) dificultar o exercício da autoridade parental;

III) dificultar contato de criança ou adolescente com genitor;

IV) dificultar o exercício do direito regulamentado de convivência familiar;

V)   omitir deliberadamente a genitor informações pessoais relevantes sobre a criança ou adolescente, inclusive escolares, médicas e alterações de endereço;

VI) apresentar falsa denúncia contra genitor, contra familiares deste ou contra avós, para obstar ou dificultar a convivência deles com a criança ou adolescente;

VII) mudar o domicílio para local distante, sem justificativa, visando a dificultar a con-vivência da criança ou adolescente com o outro genitor, com familiares deste ou com avós.

A base inspiradora para coibir os atos de alienação parental possuem como ali-cerce o direito fundamental da criança ou do adolescente de convivência familiar sau-dável, a realização de afeto no seio familiar, a vedação ao abuso moral contra a crian-ça e o adolescente e o descumprimento dos deveres inerentes à autoridade parental ou decorrentes de tutela ou guarda.

Dispõe a Lei, em seu art. 4º, que, declarado indício de ato de alienação parental, a requerimento ou de ofício, em qualquer momento processual, em ação autônoma ou incidentalmente, o processo terá tramitação prioritária, e o juiz determinará, com ur-gência, ouvido o Ministério Público, as medidas provisórias necessárias para preserva-ção da integridade psicológica da criança ou do adolescente, inclusive para assegurar sua convivência com genitor ou viabilizar a efetiva reaproximação entre ambos, se for o caso. Assegurando, ainda à criança ou ao adolescente e ao genitor garantia mínima de visitação assistida no fórum em que tramita a ação ou em entidades conveniadas com a Justiça, ressalvados os casos em que há iminente risco de prejuízo à integridade física ou psicológica da criança ou do adolescente, atestado por profissional eventualmente designado pelo juiz para acompanhamento das visitas, de acordo com o parágrafo único do art. 4º, com redação dada pela Lei nº 14.430/2022.

Nesse contexto, se houver necessidade, o juiz determinará perícia psicológica ou biopsicossocial. A Lei ainda relata que o laudo pericial terá base em ampla avaliação psicológica ou biopsicossocial, conforme o caso, compreendendo, inclusive, entrevista pessoal com as partes, exame de documentos dos autos, histórico do relacionamento do casal e da separação, cronologia de incidentes, avaliação da personalidade dos envolvidos e exame da forma como a criança ou adolescente se manifesta acerca de eventual acusação contra genitor. Sendo que a perícia será realizada por profissional ou equipe multidisciplinar habilitados, exigido, em qualquer caso, aptidão comprovada por histórico profissional ou acadêmico para diagnosticar atos de alienação parental. O perito ou equipe multidisciplinar designada para verificar a ocorrência de alienação parental terá prazo de 90 dias para apresentação do laudo, prorrogável exclusivamente por autorização judicial baseada em justificativa circunstanciada (art. 5º).

Uma vez caracterizados os atos de alienação parental, o art. 6º da referida Lei impõe as seguintes sanções, sem prejuízo de outras de natureza cível e criminal:

• declaração da ocorrência de alienação parental e advertência ao alienador;

• ampliação do regime de convivência familiar em favor do genitor alienado;

• estipulação de multa ao alienador;

• determinação de acompanhamento psicológico e/ou biopsicossocial;

• determinação de alteração da guarda para guarda compartilhada ou sua inversão. Nesse caso, a atribuição ou alteração da guarda dar-se-á por preferência ao genitor que viabiliza a efetiva convivência da criança ou adolescente com o outro genitor nas hipóteses em que seja inviável a guarda compartilhada;

• determinação da fixação cautelar do domicílio da criança ou adolescente;

• e, ainda, caracterizada a mudança abusiva de endereço, inviabilização ou obstrução à convivência familiar, o juiz também poderá inverter a obrigação de levar para ou retirar a criança ou adolescente da residência do genitor, por ocasião das alternâncias dos períodos de convivência familiar.

Atenção

Antes, a Lei 12.318/2010, no mencionado art. 6º, apresentava também como sanção a suspensão do poder familiar. Com a Lei 14.340/2022, tal possibilidade foi revogada.

A Lei nº 12.318/2010 encerra a sua disciplina estabelecendo que a alteração de domicílio da criança ou adolescente é irrelevante para a determinação da competência relacionada às ações fundadas em direito de convivência familiar, salvo se decorrente de consenso entre os genitores ou de decisão judicial (art. 8º). Todavia, vale lembrar a Súmula nº 383 do STJ que estabelece que a competência para processar e julgar as ações conexas de interesse do menor é, em princípio, do foro do domicílio do detentor de sua guarda.

EM RESUMO:

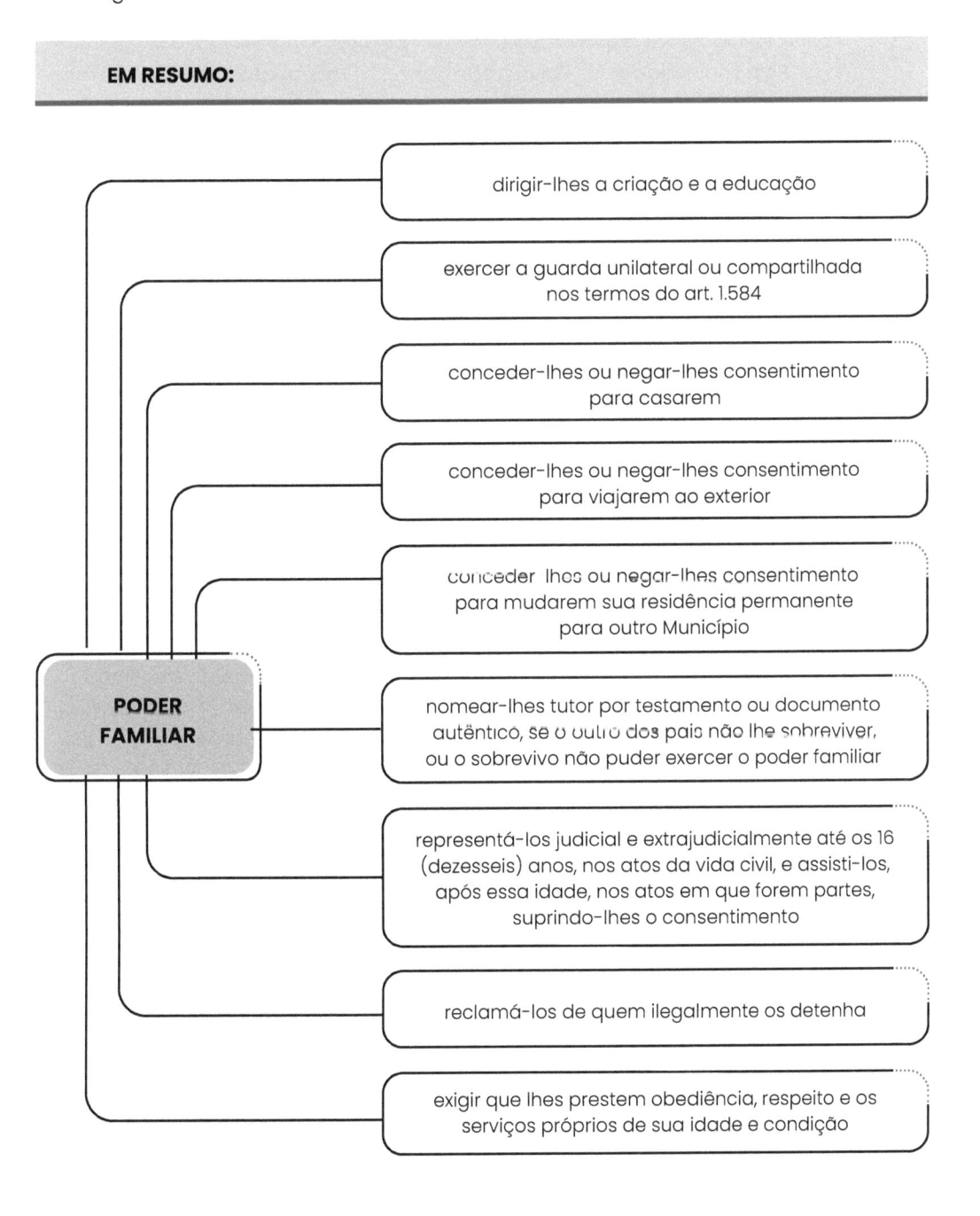

	Extinção	Suspensão	Perda
PODER FAMILIAR	Pela morte dos pais ou do filho	Abusar da autoridade	Castigar imoderadamente o filho
	Pela emancipação, nos termos do art. 5º, parágrafo único	Faltando aos deveres inerentes ou arruinando os bens dos filhos	Deixar o filho em abandono
	Pela maioridade	Pai ou mãe condenado por sentença irrecorrível, em virtude de crime cuja pena exceda a dois anos de prisão	Praticar atos contrários à moral e aos bons costumes
	Pela adoção		Incidir, reiteradamente, nas faltas previstas no artigo antecedente
	Por decisão judicial, em caráter sancionatório, nas hipóteses do art. 1.638 do CC, analisadas adiante		Entregar de forma irregular o filho a terceiros para fins de adoção
			Praticar contra outrem igualmente titular do mesmo poder familiar (isto é, contra o pai ou a mãe de seu filho): a) homicídio, feminicídio ou lesão corporal de natureza grave ou seguida de morte, quando se tratar de crime doloso envolvendo violência doméstica e familiar ou menosprezo ou discriminação à condição de mulher; b) estupro ou outro crime contra a dignidade sexual sujeito à pena de reclusão

	Extinção	Suspensão	Perda
PODER FAMILIAR			Praticar contra filho, filha ou outro descendente: a) homicídio, feminicídio ou lesão corporal de natureza grave ou seguida de morte, quando se tratar de crime doloso envolvendo violência doméstica e familiar ou menosprezo ou discriminação à condição de mulher; b) estupro, estupro de vulnerável ou outro crime contra a dignidade sexual sujeito à pena de reclusão

ALIENAÇÃO PARENTAL	
Formas	**Sanções**
Realizar campanha de desqualificação da conduta do genitor no exercício da paternidade ou maternidade	Declaração da ocorrência de alienação parental e advertência ao alienador
Dificultar o exercício da autoridade parental	Ampliação do regime de convivência familiar em favor do genitor alienado
Dificultar contato de criança ou adolescente com genitor	Estipulação de multa ao alienador
Dificultar o exercício do direito regulamentado de convivência familiar	Determinação de acompanhamento psicológico e/ou biopsicossocial
Omitir deliberadamente a genitor informações pessoais relevantes sobre a criança ou adolescente, inclusive escolares, médicas e alterações de endereço	Determinação de alteração da guarda para guarda compartilhada ou sua inversão

ALIENAÇÃO PARENTAL	
Formas	**Sanções**
Apresentar falsa denúncia contra genitor, contra familiares deste ou contra avós, para obstar ou dificultar a convivência deles com a criança ou adolescente	Determinação da fixação cautelar do domicílio da criança ou adolescente
Mudar o domicílio para local distante, sem justificativa, visando a dificultar a convivência da criança ou adolescente com o outro genitor, com familiares deste ou com avós	Inverter a obrigação de levar para ou retirar a criança ou adolescente da residência do genitor se caracterizada a mudança abusiva de endereço

Capítulo 51

Dos Alimentos

1. NOTAS INTRODUTÓRIAS

O termo "alimentos" abrange todas as necessidades vitais do ser humano para se viver com dignidade e não se reduz à noção daquilo que é comestível apenas. Desse modo, a noção de alimentos deve abranger desde aquilo que o ser humano necessita para se alimentar, passando pela moradia, vestuário, saúde, educação e, findando, inclusive, no lazer.

É evidente que a obrigação de alimentos que se impõe a determinadas pessoas deve se pautar na **teoria do patrimônio mínimo**, isto é, a ideia de que não é possível viver sem um mínimo de recursos materiais e, em compatibilidade com isso, afastar-se do incentivo à ociosidade e parasitismo, comportamentos esses **tão repudiados pela sociedade contemporânea.**

No Direito de Família, situa-se o estudo dos alimentos decorrentes do **casamento ou da união estável** e aqueles decorrentes do **parentesco**. Ambos se pautam na **solidariedade familiar** que deve existir entre os membros de uma família. Assim, basicamente:

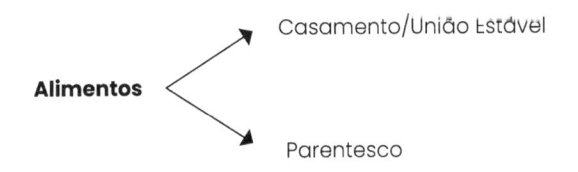

A imposição por lei desses alimentos está prevista no art. 1.694 do CC, que ostenta a seguinte redação: "Podem os parentes, os cônjuges ou companheiros pedir uns aos outros os alimentos de que necessitem para viver de modo compatível com a sua condição social, inclusive para atender às necessidades de sua educação". Esses seriam os **alimentos impostos por lei**, também chamados de **alimentos legítimos**. Todavia, é possível que os **alimentos decorram da vontade** ou, até mesmo, da **imposição de responsabilidade civil**, cujo estudo deve ser feito em outra perspectiva.

2. A FIXAÇÃO DOS ALIMENTOS E AS PARTES ENVOLVIDAS

As partes envolvidas na obrigação de alimentos são designadas de **alimentante**, aquele que deve os alimentos, e **alimentário** ou **alimentando**, o destinatário dos alimentos. A designação "alimentado" é criticável, pois passaria a ideia de que a pessoa já foi alimentada e que, portanto, de mais nada necessitaria.

Os alimentos serão fixados com base no binômio **necessidade** x **possibilidade**, isto é, no caso concreto deve-se avaliar a necessidade do alimentando e a possibilidade daquele que deve arcar com as despesas (art. 1.694, § 1º, do CC). Para se aferir a possibilidade do alimentante deve-se levar em consideração os sinais exteriores de riqueza ostentados por ele, é o que dispõe o Enunciado nº 573 do CJF.

Há autores que agregam aos dois elementos retromencionados um terceiro elemento, que seria a proporcionalidade ou a razoabilidade.

É com base na proporcionalidade/razoabilidade que o STJ entende que o ex-cônjuge merecerá receber pensão alimentícia apenas se não tiver condições para o trabalho, isto é, se apenas constatada a dependência do outro e a ausência de assistência alheia. Assim, a Terceira Turma do STJ consolidou, em 2008, o posicionamento de que os **alimentos entre os ex-cônjuges** representariam uma exceção à regra. Além disso, destacou que a necessidade de o ex-cônjuge pagar alimentos ao outro apresentará uma limitação temporal, de modo que, havendo a sua reinserção no mercado de trabalho, tal obrigação deveria deixar de existir. Nesse contexto, vale atentar para a expressão "alimentos transitórios" exatamente considerando-se que a obrigação dos alimentos existirá apenas durante um lapso temporal. Por uma interpretação às avessas, o STJ se manifestou no sentido de que se a impossibilidade de reinserção no mercado de trabalho do ex-cônjuge for permanente a obrigação de alimentos deverá ser considerada perene. Além disso, vale notar que hoje há precedentes em Tribunais estaduais (TJGO, TJSP, TJPR) que informam que o trabalho de cuidado dos filhos exercido por uma mãe deve ser considerado no cálculo da pensão alimentícia.

Vale destacar ainda que a sanção da prisão civil não deve ser aplicada diante do inadimplemento de pensão alimentícia a ex-cônjuge. Foi nesse sentido que se manifestou a Terceira Turma do STJ, na decisão do HC 392.521-SP, em unanimidade.

Importante

A relatora do caso, Ministra Nancy Andrighi, em sua decisão esclareceu: "Os alimentos devidos aos filhos menores ou incapazes ostentam nível máximo de exigibilidade, sendo o cuidado com a prole, enquanto menor ou incapaz, fruto do amálgama de obrigações biológicas oriundas da reconhecida incapacidade de autossustento". A Ministra ainda disse que no caso de o alimentário ser "maior de idade e capaz, a dívida se prolongar no tempo, atingindo altos valores, exigir o pagamento de todo o montante, sob pena de prisão civil, é excesso gravoso que refoge aos estreitos e justificados objetivos da prisão civil por dívida alimentar". E ainda "a distinção, por óbvio, reside na capacidade potencial que tem um adulto de garantir sua sobrevida, com o fruto do seu trabalho, circunstância não reproduzida quando se fala de crianças, adolescentes ou incapazes, sendo assim, intuitivo, que a falha na prestação alimentar impacte esses grupos de alimentados, de modo diverso".

O art. 1.695 do CC impõe: "São devidos os alimentos quando quem os pretende não tem bens suficientes, nem pode prover, pelo seu trabalho, à própria mantença, e aquele, de quem se reclamam, pode fornecê-los, sem desfalque do necessário ao seu sustento". Assim, a propalada regra de que a fixação deve se dar com base em pretenso percentual de 30% ou a famosa regra de "um terço" é equivocada, pois pode conduzir a erros de resultado, devendo, pois, ser aplicada a avaliação da necessidade de cada um, devidamente sopesada com a possibilidade do outro.

Atenção

É importante notar que a fixação de valores em relação a um filho diferente da de outro não induz à ideia de violação ao princípio da isonomia. Isso porque é perfeitamente possível que um filho necessite mais do que o outro. Imaginemos, por exemplo, um pai que tenha dois filhos, sendo que um deles é autista e necessita, portanto, de cuidados especiais, tais como acompanhamento de médico especializado, psicólogos e terapeuta ocupacional. É evidente que a pensão referente a esse filho será fixada em valor maior do que a do outro.

O direito à prestação de alimentos é **recíproco entre pais e filhos**, e extensivo a todos os ascendentes, recaindo a obrigação nos mais próximos em grau. É o que dispõe o art. 1.696, CC. Assim, na linha reta não há limitação de grau a ser considerado. Sendo que a pessoa que necessita dos alimentos deverá, em princípio, tentar obtê-los dos ascendentes e, na falta desses, deverá se socorrer dos **descendentes**. Além disso, na falta desses, o alimentando poderá tentar obtê-los dos seus irmãos, sejam bilaterais ou unilaterais. Na **linha colateral**, portanto, a obrigação alimentar alcança apenas o **segundo grau**, conforme dispõe o art. 1.697, CC. Disso se conclui que não há obrigação alimentar entre tios e sobrinhos ou entre primos. Desse modo, a lei apresenta uma ordem: 1º) Ascendentes; 2º) Descendentes; 3º) Colaterais de segundo grau (irmãos bilaterais ou unilaterais).

Em sentido contrário, e minoritariamente, há quem defenda que do mesmo modo que a herança de uma pessoa pode ser deferida ao seu colateral até o quarto grau, o dever de alimentos também deveria se estender, isto é, se são considerados para o bônus (a herança), também deveriam ser considerados para o ônus (os alimentos). A mesma doutrinadora defende o cabimento de obrigação alimentar entre os afins, o que pela lei não é admitido.

> ## Importante
>
> Assim, pela lei não cabe a cobrança de alimentos entre nora e sogro, genro e sogro, padrasto e enteado, madrasta e enteado ou entre cunhados. Entretanto, é importante notar que a depender das circunstâncias do caso concreto é possível que se estabeleça entre os afins, por exemplo, enteado e padrasto, um vínculo filial de socioafetividade que resultará na possibilidade de cobrança de alimentos. Nesse sentido, foi aprovado o Enunciado nº 341, na IV Jornada de Direito Civil, com o seguinte teor: "Para fins do art. 1.696, a relação socioafetividade pode ser elemento gerador de obrigação alimentar". Então, é importante destacar que a obrigação alimentar nesse caso, resulta não do vínculo de afinidade, mas sim do parentesco socioafetivo estabelecido.

A 3ª Turma do STJ, no REsp 1.741.716-SP, j. 25/05/2021, decidiu que o valor recebido a título de horas extras integra a base de cálculo da pensão alimentícia fixada em percentual sobre os rendimentos líquidos do alimentante. De modo a concluir que o valor recebido pelo alimentante a título de horas extras, por possuir natureza remuneratória, integra a base de cálculo dos alimentos fixados em percentual sobre os rendimentos líquidos do devedor.

É importante lembrar que há também entendimento jurisprudencial no âmbito do STJ (RHC 151.180-ES, RHC 150.592-PR, RHC 144,872-SP, no sentido de que o desemprego, a constituição de nova família e a existência de outros filhos não são suficientes para justificar o inadimplemento da obrigação alimentar. Desse modo, cada uma dessas causas não pode ser considerada isoladamente como causas peremptórias a afastar a obrigatoriedade do pagamento dos alimentos. Tais circunstâncias devem ser examinadas, caso a caso, em ação revisional ou exoneratória de alimentos.

3. CARACTERÍSTICAS DOS ALIMENTOS

a) Direito personalíssimo

Os alimentos se traduzem em **direito personalíssimo,** isso porque a obrigação de alimentos resulta exatamente do liame *intuitu personae* existente entre o alimentante e o alimentando. Em virtude disso, fica fácil entender que o crédito alimentar não admite cessão, não pode ser transmitido com o falecimento do alimentando, nem pode ser penhorado.

b) Impenhorabilidade

A **impossibilidade de penhora** existe porque os alimentos se destinam à manutença do alimentando. Entretanto, os bens adquiridos com o crédito alimentar e, até mesmo, o crédito decorrente de prestações vencidas e não pagas podem ser penhorados sim, pois perderam o caráter de manutenção da sobrevivência do alimentando. Acrescentamos que é admitida a penhora de verba de caráter alimentar para pagamento de outra obrigação de natureza também alimentícia (exemplo: a possibilidade de penhorar pensão previdenciária para o pagamento de verba alimentar).

c) Transmissibilidade

O falecimento do alimentando coloca fim à obrigação alimentar. Eis a ideia de o direito a alimentos ser personalíssimo. Caso o falecimento seja do alimentante, o alimentando somente poderá exigir alimentos se o falecido tiver deixado bens para tanto. Desse modo, a obrigação alimentar poderá ser transmitida, desde que dentro das forças da herança. Essa é a interpretação adequada aplicável ao art. 1.700 do CC, que apresenta a seguinte redação: "A obrigação de prestar alimentos transmite-se aos herdeiros do devedor, na forma do art. 1.694". Nesse sentido, vale conferir o Enunciado nº 343, aprovado na IV Jornada de Direito Civil: "A transmissibilidade da obrigação alimentar é limitada às forças da herança".

Parte da doutrina entende que para que ocorra a transmissão *post mortem* da obrigação alimentícia, não é preciso que o direito cobrado tenha sido reconhecido judicialmente antes, uma vez que o espólio pode ser acionado depois da abertura da sucessão. Em sentido contrário, há entendimento doutrinário pela necessidade de já existir uma decisão judicial para que ocorra a cobrança.

Ainda acerca da transmissibilidade, questionamento surge acerca de o herdeiro cobrar os alimentos do espólio. Pensamos que admitir que o herdeiro cobre alimentos do espólio resultaria em um herdeiro fazer jus a um quinhão superior aos dos demais herdeiros, o que atentaria a regra constitucional do igualdade substancial.

d) Incompensabilidade

Como corolário lógico da noção personalíssima do direito alimentar, **não se admite também a sua compensação**. Significa dizer que, se o alimentante apresentar algum crédito em relação ao alimentando, não terá cabimento a proposição de compensação com o intuito de cumprir indiretamente a obrigação alimentar.

Entretanto, vale lembrar que o STJ, no REsp 1.501.992-RJ, j. 20/03/2018, decidiu que a incompensabilidade não é absoluta, tendo-se em vista o princípio da vedação do enriquecimento ilícito.

e) Irrepetibilidade

Os alimentos são **irrepetíveis**, o que significa dizer que se, posteriormente, for desconstituída a causa geradora da obrigação alimentar, por exemplo, havendo a superveniência de um exame negativo de paternidade, isso impedirá que o pretenso alimentante peça de volta o que pagou a título de alimentos.

Há posicionamento doutrinário e jurisprudencial no sentido de que a irrepetibilidade deve ser considerada de forma relativa, e não absoluta. Assim, excepcionalmente, tem se entendido que em caso de violação ao princípio da vedação ao enriquecimento sem causa e do princípio da boa-fé objetiva seria possível a repetição daquilo que foi pago a título de alimentos.

Por fim, o STJ, com a edição da Súmula nº 621, em 2018, mantém o seu posicionamento de impossibilidade de repetição e compensação de alimentos, com a seguinte redação: "Os efeitos da sentença que reduz, majora ou exonera o alimentante do pagamento retroagem à data da citação, vedadas a compensação e a repetibilidade".

f) Imprescritibilidade

O direito a alimentos deve ser considerado imprescritível ou, em linguagem mais precisa, perpétuo. Tudo isso por se tratar de um direito que envolve aspectos afetos à dignidade da pessoa humana.

Não se pode, todavia, confundir a perpetuidade do direito a alimentos com a prescritibilidade para se cobrar alimentos já fixados em sentença ou assumidos por ato voluntário. Explicamos. É que se, por exemplo, o pai deve alimentos ao seu filho fixados via sentença, caso haja o inadimplemento dessa obrigação, haverá um prazo de dois anos para se cobrar a dívida, conforme preceitua o § 2º do art. 206 do CC. Assim, o prazo prescricional para haver prestações alimentares é de dois anos. Em regra, esse prazo conta-se da data do vencimento. Todavia, é possível que no caso concreto incida alguma causa que segure o referido prazo de correr.

No exemplo dado acima, a causa impeditiva do prazo prescricional a ser considerada é a impossibilidade de o prazo correr entre ascendente e descendente durante o poder familiar (art. 197, II, CC). De modo que, no caso mencionado, o prazo de dois anos começará a correr do término do poder familiar que, comumente, ocorre quando se alcança a maioridade civil. Vale destacar que se o devedor de alimentos não for ascendente do credor e esse, por sua vez, for absolutamente incapaz, o prazo começará a correr quando o credor alcançar os 16 anos e, portanto, se tornar relativamente incapaz. Isso porque não corre prescrição contra o absolutamente incapaz (art. 198, I, CC); contra relativamente incapaz corre.

g) Irrenunciabilidade

Sempre se mostrou problemática, em nosso ordenamento, a possibilidade de renúncia aos alimentos. O art. 404 do CC/16 dispunha: "Pode-se deixar de exercer, mas não se pode renunciar o direito a alimentos". Na oportunidade, o STF tinha competência para decidir matérias infraconstitucionais e editou a Súmula nº 379, com o seguinte teor: "No acordo de desquite não se admite renúncia aos alimentos, que poderão ser pleiteados ulteriormente, verificados os pressupostos legais".

Posteriormente, o STJ entendeu diferente. O Tribunal da Cidadania começou a se manifestar no sentido de que a irrenunciabilidade teria cabimento apenas em se tratando de pessoas incapazes, admitindo, pois, a renúncia promovida em acordo que findava o casamento ou a união estável e esse é o entendimento que prevalece atualmente.

Nessa senda, aprovou-se o Enunciado nº 263 do CJF com o seguinte conteúdo: "O art. 1.707 do Código Civil não impede seja reconhecida válida e eficaz a renúncia manifestada por ocasião do divórcio (direto ou indireto) ou da dissolução da 'união estável'. A irrenunciabilidade do direito a alimentos somente é admitida enquanto subsista vínculo de Direito de Família".

O referido enunciado se coaduna com a perspectiva ofertada pela boa-fé objetiva e pela teoria do *venire contra factum proprium*. Isso porque representaria violação ao multicitado princípio o comportamento do ex-cônjuge ou ex-companheiro que renunciasse aos alimentos em acordo que findasse o casamento ou a união estável e, posteriormente, pretendesse os exigir de modo a violar a expectativa gerada no outro.

A Súmula nº 336 do STJ admite que a mulher que renunciou a alimentos na separação judicial tem direito à pensão previdenciária por morte do ex-marido, comprovada a necessidade econômica superveniente. Esclarecemos que a referida súmula apenas alcança a possibilidade de o ex-cônjuge cobrar a pensão previdenciária que é devida pela Previdência Social após a morte do segurado, que em nada se confunde com a pensão alimentícia objeto de estudo neste tópico.

h) Divisibilidade

Não se pode considerar a obrigação alimentar como solidária em relação aos seus devedores, já que a solidariedade não se presume, decorrendo apenas da lei ou da vontade das partes, conforme preceitua o art. 265, CC.

Assim, não sendo solidária, por conseguinte, a obrigação será fracionária, ou como se costuma mencionar, divisível. Nesse mote, *vide* art. 1.698 do CC: "Se o parente, que deve alimentos em primeiro lugar, não estiver em condições de suportar totalmente o encargo, serão chamados a concorrer os de grau imediato; sendo várias as pessoas obrigadas a prestar alimentos, todas devem concorrer na proporção dos respectivos recursos, e, intentada ação contra uma delas, poderão as demais ser chamadas a integrar a lide."

Dentro dessa perspectiva, se, por exemplo, o credor não tiver pais vivos ou em condições de prestar os alimentos, o credor poderá se socorrer dos avós que, não necessariamente, serão responsáveis pelo débito em partes iguais, mas antes coobrigados proporcionalmente de acordo com as suas respectivas possibilidades. Observada a ordem de cobrança, isto é, primeiro se socorre dos ascendentes, diante da impossibilidade desses, dos descendentes, para, finalmente, se cobrar dos colaterais de segundo grau, que são os irmãos.

Acerca da obrigação alimentar avoenga, em 2017, o STJ editou a Súmula nº 596, com o seguinte teor: "A obrigação alimentar dos avós tem natureza complementar e subsidiária, somente se configurando no caso de impossibilidade total ou parcial de seu cumprimento pelos pais".

Importante

Ressalte-se que o Estatuto da Pessoa Idosa (Lei nº 10.741/2003), em seu art. 12, contraria a lógica da divisibilidade da obrigação alimentar ao estabelecer que: "a obrigação alimentar é solidária, podendo a pessoa idosa optar entre os prestadores". Trata-se, evidentemente, de um caso de obrigação alimentar solidária por força de lei. A conclusão é a de que: em regra, a obrigação alimentar é divisível, exceto em se tratando de obrigação relativa à pessoa idosa, cujos coobrigados serão considerados solidários. O dispositivo mencionado no Estatuto da Pessoa Idosa decerto enfrenta críticas consideráveis. Duas se destacam: a primeira de que o dispositivo fragiliza o princípio da reciprocidade. Isso porque quando uma criança ou adolescente pleiteia alimentos em face de uma pessoa idosa, para essa situação não há previsão de solidariedade. A segunda e mais contundente crítica põe em xeque a própria constitucionalidade do dispositivo, já que esse acaba atacando a prioridade de proteção integral conferida à criança e ao adolescente prevista no art. 227 da CF/88.

i) Variabilidade

A variabilidade da obrigação alimentar é baseada na ideia de que o binômio necessidade-possibilidade poderá se alterar ao longo dos anos, nada obstante perdure o fundamento da obrigação alimentar. Desse modo, o art. 1.699 do CC estabelece: "Se, fixados os alimentos, sobrevier mudança na situação financeira de quem os supre, ou na de quem os recebe, poderá o interessado reclamar ao juiz, conforme as circunstâncias, exoneração, redução ou majoração do encargo".

A sentença decorrente de uma ação de alimentos produz coisa julgada material, pois se não houver nenhuma modificação no âmbito da possibilidade ou no âmbito da necessidade, a decisão que estabeleceu os alimentos não pode ser modificada, constatando-se, pois, a coisa julgada material.

Conforme preceitua o art. 1.710 do CC, "as prestações alimentícias, de qualquer natureza, serão atualizadas segundo índice oficial regularmente estabelecido". A aplicação de índice oficial deve ser subsidiária, nas hipóteses em que o devedor não tenha rendimento fixo mensal conhecido. E, quando se tratar de devedor assalariado ou servidor público, o conceito de índice oficial deve ser o que for aplicado para atualização de seus rendimentos, majorando-se proporcionalmente os seus rendimentos.

j) A natureza alternativa da obrigação alimentar

Conforme o art. 1.701 do CC estabelece, "a pessoa obrigada a suprir alimentos poderá pensionar o alimentando, ou dar-lhe hospedagem e sustento, sem prejuízo do dever de prestar o necessário à sua educação, quando menor".

A partícula alternativa "ou" prevista no referido dispositivo faz concluir pela possibilidade de alternatividade do conteúdo das prestações alimentares. Todavia, há que se de destacar que a possibilidade de escolha por parte do alimentante não há de prevalecer de forma absoluta, de modo que, muitas vezes, a depender do caso concreto a alternatividade, na verdade, inexiste, cabendo ao juiz decidir conforme as circunstâncias do caso concreto (art. 1.701, parágrafo único, CC).

A proposta contida na lei é a de que, em princípio, são várias as possibilidades de adimplemento da obrigação alimentar. Possibilidades que perpassarão desde a opção de fornecimento de hospedagem, até pelo aporte de valores em conta bancária, descontos na folha de pagamento, pagamentos *in natura*, fornecimento de cesta básica, vestuário, pagamento de mensalidades escolares etc.

4. A POSSIBILIDADE DE LEVANTAMENTO DE SALDO DE CONTA VINCULADA AO FGTS E A POSSIBILIDADE DE INCIDÊNCIA DE PENSÃO ALIMENTÍCIA SOBRE O 13º SALÁRIO E O TERÇO DE FÉRIAS

O Enunciado nº 572 do CJF, aprovado na VI Jornada de Direito Civil, estabelece que: "Mediante ordem judicial, é admissível, para a satisfação do crédito alimentar atual, o levantamento do saldo de conta vinculada ao FGTS". A solução apresentada pelo enunciado se respalda no parâmetro de cumprimento das obrigações em que so almeje a maior satisfação para o credor com a menor onerosidade para o devedor. Nesse mote, justifica-se a possibilidade de levantamento de valores na conta vinculada ao FGTS na proteção à dignidade de ambas as partes envolvidas, já que o alimentando receberá o pagamento e o alimentante se livrará do risco da prisão civil. Assim, várias decisões do STJ já admitiam essa possibilidade, bem como o STJ admite a possibilidade de a pensão alimentícia incidir sobre o 13º salário e o terço constitucional de férias, pois tais verbas estariam compreendidas nas expressões "vencimento", "salários" ou "proventos" que consubstanciam a totalidade dos rendimentos conferidos pelo alimentante.

5. ALIMENTOS GRAVÍDICOS

Sempre se receou o pagamento de alimentos ao nascituro, em virtude do caráter de irrepetibilidade que os alimentos carregam consigo. Desse modo, se o suposto pai fosse obrigado a pagar alimentos ao ser concebido, mas que ainda não tivesse nascido se, com o seu nascimento, constatasse que não era verdadeira a pretensa paternidade apontada, aquele que pagou os alimentos não poderia havê-los de volta, tendo em vista a impossibilidade de se pedir de volta os alimentos já pagos.

Todavia, mesmo diante disso, em 2008 foi aprovada a Lei nº 11.804 que disciplinou o direito de alimentos da mulher gestante, que ficou conhecida como Lei de Alimentos Gravídicos. De acordo com o art. 1º da referida Lei, a mulher gestante, *e não o nascituro*, poderá cobrar os alimentos do suposto pai de seu filho. Esses alimentos compreenderiam os valores suficientes para cobrir as despesas adicionais do período de gravidez e que sejam dela decorrentes, da concepção ao parto, inclusive as referentes a alimentação especial, assistência médica e psicológica, exames complementares, internações, parto, medicamentos e demais prescrições preventivas e terapêuticas indispensáveis, a juízo do médico, além de outras que o juiz considere pertinentes (art. 2º, Lei nº 11.408/2008). Além disso, os alimentos referir-se-iam à parte das despesas que deverá ser custeada pelo futuro pai, considerando-se a contribuição que também deverá ser dada pela mulher grávida, na proporção dos recursos de ambos.

O juiz, convencido da existência de indícios da paternidade, fixará alimentos gravídicos que perdurarão até o nascimento da criança, sopesando as necessidades da parte autora e as possibilidades da parte ré. Os indícios de paternidade podem se manifestar de diversas formas, tais como cartas, fotos, mensagens etc., cabendo ao autor a produção probatória.

Após o nascimento com vida, os alimentos gravídicos ficam convertidos em pensão alimentícia em favor do menor até que uma das partes solicite a sua revisão. Inclusive, o STJ reiterou esse posicionamento (REsp 1.629.423-SP, j. 6/6/2017).

6. CLASSIFICAÇÕES DOS ALIMENTOS

6.1 Quanto à causa jurídica ou fonte

a) **Alimentos legítimos ou legais:** são aqueles que decorrem de imposição de lei. Aqui encontram-se os alimentos oriundos do parentesco e do casamento/união estável. Esses alimentos são estudados no Direito de Família e em caso de descumprimento há possibilidade da sanção da prisão civil, conforme art. 5º, LXVII, CF/88.

b) **Alimentos voluntários ou convencionais:** são expressões da autonomia privada do devedor, uma vez que são definidos por força de contrato ou de testamento. Quando previstos em contrato, o estudo atine ao Direito dos Contratos, ao passo que, quando decorrentes de testamento, o estudo se situa no Direito das Sucessões. Vale destacar que o seu descumprimento não implica prisão do devedor de alimentos.

c) **Alimentos indenizatórios ou ressarcitórios:** são aqueles decorrentes da responsabilidade civil. Estão previstos no Código Civil nos arts. 948, II, e 950. Conforme já se manifestou o STJ, o seu inadimplemento não implica prisão civil do devedor.

6.2 Quanto à natureza ou extensão

a) **Alimentos naturais ou necessários:** são aqueles que se limitam a atender as necessidades essenciais ou primárias da vida. Não abrange apenas os alimentos, mas também a moradia, o vestuário, a saúde, tendo-se em vista o estritamente necessário ou o *necessarium vitae*. Esses alimentos podem ser encontrados no art. 1.694, § 2º, do CC que preceitua: "Os alimentos serão apenas os indispensáveis à subsistência, quando a situação de necessidade resultar de culpa de quem os pleiteia". Na mesma toada, o parágrafo único do art. 1.704 do CC estabelece: "Se o cônjuge declarado culpado vier a necessitar de alimentos, e não tiver parentes em condições de prestá-los, nem aptidão para o trabalho, o outro cônjuge será obrigado a assegurá-los, fixando o juiz o valor indispensável à sobrevivência". É evidente que tais dispositivos são polêmicos já que repisam a discussão da culpa na separação litigiosa, questão que deve ser definitivamente sepultada tendo-se em vista a teoria do desamor.

b) **Alimentos civis ou côngruos:** são aqueles cujo objetivo é a manutenção do estado social anterior do alimentando, apresentando, portanto, uma extensão maior. Esses alimentos é que devem ser considerados em regra, observando, pois, o disposto no art. 1.694 do CC: "Podem os parentes, os cônjuges ou companheiros pedir uns aos outros os alimentos de que necessitem para viver de modo compatível com a sua condição social, inclusive para atender às necessidades de sua educação".

6.3 Quanto à finalidade

a) **Alimentos definitivos ou regulares:** são aqueles que apresentam conotação definitiva derivando de sentença judicial ou de acordo entre as partes. A ideia de definitividade, contudo, não afasta a possibilidade de revisão desses alimentos, conforme estabelece o art. 1.699, do CC: "Se, fixados os alimentos, sobrevier mudança na situação financeira de quem os supre, ou na de quem os recebe, poderá o interessado reclamar ao juiz, conforme as circunstâncias, exoneração, redução ou majoração do encargo".

b) **Alimentos provisórios:** são aqueles fixados liminarmente em despacho inicial proferido em ação de alimentos, ou seja, antes da sentença na ação de alimentos da Lei nº 5.478/68 (Lei de Alimentos). Isso se torna possível por existir prova pré-constituída do parentesco ou do casamento ou companheirismo, como uma certidão de nascimento ou uma certidão de casamento, respectivamente.

c) **Alimentos provisionais ou *ad litem*:** são aqueles estipulados em virtude da inexistência de prova pré-constituída em ações que não seguem o rito especial da Lei de Alimentos, tais como ação de investigação de paternidade ou ação de reconhecimento de união estável. Tem por finalidade a manutenção existencial do pretenso alimentante durante a tramitação da lide principal. Acerca desses alimentos, o art. 1.706 do CC dispõe: "Os alimentos provisionais serão fixados pelo juiz, nos termos da lei processual".

6.4 Quanto ao momento em que são reclamados

a) Alimentos pretéritos: são aqueles que precedem ao pedido de alimentos, isto é, dizem respeito ao período anterior ao ajuizamento da ação. Esses alimentos não são admitidos em nosso ordenamento jurídico já que prevalece o princípio da atualidade em se tratando de alimentos. Ainda que o necessitado tenha contraído dívidas para sobreviver, não é permitido que retroaja o período a determinada época. Assim, se o postulante sobreviveu até o pleito formal dos alimentos, não faz sentido exigir o que se passou. Admite-se apenas a cobrança de alimentos atuais ou futuros, a seguir expostos.

b) Alimentos atuais: são aqueles alimentos referentes ao momento do ajuizamento da ação.

c) Alimentos futuros: são aqueles alimentos devidos a partir da sentença.

6.5 Quanto à forma do pagamento

a) Alimentos próprios ou *in natura*: são aqueles alimentos cuja prestação alimentar se traduz no próprio pagamento direto das despesas do alimentando, havendo o fornecimento de alimentação e arcando com a hospedagem e sustento, sem prejuízo do dever de prestar o necessário à sua educação, quando menor (art. 1.701, *caput*, CC).

b) Alimentos impróprios: são aqueles alimentos que são pagos por meio de pensão alimentícia, o que ocorre geralmente.

7. A POSSIBILIDADE DE PRISÃO CIVIL DO DEVEDOR DE ALIMENTOS E A SÚMULA Nº 309 DO STJ. A POSSIBILIDADE DE INSCRIÇÃO DO NOME DO DEVEDOR DE ALIMENTOS EM CADASTRO DE PROTEÇÃO AO CRÉDITO

A Constituição Federal de 1988, em seu art. 5º, LXVII, admite a prisão civil do responsável pelo inadimplemento voluntário e inescusável de obrigação alimentícia. A referida sanção apresenta caráter eminentemente coercitivo, não se traduzindo em medida penal. Assim, o objetivo da prisão é reforçar a imposição do adimplemento da obrigação alimentar. De acordo com o Enunciado nº 522 do CJF, a prisão civil também teria cabimento diante do inadimplemento dos alimentos gravídicos.

> **Atenção**
>
> É necessário destacar que se o inadimplemento for involuntário ou houver causa escusável que o justifique não terá cabimento a prisão. Além disso, como a obrigação alimentar carrega consigo a noção de atualidade, a prisão civil que decorre de seu inadimplemento objetiva compelir o alimentante a suprir as necessidades atuais do alimentando, expressas pelas últimas três prestações. Desse modo, as prestações vencidas que precedam as três prestações citadas deverão ser cobradas em procedimento próprio. Assim, esse posicionamento resultou na edição da Súmula nº 309 do STJ, que apresenta a seguinte redação: "O débito alimentar que autoriza a prisão civil do alimentante é o que compreende as três prestações anteriores à citação e as que se vencerem no curso do processo".

Por fim, vale lembrar que, acerca da prisão do devedor de alimentos, a Lei nº 14.010/2020 (lei que dispôs sobre o regime jurídico emergencial e transitório das relações jurídicas de direito privado no período da pandemia do coronavírus – Lei do RJET) estabeleceu em seu art. 15 que "até 30 de outubro de 2020, a prisão civil por dívida alimentícia, prevista no art. 528, § 3º e seguintes da Lei nº 13.105, de 16 de março de 2015 (Código de Processo Civil), deverá ser cumprida exclusivamente sob a modalidade domiciliar, sem prejuízo da exigibilidade das respectivas obrigações".

Sobre a inscrição do nome do devedor de alimentos em cadastro de proteção ao crédito, o STJ vem se manifestando no sentido de sua possibilidade à luz do princípio do melhor interesse do alimentando.

8. EXTINÇÃO DA OBRIGAÇÃO DE ALIMENTOS

A obrigação alimentar será extinta diante das seguintes situações:

* **O alimentando alcançar a maioridade civil**, isto é, alcançar os 18 anos de idade. Todavia, devemos registrar que é possível que maioridade seja alcançada e a necessidade do alimentando não seja extinta. Nesse mote, o STJ editou a Súmula nº 358 com o seguinte teor: "O cancelamento da pensão alimentícia de filho que atingiu a maioridade está sujeito à decisão judicial, mediante contraditório, ainda que nos próprios autos". Nesse mesmo sentido, vide o Enunciado nº 344 do CJF: "A obrigação alimentar originada do poder familiar, especialmente para atender as necessidades educacionais, pode não cessar com a maioridade". Todavia, a perpetuação da obrigação não alcança os cursos de pós-graduação, tais como especialização, mestrado e doutorado, tendo em vista a aplicação do princípio da razoabilidade. Foi o que entendeu o STJ na decisão do REsp 1.218.510-SP, de relatoria de Min. Nancy Andrighi, julgado em 27/9/2011.

- **A morte do credor.** Essa possibilidade surge como corolário lógico do caráter personalíssimo da obrigação de alimentos.

- **Havendo o casamento, a união estável ou o concubinato do credor.** Os novos rumos de vida seguidos pelo credor de alimentos que resultem em seu casamento, união estável ou concubinato indicam que o credor não mais necessita da prestação alimentícia, por isso art. 1.708, *caput*, do CC, admite expressamente a cessação da prestação de alimentos. Há quem entenda que como o concubinato não constitui entidade familiar, a constitucionalidade do dispositivo se torna duvidosa, "pois colide com a liberdade sexual que a Constituição protege". Sob essa perspectiva, aprovou-se o Enunciado nº 265, do CJF, com o seguinte teor: "na hipótese de concubinato, haverá necessidade de demonstração da assistência material prestada pelo concubino a quem o credor de alimentos se uniu".

- **Se o credor tiver procedimento indigno em relação ao devedor (art. 1.708, parágrafo único, CC).** Buscando definir o que seja "procedimento indigno", vale mencionar o Enunciado nº 264 do CJF que apresenta a seguinte redação: "Na interpretação do que seja procedimento indigno do credor, apto a fazer cessar o direito a alimentos, aplicam-se, por analogia, as hipóteses dos incisos I e II do art. 1.814 do Código Civil". Trazendo também a possibilidade de que o procedimento indigno do credor possa resultar não na extinção da obrigação, mas em sua redução, foi aprovado o Enunciado nº 345 do CJF com o seguinte teor: "O 'procedimento indigno' do credor em relação ao devedor, previsto no parágrafo único do art. 1.708 do Código Civil, pode ensejar a exoneração ou apenas a redução do valor da pensão alimentícia para quantia indispensável à sobrevivência do credor".

Atenção

Há que se destacar que a mera liberdade afetiva do credor não pode ser considerada como procedimento indigno.

- Nada obstante o novo casamento do cônjuge devedor não extinga a obrigação constante da sentença de divórcio (art. 1.709, CC), é possível, **todavia, que ocorra uma alteração na possibilidade do devedor** de prestar os alimentos.

Por fim, é bom destacar que o fato de o alimentante se encontrar preso pela prática de um crime, por si só, não é suficiente para afastar a sua obrigação de prestar alimentos, tendo em vista a possibilidade de desempenho de atividade remunerada na prisão ou fora dela a depender do regime prisional do cumprimento da pena.

EM RESUMO:

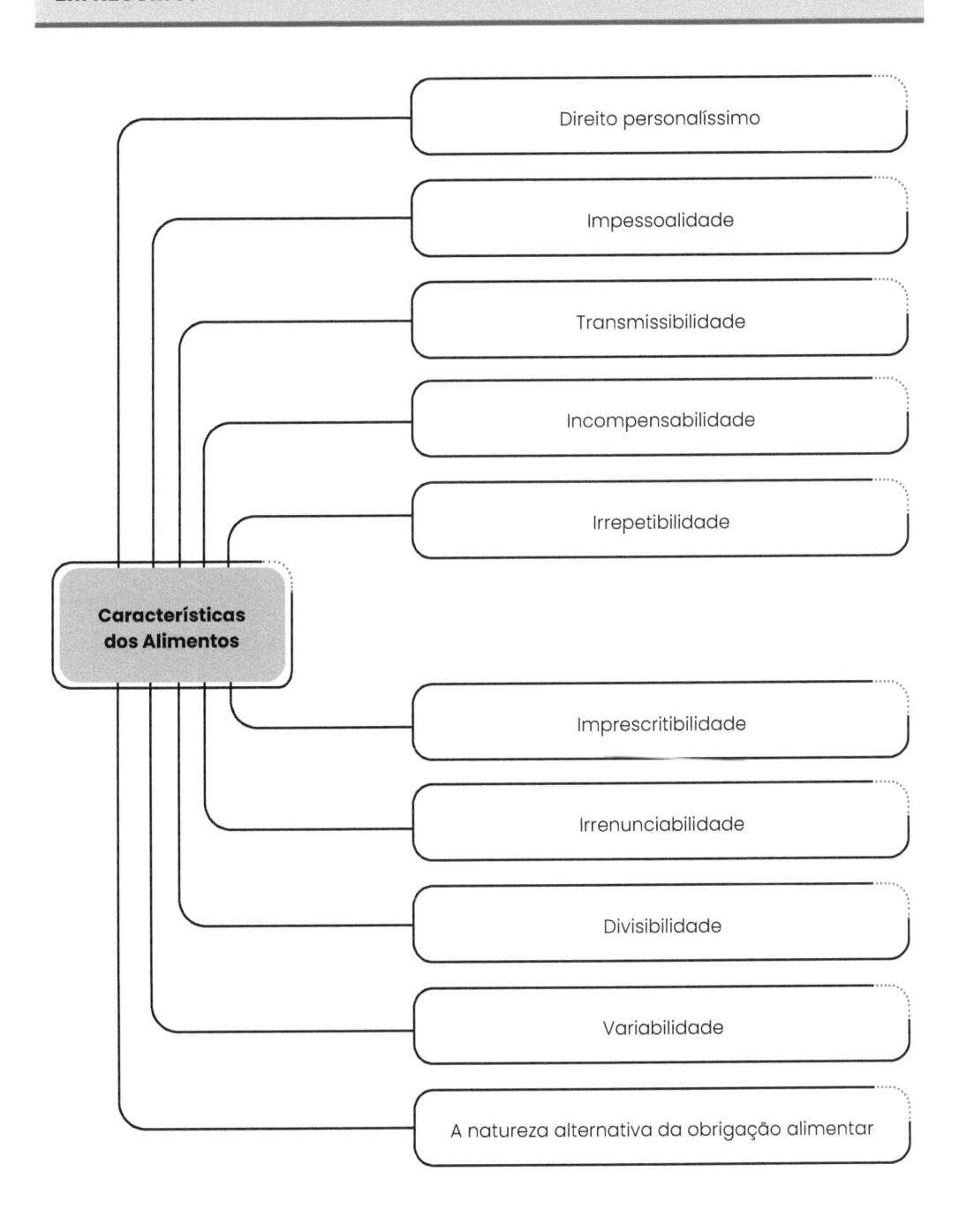

CLASSIFICAÇÃO DOS ALIMENTOS	
Quanto à causa jurídica ou fonte	a) Alimentos legítimos ou legais
	b) Alimentos voluntários ou convencionais
	c) Alimentos indenizatórios ou ressarcitórios
Quanto à natureza ou extensão	a) Alimentos naturais ou necessários
	b) Alimentos civis ou côngruos
Quanto à finalidade	a) Alimentos definitivos ou regulares
	b) Alimentos provisórios
	c) Alimentos provisionais ou *ad litem*
Quanto ao momento em que são reclamados	a) Alimentos pretéritos
	b) Alimentos atuais
	c) Alimentos futuros
Quanto à forma do pagamento	a) Alimentos próprios ou *in natura*
	b) Alimentos impróprios

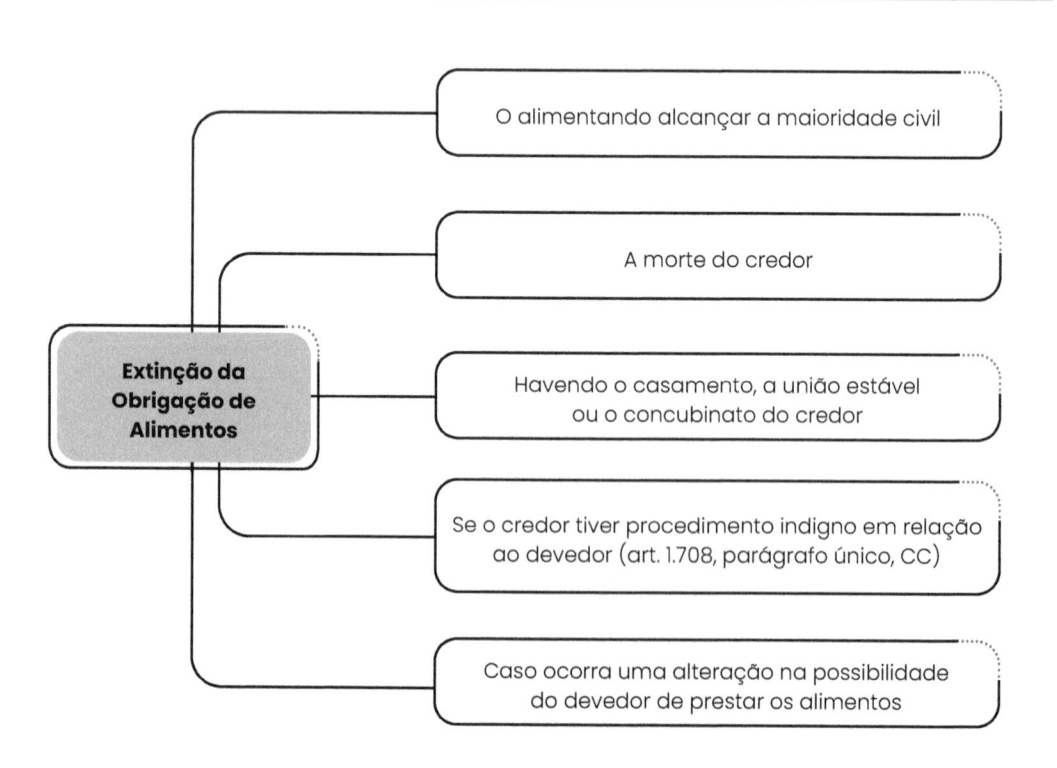

Capítulo 52

Da Tutela, da Curatela, da Tomada de Decisão Apoiada e da Guarda

1. DA TUTELA

A tutela é entendida doutrinariamente como o encargo conferido por lei a uma pessoa capaz, para cuidar da pessoa do menor e administrar os seus bens, com a finalidade de suprir a ausência do poder familiar, tendo notório caráter assistencial.

A Lei dispõe que os filhos menores são postos em tutela nas seguintes situações:

- com o falecimento dos pais, ou sendo estes julgados ausentes;
- em caso de os pais decaírem do poder familiar.

> **Atenção**
>
> É comum a confusão entre os institutos do poder familiar, da tutela, da representação e da assistência. Inicialmente, é importante entender que a tutela e o poder familiar são institutos que não podem coexistir. A tutela chega em substituição ao poder familiar. Além disso, diante do vínculo surgido com o poder familiar (pais e filho) ou diante do vínculo surgido com a tutela (tutor e tutelado/pupilo), em um ou outro caso, poderá haver a representação ou a assistência. Tudo dependerá da idade do filho ou do tutelado/pupilo. Se o filho ou o tutelado tiverem menos de 16 anos, os pais ou o tutor, respectivamente, deverão representá-lo para a prática dos atos da vida civil. Se ao revés, o filho ou o tutelado tiverem entre 16 e 18 anos, os pais ou o tutor, respectivamente, deverão assisti-los para a prática dos atos da vida civil.
>
> A tutela é um múnus público e, em caso de irmãos órfãos, em virtude do princípio da unicidade da tutela, a sugestão da lei é pela nomeação de um só tutor

para facilitação dos atos e para que sejam conservados os laços de afetividade entre os irmãos, conforme dispõe o *caput* do art. 1.733 do CC. A regra, porém, não é absoluta, sendo possível, a depender do caso concreto, o desmembramento da tutela.

1.1 Formas ordinárias de tutela

Ordinariamente, existem três espécies de tutela: a testamentária, a legítima e a dativa.

Na tutela testamentária, o direito de nomear tutor compete aos pais, em conjunto (art. 1.729, CC). A regra é óbvia, tendo-se em vista a igualdade constitucional imposta. Além disso, a nomeação deve constar de testamento ou de qualquer outro documento autêntico (art.1.729, parágrafo único, CC). Por documento autêntico, entende-se o documento público ou particular cujas firmas dos pais tenham sido reconhecidas por Tabelião.

Nesse caso, o pai ou a mãe somente terá a prerrogativa de nomear o tutor se no momento de sua morte eram detentores do poder familiar. Atente-se para o fato de que o que se considera é o momento da morte, e não da elaboração do testamento. Assim, o art. 1.730 dispõe: "É nula a nomeação de tutor pelo pai ou pela mãe que, ao tempo de sua morte, não tinha o poder familiar".

No caso de ser nomeado mais de um tutor por disposição testamentária sem indicação de precedência, entende-se que a tutela foi cometida ao primeiro, e que os outros lhe sucederão pela ordem de nomeação, se ocorrer morte, incapacidade, escusa ou qualquer outro impedimento, conforme dispõe o § 1º do art. 1.733 do CC.

Já a **tutela legítima** é aquela que caberá aos parentes consanguíneos do menor, na falta de nomeação pelos pais em testamento ou outro documento autêntico e está prevista no art. 1.731 do CC. A ordem sugerida pela lei para a assunção do múnus público da tutela é: os ascendentes, preferindo:

- o de grau mais próximo ao mais remoto; os colaterais até o terceiro grau, preferindo os mais próximos aos mais remotos, e, no mesmo grau, os mais velhos aos mais moços; em qualquer dos casos, o juiz escolherá entre eles;
- o mais apto a exercer a tutela em benefício do menor.

Falamos em "ordem sugerida pela lei", pois a referida ordem não deve ser considerada absoluta. A bem do menor, o juiz do caso concreto deve ter a liberdade de alterar a ordem da lei, ou até mesmo, invocar pessoa que lá não está. O que importa é que se trate de pessoa apta e idônea a desempenhar tal desiderato.

A **tutela dativa** é aquela que apresenta caráter subsidiário, isto é, deve ser aplicada na falta de nomeação pelos pais (tutela testamentária) ou por impossibilidade de tutela legítima, conforme estabelece o art. 1.732 do CC: O juiz nomeará tutor idôneo e residente no domicílio do menor: I – na falta de tutor testamentário ou legítimo; II – quando estes forem excluídos ou escusados da tutela; III – quando removidos por não idôneos o tutor legítimo e o testamentário.

1.2 Formas especiais de tutela

- **Tutela de crianças ou adolescentes cujos pais forem desconhecidos, suspensos ou destituídos do poder familiar (antiga tutela do menor abandonado):** essas crianças ou adolescentes terão tutores nomeados pelo Juiz ou serão incluídos em programa de colocação familiar, na forma prevista pelo ECA (art. 1.734, CC).

- **Tutela do indígena:** de acordo com o art. 4º, parágrafo único, do CC, a capacidade do indígena será regulada por lei especial. O Código Civil se refere à normatização já existente, a Lei nº 6.001/73 (Estatuto do Indígena), que prevê que o indígena não civilizado será tutelado pela FUNAI (Fundação Nacional do Índio).

- **Tutela *ad hoc*:** terá cabimento quando os interesses do menor colidir com os interesses do tutor já formalmente designado. Nesse caso, nomeia-se um "curador especial" que, nada obstante a denominação de "curador", trata-se, em verdade, de um "tutor".

- **Tutela de fato ou irregular:** é a manifestação informal de tutela que é exercida por pessoa que se desvela pelo menor sem, todavia, ter sido nomeada como tutora. Os atos praticados por essa pessoa devem ser considerados mera gestão de negócios.

1.3 Daqueles que não podem ser tutores

De acordo com o art. 1.735 do CC, não podem ser tutores e serão exonerados da tutela, caso a exerçam:

I) aqueles que não tiverem a livre administração de seus bens;

II) aqueles que, no momento de lhes ser deferida a tutela, se acharem constituídos em obrigação para com o menor, ou tiverem que fazer valer direitos contra este, e aqueles cujos pais, filhos ou cônjuges tiverem demanda contra o menor;

III) os inimigos do menor, ou de seus pais, ou que tiverem sido por estes expressamente excluídos da tutela;

IV) os condenados por crime de furto, roubo, estelionato, falsidade, contra a família ou os costumes, tenham ou não cumprido pena; na VIII Jornada de Direito Civil, acerca desse dispositivo, foi aprovado o Enunciado nº 636, com o seguinte teor: "O impedimento para o exercício da tutela do inc. IV do art. 1.735 do Código Civil pode ser mitigado para atender ao princípio do melhor interesse da criança". A justificativa apresentada para o enunciado foi: "A intenção do legislador de proteger criança e adolescente de um eventual tutor inepto para o cuidado de sua pessoa e dos seus bens gerou um texto de lei que flagrantemente ultrapassa a razoabilidade no sistema jurídico brasileiro, em choque com normas constitucionais e infraconstitucionais. Nota-se no texto a desconsideração do direito ao esquecimento daquele que, em débito com a lei criminal, tenha cumprido sua pena. Ao mesmo tempo, o texto não deixa claro que a aplicação deve se fazer conforme à verificação da gravidade do crime cometido".

V)   as pessoas de mau procedimento, ou falhas em probidade, e as culpadas de abuso em tutorias anteriores;

VI) aqueles que exercerem função pública incompatível com a boa administração da tutela.

É importante destacar que, na toada proposta pelo Estatuto da Pessoa com Deficiência (Lei nº 13.146/2015), de acordo com o seu art. 6º, VI, a deficiência não afeta a plena capacidade civil da pessoa para exercer o direito à guarda, à tutela, à curatela e à adoção, como adotante ou adotando, em igualdade de oportunidades com as demais pessoas.

1.4   Das pessoas dispensadas de prestar tutela

Nada obstante o caráter de múnus público apresentado pela tutela, existem algumas pessoas que estão dispensadas de ser tutoras pela lei. Trata-se, em verdade, de escusas legais ofertadas pela lei. Assim, de acordo com o art. 1.736 do CC, podem escusar-se da tutela:

I)   mulheres casadas;

II)   maiores de 60 anos;

III) aqueles que tiverem sob sua autoridade mais de três filhos;

IV) os impossibilitados por enfermidade;

V)   aqueles que habitarem longe do lugar onde se haja de exercer a tutela;

VI) aqueles que já exercerem tutela ou curatela;

VII) militares em serviço.

Nada obstante a menção da lei, não há um fundamento jurídico para se considerar a mulher que seja casada incapaz de ser tutora de alguém, bem como não há fundamento jurídico para se considerar que uma pessoa maior de sessenta anos não possa ser tutora de alguém.

Além disso, vale notar que quem não for parente do menor não poderá ser obrigado a aceitar a tutela, se houver no lugar parente idôneo, consanguíneo ou afim, em condições de exercê-la (art. 1.737, CC).

Acerca da apresentação da escusa pelo interessado, o art. 1.738 do CC dispõe que ela deverá ocorrer nos dez dias subsequentes à designação, sob pena de entender-se renunciado o direito de alegá-la; se o motivo escusatório ocorrer depois de aceita a tutela, os dez dias contar-se-ão do em que ele sobrevier.

Caso o juiz não admita a escusa, exercerá o nomeado a tutela, enquanto o recurso interposto não tiver provimento, e responderá desde logo pelas perdas e danos que o menor venha a sofrer (art. 1.738, CC).

1.5 Do exercício da tutela

O art. 1.740 do CC preceitua que incumbe ao tutor, quanto à pessoa do menor:

I) dirigir-lhe a educação, defendê-lo e prestar-lhe alimentos, conforme os seus haveres e condição;

II) reclamar do juiz que providencie, como houver por bem, quando o menor haja mister correção;

III) adimplir os demais deveres que normalmente cabem aos pais, ouvida a opinião do menor, se este já contar doze anos de idade.

Em relação aos bens do menor, o art. 1.741 do CC estabelece que incumbe ao tutor, sob a inspeção do juiz, administrá-los, em proveito do menor, cumprindo seus deveres com zelo e boa-fé.

Trazendo ainda mais segurança, a lei possibilita a nomeação de um protutor que será a pessoa responsável pela fiscalização dos atos do tutor (art. 1.742, CC).

Além disso, se os bens e interesses administrativos exigirem conhecimentos técnicos, forem complexos, ou realizados em lugares distantes do domicílio do tutor, poderá este, mediante aprovação judicial, delegar a outras pessoas físicas ou jurídicas o exercício parcial da tutela, conforme estabelece o art. 1.743 do CC.

É possível a responsabilização do juiz, que será direta e pessoal, quando não tiver nomeado o tutor, ou não o houver feito oportunamente; ou será subsidiária, quando não tiver exigido garantia legal do tutor, nem o removido, tanto que se tornou suspeito (art. 1.744, CC).

O art. 1.745 do CC estabelece que "os bens do menor serão entregues ao tutor mediante termo especificado deles e seus valores, ainda que os pais o tenham dispensado". Trata-se, em verdade, da consecução de um inventário dos bens do menor. Além disso, "se o patrimônio do menor for de valor considerável, poderá o juiz condicionar o exercício da tutela à prestação de caução bastante, podendo dispensá-la se o tutor for de reconhecida idoneidade"(art. 1.745, parágrafo único, CC). Se o menor possuir bens, será sustentado e educado às expensas deles, arbitrando o juiz para tal fim as quantias que lhe pareçam necessárias, considerado o rendimento da fortuna do pupilo quando o pai ou a mãe não as houver fixado (art. 1.746, CC).

Além das incumbências previstas no art. 1.740 retromencionadas, o Código Civil em seu art. 1.747 apresenta outras tantas que terão cabimento, sem que haja autorização judicial:

I)   representar o menor, até os 16 anos, nos atos da vida civil, e assisti-lo, após essa idade, nos atos em que for parte;

II) receber as rendas e pensões do menor, e as quantias a ele devidas;

III) fazer-lhe as despesas de subsistência e educação, bem como as de administração, conservação e melhoramentos de seus bens;

IV) alienar os bens do menor destinados a venda;

V)   promover-lhe, mediante preço conveniente, o arrendamento de bens de raiz.

A outro giro, o art. 1.748 do CC apresenta outras atribuições do tutor, porém a exigir a autorização do juiz. São elas:

I)   pagar as dívidas do menor;

II) aceitar por ele heranças, legados ou doações, ainda que com encargos;

III) transigir;

IV) vender-lhe os bens móveis, cuja conservação não convier, e os imóveis nos casos em que for permitido;

V)   propor em juízo as ações, ou nelas assistir o menor, e promover todas as diligências a bem deste, assim como defendê-lo nos pleitos contra ele movidos.

Se faltar a autorização do juiz, a eficácia de ato do tutor depende da aprovação ulterior do juiz. Assim, inocorrendo a autorização superveniente do juiz, o ato praticado será ineficaz (art. 1.748, parágrafo único, CC).

Ainda existem atos que, mesmo com autorização judicial, não poderão ser praticados pelo tutor, sob pena de nulidade. Esses atos estão previstos no art. 1.749 do CC ::

I)   adquirir por si, ou por interposta pessoa, mediante contrato particular, bens móveis ou imóveis pertencentes ao menor;

II) dispor dos bens do menor a título gratuito;

III) constituir-se cessionário de crédito ou de direito, contra o menor.

Os imóveis pertencentes aos menores sob tutela somente podem ser vendidos quando houver manifesta vantagem, mediante prévia avaliação judicial e aprovação do juiz (art. 1.750, CC). Em caso de violação a essas imposições o ato será considerado nulo, conforme a parte final do art. 166, VII, CC, considerando-se, pois, um caso de nulidade virtual.

Antes de assumir a tutela, o tutor declarará tudo o que o menor lhe deva, sob pena de não lhe poder cobrar, enquanto exerça a tutoria, salvo provando que não conhecia o débito quando a assumiu. É o que dispõe o art. 1.751 do CC em clara afeição ao princípio da boa-fé objetiva. Desse modo, o referido dispositivo apresenta, em verdade, uma hipótese de aplicação da teoria da *supressio* que decorre do próprio princípio da boa-fé objetiva.

O tutor responde pelos prejuízos que, por culpa, ou dolo, causar ao tutelado (art. 1.752, CC). Trata-se, portanto, de responsabilidade de natureza subjetiva, que não se confunde com a responsabilidade que o tutor ostenta em caso de dano causado pelo tutelado, sendo essa considerada de natureza objetiva (art. 932, II c/c o art. 933, CC).

Em vedação ao enriquecimento sem causa, a outro giro, o tutor terá direito a ser pago pelo que realmente despender no exercício da tutela, exceto em caso de tutela de crianças ou adolescentes cujos pais forem desconhecidos, suspensos ou destituídos do poder familiar. Além disso, o tutor terá direito a perceber remuneração proporcional à importância dos bens administrados.

Ao protutor será arbitrada uma gratificação módica pela fiscalização efetuada (art. 1.752, § 1º, CC).

O art. 1.752, § 2º, do CC impõe responsabilidade solidária as pessoas às quais competia fiscalizar a atividade do tutor, e as que concorreram para o dano. Trata-se, portanto, de um caso de solidariedade legal que seria aplicada ao protutor, ao juiz etc.

Seguindo a linha de pormenorização de regras reguladoras da tutela, o Código Civil cuida, ainda dos bens do tutelado e da prestação de contas do tutor. Acerca dos bens do tutelado, a disciplina correspondente consta dos arts. 1.753 e 1.754 do CC. Sendo que o primeiro dispositivo estabelece que os tutores não podem conservar em seu poder dinheiro dos tutelados, além do necessário para as despesas ordinárias com o seu sustento, a sua educação e a administração de seus bens. Se houver necessidade, os objetos de ouro e prata, pedras preciosas e móveis serão avaliados por pessoa idônea e, após autorização judicial, alienados, e o seu produto convertido em títulos, obrigações e letras de responsabilidade direta ou indireta da União ou dos Estados, atendendo-se preferencialmente à rentabilidade, e recolhidos ao estabelecimento bancário oficial ou aplicado na aquisição de imóveis, conforme for determinado pelo juiz. O mesmo destino terá o dinheiro proveniente de qualquer outra procedência. E, ainda, os tutores responderão pela demora na aplicação dos valores acima referidos, pagando os juros legais desde o dia em que deveriam dar esse destino, o que não os exime da obrigação, que o juiz fará efetiva, da referida aplicação.

Além disso, art. 1.754 do CC dispõe que os valores que existirem em estabelecimento bancário oficial, na forma do art. 1.753, não se poderão retirar, senão mediante ordem do juiz, e somente: I – para as despesas com o sustento e educação do tutelado, ou a administração de seus bens; II – para se comprarem bens imóveis e títulos, obrigações ou letras, nas condições previstas no § 1º do art. 1.753, CC; III – para se empregarem em conformidade com o disposto por quem os houver doado, ou deixado; IV – para se entregarem aos órfãos, quando emancipados, ou maiores, ou, mortos eles, aos seus herdeiros.

Acerca das contas, ainda que os pais do tutelado tenham dispensado o tutor, esse deverá prestá-las, conforme dispõe o art. 1.755 do CC. Desse modo, no fim de cada ano de administração, os tutores submeterão ao juiz o balanço respectivo, que, depois de aprovado, se anexará aos autos do inventário. Além disso, os tutores prestarão contas de dois em dois anos, e também quando, por qualquer motivo, deixarem o exercício da tutela ou toda vez que o juiz achar conveniente.

Dispõe o art. 1.758 do CC que finda a tutela pela emancipação ou maioridade, a quitação do menor não produzirá efeito antes de aprovadas as contas pelo juiz, subsistindo inteira, até então, a responsabilidade do tutor. E nos casos de morte, ausência, ou interdição do tutor, as contas serão prestadas por seus herdeiros ou representantes (art. 1.759, CC). Sendo que as despesas com a prestação das contas serão pagas pelo tutelado (art. 1.761, CC).

Por "alcance do tutor" – expressão utilizada pela lei – deve-se compreender como o valor faltante para se completar a prestação de contas adequadamente por parte do tutor. Esse "alcance do tutor" é considerado dívida de valor e vencem juros desde o julgamento definitivo das contas. É possível, ainda, que o tutor tenha algum crédito referente a todas as despesas justificadas e reconhecidas proveitosas pelo menor (art. 1.760, CC). A esse crédito do tutor se aplicam os mesmos efeitos do "alcance do tutor", conforme dispõe o art. 1.762 do CC.

1.6   Da cessação da tutela

O fim da tutela está disciplinado nos arts. 1.763 ao 1.766. A tutela cessará:

- com a maioridade ou a emancipação do menor;
- ao cair o menor sob o poder familiar, no caso de reconhecimento ou adoção.

As funções do tutor cessarão, sem cessar, entretanto, a tutela:

- ao expirar o termo, em que era obrigado a servir;
- ao sobrevir escusa legítima;
- ao ser removido.

Como regra geral, a lei dispõe que o tutor é obrigado a servir por período de dois anos, podendo o tutor continuar no exercício da tutela, além desse prazo, se o quiser e o juiz julgar conveniente ao menor (art. 1.766, CC).

A remoção do tutor ocorrerá em casos de sua destituição. Assim, será destituído o tutor, quando negligente, prevaricador ou incurso em incapacidade (art. 1.767, CC).

2.   DA CURATELA

A curatela se aproxima da tutela, na medida em que se trata também de instituto de natureza assistencial. Todavia, a curatela terá incidência em relação a pessoas maiores que sejam incapazes. Desse modo, será nomeado um curador para cuidar da pessoa, dos interesses e dos bens do maior incapaz, que será denominado de curatelado.

Como se trata de instituto próximo da tutela, à curatela serão aplicadas quase todas as regras atinentes à tutela, tais como a necessidade de caução e prestação de contas, bem como as escusas voluntárias e as incapacidades para assunção do múnus, dentre outras (art. 1.774, CC).

Entretanto, evidentemente, existem causas distintivas dos dois institutos de natureza assistencial.

Vejamos o quadro abaixo:

Tutela	Curatela
Aplica-se aos menores de 18 anos.	Aplica-se aos maiores incapazes.
Poderá haver nomeação do tutor pelos pais do menor (tutela testamentária).	A nomeação é sempre feita pelo juiz.
Sempre alcança a pessoa e os bens do menor de 18 anos.	Pode alcançar a pessoa e os bens ou somente os bens do maior incapaz (essa última ocorre em relação aos pródigos).
Poderes mais amplos.	Poderes mais restritos.

Voltado para a curatela, o art. 1.767 do CC, após as alterações promovidas pela Lei nº 13.146/2015 (Estatuto da Pessoa com Deficiência), informa que estão sujeitos à curatela:

- aqueles que, por causa transitória ou permanente, não puderem exprimir sua vontade;

- os ébrios habituais e os viciados em tóxico;

- os pródigos. Em referência específica ao pródigo, o art. 1.782 dispõe: "A interdição do pródigo só o privará de, sem curador, emprestar, transigir, dar quitação, alienar, hipotecar, demandar ou ser demandado, e praticar, em geral, os atos que não sejam de mera administração".

O art. 1.767 do CC está em sintonia com o art. 4º do CC que apresenta o rol dos relativamente incapazes. Todavia, o art. 1.767 do CC não está em harmonia com o art. 85 da Lei nº 13.146/2015 (Estatuto da Pessoa com Deficiência) que admite a curatela das pessoas com deficiência que significa, basicamente, a curatela de pessoas capazes. Essa possibilidade não foi mencionada no art. 1.767 do CC, tampouco, qual seria atuação do curador nesses casos.

Assim, foi aprovado o Enunciado nº 637, na VIII Jornada de Direito Civil, com o seguinte teor:

> Admite-se a possibilidade de outorga ao curador de poderes de representação para alguns atos da vida civil, inclusive de natureza existencial, a serem especificados na sentença, desde que comprovadamente necessários para proteção do curatelado em sua dignidade.

A incapacidade é verificada por meio do processo de interdição, que se manifesta por meio de um procedimento especial de jurisdição voluntária, previsto nos art. 747 e ss. do CPC/2015. A sentença da ação de interdição nomeará curador que prestará compromisso e exercerá a curatela.

Nada obstante a aprovação do enunciado do CJF mencionado acima, para parte da doutrina, a preocupação ainda é no sentido de que a sentença de interdição não deve ter a função de tornar o sujeito de direitos mero objeto da relação, repudiando, assim, qualquer discurso excludente.

Importante

Com a entrada em vigor do CPC/2015, vários artigos do Código Civil e do CPC/73 referentes à curatela foram revogados, de modo que a matéria agora encontra disciplina no CPC/2015, arts. 747 e seguintes. A nova disciplina merece alguns destaques. Ao rol dos legitimados previstos no CPC/73, tendo em vista o CPC/2015, foram acrescentados os "parentes" ao invés de "parentes próximos" e o "representante da entidade em que se encontra abrigado o interditando". No que respeita ao Ministério Público, sua atuação foi restringida ao caso de doença mental grave, se as pessoas designadas nos incisos I, II e III do art. 747 não existirem ou não promoverem a interdição; ou se, existindo, forem incapazes as pessoas mencionadas nos incisos I e II do art. 747. Incumbe ao autor, na petição inicial, especificar os fatos que demonstram a incapacidade do interditando para administrar seus bens e, se for o caso, para praticar atos da vida civil, bem como o momento em que a incapacidade se revelou e, além disso, o requerente deverá juntar laudo médico para fazer prova de suas alegações ou informar a impossibilidade de fazê-lo, o que não era exigido pelo CPC/73 (arts. 749 e 750 do CPC/2015). No que tange à impugnação, as novidades no CPC/2015 são: o próprio interditando poderá promovê-la, sendo que o prazo para tanto foi ampliado para 15 dias e o Ministério Público não será mais representante do interditando, tendo apenas a função de fiscal da ordem jurídica. No que diz respeito à sentença que decretar a interdição, o juiz nomeará curador, que poderá ser o requerente da interdição, e fixará os limites da curatela, segundo o estado e o desenvolvimento mental do interdito. É importante notar que a classificação de curatela total e curatela parcial perde seu sentido com a superveniência do Estatuto da Pessoa com Deficiência (Lei nº 13.146/2015), já que a curatela total teria cabimento apenas para o absolutamente incapaz e, após a entrada em vigor dessa lei, será considerado absolutamente incapaz apenas o menor de 16 anos, o qual se submeterá ao poder familiar ou, na falta desse, à tutela. Além disso, na sentença mencionada o juiz considerará as características pessoais do interdito, observando suas potencialidades, habilidades, vontades e preferências. E o mais importante: a curatela deve ser atribuída a quem melhor possa atender aos interesses do curatelado, conforme o § 1º do art. 755 do CPC/2015 preceitua. Assim, não mais rol de pessoas indicado por lei para desempenhar o referido múnus. No que diz respeito à publicidade e atento às novas tecnologias, o § 3º do art. 755 do CPC/2015 estabelece que a sentença de interdição será inscrita no registro de pessoas naturais e imediatamente publicada na rede mundial de computadores, no sítio do tribunal a que estiver vinculado o juízo e na plataforma de editais do Conselho Nacional de Justiça, onde permanecerá por seis meses, na imprensa local, uma vez, e no órgão oficial, por três vezes, com intervalo de 10 dias, constando do edital os nomes do interdito e do curador, a causa da interdição e os limites da curatela. A publicidade cogitada pelo novo estatuto processual aumenta a segurança jurídica para a realização dos negócios jurídicos em geral.

Poucos artigos sobreviveram após a entrada em vigor do CPC/2015. Um deles foi o art. 1.775 do CC, que estabelece que o cônjuge ou companheiro, não separado judicialmente ou de fato, é, de direito, curador do outro, quando interdito. Na falta do cônjuge ou companheiro, é curador legítimo o pai ou a mãe; na falta destes, o descendente que se demonstrar mais apto. Entre os descendentes, os mais próximos precedem aos mais remotos. Na falta de qualquer uma dessas pessoas, compete ao juiz a escolha do curador.

A ordem mencionada não é absoluta, o juiz no caso concreto poderá invertê-la se bem entender. Além disso, se o curador for o cônjuge e o regime de bens do casamento for de comunhão universal, não será obrigado à prestação de contas, salvo determinação judicial (art. 1.783, CC).

Tendo em vista o melhor interesse do incapaz admite-se a curatela compartilhada. Inclusive, essa possibilidade encontra-se expressa no Código Civil no art. 1.775-A que foi incluído pela Lei nº 13.146/2015.

Acerca daqueles que, por causa transitória ou permanente, não puderem exprimir sua vontade (art. 1.767, I, CC), o art. 1.777 impõe que essas pessoas receberão todo o apoio necessário para ter preservado o direito à convivência familiar e comunitária, sendo evitado o seu recolhimento em estabelecimento que os afaste desse convívio. Admite-se a curatela do nascituro se o pai falecer estando grávida a mulher, e não tendo essa o poder familiar (art. 1.779, CC).

3. DA TOMADA DE DECISÃO APOIADA

O Estatuto da Pessoa com Deficiência (Lei nº 13.146/2015) insere no CC/2002, no art. 1.783-A, a tomada de decisão apoiada com o propósito de oferecer uma terceira via, ao lado dos clássicos institutos protetivos, para proteger a pessoa fragilizada, sem, contudo, considerá-la inábil para os atos da vida civil.

Esse instituto se traduz em procedimento em que a pessoa com deficiência elege pelo menos duas pessoas idôneas, com as quais mantenha vínculos e que gozem de sua confiança, para prestar-lhe apoio na tomada de decisão sobre atos da vida civil, fornecendo-lhes os elementos e informações necessários para que possa exercer sua capacidade.

Em virtude de se tratar de medida menos invasiva e resguardar mais a autonomia privada (ou existencial) do deficiente, esse procedimento terá prioridade sobre a ação de interdição, sendo considerada a interdição medida de natureza extraordinária.

Admite-se que a pessoa apoiada, a qualquer tempo, pode solicitar o término do acordo firmado em processo de tomada de decisão apoiada (art. 1.783-A, § 9º, CC).

4. DA GUARDA

Sob o título "Da proteção da pessoa dos filhos" o Código Civil de 2002 regula o instituto da guarda, que, em verdade, apresentará disciplina nesse tecido normativo e também no Estatuto da Criança e do Adolescente (Lei nº 8.069/90, arts. 33 a 35).

A guarda poderá ocorrer na família natural, como desdobramento do próprio poder familiar (art. 1.634, II, CC) ou em família substituta, de modo que a primeira terá prioridade em relação à segunda. Quando se cogita da guarda, em princípio, é importante notar que o poder familiar dos pais perdura e, aliás, a guarda decorre exatamente dele.

> **Atenção**
>
> É importante perceber que o critério econômico não é decisivo para se definir o guardião, que apenas toma relevância se uma das partes não tiver meios de suportar as necessidades mais elementares da criança ou do adolescente. Além disso, a noção de guarda traz em si subordinação à cláusula *rebus sic stantibus*, de modo que a definição judicial poderá ser modificada, não fazendo a decisão coisa julgada material.

A guarda comportará manifestações distintas, a saber:

• **Guarda unilateral:** é aquela que é deferida a apenas uma pessoa, sendo destinado à outra apenas o direito de visitas.

- **Guarda alternada:** a criança ou o adolescente passa alguns dias com o pai e alguns dias com a mãe, sendo tal modalidade de guarda criticada em virtude da possibilidade de o filho perder o seu referencial. Sob a lente de parcela da doutrina, a depender do melhor interesse da criança, não há impedimento quanto à sua aplicação. Esse entendimento resultou na aprovação do Enunciado nº 518 do CJF: "A Lei nº 11.698/2008, que deu nova redação aos arts. 1.583 e 1.584 do Código Civil, não se restringe à guarda unilateral e à guarda compartilhada, podendo ser adotada aquela mais adequada à situação do filho, em atendimento ao princípio do melhor interesse da criança e do adolescente. A regra aplica-se a qualquer modelo de família".

- **Guarda compartilhada ou conjunta:** o filho passa a conviver com ambos os pais, em regime de plena cooperação entres esses, almejando um equilíbrio referente a presença do pai e da mãe na vida da criança ou do adolescente.

O art. 1.583 do CC, com redação definida pela Lei nº 11.698/2008, estabeleceu que a guarda poderia ser unilateral ou compartilhada. O § 1º do referido artigo buscou delimitar os contornos de cada uma dessas modalidades de guarda estabelecendo:

> Compreende-se por guarda unilateral a atribuída a um só dos genitores ou a alguém que o substitua (art. 1.584, § 5º) e, por guarda compartilhada a responsabilização conjunta e o exercício de direitos e deveres do pai e da mãe que não vivam sob o mesmo teto, concernentes ao poder familiar dos filhos comuns.

Posteriormente, a Lei nº 13.058/2014 alterou a redação do § 3º do art. 1.583 do CC dispondo: "Na guarda compartilhada, a cidade considerada base de moradia dos filhos será aquela que melhor atender aos interesses dos filhos". E, ainda, acrescentou o § 5º no mesmo artigo, com a seguinte redação:

> A guarda unilateral obriga o pai ou a mãe que não a detenha a supervisionar os interesses dos filhos, e, para possibilitar tal supervisão, qualquer dos genitores sempre será parte legítima para solicitar informações e/ou prestação de contas, objetivas ou subjetivas, em assuntos ou situações que direta ou indiretamente afetem a saúde física e psicológica e a educação de seus filhos.

O STJ, por sua 4ª Turma, no REsp 1.911.030-PR, reconheceu que a Lei nº 13.058/2014, que incluiu o § 5º ao art. 1.583 do CC/2002, positivou a viabilidade da propositura da ação de prestação de contas pelo alimentante com o intuito de supervisionar a aplicação dos valores da pensão alimentícia em prol das necessidades dos filhos. E que o objetivo precípuo da prestação de contas é o exercício do direito-dever de fiscalização com vistas a apurar a sua efetiva ocorrência, o que, se demonstrado, pode dar azo a um futuro processo para suspensão ou extinção do poder familiar do ascendente guardião (art. 1.637 combinado com o art. 1.638 do CC/2002).

Atenção

A Lei nº 14.713/2023 atenta para o risco de violência doméstica ou familiar como causa impeditiva ao exercício da guarda compartilhada, ao alterar a redação do art. 1.584, §2ª para: "Quando não houver acordo entre a mãe e o pai quanto à guarda do filho, encontrando-se ambos os genitores aptos a exercer o poder familiar, será aplicada a guarda compartilhada, salvo se um dos genitores declarar ao magistrado que não deseja a guarda da criança ou do adolescente ou quando houver elementos que evidenciem a probabilidade de risco de violência doméstica ou familiar." A mesma lei impõe ao juiz o dever de indagar previamente o Ministério Público e as partes sobre situações de violência doméstica ou familiar que envolvam o casal ou os filhos, ao inserir o art. 699-A no CPC/2015.

Para estabelecer as atribuições do pai e da mãe e os períodos de convivência sob guarda compartilhada, o juiz, de ofício ou a requerimento do Ministério Público, poderá basear-se em orientação técnico-profissional ou de equipe interdisciplinar, que deverá visar à divisão equilibrada do tempo com o pai e com a mãe (art. 1.584, § 3º, CC).

O pai ou a mãe que contrair novas núpcias não perde o direito de ter consigo os filhos, que só lhe poderão ser retirados por mandado judicial, provado que não são tratados convenientemente (art. 1.588, CC). A Lei ainda assegura ao pai ou a mãe, em cuja guarda não estejam os filhos, o direito de visitá-los, tê-los em sua companhia segundo o que acordar com o outro cônjuge, ou for fixado pelo juiz, bem como fiscalizar sua manutenção e educação (art. 1.589, CC). Sendo que o direito de visita se estende a qualquer dos avós, a critério do juiz, observados os interesses da criança ou do adolescente, conforme preceitua o parágrafo único do art. 1.589 do CC, incluído pela Lei nº 12.398/2011.

Importante

É possível, ainda, que a guarda seja atribuída a terceiros. Nessa toada, o § 5º do art. 1.584 do CC estabelece que "se o juiz verificar que o filho não deve permanecer sob a guarda do pai ou da mãe, deferirá a guarda a pessoa que revele compatibilidade com a natureza da medida, considerados, de preferência, o grau de parentesco e as relações de afinidade e afetividade". Trata-se, evidentemente de medida extraordinária e, nesse quadrante, a guarda se traduz em manifestação de inserção da criança ou do adolescente em família substituta, conforme dispõe o art. 28, *caput*, da Lei nº 8.069/90 e que, ao revés da tutela e da adoção, coexistirá com o poder familiar.

EM RESUMO:

TUTELA	
Formas ordinárias de tutela	**Formas especiais de tutela**
Testamentária	Tutela de crianças ou adolescentes cujos pais forem desconhecidos, suspensos ou destituídos do poder familiar
Legítima	Tutela do indígena
Dativa	Tutela *ad hoc*
	Tutela de fato ou irregular

PESSOAS QUE NÃO PODEM SER TUTORES	PESSOAS DISPENSADAS DE PRESTAR TUTELA
Aqueles que não tiverem a livre administração de seus bens	Mulheres casadas
Aqueles que, no momento de lhes ser deferida a tutela, acharem-se constituídos em obrigação para com o menor, ou tiverem que fazer valer direitos contra este, e aqueles cujos pais, filhos ou cônjuges tiverem demanda contra o menor	Maiores de 60 anos
Os inimigos do menor, ou de seus pais, ou que tiverem sido por estes expressamente excluídos da tutela	Aqueles que tiverem sob sua autoridade mais de três filhos
Os condenados por crime de furto, roubo, estelionato, falsidade, contra a família ou os costumes, tenham ou não cumprido pena	Os impossibilitados por enfermidade
As pessoas de mau procedimento, ou falhas em probidade, e as culpadas de abuso em tutorias anteriores	Aqueles que habitarem longe do lugar onde se haja de exercer a tutela
Aqueles que exercerem função pública incompatível com a boa administração da tutela	Aqueles que já exercerem tutela ou curatela
–	Militares em serviço

EXERCÍCIO DA TUTELA		
Incumbências	**Atribuições que requerem autorização judicial**	**Atos nulos, mesmo com autorização judicial**
Dirigir-lhe a educação, defendê-lo e prestar-lhe alimentos, conforme os seus haveres e condição	Pagar as dívidas do menor	Adquirir por si, ou por interposta pessoa, mediante contrato particular, bens móveis ou imóveis pertencentes ao menor
Reclamar do juiz que providencie, como houver por bem, quando o menor haja mister correção	Aceitar por ele heranças, legados ou doações, ainda que com encargos	Dispor dos bens do menor a título gratuito
Adimplir os demais deveres que normalmente cabem aos pais, ouvida a opinião do menor, se este já contar doze anos de idade	Transigir	Constituir-se cessionário de crédito ou de direito, contra o menor
Representar o menor, até os 16 anos, nos atos da vida civil, e assisti-lo, após essa idade, nos atos em que for parte	Vender-lhe os bens móveis, cuja conservação não convier, e os imóveis nos casos em que for permitido	–
Receber as rendas e pensões do menor, e as quantias a ele devidas	Propor em juízo as ações, ou nelas assistir o menor, e promover todas as diligências a bem deste, assim como defendê-lo nos pleitos contra ele movidos	–
Fazer-lhe as despesas de subsistência e educação, bem como as de administração, conservação e melhoramentos de seus bens	–	–
Alienar os bens do menor destinados a venda	–	–
Promover-lhe, mediante preço conveniente, o arrendamento de bens de raiz	–	–

TUTELA	CURATELA	TOMADA DE DECISÃO APOIADA	GUARDA
Aplica-se aos menores de 18 anos	Aplica-se aos maiores incapazes	Processo pelo qual a pessoa com deficiência elege pelo menos 2 pessoas idôneas, com as quais mantenha vínculos e que gozem de sua confiança, para prestar-lhe apoio na tomada de decisão sobre atos da vida civil, fornecendo-lhes os elementos e informações necessários para que possa exercer sua capacidade	Decorrência do Poder Familiar (família natural ou substituta)
Poderá haver nomeação do tutor pelos pais do menor (tutela testamentária)	A nomeação é sempre feita pelo juiz	Procedimento que tem prioridade de aplicação em relação à interdição	Há três formas de manifestação: • guarda unilateral • guarda compartilhada • guarda alternada
Sempre alcança a pessoa e os bens do menor de 18 anos	Pode alcançar a pessoa e os bens ou somente os bens do maior incapaz (essa última ocorre em relação aos pródigos)	–	Dever de assistência educacional, moral e material ao filho
Poderes mais amplos	Poderes mais restritos	–	–

PARTE 6

DIREITO DAS SUCESSÕES

Capítulo 53

Visão Geral do Direito Sucessório

1. INTRODUÇÃO

O Direito das Sucessões ocupa o Livro V da Parte Especial do Código Civil de 2002 e trata-se de ramo do Direito Civil que cuida das normas que regem a transferência do conjunto de direitos e obrigações de uma pessoa em virtude de sua morte.

Suceder significa ocupar a posição jurídica de pessoa antecedente. A sucessão poderá ocorrer por ato *inter vivos* (ex.: quando ocorre uma cessão de crédito, uma assunção de dívida, um contrato de compra e venda) ou *causa mortis*, exatamente em virtude do falecimento de uma pessoa. Evidentemente, a esfera do direito sucessório se ocupa de disciplinar as regras e princípios que irão reger essa sucessão, sendo, pois, a sucessão hereditária considerada forma derivada de aquisição de propriedade, já que o sucessor passa a ocupar o lugar do falecido dentro da mesma perspectiva desse último.

> **Importante**
>
> Em virtude da vetusta expressão latina *de cuis successione agitur*, que, em tradução livre, significa de cuja sucessão se trata, é comum se denominar a pessoa falecida de *de cujus*.

Desse modo, o patrimônio do *de cujus* – que abrange o seu ativo e passivo – passará para a pessoa de seu sucessor. Assim, surge o direito de herança que ostenta dignidade constitucional, tendo previsão no art. 5º, XXX, da CF/88. Além disso, fundamenta-se o direito de herança no próprio direito de propriedade que também se traduz em direito fundamental (art. 5º, XXII, CF/88). Nessa toada, é pertinente concluir que, do mesmo modo em que se protege a propriedade, deve-se proteger a sua transmissão também em virtude da morte de seu titular. Agregado a tudo isso, com o direito de herança fomenta-se a acumulação de riquezas para futura transmissão aos herdeiros do *de cujus*, o que, em certa medida, não ocorreria se o patrimônio do falecido fosse necessariamente transmitido ao Estado quando de sua morte. Estreitando a perspectiva, ainda se vislumbra como corolário de tudo o que fora dito a proteção à própria família do *de cujus* e de seus credores, já que com o com o falecimento do titular do patrimônio suas obrigações deverão ser honradas.

2. CLASSIFICAÇÕES DE SUCESSÃO

2.1 Quanto à fonte do direito sucessório

a) Sucessão testamentária

A sucessão testamentária, também conhecida como sucessão voluntária *causa mortis*, ocorre quando o próprio titular do patrimônio por disposição de última vontade indica a quem deverá ser destinado o seu patrimônio quando de sua morte, isto é, o próprio titular do patrimônio por meio de testamento, legado ou codicilo destina os seus bens a quem lhe aprouver, ato que ostenta exercício máximo de sua autonomia privada.

> **Atenção**
>
> É importante notar que o ato de disposição, via testamento, encontra limites, de modo que, se o titular da herança apresentar herdeiros necessários (ascendentes, descendentes e cônjuge), a esses caberá o que se denomina de legítima, isto é, metade da herança do *de cujus*. Em verdade, então, o que o testador poderá dispor por ato de última vontade será apenas a metade de seu patrimônio. O objetivo da limitação apresentada, então, é a proteção aos herdeiros necessários.

b) Sucessão legítima

A sucessão legítima, também conhecida como legal ou *ab intestato*, se traduz na sucessão regulada pela lei, sendo aplicada quando o titular da herança tiver falecido sem deixar testamento, ou se esse for parcial, ou considerado nulo ou tiver se tornado ineficaz (caducado), conforme preceitua o art. 1.788 do CC. Nessas situações, a lei presume a vontade do *de cujus* acerca do destino de seus bens. Assim, na sucessão legítima existe uma ordem de vocação hereditária prevista no art. 1.829 do CC.

> **Importante**
>
> Nada impede, todavia, situações excepcionais em que se aplica uma vocação hereditária anômala ou irregular como ocorre, por exemplo, com o art. 551 do CC que cuida da doação feita a mais de uma pessoa (doação conjuntiva) e, em se tratando de donatários que sejam marido e mulher, se houver o falecimento de

um, a doação em sua totalidade será transferida ao cônjuge sobrevivo. Outro exemplo seria a previsão do art. 5º, XXXI, da CF/88: "a sucessão de bens de estrangeiros situados no País será regulada pela lei brasileira em benefício do cônjuge ou dos filhos brasileiros, sempre que não lhes seja mais favorável a lei pessoal do *de cujus*". Previsão essa também constante do art. 10, § 1º, da LINDB.

c) Sucessão pactícia

A sucessão pactícia, também conhecida como contratual ou voluntária *inter vivos*, se traduz na sucessão que será regulada por regras oriundas de um contrato que se destina a reger uma sucessão que sequer foi aberta, isto é, a herança de pessoa viva já teria fins determinados por força de um contrato. Tal manifestação é, peremptoriamente, afastada em nosso ordenamento com repulsa expressa no art. 426 do CC que preleciona: "Não pode ser objeto de contrato a herança de pessoa viva". Desse modo, o pacto sucessório ou *pacta corvina* é proibido pela lei no artigo retrocitado e como se trata de uma proibição sem expressa cominação de sanção, caso seja realizado o mencionado pacto, será aplicada a sanção de nulidade (nulidade absoluta), prevista no art. 166, VII, segunda parte, do CC.

Atenção

Não se pode confundir o que fora dito com a previsão do art. 2.018 do CC que estabelece: "É válida a partilha feita por ascendente, por ato entre vivos ou de última vontade, contanto que não prejudique a legítima dos herdeiros necessários". Nesse caso o que se tem é uma doação que gera efeitos imediatos, não estando condicionada à morte do doador e por essa razão não há problema em tal disposição.

2.2 Quanto aos efeitos da sucessão

a) Sucessão a título universal

A sucessão a título universal ocorre quando o sucessor recebe todo o patrimônio deixado pelo *de cujus* ou uma fração dele. Aqui o sucessor será denominado de herdeiro sendo titular da herança ou de parte dela. Nessa perspectiva, é importante perceber que ao herdeiro são destinados os direitos, os créditos e as obrigações do *de cujus*. Evidentemente, as obrigações são transmitidas dentro das forças da herança, isto é, *intra vires hereditatis*.

b) Sucessão a título singular

A sucessão a título singular ocorre quando ao sucessor é destinado um bem certo e individualizado, ou então, vários bens determinados. Aqui o sucessor será denominado de legatário, sendo, pois, titular de um legado. Seria o caso de visualizar uma "doação" feita por meio de um testamento, por exemplo, quando em um testamento é destinado a determinada pessoa uma determinada casa. Assim, constata-se que a constituição de um legado apenas poderá ocorrer via testamento. Nunca há de se encontrar um legatário na sucessão a título universal, pois nessa o que o herdeiro herda é todo o patrimônio ou uma fração dele, nunca um bem determinado.

Em conclusão, não se pode confundir o herdeiro com o legatário. O quadro abaixo destaca as diferenças:

Herdeiro	Legatário
Encontra-se na sucessão a título universal.	Encontra-se na sucessão a título singular.
Objeto de seu direito: a herança.	Objeto de seu direito: o legado.
Com a abertura da sucessão, recebe a propriedade e a posse dos bens da herança.	Somente adquire a propriedade do bem legado na abertura da sucessão se a coisa destinada a ele for infungível: já a posse, somente com a partilha. Em se tratando de coisa fungível, tanto a propriedade quando a posse serão transmitidas somente com a partilha.
Responsabilidade pelas obrigações do *de cujus* dentro dos limites da herança.	Não há responsabilidade.

3. SUCESSORES

Os sucessores são aquelas pessoas que assumem a posição jurídica do *de cujus*. Como visto anteriormente, os sucessores se subdividem em herdeiros e legatários.

Os herdeiros, por sua vez, a depender da espécie de sucessão de que se trate poderão ser testamentários ou legítimos. Já os herdeiros legítimos poderão ser necessários ou facultativos. Confira-se o esquema a seguir:

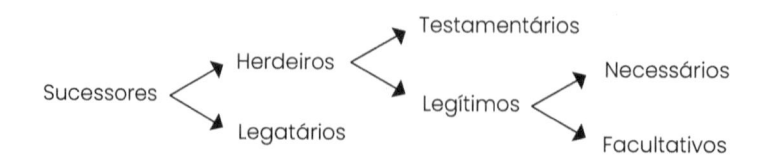

3.1 Herdeiros testamentários ou instituídos

São aqueles designados via testamento, decorrendo, pois, de indicação derivada de ato de última vontade do falecido.

3.2 Herdeiros legítimos

São aqueles designados por lei, tendo em vista a vontade presumida do falecido. Os herdeiros legítimos, por sua vez, poderão ser necessários ou facultativos. Por herdeiros necessários, também conhecidos como obrigatórios, legitimários ou reservatários, compreende-se os ascendentes e descendentes (ambos sem limitação de grau), além do cônjuge, conforme dispõe o art. 1.845 do CC. A esses herdeiros, necessariamente, destina-se metade da herança do falecido, parte essa da herança denominada de legítima.

Já os herdeiros facultativos, embora pertençam à cepa dos herdeiros indicados pela lei, podem ser afastados da sucessão em virtude de testamento. Para tanto, basta que o autor da herança faça testamento destinando a totalidade de sua herança, sem fazer menção a eles. São considerados herdeiros facultativos os colaterais.

3.3 Legatários

Os legatários são aqueles que sucedem a título singular, assim sendo considerados via testamento. Desse modo, todo sucessor legatário é considerado testamentário, inexistindo qualquer subclassificação do sucessor que seja legatário.

> **Atenção**
>
> Vale lembrar que uma pessoa poderá suceder a mais de um título, por exemplo, um filho do *de cujus* será considerado um herdeiro legítimo necessário, ao mesmo tempo em que é possível que seja destinado um determinado bem da herança a ele via testamento, o que o fará assumir a posição de herdeiro legítimo necessário, e ao mesmo tempo, legatário. Assim, esse sucessor merecerá a herança e, além disso, o legado. A esse legado, nesse caso, dá-se o nome de prelegado.

4. A HERANÇA E SEUS LIMITES

Quando se aduz que a herança é composta de ativo e passivo, é bom perceber que direitos e deveres esvaziados de conteúdo patrimonial não podem ser transmitido aos herdeiros do *de cujus*, tais como os direitos da personalidade, os direitos familiares do falecido (por exemplo, o poder familiar), a tutela, a curatela etc.

No que respeita especificamente aos direitos da personalidade do falecido, esses não serão transmitidos com a herança, nada obstante, mereçam uma proteção *post mortem*.

Além disso, alguns direitos e obrigações patrimoniais serão extintos com o falecimento do autor da herança, menciona-se, por exemplo, as obrigações de fazer infungíveis que, em virtude de serem personalíssimas não podem ser transmitidas com a herança. Também a posição ocupada pelo fiador que vem a falecer. Quando este falece, o contrato será extinto. Evidentemente, alguma obrigação já vencida atribuível ao fiador falecido enquanto esse era vivo será transmitida aos herdeiros, dentro das forças da herança. Assim deve ser compreendido o art. 836 do CC que preceitua: "A obrigação do fiador passa aos herdeiros, mas a responsabilidade da fiança se limita ao tempo decorrido até a morte do fiador, e não pode ultrapassar as forças da herança".

O direito a alimentos que o falecido tinha antes de sua morte também será extinto com a sua morte. Além disso, os direitos reais de usufruto, uso e habitação também serão extintos com a morte.

4.1 Características da herança

A herança é considerada como **universalidade de direito**, já que se traduz em um complexo de relações jurídicas dotado de valor econômico (art. 91, CC). Além disso, o **direito à sucessão aberta** e a própria **herança** são considerados **bens imóveis** para os efeitos legais, por força do art. 80, II, CC. Sendo assim, serão aplicáveis à sucessão aberta todos os caracteres e formalidades afetas aos imóveis, máxime, a observância de escritura pública (art. 1.793, CC) e autorização do cônjuge, exceto se o regime de bens for o da separação absoluta (art. 1.647, I, CC), para a realização de cessão de direito hereditário. Não interessa o conteúdo da herança. Ainda que o falecido tenha deixado como herança, por exemplo, apenas dois automóveis, ainda assim, a herança será considerada como bem imóvel.

A herança também é considerada indivisível. No exemplo, acima em que o sucedido deixou como herança dois automóveis, se ele tiver deixado dois herdeiros, a cada um deles caberá a metade de cada um dos veículos (o art. 1.791 do CC). Além disso, até que ocorra a partilha, cada um dos herdeiros terá uma fração ideal da herança, havendo assim a existência de um condomínio forçado (por imposição de lei) e *pro indiviso* (sem divisão no plano fático), aplicando-se, então, as regras desse instituto jurídico. Dessarte, não é de se estranhar que um dos herdeiros tenha legitimidade para lançar mão de medidas judiciais que protejam a herança como um todo (art. 1.314 do CC). De acordo com o § 2º do art. 1.793 do CC, será considerada ineficaz a cessão de um direito hereditário referente a um bem especificamente da herança. Isso se justifica porque nada garante que aquele bem seja necessariamente destinado a aquele determinado herdeiro, aliás, o referido bem pode não ser destinado a nenhum herdeiro em virtude da possibilidade de até mesmo ser consumido pelas dívidas da herança. O que poderá ser cedido é a fração ideal da herança e não um bem isoladamente. Para que ocorra a alienação de um bem especificamente que componha o acervo hereditário será necessária uma autorização judicial (art. 1.793, § 3º, CC).

É em decorrência de se constituir um condomínio que, caso o herdeiro pretenda a cessão onerosa de sua parte, ele deverá, em primeiro lugar, oferecer aos demais condôminos, tanto por tanto, a referida parte. A isso dá-se o nome de **direito de preferência, prelação ou preempção** dos demais coerdeiros. Atente-se que o referido direito surge apenas se a **cessão for onerosa**. Em se tratando de cessão gratuita, não há a sua imposição. Nesse contexto, o art. 1.794 do CC que estabelece que "O coerdeiro não poderá ceder a sua quota hereditária a pessoa estranha à sucessão, se outro coerdeiro a quiser, tanto por tanto". Também o art. 1.795 do CC que apresenta as consequências da inobservância da preferência: "O coerdeiro, a quem não se der conhecimento da cessão, poderá, depositado o preço, haver para si a quota cedida a estranho, se o requerer até cento e oitenta dias após a transmissão".

O prazo decadencial de 180 dias, conforme disposição expressa da lei, conta-se da transmissão, porém, a tendência doutrinária que deve prevalecer é no sentido de que o prazo deverá ser contado da data do conhecimento do prejudicado, tendo em vista o arcabouço principiológico que subjaz o nosso sistema jurídico.

4.2   As forças da herança

Na sucessão a título universal, o herdeiro sucede o *de cujus* amplamente, isto é, o herdeiro toma para si os direitos e as obrigações atinentes ao sucedido. Entretanto, é importante que fique claro que a transmissão das obrigações se dá dentro das forças da herança (*intra vires hereditatis*). Assim, o art. 1.792 do CC estabelece que: "O herdeiro não responde por encargos superiores às forças da herança; incumbe-lhe, porém, a prova do excesso, salvo se houver inventário que a escuse, demostrando o valor dos bens herdados".

4.3   Administração da herança

No prazo de 30 dias, a contar da abertura da sucessão, instaurar-se-á inventário do patrimônio hereditário, perante o juízo competente no lugar da sucessão, para fins de liquidação e, quando for o caso, de partilha da herança (art. 1.796, CC).

Até o compromisso do inventariante, a administração da herança será feita por um administrador provisório ou *ad hoc*, que de acordo com o art. 1.797 do CC caberá, sucessivamente:

I)   ao cônjuge ou companheiro, se com o outro convivia ao tempo da abertura da sucessão;

II) ao herdeiro que estiver na posse e administração dos bens, e, se houver mais de um nessas condições, ao mais velho;

III) ao testamenteiro;

IV) a pessoa de confiança do juiz, na falta ou escusa das indicadas nos incisos antecedentes, ou quando tiverem de ser afastadas por motivo grave levado ao conhecimento do juiz.

O rol mencionado acima deve ser tido como meramente exemplificativo, já que nada impede a nomeação de pessoa não elencada no artigo.

5. ABERTURA DA SUCESSÃO

5.1 O *Droit de Saisine*

A sucessão é considerada aberta no exato momento do **falecimento** do autor da herança. Pelo ***Droit de Saisine*** a herança é transmitida aos sucessores imediatamente com a abertura da sucessão, independentemente de qualquer manifestação dos herdeiros. Assim, com a morte do autor da herança, de pronto, os seus sucessores se tornam titulares de seu patrimônio. A superveniente aceitação da herança se traduz, então, em mero ato confirmatório de algo que já ocorreu, não se exigindo qualquer requisito para que o herdeiro adquira a propriedade e a posse dos bens deixados pelo sucedido, nem mesmo que o herdeiro tenho tomado conhecimento do falecimento do autor da herança, basta apenas que tenha sobrevivido ao falecido, ainda que por tempo exíguo. Exceções ao ***Droit de Saisine*** são constatadas nas seguintes situações:

1ª) quando há constituição de fideicomisso. Nesse caso, o herdeiro fideicomissário adquirirá a propriedade da herança com o implemento do termo ou da condição prevista no testamento, e não quando da abertura da sucessão;

2ª) quando há nomeação de herdeiro a depender do implemento de uma condição suspensiva (art. 1.897, CC);

3ª) quando há indicação de prole eventual no testamento. É necessário que haja o nascimento com vida para que haja a transmissão da herança (art. 1.799, I, CC).

> **Atenção**
>
> A posse adquirida pelo herdeiro será considerada indireta, já que a posse direta será do administrador provisório ou do inventariante.
>
> É importante destacar que ***Droit de Saisine*** apenas se aplica à herança e não ao legado. Em se tratando de bem infungível, o legatário adquirirá a propriedade do bem legado quando da abertura da sucessão, porém, a sua posse somente será adquirida com a partilha. Em se tratando de bem fungível, tanto a propriedade, quanto à posse do referido bem será deferida ao legatário apenas quando da partilha (art. 1.923, § 1º, CC).

5.2 Local da abertura da sucessão

Será considerado o local da abertura da sucessão, o local do último domicílio do falecido (art. 1.785, CC). Caso o falecido tenha vários domicílios no momento de sua morte, será considerado qualquer um deles. Se não tiver domicílio certo, será considerado o lugar da situação dos bens e se não tinha domicílio certo e possuía bens em lugares diferentes, será o lugar em que ocorreu o óbito.

6. VOCAÇÃO HEREDITÁRIA

A vocação hereditária também denominada de capacidade sucessória e capacidade para suceder é a aptidão inerente a determinada pessoa para ser chamada a suceder na qualidade de herdeiro ou de legatário. Em princípio, essa capacidade para suceder é equivalente à capacidade de direito, de modo que todas as pessoas, sejam elas naturais ou jurídicas, apresentam a referida capacidade (art. 1.798, do CC). O mencionado dispositivo atribui a vocação hereditário ao nascituro, quando vier a nascer com vida. E, ainda, de acordo com o art. 1.799 do CC: "Na sucessão testamentária podem ainda ser chamados a suceder: I – os filhos, ainda não concebidos, de pessoas indicadas pelo testador, desde que vivas estas ao abrir-se a sucessão". Trata-se da denominada prole eventual.

Nesse caso, no período considerado entre a morte do autor da herança e o nascimento com vida do beneficiário, os bens a esse destinados serão administrados por um curador, sendo que, nascendo com vida o herdeiro esperado, ser-lhe-á deferida a sucessão, com os frutos e rendimentos relativos à deixa, a partir da morte do testador (art. 1.800, CC).

De acordo com o § 4º do art. 1.800 do CC, "se, decorridos dois anos após a abertura da sucessão, não for concebido o herdeiro esperado, os bens reservados, salvo disposição em contrário do testador, caberão aos herdeiros legítimos".

Indaga-se acerca da possibilidade de a noção de prole eventual abranger o filho adotivo. Nos termos do inc. I do art. 1.799, a questão dependerá do que o testador dispuser no testamento. Caso o testador mencione filhos naturais no testamento, não caberá interpretação ampliativa para alcance de filhos adotivos.

6.1 Hipóteses de falta de legitimidade para a sucessão testamentária

O art. 1.801 do CC apresenta as hipóteses que falta legitimidade para a sucessão testamentária. Desse modo, não podem ser nomeados herdeiros, nem legatários:

- a pessoa que, a rogo, escreveu o testamento, nem o seu cônjuge ou companheiro, ou os seus ascendentes e irmãos;

- as testemunhas do testamento;

- o concubino do testador casado, salvo se este, sem culpa sua, estiver separado de fato do cônjuge há mais de cinco anos. Acerca desse inciso, o Enunciado nº 269 do CJF estabelece: "A vedação do art. 1.801, inc. III, do Código Civil não se aplica à união estável, independentemente do período de separação de fato (art. 1.723, § 1º)";

- o tabelião, civil ou militar, ou o comandante ou escrivão, perante quem se fizer, assim como o que fizer ou aprovar o testamento.

São nulas as disposições testamentárias em favor de pessoas não legitimadas a suceder, ainda quando simuladas sob a forma de contrato oneroso, ou feitas mediante interposta pessoa, conforme art. 1.802 do CC. Sendo que são consideradas pessoas interpostas os ascendentes, os descendentes, os irmãos e o cônjuge ou companheiro do não legitimado a suceder.

Por fim, o art. 1.803 do CC estabelece que "é lícita a deixa ao filho do concubino, quando também o for do testador".

7. ACEITAÇÃO DA HERANÇA

A aceitação da herança é ato pelo qual o herdeiro anui à transmissão dos bens do falecido com a abertura da sucessão. Assim, aceita a herança, torna-se definitiva a sua transmissão ao herdeiro, desde a abertura da sucessão (art. 1.804, CC).

7.1 Características da aceitação

A aceitação se traduz em **ato unilateral**, já que depende apenas de uma das partes; é **ato indivisível**, uma vez que não se pode aceitar em parte a herança. Importa notar que é possível aceitar a herança em determinada qualidade, renunciando a outra.

Além disso, a aceitação é **ato incondicional**, já que não pode se submeter a nenhuma condição, sendo considerada sempre ato puro e simples (art. 1.808, CC). Por fim, a aceitação é **ato irrevogável**, já que não admite a sua retratação (art. 1.812, CC).

7.2 Espécies de aceitação

1. **Quanto ao modo de exercício:**
   a) **Expressa (art. 1.805, 1ª parte, CC):** é aquela que é feita por declaração escrita do herdeiro.
   b) **Tácita (art. 1.805, 2ª parte, CC):** é aquela que decorre da prática de atos próprios do herdeiro como, por exemplo, quando o herdeiro ajuíza o inventario ou se habilita no inventário ajuizado por outro herdeiro. De acordo com o § 1º do art. 1.805 do CC, "não exprimem aceitação de herança os atos oficiosos, como o funeral do finado, os meramente conservatórios, ou os de administração e guarda provisória". De acordo com o § 2º do art. 1.805 do CC, não importa igualmente aceitação a cessão gratuita, pura e simples, da herança, aos demais coerdeiros. Isso porque a cessão gratuita deve ser considerada verdadeira renúncia.
   c) **Presumida ou provocada:** é aquela que decorre do silêncio do herdeiro quando provocado por qualquer interessado como, por exemplo, o coerdeiro, algum credor do herdeiro etc. (art. 1.807, CC).

2. **Quanto à titularidade do direito de manifestação:**

   a) **Direta:** o direito de aceitar pertence ao próprio herdeiro. Ocorre na maior parte dos casos.

   b) **Indireta:** a legitimidade para manifestar a aceitação pertence a outra pessoa que não o próprio herdeiro. Essa modalidade de aceitação, ocorre em três casos:

   - art. 1.809, CC: "Falecendo o herdeiro antes de declarar se aceita a herança, o poder de aceitar passa-lhe aos herdeiros, a menos que se trate de vocação adstrita a uma condição suspensiva, ainda não verificada";

   - art. 1.813, CC: "Quando o herdeiro prejudicar os seus credores, renunciando à herança, poderão eles, com autorização do juiz, aceitá-la em nome do renunciante";

   - art. 1.748, II, CC. "Compete também ao tutor, com autorização do juiz: aceitar por ele heranças, legados ou doações, ainda que com encargos".

8. RENUNCIA À HERANÇA

A renúncia à herança se traduz no ato pelo qual o sucessor repudia o direito hereditário. Trata-se de ato unilateral, indivisível, irrevogável e formal. Excepcionalmente, admite-se a renúncia tácita ou presumida diante do que dispõe o art. 1.913 do CC: "Se o testador ordenar que o herdeiro ou legatário entregue coisa de sua propriedade a outrem, não o cumprindo, entender-se-á que renunciou à herança ou ao legado".

8.1 Modalidades de renúncia

a) **Renúncia própria ou abdicativa:** ocorre quando o sucessor simplesmente repudia ao direito hereditário. Trata-se da renúncia propriamente dita. Havendo essa modalidade de renúncia, o quinhão seguirá o destino da lei.

b) **Renúncia imprópria ou translativa:** ocorre quando uma pessoa renuncia à herança em benefício de outra. Na verdade, não se trata de uma renúncia, mas sim de uma aceitação seguida de cessão.

8.2 Efeitos da renúncia

Como a renúncia retroage à data da abertura da sucessão, considera-se que o renunciante nunca pertenceu ao rol dos herdeiros. Isso significa que os herdeiros do renunciante não terão direito a nada, conforme dispõe o art. 1.811, 1ª parte, CC. Entretanto, vale notar que se o renunciante for o único legítimo de sua classe, ou se todos os outros da mesma classe renunciarem à herança, poderão os filhos vir à sucessão, por direito próprio, e por cabeça (art. 1.811, 2ª parte, CC).

Em se tratando de sucessão testamentária, os efeitos da renúncia dependerão da indicação de substituto no testamento. Se houver indicação de substituto, tratar-se-á da chamada substituição vulgar. Se não houver indicação de substituto e o renunciante for o único herdeiro testamentário, a herança será transmitida aos herdeiros legítimos do testador. O mesmo ocorrerá se houver vários herdeiros testamentários e a cota de cada um for predefinida. Ao revés, diante da previsão de vários herdeiros testamentários, sem cotas determinadas, a parte do renunciante será destinada aos outros herdeiros testamentários (art. 1.941, CC).

EM RESUMO:

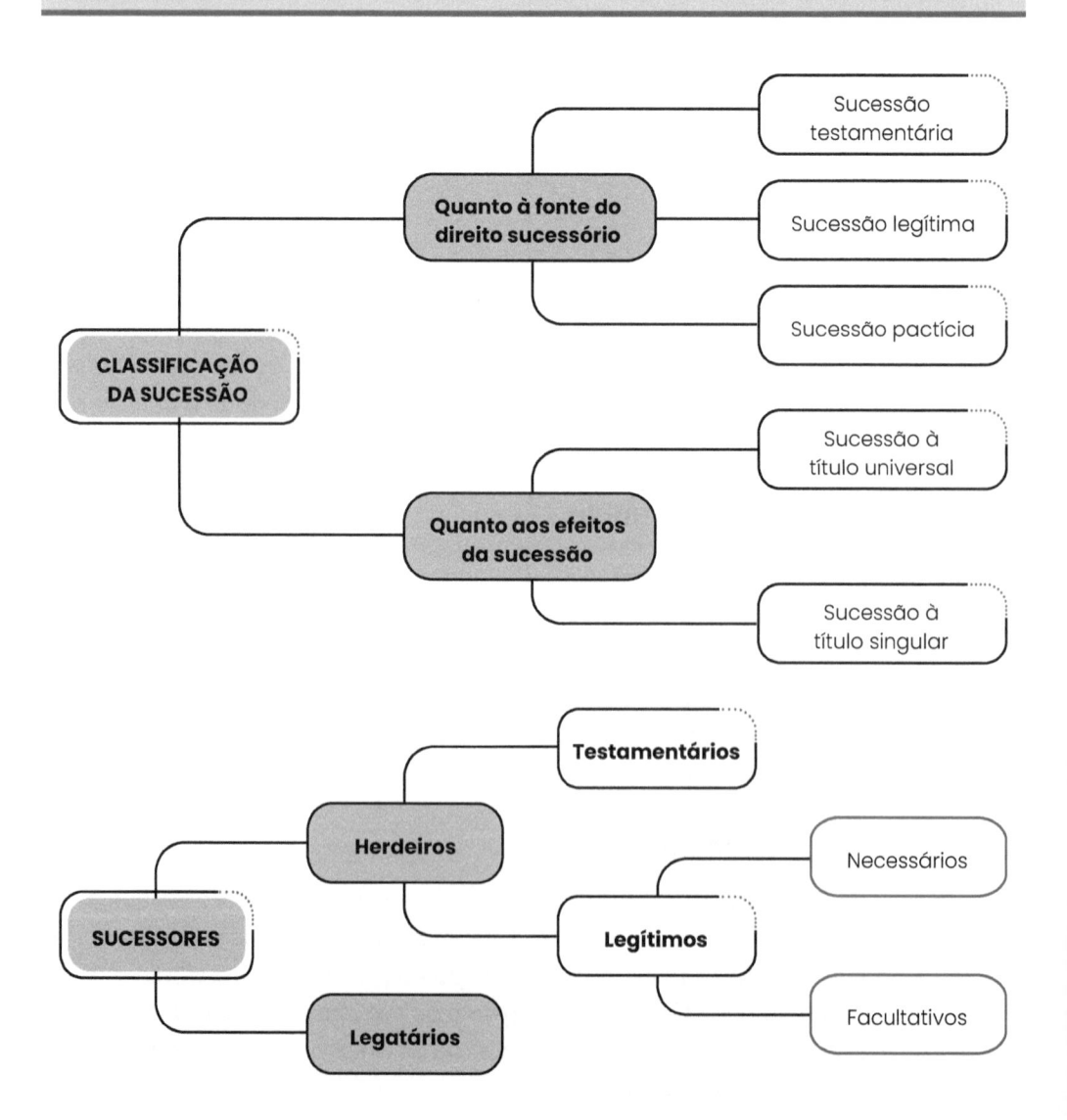

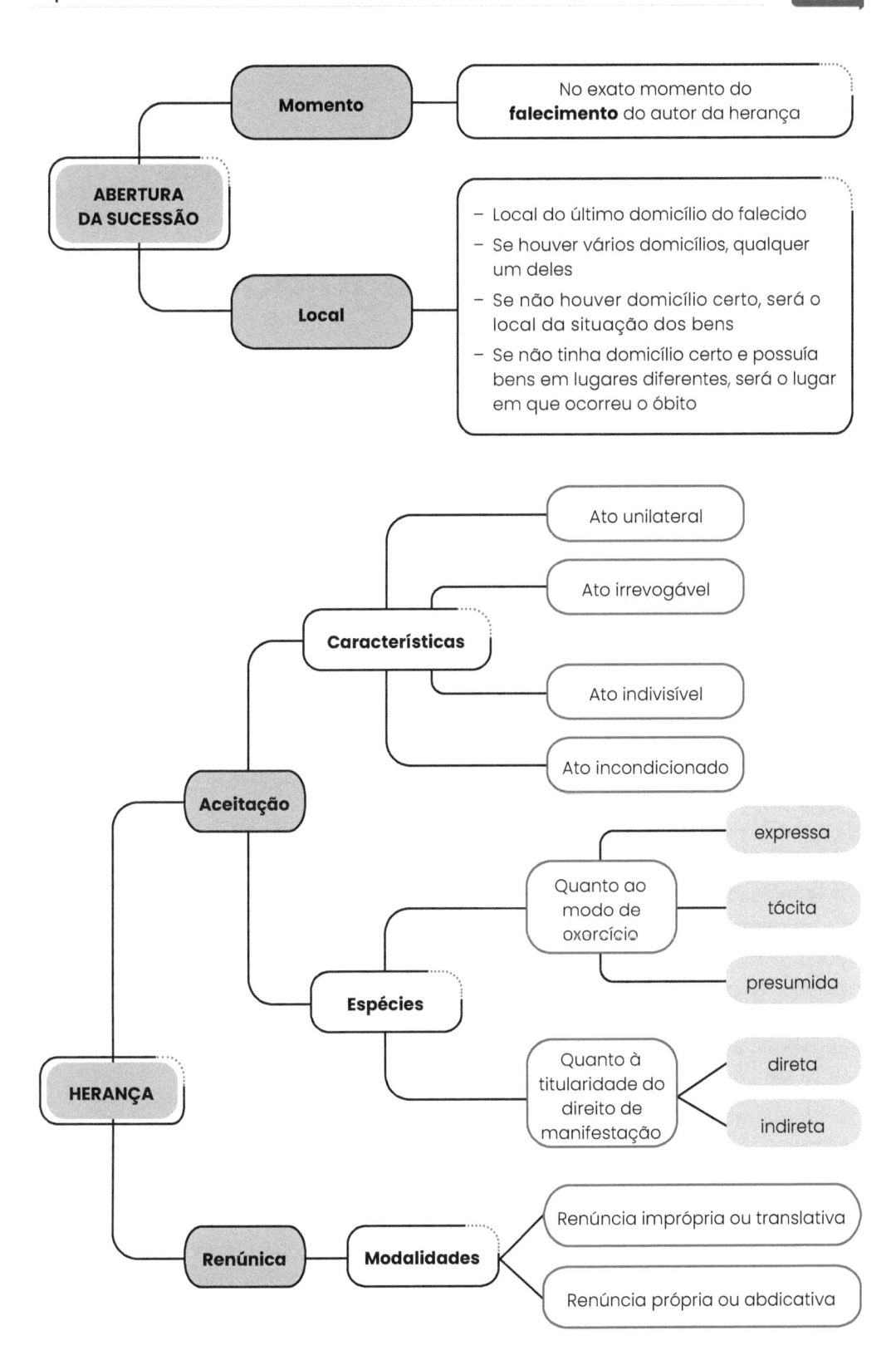

Capítulo 54

Da Exclusão por Indignidade e da Deserdação

1. DA EXCLUSÃO POR INDIGNIDADE

A exclusão por indignidade se traduz em uma sanção civil ao herdeiro ou legatário que tenha praticado determinado ato contra o falecido ou alguém de sua família. Assim, de acordo com o art. 1.814 do CC, são excluídos da sucessão os herdeiros ou legatários:

I) que houverem sido autores, coautores ou partícipes de homicídio doloso, ou tentativa deste, contra a pessoa de cuja sucessão se tratar, seu cônjuge, companheiro, ascendente ou descendente;

II) que houverem acusado caluniosamente em juízo o autor da herança ou incorrerem em crime contra a sua honra, ou de seu cônjuge ou companheiro;

III) que, por violência ou meios fraudulentos, inibirem ou obstarem o autor da herança de dispor livremente de seus bens por ato de última vontade.

A exclusão não será automática, devendo ser declarada por sentença. O prazo para se demandar a exclusão do herdeiro ou do legatário será de quatro anos, contados da abertura da sucessão. A Lei 14.661/2023 insere o art. 1.815-A no CC, que estabelece: "Em qualquer dos casos de indignidade previstos no art. 1.814, o trânsito em julgado da sentença penal condenatória acarretará a imediata exclusão do herdeiro ou legatário indigno, independentemente da sentença prevista no *caput* do art. 1.815 deste Código".

Vale lembrar que, de acordo com a **Lei nº 13.532/2017**, na hipótese do inciso I do art. 1.814, do CC, o **Ministério Público** tem legitimidade para demandar a exclusão do herdeiro ou legatário (art. 1.815, § 2º, CC).

Quando o herdeiro é excluído da sucessão, ele é considerado como se **morto fosse**, de modo que os seus descendentes o sucederão na herança. É importante perceber que o excluído da sucessão não terá direito ao usufruto ou à administração dos bens que a seus sucessores couberem na herança, nem à sucessão eventual desses bens.

É possível a **reabilitação** do excluído que deverá ser feita pelo autor da herança em testamento ou em outro ato autêntico. Também se admite a reabilitação que não tenha sido expressa, quando o testador, ao testar, já tendo conhecimento da indignidade, contemple o indigno.

2. DA DESERDAÇÃO

> **Atenção**
>
> Não se pode confundir a exclusão por indignidade com a deserdação. Ambas se traduzem em **pena civil**, porém, na deserdação o autor da herança, por meio de um **testamento** e com a **indicação da causa**, objetiva privar o **herdeiro necessário** da herança. As **causas da deserdação** estão nos arts. 1.814, 1.962 e 1.963 do CC. A **ação de deserdação** será manejada pelo herdeiro instituído ou por aquele a quem aproveite a deserdação, incumbindo provar a veracidade da causa alegada pelo testador. O direito de provar a causa da deserdação extingue-se no **prazo de quatro anos**, a contar da **data da abertura do testamento**. É importante destacar que o prazo será contado a partir da abertura do testamento, e não da abertura da sucessão.

Efetivada a deserdação, aquele que foi deserdado será considerado como se morto fosse, de modo que os seus herdeiros receberão o que lhe caberia por direito de representação. Ademais, aquele que foi deserdado não terá direito ao usufruto ou à administração dos bens que a seus sucessores couberem na herança, nem à sucessão eventual desses bens.

EM RESUMO:

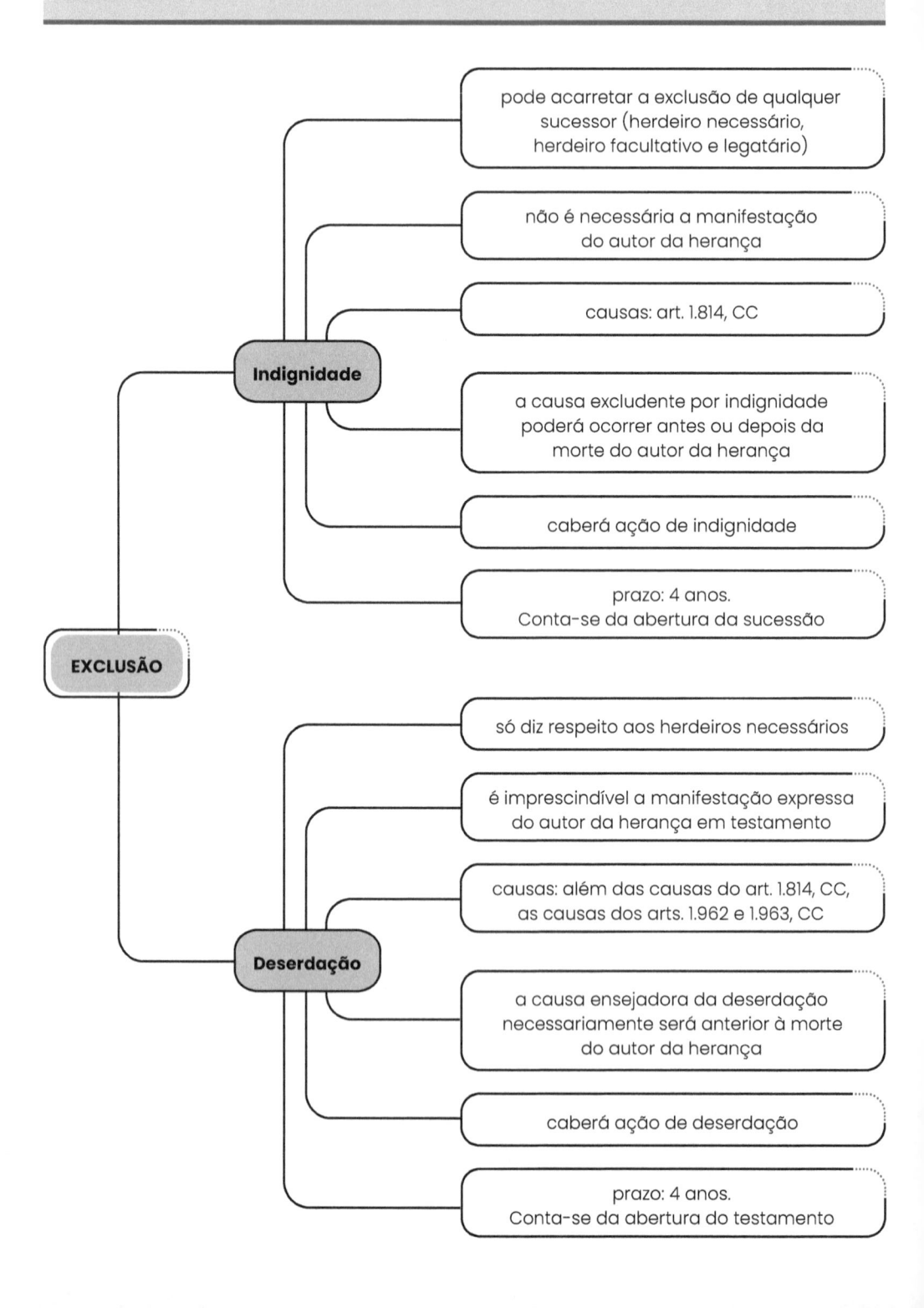

EXCLUSÃO

Indignidade
- pode acarretar a exclusão de qualquer sucessor (herdeiro necessário, herdeiro facultativo e legatário)
- não é necessária a manifestação do autor da herança
- causas: art. 1.814, CC
- a causa excludente por indignidade poderá ocorrer antes ou depois da morte do autor da herança
- caberá ação de indignidade
- prazo: 4 anos. Conta-se da abertura da sucessão

Deserdação
- só diz respeito aos herdeiros necessários
- é imprescindível a manifestação expressa do autor da herança em testamento
- causas: além das causas do art. 1.814, CC, as causas dos arts. 1.962 e 1.963, CC
- a causa ensejadora da deserdação necessariamente será anterior à morte do autor da herança
- caberá ação de deserdação
- prazo: 4 anos. Conta-se da abertura do testamento

Capítulo 55

Da Herança Jacente e da Petição de Herança

1. DA HERANÇA JACENTE

É possível que a herança não seja transmitida a ninguém, em virtude de não haver herdeiro legítimo notoriamente conhecido ou por não haver testamento. Nesse caso, os bens da herança, depois de arrecadados, ficarão sob a guarda e administração de um curador, até a sua entrega ao sucessor devidamente habilitado ou a declaração de sua vacância. Eis a chamada herança jacente, isto é, aquela que jaz aguardando algum herdeiro até que seja transmitida ao Poder Público.

Pode-se dizer que a **herança jacente** ocorrerá em três situações:

- quando não há herdeiros testamentários ou legítimos notoriamente conhecidos;
- quando existir nascituro ou prole eventual;
- quando houver disposição testamentária subordinada à condição suspensiva.

A **jacência** será considerada **transitória**, de modo que, praticadas as diligências de arrecadação e ultimado o inventário, serão expedidos editais na forma da lei processual, e, decorrido um ano de sua primeira publicação, sem que haja herdeiro habilitado, ou penda habilitação, será a herança declarada **vacante**.

Vale lembrar que é assegurado aos credores o direito de pedir o pagamento das dívidas reconhecidas, nos limites das forças da herança. Além disso, a declaração de vacância da herança não prejudicará os herdeiros que legalmente se habilitarem. Entretanto, em relação aos herdeiros colaterais, se esses não se habilitarem até a declaração de vacância, eles serão excluídos da sucessão.

Depois de decorridos cinco anos da abertura da sucessão, os bens arrecadados passarão ao domínio do Município ou do Distrito Federal, se localizados nas respectivas circunscrições, e serão passados ao domínio da União quando situados em território federal.

Quando todos os herdeiros renunciam à herança, isto é, quando há a chamada **renúncia "em bloco"**, a herança será desde logo declarada vacante (art. 1.823, CC).

2. DA PETIÇÃO DE HERANÇA

A ação de petição de herança apresentará o objetivo de reconhecer a qualidade de herdeiro do autor da herança com a necessária entrega dos bens que caibam a ele.

Na hipótese de o bem já ter sido alienado pelo herdeiro, a alienação será mantida, cabendo ao herdeiro exigir em dinheiro o valor do bem alienado (art. 1.827, parágrafo único, CC).

Com a procedência do pedido na ação de petição de herança, haverá a devolução dos bens ao herdeiro, sendo aplicadas as regras de posse de boa ou má-fé. A má-fé, de acordo com o art. 1.826, parágrafo único, do CC estabelecer-se-á a partir da citação.

De acordo com a Súmula nº 149 do STF, "é imprescritível a ação de investigação de paternidade, mas não o é a de petição de herança". Assim, o prazo para o ajuizamento da ação de petição de herança será de 10 anos (art. 205, CC), contados da abertura da sucessão.

> **Atenção**
>
> Para a 2ª Seção do STJ, em caso de ação de petição de herança quando incerta a paternidade, o curso do prazo prescricional de 10 anos dar-se-á a partir da abertura da sucessão, e não do trânsito em julgado da sentença da ação de investigação de paternidade, aplicando-se a teoria da actio nata na vertente objetiva (processo sob segredo judicial, Rel. Min. Antônio Carlos Ferreira, 2ª Seção, por maioria, j. 26.10.2022).

EM RESUMO:

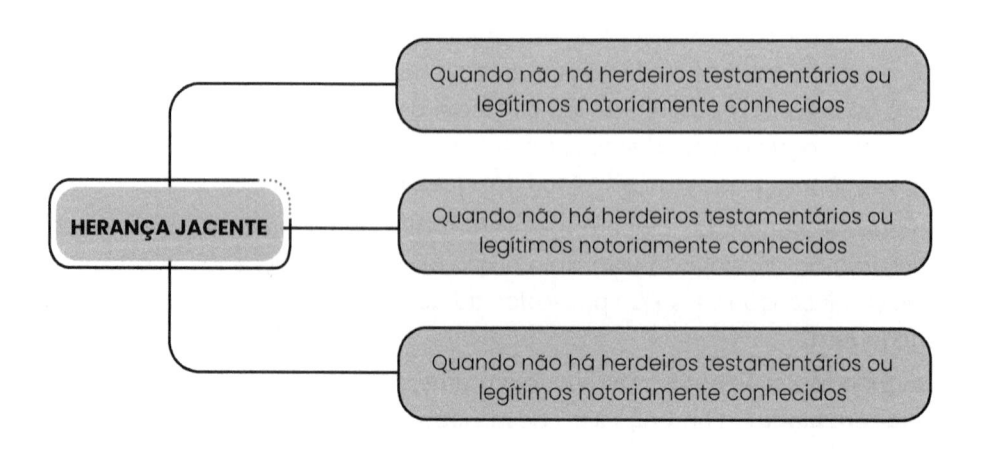

PETIÇÃO DE HERANÇA
Reconhecimento da qualidade de herdeiro do autor da herança com a necessária entrega dos bens que caibam a ele
Se o bem já ter sido alienado pelo herdeiro, a alienação será mantida, cabendo ao herdeiro exigir em dinheiro o valor do bem alienado
Com a procedência do pedido na ação de petição de herança, haverá a devolução dos bens ao herdeiro
O prazo para o ajuizamento da ação de petição de herança será de 10 anos, contados da abertura da sucessão

Capítulo **56**

A Sucessão Legítima

1. INTRODUÇÃO

Como dito alhures, a **sucessão legítima, legal ou *ab intestato*** ocorre quando a sucessão é regulada por lei, apresentando **aplicação supletiva**, isto é, somente terá cabimento se o autor da herança tiver morrido sem ter feito testamento, ou tendo o feito, esse se apresentar parcial, nulo ou caducar – tornar-se ineficaz (art. 1.788, CC).

O Código Civil apresenta uma ordem de vocação hereditária em seu art. 1.829, segundo a vontade presumida do falecido. Desse modo, a sucessão legítima defere-se na seguinte ordem:

I)   aos descendentes, em concorrência com o cônjuge sobrevivente, salvo se casado este com o falecido no regime da comunhão universal, ou no da separação obrigatória de bens; ou se, no regime da comunhão parcial, o autor da herança não houver deixado bens particulares;

II) aos ascendentes, em concorrência com o cônjuge;

III) ao cônjuge sobrevivente;

IV) aos colaterais.

2. A SUCESSÃO DOS DESCENDENTES

A **sucessão dos descendentes** poderá ocorrer por **direito próprio** ou **por representação**.

Sucessão por direito próprio ocorre quando o sujeito que faz jus à herança é o próprio sucessor. Desse modo, o herdeiro que herda por direito próprio herdará **por cabeça**, isto é, receberá uma fração proporcional relacionada ao número de sucessores.

Já a **sucessão por representação** ocorre quando a lei chama certos parentes do falecido a suceder em todos os direitos, em que ele sucederia, se vivo fosse (art. 1.851, CC). O direito de representação se dá na linha reta descendente, mas nunca na ascendente. A sucessão por representação ocorrerá **por estirpe,** isto é, aqueles que sucedem por representação dividirão o quinhão que caberia ao premorto.

Vejamos o seguinte exemplo: se o pai falece deixando de patrimônio R$ 1.200.000,00 e três filhos, cada um de seus filhos herdará R$ 400.000,00. Cada filho receberá por direito próprio e por cabeça. Entretanto, se um desses filhos for premorto e tiver outros dois filhos, cada um dos filhos do falecido receberá R$ 400.000,00, por direito próprio e por cabeça, e os filhos do herdeiro premorto receberão cada um R$ 200.000,00, por representação e por estirpe.

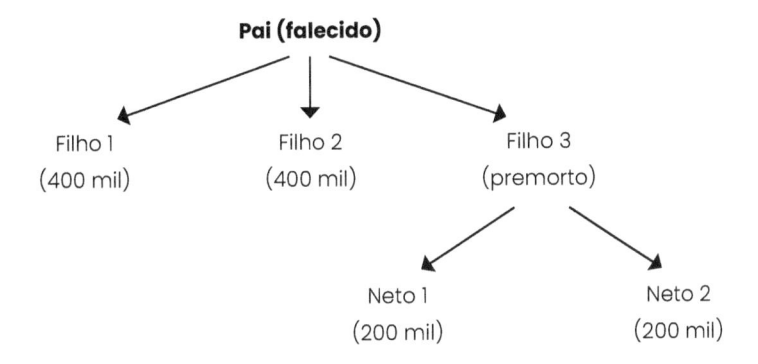

Se, no exemplo acima, todos os filhos fossem premortos e, além dos dois netos do filho 3, existissem mais dois netos do filho 1, a solução seria diferente. Cada neto receberia R$ 300 mil, por direito próprio, e não por representação, pois estariam todos no mesmo grau.

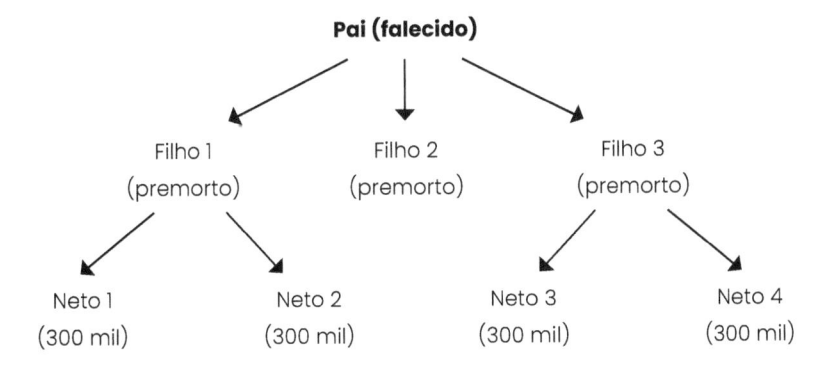

A regra é que os descendentes herdarão em **concorrência com o cônjuge**. De acordo com o art. 1.830 do CC: "Somente é reconhecido direito sucessório ao cônjuge sobrevivente se, ao tempo da morte do outro, não estavam separados judicialmente, nem separados de fato há mais de dois anos, salvo prova, neste caso, de que essa convivência se tornara impossível sem culpa do sobrevivente".

O cônjuge também não herdará se o regime de bens do casamento for:

- comunhão universal de bens (pois nesse caso o cônjuge será considerado apenas meeiro);

- separação obrigatória de bens (pois nesse caso a intenção do legislador é que nada se comunique em vida, o que também deverá ocorrer depois da morte);

- comunhão parcial de bens, se o falecido não tiver deixado bens particulares (pois nesse caso, o cônjuge será apenas meeiro e como o que seria herdado seriam os bens particulares, como esses não existem, o cônjuge nada herdará).

Vale lembrar que se o casamento tiver como regime o da **separação convencional de bens**, o cônjuge será considerado herdeiro sim. Nesse mote, vale lembrar o Enunciado nº 270, CJF:

O art. 1.829, I, só assegura ao cônjuge sobrevivente o direito de concorrência com os descendentes do autor da herança quando casados no regime da separação convencional de bens ou, se casados nos regimes da comunhão parcial ou participação final nos aquestos, o falecido possuísse bens particulares, hipóteses em que a concorrência se restringe a tais bens, devendo os bens comuns (meação) ser partilhados exclusivamente entre os descendentes.

O cônjuge herdará em concorrência com os descendentes quinhão equivalente ao desses, sendo que o quinhão não poderá ser inferior à quarta parte da herança, se for ascendente dos herdeiros com que concorrer (art. 1.832, CC).

Vejamos os exemplos a seguir:

1) Um sujeito falece deixando um patrimônio de R$ 1.200.000,00. O falecido era casado sob o regime da comunhão universal de bens e havia tido com a sua esposa três filhos. Nesse caso, a mulher do falecido receberá R$ 600.000,00 a título de meação. Os outros R$ 600.000,00 serão partilhados entre os três filhos que receberão partes iguais.

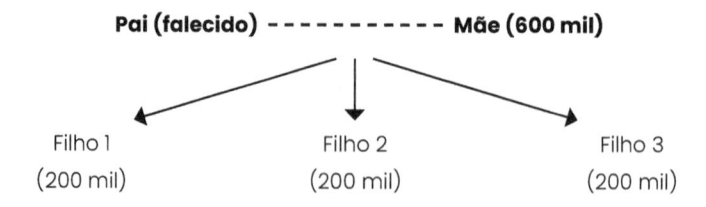

Pai (falecido) - - - - - - - - - - **Mãe (600 mil)**

Filho 1	Filho 2	Filho 3
(200 mil)	(200 mil)	(200 mil)

2) Um sujeito falece deixando R$ 1.200.000,00 que foi adquirido onerosamente após o casamento e, além disso, uma casa no valor de R$ 400.000,00 que fora adquirida antes de se casar. O falecido era casado sob o regime da comunhão parcial de bens e havia tido com a sua esposa três filhos. Nesse caso, a mulher do falecido receberá R$ 600.000,00 a título de meação. Os outros R$ 600.000,00 serão partilhados entre os três filhos que receberão partes iguais. A casa (que se trata de bem particular do

falecido) terá seu valor dividido por 4, cabendo, desse modo, ¼ do valor da casa a cada um dos filhos e ao cônjuge a título de herança.

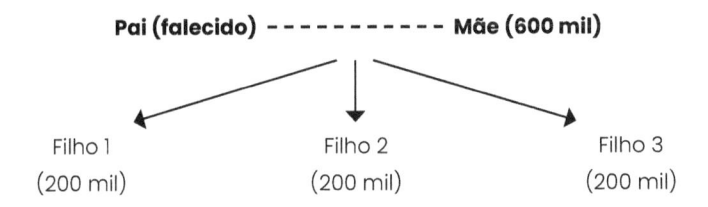

Nesse último caso, se o falecido tivesse deixado 4 filhos, ao invés de 3, a divisão seria diferente, sendo que deveria ser resguardado à viúva 1/4 da herança. Assim, a viúva, além de receber R$ 600.000,00 (meação), faria jus a R$ 100 mil (herança) e a cada um dos filhos caberia R$ 200 mil + R$ 75 mil (herança). A reserva de 1/4 ao cônjuge supérstite somente ocorre quando todos os descendentes forem comuns. Ao revés, se houver filiação híbrida, isto é, filhos que não sejam comuns do casal, o quinhão do cônjuge e dos filhos será o mesmo.

> ### Atenção
>
> O Código Civil resguarda o direito real de habitação em favor do cônjuge supérstite, independentemente do regime de bens que orientava o casamento, sem prejuízo da participação que lhe caiba na herança. Nesse sentido, vale conferir o art. 1.831 do CC que estabelece: "Ao cônjuge sobrevivente, qualquer que seja o regime de bens, será assegurado, sem prejuízo da participação que lhe caiba na herança, o direito real de habitação relativamente ao imóvel destinado à residência da família, desde que seja o único daquela natureza a inventariar".
>
> Saliente-se que, tendo em vista o conteúdo e a finalidade do instituto da habitação, é evidente que "os herdeiros não podem exigir remuneração do companheiro sobrevivente pelo uso do imóvel". Além disso, "aos herdeiros não é autorizado exigir a extinção do condomínio e a alienação do bem imóvel comum enquanto perdurar o direito real de habitação". (REsp 1.846.167-SP)

3. A SUCESSÃO DOS ASCENDENTES

Na falta de descendentes, são chamados à sucessão os ascendentes, em concorrência com o cônjuge sobrevivente (art. 1.836, CC). Sendo que, na classe dos ascendentes, o grau mais próximo exclui o mais remoto, sem distinção de linhas. Além disso, havendo igualdade em grau e diversidade em linha, os ascendentes da linha paterna herdam a metade, cabendo a outra aos da linha materna.

Vejamos o seguinte exemplo: Um sujeito morre e não deixa descendente, deixando, entretanto, pai e mãe, além de um avô materno. A herança será dividida entre o pai e mãe, e ao avô, nada caberá. Assim, se o patrimônio do sujeito era de R$ 1.000.000,00, caberá R$ 500.000,00 ao pai e R$ 500.000,00 à mãe, sendo que o avô materno nada receberá.

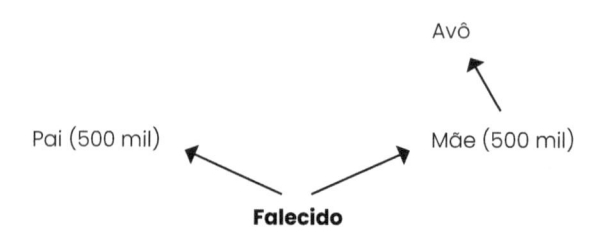

É importante destacar que não existe direito de representação em relação aos ascendentes (art. 1.852, CC). Desse modo, no exemplo acima, se o falecido tivesse apenas pai e avô materno vivos, sendo sua mãe premorta, o seu pai receberia a herança em sua integralidade, nada cabendo ao avô materno, pois ele não representará a mãe do falecido.

Se o pai e mãe já tiverem falecido, herdarão os avós da linha paterna e materna. Se concorrerem na herança avós de linhas diversa (paterna e materna), sendo quatro os avós, a herança será dividida em partes iguais para as duas linhas, de modo que, cada um dos avós receberá 1/4 da herança. Se estivessem vivos, três avós (dois paternos e 1 materno), a herança será repartida em duas metades, cabendo uma metade ao avô e avó paternos e a outra metade ao avô materno.

Vejamos o exemplo a seguir. Um sujeito falece e não deixa descendentes. Ele apresentava, quando de sua morte, dois avós paternos e um avô materno. Considerando que patrimônio deixado pelo falecido era de R$ 900.000, 00, a divisão da herança será feita da seguinte forma: o avô paterno receberá R$ 225.000,00, a avó paterna receberá R$ 225.000,00 e o avô materno receberá R$ 450.000,00.

Se o falecido não tiver deixado descendente, deixando apenas ascendentes e cônjuge, releva notar que haverá concorrência entre eles. Assim, concorrendo com ascendente em primeiro grau, ao cônjuge tocará um terço da herança; caber-lhe-á a metade desta se houver um só ascendente, ou se maior for aquele grau (art. 1.837, CC).

Vejamos o exemplo a seguir. Um sujeito falece deixando pai e mãe, além de cônjuge com o qual era casado sob o regime da comunhão universal de bens. Considerando que o patrimônio deixado era de R$ 1.200.00,00, a divisão dos bens ocorrerá da seguinte forma: ao cônjuge caberá R$ 600 mil a título de meação. A herança, logo, se circunscreverá ao valor de R$ 600 mil. Além de R$ 600 mil (meação), o cônjuge receberá mais R$ 200 mil (herança). O pai receberá R$ 200 mil e a mãe receberá R$ 200 mil.

No exemplo acima, se apenas o pai do falecido fosse vivo, à esposa caberia R$ 300 mil e ao pai do falecido R$ 300 mil.

Ou então, imaginemos que o pai e mãe do falecido fossem premortos, tendo esse deixado os avós paternos e a avó materna. Ao cônjuge caberá a metade do patrimônio a título de meação mais a outra metade da herança. À avó materna caberá a metade da herança destinada aos avós e ao avô paterno e à avó paterna dividir-se-á em dois o restante.

4. A SUCESSÃO DO CÔNJUGE E DO COMPANHEIRO

Em falta de descendentes e ascendentes, será deferida a sucessão por inteiro ao cônjuge sobrevivente (art. 1.838, CC). Vale notar que o cônjuge é considerado herdeiro necessário (art. 1.845, CC).

No que diz respeito ao companheiro, o art. 1.790 do CC apresentou tratamento diferenciado no que tange à sucessão hereditária. Ocorre que o STF, em maio de 2017, nas decisões dos Recursos Extraordinários nos 646.721 e 878.694 (em apreciação ao Tema 809 da Repercussão Geral), declarou a inconstitucionalidade do art. 1.790 do CC, de modo que, a sucessão do companheiro, seja heteroafetivo ou homoafetivo, será regulada pelas regras do art. 1.829 do CC. A inconstitucionalidade constatada se deu com base na violação dos princípios da igualdade, da dignidade da pessoa humana, da proporcionalidade e da vedação ao retrocesso. Por segurança jurídica, o entendimento sobre a inconstitucionalidade do art. 1.790 do Código Civil deve ser aplicado apenas aos inventários judiciais em que a sentença de partilha não tenha transitado em julgado e às partilhas extrajudiciais em que ainda não haja escritura pública.

> **Atenção**
>
> Questão intricada se mostra afeta à ideia de o companheiro ser considerado herdeiro necessário, tendo em vista as decisões retrocitadas. Em verdade, essas manifestações decisórias não deixaram claro se o companheiro passaria a ser considerado herdeiro necessário. Tende a prevalecer na doutrina que sim. Em decorrência disso, devem ser aplicadas as regras previstas nos arts. 1.845 e 1.849 do CC ao companheiro, além da previsão do rompimento do testamento do art. 1.974 do CC e do dever que tem o companheiro de colacionar os bens recebidos em antecipação (arts. 2.002 a 2.012, CC), sob pena de sonegados (arts. 1.992 a 1.996, CC).

> **Importante**
>
> Vale lembrar que o **direito real de habitação** também se estende ao companheiro seja pela manutenção do art. 7º, parágrafo único, da Lei nº 9.278/96 ou por aplicação do art. 1.831 do CC. Além disso, o STJ entendeu que o reconhecimento do direito real de habitação, a que se refere o art. 1.831 do Código Civil, não pressupõe a inexistência de outros bens no patrimônio do cônjuge/companheiro sobrevivente.

5. A SUCESSÃO DOS COLATERAIS

Os colaterais chegam em quarto lugar na ordem de vocação hereditária e não são eles considerados herdeiros necessários, mas sim facultativos.

Desse modo, na falta de descendentes, ascendentes e cônjuge/companheiro, serão chamados a suceder os colaterais até o quarto grau, sendo que os mais próximos excluem os mais remotos, salvo o direito de representação concedido aos filhos de irmãos.

Vejamos o exemplo a seguir. Se um sujeito falece deixando um irmão e dois sobrinhos filhos de um outro irmão premorto, além de três sobrinhos de um terceiro irmão também premorto, a herança será dividida em três partes iguais. Considerando um patrimônio de R$ 1.200.000,00, a divisão ocorrerá da seguinte forma: ao irmão vivo caberá R$ 400 mil (por direito próprio), a cada um dos dois sobrinhos, filhos de seu primeiro irmão premorto caberá R$ 200 mil (por representação) e a cada um dos três sobrinhos, filhos do outro irmão premorto, caberá R$ 133 mil (por representação).

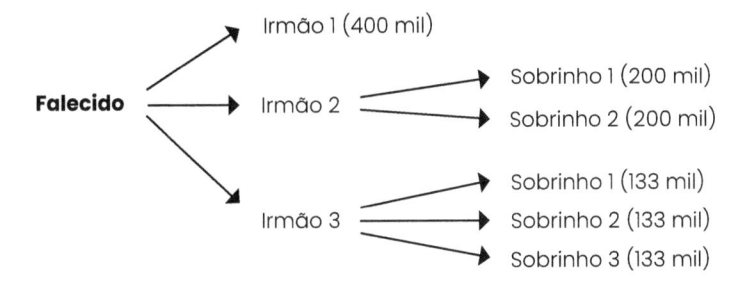

No exemplo acima, se um dos sobrinhos fosse falecido deixando sobrinhos-netos do autor da herança, esses nada receberiam, pois a representação admitida é apenas em relação aos filhos do irmão, e não em relação aos netos desse.

No que respeita à sucessão em relação aos irmãos do autor da herança, deve-se considerar que, se houver concorrência entre irmãos bilaterais ou germanos (filhos do mesmo pai e da mesma mãe) e irmãos unilaterais (filhos só do mesmo pai ou só da mesma mãe), cada um destes herdará metade do que cada um daqueles herdar (art. 1.841, CC).

Todavia, se todos os herdeiros forem irmãos unilaterais, esses herdarão em partes iguais, conforme preceitua o art. 1.842, CC.

Por fim, se o autor da herança deixar sobrinhos e tios, a preferência será dos sobrinhos, nada obstante ambos sejam parentes colaterais de 3º grau. Nesse mote, em conclusão, as regras finais são: se concorrerem à herança somente filhos de irmãos falecidos, herdarão por cabeça; se concorrem filhos de irmãos bilaterais com filhos de irmãos unilaterais, cada um destes herdará a metade do que herdar cada um daqueles; se todos forem filhos de irmãos bilaterais, ou todos de irmãos unilaterais, herdarão por igual.

EM RESUMO:

SUCESSÃO LEGÍTIMA

Sucessão legítima, legal ou *ab intestato*	• Terá cabimento se o autor da herança tiver morrido sem ter feito testamento, ou tendo o feito, esse se apresentar parcial, nulo ou caducar. • Art. 1.829 do CC: "A sucessão legítima defere-se na ordem seguinte: **I** – aos descendentes, em concorrência com o cônjuge sobrevivente, salvo se casado este com o falecido no regime da comunhão universal, ou no da separação obrigatória de bens (art. 1.640, parágrafo único); ou se, no regime da comunhão parcial, o autor da herança não houver deixado bens particulares; **II** – aos ascendentes, em concorrência com o cônjuge; **III** – ao cônjuge sobrevivente; **IV** – aos colaterais.

Sucessão dos descendentes	• **Direito próprio**: fração proporcional ao número de sucessores. • **Sucessão por representação**: ocorre em linha reta descendente, por estirpe. • Descendentes herdarão em concorrência com o cônjuge. • O cônjuge não herdará se o regime de bens do casamento for: comunhão universal de bens; separação obrigatória de bens; comunhão parcial de bens, se o falecido não tiver deixado bens particulares.
Sucessão dos ascendentes	• Na falta de descendentes, são chamados à sucessão os ascendentes, em concorrência com o cônjuge sobrevivente (art. 1.836, CC). Na classe dos ascendentes, o grau mais próximo exclui o mais remoto, sem distinção de linhas. • Havendo igualdade em grau e diversidade • Em linha, os ascendentes da linha paterna herdam a metade, cabendo a outra aos da linha materna.
Sucessão do cônjuge e do companheiro	• Em falta de descendentes e ascendentes, será deferida a sucessão por inteiro ao **cônjuge sobrevivente** (art. 1.838, CC). • No que diz respeito ao **companheiro**, a sucessão do companheiro, seja heteroafetivo ou homoafetivo, será regulada pelas regras do art. 1.829 do CC.
Sucessão dos colaterais	• São herdeiros considerados facultativos, pois somente na falta de descendentes, ascendentes e cônjuge/companheiro, os colaterais até o quarto grau serão chamados a suceder, sendo que os mais próximos excluem os mais remotos, salvo o direito de representação concedido aos filhos de irmãos. • Se houver concorrência entre irmãos bilaterais ou germanos e irmãos unilaterais, cada um destes herdará metade do que cada um daqueles herdar (art. 1.841, CC). • Se todos os herdeiros forem irmãos unilaterais, esses herdarão em partes iguais (art. 1.842, CC). • Se o autor da herança deixar sobrinhos e tios, a preferência será dos sobrinhos.

Capítulo 57

Da Sucessão Testamentária

1. INTRODUÇÃO

Toda pessoa capaz pode dispor, por testamento. A disposição poderá dizer respeito à totalidade dos bens, ou de parte deles, caso o autor da herança possua herdeiros necessários. É que a esses é resguardada a legítima e essa não poderá ser incluída no testamento.

O testamento poderá apresentar disposições de conteúdo não patrimonial, mesmo que o testador tenha se limitado a elas. Além disso, o testamento é ato personalíssimo e pode ser mudado a qualquer momento.

Poderá fazer um testamento a pessoa plenamente capaz e que tenha pleno discernimento do seu ato. Excepcionalmente, a lei admite que a pessoa maior de 16 anos possa testar. Ademais, é importante destacar que incapacidade superveniente do testador não invalida o testamento, nem o testamento do incapaz se valida com a superveniência da capacidade.

Testamento conjuntivo é aquele em que há a manifestação de vontade de mais de uma pessoa. Como o testamento é um **negócio jurídico unilateral**, e proibida por lei a elaboração de testamento conjuntivo. São espécies de testamento conjuntivo: o **simultâneo** (aquele que apresenta disposições conjuntas em favor de terceiros); o **recíproco** (aquele em que um testador é beneficiário do outro e vice-versa); e o **correspectivo** (aquele em que, além de haver a reciprocidade, um testador beneficia pessoas indicadas pelo outro).

2. MODALIDADES DE TESTAMENTOS

Os testamentos se dividem em **ordinários** e **extraordinários**. Os testamentos ordinários são aqueles que poderão ser feitos por qualquer pessoa que tenha capacidade para testar. Já os extraordinários são aqueles testamentos que só podem ser elaborados por determinadas pessoas.

2.1   Das formas ordinárias de testamento

Os tipos de testamentos ordinários são: o público, o cerrado e o particular.

a) Do testamento público

O testamento público será escrito por tabelião ou por seu substituto legal em seu livro de notas, de acordo com as declarações do testador, podendo este servir-se de minuta, notas ou apontamentos; posteriormente, o testamento será lido em voz alta pelo tabelião ao testador e a **duas testemunhas**, a um só tempo; ou pelo testador, se o quiser, na presença destas e do oficial; após a leitura, o instrumento será assinado pelo testador, pelas testemunhas e pelo tabelião.

Se o testador não souber, ou não puder assinar, o tabelião ou seu substituto legal assim o declarará, assinando, neste caso, pelo testador, e, a seu rogo, uma das testemunhas instrumentárias.

Vale lembrar que ao **cego** só se permite o **testamento público**.

b) Do testamento cerrado

O testamento cerrado será lavrado sigilosamente pelo testador ou pelo testamenteiro. Esse instrumento será entregue ao tabelião na presença de duas testemunhas para que seja aprovado. O auto de aprovação será assinado pelo tabelião, pelas testemunhas e pelo testador. Se o tabelião tiver escrito o testamento a rogo do testador, poderá, não obstante, aprová-lo. Quem não saiba ou não posso ler não poderá dispor de seus bens por testamento cerrado.

Pode fazer testamento cerrado o surdo-mudo, contanto que o escreva todo, e o assine de sua mão, e que, ao entregá-lo ao oficial público, ante a duas testemunhas, escreva, na face externa do papel ou do envoltório, que aquele é o seu testamento, cuja aprovação lhe pede.

Depois de aprovado e cerrado, será o testamento entregue ao testador, e o tabelião lançará, no seu livro, nota do lugar, dia, mês e ano em que o testamento foi aprovado e entregue. Falecido o testador, o testamento será apresentado ao juiz, que o abrirá e o fará registrar, ordenando seja cumprido, se não achar vício externo que o torne eivado de nulidade ou suspeito de falsidade.

c) Do testamento particular

O testamento particular será escrito e assinado pelo testador, na presença de pelos menos três testemunhas. Morto o testador, publicar-se-á em juízo o testamento, com a citação dos herdeiros legítimos.

Se as testemunhas forem contestes, isto é, estiverem de acordo sobre o fato da disposição, ou, ao menos, sobre a sua leitura perante elas, e se reconhecerem as próprias assinaturas, assim como a do testador, o testamento será confirmado. Sendo que, se faltarem testemunhas, por morte ou ausência, e se pelo menos uma delas o reconhecer, o testamento poderá ser confirmado, se, a critério do juiz, houver prova suficiente de sua veracidade. Excepcionalmente, o testamento particular de próprio punho e assinado pelo testador, sem testemunhas, poderá ser confirmado, a critério do juiz.

2.2 Dos testamentos especiais

São considerados testamentos especiais o marítimo, o aeronáutico e o militar.

O **testamento marítimo** terá cabimento em relação a quem estiver em viagem, a bordo de navio nacional, de guerra ou mercante. O testamento será feito perante o comandante, em presença de duas testemunhas, por forma que corresponda ao testamento público ou ao cerrado, de modo que, o registro do testamento será feito no diário de bordo. Não valerá o testamento marítimo, ainda que feito no curso de uma viagem, se, ao tempo em que se fez, o navio estava em porto onde o testador pudesse desembarcar e testar na forma ordinária.

Já o **testamento aeronáutico** será feito por quem estiver em viagem, a bordo de aeronave militar ou comercial, sendo feito o testamento perante o comandante, também na presença de duas testemunhas.

Tanto o testamento marítimo, quanto o testamento aeronáutico ficará sob a guarda do comandante, que o entregará às autoridades administrativas do primeiro porto ou aeroporto nacional, contra recibo averbado no diário de bordo.

Além disso, ambos testamentos caducarão se o testador não morrer na viagem, nem nos 90 dias subsequentes ao seu desembarque em terra, onde possa fazer, na forma ordinária, outro testamento.

O **testamento militar** caberá aos militares e as demais pessoas a serviço das Forças Armadas em campanha, dentro do País ou fora dele. Poderá fazer-se, não havendo tabelião ou seu substituto legal, ante duas, ou três testemunhas, se o testador não puder, ou não souber assinar, caso em que assinará por ele uma delas. Se o testador pertencer a corpo ou seção de corpo destacado, o testamento será escrito pelo respectivo comandante, ainda que de graduação ou posto interior. Se o testador estiver em tratamento em hospital, o testamento será escrito pelo respectivo oficial de saúde, ou pelo diretor do estabelecimento. Se o testador for o oficial mais graduado, o testamento será escrito por aquele que o substituir.

Caducará o testamento militar, desde que, depois dele, o testador esteja, 90 dias seguidos, em lugar onde possa testar na forma ordinária, salvo se esse testamento apresentar as solenidades previstas no Código Civil.

3. CODICILO

Codicilo (arts. 1.881 ao 1.885 CC) é o escrito particular em que a pessoa capaz de testar dispõe acerca de seu enterro, esmolas de pouca monta a certas e determinadas pessoas, ou, indeterminadamente, aos pobres de certo lugar, assim como legar móveis, roupas ou joias, de pouco valor, de seu uso pessoal. Essas manifestações revogam-se por atos iguais, e consideram-se revogados, se, havendo testamento posterior, de qualquer natureza, este os não confirmar ou modificar. Se estiver fechado o codicilo, abrir-se-á do mesmo modo que o testamento cerrado.

4. DA REVOGAÇÃO DO TESTAMENTO

O testamento pode ser revogado pelo mesmo modo e forma como pode ser feito, sendo que a revogação do testamento pode ser total ou parcial (art. 1.969, CC). O testamento cerrado que o testador abrir ou dilacerar, ou for aberto ou dilacerado com seu consentimento, haver-se-á como revogado.

5. DO ROMPIMENTO DO TESTAMENTO

O rompimento do testamento se traduz na revogação legal do testamento e ocorrerá sobrevindo descendente sucessível ao testador, que não o tinha ou não o conhecia quando testou e se o testamento for feito na ignorância de existirem outros herdeiros necessários (art. 1.973, CC). Imaginemos, por exemplo, uma pessoa solteira e sem nenhum ascendente vivo, que não sabe da existência de um filho que possui e resolve fazer um testamento deixando todos os seus bens para um amigo de infância. Ocorre que, posteriormente, vem a descobrir um filho que não tinha conhecimento. Nesse caso, haverá o rompimento do testamento e todo o patrimônio será destinado ao filho. Tudo isso se baseia na vontade presumível do testador que, se soubesse que tinha um filho, não teria feito o testamento.

Não se rompe o testamento se o testador dispuser da sua metade, não contemplando os herdeiros necessários de cuja existência saiba, ou quando os exclua dessa parte.

EM RESUMO:

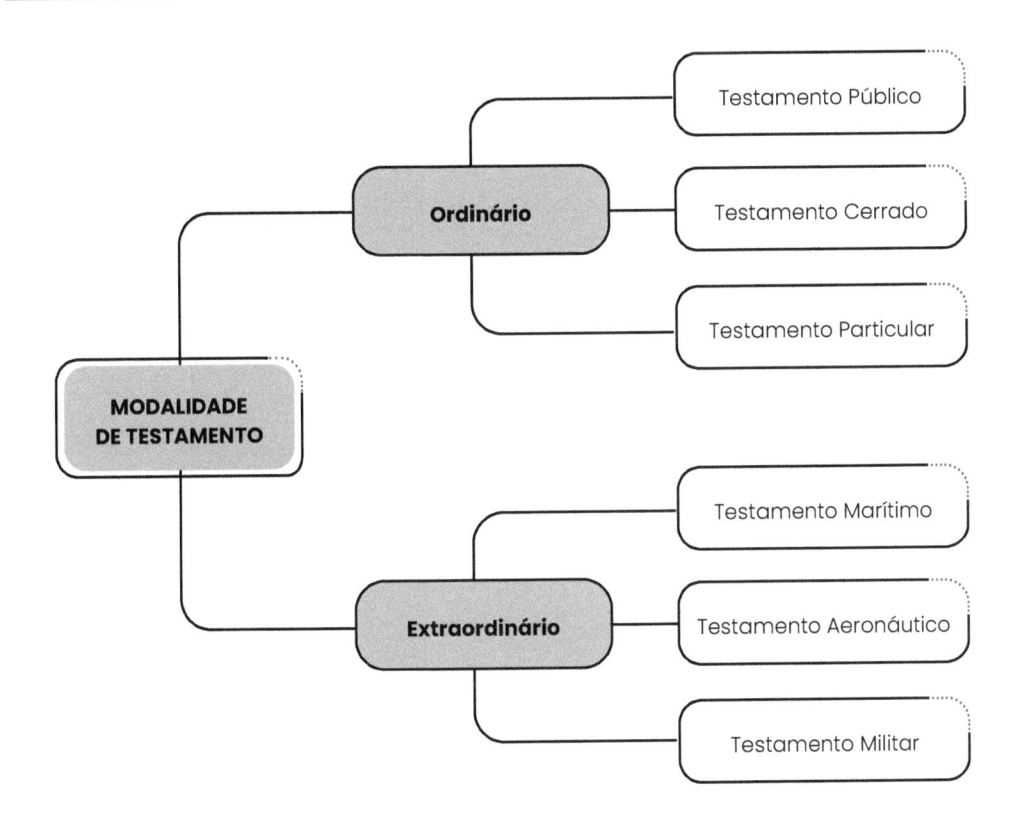

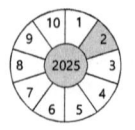